이인호 경영학강의

이인호 경영학 박사

새흐름

머리말

경영학은 공인노무사, 경영지도사, 가맹거래사를 비롯한 다양한 자격시험과 입사 및 승진시험에서 많은 수험생들이 어려워하는 대표적인 과목에 해당합니다. 이는 근본적으로 경영학이 가지는 방대함과 깊이에서도 그 원인을 찾을 수 있지만, 수험생들이 시험에 최적화된 경영학 교재를 접하지 못해 시험범위에 대한 명확한 인식의 부재가 발생하고, 이로 인해 공부의 방향을 쉽게 잡지 못하여 노력한 만큼 좋은 결과를 얻지 못하는 안타까운 현실이 발생하고 있습니다. 또한, 경영학은 각 세부 분야들의 내용이 어느 정도 독립성을 가지고 있으면서도 동시에 각 분야들이 유기적인 연관을 가지고 있다는 이중적인 성격 때문에 그 접근방법을 선택하는데 어려움을 주고 있습니다. 따라서 저자는 수험생들이 작은 노력으로 좋은 결과를 얻을 수 있도록 하고자 하는 소망에서 저자가 가지고 있는 풍부한 강의경험과 노하우를 바탕으로 시험을 준비하는 수험생들에게 최적화된 교재를 제공하고자 하는 목적으로 본서를 집필하였으며, 수험생들에게 바람직한 학습 길잡이가 되고자 다음과 같은 특징들을 중심으로 본서를 집필하였습니다.

첫째, 본서는 출제범위와 출제경향이 유사한 공인노무사, 경영지도사, 가맹거래사 시험을 대비하기 위해 집필되었습니다. 따라서 공인노무사, 경영지도사, 가맹거래사의 기출문제를 완벽하게 분석하고 반영하여 수험생들의 시험준비에 부족함이 없도록 하였습니다.

둘째, 본서는 차례를 구성함에 있어 백과사전식 흐름이 아니라 하나의 논리체계를 가지고 시스템 접근법에 기초하여 구성하였기 때문에 수험생들이 단순암기의 형태가 아니라 경영학에 대한 포괄적인 이해가 가능하도록 하였습니다. 이는 본문의 구성에서도 마찬가지이며, 본문내용을 서술함에 있어서도 다루는 주제에 대한 개념적인 측면을 먼저 설명한 후에 항목별로 중요사항들을 서술하는 Top-Down 방식을 적용하여 실전에서 좀 더 유연성 있게 대응할 수 있도록 하였습니다. 또한, PART별 요약정리를 본서의 앞에 수록하여 전체적인 구조를 잡을 수 있도록 배려하였으며, 시험에 임박해서는 최소한의 시간으로 최종정리가 가능하도록 하였습니다.

셋째, 본서는 많은 경영학 이론과 내용들 중에서 꼭 필요한 내용들을 엄선하고 동일한 논리체계를 적용하여 집필하였기 때문에 독자들이 이론적 체계를 쉽게 세울 수 있도록 구성하였으며, 1회독만으로도 경영학 전반의 흐름과 핵심사항을 모두 파악할 수 있도록 하였습니다. 또한, 간결하지만 핵심을 파고드는 문장을 통해 한 번 읽으면 바로 그 뜻과 의미를 이해하여 실전에서 바로 응용할 수 있도록 문장의 전달력과 이해력에 각별한 노력을 기울였습니다.

넷째, 본서는 경영학의 각 분야별 출제문항수와 수험생들의 공부여건을 반영하여 출제범위가 제한적인 재무관리, 회계학, 경영정보시스템(MIS)에 대해서는 꼭 필요한 내용들 중심으로만 본문을 서술하였습니다.

다섯째, 저자가 집필한 객관식 문제집인 「이인호 경영학연습(공인노무사·경영지도사·가맹거래사)」과 본서를 연계시켜 학습한다면 그 시너지 효과(synergy effect)는 더 크리라고 생각합니다.

수험생 여러분들이 합격이라는 결실을 얻는데 본서가 가장 좋은 조력자가 될 것이라는 사실을 저자는 확신합니다. 본서가 출간되기까지 지난 몇 개월 간 저자보다 더 큰 관심과 열정을 가지고 뜨거운 격려와 사랑으로 후원해 주신 프라임법학원 관계자분들께 진심으로 감사를 드립니다. 더불어 헌신적으로 저자에게 도움을 주시는 이종은 대표님을 비롯한 도서출판 새흐름 관계자분들께도 감사의 마음을 전하고자 합니다.

끝으로 시험이 끝난 후 수험생들의 책장에 꼽힌 본서가 합격의 영광으로 인해 다시는 공부하는 책상 위에 펼쳐지지 않고 각자의 전설 속에 남겨지기를 간절히 기원합니다. 모든 이들의 건투를 빕니다.

2024년 6월 일산 연구실에서
이 인 호 경영학 박사

Contents
차 례

PART 01 경영학 입문

CHAPTER 01 경영학의 기초개념 … 2
제1절 경영학과 경영의사결정 · 2
제2절 경영의 구성요소와 원리 · 4
제3절 경영학의 발전과정 · 9

CHAPTER 02 경영자와 기업 … 20
제1절 경영자 · 20
제2절 기 업 · 24
제3절 기업집단화 · 29

CHAPTER 03 경영관리 … 34
제1절 계획화 · 34
제2절 조직화 · 37
제3절 지휘와 통제 · 46

CHAPTER 04 경영전략 … 48
제1절 경영전략의 기초개념 · 48
제2절 전략분석 · 51
제3절 전략수립 · 57
제4절 전략실행 : 사업포트폴리오 분석 · 60
제5절 전략통제 : 균형성과표 · 64
제6절 경영혁신 · 66

PART 02 조직행동론

CHAPTER 01 조직행동론의 기초개념 … 72
제1절 조 직 · 72
제2절 조직행동론 · 76

CHAPTER 02 개인수준에서의 행동 … 78

제1절 성 격 · 78
제2절 가치관과 감정 · 83
제3절 지 각 · 85
제4절 학 습 · 92
제5절 태 도 · 97
제6절 동기부여 · 104

CHAPTER 03 집단수준에서의 행동 … 115

제1절 집단행동 · 115
제2절 의사소통과 집단의사결정 · 124
제3절 리더십 · 135

CHAPTER 04 조직수준에서의 행동 … 150

제1절 조직설계 · 150
제2절 조직문화와 조직개발 · 155

PART 03 인적자원관리

CHAPTER 01 인적자원관리의 기초개념 … 166

제1절 인적자원관리의 의의와 구성 · 166
제2절 인적자원관리의 변화와 전략적 인적자원관리 · 170

CHAPTER 02 인적자원의 조달 … 175

제1절 직무관리 · 175
제2절 확보관리 · 185

CHAPTER 03 인적자원의 개발 … 194

제1절 교육훈련과 경력개발 · 194
제2절 전환배치와 승진 · 204

CHAPTER 04 인적자원의 평가와 보상 … 208

제1절 인사평가 · 208
제2절 보상관리 · 215

CHAPTER 05 인적자원의 유지 및 방출 … 227

제1절 인적자원의 유지 : 유지관리 · 227
제2절 인적자원의 방출 : 이직관리 · 235

PART 04 생산운영관리·마케팅·기타 경영학의 영역들

CHAPTER 01 생산운영관리 … 240

제1절 생산운영관리의 기초개념 · 240
제2절 생산전략 · 244
제3절 생산시스템의 설계 · 246
제4절 생산시스템의 운영 및 통제 · 256

CHAPTER 02 마케팅 … 277

제1절 마케팅의 기초개념 · 277
제2절 마케팅 기회분석 · 281
제3절 마케팅전략 · 291
제4절 마케팅믹스 · 302
제5절 마케팅영역의 확장 · 332

CHAPTER 03 기타 경영학의 영역들 … 339

제1절 재무관리 · 339
제2절 회계학 · 358
제3절 경영정보시스템 · 370

부록 1 문장으로 정리하는 경영학 … 379
부록 2 연구자로 정리하는 경영학 … 399

PART별 요약정리

PART 01 경영학 입문

경영학의 기초개념	경영학과 경영의사결정	• 경영의사결정 : 기업목표달성을 위한 한정된 자원의 최적배분 의사결정 • 경영의사결정의 과정 : 문제의 인식과 목표의 설정 → 대안의 도출 → 대안의 평가 → 의사결정 • 경영의사결정의 유형 : 의사결정상황(확실한 상황, 위험한 상황, 불확실한 상황, 상충상황), 정보의 유형(정성적, 정량적), 의사결정성격(정형적, 비정형적), 의사결정수준(전략적, 관리적, 운영적)
	경영의 구성요소와 원리	• 구성요소 : 투입요소, 변환과정, 산출요소(재화, 서비스) • 경영환경 : 내부환경과 외부환경 / 미시적 환경과 거시적 환경 ⇒ 환경불확실성(환경복잡성, 환경동태성, 환경풍부성) • 경영의 원리 : 효율성(자원의 활용정도), 효과성(조직 목표달성의 정도) • 조직균형론(Barnard) : 존속과 발전(유인+공헌) / 공통목적, 의사소통, 공헌의지
	경영학의 발전과정	• 고전적 접근법 : 과학적 관리법(Taylor, Gilbreth), Ford시스템, 관리과정론(Fayol), 관료제(Weber) • 인간관계접근법 : 호손연구 • 계량적 접근법 : 계량경영학(경영과학), 경영정보시스템 • 시스템이론 : 전체최적화 = $\sum$부문최적화 + Feedback • 상황적합이론 : 기술과 조직구조(Woodward, Thompson, Perrow), 환경과 조직구조(Burns & Stalker, Lawrence & Lorsch)
경영자와 기업	경영자	• 경영자의 역할(Mintzberg) : 의사결정역할, 대인관계역할, 정보전달역할 • 경영자의 능력(Katz) : 개념적 능력, 인간적 능력, 기술적/전문적 능력 • 경영자의 분류 : 소유와 경영의 분리(소유경영자, 고용경영자, 전문경영자), 경영자의 계층(최고경영자, 중간경영자, 하위/일선경영자), 직무의 범위(총괄경영자, 부문경영자), 지식의 유형(일반경영자, 전문경영자) • 기업가정신 : 혁신(Schumpeter) ⇒ 새로운 상품의 개발, 새로운 생산방법의 도입, 새로운 시장의 개척, 새로운 원료나 부품의 공급, 새로운 조직의 개발 등
	기업	• 기업의 특징 : 협동시스템, 생산기능(가치창출), 독립적 존재, 경제활동의 주체(개별경제의 단위) • 기업의 분류 : 개인기업, 합명회사, 합자회사, 유한회사, 주식회사 • 기업의 사회적 책임(Carroll) : 경제적 책임, 법적 책임, 윤리적 책임, 자선적 책임 • 지속가능경영 : 경제적 책임, 환경적 책임, 사회적 책임 ⇒ ISO 26000, 다우존스 지속가능경영지수(DJSI)
	기업집단화	• 결합방법에 따른 분류 : 수평적 결합, 수직적 결합(전방통합, 후방통합) • 독립성에 따른 분류 : 카르텔, 콘체른, 트러스트 • 적대적 M&A의 공격방법 : 주식공개매수, 백지위임장투쟁, 차입매수, 파킹 등

		• 적대적 M&A의 방어방법 : 역공개매수, 의결정족수특약, 황금낙하산, 이사임기교차제, 백기사, 독소조항, 자기주식의 취득(자사주 매입), 왕관의 보석, 불가침협정 등
경영관리	계획화	• 목표에 의한 관리(MBO) : 목표의 설정, 참여, 피드백 ⇒ Drucker, McGregor
	조직화	• 구성요소 : 직무, 직위, 상호관계의 설정, 권한, 책임 • 조직화(조직설계) : 수평적 분화(일) + 수직적 분화(사람) • 수평적 분화 : 라인부문의 형성(단위적 분화 → 직능적 분화) → 전문스탭의 형성(요소적 분화) → 관리스탭의 형성(과정적 분화) • 수직적 분화 : 최고경영층, 중간경영층, 하위경영층 • 고전적 조직화 : X관점(과업중심), Push이론 ⇒ 기계적 조직구조(라인조직, 라인-스탭 조직, 기능별 조직) • 현대적 조직화 : Y관점(사람중심), Pull이론 ⇒ 유기적 조직구조(사업부제 조직, 위원회 조직, 프로젝트팀 조직, 네트워크 조직, 행렬 조직, 프로세스 조직)
	지휘	• 상급자와 하급자 사이의 상호관계
	통제	• 과정 : 목표와 기준의 설정 → 실제 성과의 측정 → 목표와 실제성과의 비교 → 수정행동 • 유형 : 사전통제, 동시통제, 사후통제
경영전략	경영전략의 기초개념	• 경영전략의 특징 : 조직의 목적과 직결, 기본준거틀, 장기적인 계획, 일관성, 최고경영층에서 수립 • 경영전략의 수준 : 기업전략, 사업전략, 기능전략 • 경영전략의 단계 : 전략분석 → 전략수립 → 전략실행 → 전략통제
	전략분석	• SWOT 분석 : 내부환경(Strength, Weakness) / 외부환경(Opportunity, Threat) • VRIO 분석 : 내부보유가치(value), 보유한 자산의 희소성(rarity), 모방가능성의 정도(imitability), 조직(organization) • 산업구조분석(Porter) : 산업 내 경쟁, 신규진입자(진입장벽), 대체재의 존재, 공급자의 교섭력, 소비자의 교섭력 • 가치사슬분석(Porter) : 본원적 활동(내부물류, 생산/운영, 외부물류, 판매 및 마케팅, 사후 서비스), 지원적 활동(기업의 하부구조, 인적자원관리, 연구/기술개발, 구입/조달) ⇒ outsourcing 여부
	전략수립	• 본원적 전략(Porter) : 경쟁우위(원가우위전략, 차별화 전략), 경쟁범위(집중화 전략) • Miles & Snow : 공격형(prospectors), 방어형(defenders), 분석형(analyzers), 반응형(reactors)
	전략실행 (사업포트폴 리오 분석)	• BCG Matrix(현금흐름 기준) : 상대적 시장점유율, 시장(산업)성장률 ⇒ 물음표, 별, 현금젖소, 개 • GE Matrix(ROI 기준) : 사업단위의 강점, 산업의 매력도 ⇒ 청신호 지역, 황신호 지역, 적신호 지역
	전략통제 (균형성과표)	• 재무적 관점, 고객관점, 내부프로세스관점, 학습과 성장관점 ⇒ Kaplan • 내부/외부, 과거/미래, 계량적/비계량적, 단기/장기

경영혁신	• 다운사이징 : 낭비적인 요소의 제거를 통한 규모의 축소 • 구조조정(기존 프로세스 인정)과 리엔지니어링(zero-base) • 벤치마킹 : best practice + 모방 • 지식경영 : 형식지와 암묵지의 상호변환(SECI 모형) ⇒ 사회화, 표출화, 연결화, 내면화 • 경제적 부가가치 : 세후영업이익 - 자본비용 • 블루오션 전략 : 레드오션과 블루오션 ⇒ 퍼플오션

PART 02 조직행동론

개인수준에서의 행동	성격	• 결정요인 : 유전적 요인, 상황적 요인, 문화적 요인, 사회적 요인 등 • 성격특질 : 자기효능감, 자기감시성향, 자존심 • 긍정심리자본 : 자기효능감, 희망, 낙관주의, 복원력 • 유형이론 : 외향성과 내향성, 독재성과 민주성, A형과 B형, 내재론자와 외재론자, 빅 파이브 모형(성실성, 우호성/친화성, 경험에 대한 개방성, 외향성, 신경증성향/정서적 안정성)
	가치관과 감정	• Rokeach의 가치관 : 최종적 가치와 수단적 가치 • 감정노동 : 가식적 행동, 내면화 행동, 진실 행동
	지각	• 영향요인 : 외부환경요인(강도, 대조, 반복, 동작, 신기함과 친숙성), 내부환경요인(욕구와 동기, 과거의 경험과 학습, 자아개념, 성격) • 지각정보처리모형(지각메커니즘) : 선택 → 조직화(집단화, 폐쇄화, 단순화, 전경-배경의 원리) → 해석 • 지각오류 : 후광효과와 뿔효과, 상동적 태도(고정관념), 지각적 방어, 투영효과(투사, 주관의 객관화), 자성적 예언(피그말리온 효과), 자존적 편견, 순위효과, 근접오류, 대비오류(대조효과), 상관편견(논리적 오류), 관대화·중심화·가혹화 경향 • 인상형성이론(Asch) : 일관성, 중심특질과 주변특질, 합산원리와 평균원리, 최초효과와 부정적 효과 • 귀인(귀속)이론(Heider, Kelley) : 합의성(성과와 동료구성원), 특이성(성과와 과업), 일관성(성과와 시간) ⇒ 내적귀인, 외적귀인
	학습	• 구성요소 : 연습과 경험, 강화, 지속적인 행동변화 • 행동주의 학습이론 : 고전적 조건화(Pavlov), 시행착오설(Thorndike), 조작적 조건화(Skinner) • 강화이론 : 긍정적(적극적) 강화, 부정적 강화, 소거, 벌 • 인지적 학습이론(Tolman) : 인지도 = 인지적 단서 + 기대 • 사회적 학습이론(Bandura) : 관찰학습(모방학습, 자아통제), 인지학습(상징적 인지과정)
	태도	• 구성요소 : 인지적 요소, 정서적 요소, 행동적 요소 • 조직몰입 : 정서적 몰입, 지속적 몰입, 규범적 몰입 • 조직시민행동 : 이타주의, 성실성/양심, 시민의식, 예의, 스포츠맨십 • 장의 이론(Lewin) : 해빙 → 변화(순응, 동일화, 내면화) → 재동결 • 인지반응이론 : 전달자의 신뢰성, 메시지의 반복, 메시지의 난이도, 듣는 이의 몰입도 • 균형이론(Heider) : 균형상태와 불균형 상태 • 인지부조화이론(Festinger) : 접근-접근 갈등, 접근-회피 갈등, 회피-회피 갈등
	동기부여	• 욕구단계설(Maslow) : 생리적 욕구, 안전욕구, 사회적(소속) 욕구, 존경욕구, 자아실현 욕구 • ERG이론(Alderfer) : 존재욕구, 관계욕구, 성장욕구 • 2요인이론(Herzberg) : 위생요인(불만족 요인), 동기요인(만족 요인) • 미성숙-성숙이론(Argyris) : 미성숙상태, 성숙상태 • 성취동기이론(McClelland) : 친교욕구, 권력욕구, 성취욕구

		• 기대이론(Vroom) : 동기부여의 강도 = 기대감 × 수단성 × 유의성 • 기대이론(Porter & Lawler) : Vroom의 기대이론 + 능력과 기술, 역할지각, 외재적·내재적 보상, 보상에 대한 공정성 지각, 만족감 등 • 공정성이론(Adams) : 인지부조화, 준거인물(비교대상) • 목표설정이론(Locke) : 효과적인 목표(구체적인 목표, 목표의 난이도) ⇒ 능력, 목표몰입, 피드백, 자신감, 과업전략
집단수준 에서의 행동	집단행동	• 집단발달단계(Tuckman) : 형성기 → 격동기 → 규범기 → 성과수행기 → 해체기 • 집단 : 공식집단과 비공식집단, 소속집단과 준거집단 • 집단구조 : 역할(역할기대 → 역할전달 → 역할인식 → 역할행동), 규범, 지위 • 역할갈등 : 역할모호성, 역할무능력, 다각적 역할기대, 역할마찰 등 • 집단응집성 : 목표일치, 카리스마 리더, 가치관의 공유, 소규모 등 • 갈등관리(조하리의 창) : 공공영역, 맹목영역, 사적영역, 미지영역 • 갈등관리전략(Thomas) : 자신에 대한 관심과 상대방에 대한 관심 ⇒ 회피전략, 경쟁(지배 또는 강압)전략, 협력(통합)전략, 수용(배려)전략, 타협전략 • 협상 : 분배적 협상(win-lose), 통합적 협상(win-win) • 사회적 태만(링겔만 효과)
	의사소통과 집단의사결정	• 의사소통의 원칙 : 명료성의 원칙, 주의집중의 원칙, 통합성의 원칙, 비공식조직의 전략적 활용원칙 • 공식적 의사소통 : 원형, 수레바퀴형, 사슬형, Y형, 상호연결형 • 비공식적 의사소통 : 그레이프바인(grapevine) ⇒ 단순형(일방형), 한담형(잡담형), 확률형, 군집형 • 의사결정모형 : 합리적 의사결정모형, 관리인 의사결정모형, 카네기 의사결정모형, 직관적 의사결정모형, 쓰레기통 모형, 정치적 선택 모형, 점진적 의사결정모형 • 집단의사결정기법 : 브레인스토밍(질보다 양, 창의성, 비판금지), 고든법(양보다 질), 델파이법(순환적 집단의사결정과정), 명목집단법(브레인스토밍 + 델파이법), 지명반론자법(집단사고 방지) • 집단의사결정의 오류 : 집단사고, 집단극화, 애쉬효과와 스놉효과, 결정의 지속성(몰입상승), 과도한 모험, 과도한 정당화, 도덕적 환상, 만장일치 환상
	리더십	• 권력의 유형(French & Raven) : 강압적 권력, 보상적 권력, 합법적 권력, 준거적 권력, 전문적 권력 • Tannenbaum과 Schmidt의 연구 : 리더의 권한영역과 부하의 자유재량 영역 ⇒ 경영자중심(전제적) 리더와 종업원중심(민주적) 리더 • 오하이오 대학의 연구 : 구조주도와 배려 ⇒ HH, HL, LH, LL • 관리격자이론(Blake & Mouton) : 생산에 대한 관심과 인간에 대한 관심 ⇒ (1, 1) ~ (9, 9) • PM이론(Misumi) : Performance와 Maintenance ⇒ PM, Pm, pM, pm • Fidler의 상황적합이론 : 과업지향적 리더, 관계지향적 리더(LPC 점수) / 상황의 호의성(리더-구성원 관계, 과업구조, 리더의 직위권력) • 경로목표이론(House) : 지시적 리더, 후원적 리더, 성취지향적 리더, 참여적 리더 / 부하의 특성(부하의 능력, 통제위치, 욕구와 동기 등), 과업환경요소(부하의 과업, 집단의 성격, 조직요소 등)

		• 수명주기이론(Hersey & Blanchard) : 지시형, 설득형, 참여형, 위임형 / 부하의 성숙도 • 리더-부하 교환이론 : 내집단(in-group)과 외집단(out-group) • 거래적 리더십 : 조건에 의한 보상, 예외에 의한 관리 • 변혁적 리더십(Bass) : 카리스마, 개별적 배려, 지적 자극, 영감적 동기 • 서번트 리더십 : 조력자 • 수퍼리더십 : 셀프 리더(self-leader) • 윤리적 리더십 : 기업의 사회적 책임 • 진정성 리더십 : 긍정심리자본(개인차원), 긍정적 조직맥락(조직차원), 자아인식, 리더의 자기규제적 행동 • 리더십 귀속이론 : 부하의 지각에 따라 리더십 유형이 결정
조직수준 에서의 행동	조직설계	• 기본변수 : 복잡성, 공식화, 집권화와 분권화 • Minzberg : 기술지원부문(기계적 관료제), 일반지원부문(애드호크라시), 전략경영부문(단순구조), 중간관리부문(사업부제), 생산핵심부문(전문적 관료제) • 조직수명주기이론(Quinn & Cameron) : 창업단계 → 공동체단계 → 공식화단계 → 정교화단계 • 거시조직이론 : 조직군생태학이론, 제도화이론, 자원의존이론
	조직문화	• 조직문화의 구성요소(Schein) : 가시적 수준(가공물과 창조물), 인식적 수준(가치), 잠재적 수준(기본전제) • 7S 모형(Pascale & Peters) : 공유가치, 전략, 구조, 시스템, 구성원, 기술, 스타일 • 딜(Deal)과 케네디(Kennedy) : 피드백과 위험 ⇒ 거친 남성문화, 사운을 거는 문화, 일 잘하고 잘 노는 문화, 과정문화 • 해리슨(Harrison) : 집권화와 공식화 ⇒ 관료조직문화, 행렬조직문화, 권력조직문화, 핵화조직문화 • 퀸(Quinn) : 유연성/통제성과 내부지향성/외부지향성 ⇒ 집단문화, 발전문화, 위계문화, 합리문화 • 홉스테드(Hofstede) : 개인-집단 중심성, 권력 중심성, 불확실성 회피성, 남성-여성 중심성, 유교적 역동성(장기-단기 지향성) • 홀(Hall) : 고맥락 문화와 저맥락 문화 • Z조직이론(Ouchi) : 미국식 경영방식(A type) + 일본식 조직문화(J type) = Z조직 • 시스템 4이론(Likert) : 전제적-착취적 시스템(시스템 1형), 전제적-온정적 시스템(시스템 2형), 조언적 시스템(시스템 3형), 참여적 시스템(시스템 4형)
	조직개발	• 개인행동개발기법 : 감수성훈련, 상호교류분석(Eric Berne), 경력개발 등 • 조직(집단)행동개발기법 : 팀구축, 설문조사피드백, 과정자문, 그리드 조직개발 등 • 학습조직 : 개인적 수련, 정신모형, 공유비전, 팀학습, 시스템 사고

PART 03 인적자원관리

인적자원의 조달	직무관리	• 직무분석 : 직무에 대한 정보수집(경험법, 관찰법, 질문지법, 면접법, 작업기록법, 중요사건기록법 등) ⇒ 직무기술서(과업요건), 직무명세서(자격요건) • 직무평가 : 직무에 대한 상대적 가치를 결정 ⇒ 서열법(교대서열법, 쌍대비교법), 분류법(직무등급명세표), 점수법, 요소비교법(기준직무+상호비교) • 직무설계 : 직무의 내용, 기능 및 관계 등을 결정 ⇒ 직무확대(job enlargement), 직무충실(job enrichment), 직무교차, 직무순환, 준자율적 작업집단 • 직무특성이론(Hackman & Oldham) : 핵심직무특성차원(기술다양성, 과업정체성, 과업중요성, 자율성, 결과의 피드백), 심리상태(의미감, 책임, 지식)
	확보관리	• 인적자원계획 : 수요예측 → 공급예측 → 인적자원조치 • 모집 : 내부모집과 외부모집 • 선발의 원칙 : 효율성의 원칙, 형평성의 원칙, 적합성의 원칙(직무중심적 접근, 경력중심적 접근, 기업문화중심적 접근) • 선발도구의 유형 : 바이오데이터 분석, 프로파일링, 선발시험, 선발면접, 평가센터법 등 • 선발도구의 적용방법 : 종합적 평가법(보완적 방식), 단계적 제거법(비보완적 방식) • 선발도구의 신뢰도 분석 : 일관성의 측정 ⇒ 시험-재시험법, 대체형식법, 평가자 간 신뢰도 측정, 내적 일관성에 의한 신뢰도 측정 • 선발도구의 타당도 분석 : 기준타당도(동시타당도, 예측타당도), 내용타당도, 구성타당도 • 선발오류 : 1종오류, 2종오류
인적자원의 개발	교육훈련	• 교육훈련 프로세스 : 교육훈련 필요성(수요) 분석 → 교육훈련 설계 → 교육훈련 실시 → 교육훈련 평가 • 교육장소별 교육훈련 : 직장 내 교육훈련(OJT), 직장 외 교육훈련(Off JT) • 종업원 교육훈련 : 신입사원 교육훈련, 일선작업자 교육훈련(실습장 훈련, 도제제도) • 경영자 교육훈련 : 일선감독자 교육훈련(JIT, TWI), MTP(중간관리자)와 AMP(최고경영자), 인 바스켓 교육훈련, 비즈니스 게임, 사례연구, 역할연기법, 행동모형법, 상호교류분석법(부모, 성인, 어린아이), 대역법, 청년중역회의법 • 액션러닝 : 행함으로써 배움(현장경험을 중시) ⇒ 과제, 학습자집단, 실행전략, 질문과 성찰, 학습에 대한 몰입, 촉진자 • 교육평가모형(Kirkpatrick) : 반응, 학습, 행동, 성과
	경력개발	• 경력개발과정 : 경력계획 → 경력경로(전통적 경력경로, 네트워크 경력경로, 이중 경력경로 등) → 경력목표(전문역량 닻, 관리역량 닻, 안전·안정 닻, 기업가적 창의성 닻, 자율성·독립성 닻, 봉사 닻, 도전 닻, 라이프스타일 닻) • 경력단계(Hall) : 탐색단계 → 확립단계 → 유지단계 → 쇠퇴(통합)단계 • 인적자원 포트폴리오 분석도 : 일하는 말, 스타, 문제아, 죽은 나무
	전환배치	• 의의 : 동일수준의 다른 직무로 수평이동 ⇒ 적재적소적시의 원칙, 인재육성의 원칙, 균형의 원칙 • 유형 : 생산 및 판매변화에 의한 전환배치, 교정적 전환배치, 교대근무, 순환근무
	승진	• 의의 : 조직 내 수직적 상향 이동 ⇒ 연공주의와 능력주의 • 기본원칙 : 적정성의 원칙(승진기회의 크기), 공정성의 원칙(승진기회의 배분), 합리성의 원칙(공헌의 측정기준)

		• 유형 : 직급승진(상대평가), 자격승진(절대평가), 대용승진(형식적 승진), 조직변화 승진(조직변화 ⇒ 직급승진의 기회 확대), 직계(직위)승진
인적자원의 평가와 보상	인사평가	• 인사평가의 목적 : 임금결정, 성과피드백을 통한 성과향상, 적재적소배치를 통한 직무설계, 인적자원의 확보 및 방출을 위한 기준 • 인사평가요소 : 능력 또는 역량 평가, 적성 및 태도 평가, 성과 평가 • 구성요건 : 타당성, 신뢰성, 수용성, 실용성 • 인사평가방법 : 서열법(교대서열법, 쌍대비교법, 대인비교법), 평정척도법, 대조표법, 중요사건기록법, 행동기준평가법(평정척도법+중요사건기록법), 목표관리법(MBO), 평가센터법(합숙), 자율서술법(자기신고서), 강제할당법(정규분포), 다면평가제도(360도 평가피드백), 등 • 인사평가오류 : 연공오류, 귀인(귀속)오류, 2차 평가자의 오류 등
	보상관리	• 임금수준 : 평균임금의 크기(기업의 지불능력, 종업원의 생계비, 최저임금제, 사회적 균형요인) ⇒ 승급, 베이스업 • 임금체계 : 직무급, 연공급, 직능급, 성과급(개인성과, 집단성과, 기업성과) • 개인성과급 : 생산량 기준(단순성과급, 테일러식 복률성과급, 메릭식 복률성과급, 리틀식 복률성과급, 맨체스터 플랜), 시간 기준(표준시간급, 간트식 할증급, 비도우식 할증급, 할시식 할증급, 로완식 할증급) • 집단성과급 : 카이저 플랜, 프렌치 시스템, 스캔론 플랜, 럭커 플랜, 임프로쉐어 • 복리후생 : 경제적 목적, 사회적 목적, 정치적 목적, 윤리적 목적 ⇒ 법정 복리후생과 비법정 복리후생
인적자원의 유지 및 방출	동기부여와 산업안전 관리	• 동기부여 : 내재적 동기부여(성취감, 도전감, 확신 등), 외재적 동기부여(급여, 승진, 정책, 감독 등) • 산업재해 : 근로자 입장에서의 발생원인(근로자의 피로, 근로자의 작업상 부주의나 실수, 근로자의 작업상 숙련미달 등), 기업 입장에서의 발생원인(안전대책이나 예방대책의 미비 또는 부실 등)
	노사관계	• 노사관계의 이중성 : 협조관계와 대립관계, 개별관계와 집단관계, 경제관계와 사회관계, 종속관계와 대등관계 • 노사관계의 발전과정 : 전제적(착취적) 노사관계 → 온정적 노사관계 → 완화적 노사관계 → 민주적 노사관계 • 노동조합 : 경제적 기능, 공제적 기능, 정치적 기능 • shop 제도 : open shop, closed shop, union shop, maintenance shop, preferential shop, agency shop(check-off system) • 단체교섭 : 기업별 교섭, 통일 교섭, 대각선 교섭, 집단 교섭, 공동 교섭 • 노동쟁의 : 노동조합의 쟁의행위(파업, 태업, 불매운동, 피켓팅, 준법투쟁), 사용자의 쟁의행위(직장폐쇄) • 노동쟁의의 조정방법 : 조정 → 중재 → 긴급조정 • 경영참여 : 의사결정참여(공동의사결정제도, 노사협의제, 제안제도, 분임조, 복수경영제도 등), 이익참여(이윤분배제도), 자본참여(종업원지주제도)
	이직관리	• 자발적 이직 : 전직, 사직 등 • 비자발적 이직 : 해고, 퇴직 등

PART 04 생산운영관리·마케팅·기타 경영학의 영역들

생산 운영관리	서비스 운영관리	• 서비스-공정 매트릭스(Schmenner) : 관여(또는 상호작용)와 개별화(또는 고객화) 정도라는 측면과 노동집약정도라는 측면 ⇒ 서비스 공장, 서비스 숍, 대량 서비스, 전문 서비스 • 서비스 패키지 : 서비스 부분(명시적 서비스와 묵시적 서비스) + 재화 부분(촉진 제품과 지원시설) • 디커플링 : 고객접촉정도 • 대기행렬모형 : Min (대기비용+서비스비용) ⇒ 서비스 시설의 규모(경로의 수) 결정
	생산전략	• 경쟁우선순위 : 원가, 품질(고성능설계, 일관된 품질), 시간(빠른 인도시간, 적시 인도, 개발속도), 유연성(수량유연성, 고객화) • 흐름전략 : 라인흐름전략(원가), 중간흐름전략(원가+고객화), 유연흐름전략(고객화)
	생산시스템의 설계	• 제품개발 : 모듈러 설계, 동시설계, 품질기능전개, 로버스트 설계(강건설계), 제조용이성 설계, 환경친화형 설계, 서비스청사진 • 공정설계 : 제품흐름에 따른 분류(프로젝트공정, 개별작업공정, 뱃치공정, 라인공정, 연속공정), 고객 주문에 대응하는 방법에 따른 분류(주문생산공정, 조립생산공정, 재고생산공정) • 배치설계 : 공정별 배치, 혼합형 배치(다수기계보유 작업방식, 그룹 테크놀로지), 제품별 배치, 위치고정형 배치 • 생산능력 : 유형(최대생산능력, 유효생산능력, 실제생산능력), 활용정도의 측정(생산능력 이용률, 생산능력 효율성), 초과생산능력 • 입지 : 정성적 방법(서열법, 점수법/요소분석방법), 정량적 방법(총비용비교법, 입지손익분기분석법, 수송법, 부하량-거리기법)
	생산시스템의 운영 및 통제	• 수요예측 : 정성적 방법(시장조사법, 판매원 추정법, 경영자 판단법, 델파이법, 수명주기유추법 등), 정량적 방법(이동평균법, 지수평활법, 계절모형, 박스-젠킨스법, 선형회귀분석, 판별분석 등) ⇒ 수요예측기법의 선택(정확성, 간편성, 충실성)과 복수기법의 사용(조합예측, 초점예측) • 생산계획 : 총괄생산계획, 기준생산계획(MPS), 일정계획, 자재소요계획 • 재고관리 : 재고모형(경제적 주문량 모형, 경제적 생산량 모형, 단일기간 재고모형), 재고통제시스템(P 시스템, Q 시스템, ABC 재고통제시스템) • 품질경영 : 품질원가(예방원가, 평가원가, 실패원가), Garvin의 구성요소(성능, 특징, 일치성, 신뢰성, 내구성, 서비스편의성, 심미성, 인지품질), Kano 모형(매력적 품질요소, 일원적 품질요소, 당연적 품질요소), 서비스품질(RATER), 종합적 품질경영(TQM), 품질관리도구(체크시트, 파레토 도표, 원인결과도표, 품질분임조, 싱고시스템), 통계적 품질관리(전수검사와 표본검사, 관리도, 식스 시그마 운동), 국제품질표준(ISO 9000, ISO 14000, ISO 26000, ISO 27000, ISO 31000) • 적시생산시스템 : 도요타 시스템, 무재고 시스템, 풀 시스템, 간반 시스템, 안돈 시스템 → 풀 방식의 자재흐름, 일관되게 높은 품질과 예방적 유지보수, 작업장 간 부하 균일화(heijunka, 생산평준화), 부품과 작업방식의 표준화, 라인흐름과 노동력의 유연성, 생산자동화(jidoka), 작은 로트(lot) 크기, 공급업체와의 유대강화

		• 공급사슬관리 : 효율적 공급사슬과 반응적 공급사슬, 채찍효과, 공급사슬운영참고모형(계획, 조달, 생산, 배송, 반품), SCM 실행프로그램(크로스 도킹, 공급자 재고관리, 유니트 로드 시스템, CPFR, 제3자 물류, RFID, 바코드 시스템)
마케팅	마케팅기회분석	• 마케팅조사 : 표본설계(무작위표본추출, 층화표본추출, 군집표본추출, 편의표본추출, 판단표본추출, 할당표본추출, 눈덩이표본추출), 1차자료와 2차자료, 1차자료의 수집방법(우편조사법, 전화면접법, 대인면접법, 표적집단면접법, 실험조사법), 조사자료의 측정(명목척도, 서열척도, 등간척도, 비율척도), 마케팅정보시스템(내부정보시스템, 고객정보시스템, 마케팅인텔리전스시스템, 마케팅조사시스템, 마케팅의사결정지원시스템) • 소비자행동분석 : 관여도와 상표 간 차이에 따른 소비자행동(복잡한 구매행동, 다양성추구 구매행동, 부조화감소 구매행동, 습관적 구매행동), 관여도와 구매경험에 따른 소비자행동(복잡한 구매행동, 다양성추구 구매행동, 브랜드 충성도, 관성적 구매행동), 구매의사결정과정(욕구 인식, 정보 탐색, 대안평가, 구매결정, 구매 후 행동), 정교화가능성모형(Petty & Caccioppo, 중심경로와 주변경로), 기대불일치모형(Oliver, 일치/불일치, 지각된 성과, 기대), 사회판단이론(Sherif, 수용영역, 중립영역, 거부영역)
	마케팅전략	• STP 전략 : 시장세분화, 목표시장의 선정, 포지셔닝 • 기타 마케팅전략 : 수요상황별 마케팅전략, 성장전략, 제품수명주기전략, 경쟁적 마케팅전략, 해외시장 진출전략
	마케팅믹스	• 제품 : 제품개념의 수준(핵심제품, 실제제품, 확장제품), 구매욕구에 따른 제품의 분류(기능적 제품, 감각적 제품, 상징적 제품), 소비재의 유형(편의품, 선매품, 전문품, 미탐색품), 포장(시각적 소구, 정보, 감성적 소구, 취급용이성), 신제품개발전략(선제적 개발전략, 대응적 개발전략), 신제품 수용과정(인지→관심→평가→시용구매→수용), 소비자수용속도(혁신수용층, 조기수용층, 조기다수수용층, 후기다수수용층, 후발수용층), 제품믹스(폭, 길이, 깊이), 상표개발(라인확장, 상표확장, 복수상표, 신상표), 브랜드자산(인지도, 이미지) • 가격 : 가격결정요인(수요중심 가격전략, 원가중심 가격전략, 경쟁중심 가격전략), 신제품(초기 고가전략, 초기 저가전략, 탄력가격전략), 제품믹스(제품라인 가격전략, 사양제품 가격전략, 종속제품 가격전략, 묶음제품 가격전략), 소비자 심리(명성/긍지/권위가격, 관습가격, 준거/참고가격, 유보가격과 최저수용가격, 단수가격), 가격조정(현금할인, 수량할인, 기능할인, 계절할인, 공제), 프로스펙트 이론(준거의존성, 민감도체감성, 손실회피성), 웨버의 법칙, 최소인식가능차이(JND) • 유통 : 기능(거래기능, 물적유통기능, 조성기능), 유통경로전략(개방적 유통경로전략, 선택적 유통경로전략, 전속적 유통경로전략), 유통경로상 갈등(목표불일치, 역할/영역 불일치, 지각불일치 ⇒ 수평적 갈등과 수직적 갈등), 유통경로시스템(전통적 유통경로시스템, 수평적 유통경로시스템, 수직적 유통경로시스템, 복수유통경로시스템, 역유통경로시스템) • 촉진 : 마케팅 커뮤니케이션, 촉진믹스(광고, PR, 인적판매, 판매촉진)
	마케팅영역의 확장	• 고객관계관리(CRM) : 일대일 마케팅, 쌍방향 의사소통, 데이터베이스 마케팅, 빅데이터 분석(양, 속도, 다양성, 정확성, 가변성, 시각화, 가치 등), 고객자산(객관적 가치, 브랜드 가치, 관계 가치) ⇒ 분석적 CRM, 운영적 CRM, 협업적 CRM

		· 다양한 마케팅활동 : 고객경험관리, 인터넷마케팅, 전자상거래(B2C, C2B, C2C, B2B, B2G, P2P, B2E, O2O), 서비스 마케팅, 전사적 마케팅, 내부 마케팅, 계몽마케팅, 엠부시 마케팅, 바이럴 마케팅, 버즈 마케팅, 뉴로 마케팅, 캐즘 마케팅, 넛지 마케팅, 코즈 마케팅
기타 경영학의 영역들	재무관리	· 효율적 시장가설 : 약형 효율적 시장가설, 준강형 효율적 시장가설, 강형 효율적 시장가설 · 자본구조 : 타인자본과 자기자본의 구성비율 · 자본구조이론 : MM 이론, MM 수정이론, 자본조달순서이론 · 투자안의 경제성 분석 : 순현재가치법, 내부수익률법, 회계적이익률법, 회수기간법, 수익성지수법 · 손익분기점 분석 : 매출액과 비용이 일치하는 매출수준 또는 생산수준 · 레버리지 분석 : 결합레버리지=영업레버리지×재무레버리지 · 위험 : 체계적 위험(분산불가능위험, 시장위험, 베타위험)과 비체계적 위험(분산가능위험, 기업 고유의 위험) · 자본자산가격결정모형(CAPM) : 자본시장선(CML)과 증권시장선(SML) · 재무비율 : 수익성비율(매출액영업이익률, 매출액순이익률, 자기자본이익률, 총자본순이익률 등), 성장성비율(매출액증가율, 순이익증가율, 총자산증가율 등), 활동성비율(총자본회전율, 매출채권회전율, 재고자산회전율 등), 유동성비율(유동비율, 당좌비율 등), 안정성비율(부채비율, 자기자본비율, 이자보상비율 등), 시장가치비율(주가수익률, 주가 대 장부가치비율 등) · 파생상품 : 옵션(콜옵션과 풋옵션 ⇒ 유럽형과 미국형), 스왑, 선물
	회계학	· 회계의 순환과정 : 거래의 인식 → 거래분개 → 원장전기 → 수정전시산표 작성 → 결산정리사항(수정분개) → 수정후시산표(정산표) 작성 → 재무제표 작성 · 기업의 재무상태 : 자산 = 부채 + 자본 · 재무제표 : 재무상태표(자산, 부채, 자본), 포괄손익계산서(수익, 비용), 현금흐름표(영업활동, 투자활동, 재무활동), 자본변동표 + 주석 · 감가상각방법 : 정액법, 정률법, 이중체감법, 연수합계법, 생산량비례법 · 회계감사의견 : 적정의견, 한정의견, 부적정의견, 의견거절
	경영정보 시스템	· 정보의 특성 : 이해성, 적시성, 적절성, 신뢰성, 일관성 · 경영정보시스템 : 거래처리시스템, 전사적 자원관리, 의사결정지원시스템, 중역정보시스템, 전략정보시스템 · 시스템 개발방식 : 시스템 개발 수명주기(시스템 조사, 시스템 분석, 시스템 설계, 시스템 구현, 시스템 유지보수 및 검토), 현대적 시스템 개발방식(프로토타이핑, 신속한 애플리케이션 개발방식, 최종사용자 개발방식) · 데이터베이스의 특성 : 실시간 접근 가능, 지속적인 변화, 동시 공유 가능, 내용 참조 가능 · DBMS의 장점 : 자료에 대한 접근성 및 시스템 응답성 향상, 중앙집중적 자료통제, 데이터의 중복성 최소화, 데이터의 독립성 유지, 데이터의 보안성 보장, 데이터의 일관성 유지 · DBMS의 종류 : 계층형(나무) DBMS, 네트워크 DBMS, 관계 DBMS(SQL), 비관계 DBMS(빅 데이터 기술 ⇒ NoSQL, Hbase) · 정보시스템 보안 : 기밀성, 무결성, 가용성

PART 01

경영학 입문

CH 01　경영학의 기초개념
CH 02　경영자와 기업
CH 03　경영관리
CH 04　경영전략

경영학의 기초개념

제1절 | 경영학과 경영의사결정

1. 경영학

(1) 의 의

경영학(business management)이란 경영현상을 이해하는 학문체계를 말한다. 여기서 경영현상이란 주어진 목표를 위해 한정된 자원을 가장 효율적으로 사용하려는 기업조직의 행위를 의미하고, 기업조직의 행위는 의사결정을 의미한다. 따라서 경영학은 한정된 자원의 최적배분을 위한 의사결정을 이해하는 학문이라고 정의할 수 있다.

(2) 구 성

경영학은 의사결정이라는 관점에서 재무관리, 인적자원관리, 생산운영관리, 마케팅 등으로 구분할 수 있다. 그 외에 이러한 의사결정을 도와주는 분야로써 회계학, 조직행동론, 경영과학, 경영정보시스템 등이 있다.

2. 경영의사결정

(1) 의 의

경영학은 한정된 자원의 최적배분 의사결정이라고 정의할 수 있으며, 이는 경영의사결정이라고 이해할 수 있다. 여기서 경영의사결정(managerial decision making)이란 기업의 목표를 달성하기 위하여 하나 이상의 대안 중에서 최적의 대안을 선택하는 과정을 말한다. 경영의사결정은 의사결정자가 현실(as-is)과 바람직한 상태(to-be) 사이의 차이(gap)를 인식함과 동시에 시작되는데, 여기에는 현실에 대한 문제의식을 바탕으로 현실을 개선하려는 목표의식이 내포되어 있다. 그리고 경영학에서 '현실과 바람직한 상태 사이의 차이'를 문제(problem)라고 하는데, 이러한 이유 때문에 경영의사결정을 문제해결(problem solving)이라고도 한다. 경영의사결정과정은 어느 정도 정형화된 순서를 따르는데, 그 순서는 '문제의 인식과 목표의 설정 → 대안의 도출 → 대안의 평가 → 의사결정(대안의 선택)'이다.

(2) 특 징
① 경영의사결정과 관련된 문제는 복잡하기 때문에 의사결정자가 문제를 정확하게 파악하는 것이 쉽지 않다.
② 경영의사결정과정에는 정보의 불확실성, 환경의 불확실성, 의사결정성과의 불확실성 등 **다양한 불확실성이** 존재한다.
③ 경영의사결정에는 기업의 이익, 비용, 규모, 이미지, 위험 및 기술력 등 다양한 요소들이 동시에 고려되기 때문에 각 대안들을 비교할 때 하나의 기준을 적용하는 것이 아니라 다수의 기준을 적용한다.
④ 경영의사결정에 참여하는 의사결정자들의 가치관이나 위험에 대한 선호정도가 다양하기 때문에 경영의사결정결과가 달라질 수 있다.

〈경영의사결정의 유형〉

기 준	유 형	특 징	
의사결정상황	확실한 상황	의사결정단위=1, 완전정보 ⇒ 수학	
	위험한 상황	의사결정단위=1, 불완전정보(확률정보 포함) ⇒ 통계학	
	불확실한 상황	의사결정단위=1, 불완전정보(확률정보 제외) ⇒ 의사결정기준	
	상충상황	의사결정단위≥2 ⇒ 게임이론	
정보의 유형	정성적	정성정보를 이용한 의사결정	
	정량적	정량정보를 이용한 의사결정	
의사결정성격	정형적(구조적)	일상적, 반복적, 안정적, 과학적	
	비정형적(비구조적)	비일상적, 간헐적, 불안정적, 창의적	
의사결정수준	전략적	최고경영자	전략적 의사결정은 대부분 비정형적 의사결정으로 구성되어 있지만, 일부 정형적 의사결정을 포함
	관리적(전술적)	중간경영자	
	운영적(업무적)	일선(하위)경영자	

제2절 | 경영의 구성요소와 원리

1. 경영의 구성요소

경영의 구성요소는 투입요소(input), 변환과정(transformation process), 산출요소(output) 등이 있으며, 투입요소와 산출요소는 형태의 유무에 따라 구분할 수 있다.

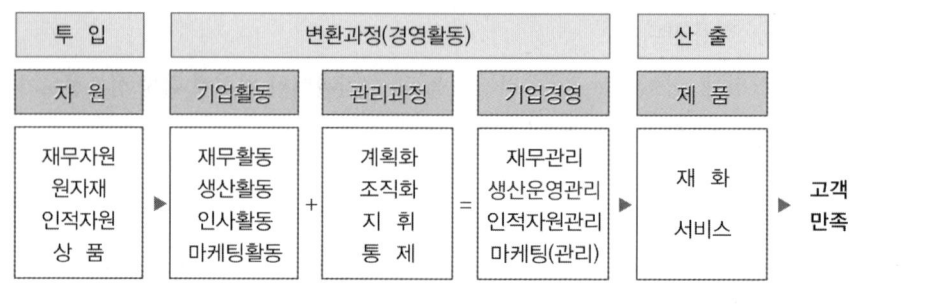

경영의 구성요소

(1) 투입요소

① 유형자원(tangible resources, 유형의 투입) : 눈에 보이고 형태를 가지는 자원을 말한다. 유형자원에는 기업이 제품을 생산하는데 직접적으로 사용되는 자원 즉 토지, 건물, 기계와 같은 물리적 시설, 각종 원자재, 인적자원(human resources), 재무자원(financial resources) 등을 포함한다.

② 무형자원(intangible resources, 무형의 투입) : 개념적 자원(conceptual resources)이라고도 하며, 전략(strategy), 기술(technology), 정보(information), 지식(knowledge) 등과 같이 눈에 보이지 않지만 기업활동에 기여하는 자원을 말한다. 전략은 기업을 어떤 방향으로 그리고 어떤 방법으로 운영할지를 결정하는 것을 의미하며, 이러한 전략수립과 실행의 과정에서 기술, 정보 및 지식이 필요하게 된다.

(2) 관리과정

① 계획화(planning) : 달성할 목표를 설정하고, 그러한 성과를 달성하기 위해서 어떤 행동이 이루어져야 하는가를 결정하는 과정을 말한다. 계획화를 통해서 경영자는 목표를 확인하고 그 목표를 달성하는 방법을 인식하게 된다.

② 조직화(organizing) : 설정된 목표를 달성하기 위해서 기업이 가지고 있는 자원을 배분하고, 계획을 실행하기 위해서 개인과 집단의 행동을 조정하고 조율하는 과정을 말한다. 조직화를 통해서 경영자는 직무를 규정하고 인적자원을 배치하며, 기술 및 자원의 지원을 통해 계획을 실행에 옮기게 된다.

③ 지휘(leading) : 사람들의 열정을 끌어내어 계획을 실행하기 위해 더 열심히 일하도록 사람들을 고취하고 목표를 달성하는 과정을 말한다. 지휘를 통해서 경영자는 인적자원의 행동을 목표에 맞추어 실행에 옮길 수 있도록 촉구하고 최선의 작업을 할 수 있게 영향력을 행사하게 된다.

④ 통제(control) : 목표와 성과를 비교하고 그 차이를 수정하는 과정을 말한다. 통제를 통해서 경영자는 작업을 하는 과정에서 사람들과 역동적인 관계를 유지하고 성과에 대한 정보를 수집하고 분석하여 보다 발전적인 행동을 설계하게 된다.

(3) 산출요소

① 재화(goods, 유형의 산출) : 창출될 수 있고 전달될 수 있는 유형적인 물적 대상을 말한다. 이는 재고의 형태를 가질 수 있기 때문에 추후에 창출 또는 사용이 가능하다. 따라서 생산시점과 소비시점이 일치할 필요가 없다.

② 서비스(service, 무형의 산출) : 재고의 형태로 보유할 수 없으며, 일정시간이 지나면 소멸해 버린다. 따라서 생산시점과 소비시점이 일치해야 한다. 그러나 서비스를 소비한 결과인 서비스 효과는 소멸성을 가지는 것이 아니라 지속성을 가진다.

〈재화와 서비스〉

속 성	재 화	서비스
성 격	유형의 제품	무형의 제품
재고 축적 여부	재고 축적 가능	재고 축적 불가능
고객접촉정도	낮은 고객접촉정도	높은 고객접촉정도
반응시간	긴 반응시간	짧은 반응시간
시장규모	넓은 시장	좁은 시장
설비의 규모	대규모 설비	소규모 설비
통제/관리의 형태	집권적	분권적
집약도의 성격	자본집약적	노동집약적
품질의 측정	품질측정 용이(객관적)	품질측정 곤란(주관적)

2. 경영환경

(1) 의 의

경영환경(business environment)이란 경영성과에 영향을 미치는 기업 내외의 요인들을 말한다. 즉 기업조직에 영향을 미치는 모든 상황적 요소라고 할 수 있으며, 경영활동과 상호작용하는 모든 주변상황 및 영향요인을 포함한다.

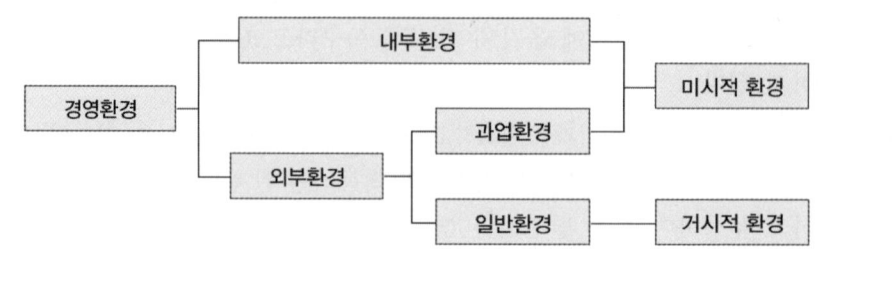

경영환경의 분류

(2) 분류

① 내부환경(internal environment) : 기업의 경계선 안에서 기업성과에 영향력을 행사하는 모든 요소들을 말한다. 기업 내에서 작업이 수행되고 목표가 달성되는 방식에 직접적으로 영향을 미치는 여러 요인을 의미하는데, 여기에는 근로자, 작업흐름, 공장배치, 경영스타일, 보상제도, 조직구조, 조직문화, 자원 등이 포함된다.

② 외부환경(external environment) : 기업의 경계선 밖에서 기업성과에 영향력을 행사하는 모든 요소들을 말하는데, 과업환경과 일반 환경으로 구분할 수 있다. 과업환경(task environment)은 기업과 매우 밀접한 관련을 가지면서 통제가 가능하고 기업의 목표달성에 직접적으로 영향을 미치는 환경요소를 의미하고, 일반환경(general environment)은 특정 대상이 파악되지 않기 때문에 기업의 영향권에서 벗어나 기업이 전혀 통제할 수 없으나 사회 전체의 모든 기업에 간접적으로 공통적인 영향을 미치는 환경요인을 의미한다.

③ 미시적 환경(micro environment) : 기업이 속한 산업의 주요 구성요소들을 의미하는데, 이에는 경쟁자, 소비자, 유통기관, 원재료 공급업자, 주주,[1] 기업의 내부환경 등과 같이 기업의 목표달성에 직접적인 영향을 미치는 요인들이 포함된다.

④ 거시적 환경(macro environment) : 정치적, 법률적, 경제적, 인구변화 등과 같이 기업이 속한 산업 밖에서 발생하여 기업활동에 영향을 미치는 요인을 말한다. 일반적으로 장기적이고 기업의 외부에서 영향을 미치게 되고, 거시적 환경으로는 인구통계학적 환경(인구변화, 가구수 및 가구당 가족수 등), 경제적 환경(경기변동, 물가상승, 소득수준, 경상수지 등), 기술적 환경 및 법률적 환경 등이 포함된다.

(3) 환경불확실성

불확실성이란 의사결정자가 충분한 정보를 가지고 있지 못함으로써 외부 변화를 예측하지 못하는 상태를 의미한다. 따라서 환경불확실성이란 불확실성의 원천이 조직의 외부환경에서 발생한 불확실성을 의미한다. 조직은 지속적으로 환경에 직면하게 되는데, 환경이 복잡

---

[1] 주주는 내부환경으로 볼 수도 있고, 외부환경으로 볼 수도 있다.

하고 불안정하게 됨에 따라 환경의 불확실성은 증가하게 된다. 이러한 환경의 불확실성이 발생하는 원천에는 환경복잡성, 환경동태성, 환경풍부성 등이 있다.

① 환경복잡성 : 조직이 관리해야 하는 특수하고 일반적인 영향력의 강도, 수, 상호결합성에 대한 함수이다. 조직에게 규칙적으로 영향을 미치는 외부요소가 많을수록, 조직의 활동영역에 다양한 조직이 포함되어 있을수록 복잡성의 수준은 높아진다. 따라서 조직의 환경이 더 복잡하면 복잡할수록 환경불확실성은 더욱 커지게 된다.

② 환경동태성 : 과업환경이나 일반 환경이 얼마나 변화하는가에 대한 함수이다. 환경의 변화가 심하고 조직이 이를 예측하지 못하면 환경은 그만큼 불안정하고 동태적이 된다.

③ 환경풍부성 : 조직영역을 지지할 수 있는 자원의 양에 대한 함수이다. 풍부한 환경에서는 조직들이 자원을 확보하기 위해서 경쟁하지 않기 때문에 환경의 불확실성은 낮다.

3. 경영의 원리

(1) 의 의

① 수익성(profitability) : 투입자본에 비해 이익이 크면 클수록 좋다는 원칙을 말한다. 이는 순수한 화폐가치상의 비율을 의미하고, 최대이윤을 얻는 것을 지향하는 원리이다. 수익성은 영리원칙이라고도 하며 비영리 경제주체에는 적용할 수 없다.

② 효율성(efficiency) : 자원의 활용정도를 의미한다. 이는 조직 내부에서 평가하게 되며, 기업의 단기적인 생존과 관련이 있는 개념이다. 효율성은 능률이라고도 한다.

③ 효과성(effectiveness) : 고객만족 또는 조직목표의 달성정도를 의미한다. 이는 조직 외부에서 평가되며, 기업의 장기적인 생존과 관련이 있는 개념이다. 효과성은 유효성이라고도 한다.

〈효율성과 효과성〉

구 분	효율성	효과성
의 의	자원의 활용정도 ⇒ 최소한의 자원투입으로 최대한의 산출	고객만족 또는 조직목표의 달성정도 ⇒ 목표를 최대한 달성
수단과 목표	목표달성을 위한 수단(Do things right) ⇒ 효율성이 높으면 목표달성이 쉽다.	목표를 달성하는 것(Do right things) ⇒ 효과성이 높아야 목표달성이 된다.

※ 성공적인 조직이라면 효율성이 높고, 효과성도 높다.

(2) 조직균형론

버나드(Barnard)는 조직의 목적을 존속과 발전으로 정의하고 이러한 목적을 달성하기 위해 조직은 대내적 균형을 달성하여야 하며, 이를 통해 효율성과 효과성의 유지가 가능하다고 주장하였다. 조직균형 또는 대내적 균형이란 조직구성원이 조직에 공헌(또는 기여)하는 만큼의 유인(또는 만족)을 조직으로부터 얻는 상태를 의미하며, 조직의 균형을 유지하기 위해서는 유인(inducement)이 공헌(contribution)보다 크거나 같아야 한다. 여기서 유인이란 조직이 조직구성원의 동기를 만족시키기 위해 제공하는 효용으로 공헌에 대한 대가를 의미하고, 공헌이란 조직의 목적달성에 기여하는 조직구성원의 활동을 의미한다. 또한, 조직유지의 기본요소에는 공통목적(common purpose), 의사소통(communication), 공헌하고자 하는 의지(willingness to serve)가 있다.

제3절 | 경영학의 발전과정

경영학은 그 관점과 역사적 배경에 따라 이론적인 발전을 하는데, 그 흐름은 '고전적 접근법 → 인간관계접근법 → 계량적 접근법 → 현대 경영이론'의 순서를 따른다. 현대 경영이론은 다양한 경영학 이론들로 구성되는데, 그 중에 가장 중요한 의미를 가지는 연구가 시스템이론과 상황적합이론이다.

〈경영학의 발전과정[2]〉

관 점	이 론	특 징
고전적 접근법	테일러의 과학적 관리법	동작연구와 시간연구, 차별적 성과급제, 기획부제도, 직능별 직장제도(관리활동의 분업), 작업지도표제도 ⇒ 고임금 저노무비
	길브레스 부부의 과학적 관리법	기본동작(therblig)
	포드시스템	컨베이어 벨트 시스템(대량생산 목적, 동시관리) ⇒ 봉사주의(저가격 고임금)
	페이욜의 관리과정론	계획화, 조직화, 지휘, 조정, 통제
	베버의 관료제	명령, 복종, 합법적 권위(규범), 문서 ⇒ 규범의 명확화, 노동의 분화, 역량 및 전문성에 근거한 인사, 공과 사의 구분, 계층의 원칙, 문서화
인간관계접근법	호손연구 (E. Mayo & F. Roethlisberger)	조명실험 → 계전기 조립작업장실험 → 면접연구 → 배전기 전선작업장 실험 ⇒ 집단의 분위기, 참가자들에 대한 관심
계량적 접근법	계량경영학(경영과학)	수리적 모형
	경영정보시스템	경영의사결정지원
현대 경영이론	시스템이론	전체최적화 = Σ부분최적화 + 상호작용
	상황적합이론	기술과 조직구조, 환경과 조직구조

1. 고전적 접근법

(1) 테일러의 과학적 관리법

1) 의 의

테일러(Taylor)는 각 과업을 수행하는 최선의 방법(best way)을 찾아 작업자의 생산성을 향

---

[2] 맥그리거(McGregor)는 경영자들이 가지는 인간의 본성에 대한 관점을 X이론의 사고방식으로부터 Y이론의 사고방식으로 전환해야 한다고 주장하였다. 경영자들이 종업원에게 굳은 신뢰와 지속적인 지원을 보인다면 종업원들은 경영자들의 기대를 저버리지 않고 최선을 다할 것이라는 것이다. 여기서 X이론은 인간이 타율적 존재이기 때문에 외부통제가 필요하다고 보는 관점이며, Y이론은 인간이 자율적 존재이기 때문에 자아통제가 가능하다고 보는 관점이다.

상시키기 위해 과학적 관리법을 주장하였다. 일반적으로 과학적 관리법은 동작연구와 시간연구, 차별적 성과급제, 기획부제도, 직능별 직장제도(관리활동의 분업), 작업지도표제도 등을 그 주요내용으로 한다.

① 동작연구와 시간연구 : 작업자들이 수행하는 과업의 양은 단순히 과거의 경험에 의해서 결정하는 것이 아니라 과학적인 방법인 동작연구(motion study)와 시간연구(time study)를 통한 표준화에 의해 결정한다. 동작연구는 작업자가 실시하는 직무(job)를 과업(task)으로, 과업을 다시 요소동작(element)으로 구분하여 불필요하고 낭비적인 동작을 제거한 후에 과업을 수행하는 최선의 표준화된 작업방법을 도출하는 것이다. 이러한 동작연구와 함께 시간연구를 동시에 실시하는데, 시간연구는 과업을 수행하는데 소요되는 표준시간(standard time)을 측정하여 하나의 과업 또는 일련의 과업을 수행하는데 소요되는 시간을 분석하여 생산성을 평가하는 방법을 의미한다.

② 차별적 성과급제 : 동작연구와 시간연구를 통해 설정된 표준과업 또는 표준시간을 달성한 자에게는 높은 임금을 지급하고, 실패한 자에게는 낮은 임금을 지급하는 형태를 의미한다.

③ 기획부제도 : 과학적 관리법은 작업자를 금전적 수입의 극대화에만 관심을 갖는 경제인으로 가정하기 때문에 차별적 성과급제를 적용하게 되면 자연스럽게 작업자의 생산성은 향상하게 되고, 이로 인해 표준과업을 초과달성하여 고임금을 받게 되는 작업자들의 규모가 점점 더 커지게 된다. 따라서 기업의 입장에서는 주기적인 동작연구와 시간연구를 통해 표준과업 또는 표준시간을 조정할 필요가 있으며 이 역할을 담당하는 기획부가 생겨나게 된다. 즉 기획부에서는 작업의 변경과 조건을 표준화하고 시간연구에 의하여 과업을 설정하며 작업에 관한 모든 계획을 수립하게 된다.

④ 직능별 직장제도(관리활동의 분업) : 작업을 전문화하고 각 전문분야마다 감독자인 직장(foreman)을 각각 두어 작업자를 전문적으로 지휘 및 감독하고자 하는 것을 말한다.

⑤ 작업지도표제도 : 작업을 분담하여 감독하는 직능별 직장들에게 작업지도표에 따라 작업을 지도하게 하는 제도를 말한다. 여기서 작업지도표란 표준작업방법과 이에 대한 표준시간이 동작의 순서에 따라 기입되어있는 표를 의미한다.

2) 과학적 관리법의 4대 원칙

테일러(Taylor)는 동작연구와 시간연구라는 개념을 도입해 어떤 과업을 수행하는 데 필요한 동작을 하나하나 분석함으로써 그 과업을 가장 효율적으로 수행하는 방법을 찾고자 하였다. 이를 위해 다음과 같은 작업자와 경영자 모두에게 경제적으로 도움이 될 수 있는 4가지 원칙을 제시하였다.

① 낡은 주먹구구식 방법을 대체할 수 있는 작업의 과학화 실현
② 종업원의 과학적인 선발, 훈련, 교육 및 개발
③ 모든 작업이 과학의 원리와 일치할 수 있도록 경영자와 작업자 간의 긴밀한 협조관계 유지

④ 경영자와 작업자 간의 균등한 작업 및 책임 분배

3) 과학적 관리법의 특징 및 한계

테일러의 과학적 관리법은 노동생산성 향상에 따라 작업자는 고임금을 받게 되는 동시에 경영자는 일정 금액에 대한 생산량 증가에 따른 저노무비의 혜택을 받게 된다는 고임금 저노무비(high wage, low labor cost)의 원칙에 근거하고 있으며, 테일러는 이를 통해 노사 간 공존공영이 실현될 수 있다고 생각하였다. 그러나 이러한 과학적 관리법은 인간적 측면을 경시하고 인간노동을 기계시하고 있으며, 공장생산 노무관리에 지나지 않는 한계점을 보이고 있다. 또한, 과업의 설정과정이 시간연구자의 주관에 의해 설정될 수 있으며, 금전적인 유인에 의한 능률의 논리만을 강조하였다.

(2) 길브레스 부부의 과학적 관리법

길브레스 부부(Frank & Lillian Gilbreth)는 테일러의 과학적 관리법을 계승 발전시켜 사람의 동작 중에서 불필요한 동작을 찾아 이를 줄이고자 다양한 연구를 하였다. 길브레스 부부는 과업의 성과를 극대화할 수 있는 각종 도구와 장비 개발에도 관심을 기울였는데, 동작연구를 위해 마이크로미터(micrometer)라고 불리는 모션픽처(motion picture) 기계를 개발하여 활용하였다. 그들은 이 기계로 특정직무와 관련된 각 과업을 기본동작(therblig)으로 분해하는 과정에서 작업자의 동작을 기록한 다음, 하나하나 분석함으로써 육안으로는 발견할 수 없었던 불필요한 동작을 찾아내 제거하였다. 즉 불필요한 동작과 작업자의 동작에 내포되어 있는 무리, 낭비 및 불합리를 제거함으로써 그 과업을 수행함에 있어 최소의 동작과 시간으로 가장 효율적인 작업방식을 찾으려 하였다.

〈서블릭의 17가지 기본동작〉

기호	명칭	기호설명	기호	명칭	기호설명
1	빈손이동	빈 접시 모양	10	찾는다	눈으로 물건을 찾는 모양
2	잡다	물건을 잡는 모양	11	선택	선택할 물건을 찾아낸 모양
3	운반	접시에 물건을 담은 모양	12	생각한다	머리에 손을 대고 생각하는 모양
4	위치설정	물건이 손가락 끝에 있는 모양	13	전치	볼링핀 모양
5	조립	조립시킨 모양	14	유지	자석에 쇠조각이 붙어 있는 모양
6	사용	영어의 유스(use)의 머리글자 모양	15	휴식	사람이 의자에 앉아 있는 모양
7	분해	조립된 것으로부터 하나를 뗀 모양	16	피할 수 없는 지연	사람이 걸려 넘어진 모양
8	놓다	물건을 담은 접시를 거꾸로 한 모양	17	피할 수 있는 지연	사람이 누워있는 모양
9	검사	렌즈 모양			

(3) 포드시스템

포드(Ford)는 테일러시스템을 바탕으로 자동적인 기계의 움직임을 종합적으로 연구함으로써 컨베이어벨트시스템(conveyor-belt system)에 의한 대량생산방식을 개발하였다. 이는 동시관리(management by synchronization)를 기본원리로 하여 자동차 생산공장에 적용하기 위한 수단으로 추진한 관리기법이다.

1) 봉사주의

컨베이어벨트시스템은 대량생산을 목적으로 설계된 시스템이다. 포드는 표준화(standardization), 단순화(simplification), 전문화(specialization)의 3S 개념을 이용하여 컨베이어벨트시스템으로 인해 발생하는 문제를 최소화하기 위해 노력하였으며, 이를 통해 생산량을 증가시키게 된다. 이러한 생산량 증가는 규모의 경제(economies of scale)를 통해 생산원가를 낮추게 되고 낮은 가격으로 제품을 고객에게 전달하는 것을 가능하게 하였다. 이러한 과정을 통해 기업은 이윤이 목적이 아니라 사회에 봉사하기 위한 기관이라는 경영이념을 포드는 주장하게 되는데, 이를 봉사주의(고임금 저가격)라고 한다.

2) 포드시스템의 한계

포드시스템은 인간노동을 여전히 기계시하고 있으며, 컨베이어벨트시스템을 기본으로 하고 있기 때문에 한 공정의 정지가 다른 공정에 미치는 영향이 크다. 또한, 설비투자비용 과다발생과 조업도 하락 시 제조원가의 부담이 크고, 시장 수요변동에 대처하기 위한 제품을 추가하거나 생산설비의 변경이 쉽지 않아 유연성이 떨어진다는 한계점을 보인다.

(4) 페이욜의 관리과정론

페이욜(Fayol)은 경영자를 위한 지침과 방향으로써 경영자가 수행해야 할 5개 기능과 경영의 14원칙을 개발하였으며, 집중화가 모든 상황에서 바람직한 것이 아니고 자유재량(latitude)과 분권화(decentralization)는 개별 조직에 의해서 결정되어야 할 균형의 문제라고 제안하였다.

① 경영활동 : 기술활동(생산, 가공 등), 상업활동(구매, 판매, 교환 등), 재무활동(자본의 조달, 운용 등), 보호활동(인적자원의 보호), 회계활동(재무제표, 원가통제 등), 관리활동

② 관리활동 : 계획화, 조직화, 지휘, 조정, 통제

③ 경영의 14원칙 : 업무의 분화, 권한과 책임, 규율, 명령체계의 단일화(명령일원화), 지휘방향의 단일화, 전체이익에 대한 개인의 복종, 종업원에 대한 보상, 집중화, 계층연쇄, 질서, 공정성, 재직의 안정성, 주도권, 집단정신

(5) 베버의 관료제

베버(Weber)가 주장한 관료제(bureaucracy)란 명령, 복종, 합법적 권위(규범), 문서에 기반을 둔 이상적인 조직의 형태를 말한다. 베버는 사회조직이 전통적·세습적 또는 카리스마적 권력자에 의해 지배되어 왔기 때문에 아주 비효율적으로 운영될 수밖에 없었다고 보고, 미리 정해진

규칙과 제도에 따라 조직을 운영하는 것이 가장 합법적3)이라고 주장하였다. 이러한 관료제 조직은 규범의 명확화, 노동의 분화, 역량 및 전문성에 근거한 인사, 공과 사의 구분, 계층의 원칙, 문서화 등의 특성을 가진다. 이러한 관료제는 전문화를 통해 효율을 올릴 수 있으며, 직위에 대한 책임과 권한이 명시되어 있기 때문에 명령계통이 체계적으로 이루어져 있고, 예측가능성과 안정성을 제공해 주는 장점이 있으나, 개인적인 성장을 막고 계층구조로 이루어져 있기 때문에 쌍방향의 의사소통을 어렵게 만드는 단점이 있다.

2. 인간관계접근법 : 호손연구

(1) 의 의

호손연구(Hawthorne studies)란 미국 일리노이주(Illinois)의 웨스턴 전기회사(Western Electric Company Works)라는 전화기 제조회사의 호손공장에서 메이요(E. Mayo)와 뢰슬리버거(F. Roethlisberger)를 중심으로 행한 일련의 연구들을 말한다. 당시 호손공장에서는 테일러의 과학적 관리법에 입각한 성과급 제도를 도입하고 있었으나 생산성 측면에서 만족스럽지 못했다. 따라서 호손공장에서는 작업환경의 물리적 변화나 작업시간, 임률의 변화 등이 종업원의 작업능률에 어떠한 변화를 미치는가를 연구하기 위해 1924년부터 1932년까지 4차에 걸쳐 연구가 진행되었다.

① 조명실험(1924~1927) : 미국 국립과학아카데미 연구팀(National Academy of Sciences)과 웨스턴 전기회사 내의 자체 엔지니어 합동팀에 의해 수행되었으며, 작업자들을 실험집단(experiment group)과 통제집단(control group)으로 나눈 후 통제집단에 대해서 조명의 밝기를 항상 일정하게 하고, 실험집단에는 조명의 밝기를 다양하게 하면서 두 집단의 생산성을 비교하였다. 이 연구는 과학적 관리법의 관점에서 제조단계에서 조명의 밝기가 생산성에 영향을 미칠 것이라는 기대 하에서 실시되었으나, 그 결과는 실험집단의 생산성이 조명이 밝을 때나 어두울 때 모두 높아진 것으로 나타나 조명의 밝기와 생산성 간에는 아무런 관련성이 없는 것으로 나타났다. 따라서 연구자들은 보이지 않는 '심리적 요인'이 더 중요한 영향을 미칠 것이라는 결론을 도출하였고, 이로 인해 작업현장에서 인간의 상호작용에 대한 관심을 불러일으키게 되었다.

② 계전기 조립작업장 실험(1927~1929) : 여성근로자 6명을 대상으로 생산성과 관련될 것으로 간주되는 휴식시간 제공, 간식의 제공, 작업시간 단축 등 물리적인 작업조건들을 변화시키며 생산성의 변화를 살펴보았으나, 이 작업장의 생산성은 물질적 작업조건과 관계없이 서서히 향상되었다. 연구자들은 생산성이 향상된 이유를 작업장 내 우호적인 분위기, 관리자의 칭찬과 실험집단에 대한 기대감 표시, 작업자들이 연구에 참여하게 된 점에 대한 자부심, 작업장

---

3) 베버는 합법성을 획득하는 방법으로 3가지의 권한을 제시하였는데, 이는 전통이나 관습에 의해서 부여되는 전통적 권한, 개인적 능력이나 매력을 통해 부하로부터 자발적으로 순응을 받는 카리스마적 권한, 전문성과 법적으로 정의된 자격요건으로 인해 부여되는 관료적(합리적) 권한이다.

에 감독자가 있지 않아 스스로 작업에 대한 책임감을 느꼈기 때문이라고 판단하였다.

③ **면접연구(1928~1930)** : 계전기 조립작업장 실험에서 발견한 작업자들 간의 생산성에 미치는 심리적 요인을 다시 확인하기 위해 공장의 전체 근로자들을 대상으로 면접연구를 실시하였다. 이 연구를 통하여 작업자의 감정이 미치는 역할을 확인할 수 있었으며, 작업자의 작업의욕은 개인적인 감정에 의해서도 영향을 받지만 그가 속한 집단의 사회적 조건에 따라서 더 크게 좌우된다는 것이 밝혀졌다.

④ **배전기 전선작업장 실험(1931~1932)** : 작업자를 둘러싸고 있는 사회적 조건이 작업능률에 미치는 영향을 파악하기 위해 관찰연구를 실시한 실험이다. 이 실험을 통해 해당 작업장에서는 공장의 공식집단과는 별도로 자생적으로 형성된 비공식집단이 존재한다는 것을 발견하였다. 이 작업집단에는 비공식적인 작업규범이 존재하였고 이 규범이 작업집단의 공동이익을 추구하는 특징을 가지고 있었다.

(2) 결과 및 시사점

1) 결 과

호손연구의 결과는 크게 두 가지 관점에서 요약할 수 있다. 그 하나는 '집단적인 분위기'이다. 종업원은 다른 사람들과의 사회적 관계를 통해서 즐거움을 공유하고 일을 잘 수행하기를 원한다는 것이다. 개인적으로는 생산량의 증가를 통하여 임금을 더 받는 것도 좋지만, 누군가의 해고로 인해 집단 전체가 피해를 입을 수 있다는 두려움이 생산량에 더 큰 작용을 미칠 수 있고 그 결과 스스로 생산량을 조절할 수도 있다는 것이다. 이는 집단적인 분위기가 개인별 생산성에 긍정적 또는 부정적인 영향을 동시에 미칠 수 있다는 것을 보여주었다. 또 하나의 관점은 '참가자들에 대한 관심'이다. 실험실의 종업원들은 연구과정에서 스스로가 존중받는다는 느낌을 가지게 되고, 이러한 느낌이 생산성에 많은 영향을 미칠 수 있다는 것을 보여주었다.

2) 시사점

호손연구는 계획이나 방법이 매우 조악한 수준이었고 실험의 결론을 뒷받침할 만한 실증적인 증거도 부족했기 때문에 연구자들이 몇 가지 사실을 통해서 성급하게 일반화하는 오류를 범할 수 있다. 그러나 호손연구는 생산성 향상에 대한 고전적 접근법의 관점에서 벗어나 인간적인 측면에 초점을 맞추는 계기가 되어 경영적 사고가 변환하는 전환점이 되었다는 것에 의미가 있다. 이 연구는 1950년대와 60년대에 경영적 사고에 중요한 영향을 미친 인간관계운동(human relations movement)의 등장에 기여하였으며, 인간관계운동의 통찰력은 조직 내에서 개인과 집단에 대해 연구하는 분야인 조직행동론(organizational behavior)의 영역으로 발전하였다.

3. 계량적 접근법

(1) 계량경영학(경영과학)

계량경영학(operations research, OR)은 Du Pont와 같은 기업들이 군대와 군장비를 이동하고 잠수함을 배치하기 위해 세계대전 중에 개발되었던 기법들을 기업의 문제에 응용하는 것에서 시작되었다. 이는 다양한 수리적 모형(확정적 모형, 확률적 모형 등)을 이용하여 문제에 대한 해결책을 제시하고 의사결정과정에서 여러 개의 선택방안 중 최선의 것을 선택하는 것을 그 목적으로 하고 있다. 최근에는 계량경영학을 경영과학(management science)이라고도 한다.

(2) 경영정보시스템

경영정보시스템(management information system, MIS)은 경영자에게 경영의사결정에 필요한 정보를 제공하여 경영의사결정을 지원할 수 있도록 설계된 정보기술체계를 의미한다. 따라서 경영자가 의사결정을 수행하는 데 필요한 정보를 제공하는 것을 목적으로 하며, 이를 통해 조직의 내부 및 외부환경에 대한 자료를 보유하고 각 경영계층(최고경영자, 중간경영자, 하위/일선경영자)과 경영활동(재무, 생산, 인사, 마케팅 등)에 필요한 정보를 제공해 준다.

4. 시스템이론

(1) 의 의

시스템이론(system theory)이란 대상을 구성하는 다수의 하위시스템을 분리해서 취급하려는 것이 아니고 하나의 전체로 보려는 관점으로, 조직의 어떤 분야의 활동이 다른 모든 분야의 활동에 영향을 미친다는 이론이다. 여기서 시스템이란 특정목표를 달성하기 위하여 하나의 전체로써 기능하는 상호관련성을 가지는 구성요소들의 집합을 말하며, 독립된 구성요소들은 또 하나의 개별 시스템을 형성하게 되는데 이러한 시스템을 하위시스템(sub-system)이라고 한다. 즉 하나의 시스템은 다수의 하위 시스템으로 구성되어 있다. 대표적인 시스템이론가에는 버나드(Barnard)와 사이먼(Simon)이 있다.

(2) 시스템의 구성요소 및 속성

일반적으로 시스템은 투입물(input), 변환과정(transformation process), 산출물(output), 피드백(feedback) 등으로 구성되어 있다. 시스템은 피드백을 통해 시스템의 동태적 균형을 이루게 되는데, 여기서 피드백이란 시스템이 안정상태를 유지하고 있는가의 여부 또는 파괴의 위험상태에 있는가의 여부를 말해주는 정보적 투입(상호작용)을 말한다. 시스템은 결과지향성(goal seeking), 구조성(structure), 기능성(function), 전체성(holism), 이인동과성(equifinality)[4]의 속성을 가진다.

---

[4] 이인동과성은 시스템 목표를 달성하는 데에는 다양한 수단과 방법이 사용될 수 있다는 것으로, 똑같은 결과를 보이더라도 여기에 작용하는 원인요소는 각기 다를 수 있다는 것이다.

(3) 관련개념

1) 개방시스템과 폐쇄시스템

시스템은 환경과의 상호작용 여부에 따라 개방시스템(open system)과 폐쇄시스템(closed system)으로 구분할 수 있다. 개방시스템은 환경과 상호작용이 이루어지고 있는 시스템을 의미하는데, 일반적으로 조직은 환경과의 상호작용 정도에 차이가 있지만 대부분 개방시스템에 해당한다. 이에 반해 폐쇄시스템은 환경과 상호작용이 이루어지고 있지 않은 시스템을 의미한다.

2) 시스템 경계

시스템 경계(system boundary)란 시스템과 그 환경을 분리시키는 경계를 말한다. 일반적으로 폐쇄시스템의 경계는 경직되고 통과하기 어렵지만 개방시스템의 경계는 좀 더 유연하여 통과하기 쉽다.

3) 시너지와 엔트로피

시너지(synergy)란 전체가 부분의 합보다 크다는 것을 의미하는 것이다. 그러나 모든 시스템에서 시너지가 발생하는 것은 아니며, 피드백 또는 상호작용이 원활하지 않은 경우에는 시스템은 잠식효과(erosion effect)가 발생하고 엔트로피가 증가하여 시스템은 결국 소멸하게 된다. 여기서 엔트로피(entropy)란 시스템이 쇠퇴하고 소멸되어 가는 과정을 말한다.

5. 상황적합이론

(1) 의 의

모든 환경이나 상황에 적용할 수 있는 유일최선의 관리방식(one best way)은 존재할 수 없다. 따라서 환경이나 상황이 바뀌게 되면 유효한 관리방식이 달라져야 하며, 환경이나 조건이 다르면 유효한 조직도 달라져야 한다. 이러한 입장을 취하고 있는 이론을 총칭하여 상황적합이론(contingency theory)이라고 한다. 즉 기업이 처한 상황이 각각 다르기 때문에 그 결과가 다르고, 어떤 상황에서 가장 효과적인 방법이 다른 상황에서는 전혀 다른 결과를 가져올 수 있다는 것이다. 따라서 조직은 상황에 따라 다른 원칙을 적용해야 한다는 것이다. 이러한 상황적합이론은 상황변수, 조직특성변수, 조직유효성변수로 구성되어 있다. 대표적인 상황변수에는 조직규모, 환경, 기술, 조직전략[5] 등이 있고, 조직특성변수에는 조직구조가 대표적이다. 또한, 조직유효성변수에는 직무만족, 직무성과, 조직몰입, 조직시민행동 등이 있다.

---

[5] 챈들러(Chandler)는 조직전략과 조직구조에 관한 연구를 통해 "구조는 전략에 따른다(structure follows strategy)"라는 명제를 발표하였다. 즉 새로운 전략이 성공적으로 수행되기 위해서는 새로운 조직전략의 수행에 적합한 새로운 조직구조나 조직구조의 재편성이 필요하다는 것이다.

(2) 기술과 조직구조와의 상황적합이론

1) 우드워드의 연구

우드워드(Woodward)는 기술을 복잡성[6]의 정도가 높아짐에 따라 고객의 요구에 따라 맞춤생산하는 단위소량생산(small-batch & unit production), 조립라인에 따라 표준품을 생산하는 대량생산(large-batch & mass production), 정유공장과 같이 계속흐름을 통해 생산되는 연속공정생산(continuous process production)의 세 범주로 구분하여 기술유형과 조직구조 간의 관계를 살펴보았다. 그 결과, 대량생산의 경우에는 기계적 조직구조가 적합하고 단위소량생산과 연속공정생산의 경우에는 유기적 조직구조가 적합하다는 사실을 발견하였다.

2) 톰슨의 연구

톰슨(Thompson)은 과업의 상호의존성을 집합적(pooled) 상호의존성, 순차적(sequential) 상호의존성, 교호적(reciprocal) 상호의존성으로 분류하고, 이에 따라 기술을 중개형(mediating) 기술, 장치형(long-linked) 기술, 집약형(intensive) 기술로 분류하고 있다. 이 기술유형에 따라 관리과정이 다르게 나타나며, 결국에는 중개형 기술과 장치형 기술에 있어서는 기계적 조직구조가 적합하고 집약형 기술의 경우에는 유기적 조직구조가 적합하다고 주장하였다.

① 집합적 상호의존성 : 각 구성요소가 각각 독립적으로 달성한 성과의 합이 조직 전체의 성과가 되는 상호의존성을 의미하며, 중개형(매개형) 기술을 사용한다.

② 순차적 상호의존성 : 한 구성요소의 산출이 다른 구성요소의 투입이 되는 상호의존성을 의미하며, 장치형(연속형) 기술을 사용한다.

③ 교호적(호환적) 상호의존성 : 순차적 상호의존성에 피드백 또는 상호작용이 추가된 상호의존성으로 상호의존성의 정도가 가장 크고, 집약형 기술을 사용한다.

〈상호의존성의 유형〉

집합적 상호의존성	순차적 상호의존성	교호적(호환적) 상호의존성
A, B, C의 세 부서가 각각 독립적으로 업무를 수행하여 합한 값이 조직전체의 성과가 되는 관계	A부서의 일이 끝나면 그 다음 단계에서 B부서가 일을 받아 수행하고, 마지막으로 C부서가 일의 마무리를 짓고 완성하는 관계	A, B, C부서가 모두 협력을 통해 많은 정보를 주고받으며 업무를 수행해야 하므로 의존관계도 높고 그만큼 갈등이 발생할 소지가 가장 크다.

---

[6] 기술복잡성은 제조과정이 기계화(mechanization)된 정도와 예측가능성을 의미한다. 즉 기술복잡성이 높다는 것은 대부분의 작업이 기계에 의해 이루어지고 예측이 용이하다는 것을 의미이고, 기술복잡성이 낮다는 것은 사람들이 생산과정에서 더 큰 역할을 수행하고 예측이 어려움을 의미한다. 기술의 복잡성이 높아짐에 따라 관리계층의 수가 많아지고 전체 구성원 중에서 관리자가 차지하는 비율은 높아지게 된다. 즉 복잡한 기술일수록 보다 많은 관리자가 필요하게 된다.

⟨톰슨의 기술유형⟩

기 술	상호의존성	조직구조	유연성	의사소통	예 시
중개형(매개형)	집합적	기계적	중간	낮음	은행
장치형(연속형)	순차적	기계적	낮음	중간	자동차 공장
집약형	교호적(호환적)	유기적	높음	높음	병원

3) 페로우의 연구

페로우(Perrow)는 기술을 과업다양성[7]과 분석가능성[8]에 따라 공학적(engineering) 기술, 일상적(routine) 기술, 비일상적(non-routine) 기술, 장인(craft) 기술로 유형화하였다.

⟨페로우의 기술유형⟩

분석가능성 \ 과업다양성	고	저
고	공학적 기술 (조선업, 건축, 회계사 등) 집권적이고 공식화가 낮은 조직	일상적 기술 (석유정제, 철강, 자동차 조립라인 등) 집권적이고 공식화가 높은 조직
저	비일상적 기술 (기초과학, 우주항공산업 등) 분권적이고 공식화가 낮은 조직	장인기술 (공예산업, 제화업, 가구수선 등) 분권적이고 공식화가 높은 조직

(3) 환경과 조직구조와의 상황적합이론

1) 번즈와 스탈커의 연구

번즈(Burns)와 스탈커(Stalker)는 상황변수를 환경의 동태성으로 규정하여 환경을 정태적인 환경과 동태적인 환경으로 구분하고, 정태적인 환경에서는 기계적인 조직구조가 적합하고 동태적인 환경에서는 유기적인 조직구조가 적합하다고 주장하였다. 물론, 번즈와 스탈커의 연구가 기계적 조직구조와 유기적 조직구조 중 어느 한 쪽이 더 좋다는 것을 의미하는 것은 아니다. 가장 효과적인 조직구조란 조직이 직면한 환경의 특성에 적합한 구조라는 것이다.

---

7) 과업다양성(variety)은 변환과정에서 나타나는 예상하지 못한 새로운 일들의 빈도를 의미한다. 즉 사람들이 조직의 투입물을 산출물로 변환시킬 때 작업절차가 매번 같은 방식으로 수행되는지 아니면 다른 방식으로 수행되는지를 의미한다. 개인들이 예상하지 못한 상황에서 여러 가지 다양한 문제에 직면할 경우에 다양성은 매우 높고, 문제가 거의 없고 직무가 반복적일 경우에는 다양성이 매우 낮다.

8) 문제의 분석가능성(analyzability)은 작업이 기계적 단계로 나누어질 수 있고, 문제를 해결하는 절차가 얼마나 객관적이고 계산이 가능한지를 의미한다. 즉 문제를 해결하는 데 필요한 탐색행동의 정도이다. 분석가능성이 낮은 경우에는 정확한 해결책을 찾기가 어려우며, 문제의 원인이나 해결책이 분명하지 않기 때문에 다양한 사람들의 경험이나 직관, 판단에 의존해야 하고 많은 시행착오를 해야 하는 경우가 있다.

〈번즈와 스탈커의 연구〉

	정태적인 환경	동태적인 환경
조직구조	기계적 조직구조	유기적 조직구조
업무처리	문서화된 규칙이나 절차에 의존	문서화된 규칙이나 절차 거의 없음
의사결정권	집권적	분권적
갈등해결방법	상급자의 의사결정	토론이나 상호작용
정보의 흐름	제한적, 하향적	상하 자유로움
공식화	높음	낮음(유연한 대응 가능)

2) 로렌스와 로쉬의 연구

로렌스(Lawrence)와 로쉬(Lorsch)는 환경의 불확실성을 조직구조의 상황변수로 보고 **환경의 불확실성이 높을수록 조직은 분화를 보다 많이 해야 하고, 분화를 많이 할수록 통합하기 위해서는 별도의 통합부서가 필요하다고 주장하였다.** 즉 환경의 불확실성이 낮거나 중간 정도인 산업에서는 규율, 규칙, 절차, 방침만으로도 통합이 가능하나 그렇지 않은 경우에는 전문통합부서나 전문통합스탭이 추가로 필요함을 주장하였다. 로렌스와 로쉬의 연구에서 분화와 함께 중요한 개념이 통합인데 일반적으로 조직 전체의 목적을 달성하기 위해서는 **부서 간의 분화를 조정해 줄 통합이 필요하다**는 것이다.

경영자와 기업

제1절 경영자

1. 의 의

(1) 역 할

경영자(manager)란 기업의 목표를 효과적으로 달성하기 위해 기업을 이끌어 경영활동을 수행하고, 그 결과에 대해서 책임을 지는 사람을 말한다. 경영자는 기업의 목표를 달성하기 위해 다양한 역할을 수행하는데, 민쯔버그(Mintzberg)는 경영자의 역할을 의사결정역할, 대인관계역할, 정보전달역할로 구분하였다.

① 의사결정역할 : 경영자는 의사결정자로서의 역할을 수행하며, 이러한 의사결정역할은 세부적으로 기업가(entrepreneur), 분쟁의 해결자(disturbance handler), 자원의 배분자(resource allocation), 협상가(negotiator) 등이 있다.

② 대인관계역할 : 경영자가 수행하는 대인관계역할은 경영자가 기업을 지속적으로 원만히 운영해 나가는데 도움을 주는 역할로써 경영자가 다른 사람과의 관계를 개선시키고 좋게 유지하는 역할을 수행한다. 이러한 대인관계역할은 세부적으로 외형적 대표자(figurehead), 리더(leader), 교신자(liaison) 등이 있다.

③ 정보전달역할 : 경영자는 정보를 교환하고 가공하는 역할을 수행한다. 이러한 정보전달역할은 세부적으로 감시자(monitor), 전달자(disseminator), 대변인(spokesman) 등이 있다.

(2) 능 력

경영자의 다양한 역할을 수행하기 위해서는 경영자는 능력을 갖추어야 하는데, 카츠(Katz)는 경영자가 수행해야 할 역할을 위한 능력을 개념적 능력, 인간적 능력, 기술적/전문적 능력의 세 가지로 분류하였다.

① 개념적 능력(conceptual skill) : 기업의 경영을 조정 및 통합할 수 있는 분석적인 사고능력으로 통합적으로 기업의 문제를 해결할 수 있는 능력을 의미한다.

② 인간적 능력(human skill) : 다른 사람과 잘 협조하는 인간관리 능력으로 신뢰, 열정, 대인관계에서의 순수함 등으로 나타난다.

③ 기술적/전문적 능력(operational skill) : 특정한 과업을 수행하기 위해서 특수한 기량과 전문성을 사용할 수 있는 능력으로 경험을 응용하고 특정업무의 능숙한 처리가 가능한 능력을 의미한다.

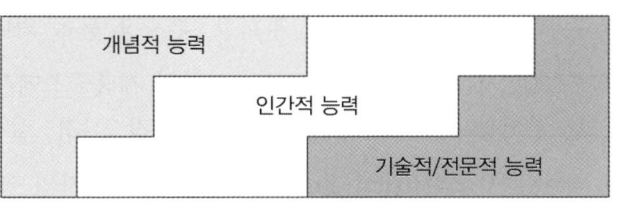

2. 경영자의 분류

(1) 소유와 경영의 분리에 따른 분류

① 소유경영자(owner manager) : 소규모 개인기업을 운영하는 경우에 기업의 소유주가 곧 경영자인 경우를 말한다. 따라서 소유경영자는 소유와 경영이 분리되지 않은 상태에서 자본가가 경영자를 겸하는 경우를 의미한다.

② 고용경영자(employed manager) : 소유경영자가 경영하는 기업의 규모가 점차 커지게 되면 그에 비례하여 다양한 업무가 늘어나 소유경영자 혼자 감당하기 어려워지게 되고, 소유와 경영이 완전히 분리되지 않은 상태에서 소유경영자가 기업 외부에서 경영자를 고용하여 경영의 일부를 분담시키는 경우가 발생하게 되는데, 이러한 경영자를 고용경영자라고 한다.

③ 전문경영자(expert manager) : 주식회사가 기업의 일반적인 형태가 되면서 소유와 경영이 완전히 분리되고, 이로 인해 주식을 보유하고 있는 주주는 주가상승이나 배당 등에 관심을 가지며 기업경영은 전문적인 경영능력을 가진 전문경영자에게 위임하게 된다. 즉 전문경영자는 소유와 경영이 완전히 분리된 상태에서 자본가는 출자자의 자격으로 경영일선에서 물러나고, 전문적인 경영능력과 지식을 갖춘 전문경영자에게 경영의 전부를 위탁하는 경우를 의미한다. 이러한 경영자들은 주주로부터 경영권을 위임받았기 때문에 수탁경영층이라고 부르기도 한다. 전문경영자의 출현은 필연적으로 대리인 문제를 발생시키게 되며, 이로 인해 발생하는 비용을 대리인비용(agent cost)[9]이라고 한다. 즉 주주는 대리인인 경영자가 주주의 부를 극대화하기 위해 노력할 것을 원하지만, 전문경영자는 자신의 이익을 위하여 행동할 수도 있기 때문에 주주는 경영자의 도덕적 해이(moral hazard)로 손해를 볼 수 있다.

---

[9] 대리인비용은 기업의 소유주(주주, 채권자)와 대리인(경영자)과의 상충된 이해관계로 인하여 발생하는 비용으로 감시비용(monitoring cost), 확증비용(bonding cost), 잔여손실(residual cost)로 구분할 수 있다. 감시비용은 본인이 대리인의 이탈행위를 방지하고자 대리인을 감시하기 위해 발생하는 비용을 말하고, 확증비용은 대리인 스스로가 이탈행위를 하지 않고 있음을 확증하기 위해 발생하는 비용을 말한다. 잔여손실은 대리인문제의 발생으로 인해 최적의 의사결정을 하지 않음에 따라 발생하는 부의 감소를 말한다.

(2) 경영자의 계층에 따른 분류
  ① 최고경영자(top manager) : 기업의 계층구조에서 최상위에 위치하여 기업전체를 책임지는 회장, 대표이사, 사장, 부회장, 부사장 등을 의미한다.
  ② 중간경영자(middle manager) : 기업의 계층구조에서 중간에 위치하여 주요 영업단위 또는 부서를 책임지는 사업본부장, 지점장, 부장, 실장, 소장, 차장 등을 의미한다.
  ③ 하위(일선)경영자(first-line manager) : 작업자의 활동을 감독하고 조정하는 경영자로서 기업 내에서 최하위에 있는 경영자를 의미한다.

(3) 직무의 범위에 따른 분류
  ① 총괄경영자(general manager) : 기업전체의 범위에서 경영을 하는 사람을 의미하며, 이는 책임자인 동시에 기업목표를 설정하고 이를 달성하기 위한 전략을 담당한다.
  ② 부문경영자(divisional manager) : 직능경영자라고도 하며, 생산, 마케팅, 재무 등 기업의 일정한 한 부문을 담당하여 그 활동에 책임을 지고 있는 경영자를 말한다.

(4) 지식의 유형에 따른 분류
  ① 일반경영자 : 최고경영자, 공장관리자 등과 같이 여러 전문분야가 연계된 복합적 관리업무를 수행하는 경영자를 말하는데, 일반적으로 일반지식(general knowledge) 위주의 지식을 가지고 업무를 수행하게 된다.
  ② 전문경영자 : 기업경영의 특정분야에 국한된 업무를 수행하면서 그 분야에 전문성을 가진 경영자를 말하는데, 일반적으로 전문지식(specific knowledge) 위주의 지식을 가지고 업무를 수행하게 된다.

3. 기업가

(1) 의 의

기업가(entrepreneur)는 사업을 구상하고 시작하는 사람으로서 그 사업에 대한 조직화, 방향설정, 지휘·감독의 책임을 가진 사람을 의미하는데, 앞에서 설명한 경영자와는 개념상의 차이를 가진다. 일반적으로 기업가는 기업을 시작하는 사람이고 경영자는 기업을 운영하는 사람이라고 구분할 수 있으며, 경영자가 좀 더 포괄적인 개념이라고 할 수 있다.

(2) 기업가정신

기업가정신(entrepreneurship)이란 새로운 기업을 설립하고 사업을 개시하려는 의욕과 능력, 그리고 끊임없이 혁신을 추구하려는 의지를 말한다. 기업가는 이러한 정신으로 사업기회를 창출하거나 선점하여 가치 있는 재화나 서비스를 제공하며 사회에 대한 봉사나 새로운 가치를 창조하는 혁신적 활동도 이에 포함된다. 슘페터(Schumpeter)는 기술혁신을 통해 창조적 파괴(creative destruction)에 앞장서는 혁신자를 기업가로 보았다. 슘페터가 주장하는 혁신(innovation)에는 새로운 상품의 개발, 새로운 생산방법의 도입, 새로운 시장의 개척, 새로운 원료나 부품의 공급, 새로운 조직의 개발 등이 있다.

제2절 | 기 업

1. 의 의

(1) 개 념

기업(corporation)이란 목표를 달성하기 위해 자원을 투입하여 재화와 서비스를 생산하고 판매함으로써 이익을 추구하고 고객들에게 만족을 주는 활동의 수행주체 또는 경제단위를 말한다. 따라서 기업은 다음과 같은 특징을 가진다.

① 기업은 협동성을 바탕으로 하는 하나의 협동시스템이다.
② 기업은 본질적으로 생산기능을 수행하며, 여기서 생산기능은 일반적으로 부가가치의 창출을 의미한다.
③ 기업은 실체(entity)로써의 독립적 존재이다.
④ 가계, 정부와 함께 기업은 개별경제의 단위로써, 경제활동의 직접적인 주체이다.

(2) 목 적

전통적인 관점에서 기업은 이익극대화를 목적으로 한다. 그러나 현대적 관점에서는 기업의 최종적인 목적을 그 존속과 발전에 두고 있으며, 이를 위하여 다차원적인 목적을 달성하는 것 또한 중요하게 되었다. 그리고 기업은 기업의 상황에 따라 추구하고자 하는 목적의 내용과 수를 달리 할 수 있다. 따라서 기업의 목적은 직면하고 있는 상황에 따라 하나의 목적을 추구하는 단일목적론과 다양한 목적을 동시에 추구하는 다수목적론으로 구분할 수 있으며, 기업이 추구하는 목적에는 다음과 같은 것들이 있다.

① **이익극대화 목적론** : 기업의 실질적인 원리는 이익을 추구하는 데 있다는 견해로 기업은 자본주의적인 경영으로 이익을 극대화하는 것을 목적으로 한다는 것이다.
② **생산성증진 목적론** : 생산기능을 수행하는 기업은 생산에 있어서 기술적인 효율성을 높여야 하고, 적은 투입으로 많은 산출을 하여 그 결과를 적절하게 배분해야 한다는 것이다.
③ **봉사목적론** : 기업활동의 원리는 봉사동기에 있다는 것이다. 포드(Ford)는 종업원들에게는 높은 임금을 지불하고 소비자에게는 품질이 좋고 값싼 제품을 공급하는 것이 기업의 목적이고 이익은 그에 대한 봉사의 대가라고 주장하였다.
④ **고객창조목적론** : 드러커(Drucker)에 의하면 기업은 사회로부터 부를 산출하도록 자원을 위탁받은 하나의 사회적 기관이므로 기업의 목적은 사회에 있어야 하며 이것은 고객의 창조라는 것이다.

(3) 분 류

1) 개인기업

개인기업(sole proprietorship)은 개인이 출자하여 경영하는 기업으로 기업형태 중 가장 오래된 사기업이다. 개인기업은 소유와 경영이 분리되지 않은 기업으로 기업에 대한 책임은 무한하다.

2) 합명회사

합명회사(partnership)란 회사의 채무에 관해 직접·무한·연대책임을 지는 사원(무한책임사원)들로만 구성되고, 각 사원이 회사를 대표하며 업무를 집행하는 기업으로 출자자 상호 간의 신뢰관계를 중심으로 설립된 기업을 말한다.

3) 합자회사

합자회사(limited partnership)란 무한책임을 지는 출자자(무한책임사원)와 유한책임을 지는 출자자(유한책임사원)로 구성되는 기업를 말한다. 무한책임사원은 출자와 더불어 경영에도 참여하는 반면에 유한책임사원은 출자만 하고 경영에는 참여하지 않으며 출자액을 한도로 책임을 진다. 따라서 이러한 기업의 형태는 자본은 없으나 경영능력이 있는 사람과 자본은 있으나 경영능력이 없는 사람이 결합하기에 적합한 형태이다.

4) 유한회사

유한회사(limited company)란 출자액을 한도로 하여 기업채무에 대해 유한책임을 부담하는 출자자로 구성되는 소규모 기업을 말한다. 이 형태는 합명회사와 주식회사의 장점을 절충한 것으로 소규모 경영에 직접 참여하면서도 책임의 유한성이라는 이점을 살리려는 의도에서 발달한 기업형태이다. 또한, 소유지분의 일부 또는 전부의 양도는 사원총회의 결의에 의해 허용되며 정관에 양도의 제한을 가하는 것이 가능하고 사원 상호 간의 양도도 정관으로 정하기 때문에 유한회사는 인적 요인에 의해 규제받는 자본적 공동기업이라는 특징을 가지고 있다.

5) 주식회사

주식회사(corporation)란 자본과 경영의 분리를 통하여 일반 투자자로부터 거액의 자본을 조달하고 전문경영자가 기업을 경영하는 자본주의 경제체제에서 가장 대표적인 기업으로 유한책임사원(주주)으로 구성된 회사를 말한다. 주식회사는 자본조달의 용이성, 유한책임제도, 소유권양도의 용이성, 소유와 경영의 분리, 독립된 실체의 특성을 가진다.[10]

6) 공기업과 공사합동기업

공기업(public enterprise)은 공공 내지 행정적 목적을 가지고 국가나 지방공공단체가 출자자가 되

---

[10] 협동조합은 소비자나 비생산자가 이윤배제를 전제로 상부상조의 목적으로 공동사업을 영위하는 것으로 인적 결합체에 해당한다. 따라서 협동정신에 따라 경제적 복리를 향상시키기 위해 구매, 생산, 판매 등의 사업을 영위할 수 있으나, 원칙적으로 영리 그 자체가 목적이 되지는 않는다. 즉 협동조합의 운영원칙은 조합자체의 영리보다 조합원의 상부상조를 목적으로 하고, 조합원은 출자액의 다소에 관계없이 동등한 의결권(1인 1표)이 부여되며 조합의 잉여금 배분은 원칙적으로 조합원의 이용도에 비례한다. 따라서 주식회사는 자본결합체이기 때문에 1주(1원) 1표 주의가 원칙이고, 협동조합은 1인 1표 주의가 원칙이다.

어 경영상의 책임을 지는 기업을 의미한다. 따라서 영리경영 그 자체를 최종 목적으로 하지 않고 복리경영 또는 실비경영을 목적으로 한다. 공사합동기업(mixed undertaking)은 사기업과 공기업의 단점을 배제하고 장점만을 취하려는 목적으로 국가 또는 지방공공단체가 개인 또는 사적단체와 공동출자하여 경영하는 기업이다. 일반적으로 국가 또는 지방공공단체가 자본출자를 하지 않을지라도 개인과 함께 기업경영에 참여하는 경우는 공사합동기업이 되지만, 자본만 출자하고 경영에 참여하지 않는 경우는 공사합동기업이라 하지 않는다.

기업의 분류

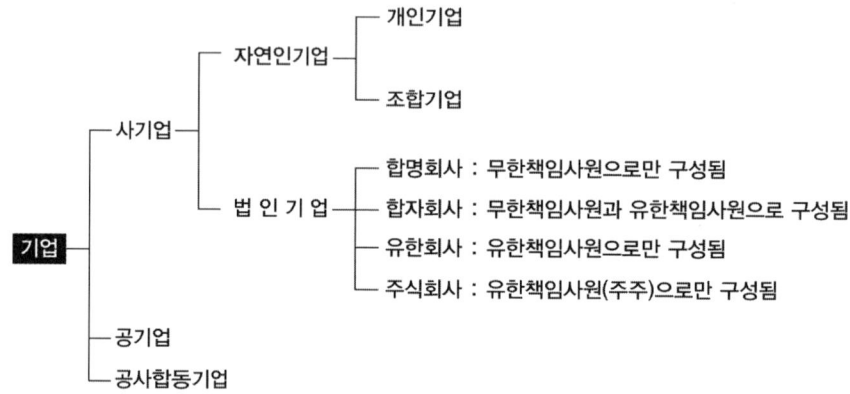

* 1. 법인(法人)이란 법에 의해서 권리·의무의 주체가 될 수 있는 자격을 부여받은 자를 말한다.
2. 회사(會社)란 사원(partner, 출자자 또는 주인이라고도 함)이 다수인 기업을 말한다.
3. 무한책임사원이란 회사의 채무에 대해 무한책임을 지는 사원을 말하며, 유한책임사원이란 회사의 채무에 대해 출자한 금액을 한도로 책임을 지는 사원을 말한다.

2. 역 할

(1) 윤리경영

윤리경영은 **경영활동의 옳고 그름을 구분해주는 규범적 기준을 사회의 윤리적 가치체계에 두는 경영방식**을 의미한다. 즉 기업윤리에 입각한 경영방식을 말하는데, 기업윤리(business ethics)는 경영자의 행동이나 결정의 판단기준과 원칙을 의미하지만, 일반적으로 그 의미를 간단하게 설명하는 것이 그리 쉬운 것은 아니다. 기업윤리는 법률과 같이 정부가 제정할 성격이 아니어서 **강제성이 없기 때문에 사회가 일반적으로 기대하는 기업행동에 관한 불문율에 불과**하며, 암시적인 성격을 띠고 있다. 윤리경영은 기업이 시장으로부터 지속적인 신뢰를 얻는데 기여할 수 있으며, 이를 통해 달성한 긍정적인 기업이미지를 무형자산화하여 기업경쟁력을 강화할 수 있다. 또한, 기업의 경영성과에도 긍정적인 영향을 미치게 된다.

(2) 기업의 사회적 책임

기업의 사회적 책임(corporate social responsibility, CSR)이란 **기업이 기업활동으로 인해 발생하는 사회적 또는 경제적인 문제를 해결하기 위해 기업의 이해관계자와 사회 일반의 요구나 기대를 충족시키는 기업행동의 규범적인 체계를 세우고 그에 따라 올바르게 행동하는 것을** 의미한다. 따라서 사회적 책임을 가지는 기업은 이윤을 내기 위해 노력하는 동시에 법을 준수하고, 윤리적이고 성실한 기업시민의 역할을 수행한다고 할 수 있다. 기업의 사회적 책임은 시대와 기업환경의 변화에 따라서 동태적으로 변화하는 것이 일반적이다. 기업은 이러한 사회적 책임을 이행함으로써 기업의 매출액도 높아지게 되고, 자금조달도 더욱 원활하게 되어 성장과 발전에 더욱 유리하다.[11] 미국 조지아대의 **캐롤**(Carroll) **교수**는 기업의 사회적 책임을 다음과 같이 네 가지의 책임으로 구분하였다.

① **경제적 책임** : 사회가 필요로 하는 재화와 서비스를 생산하여 공급하고 주주를 위해 이익을 극대화할 책임을 가진다. 즉 기업은 사회를 구성하는 기본적인 경제단위로서 재화와 서비스를 생산할 책임을 지고 있다는 것이다.

② **법적 책임** : 기업이 국가가 제정한 각종 법률이나 규칙을 준수할 책임을 말하는 것으로 기업이 법적 요구사항의 구조 내에서 경제적 임무를 수행할 것을 요구한다는 것이다.

③ **윤리적 책임** : 기업의 직접적인 경제적 이익과 관계를 가지지 않으며 법률에도 규정되어 있지 않은 기업의 윤리적 의사결정에 관한 책임을 의미한다.

④ **자선적 책임** : 기업이 경제적·법률적·윤리적 책임과는 관계없이 순전히 자유재량으로 사회에 공헌할 의도로 수행하는 책임을 의미하며, 사회적 기부행위, 약물남용방지 프로그램, 보육시설 운영, 사회복지시설 운영 등이 이에 속한다.

(3) 지속가능경영

기업의 사회적 영향력이 커짐에 따라 전 세계적으로 기업의 사회적 책임에 대한 관심과 요구가 증가하였고, 경쟁이 점점 치열해지면서 기업이 지속적으로 경쟁력을 확보하기 위해서는 제품 가격 및 품질과 같은 기본적인 것 이외에 경영투명성과 윤리경영 등의 이행 여부가 중요한 요소가 되었다. 따라서 **기업이 지속적으로 경쟁력을 확보하기 위한 전략적 목표와 사회문제에 대한 적극적 해결방안을 제시할 수 있는 수단으로 떠오른 개념이** 지속가능경영(corporate sustainability management, CSM)이다. 지속가능경영이란 기업이 경영에 영향을 미치는 **경제적·환경적·사회적 책임**을 종합적으로 고려하면서 기업의 지속가능성을 추구하는 경영활동을 말한다. 즉 기업들이 전통적으로 중요하게 생각했던 매출과 이익 등 **재무성과뿐만 아니라 윤리, 환경, 사회문제 등 비재무성과에 대해서도 함께 고려하는 경영을 통해 기업의 가치를 지속적으로 향상시키려는 경영기법이다.** 지속가능경영은 수익증대라는 경영의 전통적인 가치 외에 경영

---

[11] 기업의 사회적 책임의 성장에 힘입어 공유가치창출(creating shared value, CSV)라는 용어도 등장하였다. 기업의 사회적 책임(CSR)은 기업의 몫을 일방적으로 사회에 떼어주는 것이라면, 공유가치창출(CSV)은 사회문제를 해결하고 이 과정에서 기업도 이익을 늘리는 윈윈(win-win)을 추구한다.

투명성 및 윤리경영의 강조를 통해 전통적으로 기업의 경영범위를 벗어난다고 여겨졌던 사회발전과 환경보호에 대한 공익적 기여를 중시한다. 이는 기업이 경제적·사회적·환경적 책임을 다하고 다양한 이해관계자와의 협력과 합의를 통해 서로 공생하는 길을 모색해야만 기업의 생존과 성장도 가능하다는 문제의식에서 비롯된 것이다.[12]

지속가능경영의 구성

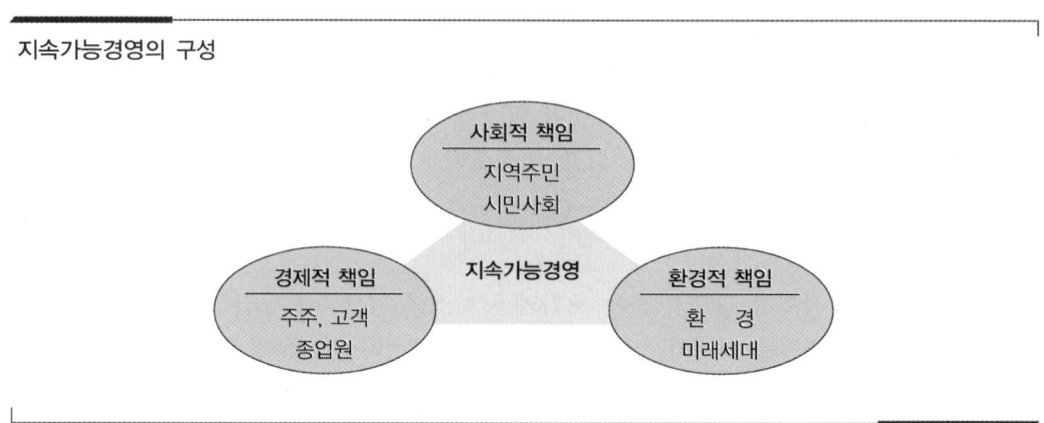

---

[12] 지속가능경영이 발전된 개념으로 ESG 경영이 있다. ESG는 기업의 비재무적 요소인 환경(environment)·사회(social)·지배구조(governance)를 뜻하는 말이다.

제3절 | 기업집단화

1. 의 의

(1) 개 념

기술의 발전과 자본규모의 증가에 따라 기업의 규모가 대형화되면서 보다 많은 제품을 보다 저렴한 가격으로 시장에 공급하게 되었고, 이로 인해 어떤 제품은 시장수요를 초과하여 과잉생산이 되고 있으며 때로는 생산원가 이하로 판매하는 경우도 있다. 이러한 경우에 기업 유지를 위해 기업들은 과도한 경쟁을 서로 제한하거나 배제하여 시장에 대한 지배 강화, 이윤 확보 및 경영의 합리화를 추구하게 되고 몇 개의 기업이 모여 보다 큰 경제단위로 결합하게 되는데, 이를 기업집단화라고 한다. 즉 기업집단화는 단독기업에서 벗어나 둘 이상의 단위기업이 보다 큰 경제단위로 결합하는 것이다.

(2) 분 류

1) 결합방향에 따른 분류

기업집단화는 결합방향에 따라 수평적 결합(horizontal integration)과 수직적 결합(vertical integration)으로 분류할 수 있다. 여기서 수평적이라는 것은 동일 단계를 의미하고, 수직적이라는 것은 다른 단계를 의미한다.

① **수평적 결합** : 같은 산업에서 생산활동단계가 비슷한 기업 간에 이루어지는 통합을 의미하는데, 서적이 고객에게 전달되는 경우에 출판사와 경쟁 출판사와의 통합과 서점과 경쟁 서점과의 통합 등이 이에 해당한다.

② **수직적 결합** : 한 기업이 생산과정이나 판매경로상 이전 또는 이후의 단계에 있는 기업과의 통합을 의미하는데, 서적이 고객에게 전달되는 경우에 출판사와 종이공급업체와의 통합과 출판사와 서점과의 통합 등이 이러한 형태의 결합에 해당한다. 수직적 결합은 다시 전방통합과 후방통합으로 구분할 수 있는데, 전방통합은 통합주체의 입장에서 고객방향에 있는 기업을 통합하는 것을 의미하고, 후방통합은 통합주체의 입장에서 공급업체방향에 있는 기업을 통합하는 것을 의미한다.

2) 독립성에 따른 분류

기업의 독립성은 크게 경제적 독립성과 법률적 독립성으로 구분할 수 있는데, 이러한 경제적 독립성과 법률적 독립성의 존재 유무에 따라 기업집단화는 카르텔(kartel, cartel), 콘체른(konzern, concern), 트러스트(trust)로 분류할 수 있다.

① **카르텔** : 다수의 동종 또는 유사기업이 경쟁을 제한하고 시장의 독점적 지배를 위해 경제적 독립성과 법률적 독립성을 유지하면서 기업 간 협정[13]을 통해 결합하는 기업집단화의

---

[13] 협정에 참여하지 않은 기업을 아웃사이더(outsider)라고 한다.

형태로 기업연합이라고도 한다. 카르텔에 참여하는 기업들은 경제적 및 법률적으로 완전히 독립되어 있기 때문에 협정에 구속력이 없다.

② 콘체른 : 여러 개의 기업이 **법률상으로는 형식적 독립성을 유지하면서 실질적으로는 출자관계 또는 금융관계를 통해 경제적 독립성을 상실한 기업집단화의 형태**이다. 일반적으로 대기업이 여러 산업에 속하는 많은 기업을 지배할 목적으로 형성되며, 수평적으로는 물론 수직적 또는 다각적으로 결합되기도 한다.

③ 트러스트 : 시장의 경쟁을 제한하고 시장을 독점하기 위해 각각의 개별기업들이 경제적 독립성과 법률적 독립성을 완전히 상실하고 자본적으로 결합하는 기업집단화의 형태로 기업결합(corporate combination)이라고도 한다. 트러스트는 시장의 지배뿐만 아니라 생산공정의 합리화 및 생산비의 절약도 가능하며, 각 기업이 자발적으로 결합하거나 하나의 기업이 다른 기업의 주식을 매수함으로써 결합되는데, 이는 기업의 인수 및 합병(M&A)과 같다고 할 수 있다.

〈독립성에 따른 기업집단화의 분류〉

구 분	카르텔	콘체른	트러스트
독립성	경제적 독립성 유지 법률적 독립성 유지	경제적 독립성 상실 법률적 독립성 유지	경제적 독립성 상실 법률적 독립성 상실
존속성	협정기간 동안	자본적 지배	완전한 통일체
구속력	제한적	경영활동의 구속	내부 간섭
결합방법	동일업종의 수평적 결합	수평적/수직적 결합	수평적/수직적 결합

2. 기업의 인수 및 합병

(1) 의 의

기업의 성장전략은 크게 내부성장전략과 외부성장전략으로 구분된다. **내부성장**(internal growth)이란 효율적인 자금조달과 조달된 자금을 이용한 최적투자를 통해서 성장하는 것을 의미하고, **외부성장**(external growth)이란 다른 기업과의 인위적인 사업결합을 통해 성장하는 것을 말한다.[14] 기업의 인수 및 합병(M&A)이란 **별개의 기업들 또는 사업들을 하나의 기업으로 통합하는 것**을 의미하는데, 이러한 기업의 인수 및 합병을 통한 외부성장은 다음과 같은 이점이 있다.

① 자사의 제품에 원료를 공급하는 기업과 결합하거나 또는 자사의 제품을 판매하는 기업과 결합함으로써 원가를 절감시킬 수 있다.

② 동일한 업종에 종사하는 기업과 결합함으로써 시장점유율의 확대를 통해 시장에서 지배적

---

[14] 기업의 인수 및 합병의 동기는 경영전략적/영업적 동기와 재무적 동기로 나눌 수 있다. 경영전략적/영업적 동기에는 조직성장의 지속화, 경영효율의 극대화, 시장지배력의 확대, 첨단기술의 도입, 시장참여시간의 단축, 국제화의 추구, 저평가된 기업의 활용 등이 있고, 재무적 동기에는 위험분산효과, 자금조달능력의 확대, 자본이득의 실현 등이 있다.

인 위치를 확보할 수 있다.

③ 영업상 서로 관련이 없는 기업과의 결합을 통해 경영위험을 크게 분산시킬 수 있다.

(2) 형 태

1) 합 병

합병이란 둘 이상의 기업이나 사업이 경제적·법률적으로 하나의 보고기업으로 통합되는 결합을 의미한다. 이러한 합병에서는 흡수합병(merger)과 신설합병(consolidation)이 있다.

① 흡수합병 : 한 기업이 다른 기업 또는 사업의 순자산을 양도받고 다른 기업 또는 사업은 법률적으로 소멸하는 것을 의미하는데, 이를 진정한 합병이라고도 한다. 예컨대, 기업 A가 기업 B의 모든 자산·부채를 이전받고 기업 B를 법률적으로 소멸시키는 형태의 합병이 흡수합병인 것이다. 여기서 합병이 완료된 후 존속기업인 기업 A를 합병기업이라고 하며, 합병이 완료된 후에 소멸되는 기업인 기업 B를 피합병기업이라고 한다.

② 신설합병 : 둘 이상의 독립된 기업 또는 사업이 결합하여 하나의 새로운 기업을 신설하는 것을 의미하는데, 이를 대등합병이라고도 한다. 예컨대, 기업 A와 기업 B가 모든 자산·부채를 새로운 기업 C에 이전하고 기업 A와 기업 B는 법률적으로 소멸하는 형태의 합병이 신설합병인 것이다. 이때 기업 C는 합병기업이 되며, 기업 A와 기업 B는 피합병기업이 된다.

2) 취 득

취득(acquisition)이란 기업매수 또는 주식취득에 의한 사업결합이라고도 하는데, 한 기업이 법적으로 독립된 다른 기업의 의결권 있는 주식의 전부 또는 일부를 취득함으로써 그 기업을 자기의 지배하에 두는 경우의 사업결합을 말한다. 예컨대, 기업 A가 기업 B의 의결권 있는 주식의 과반수를 취득하여 경영권을 통제함으로써 지배·종속관계를 형성하는 경우의 사업결합을 말한다.

3. 적대적 M&A

(1) 의 의

적대적 M&A란 인수기업(취득자, 합병기업, 지배기업)과 인수대상기업(피취득자, 피합병기업, 종속기업)의 경영자 간에 협상을 통해 M&A가 이루어지는 것이 아니라, 인수기업이 인수대상기업 경영자의 의사와는 무관하게 M&A를 하는 것을 말한다. 여기서는 인수기업이 수행하는 적대적 M&A의 공격방법과 인수대상기업이 수행하는 적대적 M&A의 방어방법에 대해서 살펴보기로 한다.

(2) 공격방법

1) 주식공개매수

주식공개매수(tender offer, take over bid, TOB)란 인수대상기업의 주주들에게 공개적으로 제안하여 주식을 매입함으로써 인수대상기업의 지배력을 획득하는 방법을 말한다. 즉 인수대상기업의 주주들을 대상으로 공개매수기간 동안 특정한 공개매수가격에 주식을 매입하겠다는 것을 공고 등의 방식을 통해 공개적으로 제안하여 주식을 매입하는 것을 말한다. 따라서 인수대상기업의 주주들은 공개매수를 통해 장내보다 비싼 가격에 주식을 매도할 수 있다.

2) 백지위임장투쟁

백지위임장투쟁(proxy contest)이란 주주총회에서 현 경영진에 반대하는 주주들의 의결권을 위임받아 인수대상기업의 지배력을 획득하는 방법을 말한다. 이러한 위임장투쟁을 이용하면 합병이나 취득에 비해 훨씬 경제적으로 지배력을 획득할 수 있다.

3) 차입매수

차입매수(leverage buy-out, LBO)란 인수대상기업의 자산이나 수익력을 담보로 자금을 차입하여 해당 기업의 지배력을 획득한 후에 인수대상기업의 현금흐름이나 자산매각을 통해 해당 채무를 상환해가는 지배력 획득방법을 말한다. 이러한 차입매수를 이용하면 상대적으로 적은 자기자본만으로 기업을 인수할 수 있다는 이점이 있지만, 부채비율이 높아져서 채무불이행위험과 재무위험이 증가하는 문제점이 있다.

4) 파 킹

파킹(parking)이란 법률상 제한을 회피할 목적으로 인수기업에게 우호적인 관계에 있는 제3자(흑기사)에게 대상기업의 주식을 매입해 일정기간 보유하도록 하는 것을 말한다. 이는 주식시장에서 목표주식을 비공개로 원하는 지분율까지 지속적으로 매수하는 방법이 된다.

(3) 방어방법

1) 역공개매수

역공개매수(counter tender offer)란 인수기업이 인수대상기업의 주식에 대해 공개매수를 하는 경우에, 이에 맞서 인수대상기업이 인수기업의 주식에 대한 공개매수를 하여 정면대결을 펼치는 전략을 말하는데, 이를 팩맨 방어(pac-man defense)라고도 한다. 이는 상호보유주식에 대해 의결권이 제한되는 상법규정을 이용하는 방법이다.

2) 의결정족수특약

의결정족수특약(super majority voting provision)이란 합병승인에 대한 주주총회의 결의요건을 강화하는 방법을 말한다. 즉 합병승인을 위한 주주총회에서 결의요건을 일반적인 주주총회에서의 결의요건보다 훨씬 많은 의결정족수를 요구하는 의결정족수특약을 미리 회사의 정관에 둔다면, 적대적 M&A를 시도하는 투자자는 의결정족수특약을 충족시키기 위해 보다 많은 대가를 지불해야 하므로 적대적 M&A를 어렵게 만들 수 있다.

3) 황금낙하산

황금낙하산(golden parachute)이란 기존의 경영진이 적대적 M&A로 인해 임기만료 이전에 타인에 의해 해임되는 경우 거액의 보상금을 지급하도록 하는 고용계약을 말한다. 사전에 이와 같은 고용계약을 체결해 두는 경우에는 기업의 인수비용이 과다하게 되므로 M&A의 유인이 감소될 수 있다.

4) 이사임기교차제

이사임기교차제(staggered terms for directors)란 이사들의 임기만료시점이 분산되도록 하는 것을 말한다. 사전에 이와 같이 일시에 선출되는 이사의 수를 제한하는 규정을 두는 경우에는 이사들의 임기만료시기가 서로 다른 시점으로 분산되어 기업을 인수하더라도 기업 지배력의 조기 확보가 어렵게 된다.

5) 백기사

백기사(white knight)란 적대적 M&A의 대상이 되는 기업의 기존 경영진에게 우호적인 제3자를 말한다. 기존의 경영진은 백기사와의 우호적인 협상을 통해 적대적 M&A 시도를 방어하면서 경영자의 지위를 계속 유지할 수 있다.

6) 독소조항

독소조항(poison pill)이란 적대적 M&A가 성사되는 경우에 인수자가 매우 불리한 상황에 처할 수 있도록 하는 규정이나 계약을 말한다. 그 예로써 기존 주주들에게 적대적 M&A가 성사되는 경우에 새 기업 주식의 상당량을 할인된 가격에 매입할 수 있는 권리를 부여하는 규정을 두는 것이나 채권자에게 기업이 인수되는 경우 만기일 이전에 고액의 현금상환을 청구할 수 있는 채권을 발행하는 것 등을 들 수 있다. 대표적인 독소증권에는 상환우선주, 전환우선주, 신주인수권부사채, 전환사채 등이 있다.

7) 자기주식의 취득(자사주 매입)

적대적 M&A의 대상이 되는 기업이 자기주식을 취득함으로써 적대적 M&A를 방어할 수 있다. 적대적 M&A를 시도하려는 기업으로 하여금 인수대상기업의 주식확보를 어렵게 하고 발행주식수도 감소되어 자연히 대주주의 지분을 상승시키는 효과를 얻을 수 있으며, 인수대상기업의 주식매수 수요가 증가됨으로써 주가를 상승시켜 매수비용을 증가시키기도 한다.

8) 왕관의 보석

왕관의 보석(crown jewel)이란 적대적 M&A 시도가 있는 경우에 왕관의 보석과 같이 기업의 핵심적인 사업부문을 매각하여 인수시도를 저지하는 방법을 말한다. 그 예로써 인수대상기업이 새로운 기업을 설립하고 동 기업에 핵심자산을 매각하는 것을 들 수 있다.

9) 불가침협정

불가침협정(standstill agreement)이란 인수기업이 매입한 자사 주식을 높은 가격에 재매입해주는 대신에 인수의도를 포기하도록 계약을 맺는 방법이다. 그리고 인수대상기업의 주식을 매집한 후에 적대적 M&A를 포기하는 대가로 프리미엄이 포함된 높은 가격에 주식을 재매입하도록 인수대상기업의 경영자 또는 대주주에게 제안하는 것을 녹색편지(green mail)라고 한다.

경영관리

제1절 | 계획화

1. 의 의

(1) 개 념

계획화(planning)는 기업의 목표를 달성하는데 필요한 모든 활동들의 윤곽을 잡는 과정을 말한다. 계획화를 통해 경영자들은 자원을 어떻게 배분할 것이며 각 활동을 조직구성원과 작업집단에 어떻게 할당할 것인가를 결정하게 된다. 계획화의 결과로 얻은 산출물을 계획(plan)이라고 하며, 계획이란 행동을 위한 청사진으로써 기업이 그 목표를 실현하는데 필요한 활동들이 무엇인지를 규정하게 된다. 계획화의 목적은 기업이 고객에게 제공하는 재화나 서비스를 생산하는 활동을 효과적이고 효율적으로 수행하도록 돕는 것이다. 즉 기업의 구성원들에게 재화와 서비스를 생산할 때 구성원들이 수행해야 하는 역할에 대한 기준과 방향을 제시하는 것이다. 일반적으로 계획화는 '현재 상황에 대한 평가 및 기회의 인식 → 목표의 설정 → 계획전제의 설정 → 대안의 탐색과 검토 → 대안의 평가 → 대안의 선택 → 파생계획의 수립 → 예산편성 및 실행'의 순으로 이루어진다.

(2) 장 점

① 효과적인 통제시스템 : 계획에 명시된 활동의 수행이 평가되고 목표달성의 진행과정이 감시되어야 하며, 계획은 기업이 올바른 방향으로 나아가고 기업의 목표를 달성하는데 도움을 주는 역할을 수행한다.

② 미래지향적 사고 : 계획은 과거보다 미래에 기업으로 하여금 더욱 효과적이고 효율적으로 업무를 수행할 수 있도록 준비하게 만든다.

③ 참여적 작업환경 : 기업이 계획을 수립하고 이를 성공적으로 실행하기 위해서는 폭넓은 조직구성원의 참여가 요구된다.

(3) 단 점

계획을 수립하는 데는 막대한 시간과 비용이 요구된다. 따라서 계획은 경영자들의 의사결정을 지연시킬 수 있으며, 이러한 의사결정의 지연은 기업의 성공이 변화에 어느 정도 빨리 적응하는가에 달려있는 경우에는 큰 손실을 초래할 수 있다.

2. 목표에 의한 관리

(1) 의 의

목표에 의한 관리(management by objectives, MBO)는 드러커(Drucker)와 맥그리거(McGregor)가 주장한 개념으로, 측정가능한 특정 성과목표를 상급자와 하급자가 함께 합의하여 설정하고, 그 목표를 달성할 책임부문을 명시하여 이의 진척사항을 정기적으로 점검한 후 이러한 진도에 따라 보상을 배분하는 경영시스템을 말한다. MBO의 목적은 하급자들을 목표설정과 계획과정에 참여시켜 그들의 목소리를 반영하고, 일정기간 동안 그들이 구성원으로서 또는 작업집단으로서 달성해야 할 일이 무엇인가를 분명히 인식시킴과 동시에 그들의 활동을 기업의 목표달성과 직접적으로 연관시키는 것이다.

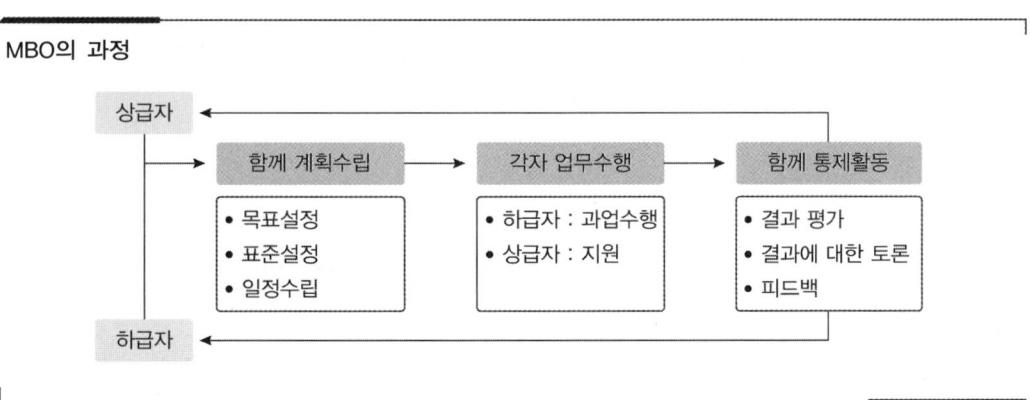

MBO의 과정

(2) 구성요소

1) 목표의 설정

목표의 설정(goal setting)이란 측정가능하고 비교적 단기적인 목표를 설정하는 것을 말한다.[15] 또한 그 목표는 조직의 장기적이고 일반적 목표와 관련되어 설정되어야 하며, 조직계층별로 목표가 수립되어야 한다. 구체적이고 검증가능한 목표의 설정은 조직구성원 각자의 책임영역을 분명히 하고, 역할갈등과 역할모호성을 최소화시켜 보다 효과적인 관리를 가능하게 한다.

2) 참 여

참여(participation)란 하급자를 목표설정에 참여시키는 것을 말한다. 하급자가 수행할 목표를 상급자와 하급자의 협의를 거쳐 설정하게 되면 그 목표는 보다 현실성이 있게 되고, 목표설정에 참여한 사람은 그 목표를 보다 쉽게 수용하게 되기 때문에 직무만족도와 생산성이 향상될 것이다.

---

[15] 목표설정에 있어서 SMART 원칙이 적용되어야 한다. 즉 목표는 구체적이어야 하고(specific), 측정이 가능해야 하고(measurable), 달성가능하면서도 도전적이어야 하고(achievable), 현실적이면서 결과 지향적이고(realistic & results-oriented), 시간제약적 즉, 평가기간 이내에 처리할 수 있어야 한다(time-bounded).

3) 피드백

피드백(feedback)이란 상급자와 하급자 사이의 상호작용을 말한다. 목표를 설정할 때 하급자의 의견이 상급자에게 반영되도록 해야 하며, 상급자와 하급자가 함께 각각의 목표추구과정과 달성정도를 정기적으로 검토·측정·평가해야 한다.

(3) 특 징

① 목표설정과 관리과정을 동시에 강조하고, 목표를 명확히 하여 갈등상황에 있는 다양한 목표를 확인한다.
② 참여의 기회를 제공하여 구성원들의 참여의욕을 고취시키고, 목표달성도의 측정과 피드백을 통하여 효과적인 통제기구역할을 한다.
③ 구성원으로부터 성과에 대한 약속을 유도하여 결과에 대한 책임을 명확히 하고, 구성원 및 경영자를 합리적으로 평가하는 수단을 제공한다.

(4) 성공요건

① 최고관리층이 MBO의 실행을 솔선수범하여 지원한다.
② MBO를 실시할 수 있도록 조직구조의 분화 및 통제과정이 있어야 하며, 조직의 다른 관리활동과 상호보완적이어야 한다.
③ 개인과 개인, 조직단위와 조직단위, 그리고 조직과 환경 사이에 의사가 소통되고 피드백 과정이 마련되어 있어야 한다.
④ 미래의 상황을 어느 정도 정확하게 예측할 수 있도록 조직 내외의 여건이 안정되어 있어야 한다.

(5) 한 계

① 신축성 또는 유연성이 결여되기 쉽고, 단기적 목표를 강조하는 경향이 있다.
② 모든 구성원의 참여가 현실적으로 쉽지 않으며, 부문 간에 과다경쟁이 일어날 수 있다.
③ 숫자 또는 계량적인 측정의 강조로 인해 계량화할 수 없는 성과가 무시되는 경우가 있다.
④ 전략적 목표보다는 당장 시급한 업무적 목표가 우선시되는 경향이 있다.
⑤ 하급자들이 너무 쉬운 목표를 세우려는 경향이 있다.

제2절 조직화

1. 의 의

(1) 개 념

조직화(organizing)란 조직의 목표를 효과적으로 달성하기 위하여 수행해야 할 직무의 내용과 인적자원 간의 상호관계를 설정하는 과정을 말한다. 이러한 과정을 통해 직무수행에 필요한 권한과 책임을 부여하고, 조직목표를 실현하기 위해서 기업이 가지고 있는 다양한 자원을 배분하게 된다. 즉 조직화는 기업이 각종 자원을 활용하는 방법과 관련이 있다. 일반적으로 조직화의 결과는 조직구조로 나타난다. 따라서 조직화는 조직의 목표, 자원 및 환경에 적합하도록 조직구조를 형성하는 과정이라고 볼 수 있다.

조직화의 의의

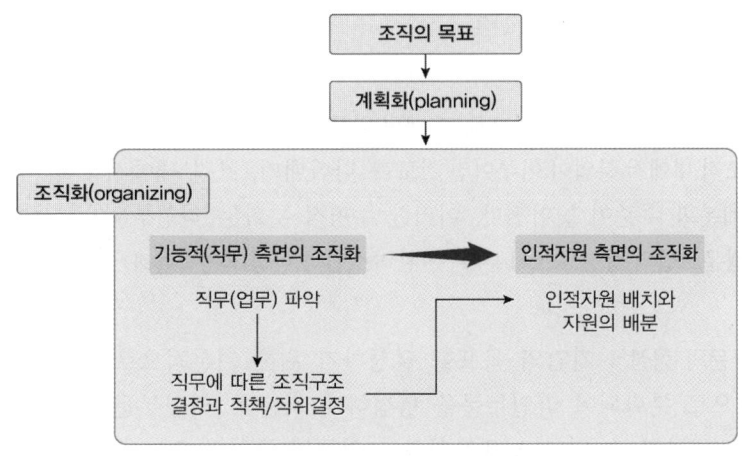

(2) 구성요소

1) 직 무

직무(job)란 조직의 목표달성에 필요한 인적자원의 활동을 말한다. 일반적으로 개인이 담당할 수 있는 일정분량을 단위로 하여 계획하고 확정되는 것이다. 이러한 직무가 전문화의 원칙을 가미하여 기능별로 정돈될 때 이를 직능이라고 한다.

2) 직 위

직위(position)란 직무 또는 직능이 권한의 계층적 관계와 결부되어 형성된 조직상의 위치를 말한다. 즉 수행해야 할 일정한 직무가 할당되고, 그 직무를 수행하는데 필요한 권한 및 책임이 구체적으로 규정되어 조직의 각 구성원인 개인에게 부여된 조직상의 위치이다.

3) 상호관계의 설정

조직을 합리적으로 편성하기 위해서는 조직 상호 간의 중복 및 모순을 최소화해야 한다. 따라서 각 직위의 직무범위와 권한을 규정하고 직위 상호 간에도 관계를 합리적으로 설정해야 한다.

4) 권 한

권한(authority)이란 일정한 직무를 스스로 수행하거나 또는 다른 사람으로 하여금 수행하도록 하는데 필요한 공식적인 힘 또는 권리를 말한다. 따라서 권한이 효율성을 가지기 위해서는 조직 내에서 공식적인 성격을 가지고 있어야 하며, 하급자의 수용이 이루어져야 한다.

5) 책 임

책임(responsibility)이란 조직목표를 달성하기 위해 일정한 권한을 행사하고 직무를 수행하는데 따르는 의무를 말한다. 즉 지시된 기준에 따라 책임사항을 수행하고 권한을 행사하는 모든 구성원은 그 업무수행결과에 대해 책임을 져야 한다.

(3) 과 정

1) 수평적 분화

수평적 분화란 조직이 수평적으로 몇 개의 업무단위로 나누어져 있는가를 의미하는데, 수평적 분화는 조직 내에서 분업이 이루어진 정도를 나타내며, 조직 내에서 기능이 많이 필요할수록 수평적 세분화 수준이 높아진다. 이러한 수평적 분화는 '라인부문의 형성(단위적 분화 → 직능적 분화) → 전문스탭의 형성(요소적 분화) → 관리스탭의 형성(과정적 분화)'의 순서로 그 절차가 진행된다.

① 라인부문의 형성 : 기업의 목표를 달성하기 위해 기본적으로 수행되어야 할 활동들이 1차적으로 분화되어 라인부문을 형성하게 되는데, 라인부문은 단위적 분화와 직능적 분화로 구분할 수 있다. 단위적 분화는 업무의 통일성 또는 구매, 생산, 판매 등의 경영활동을 지역별, 제품별 또는 고객별로 분화하는 것을 의미하며, 사업부제 조직이 그 예이다. 직능적 분화는 조직목표를 달성하기 위한 기본적 기능을 근거로 하여 조직을 단위화하는 것으로 기능적 분화라고도 한다. 이 과정에서 구매부, 생산부, 판매부 등이 형성된다.

② 전문스탭의 형성(요소적분화) : 1차적으로 라인부문이 분화되면 2차적으로 전문스탭이 형성된다. 업무의 구성요소를 기준으로 분화하는 것을 의미하기 때문에 요소적 분화라고도 하며, 인사부, 경리부, 총무부, 기술부 등이 형성된다.

③ 관리스탭의 형성(과정적 분화) : 경영관리직능(계획화, 조직화, 지휘, 통제)이 명확히 분화되는 과정으로 단위적 분화, 직능적 분화 및 요소적 분화에 따라 형성되는 직무 또는 부문에는 그 내용에 관계없이 존재하는 활동들(관리스탭)이 있으며, 이러한 과정적 분화를 통해 기획부, 조직부, 통제부 등이 형성된다.

조직화의 과정

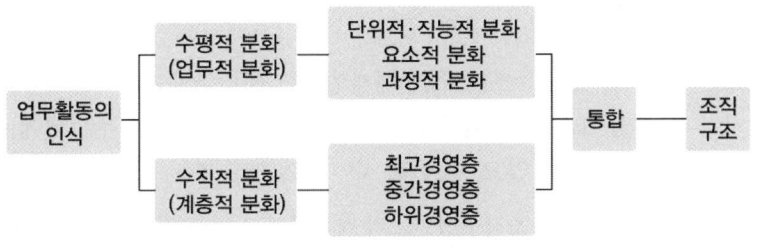

2) 수직적 분화

수직적 분화란 기업을 구성하고 있는 인적자원 특히, 경영자들을 구분하는 과정을 말하는데, 조직의 계층구조가 몇 개의 직급으로 나누어져 있는가를 의미한다. 수직적 분화의 정도는 한 사람이 통제할 수 있는 인원수를 의미하는 **통제의 범위**(span of control)[16]에 의해 영향을 받는데, 수직적 분화의 수준이 높아질수록 통제의 범위는 감소하게 된다. 일반적으로 경영자는 수직적 분화에 의해 **최고경영층, 중간경영층, 하위경영층**으로 분화된다.

2. 원 칙

(1) 고전적 조직화

1) 의 의

고전적 조직화란 맥그리거(McGregor)의 XY이론 중 X이론에 근거하여 조직구조를 형성하는

---

[16] 통제의 범위가 넓다는 것은 한 사람의 관리자가 통제해야 할 부하의 수가 많다는 것을 의미하고 통제의 범위가 좁다는 것은 한 사람의 관리자가 통제해야 할 부하의 수가 적다는 것을 의미한다. 따라서 모든 조건이 동일할 경우에 통제의 범위가 좁을수록 수직적 분화가 발생하여 고층구조가 형성되고 통제의 범위가 넓을수록 평면구조가 이루어진다. 통제의 범위를 결정하는 데 중요하게 영향을 미치는 요인들은 다음과 같다.
① 과업구조 : 부하들의 과업이 구조적·일상적·비전문적일수록 통제의 범위가 넓어지고 과업이 비구조적·비일상적·전문적일수록 통제의 범위가 좁아진다.
② 부하들의 능력 : 부하들이 잘 훈련되고 능력이 있으며 경험이 풍부하면 권한위양이 쉬워지기 때문에 관리자로부터 많은 지시나 감독이 요구되지 않아 통제의 범위가 넓어진다.
③ 의사소통수단 : 모든 지시·명령·계획을 구두로 전달하는 관리자의 경우 과중한 시간부담을 갖게 되어 통제의 범위가 좁아진다. 그러나 서면으로 주요 내용을 요약하여 보고하게 되면 신속하게 의사결정을 내릴 수 있어 통제의 범위가 넓어질 수 있다.
④ 조직목표와 권한위양 : 조직목표가 명확하게 설정되어 있고 권한위양이 잘되어 부하들이 무엇을 해야 하는지를 분명하게 이해하고 있을 경우에 관리자는 신속하게 의사결정을 할 수 있기 때문에 통제의 범위가 넓어질 수 있다.
⑤ 관리자의 조직관리 기능 : 목표설정·예산편성·실적평가·관련부서와의 업무조정 등 관리자의 조직관리 기능이 많고 복잡할수록 통제의 범위가 좁아진다.
⑥ 관련 부서로부터의 지원 : 관리자는 스탭들로부터 업무상의 조언과 지원을 많이 받을수록 일상적인 업무에서 벗어날 수 있으므로 통제의 범위가 넓어진다.
⑦ 환경의 안정성 : 경제적인 변화, 고객선호도의 변화, 정부정책의 변화 등은 조직내부의 여러 과정에서 긴밀한 조정을 필요로 하므로 통제의 범위를 좁아지게 한다.

것을 말한다. 즉 인간을 타율적 존재로 규정하고 조직구조를 형성하기 때문에 과업을 중심으로 조직구조를 형성하게 되며, 이러한 조직구조를 통칭하여 기계적 조직구조라고 한다. 이러한 고전적 조직화의 원칙은 다음과 같다.

① 분업 또는 전문화의 원칙 : 조직구성원에게 가능한 한 하나의 전문화된 업무를 분담시켜야 한다는 원칙이다. 분업 또는 전문화를 통해 조직의 구성원들은 직무수행에 필요한 전문지식을 보다 쉽게 얻을 수 있고, 숙련될 수 있으므로 조직의 능률은 촉진된다.

② 권한과 책임의 원칙 : 각 조직구성원들의 직무분담과 권한 및 책임의 상호관계를 명확히 해야 한다는 원칙이다. 모든 직위에는 각각 직무가 할당되어 있고 그 직무를 수행할 수 있는 권한이 주어져 있으므로, 해당 직위에 있는 사람은 권한을 행사한 결과에 대해서 책임져야 한다. 이 원칙은 '직무·책임·권한의 삼면등가 원칙'이라고도 한다.

③ 권한위양의 원칙 : 상급자가 하급자에게 직무의 일부를 위임한 경우에는 그 직무수행에 필요한 권한까지도 부여해야 한다는 원칙이다.

④ 계층제의 원칙 : 조직의 전체구조가 피라미드 형태를 가지는 계층구조를 형성해야 한다는 원칙이다. 계층제의 원칙으로부터 파생되는 원칙으로는 명령일원화의 원칙, 감독범위의 원칙 및 계층단축화의 원칙이 있다. 명령일원화의 원칙은 한 사람의 하급자는 항상 한 사람의 직속상관으로부터 명령과 지시를 받아야 한다는 원칙이다. 감독범위의 원칙은 능률적인 감독을 위해서는 한 사람 또는 하나의 상위직위가 통제하는 하급자 또는 하위직위의 수를 적정하게 제한해야 한다는 원칙이다. 마지막으로, 계층단축화의 원칙은 감독범위의 원칙과 반대되는 것으로 조직의 능률을 높이기 위해서는 조직의 계층을 가능한 한 줄여야 한다는 원칙이다.

⑤ 스탭조직의 원칙 : 상위경영자의 관리능력을 보완하고 전문적 감독을 촉진하기 위해서 스탭(staff)조직을 따로 구성하고 이것을 라인(line)조직과 구별해야 한다는 원칙이다.

⑥ 직능화 또는 기능화의 원칙 : 전문화의 원칙에 따라서 업무의 종류와 성질에 따라 업무를 분류해야 한다는 것으로 사람중심이 아니라 일중심의 사고방식에 기인한 원칙이다. 이러한 원칙을 통해 각자의 직무에 따라 적합한 담당자가 배치되어 그 기능이 발휘되면 조직은 보다 효율적으로 성과를 달성하게 된다.

⑦ 조정의 원칙 : 경영운영에 있어서 효율적인 조정을 도모함으로써 조직적인 마찰을 최소화시켜야 한다는 원칙이다.

2) 한 계

① 조직의 공식적 요인만을 중요시하고, 비공식적 요인을 무시한다.

② 조직구성원의 자아실현, 자율규제, 창의성 발휘를 방해하고, 하급자는 상급자의 명령에 복종만 하는 수동적 존재이다.

③ 조직의 구조와 인간을 기계시하여 조직의 운영이 경직되고 신축성이 없다.

④ 상급자와 하급자 간의 의사소통이 일방통행적으로 이루어지기 때문에 조직 내의 원활한 의사소통이 어렵다.

⑤ 고전적 원칙 가운데 감독범위의 원칙과 계층단축화의 원칙은 서로 모순된다.

⑥ 고전적 원칙은 경험적으로 입증된 것이 아니기 때문에 보편적으로 적용될 수 없다.

3) 고전적 조직화 원칙에 입각한 조직구조

① 라인조직(line organization) : 상급자의 권한과 명령이 직선적으로 하급자에게 전달되는 조직형태로 가장 단순하고 편성하기 쉬운 조직형태이다.

② 라인과 스탭 조직(line & staff organization) : 조직의 기본적인 기능을 수행하는 라인과 라인을 보조하는 기능을 수행하는 스탭을 결합시킨 조직형태이다.

라인과 스탭 조직

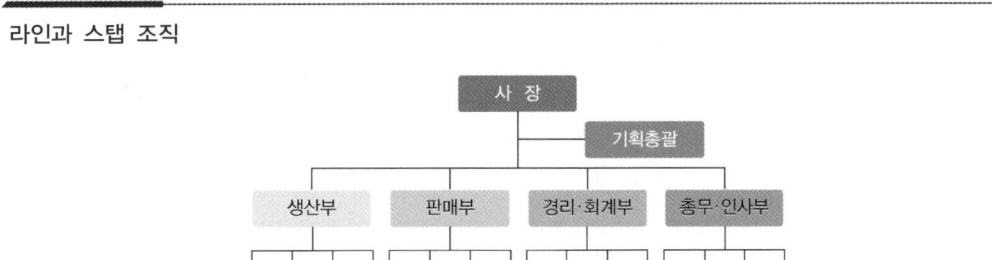

③ 기능별 조직(functional organization) : 업무의 공통성에 근거하여 유사한 것끼리 묶는 전형적인 방식으로 상호 관련성 있는 업무를 동일 부서에 배치하는 조직형태이다.

기능별 조직

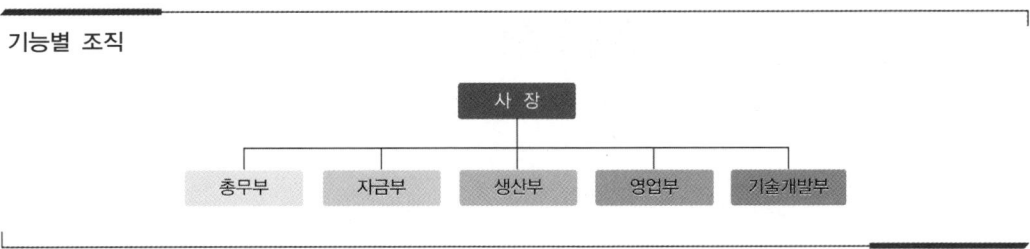

(2) **현대적 조직화**

1) 의 의

현대적 조직화란 맥그리거(McGregor)의 XY이론 중 Y이론에 근거하여 조직구조를 형성하는 것을 말한다. 즉 인간을 자율적 존재로 규정하고 조직구조를 형성하기 때문에 사람을 중심으로 조직구조를 형성하게 되며, 이러한 조직구조를 통칭하여 유기적 조직구조라고 한다. 고전적 조직화이론이 구성원으로 하여금 일을 하지 않을 수 없도록 압력을 가하는 이론이라고 한다면, 현대적 조직화이론은 조직분위기를 조성하여 구성원을 끌어당겨 일을 하면서 보람과 만족을 느끼도록 하는 이론이다. 이러한 이유에서 고전적 조직화이론은 압력이론(push theory)이라고 하고, 현대적 조직화이론을 견인이론(pull theory)이라고 한다. 이러한 현대적 조직화의 원칙은 다음과 같다.

① 통합의 원칙 : 조직의 각 부문 간의 통합을 중요시해야 한다.
② 행동자유의 원칙 : 구성원의 행동에 대한 자율성을 확대함으로써 구성원의 업무수행에 대한 제약을 최소화해야 한다.
③ 창의성의 원칙 : 과거에는 안정성(stability)을 중요시하였으나, 앞으로는 새로운 것과 창의성을 중요시해야 한다.
④ 업무흐름의 원칙 : 과거에는 직능(function), 즉 업무 자체를 중요시하였으나, 앞으로는 업무의 흐름을 중심으로 조직을 편성해야 한다.

2) 현대적 조직화 원칙에 입각한 조직구조

① 사업부제(부문별) 조직(divisional organization) : 경영활동을 제품별, 지역별 또는 고객별 사업부 등의 단위로 분화하고, 독립성을 인정하여 권한과 책임을 위양함으로써 자주적인 이익중심점(profit center)으로 운영하고자 하는 조직형태를 말한다. 일반적으로 기업의 규모가 커지면 사업부제(부문별) 조직을 도입하는 경우가 많다. 사업부제 조직은 외부환경에 유연하게 적응할 수 있지만, 각 사업부가 공통적인 직능을 각자 수행하기 때문에 불필요하게 중복되는 비용이 있으며 규모의 경제로 얻는 이익을 기대할 수 없으며 사업부 간의 협조가 안 된다.

사업부제 조직

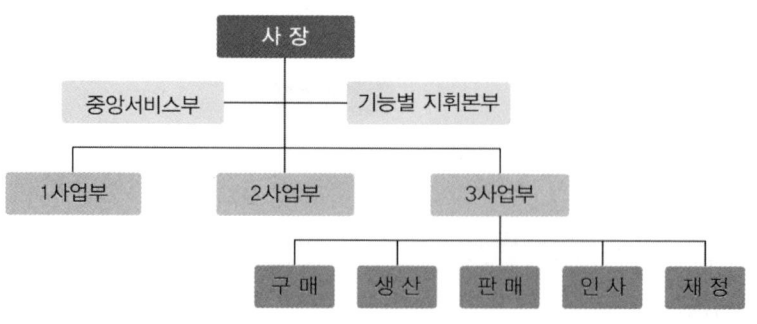

② 위원회 조직(committee organization) : 경영정책이나 특정한 문제해결에 관련되는 여러 사람들을 각 계층으로부터 선출하여 구성한 위원회가 조직 내에 상시적으로 설치되어 있는 것을 말한다. 위원회 조직의 목적은 각 부문 간의 갈등과 마찰을 피하면서 구성원들이 민주적인 의사결정을 하고 그 의사결정을 수행할 수 있도록 하는 것이다.
③ 프로젝트팀 조직(project team organization) : 특정 과업 또는 프로젝트를 해결하기 위해

일시적으로 구성되는 조직형태를 말한다. 이 조직은 과업(task)에 따라서 형성되는 기동적인 조직의 특성을 갖기 때문에 **태스크 포스 팀**(task force team)이라고도 한다. 프로젝트팀 조직은 정태적인 기능별 조직이 환경변화에 능동적으로 대처하지 못하는 문제점을 극복하기 위하여 등장한 보완적 성격의 조직인데, 특정 경영상황에서 활동하는 한시적·동태적 성격의 조직이다. 따라서 조직의 기동성, 신축성 및 환경적응력이 높지만, 일시적인 혼합조직이기 때문에 성패의 여부는 프로젝트 관리자 개인의 능력에 크게 의존하고 프로젝트 구성원의 소속부문과 프로젝트팀 조직 사이의 관계를 조정하는 것이 쉽지 않다.

④ 네트워크 조직(network organization) : 전통적인 조직의 핵심요소는 간직하고 있으나 일부 전통적인 조직의 경계(boundary)와 구조가 없는 조직을 말한다. 즉 기존의 전통적인 계층형 조직과 비교되는 개념으로 조직의 위계적 서열과는 관계없이 조직구성원 개개인의 전문적 지식과 자율권을 기초로 하는 연결조직이다. 개인의 능력을 최대로 발휘하게 하고, 여러 기능과 사업부문 간에 의사소통을 활성화하기 위한 신축적인 조직 운영방식이다. 네트워크 조직에서 조직의 경계와 구조를 발견하기 어려운 이유는 조직의 구성요소들이 물리적으로 연결되어 있는 것이 아니라, 가상공간을 통해 연결되어 있기 때문이며, 이러한 이유로 **가상조직**(virtual organization)이라고도 한다. 따라서 네트워크 조직은 조직의 개념에 최근 급격하게 발달하고 있는 컴퓨터, 정보통신 등 정보기술을 적용함에 따라 전통적인 의미에서의 조직의 경계와 구조가 허물어져 도입된 개념이라고 할 수 있다. 조직의 규모와 상관없이 전 세계에서 인력과 자원의 획득이 가능하기 때문에 특정한 활동을 낮은 비용으로 수행할 수 있는 외부 기업들을 확보함으로써 생산비를 감소시킬 수 있고 소비자의 요구변화에 신속하고 유연하게 대응할 수 있지만, 협력업체와의 관계 유지 및 갈등 해결에 많은 시간이 소요되고 조직구성원의 충성심과 기업문화가 약하다.

네트워크 조직

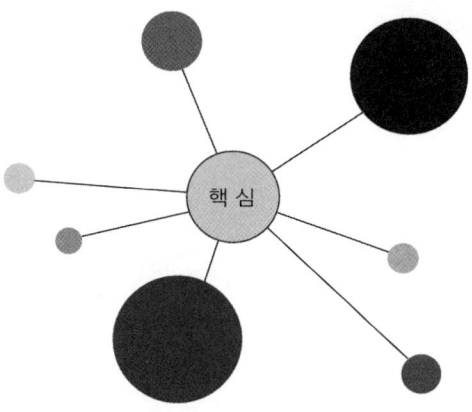

⑤ 행렬 조직(matrix organization) : 기능에 의해 편성된 조직과 목표(objectives)에 의해 편성된 조직을 결합하여 두 조직형태의 장점을 살리려는 조직구조의 형태를 말하는데, 일반적으로 기능별 조직형태에 프로젝트팀 조직을 결합시킨 형태로 많이 운영된다. 또한, 행렬 조직은 복잡하고 급변하는 환경상황에서도 성장을 추구하려는 조직에서 주로 응용되는 조직유형이다. 따라서 행렬 조직은 효율성과 유연성을 동시에 추구할 수 있는 장점을 가진다. 그러나 조직구성원은 적어도 두 개 이상의 공식적인 집단에 동시에 속하기 때문에 보고해야 하는 상급자도 둘 이상이 되며, 이러한 이유에서 역할갈등(다각적 역할기대)이 발생할 수 있다.

행렬 조직

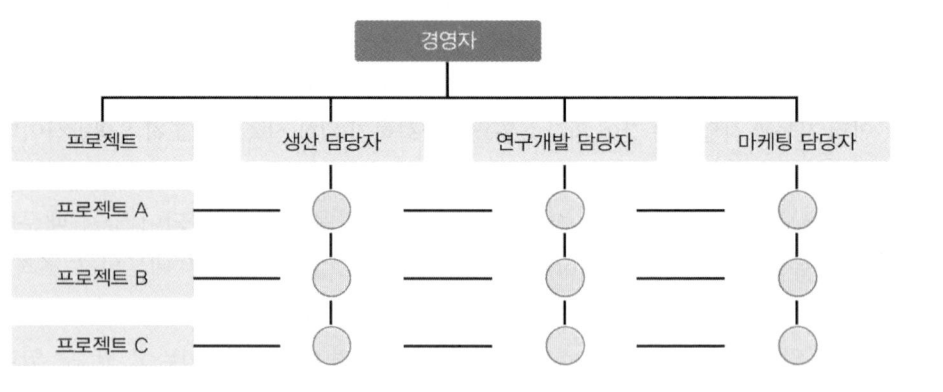

⑥ 프로세스 조직(process organization) : 리엔지니어링(reengineering)에 의해 고객의 입장(고객만족)에서 기존의 업무처리절차를 재설계하여 획기적인 경영성과를 도모하도록 설계된 조직이다. 즉 조직구조, 평가 및 보상시스템, 기업문화 등의 전체 조직시스템을 중심으로 근본적으로 재설계한 조직이다. 따라서 프로세스 조직은 고객을 중심으로 고객의 가치를 가장 이상적으로 반영할 수 있도록 전체 업무프로세스를 근본적으로 재설계했다는 점에서 단순한 업무 프로세스의 개선과는 다르다.

기능별 조직과 프로세스 조직의 비교

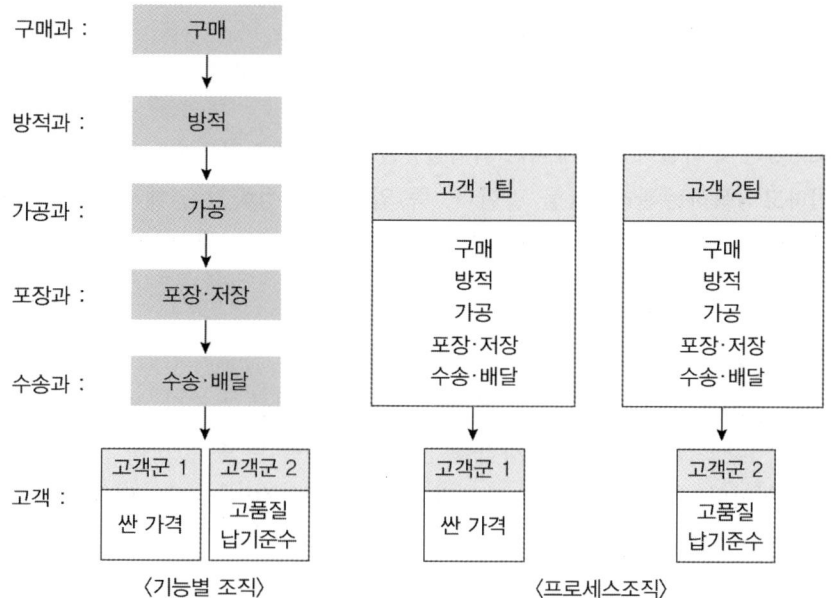

제3절 | 지휘와 통제

1. 지 휘

(1) 의 의

지휘(leading)란 부하들이 계획에 따라 기업활동을 의욕적이고 적극적으로 수행하도록 그들에게 동기를 부여하고 감독하는 관리직능을 말한다. 즉 업무를 달성하기 위해서 다른 직원들이 더 열심히 일을 할 수 있도록 의욕을 고취시키는 과정을 의미하는데, 이는 상급자와 하급자 사이의 상호관계라고도 할 수 있다.

(2) 선행조건

일반적으로 지휘는 조직성과를 달성하는데 중요한 의미를 가진다. 왜냐하면 조직성과는 개인성과의 합이라고 할 수 있는데, 개인들이 높은 성과를 낼 수 있도록 도와주는 중요한 개념이 바로 지휘이다. 따라서 지휘는 다음과 같은 선행조건이 필요하다.

① 인간의 본질을 파악해야 한다.
② 부하들에게 동기를 부여하고 리더십을 발휘해야 한다.
③ 지휘의 수단이라고 할 수 있는 서로의 의사소통을 이해하고 있어야 한다.

(3) 지휘방법

상급자가 부하들을 동기부여하여 기업활동을 의욕적이고 적극적으로 수행할 수 있도록 지휘하는 방법은 다음과 같다.

① 부하의 능력을 벗어나지 않는 범위 내에서 명확하고 완전한 명령을 내린다.
② 주어진 역할을 완수할 수 있도록 부하를 계속적으로 교육 및 훈련시킨다.
③ 계속적으로 부하의 동기를 유발하고 유지해야 한다.
④ 조직의 규범을 유지하고 업무를 적정하게 수행한 사람에게는 보상을 준다.
⑤ 효과적인 의사소통경로를 유지하여 상의하달 및 하의상달의 과정이 원활하도록 한다.

2. 통 제

(1) 의 의

통제(control)란 성과를 측정하고 바람직한 결과를 확실하게 달성하기 위한 과정을 말한다. 따라서 통제는 실제적인 성과가 목표에 얼마나 부합하는가를 확인하는 것을 그 목적으로 한다. 즉 계획된 기업의 목표가 달성될 수 있도록 계획과 비교하여 종업원의 성과를 측정하고, 만일 계획과 성과 사이에 편차가 있으면 그 편차를 수정하는 것이다. 따라서 통제는 '목표와 기준의 설정 → 실제 성과의 측정 → 목표와 실제 성과의 비교 → 수정행동'의 순서로 이루어진다.

(2) 유 형

통제는 통제가 발생하는 시점에 따라 사전통제, 동시통제, 사후통제로 구분할 수 있다.[17]

① **사전통제** : 실행에 앞서 결함을 예측하고 실시하는 통제이며, 목표가 분명한지, 방향이 올바르게 수립되었는지, 적절한 자원들이 목표달성에 배분되었는지를 점검하는 것이다.

② **동시통제** : 일이 진행되는 과정 속에서 실제로 무엇이 발생했는가에 초점을 맞추는 통제이다.

③ **사후통제** : 일이 다 이루어지고 난 이후에 사후적으로 검토를 하는 통제이다.

---

17) 오우치(Ouchi)는 조직의 경영진이 택할 수 있는 조직통제의 유형을 세 가지로 제시하고 있다.
　① 관료적 통제 : 규칙, 정책, 계층적 권한, 문서를 통한 표준화, 기타 관료제적 메커니즘을 동원하는 통제기법이다. 베버(Weber)에 의하면 관료적 통제수단으로 가장 적합한 것은 합리적·법적 권한이다.
　② 시장통제 : 수요와 공급의 법칙으로 결정되는 가격에 의한 통제기법이다. 생산성을 측정할 수 있고 경쟁적인 시장이 존재하는 상황에서는 경제학적 관점에 입각한 가격이 기업을 통제하는 가장 효율적인 수단이 될 수 있으며, 오늘날에는 전체 조직뿐만 아니라 제품사업부나 개별부서 단위에서도 성과를 평가하는 과정에서 시장통제를 활용하고 있다.
　③ 문화통제(clan control) : 기업문화, 공유한 가치와 헌신, 신뢰와 같은 사회적 특성을 활용하는 통제기법이다. 일반적으로 강한 조직문화가 존재하고 환경불확실성이 클 때 활용되며, 성공적인 조직사회화는 문화통제의 강도를 강화시킬 수 있다.

경영전략

제1절 | 경영전략의 기초개념

1. 의 의

(1) 개 념

경영전략은 기업의 사명과 목표를 달성하고 경쟁우위를 확보하기 위하여 환경과의 관계를 고려하며 전략을 수립하고 실행하는 과정을 말한다. 따라서 경영전략의 범위에는 단순한 계획은 물론 실행과 통제(관리)를 포함할 뿐만 아니라 보다 폭넓게 경영환경에 대한 분석도 포함된다. 기업은 경쟁우위의 확보를 위해 다양한 경영전략을 수립하게 되는데, 그 구체적인 특징은 다음과 같다.

① 경영전략은 조직의 목적과 직결되어 있다.
② 조직의 모든 행동은 궁극적으로 경영전략에 의해서 이루어지기 때문에 경영전략은 다른 모든 계획의 기본 준거틀(basic framework)을 제공한다.
③ 경영전략은 다른 형태의 계획보다 비교적 장기적인 계획이며, 조직의 모든 행동과 의사결정에 대하여 일관성을 유지시켜 준다.
④ 일반적으로 경영전략은 최고경영층에서 수립된다.

(2) 수 준

1) 기업전략

기업전략이란 기업전체의 목표를 달성하기 위해 지속적 경쟁우위를 확보하고 그 기업이 나아가야 할 방향을 설정하기 위해 수립되는 경영전략을 말한다. 즉, 기업전략은 기업전체의 장기적인 방향을 설정하는 전략으로 어떤 시장 또는 어떤 산업에 속하여 경쟁할 것인가를 결정하는 것과 기업전체의 자원배분과 관련된 지침과 방향을 결정하는 것을 그 목적으로 한다.

2) 사업전략

사업전략이란 개별 주요사업을 완수하기 위해 하나의 사업단위, 하나의 제품 또는 하나의 제품라인 등을 위해 수립되는 경영전략을 말한다. 사업전략에서는 주로 특정 시장이나 특정 산업 내에서 경쟁하기 위한 제품믹스의 결정, 생산능력의 입지 선정, 신기술 도입 등과 같은 의사결정이 이루어진다. 일반적으로 규모가 큰 기업은 다수의 전략사업단위(strategic business unit, SBU)를 보유하고 있는데, 각 사업단위는 고유한 사명과 경쟁자를 가지고 있기 때문에 기업전략의 범위 내에서 사업전략을 독립적으로 수립할 수 있다.

3) 기능전략

기능전략이란 사업전략을 실행하기 위한 자원의 배분을 위해 수립되는 경영전략을 말한다. 이 전략의 핵심은 제한된 자원을 어떻게 하면 효율적으로 배분할 것인가의 문제가 핵심이기 때문에 특정 기능의 영역인 연구개발, 생산, 인적자원, 마케팅, 재무 등과 같은 부분에 초점을 두게 된다.

경영전략의 수준

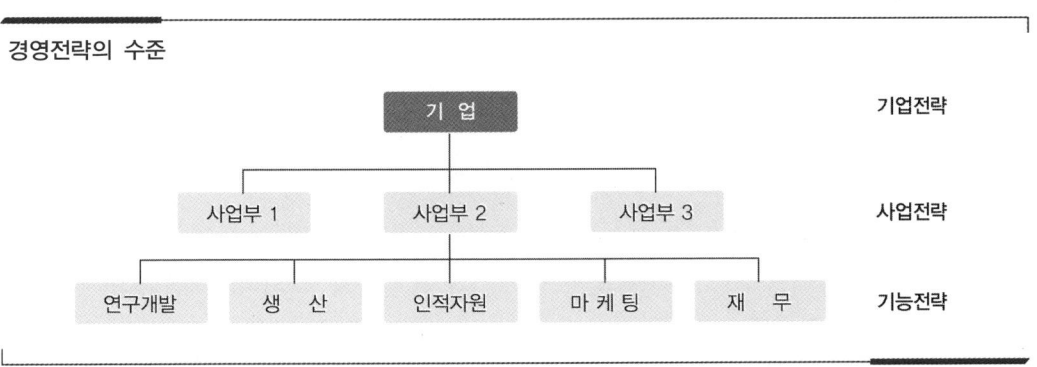

2. 경영전략의 단계

(1) 전략분석

전략분석의 단계는 '기업의 현재 위치는 어디인가?'라는 질문에 답을 하는 단계를 말한다. 따라서 이 단계에서는 기업이 직면한 현재의 내적·외적 환경을 분석하고 이를 통해 입수한 정보를 이용하여 다음 단계에서 전략을 수립하게 된다.

경영전략의 단계

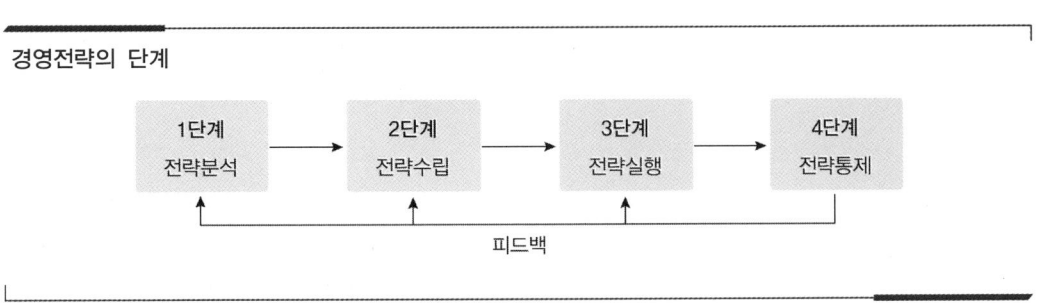

(2) 전략수립

전략수립의 단계는 '그 기업이 어디로 가고자 원하는가?'라는 질문에 답을 하는 단계를 말한다. 따라서 이 단계에서는 기업의 사명과 목표 및 그 기업이 나아가야 할 전반적인 방향을 설정하게 된다.

(3) 전략실행

전략실행의 단계는 '기업이 가고자 하는 곳에 어떻게 도달할 수 있는가?'라는 질문에 답을 하는 단계를 말한다. 이 단계에서는 전략을 효과적으로 실행하기 위해서 필요한 모든 활동을 수행하게 된다.

(4) 전략통제

전략통제의 단계는 '기업이 목표지점에 도착하였음을 어떻게 알 수 있는가?'라는 질문에 답을 하는 단계를 말한다. 이 단계에서는 경영전략을 효과적으로 실행하여 목표를 제대로 달성하기 위하여 모든 활동들이 잘 진행되어 왔는가를 검토하게 된다.

제2절 | 전략분석

1. 조직자원과 역량의 분석

(1) SWOT 분석

1) 개념

전략을 수립함에 있어 조직의 내부환경과 외부환경에 대한 분석은 필수적이다. SWOT 분석이란 **내부환경이라는 관점에서 기업의 강점**(strength, S)**과 약점**(weakness, W)**에 대한 분석과 외부환경이라는 관점에서 기회**(opportunity, O)**와 위협**(threat, T)**에 대한 분석**을 실시하여 현재 기업이 가지고 있는 자원과 역량을 분석하는 **기술적 방법**(descriptive method)을 말한다.

2) 목적

기업은 경쟁우위를 달성하기 위해 기업이 가지고 있는 핵심역량을 이용하여 기업의 강점을 최대화하고 약점을 최소화하는 전략을 수립하고자 한다. 따라서 기업은 SWOT 분석을 통해 경쟁기업과 비교하여 해당 기업의 특별한 강점인 **핵심역량**(core competencies)을 발견하고자 하는 것이다. 핵심역량이란 다른 경쟁기업들보다 더 잘하는 독특한 활동들의 집합체를 의미하는데, 이는 실질적으로 희소성을 가지며, 모방하는데 비용이 많이 들고, 경쟁우위를 달성하는 과정에서 대체가 불가능한 특징을 가지고 있다. 핵심역량의 예로는 우월한 지식이나 기술 및 노하우(know-how), 효과적인 제조기술 또는 시스템 등을 들 수 있다.

3) 장점

SWOT 분석을 사용하게 되면 전략분석에 있어 내부적인 상황과 외부적인 상황에 대해서 전체적인 관점에서 파악 및 적용이 가능하고 이해하기 쉽다. 또한, 전체적인 분석부터 세부적인 분석까지 그 분석의 수준을 조절하는 것이 용이하다.

4) 단점

SWOT 분석의 과정에서 요인 각각에 대한 충분한 정보를 얻지 못하게 되면 효과적인 분석에 어려움을 가져올 수 있다. 또한, 외부환경에 대한 기회(O)와 위협(T)이 분석되기 전까지는 SWOT 분석이 완성될 수 없다.

SWOT 분석과 전략

	강점(Strength)	약점(Weakness)
기회(Opportunity)	성장전략 다각화, 인수합병, 시장진출	약점극복(안정화 전략) 핵심역량 개발, 전략적 제휴
위협(Threat)	위협극복(안정화 전략) 다각화, 전략적 제휴	축소전략 철수, 제거

(2) VRIO 분석

1) 개념

VRIO 분석이란 자원기반 관점[18]을 분석하기 위해 바니(Barney)가 고안한 분석도구인데, 기업이 가지고 있는 자산에 대하여 내부보유가치(value), 보유한 자산의 희소성(rarity), 모방가능성의 정도(imitability), 조직(organization)에 대한 질문을 통해 성장 잠재력을 가늠하고, 기업이 보유한 내부 자원과 능력을 통해 지속가능한 경쟁우위를 확보할 수 있는지를 판단하는 모형이다. 즉 기업이 경쟁우위를 확보할 수 있느냐는 보유한 경영자원과 그것을 활용할 수 있는 능력에 달려 있다는 것이다.

2) 목적

VRIO 분석의 목적은 단순히 어떤 자원을 보유하고 있는지를 확인하는 것이 아니라 그 자원을 활용할 능력(capability)이 있는지를 보는 것이다. 또한, 기업이 가진 자원과 능력의 우위성을 종합적으로 분석할 때는 가치사슬(value chain)이나 7S와 같은 경영자원에 관한 프레임워크가 함께 고려되어야 한다. 그렇게 하면 조직의 강점과 약점을 객관적으로 파악할 수 있고 어떤 부분을 경쟁우위로 키울 것인지 검토할 수 있다.

3) 구성요소

VRIO 분석은 기업이 가지고 있는 자산에 대하여 내부보유가치(value), 보유한 자산의 희소성(rarity), 모방가능성의 정도(imitability), 조직(organization)의 관점에 입각하여 기업의 이윤을 극대화 할 수 있는 전략과 성과가 달라져야 한다는 것이다. 따라서 VRIO 분석은 기업이 소유한 자원의 속성을 정의하고 전략적으로 유용한 내부자원을 판별하기 위한 방법론으로서 자주 활용된다.

① **내부보유가치** : 자원과 능력이 기업의 성과와 이익으로 직결될 수 있어야 함을 의미한다.

② **희소성** : 기업이 보유한 자원과 능력이 희소하거나 접근하기 어려워 경쟁기업이 보유할 가능성이 낮아야 함을 의미한다.

③ **모방가능성** : 경쟁기업이 자원과 능력을 완벽하게 모방할 수 없거나 모방하는 데 상당한 비용이 들수록 기업이 지속가능한 경쟁우위를 확보할 수 있음을 의미한다.

④ **조직** : 시장 변화에 빠르게 대처할 수 있는 내부의사결정구조 등 보유한 자원과 능력을 잘 활용할 수 있도록 조직체계가 구성되어 있는지를 의미한다.

---

[18] 자원기반이론(자원의존이론)의 핵심적 주장은 기업이 시장에서 경쟁적 우위를 확보하고 유지하기 위해서는 경쟁자들과 다른 자원을 보유하여야 한다는 것이다. 즉 조직이 당면한 불확실성을 극복하기 위해 적절한 의사결정을 통해서 필요한 자원을 획득하여야 한다는 것이다. 따라서 조직은 존속과 발전을 위해 필요한 자원에 대해서 환경에 의존하게 된다.

2. 산업구조분석

(1) 의 의

1) 개 념

산업구조분석이란 산업에 영향을 미치는 5개의 힘과 산업수익률 사이의 관계를 분석하고자 하는 방법을 말한다. 마이클 포터(M. Porter)는 모든 기업이 주어진 시장에서 경쟁하기 위해 다양한 자원을 보유하고 있는데, 전략을 수립할 때 이러한 자원에 대한 고려뿐만 아니라 산업구조에 영향을 미치는 5개의 힘(five forces)도 고려해야 한다는 점을 강조하고 있다. 이러한 힘은 산업경쟁에 영향을 미치기 때문에 강하게 작용하면 작용할수록 기업은 이익을 내기 어려워지며 해당 산업은 투자자들에게 매력적이지 못하게 된다.

2) 장·단점

산업구조분석은 해당 산업의 미래에 대한 예측을 가능하게 하며, 산업수익률을 구성하는 요소들을 고려함으로써 각 요소별 전략을 세우는데 도움이 된다. 그러나 산업구조분석은 정태적 분석이기 때문에 산업이 지속적으로 변화하는 현실을 제대로 설명하기 어렵고, 기업 간 경쟁전략에 의한 상호 영향 등을 고려하지 못한다는 단점을 가지고 있다.

(2) **구성요소**

산업구조분석은 산업을 구성하는 다섯 가지의 힘 중 수평적 힘으로 산업 내 경쟁, 신규진입자(진입장벽), 대체재의 존재를 고려하고, 수직적 힘으로 공급자의 교섭력과 소비자(구매자)의 교섭력을 고려하였다.

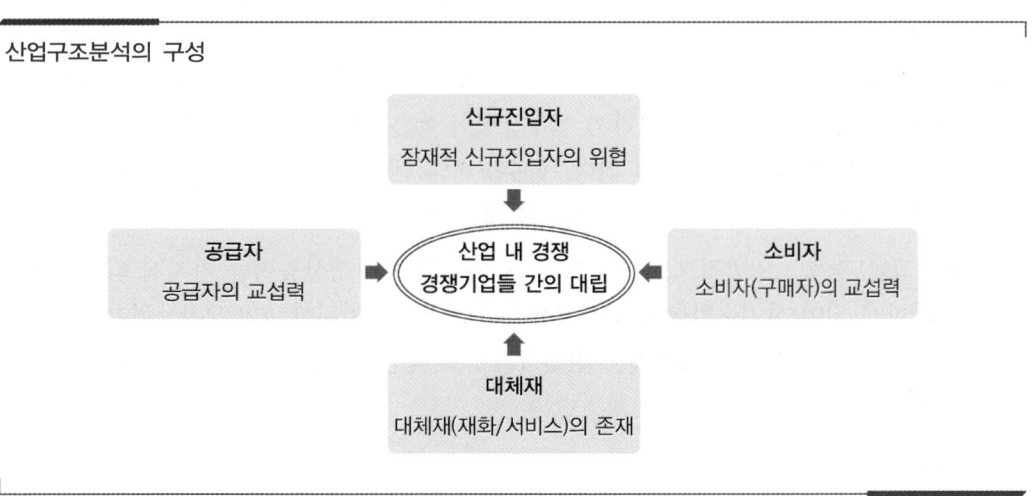

산업구조분석의 구성

1) 산업 내 경쟁

산업에는 일반적으로 다수의 기업들이 존재하고 있으며, 이러한 기업들 간에는 동일한 고객을 대상으로 경쟁이 존재하게 된다. 따라서 산업구조를 이해하기 위해서는 동일 산업 내에 존재하는 경쟁기업 사이의 경쟁구조를 분석해야 한다. 산업 내 경쟁에 영향을 미치는 요인으로는 산업의 집중도, 제품차별화 정도, 경쟁기업과의 동질성 및 산업 내의 비용구조, 철수장벽, 초과생산능력 등이 있으며, 이는 산업의 수익률에 영향을 미치게 된다. 일반적으로 산업 내 경쟁이 치열해지면 산업의 수익률에는 부정적 영향을 미치게 된다.

① 산업의 집중도 : 시장을 구성하는 기업의 수와 관련되어 있다. 일반적으로 산업의 집중도가 낮을수록 경쟁적인 시장이며, 산업의 집중도가 높을수록 독과점시장이 된다. 따라서 산업의 집중도가 낮을수록 산업 내 경쟁이 치열해져 산업수익률은 낮아지게 된다.

② 제품차별화 정도 : 산업 내의 제품이 차별화가 이루어지지 않아 가격 이외에 경쟁할 만한 이점이 없는 경우에는 가격경쟁이 심화되어 산업수익률이 낮아지게 된다. 따라서 제품차별화 정도가 높을수록 산업수익률은 높아지게 된다.

③ 경쟁기업과의 동질성 : 일반적으로 경쟁기업과의 동질성이 높을수록 산업 내 경쟁이 치열해지기 때문에 산업수익률은 낮아지게 된다. 그러나 경쟁기업과의 동질성으로 인해 담합을 추구하는 것이 가능한 경우에는 오히려 산업수익률이 높아질 수 있다.

④ 산업 내의 비용구조 : 산업 내의 비용구조는 고정비용과 변동비용의 비중을 의미한다. 일반적으로 고정비용의 비중이 높을수록 기업은 고정비용을 회수하기 위하여 생산량을 늘리게 되고, 이로 인해 경쟁이 심화되어 산업수익률이 낮아지게 된다. 그러나 높은 고정비용이 진입장벽을 형성하는 경우에는 오히려 산업수익률이 높아질 수 있다.

⑤ 철수장벽 : 기업의 수익이 마이너스 상태에서도 기업은 철수장벽으로 인해 해당 산업에 머물 수밖에 없게 된다. 따라서 철수장벽이 높을수록 산업 내 경쟁은 치열해지기 때문에 산업수익률은 낮아지게 된다. 철수장벽의 예로는 특수한 자산, 철수에 따른 고정비 부담, 감정적인 집착, 정부정책, 기업의 전략적 선택 등이 있다.

⑥ 초과생산능력 : 일반적으로 기업이 수요 이상의 초과생산능력을 가지게 되면 비용이 증가하게 되어 산업수익률이 낮아지게 된다. 그러나 이러한 초과생산능력은 급격하게 수요가 증가하게 되는 경우에는 진입장벽으로 작용하여 오히려 산업수익률이 높아질 수 있다.

2) 신규진입자(진입장벽)

새로운 기업의 진입이 쉬울수록 산업 내의 경쟁이 치열해지기 때문에 산업수익률은 낮아지게 된다. 그렇기 때문에 일반적으로 산업에 속해 있는 기존 기업들은 진입장벽을 만들기 위해 노력하게 되고, 진입장벽이 높은 경우에는 산업수익률이 높아질 수 있다. 진입장벽의 예로는 자본소요량, 규모의 경제, 절대적 비용우위, 제품차별화, 유통경로, 정부규제 및 제도 등이 있다.

3) 대체재의 존재

대체재가 존재하는 경우에 기업은 시장에서의 교섭력을 상실하여 제품의 가격을 올릴 수 없게 되기 때문에 산업수익률에 부정적인 영향을 미치게 된다.

4) 공급자의 교섭력

기업이 재화나 서비스를 생산하기 위해서는 공급자로부터 자원을 공급받아야 한다. 일반적으로 공급자의 교섭력이 강하게 되면 기업의 원가부담이 증가하여 이윤은 감소하게 된다. 특히 공급자의 가격인상을 소비자에게 전가시킬 수 없는 기업의 경우에는 이런 현상이 더욱 심하게 나타난다.

5) 소비자(구매자)의 교섭력

시장에 다수의 기업이 존재하게 되면 소비자(구매자)들의 구매선택권이 확대되고, 이를 통해 소비자(구매자)들의 교섭력이 증가하게 되면 제품의 가격이 낮아지게 되어 해당 기업의 산업수익률은 낮아지게 된다.

3. 가치사슬분석

(1) 가치사슬

가치사슬(value chain)이란 기업의 부가가치창출에 직접 또는 간접적으로 관련된 활동들의 연계를 의미한다. 가치사슬은 1985년 미국 하버드대학교의 마이클 포터(M. Porter)가 모형으로 정립한 이후 광범위하게 활용되고 있는 개념이다.

1) 본원적 활동

본원적 활동(primary activities)은 상품의 물리적 변화에 직접적으로 관련된 기능을 수행하는 활동을 의미하며, 가치창출에 직접적으로 기여하는 활동이다. 이러한 본원적 활동에는 다음과 같은 다섯 가지 활동이 있다.

① 내부물류(inbound logistics) : 투입물의 계획 및 관리에 관련된 활동, 접수, 보관, 재고관리, 수송계획 등

② 생산/운영(manufacturing/operations) : 투입물을 최종제품으로 변환시키는 가공, 포장, 조립, 장비유지, 검사 등

③ 외부물류(outbound logistics) : 최종제품을 고객에게 전달하는데 필요한 활동, 창고관리, 주문실행, 배송, 유통관리 등

④ 판매 및 마케팅(sales & marketing) : 구매자들이 제품을 구매하도록 하는데 관련된 모든 활동들

⑤ 사후서비스(after service) : 기업의 제품의 가치를 유지·강화하는 활동, 고객지원, 수리업무 등

2) 지원적 활동

지원적 활동(supportive activities)은 본원적 활동을 지원하는 활동을 의미하며, 가치창출에 간접적으로 기여하는 활동이다. 지원적 활동에는 다음과 같은 네 가지 활동이 있다.

① 기업의 하부구조(firm infrastructure) : 일반관리, 회계, 법률, 재무, 전략적 계획, 기타 기업의 전반적 운영에 있어서 필수적인 활동

② 인적자원관리(human resource management) : 인력의 충원, 동기부여, 훈련, 개발 등

③ 연구/기술개발(technology development) : 제품 및 제반 가치활동을 개선하기 위한 노력이나 활동

④ 구입/조달(procurement) : 기업의 특정부분에 국한되지 않는 원재료, 서비스, 기계 등의 전체적인 구입/조달활동

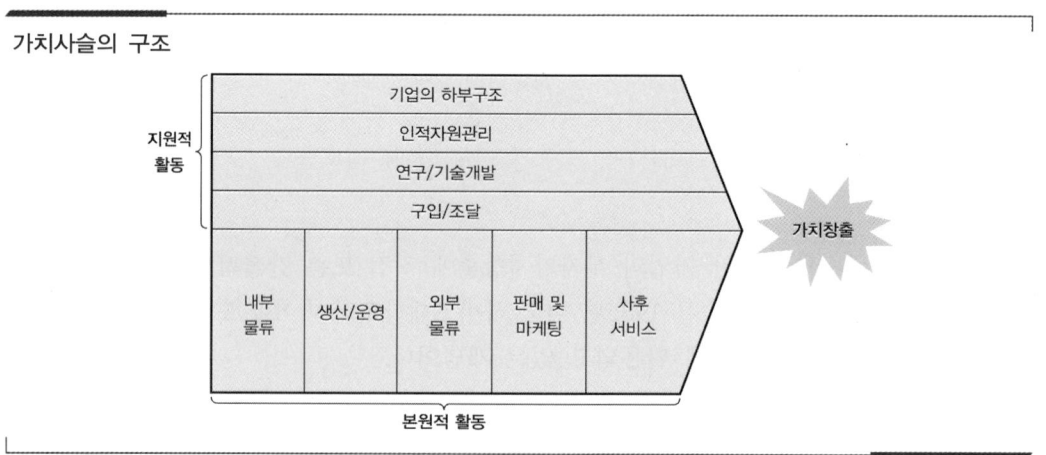

가치사슬의 구조

(2) 가치사슬분석

가치사슬분석이란 가치사슬의 개념을 이용하여 가치를 최종소비자에게 전달하는데 연관된 기업의 프로세스와 활동들을 분석하는 것을 의미하고, 그 결과로 기업의 프로세스와 활동들에 대해 창출하는 가치를 기준으로 경쟁우위(가치창출 부분)와 열세(가치비창출 부분)를 파악하게 된다. 그렇게 함으로써 각 기업의 핵심역량이 어디에 있는지를 정확히 파악하게 되고, 어떤 부분을 보완해야 하는지를 알게 되는 것이다. 즉 가치창출부분은 기업이 가지고 있는 자원을 투입하여 직접 수행하지만, 가치비창출부분은 아웃소싱(outsourcing)을 하게 된다. 이러한 가치사슬의 분석과정을 통하여 가치활동 각 단계에 있어서 부가가치 창출과 관련된 핵심활동이 무엇인가를 규명할 수 있으며, 각 단계 및 핵심활동들의 강점이나 약점 및 차별화 요인을 분석할 수 있다. 나아가 각 활동단계별 원가동인을 분석하여 경쟁우위 구축을 위한 도구로 활용할 수 있으며, 기업의 내부역량 분석도구로도 많이 사용된다.

제3절 | 전략수립

1. 경영전략의 유형

경영전략은 기업이 추구하는 바에 따라 몇 가지의 유형을 가지는데, 일반적으로 성장전략, 축소전략, 안정화전략, 협력전략 등이 있다.

(1) 성장전략

성장전략(growth strategy)이란 기업의 규모를 증대시키고 현재의 영업범위를 확대하는 전략을 말한다. 이러한 성장전략은 어떤 산업에서는 장기적 생존을 위해서는 필수적이며, 기업이 성장전략을 추구하게 되면 판매수익과 시장점유율이 확대되고 종업원의 수가 증가하게 된다.

(2) 축소전략

축소전략(retrenchment strategy)이란 효율성을 달성하거나 성과를 향상시키기 위해서 기업의 규모를 축소하는 전략을 말한다. 축소전략의 방법으로는 다운사이징(downsizing), 구조조정(restructuring), 분사(divestiture) 및 청산(liquidation) 등의 방법이 있다.

(3) 안정화전략

안정화전략(stability strategy)이란 운영상의 큰 변화 없이 현상유지를 꾀하고자 하는 전략을 말하는데, 기업이 동일한 재화나 서비스를 공급하고 시장점유율을 유지함으로써 다른 사업을 확장하는데 따르는 위험부담을 회피하려는 전략을 말한다. 기업이 안정화전략을 추구하는 경우는 기업이 강점을 가지고 있으나 환경의 위협요소가 예상되는 때이거나 결정적 약점을 가지고 있지만 환경의 기회요소가 예상되는 때이다.

(4) 협력전략

협력전략(cooperate strategy)이란 전략적 제휴(strategic alliances)라고도 하는데, 두 개 이상의 기업이 상호 공동의 관심 또는 목표를 추구하기 위해서 서로 협력하는 전략을 말한다. 즉 특별한 관계를 갖고 있지 않았던 기업들이 각자의 독립성을 유지하면서 특정 분야에 한해서 상호보완적이고 지속적인 협력관계를 위한 제휴를 맺음으로써 둘 또는 그 이상의 기업들이 각각의 약점을 서로 보완하고 경쟁우위를 강화하고자 하는 방법을 말한다.

2. 마이클 포터(M. Porter)의 본원적 전략

(1) 의 의

마이클 포터는 경쟁우위와 경쟁범위라는 차원에서 전략을 구분하고 이를 본원적 전략이라고 하였다. 여기서 경쟁우위는 기업이 경쟁에서 살아남기 위해 우선시해야 하는 요소를 의미하고, 경쟁범위란 기업이 목표로 하는 시장의 넓이를 의미한다.

(2) 유 형

마이클 포터는 경쟁우위와 경쟁범위라는 차원에서 본원적 전략을 원가우위 전략, 차별화 전략, 집중화 전략으로 구분하였으며, 그 과정에서 고려한 경쟁우위는 원가(cost)와 고객화(customization)이다. 또한, 경쟁범위의 관점에서 어떤 기업은 매우 폭넓은 시장을 겨냥하지만 어떤 기업은 상대적으로 좁은 시장의 일부분을 겨냥한다.

본원적 전략의 유형

		경쟁우위	
		원가(저원가 생산)	고객화(차별화)
경쟁범위	넓은 범위	원가우위 전략	차별화 전략
	좁은 범위	집중화된 원가우위 전략	집중화된 차별화 전략

1) 원가우위 전략

원가우위 전략(cost leadership strategy)은 기업이 가지고 있는 역량을 발휘하여 **경쟁자보다 낮은 원가로 제품을 생산하고, 이를 통해 낮은 가격으로 소비자에게 제품을 제공하는 전략**을 말한다. 원가우위를 달성할 수 있는 방법으로는 규모의 경제, 학습효과, 투입요소 가격의 자체적인 차이 및 효율적인 프로세스 등이 있다.

2) 차별화 전략

차별화 전략(differentiation strategy)은 **경쟁기업과는 다른 독특한 재화나 서비스를 제공함으로써 경쟁우위를 확보하려는 전략**을 말한다. 제품이 가지는 차별성은 소비자의 특수한 욕구를 만족시키는 것으로부터 시작되기 때문에 기업들은 다양한 소비자 수요의 특성을 이해하기 위해 다차원척도법(multi-dimensional sealing)이나 컨조인트 분석(conjoint analysis)을 이용하게 된다. 또한, 차별화 전략은 차별적 특성을 갖는 제품을 공급하기 때문에 시장의 평균 가격보다 높은 프리미엄 가격을 부과할 수 있으며, 이러한 이유 때문에 프리미엄 전략(premium strategy)이라고도 한다.

3) 집중화 전략

집중화 전략(focus strategy)은 특정지역이나 시장의 한 부분에 있는 제한된 고객들에게 재화나 서비스를 제공하는 전략을 말하는데, 이러한 전략을 추구하는 기업들은 특정 시장에 관심을 두기 때문에 넓은 시장을 목표로 하는 기업과의 경쟁을 피할 수 있게 된다.

3. 마일즈(Miles)와 스노우(Snow)의 전략유형

(1) 공격형

공격형 또는 개척형(prospectors)은 신제품 및 신시장 기회를 적극적으로 찾아내고 이용하는 기업군으로 기술과 정보의 급속한 발전과 변화를 조기에 포착하고 기술혁신을 통하여 신제품을 개발한다. 따라서 이러한 유형은 고도의 전문지식을 필요로 하고 분권적 조직과 수평적 의사소통이 필수적이다. 이러한 전략은 창의성이 효율성보다 더 중요시되는 동태적이고 급변하는 환경에 적합한 전략이다.

(2) 방어형

방어형(defenders)은 위험을 추구하거나 새로운 기회를 탐색하기 보다는 안정성을 중요시하거나 좁은 제품시장을 정해놓고 제품을 경쟁적인 가격으로 공급하는 기업군이다. 방어전략을 채택하는 기업들은 가장 효율적으로 제품을 생산 및 공급하며 이들에게 있어서는 기술적 효율이 성공의 관건이다. 이러한 유형은 환경분석을 소홀히 하고 새로운 사업기회에 소극적이기 때문에 시장환경의 변화에 신속하게 적응하지 못한다는 단점이 있다. 이러한 전략은 쇠퇴기에 있는 산업이나 안정적인 환경에 있는 조직에 적합한 전략이다.

(3) 분석형

분석형(analyzers)은 제한된 범위의 방어전략과 공격전략을 혼합하여 사용하는 기업군으로 변화하는 정보기술에 효과적으로 대응하는 동시에 전통적 사업에도 충실하고자 노력한다. 이들은 안정적인 제품시장에서는 합리적인 생산을 추구하며 최소의 비용으로 제품을 생산하거나 최고품질의 제품을 생산함과 동시에 새로운 기회에 부응하여 시장성 있는 신제품의 개발도 추진한다.

(4) 반응형

반응형 또는 낙오형(reactors)은 적극적으로 환경을 개척하는 것이 아니라 **전략형성에 실패한** 기업군을 말한다.

제4절 | 전략실행 : 사업포트폴리오 분석

1. 의 의

(1) 개 념

사업포트폴리오 분석(business portfolio analysis)이란 사업포트폴리오 전략을 실행하기 전에 현재 운영 중인 사업단위 중에서 전략적 측면을 고려하여 해당 사업단위의 유지 및 철수에 대한 의사결정을 내리기 위해 현 사업단위들의 위치와 성과를 분석하고 평가하는 기법을 말한다. 대표적인 사업포트폴리오 분석의 방법으로는 BCG 매트릭스와 전략적 사업계획 그리드(GE matrix) 등이 있다.

(2) 전략사업단위

전략사업단위(strategic business unit, SBU)란 최고경영자로부터 권한을 위임받고 경영성과에 대해서 책임을 지는 독립적 사업단위를 의미한다. 다양한 제품이나 사업을 영위하는 대부분의 기업들은 전략수립을 위해 관련된 제품이나 사업들을 묶어 별도의 사업단위로 분류하게 되며, 기업의 전체 규모, 기업이 취급하는 제품의 특성 따라 사업단위의 규모나 범위가 결정되게 된다.

2. 사업포트폴리오 분석기법

(1) BCG 매트릭스

1) 의 의

BCG 매트릭스(matrix)란 사업포트폴리오 분석의 한 방법인 포트폴리오 매트릭스를 이용하는 방법 중의 하나인데, 이는 보스톤 컨설팅 그룹(Boston Consulting Group)이 고안한 방법이기 때문에 붙여진 이름이다. 이 기법은 특정 사업단위의 상대적 시장점유율(매출액), 해당 사업단위가 속한 시장의 성장률, 사업의 추진에 따른 현금흐름이라는 세 가지 측면에서 SBU를 평가하게 되며, 기업은 이 기법을 활용하여 모든 SBU를 분석하고 어떤 사업에 자원을 할당해야 하는지에 대한 투자의 우선순위를 결정하게 된다. BCG 매트릭스는 상대적 시장점유율과 시장(산업)성장률을 기준으로 각 사업단위의 경쟁적 지위를 알아볼 수 있게 설계되어 있으며, 조직의 모든 SBU들은 상대적 시장점유율과 시장(산업)성장률에 따라 매트릭스 상의 한 곳에 위치하게 된다.

① 상대적 시장점유율 : 같은 시장에서 가장 성공적인 경쟁자의 매출액에 대한 해당 SBU의 매출액 비율로 측정한다. 상대적 시장점유율은 1을 기준으로 하여 고·저로 구분한다. 즉 상대적 시장점유율은 1보다 클 수 있으며, 상대적 시장점유율이 1보다 크다는 것은 해당 SBU가 시장에서 가장 높은 시장점유율을 차지하고 있음을 의미한다.

② 시장(산업)성장률 : 해당 SBU가 속한 시장의 연간 성장률을 의미하는데, 10%를 기준으로 고·저로 분류한다.

BCG 매트릭스

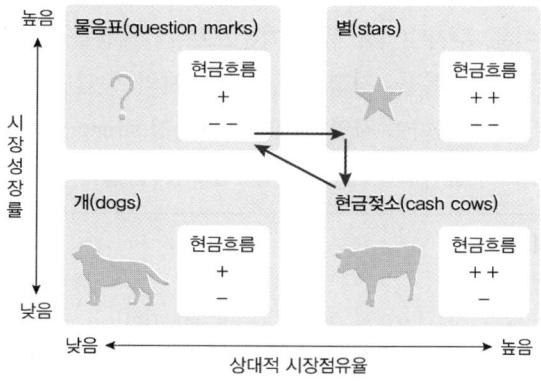

2) 전략적 선택

BCG 매트릭스는 상대적 시장점유율과 시장(산업)성장률이라는 기준으로 4개의 영역을 도출하게 되며, 이 영역은 각각 물음표,[19] 별, 현금젖소, 개라고 명명한다. 또한, BCG 매트릭스는 이 4개의 영역을 제품수명주기(product life cycle, PLC)의 개념과 연결시켜 전략적 문제를 설명한다. BCG 매트릭스는 사업단위(SBU)의 위치를 원으로 표시한다. 여기서 원의 크기는 매출액으로 측정된 해당 사업단위의 크기를 의미하며, 원의 위치는 현금흐름과 연관되어 있다.

〈BCG 매트릭스의 전략적 선택〉

영 역	경쟁적 지위 (제품수명주기)	전략적 선택
물음표 (question marks)	성장하는 산업에서 열등한 경쟁적 지위(도입기)	- 확대 또는 축소전략(안정화 전략) - 전망이 좋으면 자원을 확대투입하고, 그렇지 않으면 자원 투입을 축소
별 (stars)	성장하는 산업에서 지배적 경쟁적 지위(성장기)	- 확대전략 - 시장예측에 기반을 두어 사업을 더 확장하고 자원을 추가투입
현금젖소 (cash cows)	낮은 성장산업에서 지배적 경쟁적 지위(성숙기)	- 안정화 또는 점진적 성장전략 - 자원투자를 최소화로 유지하여 보다 많은 현금흐름의 편익을 유지
개 (dogs)	낮은 성장산업에서 열등한 경쟁적 지위(쇠퇴기)	- 축소전략 - 자원의 유출을 제거하기 위해 사업을 매각·분사·청산

---

[19] 야생고양이(wild cats) 또는 문제아(problem children)라고도 한다.

(2) 전략적 사업계획 그리드(GE 매트릭스)

1) 의 의

GE(General Electric)는 BCG 매트릭스 기법을 수정하여 전략적 사업계획 그리드(strategic business planning grid) 또는 신호등 전략(stoplight strategy)이라고 불리는 기법을 개발하였다. GE는 매년 판매, 이윤, 투자수익률 등을 기준으로 각 제품을 평가하고, 그 제품이 속하는 산업을 기술적 요구, 시장점유율, 경쟁상태, 산업에서의 종업원 충성도 및 사회적 요구 등을 기준으로 해당 산업을 평가하여 사업단위(SBU)의 강점(strength)과 산업의 매력도(attractiveness)를 각각 고·중·저로 구분하고 각 영역들을 신호등과 같은 색깔로 표시하였다.

전략적 사업계획 그리드

산업의 매력도 \ 사업부(SBU)의 강점	강함	평균	약함
높음	우월한 사업 [성장 추구]	우월한 사업 [성장 추구]	물음표 [계속 유지]
중간	우월한 사업 [성장 추구]	평균적인 사업 [계속 유지]	실패한 사업 [철수(매각)]
낮음	수익창출 사업 [계속 유지]	실패한 사업 [철수(매각)]	실패한 사업 [철수(매각)]

2) 전략적 선택

전략적 사업계획 그리드는 산업의 매력도와 사업단위의 강점을 기준으로 영역을 도출하는데, 사업단위(SBU)의 위치는 각 영역에 원으로 표시한다. 여기서 원의 크기는 해당 사업단위가 포함되어 있는 시장의 크기를 의미하며, 원의 내부에 존재하는 부채꼴은 해당 사업단위의 시장점유율을 나타내고, 원의 위치는 투자수익률(ROI)과 연관되어 있다. 각 영역에서의 전략적 선택은 다음과 같다.

① 청신호 지역(green zone) : 산업의 매력도와 사업단위의 강점이 높은 지역으로, 투자를 통해 현재 상태를 유지하거나 성장하는 전략을 추구해야 한다.

② 황신호 지역(yellow zone) : 산업의 매력도와 사업단위의 강점이 중간정도인 지역으로, 경쟁력이 있다고 판단되는 사업단위는 투자를 지속적으로 증가시키고, 그렇지 않은 사업단위에 대해서는 투자감소를 통해 철수하거나 매각하는 전략을 추구해야 한다.

③ 적신호 지역(red zone) : 산업의 매력도와 사업단위의 강점이 낮은 지역으로, 투자감소를 통해 철수하거나 매각하는 전략을 추구해야 한다.

3. 한 계

(1) 각 사업부 사이의 연관 문제

사업포트폴리오 분석을 통해 수익성이 낮은 사업부를 제거함으로써 그 여파가 수익성이 좋은 사업부까지 미쳐 오히려 두 사업부 모두를 악화시킬 수 있다. 즉, 사업부 간의 상호작용을 무시하고 결정함으로써 그 파장이 다른 곳까지 미칠 수 있다.

(2) 자원의 제약성

사업포트폴리오 분석을 위한 방법들은 내부적 자원만 고려하고 있으며 외부적 자원의 공급문제에 대해서 고려하지 못하고 있다. 즉, 각 SBU의 투자재원이 주로 기업 내에서 조달된다고 전제하고 있다.

(3) 가정의 비현실성

BCG 매트릭스의 경우 점유율을 기준으로 투자의사결정을 하게 되는데, 이는 제품의 특성에 따라 중요 요인이 각각 다를 수 있다는 점을 간과하고 있다. BCG 매트릭스는 수익성의 지표로써 다른 요인들을 무시하고 상대적 시장점유율과 시장(산업)성장률만을 고려하고 있다. 또한, 사업포트폴리오 분석은 이분법적 분류를 사용함으로써 사업단위의 유형을 너무 단순화하고 있다.

(4) 주관의 개입 가능성

사업포트폴리오 분석과정에서 각 부분에 주관적인 요소가 개입할 수 있으므로 객관적인 평가가 가능하도록 요인과 변수의 선택과정에 신중을 기해야 한다.

제5절 | 전략통제 : 균형성과표

1. 의 의

(1) 개 념

균형성과표(balanced scorecard, BSC)란 기업의 전략적 목표를 일련의 성과측정지표로 전환할 수 있는 종합적인 틀로써 재무적 관점, 고객관점, 내부프로세스관점, 학습과 성장관점 등 4개의 범주로 구분하여 성과를 측정하는 것을 말하며, 카플란(Kaplan)이 제시한 개념이다. 균형성과표의 목표와 측정치는 조직의 비전과 전략으로부터 도출되며 네 가지 관점에서 조직의 성과를 평가한다.

(2) 특 징

성과측정을 위한 목표와 측정치는 각 사업단위의 비전과 전략에 따라 도출되어야 하며, 각각의 목표와 측정치는 다음과 같이 서로 균형을 이루어야 하는데, 이러한 의미에서 이 성과기록표를 '균형성과표'라고 부른다.

① 균형성과표는 주주와 고객을 위한 외부적인 측정치와 내부프로세스의 개선 및 학습과 성장이라는 내부적인 측정치 간의 균형을 이루어야 한다.
② 균형성과표는 과거 노력의 산출물인 결과 측정치와 미래성과를 창출할 측정치 간의 균형을 이루어야 한다.
③ 균형성과표는 객관적으로 계량화되는 측정치와 주관적인 판단이 요구되는 비계량적 측정치 간의 균형을 이루어야 한다.
④ 균형성과표는 재무적 관점에 의한 단기적 성과와 나머지 세 가지 관점에 의한 장기적 성과 간의 균형을 이루어야 한다.

2. 구 성

(1) 재무적 관점

재무적 관점(financial perspective)은 주주에게 어떻게 보일 것인가를 중요시하는 관점으로써 전략을 실행하여 영업이익이나 순이익 등과 같은 재무성과가 얼마나 개선되었는지를 측정하는 것이다. 재무적 관점은 성과측정지표로 영업이익, 투자수익률, 잔여이익, 경제적 부가가치, 판매성장, 현금흐름 등을 사용한다.

(2) 고객관점

고객관점(customer perspective)은 고객에게 어떻게 보일 것인가를 중요시하는 관점으로써 전략을 실행하여 고객과 관련된 성과가 얼마나 개선되었는지를 측정하는 것이다. 고객관점은 성과측정지표로 고객만족도, 시장점유율, 고객수익성 등을 사용한다.

(3) 내부프로세스관점

내부프로세스관점(internal process perspective)은 주주나 고객을 만족시키기 위해 어떤 내부 프로세스가 탁월해야 하는지를 중요시하는 관점으로써 전략을 실행하여 기업내부에 가치를 창출할 수 있는 프로세스가 얼마나 개선되었는지를 측정하는 것이다. 내부프로세스관점은 성과측정지표로 경영시스템(관리비, 제안건수), 제품개발, 생산, 품질, 적송, 사후 서비스, 정보기술 등을 사용한다.

(4) 학습과 성장관점

학습과 성장관점(learning and growth perspective)은 비전을 달성하기 위해 변화하고 개선하는 능력을 어떤 방법으로 길러야 하는지를 중요시하는 관점으로써 전략을 실행하여 장기적인 성장과 발전을 위해 인적자원과 정보시스템 및 조직의 절차 등이 얼마나 개선되었는지를 측정하는 것이다. 학습과 성장 관점은 성과측정지표로 직원숙련도, 직원만족, 자발적 이직률, 정보획득 가능성, 연구개발(R&D) 등을 사용한다.

제6절 경영혁신

1. 의의

(1) 개념

경영혁신이란 시대의 흐름이나 환경의 변화에 맞춰 기업을 기업전체의 차원에서 과감하게 변화시킴으로써 기업의 지속적인 성장과 발전을 꾀하려는 기업구성원들의 의도적인 노력을 말한다. 이러한 경영혁신의 대상은 유형 또는 무형의 산출물(output), 관리과정 및 조직구조(managerial process and structure), 조직의 구성원(people) 등이 된다.

(2) 특징

경영혁신은 일반적으로 목표를 달성하고 있지 못한 경우, 새로운 목표를 추구하는 경우 및 기업이 처해 있는 환경이 급변하는 경우 등에 필요한 노력이라고 할 수 있는데, 경영자는 유행에 민감하기 때문에 시대에 따라 유행하는 경영혁신기법이 달라질 수 있다는 점을 고려하여 그 당시 경영환경을 반영해야 하고, 만병통치약과 같은 경영혁신기법은 없기 때문에 경영자는 신중하게 경영혁신기법을 선택해야 한다.

2. 경영혁신기법

(1) 다운사이징

다운사이징(downsizing)은 조직의 효율, 생산성, 경쟁력을 높이기 위해서 비용구조나 업무흐름을 개선하는 일련의 조치들로 필요가 없는 인원이나 경비를 줄여 낭비적인 요소를 제거하는 것을 말한다. 이러한 기법은 조직의 체중을 감량하여 홀가분하게 하여 원활한 활동을 할 수 있도록 하는 것으로 감량경영기업이라고 할 수 있지만, 기업이 의도적으로 실시하는 것이기 때문에 조직이 쇠퇴하면서 규모가 작아지는 것과는 다르다. 또한, 이 기법은 기업이 위기에서 벗어나기 위한 방어적인 수단뿐만 아니라 성과를 높이기 위한 공격적인 수단으로도 사용될 수 있다.

(2) 구조조정과 리엔지니어링

① 구조조정(restructuring) : 기업이 장기적으로 치열한 경쟁에서 살아남아 경쟁우위를 확보하기 위해 제품이나 사업의 편성을 변경하고, 사업의 생산·판매·개발시스템을 구조적으로 변화시키고 재편성하는 등 의도적이고 계획적으로 사업구조를 재구성하는 것을 의미한다.

② 리엔지니어링(business process re-engineering, BPR) : 업무방식을 단순히 개선 또는 보완하는 차원이 아니라 고객만족이라는 전제하에서 업무를 처리하는 방식을 근본적으로 개선하고 업무프로세스 자체를 바꿈으로써 경영효율을 높이는 기법을 말한다. 즉, 기존의 조직단위나 규칙 또는 순서를 완전히 무시하고 프로세스를 근본적으로 뜯어고쳐 고객가치의 증가라는 관점에서 기업의 모든 활동을 프로세스 중심으로 재편하여 처음부터 다시 시작하는 것을 의미한다.

(3) 벤치마킹

벤치마킹(benchmarking)이란 제품이나 업무수행과정 등 경영의 어느 특정부문에서 **최고의 성과**(best practice)를 올리고 있는 다른 기업을 선정하고 그 부문에서 우리 기업과 그 기업 사이의 차이를 비교·검토한 후에 **학습과 자기혁신을 통해 성과를 올리려는 지속적인 노력**을 말한다. 벤치마킹의 대상은 기업경영에서 측정가능한 모든 것이 될 수 있는데, 특정 제품의 품질, 고객서비스 수준, 생산프로세스 등 모두 벤치마킹의 대상이 될 수 있다.

(4) 지식경영

지식경영(knowledge management)이란 지식의 창출 및 공유활동을 통해 조직 내의 개인과 조직이 지니고 있는 지식을 효율적으로 관리하여 부가가치를 창출하는 경영기법으로 통합적인 지식경영 프레임워크를 성공적으로 수행하기 위해서는 조직문화, 조직전략, 프로세스, 정보기술과 같은 네 가지의 구성요소가 필요하다. 또한, 지식경영은 지식생산, 지식저장, 지식공유, 지식활용의 프로세스를 가지는데, 지식경영의 핵심은 지식의 창출과 공유라고 할 수 있다. 노나카 이쿠지로(Nonaka Ikuziro)는 SECI 모형을 통해 지식을 암묵지(tacit knowledge)[20]와 형식지(explicit knowledge)[21]로 분류하고, 지식은 '사회화 → 표출화 → 연결화 → 내면화 → 사회화 → …'의 활동들이 순차적이고 지속적으로 순환하는 암묵지와 형식지 간의 상호변환과정을 통해 창출된다고 하였다. 또한, 창출된 지식은 '개인(individual)수준 → 집단(group)수준 → 조직(organization)수준 → 개인수준 → …'으로 지식의 공유가 일어나게 된다. 일반적으로 지식의 창출과 공유는 동시에 발생한다.

지식의 창출과정

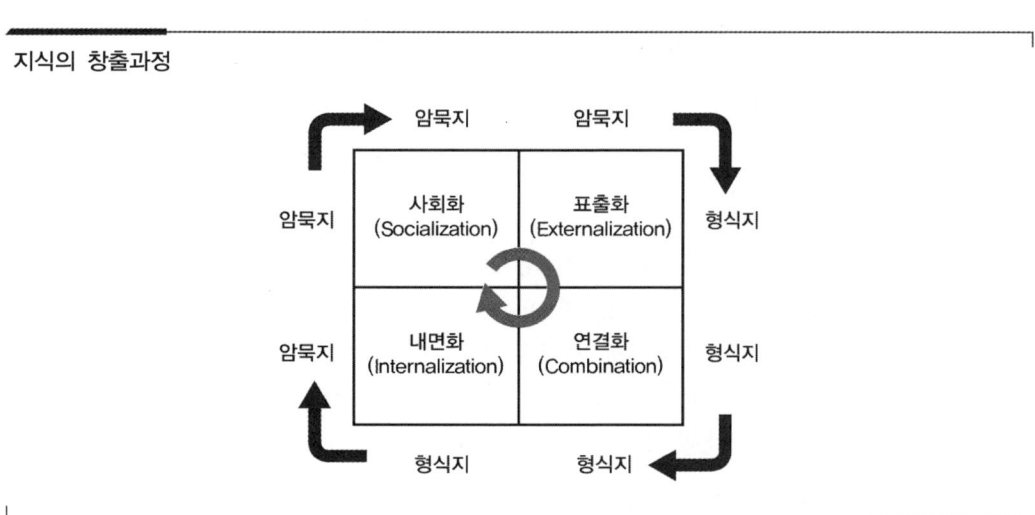

---

20) 언어로는 설명할 수 없이 전적으로 개인의 경험이나 잠재적인 능력에서 비롯되는 지식을 의미한다. 인간의 정신과 신체 속에 체화되어 있기 때문에 부호화나 전달이 어렵고, 특정 상황 하에서 오직 행동과 노력을 통해서만 표출되고 이전될 수 있는 지식이다.

21) 언어로 명료화되어 전달될 수 있는 지식을 의미한다. 책, 기술사양서, 설계도 형태로 부호화되어 있고 관찰이 가능하므로 손쉽게 습득하고 이전할 수 있는 지식이다.

① 사회화(socialization) : 한 사람의 암묵지가 다른 사람의 암묵지로 변환되는 과정이다. 이 과정에서는 구성원들 간의 경험공유를 통해서 새로운 암묵지가 창출된다. 이러한 사회화는 경험의 공유를 통해서 새로운 지식이 창출되는 방식이기 때문에 구성원들의 상호작용을 위한 공간(field)을 만들어 주는 것이 중요하다.

② 표출화(externalization) : 개인이나 집단의 암묵지가 공유되고 통합되어 새로운 형식지가 만들어지는 과정이다. 즉 머릿속의 지식을 실천에 옮겨 새로운 지식을 얻어내는 과정이다.

③ 연결화(combination) : 각기 다른 형식지를 분류, 가공, 조합, 편집해서 새로운 형식지로 체계화되는 과정이다.

④ 내면화(internalization) : 글이나 문서형태로 표현된 형식지를 암묵지로 개인의 머리와 몸속에 체화시키는 과정이다. 기업에서는 종업원이 표준작업절차, 업무매뉴얼, 기계사용설명서 등으로부터 작업에 필요한 지식을 얻어 자신의 머릿속에 기억하고 저장하는 것을 말한다.

지식의 체계

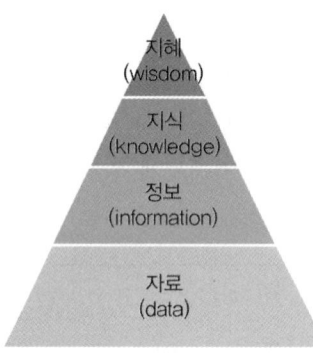

- 지혜(wisdom) — 추론 및 문제해결을 위한 지적 능력
- 지식(knowledge) — 정보를 집적하고 체계화하여 장래 사용에 대해 보편성을 갖도록 한 것
- 정보(information) — 자료를 특정목적과 문제해결에 도움이 되도록 가공한 것
- 자료(data) — 객관적 사실

(5) 시간기반 경쟁과 고객만족경영

① 시간기반 경쟁(time-based competition, TBC) : 제품의 기획 및 개발단계에서부터 최종 소비자에 대한 서비스에 이르기까지 전 사업과정에서 시간이란 측면의 경쟁우위를 확보하려는 경영기법을 말한다. 즉, 시간과 시점을 중시하는 현대 고객의 특성을 고려하여 현재와 미래의 고객이 원하는 재화와 서비스를 가장 빨리 그리고 고객이 바라는 가장 적당한 시점에 제공하려는 경영활동이다.

② 고객만족경영(customer satisfaction management, CSM) : 시간기반 경쟁이 확대된 개념으로 고객만족을 이익창출을 위한 가장 중요한 경영목표로 삼고 이를 위해 기업의 모든 경영활동을 집중시키는 경영기법으로 고객의 기대와 욕구를 만족시켜 줌으로써 고객과 지속적인 관계를 유지하도록 하는 것이다. 고객의 만족 정도는 고객만족지수를 이용하여 평가하게 된다.

(6) 경제적 부가가치 경영

경제적 부가가치(economic value-added, EVA) 경영이란 EPS(주당순이익), PER(주가수익률), ROE(자기자본수익률)와 같은 이익중심의 기업평가방법들은 기업의 안정성과 흑자도산의 가능성을 잘 보여주지 못하기 때문에 기업이 구조조정, 신규사업 선택 등의 투자의사결정, 사업부의 업적평가 및 종업원들의 인사평가 등을 할 때 자본의 효율성을 나타내는 경제적 부가가치를 의사결정의 기준으로 삼는 경영기법을 말한다. 경제적 부가가치는 기업이 투자자와 채권자들의 기대에 부응한 후에 어느 정도의 부가가치를 창출했는가를 나타내는 지표이며, 기업의 근본활동인 영업에서 창출된 이익이 투자된 자본의 비용을 초과하는 액수이다. 따라서 경제적 부가가치는 회계지표들과는 달리 기업이 장기적인 수익성을 확보하고 있는지 또는 실질적인 가치를 창출하고 있는지를 나타내주는 것이 특징이다.

경제적 부가가치(EVA) = 세후영업이익 − 자본비용
        = (영업이익−법인세) − (타인자본비용+자기자본비용)

---

(7) 블루오션 전략

1) 의 의

블루오션 전략(blue ocean strategy)은 기존 경쟁시장에 얽매이지 말고 경쟁이 없는 새로운 시장을 개척하고자 하는 전략을 말한다. 즉 산업혁명 이후 기업들이 끊임없이 거듭해 온 경쟁의 원리에서 벗어나 발상의 전환을 통해 고객이 모르던 전혀 새로운 시장을 창출해야 한다는 전략이다. 이를 통해 기업은 기회를 최대화하고 위험(risk)을 최소화하는 것이 가능하다는 것이다.

2) 레드오션

레드오션(red ocean)은 이미 잘 알려진 시장, 즉 기존의 모든 산업을 의미한다. 산업경계가 이미 정의되어 있고 이를 수용하고 있어서 게임의 경쟁법칙이 잘 알려졌기 때문에 레드오션에 있는 기업들은 기존 시장수요의 점유율을 높이기 위해 경쟁기업보다 우위에 서려고 노력한다.

3) 블루오션

블루오션(blue ocean)은 잘 알려지지 않은 시장, 즉 현재 존재하지 않아서 경쟁이 무의미한 모든 산업을 말한다. 시장수요는 경쟁에 의해 얻어지는 것이 아니라 창조에 의해서 얻어지며, 높은 수익과 빠른 성장을 가능하게 하는 엄청난 기회가 존재한다. 또한, 게임의 법칙이 아직 정해지지 않았기 때문에 경쟁은 무의미하다. 이러한 블루오션에 존재하는 소비자를 블루슈머라고 한다. 즉 블루슈머(bluesumer)는 경쟁자가 없는 시장의 새로운 소비자를 뜻하는 말로 블루오션(blue ocean)과 소비자(consumer)를 합성한 용어이다.

⟨레드오션과 블루오션⟩

속 성	레드오션	블루오션
개 념	이미 알려진 시장	잘 알려지지 않은 시장
시장과 경쟁	기존 수요시장 공략 ⇒ 경쟁의 원리	새로운 수요창출 및 장악 ⇒ 무경쟁(경쟁이 무의미)
목 표	가치와 비용 가운데 택일	가치와 비용을 동시에 추구

4) 퍼플오션

퍼플오션(purple ocean)은 치열한 경쟁시장인 레드오션과 경쟁자가 없는 시장인 블루오션을 조합한 말이다. 기존의 레드오션에서 발상의 전환을 통하여 새로운 가치의 시장을 만드는 전략을 퍼플오션 전략이라고 한다. 즉 포화상태의 치열한 경쟁이 펼쳐지는 기존의 시장에서 새로운 아이디어나 기술 등을 적용함으로써 자신만의 새로운 시장을 만든다는 의미로 발상의 전환을 통하여 새로운 가치의 시장을 만드는 것을 일컫는다.

PART 02

조직행동론

CH 01   조직행동론의 기초개념
CH 02   개인수준에서의 행동
CH 03   집단수준에서의 행동
CH 04   조직수준에서의 행동

조직행동론의 기초개념

제1절 │ 조 직

1. 의 의

(1) 개 념

조직(organization)은 하나 이상의 명확한 목적을 가지고 그 목적을 달성하기 위해 둘 이상의 사람들이 상호작용하는 협동체계이다. 따라서 조직구성원들은 공통된 목적을 가지고 그 목적을 달성하기 위해 지속적인 상호작용을 하게 된다. 공통의 목적을 달성하기 위해 체계화된 구조로 이루어져 있는 조직의 특성은 다음과 같다.

① 조직은 인간에 의해 창조된 사회집단이다.
② 조직은 일반적으로 환경과 상호작용을 하는 개방시스템이지만, 어느 정도의 폐쇄성도 가지고 있다.
③ 조직은 외부환경과 구분되는 경계와 활동영역이 존재하며, 지속적으로 외부환경으로부터 영향을 받기 때문에 이에 대한 적응의 과정이 필요하다.

(2) 기계적 조직과 유기적 조직

조직은 기계적-유기적이라는 두 개념의 연속선에서 구분할 수 있다. 이 개념은 번즈(Burns)와 스탈커(Stalker)에 의해서 처음 사용되었는데, 기계적 조직(mechanistic organization)은 표준화된 절차와 규칙, 분명한 권한구조에 의하여 기계처럼 작동한다. 이런 조직은 매우 공식화되어 있고 의사결정권한이 상층에 집중되어 집권화가 높다. 유기적 조직(organic organization)은 느슨하고 자유롭게 흐르는 유연한 이미지를 갖는 조직이다. 규칙이나 규정이 문서화되어 있지 않고 간혹 문서화가 되어 있다고 하여도 매우 유연하게 적용된다. 사람들은 자신들의 방식으로 일을 처리할 수 있으며 권한계층은 느슨하면서도 분명하지 않다. 의사결정은 분권화되어 있다.

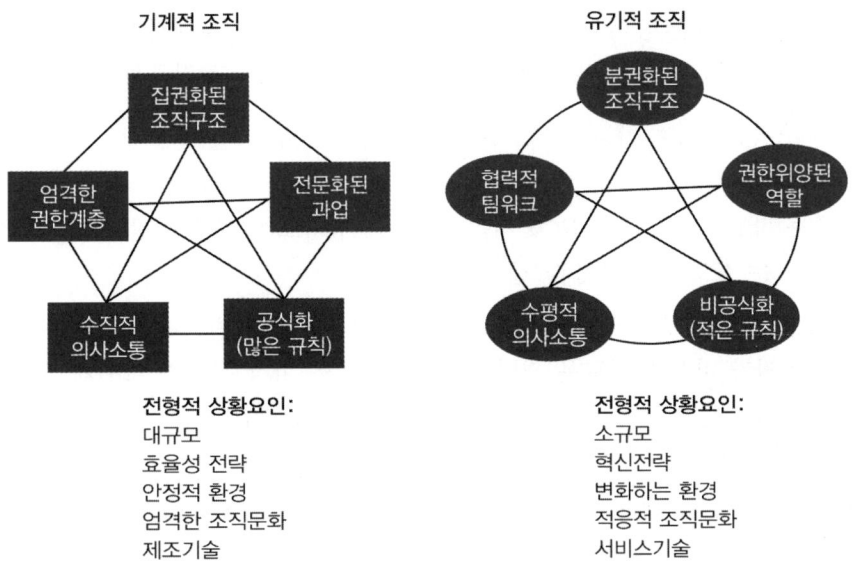

기계적 조직과 유기적 조직의 비교

(3) 양면형 조직

양면형 조직(ambidextrous organization, 양손잡이 조직)은 기업의 규모가 크거나 수행 중인 기존 사업이 잘되고 있을수록 혁신을 도모하기 위해서는 절실히 요구되는 조직구조이다. 양면형 조직은 한 쪽은 기존 사업중심으로 안정성을 추구하면서 또 다른 쪽은 혁신적인 새로운 것을 추구하는 조직을 말한다. 즉 기존 역량을 활용하면서 새로운 기회를 탐험하는 능력을 가진 조직을 의미한다. 한 쪽 조직은 기존의 일이나 사업을 잘해서 최대한의 수익을 내는 일에 초점을 맞추고, 다른 조직은 미래의 변화에 잘 대응할 수 있도록 준비하는 일에 초점을 맞춘다. 쉽게 말하면 한 회사 내에 현재 이익이 발생하는 활동을 열심히 하는 조직과 미래의 기회를 탐험하는 활동을 하는 조직이 공존하는 것이다.

2. 조직목표와 변화

(1) 조직목표

조직목표는 조직이 달성하고자 하는 바람직한 상태를 의미한다. 조직목표는 조직행동의 방향을 제시하고 현재 활동에 실질적 영향을 미치는 사회적 힘을 가지고 있는데, 조직목표의 구체적인 역할은 다음과 같다.

① **조직행동의 기준과 방향을 제시** : 조직목표는 미래지향적인 의미를 가지고 있기 때문에 조직이 앞으로 나아갈 방향에 대한 지침과 조직의 행동근거를 제시하는 기준을 제공한다. 이를 통해 조직은 합법성과 정당성을 확보할 수 있게 된다.

② 효과성(유효성)의 평가기준 : 효과성 또는 유효성은 조직목표의 달성정도를 의미한다. 따라서 조직목표는 각 조직의 효과성을 평가하기 위한 기준이 된다.

③ 조직구성원들에 대한 동기부여의 원천 : 조직구성원들을 동기부여시키기 위해서는 조직구성원들의 자발적인 참여가 필수적이다. 따라서 조직목표와 조직구성원의 목표가 일치하여야 한다.

(2) 조직목표의 변화

조직목표는 다양한 요인들에 의해 지속적으로 수정되고 변화하게 된다. 조직목표의 변화에 영향을 미치는 요인들은 다음과 같다.

① 내부요인 : 조직내부의 권력체계의 변동이나 조직구조의 변동이 대표적이다. 일반적으로 최고경영자가 바뀌면 새로운 경영자의 경영철학에 따라 목표가 바뀌게 된다. 또한, 새로운 부서, 새로운 기준의 도출 또는 새로운 담당자의 출현 같은 경우도 조직의 변화를 일으킨다.

② 외부요인 : 기술의 개발, 사회적·정치적·경제적 변화 등이 있다.

3. 경쟁적 가치모형

(1) 의 의

퀸(Quinn)과 로어바우(Rohrbaugh)가 개발한 경쟁적 가치 모형(competing value model)은 조직이 다양한 과업을 수행하고 많은 산출물을 생산한다는 것을 고려하여 조직의 한 부분에 집중하는 것이 아니라 조직의 다양한 부분들을 균형 있게 다루기 위해 몇몇 효과성 지표들을 지표 간의 경쟁이라는 관점에서 하나의 틀에서 측정한다. 이러한 통합적 효과성을 측정하기 위해 유연성(분권화와 분화를 강조)/통제성(집권화와 통합을 강조)과 내부지향성/외부지향성의 2가지 경쟁적 차원에 따라 효과성 지표들을 네 가지의 유형으로 구분하였다. 또한, 대칭점에 있는 인간관계 접근과 합리적 목표 접근의 사이와 개방시스템 접근과 내부프로세스 접근 사이에는 서로 상반되는 성격을 가지는데, 이는 하나의 조직에 서로 상반되는 가치가 공존하고 있다는 것을 의미한다.

(2) 구성요소

① 인간관계 접근 : 분권화와 분화를 강조하는 유연성과 내부지향성의 차원을 가지는 경쟁적 가치에 해당한다. 이러한 접근은 인적자원의 개발이 목표이기 때문에 인간을 중시하고 응집성과 사기를 통해 효과성을 높일 수 있다고 보고, 외부환경보다 조직구성원들에게 더 관심을 가진다.

② 개방시스템 접근 : 분권화와 분화를 강조하는 유연성과 외부지향성의 차원을 가지는 경쟁적 가치에 해당한다. 이러한 접근은 성장과 자원획득이 목표이기 때문에 외부환경과 좋은 관계를 유지하고 유연성과 신속성을 통해 효과성을 높일 수 있다고 본다. 자원기준 접근과

유사한 부분이 많다.

③ **내부프로세스 접근** : 집권화와 통합을 강조하는 통제성과 내부지향성의 차원을 가지는 경쟁적 가치에 해당한다. 이러한 접근은 조직의 안정과 균형을 유지하는 것이 목표이기 때문에 관리와 조정을 통해 효과성을 높일 수 있다고 본다.

④ **합리적 목표 접근** : 집권화와 통합을 강조하는 통제성과 외부지향성의 차원을 가지는 경쟁적 가치에 해당한다. 이러한 접근은 생산성·효율성·수익성에 목표를 두기 때문에 조직은 통제를 통해 목표를 달성하기를 원하고 목표 접근과 유사한 부분이 많다.

경쟁적 가치 모형

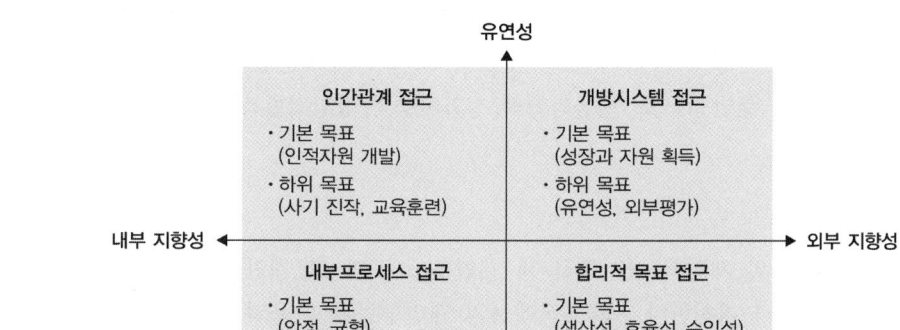

제2절 | 조직행동론

1. 의 의

(1) 개 념

조직행동론(organizational behavior)은 조직의 목적을 달성하기 위하여 조직 내에 있는 개인에 대한 문제를 이해하려는 측면에 초점을 두는 분야를 말한다. 따라서 조직행동론은 조직에서의 개인행동을 조직 내 개인과 그 개인을 둘러싸고 있는 환경과의 함수라고 가정하고 개인의 행동을 이해·예측·통제하려고 한다. 일반적으로 개인은 개인의 욕구를 충족시키고 동시에 조직의 목표달성에 공헌하려는 의지를 가졌기 때문에 조직에 참여한다. 조직행동론은 다양한 욕구를 지닌 개인의 욕구를 어떻게 충족시키고, 개인이 조직의 목표달성에 기여하게 할 것인가가 중요한 관심사이다. 일반적으로 행동과학적, 성과지향적, 상황적합적, 인간중심적 성격을 가진다.

(2) 행동형성의 가정

조직행동론은 조직에서의 개인행동을 조직 내 개인(person)과 그 개인을 둘러싸고 있는 환경(environment)과의 함수라고 가정한다. 즉 조직에서의 개인행동은 다음과 같이 표현할 수 있다.

$$\text{Behavior} = f(\text{Person, Environment})$$

① 개인 : 개인의 능력, 심리를 반영하는 내부요소이다. 내부요소로는 성격, 지각, 학습, 태도, 동기, 능력 등이 있다.
② 환경 : 환경적인 측면을 반영하는 외부요소이다. 외부요소로는 직무의 성격, 관리시스템, 조직분위기, 성과에 대한 보상과 평가, 가족, 사회, 문화 등이 있다.

2. 인간에 대한 이해

(1) 개인행동의 접근법

조직행동론에서의 개인행동에 대한 접근법은 개인과 환경에 대한 강조에 따라 행동주의적(강화적) 접근법, 인지적 접근법, 절충적 접근법으로 구분할 수 있다.

1) 행동주의적(강화적) 접근법

행동주의적(강화적) 접근법은 개인과 환경의 함수관계에서 환경(E)을 강조하고 개인의 행동을 자극과 반응의 관계로 보았다. 개인행동을 객관적 관찰이나 실험을 통해 검증하는 연구방식을 도입해 과학적 이론을 수립하려고 했다는 점에서 의의가 있지만, 동일한 자극에도 상이한 반응이 나타나는 것을 설명할 수 없기 때문에 개인 내부의 심리적 과정을 간과했다는 단점을 가지고 있다.

2) 인지적 접근법

인지적 접근법은 환경(E)보다는 개인(P)에 초점을 맞춰 개인의 인지가 개인행동을 결정하는 주요한 요소라고 주장하였다. 개인은 자극을 단순히 수동적으로 수용하는 것이 아니라 받아들인 정보를 능동적으로 처리한다고 보았다.

3) 절충적 접근법

절충적 접근법은 환경(E)과 개인(P)을 동시에 고려한다. 따라서 자극은 인지과정이나 심리적 과정을 통해 행동을 유발하고, 각 변수들 간에는 상호관련성을 가지기 때문에 이들을 연결하는 피드백(feedback)이 존재한다.

(2) 인간에 대한 다양한 가정

① 합리적·경제적 인간(rational & economic man) : 인간은 경제적 요인에 의해 동기부여가 되고 자기의 이익을 최대한 추구한다는 것이다. 또한, 개인의 목표와 조직의 목표가 대립되므로 조직의 목표를 달성하기 위해서는 외부적인 힘에 의해 통제되어야 한다.

② 사회적 인간(social man) : 인간을 사회적 존재로 파악하고 인간은 집단에 대한 소속감이나 일체감과 같은 사회적 욕구의 충족을 통해 동기부여가 유발된다.

③ 자아실현적 인간(self actualizing man) : 인간은 자질 또는 잠재적 능력을 생산적으로 활용하고 성장하려는 욕구를 지닌 존재이다. 인간의 자율성, 동기부여의 내재성, 개인과 조직 목표의 일치를 강조하며, 내재적 보상을 기초로 하여 구성원에게 더 많은 자율을 준다.

④ 복잡한 인간(complex man) : 인간은 복잡하고 변동적이다. 또한, 인간은 다양한 경험을 통해 욕구를 학습할 수 있고, 동일한 일을 하는 경우에도 상이한 동기가 작용할 수 있다.

| PART 01 | **PART 02 조직행동론** | PART 03 | PART 04 |

개인수준에서의 행동

제1절 │ 성 격

1. 의 의

(1) 개 념

성격(personality)은 개인이 가지고 있는 독특한 특성을 의미한다. 따라서 성격은 타인과 구별되는 독특한 심리적 특성이기 때문에 개인차를 명백히 구별할 수 있는 인간행동의 기본적 결정요인이다. 일반적으로 개인의 성격은 환경이나 학습 등에 의해 변화하기 전까지 일관되게 지속적으로 나타난다. 성격은 다양한 요인에 의해 결정되는데 대표적인 성격의 결정요인으로는 유전적 요인, 상황적 요인, 문화적 요인, 사회적 요인 등이 있다.

(2) 조직행동과 관계된 개인의 기본적 성격특질

① 자기효능감(self efficacy) : 과업의 성공적 수행에 필요한 능력을 지니고 있다고 믿는 정도(자신감)를 말한다. 자기효능감이 높을수록 직무만족과 성과향상에 긍정적인 효과를 나타낸다.

② 자기감시성향(self monitoring) : 외부환경에 잘 대처할 수 있는 능력을 말한다. 즉 개인의 환경의 신호(cue)를 읽고 그것을 해석하여 자신의 행위를 환경요구에 맞춰 조절해 나가는 성향을 말한다. 자기감시성향이 높다는 것은 다른 사람을 많이 의식한다는 뜻이다. 따라서 다른 사람의 말에 민감하고 그들이 바라는 것을 맞춰주려 노력하기 때문에 자기감시성향이 높을수록 외부환경과 조화롭게 적응하며 관리의무를 잘 감당한다.

③ 자존심(self esteem) : 자신과 능력에 대해 가지는 긍지를 말하는데, 자긍심이라고도 한다. 자존심이 높을수록 직무만족과 동기부여 향상에 긍정적이다.

(3) 긍정심리자본

긍정심리자본(positive psychological capital)이란 개인이 실현할 수 있는 최대한의 잠재력을 실현하기 위한 개인의 긍정적인 심리와 의지의 역할을 강조한 개념이다. 물론 긍정심리자본은 마냥 행복한 마음상태만을 의미하는 것은 아니라 개인의 복합적인 긍정적 심리상태로 정의된다. 이러한 긍정심리자본은 자기효능감(self efficacy), 희망(hope), 낙관주의(optimism), 복원력(resiliency)의 4가지 구성요소를 가진다.

① **자기효능감** : 특정한 맥락 속에서 주어진 구체적인 과업을 성공적으로 수행하는데 필요한 동기부여 수준, 인지적 자원 및 일련의 행위과정을 동원할 수 있는 자신의 능력에 대한 믿음을 의미한다.
② **희 망** : 현실적인 계획을 세울 수 있으며, 중요한 목표에 도달할 수 있다는 믿음의 결과로 생기는 심리상태이다. 즉 긍정적인 동기부여상태를 의미하는데, 특정 목표를 달성하기 위해 자신이 에너지를 투입하겠다는 의지(willpower)와 목표달성경로(pathways)에 대한 긍정적인 평가를 포함한다.
③ **낙관주의** : 자신에게 일어난 사건의 원인을 어떻게 설명하고 접근하는가에 대한 심리적 태도와 관련되어 있으며, 비현실적으로 어떤 상황에 대한 허황된 태도가 아니라 현실에서 동떨어지지 않은 낙관주의적 사고를 의미한다.
④ **복원력(회복력)** : 다양한 사건들에서 겪는 좌절과 슬픔 등을 극복할 뿐만 아니라 더 긍정적인 결과를 만들어 낼 수 있는 심리적 역량을 의미한다.

2. 성격이론

(1) 특성이론

특성이론(trait theory)은 개인의 성격적 다양성을 인정하고 성격을 구성하는 특성과 요인에 초점을 둔다. 일반적으로 개인을 협동, 성취감, 근심, 공격본능, 의존성과 같은 특성의 결합으로 간주하고, 개인들의 개성과 행동의 차이는 각 개인이 가지고 있는 특성의 양에서 차이를 가지기 때문에 발생한다고 가정한다.

(2) 유형이론

유형이론(type theory)은 특성이론의 확장이라고 할 수 있다. 유형이론에서는 구체적인 성격의 특성을 살펴보는 대신에 하나의 범주 안에 함께 묶을 수 있는 자질들을 범주화하여 성격을 구분한다. 대표적인 성격의 유형구분은 다음과 같다.

1) 외향성과 내향성

외향성(extroversion)과 내향성(introversion)은 주어진 상황에 대한 반응에 있어 개인의 에너지가 어느 쪽을 더 많이 지향하느냐에 따라 달라진다. 외향성을 지닌 개인은 폭넓은 활동력을 보이며 내향성을 지닌 개인은 내적인 면을 중요시하고 집중력이 높다.

2) 독재성과 민주성

독재성은 타인의 의견을 배제하고 독단적으로 행동하는 경향을 말하며, 민주성은 타인을 존중하고 최대한 이타적으로 행동한다. 독재성과 관련된 대표적인 개념으로는 마키아벨리즘(Machiavellism)이 있는데, 이는 실질적이고 비인간적이며 목적달성을 위해 수단과 방법을 가리지 않는 행동경향을 의미한다. 즉 권력을 확보하기 위해서 온갖 조작적 수단을 동원하는 권력지향적인 성격을 말한다.

3) A형과 B형

프리드만(Friedman)이 신경세포의 조바심물질과 관련하여 개인의 성격유형을 구분한 것이다. A형은 야심이 크고 경쟁적이며 공격적인 성향을 가지고, 항상 시간압박에 쫓기는 성격이다. B형은 물건에 대한 욕심이 별로 없으며 양적인 면보다 질적인 면을 중요시하는 성격이다. 실제적으로 극단적인 A형과 B형은 없으며 어느 쪽이 더 나은지에 대한 구분도 쉽지 않다. 다만, A형의 경우는 업무수행측면에서 유리하고 B형의 경우는 인간관계측면에서 상대적으로 유리하다.

〈A형과 B형〉

A형	B형
• 언제나 뭔가 하고 있다.	• 언제나 차분하게 있다.
• 성격이 급하다.	• 유유자적하다.
• 걸음걸이가 빠르다.	• 천천히 걷는다.
• 시간에 쫓긴다.	• 시간에 무관심하다.
• 한꺼번에 여러 가지의 많은 일을 한다.	• 한 번에 한 가지씩 서두르지 않는다.
• 엄청난 계획을 한 번에 세운다.	• 한 번에 한 가지씩 계획을 세운다.
• 언제나 지쳐 있다.	• 피로한 기색이 별로 없다.
• 경쟁적이고 조급하다.	• 협조적이고 서두르지 않는다.
• 일밖에 모른다.	• 일 이외에 다른 것도 챙긴다.
• 인내심이 적다.	• 인내심이 많다.
• 여가를 갖지 않거나 여가를 갖는다 하더라도 불안감을 보인다.	• 여가를 즐길 때에는 죄의식 없이 즐긴다.

4) 내재론자와 외재론자

내재론자(internals)는 자신이 자신의 운명을 통제한다고 믿는 사람이며, 외재론자(externals)는 자신에게 일어난 운명이 외부의 요인에 의해 결정된다고 믿는 사람이다. 내재론자와 외재론자는 자신의 행동이 삶의 결과에 얼마나 영향을 줄 수 있을지 믿는 정도를 의미하는 통제위치(locus of control)에 따라 분류된다. 통제위치에 대한 대부분의 연구들은 개인의 능력과 성과가 내재론자에게 더 높게 나타남을 보여주고 있지만, 모든 직무가 내재론자에게 맞는 것은 아니며 상황에 따라 외재론자가 적합할 수도 있다. 또한, 내재론자에 비하여 외재론자는 스스로 통제가 불가능하기 때문에 상대적으로 평소에 걱정을 더 많이 한다.

〈내재론자와 외재론자〉

구 분	내재론자	외재론자
통제위치	자 신	외부환경
성 격	자신의 운명은 자신이 개척한다고 믿음	타인과 외부요인이 운명을 결정한다고 믿음
적합한 직무	자율적 업무, 참여적 관리스타일	완전 통제된 업무, 지시적 관리스타일
직무난이도	복잡한 정보처리가 필요하고 고도의 훈련이 요구되는 직무	단순반복적인 직무이며 쉽게 습득이 가능한 직무
직무주도권	자기가 주도적으로 결정해서 혼자서 수행하는 직무	상급자나 동료에 의해 주도되며 자신은 따르기만 하면 되는 직무
동기부여정도	사기가 높아야 하며, 노력정도와 생산성에 따라 보상이 주어짐	많은 노력이 필요하지 않으며 성과와 보상의 크기가 무관함

5) 빅 파이브 모형

성격의 기본단위를 발견하는 한 방법은 성격을 기술하기 위해 사람들이 사용하는 어휘를 분석하는 것이다. 노만(Norman)이 1963년에 동료평정의 요인분석연구에서 5개의 기본적인 성격요인들을 발견한 이후 다양한 표본과 측정도구를 사용한 많은 연구에서 유사한 5가지 요인이 반복해서 발견되었다. 5가지 요인을 영문 이니셜을 따서 NEOAC라고 부르기도 한다. 이런 과정을 통해 얻어진 5가지 특성과 각각의 하위척도들은 다음과 같다.

① 성실성(conscientiousness) : 신뢰감의 수준을 의미하며, 하위척도들은 유능함, 질서, 의무감, 성취노력, 자기절제, 신중함 등이 있다. 성실한 사람은 믿을 만하고 끈기가 있지만 성실성이 부족한 사람은 주의가 산만하고 신뢰도가 낮다.

② 우호성 또는 친화성(agreeableness) : 타인을 따르는 개인성향을 의미하며, 하위척도들은 신뢰, 솔직함, 이타성, 순종성, 겸손, 온유함 등이 있다. 높은 우호성(친화성)을 가진 사람은 협조적이며 믿음이 가지만 우호성(친화성)이 낮은 사람은 비협조적이며 적대감을 가진다.

③ 경험에 대한 개방성(openness to experience) : 관심과 열정 및 새로운 것에 대한 호기심의 범위를 의미하며, 하위척도들은 환상, 미적 감수성, 감정, 행위, 관념, 가치 등이 있다. 개방성 수준이 높은 사람은 창조적이며 예술적 감각이 뛰어나지만 개방성 수준이 낮은 사람은 진부하며 편안함을 추구한다.

④ 외향성(extraversion) : 대인관계에 있어서의 편안한 정도를 의미하며, 하위척도들은 따뜻함, 사교성, 자기주장성, 활동성, 흥분추구, 정적 정서 등이 있다. 외향적인 사람은 집단적이고 사교적이지만 내향적인 사람은 조심스럽고 조용하다.

⑤ 신경증성향(neuroticism) : 스트레스에 잘 견디는 정도를 의미하며, 하위척도들은 불안, 분노, 적대감, 우울, 자의식, 충동성, 상처받기 쉬움 등이 있다. **정서적 안정성**(emotional stability)이라고도 하는데, 정서적 안정성이 높은 사람은 자신감이 있고 확신이 있으나 정서적 안정성이 낮은 사람은 신경질적이고 우울하다.

제2절 | 가치관과 감정

1. 가치관

(1) 의 의

가치관(values)이란 개인이 믿고 따르는 도덕적 신념을 말한다. 따라서 가치관은 개인의 생각을 내포하는 판단기준이 되며 성격, 지각, 태도, 동기유발 등의 이해를 위한 기초가 된다. 또한, 개인의 가치관은 그 사람이 겪은 독특한 문화적 경험뿐만 아니라 종교적 신념 및 철학적 판단에 그 기반을 두고 있다. 가치관은 문화적, 종교적, 철학적 요인들과 같은 다양한 요인들의 영향을 받은 개인의 판단기준과 관련되어 있다.

(2) 가치의 유형

로키치(Rokeach)는 가치관이란 어떤 구체적인 행동양식이나 존재양식이 그 반대의 행동양식이나 존재양식보다 개인적으로 또는 사회적으로 더 바람직하다는 신념이라고 하였다. 또한, 개인의 가치체계는 가치관의 상대적 중요성에 따라 순위가 매겨져 있으며 그 순위에 기인하여 하나의 가치체계를 형성한다고 하였으며, 가치를 최종적 가치(terminal value)와 최종적 가치를 달성하기 위한 수단적 가치(instrumental value)로 나눈 다음 각각에 해당되는 구체적인 내용을 18개 항목으로 제시하고 있다.

① **최종적 가치** : 개인이 궁극적으로 달성하고자 하는 **최종의 목표**를 말한다. 최종적 가치에는 성취감, 평등한 세상, 행복 등을 포함한 18가지가 있다.

② **수단적 가치** : **최종적 가치를 달성하기 위해 개인적으로 선호되는 행동방식**을 말한다. 수단적 가치에는 야심, 너그러움, 정직, 책임감 등을 포함한 18가지가 있다.

2. 감 정

(1) 의 의

감정(emotion)이란 인간에게 어떤 대상(사람, 사건, 사물 등)에 대해 반작용으로 생겨나는 짧고 강한 느낌을 의미한다. 이러한 감정은 느낌, 신체적 각성, 목적의식, 사회적-표현적 현상의 4가지 하위요소로 구성되어 있다.

(2) 감정노동

감정노동(emotion labor)은 **효과적인 직무수행을 위하여 개인이 실제로 경험하는 감정상태와 요구되는 감정의 표현 사이에 차이가 발생할 때 자신의 감정을 조절하고자 하는 노력**을 의미한다. 이러한 노력에는 자신의 감정을 통제하려는 노력과 조직이 원하는 감정을 표출하려는 노력이 있다. 감정노동에 종사하는 구성원의 감정표현은 일반적으로 세 가지 유형으로 나타난다.

① 가식적 행동(surface acting) : 조직이 원하는 감정을 표현하기 위하여 자신의 실제 감정을 억제하거나 숨기는 것을 말한다. 이러한 행동은 실제로 많은 스트레스를 유발한다.
② 내면화 행동(deep acting) : 가식적 행동을 자신이 원하는 행동으로 인지하려고 하는 것을 말한다. 이러한 행동은 가식적 행동보다 낮은 수준의 스트레스를 유발한다.
③ 진실 행동(genuine acting) : 조직이 원하는 감정에 대해 공감하고 이에 맞는 표현행동을 하는 것을 말한다. 이러한 행동은 개인이 원하는 감정을 표현하는 것이기 때문에 스트레스를 거의 유발하지 않으며 감정노동의 강도가 가장 낮다.

(3) 감정지능

감정지능(emotional intelligence quotient, EQ)은 개인이 자기 자신이나 다른 사람들의 감정을 지각하는 역량을 의미하며, 이는 자기인식, 자기감정조절, 자기동기부여, 감정이입, 사회적 기술(대인관계)의 차원으로 이루어져 있다. 일반적으로 감정지능이 높은 사람은 자신의 성공과 조직의 성과향상에 긍정적 영향을 미친다.

① 자기인식 : 자신의 감정을 빠르게 인식하는 역량, 즉 특정 대상에 대한 자신의 감정을 정확히 인식하는 역량을 의미한다.
② 자기감정조절 : 자신의 감정을 처리하고 변화시키는 역량, 즉 감정을 상황에 맞게 잘 다루는 역량을 의미한다.
③ 자기동기부여 : 목표성취를 위해 어려움을 견디고 노력하는 역량, 즉 어려움에서 낙관적인 태도를 유지할 수 있는 역량을 의미한다.
④ 감정이입 : 타인의 감정을 파악하고 공감하는 역량, 즉 다른 사람의 감정을 이해할 줄 아는 역량을 의미한다.
⑤ 사회적 기술(대인관계) : 다른 사람의 감정에 대해 알맞게 대응하는 역량, 즉 타인의 감정에 적절히 반응하여 인간관계를 원활히 할 수 있는 역량을 의미한다.

제3절 | 지 각

1. 의 의

(1) 개 념

지각(perception) 또는 지각과정이란 환경으로부터 자극이 투입되어 이에 대한 반응을 형성하는 과정을 말한다. 이러한 과정을 통해 개인이 접하는 환경에 특정한 의미를 부여하게 되는데, 이러한 의미를 부여하는 과정은 세부적으로 선택, 조직화, 해석의 과정으로 이루어진다. 지각 또는 지각과정에 영향을 미치는 요인에는 지각대상과 관련된 요인인 외부환경요인과 지각자와 관련된 요인인 내부환경요인으로 구분할 수 있다. 외부환경요인에는 강도(strength), 대조(contrast), 반복(repetition), 동작(motion), 신기함과 친숙함(novelty & familiarity) 등이 있고, 내부환경요인에는 욕구와 동기(needs & motives), 과거의 경험과 학습(experience & learning), 자아개념(self concept), 성격(personality) 등이 있다. 외부환경요인과 내부환경요인 이외에 상황요인도 지각에 영향을 준다. 즉 지각과정에 포함된 구성원들 간의 공식지위와 역할, 상호작용의 배경과 사회적 맥락, 물리적 환경과 분위기 등이 지각과정에 영향을 준다. 대표적인 상황요인에는 시간, 장소, 직무환경, 주변인들의 상황, 물리적 상황 등이 있다.

지각과정

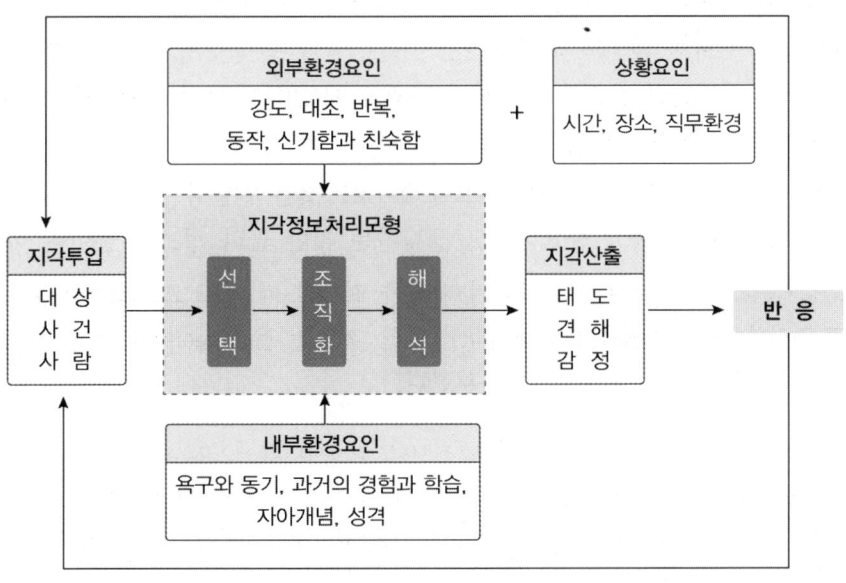

(2) 지각정보처리모형(지각메커니즘)

개인에게 지각투입이 일어나면 개인은 지각투입에 의미를 부여하는 과정을 진행하게 되는데, 이를 지각정보처리모형 또는 지각메커니즘이라고 한다. 일반적으로 이 과정은 선택, 조직화, 해석의 과정으로 이루어진다.[1]

1) 선 택

선택(selection)이란 지각자가 관심이 있는 것은 지각을 하고 관심 밖에 있는 것은 지각하지 않는 것을 말한다. 개인은 가만히 있어도 수많은 자극에 노출되지만 모든 사람이 모든 자극을 똑같이 지각하지 않고 관심이 있는 일부의 자극에 주의를 기울이게 되며, 이처럼 개인에게 필요한 자극만을 받아들이는 경향을 선택적 지각(selective perception)이라고 한다. 이러한 선택적 지각은 의사소통의 과정에서 부분적 정보만을 받아들여 오류를 유발시키기도 한다.

2) 조직화

조직화(organization)란 지각이 된 대상이 분리된 형태로 존재할 수 없기 때문에 하나의 형태로 만들어 가는 과정으로 이미지[2]를 형성하는 과정이라고 할 수 있다. 조직화의 과정을 게스탈트 과정(Gestalt process)이라고도 하는데, 여기서 게스탈트(Gestalt)는 형태라는 뜻을 가진 독일어이다. 이러한 조직화의 형태에는 집단화(grouping), 폐쇄화(closure), 단순화(simplification), 전경-배경의 원리(law of figure & background) 등이 있다.

① 집단화(범주화) : 접근성(proximity)이나 유사성(similarity)을 근거로 하여 사물 또는 사람을 하나로 묶는 경향을 말한다.

② 폐쇄화 : 불완전한 정보에 직면하게 되었을 때 임의대로 불완전한 정보를 채워서 전체로 지각하려는 경향을 말한다.

③ 단순화 : 지각자가 눈에 덜 띄는 정보를 빼버리는 것을 말한다. 정보가 너무 많을 경우 그 중에서 이해가능하고 중요하다고 생각하는 것만 골라 정보를 줄이려 하는 것이다.

④ 전경-배경의 원리 : 개인은 하나의 대상을 지각할 때, 주요 요소(전경)와 부수적 요소(배경)로 조직화하려는 경향을 보인다. 즉 선택된 대상은 전경(figure)으로 구분하고 그 배후의 대상은 배경(background)으로 구분한다.

---

[1] 사람에 대한 지각(사회적 지각)은 사물을 지각하는 방법과 똑같이 적용된다. 단, 대상이 사람일 때는 지각자는 피지각자가 지각자를 지각하고 있을 것이라는 상황을 하나 더 첨가시키고 지각한다는 점이 다르다. 즉 서로 간에 심리적인 상호작용이 있게 되어 상대방이 갖고 있는 태도, 욕구, 기대, 가치관 등을 의식하면서 지각하게 된다. 이렇게 하여 지각자는 피지각자를 파악하는데, 이를 사물이나 사건의 인지와 구별하여 사회적 인지(social cognition)라고 한다.

[2] 서로 관련되는 여러 정보들이 한 덩어리로 조직화되어 하나의 그림형태로 고정화된 것을 스키마(schema)라고 한다. 즉 스키마란 일련의 서로 관련되는 사건, 사물, 사람의 덩어리로 조직화된 그림이다. 이런 그림들을 개인은 머리에 수천수만 장을 보관하고 있다. 일반적으로 개인이 어떤 자극을 처음 받았을 때 정보를 모두 지각하여 이해하고 대응하기는 거의 불가능하기 때문에 스키마를 활용하면 빠른 시간 내에 정보를 대략적으로 파악하는 것이 가능하다.

조직화의 형태

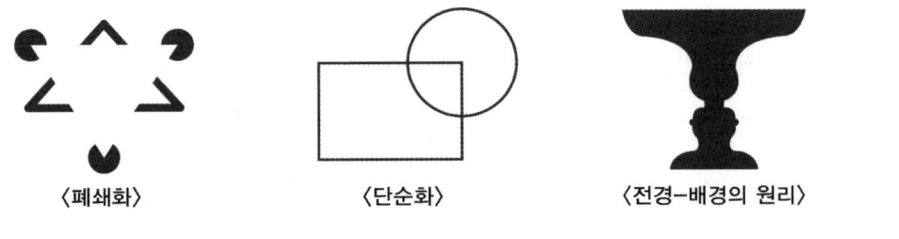

〈폐쇄화〉　　〈단순화〉　　〈전경-배경의 원리〉

3) 해 석

해석(interpretation)이란 조직화된 지각에 대한 판단의 결과를 말한다. 이러한 해석은 주관적이기 때문에 판단과정이 쉽게 왜곡될 수 있으며, 이로 인해 지각오류가 발생한다.

(3) 지각오류

지각과정은 다양한 영향요인들이 영향을 미치게 되는데, 이러한 다양한 영향요인들로 인해 지각자는 객관적인 지각을 하지 못하고 다양한 형태의 지각오류를 범하게 된다. 대표적인 지각오류는 다음과 같다.

1) 후광효과와 뿔효과

후광효과(halo effect)란 어떤 대상이 가지는 개인적 특성(지능, 사교성, 용모 등)으로 인해 호의적인 인상이 만들어져 대상에 대한 평가에 좋은 영향을 주는 지각오류를 말한다. 이에 반해, 뿔효과(horn effect)란 어떤 대상이 가지는 개인적 특성으로 인해 비호의적인 인상이 만들어져 대상에 대한 평가에 좋지 못한 영향을 주는 지각오류를 말한다.

2) 상동적 태도

상동적 태도(stereotyping)란 어떤 대상이 속한 집단(종족, 나이, 성별, 출신지역, 출신학교 등)에 대한 지각을 바탕으로 지각대상을 판단하는 지각오류를 말한다. 이러한 상동적 태도는 평가자가 평가대상이 속한 집단의 특성을 통하여 그의 특성을 추론하려고 하기 때문에 발생하며, 이로 인해 사람에 대한 경직적인 편견을 가지는 지각 즉 고정관념을 뜻한다. 후광효과는 지각대상의 개인적 특성에 근거한 지각오류이고, 상동적 태도는 지각대상이 속한 집단의 특성에 근거하여 대상을 판단하는 지각오류이다.

3) 지각적 방어

지각적 방어(perceptual defense)란 개인에게 위협을 안겨주는 자극이나 상황적 사건이 있을 경우에 이에 대해 담을 쌓거나 인식하기를 거부함으로써 방어를 구축하는 지각오류를 말한다. 자신의 상동적 태도와 일치하지 않는 사실에 직면할 때 그 불일치를 제거할 목적으로 정보를 회피하거나 지각에 맞도록 정보를 왜곡시키는 오류이다.

4) 투영효과(투사)

투영효과 또는 투사(projection)란 평가대상에 지각자의 감정을 귀속시키는 데서 발생하는 지각오류를 말한다. 다른 사람들도 나의 태도나 감정 등과 똑같을 것이라고 단정하는 경향으로 지각자가 처해 있는 주관적인 상황을 객관적인 상황으로 인식하는 지각오류이다.

5) 자성적 예언

자성적 예언(self-fulfilling prophecy)이란 개인의 기대나 믿음이 그의 행위나 성과를 결정하게 되는 지각오류를 말한다. 지각자가 지각대상자의 특성이나 사건의 발생에 대해 미리 기대를 가짐으로써 실제 결과에 무비판적으로 사실을 지각할 수 있는 지각오류로 피그말리온 효과(Pygmalion effect)라고도 한다.

6) 자존적 편견

자존적 편견(self-serving bias)은 평가자가 자신의 자존심을 지키기 위하여 자신이 실패했을 때는 자신의 외부적 요인에서 원인을 찾고, 자신의 성공에 대해서는 내부적 요인에서 원인을 찾으려는 경향을 의미한다.

7) 통제의 환상

통제의 환상(illusion of control))은 자신이 모든 행동의 원인을 통제할 수 있다고 착각하는 지각오류이다. 즉 자기만 잘하면 모든 일이 잘 될 수 있다고 믿으면서 어떤 결과(행동)의 원인을 외부보다 자신의 내부로 돌리려는 경향을 말한다.

8) 순위효과

순위효과(order effect)란 대상을 평가할 때 받은 지각의 순서에 따라 평가결과가 달라지는 지각오류를 말한다. 지각순서 중 가장 먼저 투입된 지각대상의 첫인상이 평가에 크게 작용하는 것을 **최초효과**(primacy effect)라고 하며, 지각순서 중 가장 늦게 투입된 지각대상의 최근 인상이 평가에 크게 작용하는 것을 **최근효과**(recency effect)라고 한다. 일반적으로 순위효과는 지각자가 스스로 오류를 범하고 있다는 사실을 인지하지 못하는 경우가 많다.

9) 대비오류

대비오류(contrast error) 또는 대조효과(contrast effect)란 지각대상을 평가함에 있어서 다른 대상과 비교해서 평가함으로써 범하게 되는 지각오류를 말한다. 예를 들어, 면접 시 두 사람이 들어 왔을 때 한 명이 서류전형이나 1차 면접에서 최하위의 성적을 기록한 사람이라면 다른 한 사람은 그렇게 뛰어나지 않더라도 상대적으로 더 높은 평가를 받게 되는 것이다. 이러한 대비오류는 지각대상과 비교하는 대상이 지각자 자신이 될 수도 있다. 이러한 경우에 지각자는 자신과 유사한 지각대상을 더 좋아하게 되는데, 이로 인해 자신이 좋아하는 지각대상을 더 호의적으로 평가하는 지각오류를 범하게 되며 이러한 지각오류를 유사효과(similar to me effect)라고도 한다. 예를 들어, 입사 면접 시 면접관이 자신과 동일한 학교 출신의 피면접자를 더 좋게 평가하는 것이다.

10) 상관편견

상관편견(correlational bias)이란 지각자가 다수의 지각대상 간에 논리적인 상관관계가 높지 않음에도 불구하고 상관관계가 높다고 생각할 때 나타나는 지각오류를 말하며, 논리적 오류(logical error)라고도 한다. 일반적으로 지각자는 지각대상 중에 하나가 우수하면 다른 지각대상도 우수할 것이라고 판단하게 되며, 지각자가 지각대상에 대한 정보가 부족할 때 발생한다.

11) 관대화·중심화·가혹화 경향(분배적 오류)

관대화 경향(lenient tendency)은 지각대상을 평가할 때 가급적이면 후하게 평가하려는 경향을 말한다. 반대로 대상을 평가할 때 가급적이면 부정적으로 평가하려는 경향을 가혹화 경향(harsh tendency)이라고 한다. 중심화 경향(central tendency)은 집단화 경향이라고도 하며 평가가 중간으로 몰리는 성향을 말한다. 이러한 지각오류는 지각능력이 부족하거나 지각방법에 대한 이해가 부족한 경우, 지각대상에 대해 정확하게 알지 못하는 경우에 나타나게 된다.

2. 지각이론

(1) 인상형성이론

애쉬(Asch)의 인상형성이론(impression formation theory)이란 개인이 타인에 대한 인상을 형성할 때는 일정한 패턴을 가지고 인상을 형성한다는 이론이다. 인상형성이론은 내재적 인성이론에 근거하고 있는데, 내재적 인성이론은 타인에 대해 인상을 형성할 때는 개인마다 타인의 인성을 판단하는 독자적인 틀 또는 감각을 가지고 있다는 것이다. 개인이 인상을 형성할 때 나타나는 대표적인 패턴에는 일관성, 중심특질과 주변특질, 합산원리와 평균원리, 최초효과와 부정적 효과 등이 있다.

1) 일관성

일관성(consistency)이란 인상을 형성함에 있어 사람들은 타인에 대한 단편적인 정보를 통합하여 타인의 일관성 있는 특징을 형상화하려고 한다는 것이다. 즉 타인에 대해 서로 모순되는 정보가 있다고 하더라도 특정의 정보에 입각하여 한쪽으로만 일관되게 지각하려고 한다는 것이다.

2) 중심특질과 주변특질

하나의 인상을 형성하는 데 있어 중심적인 역할을 수행하는 특질과 주변적인 역할밖에 하지 못하는 특질이 있다. 여기서 통일된 인상을 형성함에 있어서 중심적인 역할을 수행하는 특질을 중심특질이라고 하며, 주변적인 역할밖에 하지 못하는 특질을 주변특질이라고 한다. 따라서 선택적 지각을 통해 획득된 지각대상의 정보가 중심특질이고 획득되지 못한 지각대상의 정보가 주변특질이 된다. 이는 중심특질만이 지각된 대상의 전체적인 평가에 영향을 미치게 된다는 것을 의미한다.

3) 합산원리와 평균원리

타인에 대한 인상은 주어진 정보들을 기계적으로 합산하여 형성된다는 것과 그보다는 정보들의 무게를 평균하여 이루어지는 것이라는 두 가지 주장이 있으며, 이를 각각 합산원리와 평균원리라고 한다. 합산원리는 정보가 동시에 들어오는 경우와 순차적으로 들어오는 경우 모두 적용하는 것이 가능하지만, 평균원리는 정보가 동시에 들어오는 경우에만 적용가능하다.

① 합산원리 : 전체 인상이 지각된 특질들의 단순한 합계라는 주장이다. 예를 들어, 지각자가 지각대상에 대해 +5 정도의 호의적인 인상을 가지고 있다고 가정하고, 여기에 +1의 새로운 호의적인 인상이 추가되면 지각대상자에 대한 호의적인 인상은 합산하여 +6이 된다. 반면에 비호의적인 인상이 추가되어 -1의 인상이 생긴다면 지각대상자에 대한 호의적인 인상은 +4가 된다.

② 평균원리 : 모든 지각정보가 동시에 들어오고 그 정보의 무게가 동일하다면 단순평균의 형태로 이루어진다는 논리이다. 단, 정보가 제시되는 과정에서 시간적 차이가 존재하게 되면 단순평균은 적용되지 않는다. 예를 들어, 어떤 사람에 대해 호의적인 인상을 갖게 하는 정보가 +5인 정보와 +1인 정보가 동시에 주어졌을 때 그 단순평균인 +3의 인상을 갖는다는 것이다.

4) 최초효과와 부정적 효과

최초효과(primacy effect)란 나중에 들어온 정보보다 처음에 들어온 정보가 인상형성에 중요한 역할을 한다는 것이다. 또한, 부정적인 특질이 긍정적인 특질보다 인상형성에 중요한 역할을 하게 되는데, 이를 부정적 효과(negativity effect)라고 한다.

(2) 귀인(귀속)이론

1) 의 의

귀인 또는 귀속(attribution)이란 개인이 지각된 상황에 대해 그 원인을 해석하는 인지과정이다. 즉 지각대상이 보인 성과에 대한 원인을 찾아가는 과정을 의미한다. 하이더(Heider)의 귀인이론(attribution theory)에 의하면, 개인의 행동은 근본적으로 개인의 내적 귀인(능력, 노력 등)과 외적 귀인(과업의 난이도, 운 등)의 결합작용에 의해 형성되고 개인이 지각한 상황을 내적 귀인과 외적 귀인 중 어느 것에 적용시키느냐에 따라 행동이 달라진다.

2) 귀인의 판단기준과 입방체이론

켈리(Kelley)의 입방체이론(cubic theory) 또는 공변모형(covariance model)에 따르면, 개인행동의 원인을 동료구성원, 과업, 시간의 세 가지 차원으로 분류하고 각각의 차원에 대한 귀인정도를 합의성(consensus), 특이성(distinctiveness), 일관성(consistency)의 세 가지 판단기준에 의해 결정한다. 일반적으로 개인은 지각과정에서 높은 합의성(일치성), 높은 특이성, 낮은 일관성을 지각할수록 외적 환경요인에 귀인하는 경향을 보이며, 낮은 합의성(일치성), 낮은 특이성, 높은 일관성을 지각할수록 내적 환경요인에 귀인하는 경향을 보인다.

① 합의성(일치성) : 개인의 성과가 다른 사람의 성과와 얼마나 일치하느냐에 관한 것이다. 특정 상황에서 개인의 성과가 다른 사람의 성과와 유사할수록 합의성(일치성)이 높다.
② 특이성 : 개인의 특정 과업에 대한 성과가 다른 과업에 대한 성과에 비해 얼마나 다른지에 대한 정도이다. 개인의 특정 과업에 대한 성과가 다른 과업에 대한 성과에 비해 많이 다를수록 특이성이 높다.
③ 일관성 : 개인의 특정 과업에 대한 성과가 일정기간 동안 얼마나 똑같이 나타나는가에 대한 정도이다. 개인의 성과가 유사할수록 일관성이 높다.

〈귀인의 판단〉

귀인의 판단기준	외적 귀인	내적 귀인
합의성(성과와 동료구성원)	높 음	낮 음
특이성(성과와 과업)	높 음	낮 음
일관성(성과와 시간)	낮 음	높 음

3) 귀인(귀속)오류

귀인(귀속)오류(error of attribution)란 결과와 원인이 반대로 해석되는 경우이다. 인사평가에서 피평가자의 업적이 낮을 때 그 원인이 외적 귀인에 있음에도 불구하고 내적 귀인에서 찾거나, 피평가자의 업적이 높을 때 그 원인이 내적 귀인에 있음에도 불구하고 외적 귀인에서 찾게 되는 경우이다. 이런 오류가 나타나는 원인은 행위에 대해 자신과 타인이 상이한 정보를 가지고 있을 때 발생한다. 또한, 행위자가 자신의 행동을 귀인할 때와 타인의 행동을 관찰자로서 귀인할 때에 차별적인 경향을 보이는 귀인(귀속)오류를 행위자-관찰자 효과(actor-observer effect)라고 한다. 사람들은 자신의 행동에 대한 원인을 찾을 때와 타인의 행동에 대한 원인을 찾을 때 서로 다른 경향을 보인다. 이러한 행위자-관찰자 효과가 발생하는 이유는 자존적 편견과 관련되어 있다.

〈귀인(귀속)오류〉

성과\행위자	본 인	타 인
높은 성과	내적 귀인	외적 귀인
낮은 성과	외적 귀인	내적 귀인

제4절 | 학 습

1. 의 의

(1) 개 념

학습(learning)이란 반복적인 연습이나 경험을 통해 이루어진 지속적인 행동변화(relatively permanent behavioral change)를 의미한다. 일반적으로 학습은 유기체 내에서 일어나는 내재적인 변화과정을 의미하기 때문에 직접 관찰가능한 것이 아니라 수행(performance)으로 표현된다.

(2) 구성요소

학습은 개인의 능력에 따라 차이점을 보이지만, 일반적으로 연습과 경험, 강화, 지속적인 행동변화로 구성되어 있다.

① 연습과 경험 : 자연적인 행동변화나 일시적 조작에 의한 행동변화가 아니라, 실제 연습과 경험에 의하여 이루어진 변화를 의미한다.

② 강 화 : 연습이나 경험을 통해 지속적인 행동변화를 유발시키기 위해서는 연습이나 경험을 반복시키는 강화가 필요하다.

③ 지속적인 행동변화 : 행동변화는 행동형성의 요인(성격, 지각, 태도, 동기 등)의 변화를 의미한다. 이러한 행동변화는 지속적인 성격을 지니고 있다는 점에서 개인이 임시적으로 취하는 적응행동과는 차이점을 보인다.

2. 학습이론

(1) 행동주의 학습이론

행동주의 학습이론 또는 자극-반응이론은 개인의 내적행동을 배제하고 외적행동만을 연구대상으로 삼아 학습을 자극(stimulus, S)과 반응(response, R)의 결합이라고 정의한다. 따라서 행동주의 학습이론의 관점에서 내면적 사고나 태도의 변화는 학습이 아니고 외형적인 행동의 변화만이 학습이 된다.

1) 고전적 조건화

고전적 조건화(classical conditioning)는 조건자극을 무조건자극과 관련시켜 조건자극으로부터 새로운 반응(조건반응)을 얻어내는 과정을 말하며, 파블로프(Pavlov)가 주장한 개념이다. 파블로프는 무조건자극(고기)에 대해 무조건반응(침 흘림)을 보이는 개를 준비하고 무조건자극(고기)과 중성자극(종소리)을 결합시켜 제시했을 때 개의 반응을 살펴본 결과, 무조건자극(고기)과 중성자극(종소리)은 상호 간의 결합이 이루어져 종소리(조건자극)만 울려도 조건반응(침 흘림)을 보였다. 따라서 고전적 조건화는 인간의 본능적 또는 반사적 반응과 흡사하며, 본인의 의지와 상관없는 정서 또는 생리반응을 하게 만드는 학습의 한 형태이다.

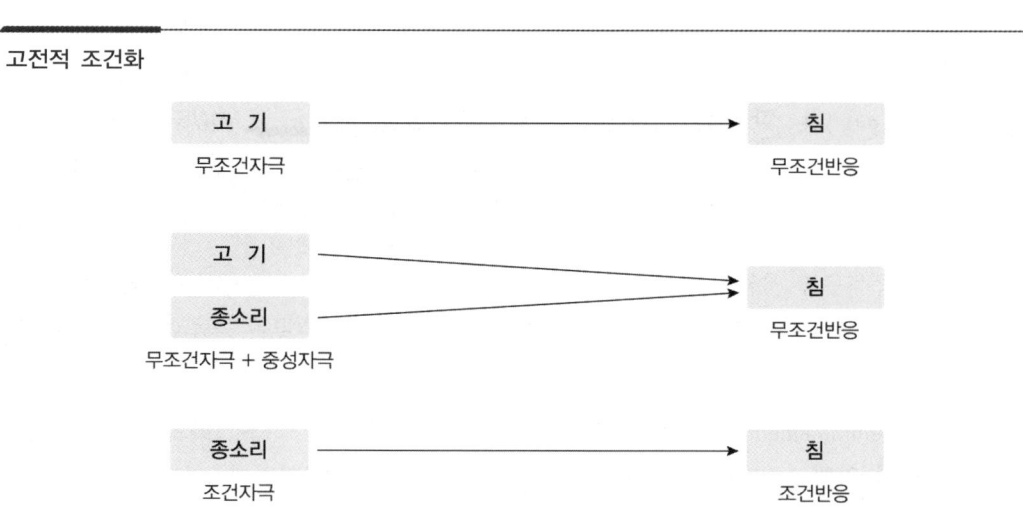

2) 시행착오설

시행착오설이란 인간은 비교적 막연한 가운데 시행착오를 되풀이하다가 우연히 개인이 원하는 목표에 도달하게 되면 나중에는 시행착오 없이 목표에 도달할 수 있다는 것으로 손다이크(Thorndike)가 주장한 개념이다. 따라서 학습은 시행착오의 과정을 통해 이루어지며, 효과의 법칙에 따라 실패반응은 약화되고 성공반응은 강화된다는 것이다. 손다이크가 주장하는 주요법칙으로는 연습의 법칙, 효과의 법칙, 준비성의 법칙 등이 있다.

① **연습의 법칙** : 연습의 횟수가 많을수록 결합은 강화된다는 법칙이다.

② **효과의 법칙** : 결과에 대한 만족감이 클수록 결합은 강화된다는 법칙이다. 즉 자기 행동에 대한 결과가 호의적인 경우에는 그 행동을 반복하게 되지만, 결과가 비호의적인 경우에는 그 행동과는 다른 형태의 행동을 취하게 될 것이다.

③ **준비성의 법칙** : 학습할 준비나 자세가 되어 있을수록 결합이 용이하다는 법칙이다.

3) 조작적 조건화

조작적 조건화(operant conditioning)는 결과(보상 또는 벌)의 경험에 의해 관찰가능한 행동의 빈도가 변화하는 학습과정을 말하며, 스키너(Skinner)가 주장한 개념이다. 스키너는 손다이크가 주장한 효과의 법칙을 절대적으로 신뢰하고 이에 대해 좀 더 체계적으로 연구한 학자이다. 고전적 조건화는 단지 자극에 의해 유발되는 수동적인 반응행동만을 설명하고 있다면, 조작적 조건화는 학습이 반응행동으로부터의 바람직한 결과에 의해 이루어진다는 것을 강조하였다.

조작적 조건화

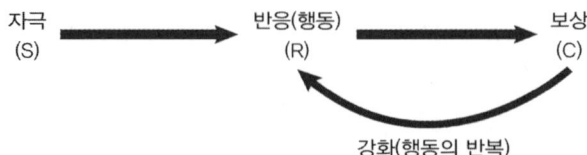

(2) 강화이론

강화이론(reinforcement theory)은 행동주의 학습이론 중 조작적 조건화와 관련된 이론으로 손다이크에 의해 그 기반이 형성되었고, 스키너에 의해 발전되었다. 여기서 강화란 행동을 발생하게 하거나 행동의 빈도 또는 강도를 증가시키는 절차를 말한다.

1) 강화의 유형(강화전략)

강화는 바람직한 행동을 증가시키는 목적과 바람직하지 못한 행동을 감소시키는 목적을 가지고 있다. 따라서 바람직한 행동을 증가시키기 위한 강화전략에는 긍정적(적극적) 강화(positive reinforcement)와 부정적 강화(negative reinforcement)가 있고, 바람직하지 못한 행동을 감소시키기 위한 강화전략에는 소거(extinction)와 벌(punishment)이 있다.

강화의 유형(강화전략)

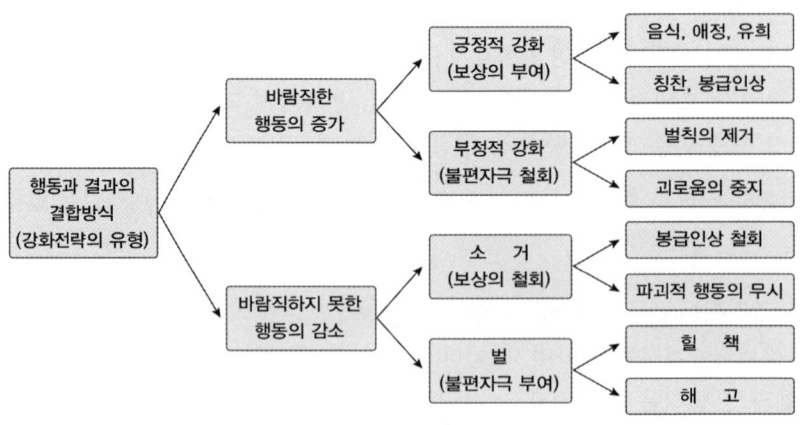

① **긍정적(적극적) 강화** : 바람직한 행동이 일어난 후에 긍정적 자극을 주어 그 행동을 반복시키는 강화전략을 의미한다. 즉 바람직한 행동이 발생했을 때 보상을 부여하는 것이다.

② **부정적 강화** : 바람직한 행동이 일어난 후에 부정적 자극을 제거하거나 감소시킴으로써 그 행동을 반복시키는 강화전략을 의미한다. 즉 바람직한 행동이 발생했을 때 불편자극을 철회하는 것이다.

③ 소거 : 바람직하지 않은 행동이 일어난 후에 긍정적 자극을 제거하거나 감소시킴으로써 그 행동을 감소시키는 강화전략을 의미한다. 즉 바람직하지 못한 행동이 발생했을 때 보상을 철회하는 것이다.

④ 벌 : 바람직하지 않은 행동이 일어난 후에 부정적 자극을 주어 그 행동을 감소시키는 강화전략을 의미한다. 즉 바람직하지 못한 행동이 발생했을 때 불편자극을 부여하는 것이다.

2) 강화의 일정계획

강화의 일정계획은 행동에 따르는 강화요인 제공의 시점과 빈도를 조절함으로써 바라는 행동을 지속시키려는 것으로 그 적용방법에 따라 연속적 강화(continuous reinforcement schedule)와 단속적 강화(intermittent reinforcement schedule)로 구분할 수 있다.

① 연속적 강화 : 바람직한 반응행동이 작동될 때마다 강화요인을 적용하는 방법이다. 학습의 효과를 단기간 동안에 높일 수 있는 장점이 있으나 강화요인이 중단되면 작동행동도 반복되지 않음으로써 학습의 효과가 감소될 수 있다. 또한, 가장 이상적인 강화방법이기는 하지만 비용부담과 실현불가능으로 인해 실무적인 부분에서는 사용하기 어렵다.

② 단속적 강화 : 바람직한 반응행동에 대해 부분적으로 또는 불규칙적으로 강화요인을 적용하는 방법이다. 이러한 단속적 강화는 바람직한 행동에 대한 반응간격과 반응횟수를 고정하느냐 변동하느냐에 따라 고정간격법,[3] 변동간격법,[4] 고정비율법,[5] 변동비율법[6] 등이 있다.

(3) **인지적 학습이론**

톨만(Tolman)은 고전적 조건화와 조작적 조건화 이론의 취약점을 수정하기 위해 개인은 외부환경으로부터 필요한 정보를 능동적으로 수집하여 인지함으로써 학습이 이루어진다는 인지적 학습이론(cognitive theory of learning)을 주장하였다. 따라서 학습은 어떤 문제를 해결할 수 있으리라는 인지적 단서(cognitive cues)와 그 결과로 어떤 보상을 얻게 되리라는 기대(expectation)의 관계에 의한 인지도(cognitive map)를 형성함으로 인해 이루어진다.

---

[3] 작동행동이 얼마나 많이 발생했든지 간에 어느 정도 일정한 기간을 간격으로 강화요인을 적용하는 방법이다. 시간급제나 일정한 기간에 지급하는 보너스나 연봉 등이 고정간격법에 해당한다. 일반적으로 강화의 효과가 가장 낮다.

[4] 강화요인의 적용시기에 일정한 간격을 두지 않고 변동적인 간격으로 강화요인을 적용하는 방법이다. 이 방법은 강화작용에 대한 예측성이 낮으므로 고정간격법에 비하여 동기효과가 더 크다. 또한, 강력하고 지속적인 성과향상의 결과를 가져 오고, 소거에 대한 저항력도 강하다.

[5] 작동행동의 일정한 비율에 의하여 강화요인을 적용하는 방법이다. 생산량에 기초하여 급여를 지급하는 성과급제도(piece-rate system)가 하나의 예가 될 수 있다.

[6] 작동행동의 일정한 비율을 사용하지 않고 변동적인 비율을 사용하여 강화요인을 적용하는 방법이다. 이 방법은 강력하고 지속적인 행동을 유발하며, 소거에 대한 저항력도 강한 것으로 알려져 있다. 일반적으로 강화의 효과가 가장 높다.

(4) 사회적 학습이론

톨만(Tolman)의 인지적 학습이론은 반두라(Bandura)의 사회적 학습이론으로 발전된다. 따라서 사회적 학습이론은 행동주의적 관점보다 인지적 측면을 강조하였으며, 학습은 개인의 인지와 행동 및 환경과의 지속적이고 복합적인 상호작용을 통해 이루어진다고 주장하였다. 이러한 사회적 학습은 크게 관찰학습과 인지학습으로 구분할 수 있으며, 각각 단독으로 이루어지지 않고 상호복합적인 관계에서 이루어진다.

① 관찰학습 : 타인의 행동을 모방하고 그 행위의 결과를 평가하여 긍정적인 경우에는 행위를 따라하고 부정적인 경우에는 회피하는 학습을 의미한다. 따라서 관찰학습은 모방(대리)학습(vicarious learning)[7]과 자아통제(self control)[8]의 과정을 포함한다.

② 인지학습 : 개인이 적절한 행동을 형성해 나가는 과정에서 숫자, 언어 또는 이미지상의 상징적 표상(symbolic representation)을 사용하여 새로운 행동을 형성해 나간다는 것을 말한다.

사회적 학습이론

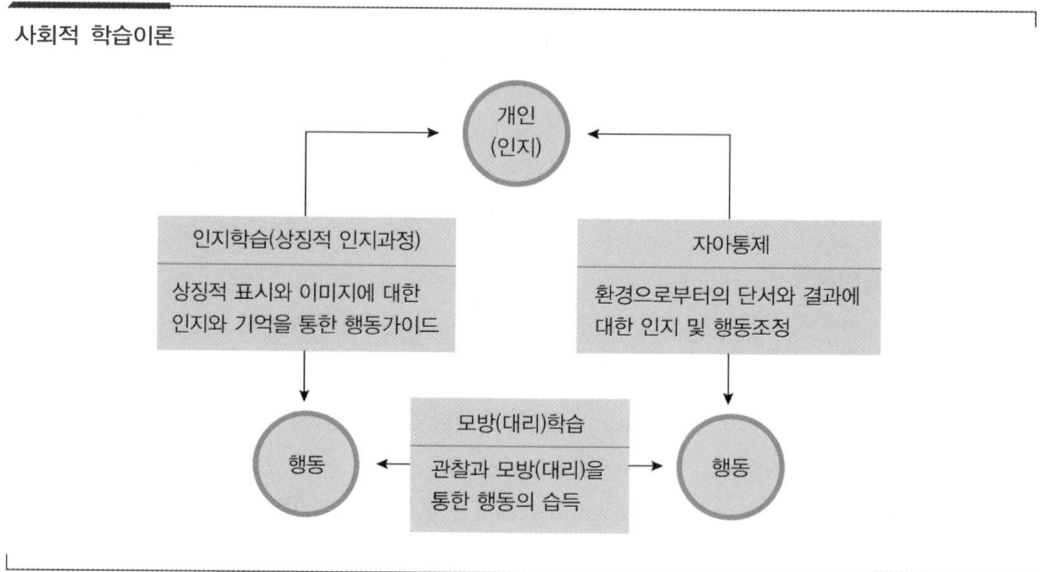

---

[7] 사회적 상호작용에서 개인은 특히 복잡한 행동을 습득하는 데 있어서 바람직한 행동을 관찰하고 이를 모방하여 자신의 새로운 행동으로 습득해 나가는 경우가 많다. 이 과정에서 조건화이론의 강화작용은 모방된 행동을 반복시키는 데 도움을 줌으로써 바람직한 행동의 습득과정을 효율화시킬 수 있다.

[8] 개인은 환경으로부터 자극에 단순히 기계적으로 반응만 하지 않고 자신의 인지체계를 통하여 자기의 환경상황을 통제 또는 조정해 나간다. 즉 개인은 자기가 원하는 운명을 개척해 나가는 과정에서 환경으로부터의 모든 단서와 환경으로부터 기대되는 결과에 대한 자신의 인지를 기반으로 자기 자신을 적절히 통제하면서 행동을 형성해 간다.

제5절 태 도

1. 의 의

(1) 개 념

태도(attitude)란 어떤 대상에 대해서 어느 정도 일관성 있게 반응하려는 준비상태를 말한다. 따라서 태도는 유전적인 것이 아니라 다른 사람들과 상호작용을 통해 형성되는 사회학습의 결과물이다. 또한, 태도는 개인의 선호와도 관련되어 있기 때문에 개인의 선택에 따라 행동으로 나타나기도 하고, 지속성과 변화가능성의 특징을 가진다. 태도는 인지적 요소(cognitive component), 정서적 요소(affective component), 행동적 요소(behavioral component)로 구성되어 있는데, 이러한 요소들은 균형을 유지하기도 하지만 그 중의 한 가지 요소가 우세하거나 결핍되는 경우도 있다. 그리고 인지적 요소, 정서적 요소, 행동적 요소는 긴밀하게 연결되어 있어 세 요소의 일관성이 높으면 강한 태도가 나타나고 일관성이 낮으면 약한 태도가 나타난다.

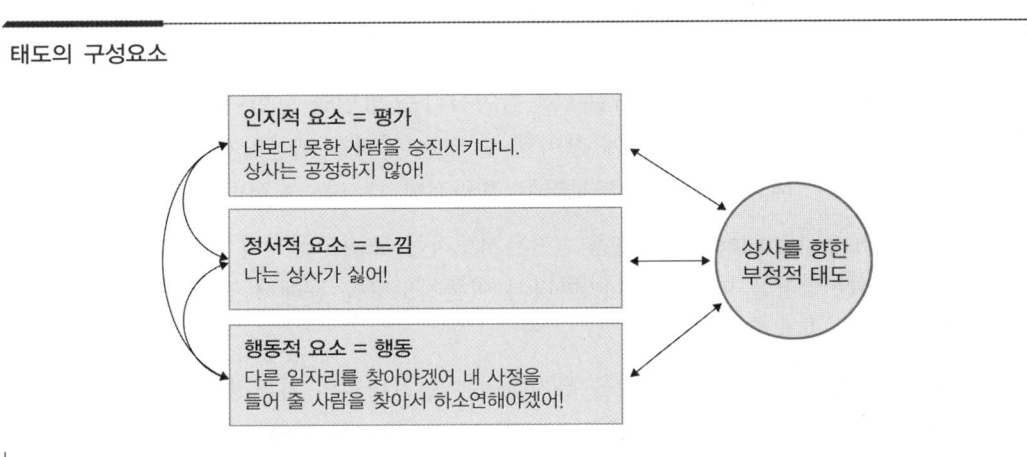

태도의 구성요소

(2) 가치관과 태도

태도가 구체적인 개념이라면 가치관은 태도에 비해 보다 광범위하고 포괄적인 개념이다. 일반적으로 가치관과 태도는 대개 조화를 이루지만 항상 그런 것은 아니다. 남을 도와주어야 한다는 가치관을 가진 경영자라고 하더라도 비도덕적인 동료를 돕는 것에 대해서는 부정적인 태도를 가질 수 있기 때문이다. 또한, 개인의 행동을 결정하는 데 있어 태도는 가치관보다 더 많은 영향을 행사한다. 가치관이 모든 상황에 있어서의 행위에 영향력을 미치는 광범위한 믿음이라면 태도는 특정의 대상이나 상황에 있어서 행위에 직접적으로 영향을 미친다. 가치관과 태도와의 구체적인 관계는 다음과 같다.

① 태도는 잠재되어 있는 가치관을 기반으로 형성된다.
② 하나의 가치관에서 비롯된 두 개의 태도가 서로 상충될 수도 있다.

③ 두 사람의 태도가 서로 같더라도 각각 다른 가치관에서 비롯될 수 있다.
④ 태도나 가치관은 둘 다 장기간 지속되지만 가치관은 한 번 정립되면 좀처럼 변화하지 않는 반면에 태도는 작은 원인으로도 자주 변화한다.
⑤ 어떤 가치관이 한 집단 안에서 대부분의 구성원들 사이에서 오랫동안 지속될 때 그것은 문화의 일부가 된다. 그러므로 한 집단의 문화는 사실 여러 가치관의 집합이라고 할 수 있으며, 각 가치관은 문화 안에서 보존되고 지속된다.

(3) 태도변화의 관리

태도변화를 관리하기 위해서는 다양한 방법들이 활용될 수 있는데, 그 중에 가장 대표적인 방법은 다음과 같다.

① 설 득 : 태도변화를 일으키기 위해 가장 널리 사용되는 방법으로 논리적인 주장과 사실의 확인을 통해 태도를 변화시키는 것을 의미한다.
② 공포유발 또는 공포감축 : 공포감 또는 위협감을 유발시키거나 반대로 감축시켜 줌으로써 개인으로 하여금 태도의 변화를 유발시킬 수 있다.
③ 참여제도의 활용 : 개인들을 의사결정에 참여시키는 방법을 말한다. 조직이 조직구성원에게 자신의 직무와 관련된 결정에 참여할 수 있는 기회를 제공하게 되면 조직구성원들은 해당 직무에 대해 부정적인 태도보다는 호의적인 태도를 형성하게 된다.
④ 여론지도자(opinion leader)의 활용 : 여론지도자는 조직구성원의 태도와 행동 및 의사결정에 중요한 영향을 미치게 된다. 따라서 여론지도자를 통해서 전체 조직구성원의 태도변화를 쉽게 유도할 수 있다.
⑤ 인지부조화 유발 : 인지의 일관성을 유지하려는 인간심리의 기본적 속성을 이용하여 태도변화를 일으키는 방법이다. 인간은 심리적으로 안정되지 못하거나 갈등상태에서는 불편함을 느끼기 때문에 이러한 불편함을 제거하고자 하는 과정에서 태도변화를 유발할 수 있다.

(4) 조직몰입과 조직시민행동

1) 조직몰입

조직몰입(organization commitment)이란 자신이 일하는 조직과 조직의 목표를 동일시하고 그 조직에서 지속적으로 소속되기를 원하는 것을 의미한다. 즉 개인이 특정 조직에 애착을 가짐으로써 그 조직에 남아 조직을 위해서 노력하면서 조직의 가치와 목표를 적극적으로 수용하게 되는 심리상태를 의미한다. 이러한 조직몰입은 마이어와 알렌(Meyer & Allen)에 따르면 정서적 몰입(affective commitment), 지속적 몰입(continuance commitment), 규범적 몰입(normative commitment)으로 이루어져 있다.

① **정서적 몰입** : 조직에 대한 정서적 애착을 의미한다. 핵심요인은 조직을 자신의 확장이라고 생각하는 조직동일시(organization identification)[9]이다. 조직몰입이 높으면 조직에 대해서 긍정적 감정을 가지게 되며 다른 사람들이 자신이 속한 조직을 비판적으로 대하면 자신과 조직을 동일시하여 다른 사람들에 대해 부정적인 감정을 갖게 된다.

② **지속적 몰입** : 조직에 잔류하고자 하는 의도를 의미한다. 이직에 대한 대안이 없으면 몰입은 증가하게 된다. 즉 조직에 절대적으로 만족하지 않지만 현재 자신의 처지에서 다른 조직으로 옮길 자신이 없다면 현재의 조직에 대한 몰입이 증가한다. 따라서 지속적 몰입은 다분히 거래적이며 경제적인 관점에서의 몰입이라고 할 수 있다.

③ **규범적 몰입** : 조직에 대해서 가지는 **도덕적 또는 윤리적 의무감**으로 조직에 남고자 하는 것을 의미한다.

2) 조직시민행동

조직시민행동(organizational citizenship behavior)이란 조직구성원들이 조직 내에서 급여나 상여금 등의 공식적 보상을 받지 않더라도 조직의 발전을 위해서 희생하고 자발적으로 일을 하거나 다른 구성원들을 돕는 행동 및 조직 내의 갈등을 줄이려는 자발적 행동들을 의미한다. 즉 조직구성원 스스로가 조직을 위해 행하는 자발적인 행동으로, 직무기술서에 열거된 핵심적인 과업 이상으로 조직의 효율성 증진에 기여하는 행동을 말한다. 이러한 조직시민행동은 크게 **이타주의**(altruism), **성실성 또는 양심**(conscientiousness), **시민의식**(civil virtue), **예의**(courtesy), **스포츠맨십**(sportsmanship)**의 구성요소를 가진다**. 이들 다섯 가지 구성요소 중 이타주의와 예의는 조직 내 다른 구성원을 지향하므로 '**조직시민행동-개인**(OCB-I)'이라고 부르고, 성실성(양심), 시민의식, 스포츠맨십은 행동의 대상이 조직을 지향하기 때문에 '**조직시민행동-조직**(OCB-O)'이라고 부른다.

① **이타주의** : 직무상 필수적이지는 않지만, 한 구성원이 조직 내 업무나 문제에 대해 다른 구성원들을 도와주려는 직접적이고 자발적인 조직 내 행동을 의미한다.

② **성실성(양심)** : 조직에서 요구하는 최저수준 이상의 역할을 수행하는 것을 의미한다. 성실성은 조직구성원들이 갈등상황에 처했을 때 더욱 나타나기 쉬운 것으로 알려져 있다.

③ **시민의식** : 조직에서 불의를 참지 못하고 조직을 긍정적으로 변화시키는 적극적 행동을 하는 것을 의미한다.

④ **예 의** : 직무수행과 관련하여 타인들과의 사이에서 발생하는 문제나 갈등을 미리 막으려고 노력하는 행동을 의미한다.

---

[9] 조직동일시는 조직구성원이 그가 속한 조직과 하나됨을 의미한다. 즉 조직동일시는 한 개인이 조직을 자신의 생각과 행동의 준거로 삼고 이를 모방하고자 시도하는 과정이나 자신의 일부분이라고 생각하는 조직이나 집단에 대해 고착하는 과정이라고 할 수 있다.

⑤ **스포츠맨십** : 조직 내에서 어떠한 갈등이나 문제가 발생하더라도 그에 대해 불평이나 비난을 하는 대신에 가능하면 조직생활의 고충이나 불편함을 스스로 해결하려는 행동을 의미한다.

(5) 신 뢰

1) 의 의

신뢰(trust)란 다른 사람들의 태도나 행동을 긍정적으로 생각하고 기꺼이 그들을 믿고자 하는 태도 또는 우리가 의존하고 있는 사람들이 우리에게 바라고 있는 기대를 저버리지 않을 것이라는 믿음(belief)을 의미한다. 조직에서의 상사나 동료에 대한 신뢰는 조직분위기와 관리방식이 어떠한지에 따라 다르게 형성될 수 있는데, 업무수행과정에서 발생하는 다양한 교환관계에 의하여 신뢰가 형성되기도 하고 조직의 윤리적인 분위기가 구성원 간의 상호신뢰를 부추기기도 한다. 신뢰는 다음과 같은 속성을 가지고 있다.

① 신뢰는 **위험을 수반**한다. 상대의 행동과 태도가 좋은 것이라는 생각이나 내게 도움이 될 것이라는 생각은 아직 사실로 드러난 현실이 아니기 때문에 실제로는 기대와 어긋날 수 있다.

② 신뢰는 만들어지기는 어렵지만 깨지기는 쉽다. 따라서 신뢰의 형성보다 신뢰유지에 더 큰 관심을 기울여야 한다.

③ 신뢰에는 개인 간 신뢰뿐만 아니라 집단 또는 조직 간 신뢰도 있다. 즉 조직과 조직 사이에도 신뢰관계가 형성될 수 있다.

④ 신뢰는 조직이 높은 성과를 낼 수 있도록 촉진한다.

⑤ 조직 내 신뢰관계가 구축되어 있을 경우에 조직구성원을 감독하는 데 소요되는 비용(대리인 비용)을 감소시킬 수 있다.

⑥ 신뢰는 조직구성원 간 일체감을 갖게 해 주어 제반 조직에서 발생한 문제해결에 구성원이 자발적으로 참여하게 한다.

⑦ 신뢰는 조직변화 관점에서 매우 긍정적인 역할을 한다.

2) 심리적 계약

심리적 계약(psychological contract)이란 인간관계에서 상대방이 어떻게 행동할지를 예측하고 기대하는 것을 의미한다. 이러한 심리적 계약은 두 사람 간의 근본적 인간관계를 결정하고 지배하며, 한 쪽이라도 이러한 심리적 계약을 파기하면 관계는 이상해진다. 물론 심리적 계약은 공식적 문서계약이 아니기 때문에 서로의 예측이 다를 때가 있으며, 이로 인한 기대의 불일치가 인간관계를 곤란하게 만들기도 한다. 이러한 심리적 계약은 경제적·거래적 계약과 관계적 계약으로 구분할 수 있다.

① **경제적·거래적 계약** : 단기적이고 변경이 쉬우며, 내용도 자세하고 구체적인 심리적 계약이다.

② 관계적 계약 : 장기적이고 변경이 쉽지 않으며, 내용도 자세할 필요가 없는 심리적 계약이다.

〈경제적·거래적 계약과 관계적 계약〉

기 준	경제적·거래적 계약	관계적 계약
관심초점	경제적 이익	인간관계
지속성	제한적·단기적	장기적·무한적
관계범위	좁고 제한적	넓고 확산적
계약구체성	객관적이고 명확함	주관적이고 애매함

2. 태도이론

(1) 행동주의이론

행동주의이론은 강화이론을 태도변화에 적용한 것으로 학습원리에 의해 개인의 태도변화가 가능하다는 이론을 말한다. 개인을 자극시키기 위해서는 설득이나 보상 등의 학습과정이 필요하고 학습의 반복을 통해 새로운 태도가 형성된다. 강화이론에 따른 태도변화는 개인의 욕구와 밀접한 관련이 있으며, 새로운 행동을 했을 때 그 결과가 자신에게 유리하다면 개인은 태도를 바꾸게 된다. 태도변화와 관련된 변수에는 관심, 이해, 수용의 세 가지 변수가 있다.

(2) 장의 이론

1) 의 의

장의 이론(field theory)은 서로 상충관계에 있는 태도변화를 억제시키는 요인과 촉진시키는 요인에 의해서 태도가 균형을 유지한다는 이론으로 레빈(Lewin)이 주장하였다. 즉 태도 자체는 고정되거나 안정된 것이 아니기 때문에 조직에서 바라는 방향으로 구성원의 태도와 행동이 바뀌도록 유도하기 위해서는 태도변화를 촉진시키는 요인을 강화하면 된다는 것이다. 장의 이론은 집단의 힘으로 개인과 조직을 변화시키는 집단역학(group dynamics)의 발전을 촉진시켰다.

① 태도변화를 촉진시키는 요인 : 일을 좋아함, 효과적 감독, 보상, 강압적 방법 등
② 태도변화를 억제시키는 요인 : 피로, 집단의 작업규범, 적개심, 반발심 등

2) 태도변화의 과정

레빈(Lewin)은 특정 태도형성을 동결상태로 가정했을 때 '해빙(unfreezing) → 변화(change) → 재동결(refreezing)'이라는 과정을 거쳐 태도변화가 이루어진다고 주장하였다. 이러한 태도변화는 개인, 집단, 조직의 모든 수준에서 적용이 가능하다.

① 해 빙 : 어떤 일을 하는 데 있어서 과거의 방식을 깨뜨림으로써 새로운 방식을 받아들일 준비태세를 갖도록 하는 과정을 말한다.

② 변 화 : 새로운 방식으로의 변화를 위해 순응, 동일화, 내면화가 나타나는 과정을 말한다. 순응(compliance)은 한 개인이 다른 사람이나 집단의 호의적인 반응을 얻거나 부정적인 반응을 회피하기 위해 그들의 영향력을 받아들이는 과정을 의미하고, 복종이라고도 한다. 동일화(identification)는 한 개인이 다른 사람이나 집단의 태도를 받아들여 자신의 일부로 인정하는 것을 의미하고, 내면화(internalization)는 다른 사람이나 집단의 행위가 한 사람의 가치체계에 부합될 때 나타나는 과정을 말한다.
③ 재동결 : 새로 획득된 태도, 지식, 행위 등이 개인의 성격이나 정서에 통합되어 가는 과정을 말한다.

(3) 인지반응이론

인지반응이론(cognitive response theory)[10]은 개인이 타인으로부터 어떤 설득메시지를 받으면 메시지 자체보다 다른 자극들에 대해 인지적으로 분석하고 반응한다는 이론이다. 즉 메시지에 대해 능동적이고 적극적으로 분석한 다음에 그 메시지를 수용하든가 거부하든가 한다. 만약에 새로운 메시지를 수용한다면 기존의 태도가 변화하겠지만, 새로운 메시지를 거부한다면 태도 변화는 없을 것이다. 메시지에 대한 수용여부의 판단은 마음속에 수용의 증거와 거부의 증거 중 어느 쪽이 더 많으냐에 따라서 결정되며, 구체적인 요인은 전달자의 신뢰성, 메시지의 반복, 메시지의 난이도, 듣는 이의 몰입도 등이 있다.

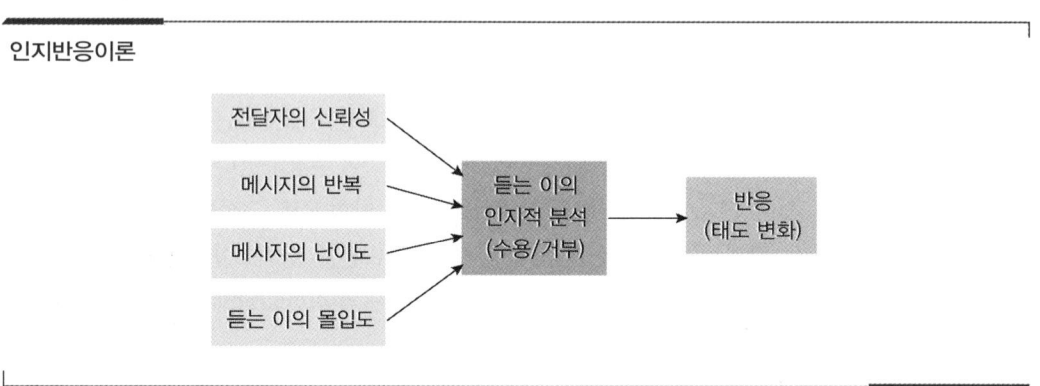

(4) 균형이론

하이더(Heider)의 균형이론(balance theory)은 특정인(P), 타인(O), 특정대상(X)이 상호 간에 가지는 태도관계를 요소들 간의 삼각관계로 설명한 이론이다. 즉 각 관계(PO, OX, PX)를 각각 +와 -로 분류하고 그 곱이 +의 값을 가지면 균형상태로 구분하고 -의 값을 가지면 불균형상태로 구분한다. 그리고 불균형상태가 발생하는 경우에 개인은 균형상태를 회복하기 위해 기존의 태도를 변화시킨다는 것이다.

---

10) 인지반응(cognitive response)이란 의사소통하는 동안에 나타나는 능동적인 사고과정의 결과를 말한다.

균형이론

균형상태

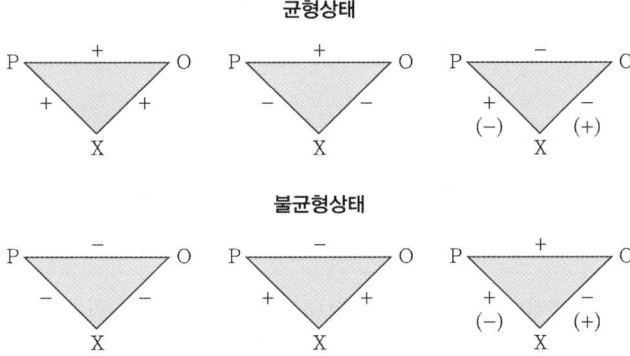

불균형상태

(5) 인지부조화이론

페스팅거(Festinger)의 인지부조화이론(cognitive dissonance theory)은 인지부조화를 감소시키기 위해 개인의 태도변화가 유발된다는 이론이다. 따라서 인지부조화이론은 두 개의 인지가 심리적으로 불일치할 때 인간은 부조화(긴장)를 경험하게 되고 이러한 부조화를 제거함으로써 심리적 균형을 이루어 인지의 일관성을 유지하려는 인간의 본능을 강조하고 있으며, 동기부여이론 중에서 과정이론에 속하는 공정성이론의 근거가 되었다. 또한, 인간이 인지부조화를 감소시키고자 하는 욕구는 부조화가 생기게 된 상황의 중요성, 개인이 믿는 상황변화에 대한 영향력의 정도, 부조화에 수반된 비용 등에 의해서 결정된다. 일반적으로 인지부조화가 발생하는 대표적인 갈등은 다음과 같다.

① **접근-접근 갈등**: 긍정적 결과가 발생하는 두 개 이상의 대안에서 하나만을 선택해야 하는 상호배타적인 상황에서 발생하는 갈등을 말한다. 이런 형태의 갈등은 일시적으로는 불안감을 갖게 하지만 개인에게 악영향을 미치지는 않는다.

② **접근-회피 갈등**: 어떤 대안이 긍정적 결과와 부정적 결과를 모두 가지고 있을 때 발생하는 갈등을 말한다. 이러한 유형의 갈등이 개인에게 가장 강한 인지부조화를 유발시킨다.

③ **회피-회피 갈등**: 부정적 결과가 발생하는 두 개 이상의 대안에서 하나를 선택해야 하는 상황에서 발생하는 갈등을 말한다.

인지부조화의 해결과정

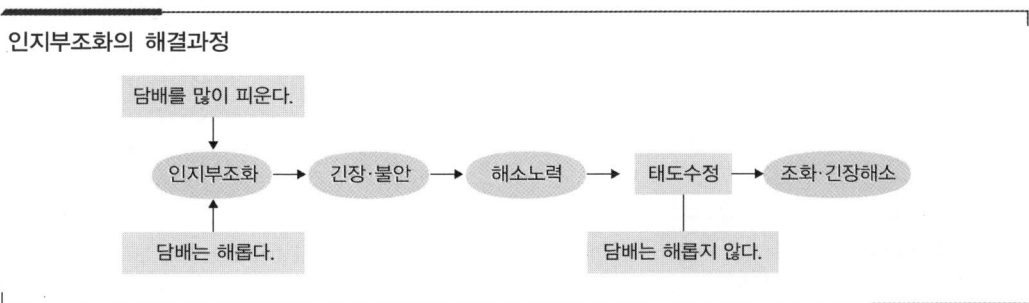

제6절 | 동기부여

1. 의 의

(1) 개 념

동기부여(motivation)란 개인으로 하여금 주어진 일을 수행하게 하는 힘을 의미한다. 동기부여는 목표를 추구하는데 필요한 내적 충동상태라고 할 수 있는데, 일반적으로 개인행동의 동인이 되며 개인의 성과를 결정하는 중요한 요소가 된다.[11]

$$성과(performance) = 능력(ability) \times 동기부여(motivation)$$

(2) 유 형

동기부여는 그 원천의 위치에 따라 내재적 동기부여(intrinsic motivation)와 외재적 동기부여(extrinsic motivation)로 구분할 수 있다.

① 내재적 동기부여 : 자기 자신에게서 우러나오는 동기부여를 의미하고, 성취감, 도전감, 확신 등이 있다.

② 외재적 동기부여 : 자기 자신이 아닌 외부에 의해 발생된 동기부여를 의미하고, 급여, 승진정책, 감독 등이 있다.

2. 동기부여이론 : 내용이론

(1) 의 의

내용이론(content theory)이란 개인의 동기요인을 욕구(need)로 보고 어떤 욕구가 더 크게 동기부여에 기여하는지를 규명하고자 하는 이론을 말한다. 따라서 내용이론에서는 인간의 기본적인 욕구가 무엇인지를 중심으로 연구가 이루어졌으며, 주로 개인이 내면에 갖고 있는 욕구를 동기부여의 원천으로 보았다.

---

[11] 동기부여(motivation)는 어떤 목적을 위해 개인의 행동을 일정한 방향으로 작동시키는 내적 심리상태를 의미하고, 욕구는 개인을 움직이는 심리적 동인을 의미한다. 개인이 특정행동을 하게 하는 목표지향성을 갖고 있지 않은 점이 동기부여와 구분된다.

(2) 욕구단계이론

1) 의 의

매슬로우(Maslow)의 욕구단계이론(theory of need hierarchy)은 욕구의 단계를 통해 욕구와 동기부여의 관계를 밝히고자 하였으며, 개인행동이 자신의 욕구를 충족시키는 과정에서 형성된다는 전제 하에 개인의 공통된 욕구와 욕구의 단계적 구조를 이론화시켰다. 매슬로우는 다섯 가지 욕구의 계층적 구조를 형성함으로써 욕구충족상의 순서적 중요성을 강조하였다. 즉 가장 하위욕구인 생리적 욕구가 어느 정도 충족되면 안전 욕구가 중요해지고, 이것이 어느 정도 충족되면 사회적(소속) 욕구, 존경(자존) 욕구, 자아실현 욕구가 순서대로 중요해지게 된다는 것이다. 그리고 충족되지 않은 욕구가 동기로 작용하는 욕구이다. 욕구충족이 되면 동기를 작동시키는 효력을 잃게 되는데, 인간에게는 욕구결핍이 항상 존재하고 있으며 이러한 욕구결핍으로 인해 행동동기가 자극된다는 것이다. 그러나 매슬로우의 욕구단계이론은 욕구구분에 대한 이론적 근거가 불명확하며, 각 욕구의 동시발생가능성을 무시한 부분이 있다.

2) 욕구구분

① 생리적 욕구(physiological needs) : 개인이 자신의 생리적 균형을 유지하는데 요구되는 기본적인 의식주와 관련된 욕구이다. 생존을 위한 의식주, 성욕, 호흡 등에 대한 욕

구가 여기에 해당한다.

② 안전 욕구(safety needs) : 개인의 육체적 안전과 심리적 안정에 대한 욕구이다. 신체적 보호, 가족의 안전, 안정된 직업 등이 이러한 욕구에 해당된다.

③ 사회적 욕구(social needs) : 대인관계에서 나타나는 욕구로 어느 한 부분에 소속되기를 원하는 욕구를 의미하며, 소속 욕구(belongingness needs)라고도 한다.

④ 존경(자존) 욕구(esteem needs) : 타인으로부터 인정이나 존경을 받고자 하는 심리적 욕구를 의미한다.

⑤ 자아실현 욕구(self-actualization needs) : 자기가치를 추구하여 좀 더 보람차고 가치가 있는 삶을 추구하는 욕구를 의미한다. 모든 욕구가 충족되었을 때 나타나는 욕구이다.

(3) ERG이론

1) 의 의

알더퍼(Alderfer)의 ERG이론은 개인의 욕구동기를 보다 현실적으로 설명하기 위해 매슬로우의 욕구단계이론을 수정·보완하였다. 따라서 알더퍼는 매슬로우의 인간의 욕구구분이 너무 세분화되었다고 간주하고 인간의 욕구를 세 가지로 구분하였으며, 매슬로우가 강조한 각 욕구 간의 순서적 중요성을 수정·보완하였다. 즉 인간은 하위욕구에서 상위욕구로 올라가는 진행뿐만 아니라 특정욕구의 충족이 좌절되었을 때 그 하위욕구를 더욱 강화하는 좌절퇴행욕구도 가지기 때문에, 하위수준의 욕구가 충족될수록 상위욕구에 대한 강도가 더욱 강하게 나타날 뿐만 아니라 상위욕구가 충족되지 않을수록 하위욕구에 대한 강도도 더욱 강해진다는 것이다. 따라서 개인은 한 가지 이상의 욕구를 동시에 충족시킬 수 있게 된다.

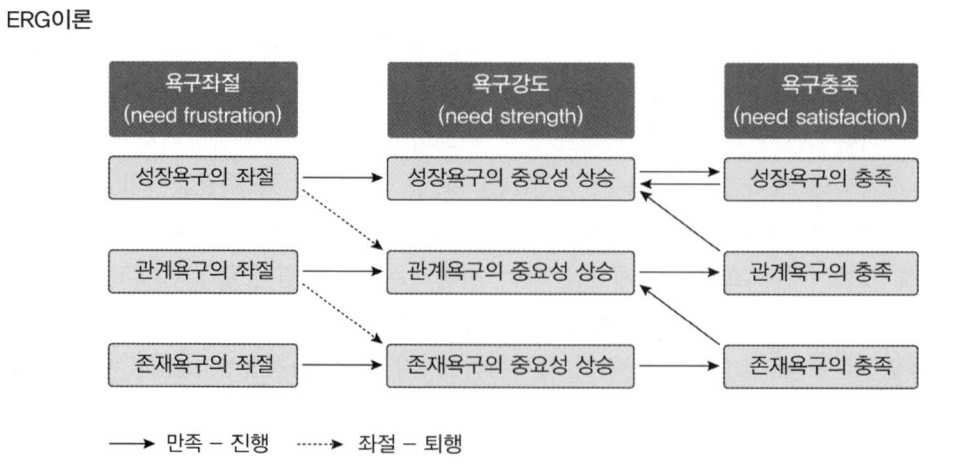

ERG이론

2) 욕구구분

① **존재욕구(existence needs)** : 인간이 생존하기 위한 물질적이고 생리적인 욕구를 의미한다. 매슬로우가 주장한 욕구 중 생리적 욕구와 안전 욕구에 해당하는 욕구이며, 여기에는 급여, 육체적 작업에 대한 욕구, 물질적 욕구가 포함된다.

② **관계욕구(relatedness needs)** : 타인이나 사회집단과의 상호작용 관계에 있어서 바람직하고 아름다운 관계를 유지하려는 욕구이다. 매슬로우가 주장한 욕구 중 사회적(소속) 욕구와 존경(자존) 욕구에 해당하는 욕구이며, 생각이나 감정을 주변 사람들과 공유하게 될 때 관계욕구가 충족된다.

③ **성장욕구(growth needs)** : 개인적 성장 또는 창조적 성장을 위한 노력과 관계되는 모든 욕구이다. 매슬로우가 주장한 욕구 중 존경(자존) 욕구와 자아실현 욕구에 해당하는 욕구이며, 인간으로서 성장하고 자신의 능력을 잠재적 한계까지 발휘해보고 싶은 욕구이다.

(4) 2요인이론

1) 의 의

허쯔버그(Herzberg)의 2요인이론(two factor theory)은 개인의 동기를 자극하는 요인은 위생요인과 동기요인이라는 두 가지가 있다는 것이며, 이 두 가지 요인은 인간의 만족과 불만족과 관련하여 각각 다른 차원에서 존재하고 있음을 강조하였다. 2요인이론은 기사(engineer)와 회계사 등과 같은 전문직업인들을 연구대상으로 하였기 때문에 이론 자체가 다른 직종의 구성원들에게도 일반적으로 적용되기는 힘들다.

2요인 이론

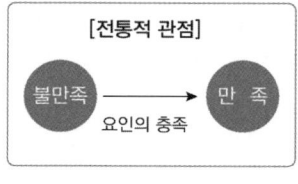
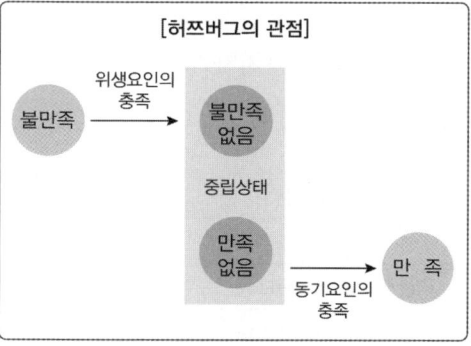

2) 욕구구분

① **위생요인(hygiene factor)** : 개인의 불만족을 방지해 주는 욕구로 불만족요인이라고도 한다. 위생요인은 충족되었다 하더라도 불만족이 생기는 것을 예방하는 역할만 할 뿐,

만족을 증가시키거나 일을 열심히 하고자 하는 동기를 유발시키는 것은 아니다. 위생요인에는 임금, 안정된 직업, 작업조건, 지위, 경영방침, 관리, 대인관계 등이 있는데, 이들은 직무 외적인 요인들이다.

② 동기요인(motivator) : 개인의 만족을 증가시켜 주는 욕구로 만족요인이라고도 한다. 동기요인이 충족되면 개인은 만족을 느끼게 되지만, 충족되지 않으면 불만족이 아니라 무만족을 느끼게 된다. 동기요인에는 성취감, 인정, 책임감, 성장, 발전, 보람 있는 직무내용, 존경 등이 있는데, 이들은 직무 자체 또는 개인의 정신적·심리적 성장에 관련된 요인들이다.

(5) 미성숙 – 성숙이론

1) 의 의

아지리스(Argyris)의 미성숙-성숙이론은 개인이 미성숙상태에서 성숙상태로 계속 발전하면서 조직의 목적에 공헌하기 위해 변화과정을 거친다는 것이다. 즉 개인이 미성숙상태에서 성숙상태로 변화한다는 가정 하에서 조직이 구성원의 이러한 변화과정을 인식하고 이에 맞는 경영환경을 제시해 주어야 구성원과 조직 간의 갈등이 줄어든다는 것이다.

2) 욕구구분

아지리스는 개인의 상태를 7가지 관점에서 미성숙상태와 성숙상태로 구분하였다. 조직구성원들의 미성숙상태는 조직의 경직성으로 인한 조직구성원의 생산력 저하를 의미하는데 이러한 미성숙상태를 방지하기 위해 조직은 경직성을 버리고 구성원의 사기를 높이는데 중점을 두어 구성원들을 다시 성숙상태로 변화하게 한다.

① 미성숙상태 : 수동적, 의존적, 단순한 행동, 변덕스럽고 얕은 관심, 단기적 전망, 종속적 지위, 자기자각의 결여 등과 같은 행동방식을 가지고 있다.

② 성숙상태 : 능동적, 독립적, 다양한 방식의 행동, 깊고 강한 관심, 장기적 전망, 동등 또는 상위의 지위, 자기자각 및 자기통제 등과 같은 행동방식을 가지고 있다.

〈미성숙-성숙이론〉

미성숙상태		성숙상태
수동적(passive)	→	능동적(active)
의존적(dependence)	→	독립적(independence)
단순한 행동(limited behavior)	→	다양한 방식의 행동(diverse behavior)
변덕스럽고 얕은 관심(shallow interest)	→	깊고 강한 관심(deep interest)
단기적 전망(short-time perspective)	→	장기적 전망(long-time perspective)
종속적 지위(subordinate position)	→	동등 또는 상위의 지위(superordinate position)
자기자각의 결여(lack of self-awareness)	→	자기자각 및 자기통제(self-awareness & control)

(6) 성취동기이론

1) 의 의

맥클리랜드(McClelland)의 성취동기이론(achievement motivation theory)은 개인과 환경이 상호작용하는 과정을 통해 학습이 일어나고, 이러한 학습을 통해 개인의 동기가 유발될 수 있다는 것이다. 즉 욕구는 학습된다는 것이다. 각 욕구에 대한 개인의 욕구수준은 성장 초기의 사회화 과정에서 남과 어울리고 공동생활을 하면서 경험을 통하여 학습된다. 이렇게 학습된 욕구는 평소에는 잠재되어 있다가 주변 상황이 적합해지면 표출되어 개인의 의식과 행동을 지배하면서 동기를 유발하게 된다. 또한, 인간의 욕구는 학습된 것이기 때문에 인간의 행동에 영향을 미치는 욕구의 서열은 사람마다 다르다고 주장하였으며, 성취욕구를 가장 강조하였다.

2) 욕구구분

① 친교욕구(need for affiliation) : 타인과 바람직한 또는 좋은 관계를 유지하여 협력을 얻으려는 욕구이다. 친교욕구가 강한 사람은 타인에 대해 따뜻하고 친근한 관계유지에 관심이 있다. 친교욕구가 큰 사람의 단점으로는 갈등을 일으킬 만한 소지가 있는 조직 내 의사결정을 수행할 때 다른 사람과의 친화력으로 인해 결정에 어려움을 겪을 수 있다는 것이다.

② 권력욕구(need for power) : 환경을 지배하려는 욕구 또는 타인의 행동에 영향을 미치고자 하는 욕구이다. 강한 권력욕구를 가진 사람은 일반적으로 타인을 통제하거나 타인에게 지시하고자 하며 리더-부하의 관계를 유지하는데 관심을 둔다.

③ 성취욕구(need for achievement) : 개인이 우수한 목표 또는 보다 높은 목표를 설정해 놓고 이를 달성하려는 욕구이다. 성취욕구가 강한 개인은 과업완수만을 생각하는 경향이 있기 때문에 수행하는 과업에 대한 해결책을 찾는데 몰두하고, 약간 어려운 목표를 설정하려는 경향이 있으며 수행한 업무에 대해서는 구체적인 피드백을 받고자 한다. 반대로 성취욕구가 약한 개인은 금전적인 보상이 주어지는 경우에만 동기부여되는 경향을 보인다.

3. 동기부여이론 : 과정이론

(1) 의 의

과정이론(process theory)이란 동기유발의 과정을 중심으로 동기부여를 규명하고자 하는 이론을 말한다. 따라서 과정이론에서는 동기유발에 영향을 주는 변수들이 어떻게 서로 연관되어 있는가를 중심으로 분석하여 개인의 동기유발과 행동선택과정을 설명하였다.

(2) 브룸의 기대이론

1) 의 의

브룸(Vroom)의 기대이론(expectancy theory)은 동기부여의 강도를 기대감, 수단성, 유의성의 곱으로 설명하였다. 즉 개인들은 자신들이 어떤 행동을 하며 그에 따라 특정 결과가 나타날 것이라는 기대감, 수단성, 유의성의 강도에 따라 상이하게 행동한다는 것이다. 이러한 기대이론은 곱셈모형이기 때문에 세 가지 요소 중에 어느 하나가 0이 된다면 동기부여 자체가 0이 될 수 있으며, 심지어 음(-)의 값을 가질 수도 있다. 또한, 개인의 욕구를 설명할 때 다른 사람들과의 관계를 배제하고 있으며, 개인이 의사결정을 할 때는 동기부여의 강도(motivation force)의 값이 가장 큰 대안을 선택한다고 설명하고 있다. 결국, 개인의 동기를 유발시키는 방법은 기대감, 수단성, 결과에 대한 유의성을 높여 주는 것이다.

$$동기부여의\ 강도\ =\ 기대감\ \times\ 수단성\ \times\ 유의성$$

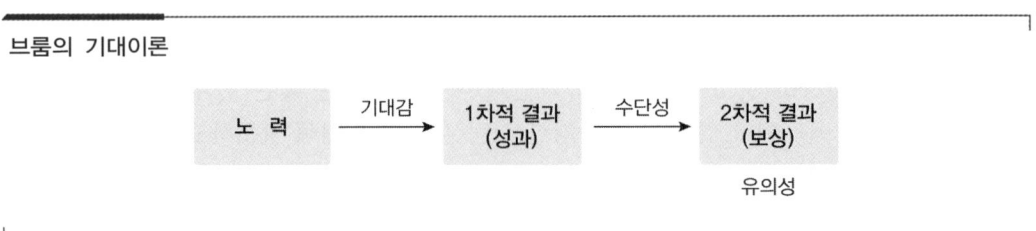

브룸의 기대이론

2) 구성요소

① **기대감(expectancy)** : 개인이 노력했을 때 얼마나 1차적 결과를 달성할 수 있는가에 대한 가능성 또는 확률에 대한 확신($0 \leq e \leq 1$)을 의미한다. 기대감은 과거에 성공했거나 실패한 경험과 자신감 등의 영향을 받기 때문에 주관적인 속성을 가진다.

② **수단성(instrumentality)** : 개인이 지각하는 1차적 결과(성과)와 2차적 결과(보상) 사이의 상관관계($-1 \leq i \leq 1$)를 의미한다. 수단성을 강화하기 위해서는 1차적 결과와 2차적 결과와의 관련성을 명확히 해야 한다.

③ **유의성(valence)** : 각 개인들이 2차적 결과에 대해서 느끼는 중요성 또는 가치의 정도로 특정 보상에 대한 선호의 강도를 의미한다. 따라서 유의성은 개인의 욕구를 반영시키며, 보상, 승진, 인정과 같은 긍정적(적극적) 유의성(positive valence)과 과업과정에서의 압력과 벌 등의 부정적 유의성(negative valence)으로 구분된다.

(3) 포터와 로울러의 기대이론

1) 의 의

포터(Porter)와 로울러(Lawler)의 기대이론(expectancy theory)은 단순하게 결과와 동기부여를 연결하는데 그치지 않고 여러 변수들을 추가하여 브룸의 기대이론을 발전시켰다. 따라서 노력과 성과, 성과와 보상의 인과적인 설명방식을 사용하고 있는 브룸의 기대이론과 달리 포터와 로울러는 외부의 관찰가능한 행동에 의해 노력 자체가 변화될 수 있다는 점을 강조하고 있다. 또한, 보상을 내재적 보상과 외재적 보상으로 구분하고, 공정성이론의 개념을 도입하여 보상과 만족 사이의 관계를 인지적인 관점에서 설명하였다.

포터와 로울러의 기대이론

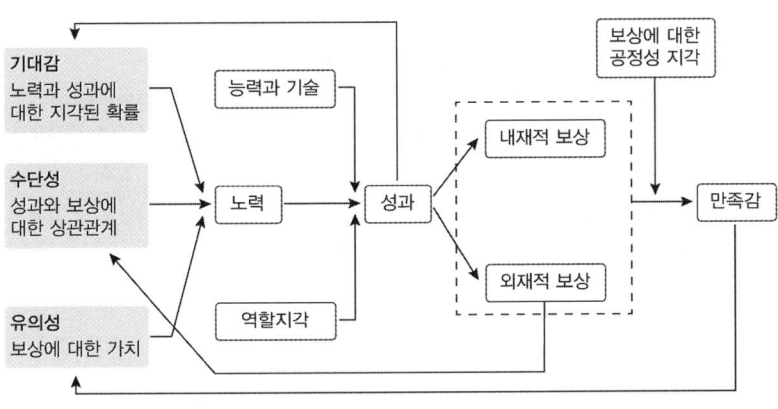

2) 구성요소

포터와 로울러는 브룸의 기대이론에 능력과 기술, 역할지각, 외재적·내재적 보상, 보상에 대한 공정성 지각, 만족감 등의 변수를 추가하였다.

① 능력과 기술은 직무담당자가 보유한 능력과 기술을 의미하며, 직무성과는 이의 영향을 받을 수 있다.

② 역할지각은 역할에 대해 올바르게 지각될 때 성과달성에 필요한 노력을 증가시키고 불필요한 노력을 줄일 수 있다.

③ 외재적·내재적 보상과 보상에 대한 공정성 지각은 보상이 성과에 영향을 준다는 것을 보여주며, 보상이 개인수준에 부합된다면 만족감이 나타나게 된다.

(4) 공정성이론

1) 의 의

아담스(Adams)의 공정성이론(equity theory)은 특정인이 자신의 노력과 그 결과로 얻어지는 보상과의 관계를 다른 사람(비교대상 또는 준거인물)의 경우와 비교하여 자신이 느끼는 공정성[12]이 동기유발에 영향을 미친다는 것이다. 즉 개인은 보상의 크기와 공정성을 극대화시키는 데 초점을 두고, 자신의 공헌과 보상의 크기를 준거인물의 공헌과 보상의 크기와 비교하여 동기부여의 수준을 결정한다는 것이다. 그러나 공정성이론은 개인이 준거인물을 어떻게 선정하는지에

---

12) 조직공정성은 세 가지 측면을 가지는데 배분적(distributive), 절차적(procedural), 상호적(interactional) 공정성이 그것이다. 배분적 공정성은 조직의 자원을 구성원들 사이에 공평하게 분배했는지의 문제이며, 절차적 공정성은 구성원들에게 나누어 줄 분배량을 결정하는 절차(과정)가 공정했는지의 여부이다. 그리고 상호적 공정성은 자원분배가 아닌 인간관계에서 상하 간에 또는 조직과 구성원 간에 공정한 관계를 가졌는지의 여부이다. 이 중에서 아담스(Adams)는 배분적 공정성에 초점을 맞추고 있다.

대해 구체적인 설명이 필요하며, 투입과 산출의 객관적 측정이 어렵기 때문에 투입 또는 결과를 인식하는 과정에 대한 심리적 과정의 보완이 필요하다.

공정성이론

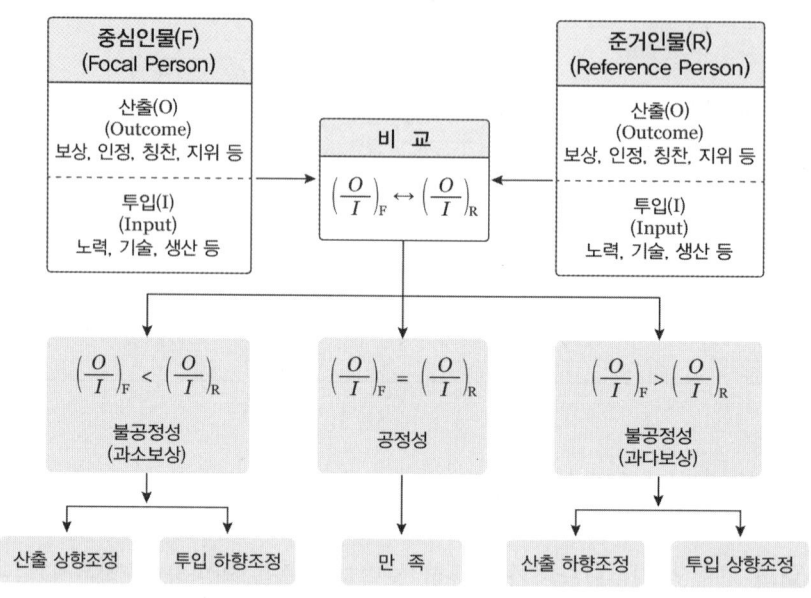

2) 불공정성의 해소방법[13]

① **투입 또는 산출의 변경** : 투입 또는 산출을 증가시키거나 감소시킴으로써 타인과의 균형을 유지하려고 하는 것이다.

② **준거인물의 투입 또는 산출의 변경** : 준거인물의 투입 또는 산출을 변경하는 것은 자기 자신의 투입 또는 산출을 조정하는 것보다 훨씬 어려운 방법이다. 일반적으로 자기 자신의 투입과 산출의 조정방향과는 반대로 나타난다.

③ **투입과 산출의 인지적 왜곡** : 실제로 투입이나 산출을 변경시키지 않고 투입과 산출의 중요성에 대한 개념을 변경 또는 조정함으로써 준거인물의 비율과 균형을 맞추려고 노력한다.

④ **이 직** : 극단적인 대처방안으로 아예 직장을 옮겨버림으로써 사회적 관계를 끊는 방법이다. 이러한 이유에서 공정성이론을 통해 이직이나 사직의 원인을 설명하기도 한다.

⑤ **준거인물의 변경** : 개인은 준거인물을 변경함으로써 불공정성을 해소시킬 수 있다.

---

[13] 공정성이론은 페스팅거(Festinger)의 인지부조화 개념에 근거하고 있다. 즉 각 개인은 상대방으로부터 자신의 공헌에 대한 정당하고 공평한 대가를 받아야 한다고 보는데 그 정당성 여부는 자기의 공헌·보상만 보고 판단하는 것이 아니라 남의 것과 비교한 후에 판단하며 덜 받은 것으로 판단되면 화를 내거나 더 받으면 죄책감을 느끼고 이 불공정성을 줄이려고 노력한다는 것이다.

(5) 목표설정이론

1) 의 의

록크(Locke)의 목표설정이론(goal setting theory)은 개인의 목표가 개인의 동기유발에 직접적인 요인으로 작용한다는 전제 하에 조직구성원의 의식적인 목표와 과업성과 간의 관계를 설명하였다. 즉 개인의 성과가 목표에 의해 결정된다는 것이다. 일반적으로 목표는 다음과 같은 네 가지 측면에서 중요하다.

① 목표는 관심을 나타낸다. 즉 목표는 무엇이 적절하고 중요한지에 대한 종업원들의 관심에 초점을 두고 있다.

② 목표는 노력을 조절한다. 목표는 우리들의 관심사를 말해줄 뿐만 아니라 그렇게 행동하도록 동기를 부여해 준다.

③ 목표는 지속성을 증가시킨다. 지속성은 일정기간 동안 일을 수행하기 위해 사용된 노력을 나타낸다. 지속성이 있는 사람들은 장애물을 극복할 수 있는 방법을 찾아내며, 만일 실패하더라도 변명을 하지는 않는다.

④ 목표는 전략과 실행프로그램 개발을 조장한다. 목표는 사람들로 하여금 목표를 달성할 수 있도록 해주는 전략과 실행프로그램을 개발하도록 도와준다.

목표설정이론

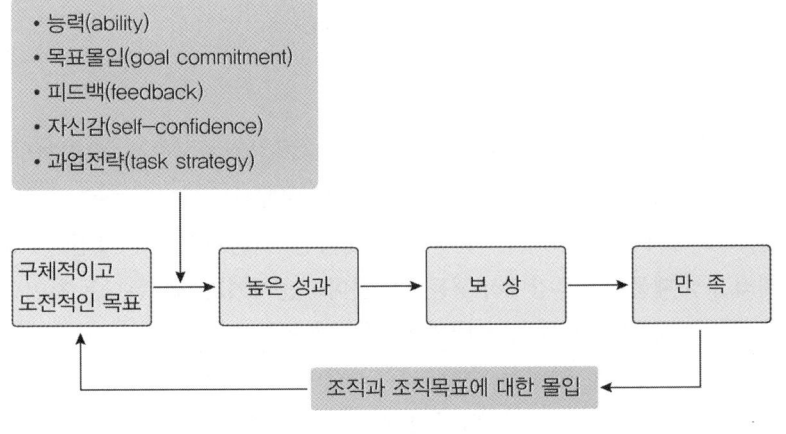

2) 효과적인 목표의 특성

록크는 개인의 목표가 개인의 동기유발에 직접적인 요인으로 작용한다고 주장하였기 때문에 목표의 설정이 매우 중요한데, 효과적인 목표의 특성은 다음과 같다.

① **구체적인 목표** : 개인은 추상적인 목표를 설정하는 것보다 구체적인 목표가 설정되었을 때 동기유발이 더 잘 일어난다. 그리고 지시에 의해 설정된 목표가 아니라 공동의 참여를 통해 목표를 설정하였을 때 개인의 목표에 대한 수용도를 높여주기 때문에 동기유

발이 더 잘 일어난다.

② **목표의 난이도** : 개인은 달성하기 쉬운 목표보다는 도전적(적정한 수준의 난이도)인 목표가 설정되었을 때 동기유발이 더 잘 일어난다. 이러한 도전적인 목표는 목표달성이라는 성취감을 통해 개인의 성장욕구를 충족시켜 주기 때문이다. 그러나 달성가능성이 없는 목표수준에서는 구성원이 목표달성노력을 포기하여 오히려 성과가 저하되는 경향이 있다.

3) 필요요소

목표가 성과로 연결되기 위해서는 능력(ability), 목표몰입(goal commitment), 피드백(feedback), 자신감(self-confidence), 과업전략(task strategy)의 요소가 충족되어야 한다.

① **능 력** : 개인이 가지고 있는 지식, 기술 등이다. 개인의 능력이 높으면 일반적으로 성과도 높아진다.

② **목표몰입** : 주어진 목표를 받아들이고 목표달성을 위해 노력하겠다고 결심하는 것이다.

③ **피드백** : 목표설정 측면에서 개인이 목표를 달성했는지, 현재 노력이 목표에 부합되는 것인지를 알 수 있게 해준다. 효과적인 목표설정을 위해 반드시 필요한 항목이다.

④ **자신감** : 주어진 과업을 성공리에 완수할 수 있으리라는 생각이다. 자신감이 높으면 설정된 목표를 달성하기 위해 노력할 가능성이 높아진다.

⑤ **과업전략** : 과업을 효율적으로 수행하는 방법과 노하우(know-how)이다. 효과적인 과업전략은 곧 효과적인 성과로 이어질 수 있다.

(6) 자기결정이론

인지적 평가이론(cognitive evaluation theory)[14]은 자기결정이론으로 발전하였다. 자기결정이론(self-determination theory)은 사람들이 자기행동에 대해서는 자기 스스로 통제할 수 있기를 희망한다는 이론으로 자기 일은 자기가 결정하려 한다는 이론이다. 즉 자신이 스스로 결정한 일이 아니라 외재적 보상 때문에 의무감에서 행동하는 것이라면 사기가 줄어든다는 것이다. 따라서 자기결정이론은 개인행동의 통제원천이 내면에 있는지 또는 외부에 있는지에 초점을 맞추고, 개인들이 자발적으로 나서서 업무를 수행하는 과정에서 외부적으로 금전적 보상을 해주면 내부적 동기가 손상된다는 이론이다. 따라서 자기결정이론에 따르면 칭찬과 피드백 같은 형태의 외재적 보상은 개인의 내재적 동기를 개선시켜 주지만, 강제된 과업에 대한 보상은 동기유발을 줄이게 된다.

---

[14] 데시(Deci)의 인지적 평가이론은 어떤 직무에 대하여 내재적 동기가 유발되어 있는 경우에 외재적 보상이 주어지면 내재적 동기가 감소된다는 이론이다.

집단수준에서의 행동

제1절 집단행동

1. 집 단

(1) 의 의

집단(group)이란 특정의 공동목표를 달성하기 위해 상호작용하는 두 사람 이상의 집합체를 말한다. 집단에 소속된 구성원들 간에는 서로를 집단구성원으로 지각하고 인정함으로써 같은 집단에 소속되어 있다는 동일성(identity)을 가진다. 동일성을 인식한다는 것은 구성원들이 상호 간에 동조하는 규범과 서열관계를 인식하고 인정한다는 것을 의미한다. 이러한 집단과 관련하여 툭크만(Tuckman)은 집단발달의 단계를 집단의 형성과 발전의 관점에서 설명하면서, 집단발달은 '형성기(forming) → 격동기(storming) → 규범기(norming) → 성과수행기(performing) → 해체기(adjourning)'의 순으로 이루어진다고 하였다.

(2) 유 형

1) 공식집단과 비공식집단

집단은 그 형태의 표출 유무에 따라 공식집단(formal group)과 비공식집단(informal group)으로 구분할 수 있다. 공식집단은 비공식집단보다 규모면에서 크며, 집단구성원에 대한 통제방식도 보다 명시적이며 직접적이고 강력하다. 일반적으로 하나의 공식집단에는 다수의 비공식집단의 존재도 가능하다.

① **공식집단** : 전체조직의 목표와 관련된 과업을 수행하기 위해 구성된 집단으로 그 형태가 겉으로 드러나는 집단을 의미한다. 권력 또는 권한, 책임, 의무 등이 명확하게 규정되어 있으며 의사소통경로도 뚜렷하다. 가장 대표적인 예에는 **명령집단**(command group) 또는 **기능집단**(functional group)이나 **과업집단**(task group)이 있다.

② **비공식집단** : 조직 내의 다른 조직구성원들과의 관계에서 각자의 욕구를 충족시키기 위해 자연발생적으로 형성된 집단으로 그 형태가 겉으로 드러나지 않는 집단을 의미한다. 비공식집단이 형성되기 위한 가장 중요한 요건에는 근접성(proximity), 친숙성(familiarity), 유사성(similarity) 등이 있다. 가장 대표적인 예에는 **우호집단**(friendship group) 또는 **이익집단**(interest group)이 있다.

〈비공식집단의 장·단점〉

장 점	단 점
• 협력의 조장 • 경영자 능력부족의 공백을 메움 • 작업집단의 만족도와 안정성 제공 • 의사소통의 증진	• 바람직하지 못한 소문의 양산 • 부정적인 태도의 조장 • 변화에 대한 저항 • 동조에 대한 압력의 조장

2) 소속집단과 준거집단

소속집단(membership group)과 준거집단(reference group)은 일치할 수도 있고 일치하지 않을 수도 있지만, 일반적으로 소속집단과 준거집단이 일치하는 경우에 개인의 성과는 높아지게 된다.

① **소속집단** : 성원집단 또는 성원자격집단이라고도 하며 개인이 현재 소속되어 있는 집단을 말한다.

② **준거집단** : 개인의 태도나 행동에 영향을 미치고 상호작용하는 집단을 말한다. 즉 개인이 실제로 그 집단의 성원이 아니더라도 심리적 차원에서 소속되기를 바라는 집단 또는 자기가 어떤 행동상의 중요한 판단을 내리고자 할 때 그 판단기준의 근거로 삼는 집단을 의미한다.

(3) 구 조

집단구조(group structure)란 집단의 분화된 부분들 사이에 이루어진 관계의 유형을 의미한다. 집단은 여러 가지 차원으로 분화될 수 있기 때문에 역할, 규범, 지위 등에 따라서 집단구조는 다양하게 변하게 된다.

1) 역 할

역할(role)이란 집단구성원이 수행하여야 할 일을 의미하며 역할기대, 역할전달, 역할인식, 역할행동의 순서로 형성된다. 역할기대와 역할행동의 불일치로 인해 역할갈등(role conflict)이 발생하는 경우가 종종 있는데, 역할갈등에는 역할모호성(role ambiguity), 역할무능력(role incapacity), 다각적 역할기대(role expectation), 역할마찰(role friction) 등이 있다.

① **역할모호성** : 역할형성과정에서 정보가 누락되어 구성원이 역할에 대한 충분한 정보가 주어지지 않았을 때 발생하는 역할갈등이다.

② **역할무능력** : 구성원의 능력, 자질, 성격이 적합하지 못해 역할기대에 부합하는 역할행동이 나타나지 않았을 때 발생하는 역할갈등이다.

③ **다각적 역할기대** : 구성원이 동시에 여러 가지 역할에 대한 역할기대가 있을 때 각 역할 간에 상충관계를 가지는 경우에 발생하는 역할갈등이다.

④ **역할마찰** : 구성원이 선호하는 역할과 실제 역할이 일치하지 않거나 구성원 간에 경쟁이 존재할 때 발생하는 역할갈등이다.

2) 규 범

규범(norm)이란 집단구성원들이 공유하고 있는 수용가능한 행동의 기준을 의미한다. 규범은 집단의 목적을 달성하고 구성원 간의 동일성을 유지하는데 매우 중요하며, 집단을 유지하여 구성원의 욕구를 충족시켜 줄 수 있다. 그러나 구성원으로부터 동조적 행동을 요구함으로써 구성원 개인의 개성과 성장에 장애요인으로 작용할 수도 있다. 여기서 동조(conformity)란 형성된 규범에 대해 구성원 모두가 아무런 저항없이 따르는 현상을 의미한다. 대표적인 규범에는 집단의 목표달성을 위해 필수적으로 지켜야 하는 표준행동을 의미하는 중심규범(central norm) 또는 성과 규범(performance norm)과 집단의 목표달성과 직접 관련은 없으나 지켜야 하는 행동을 의미하는 주변규범(peripheral norm) 등이 있다.

3) 지 위

지위(status)란 집단에서 구성원이 차지하는 상대적 가치와 서열을 의미하고 신분이라고도 한다. 개인의 지위는 다양한 요소들이 복합되어 결정된다. 그러나 지위불일치가 발생하는 경우에는 집단성과에 부정적인 영향을 주기도 한다.

2. 집단역학[15]

(1) 집단응집성

1) 의 의

집단응집성(group cohesiveness)이란 집단구성원들 간의 단결된 분위기 또는 서로에게 매력적으로 끌려 그 집단의 목표를 공유하는 정도를 의미한다. 일반적으로 집단응집성이 높아지면 집단의 성과가 높아지고, 집단의 목표와 조직의 목표가 일치하는 경우에는 집단의 성과가 높아지면 조직의 성과가 높아지게 된다.[16]

---

[15] 집단역학(group dynamic)이란 일정한 사회적 상황에서 집단구성원들 사이에 존재하는 상호작용 또는 힘의 형성 및 관계를 의미한다. 즉, 집단의 발전, 집단과 개인, 집단과 집단, 집단과 조직과의 상호관계의 법칙에 대한 지식을 탐구하는 영역이라고 할 수 있다.

[16] 높은 응집성이 항상 긍정적인 결과를 가져 오는 것은 아니다. 특히 구성원들이 뭉쳐서 리더에게 저항하며 집단파업을 일으킬 수 있다. 즉 목표달성의 열망이 별로 없다면 높은 응집성은 오히려 부정적으로 작용하여 구성원들이 일치단결하여 리더의 혁신의도와는 달리 복지부동의 자세를 취할 수 있다. 또한, 의사결정 시의 강한 응집성으로 인해 반대의견이나 건설적 비판 없이 만장일치 결론에 이르기도 하고, 집단이 비도덕적으로 행동하려 할 때 집단을 사수하려는 공동체 정신을 가지고 부정을 감싸 주고 외부의 비판에 방어적이 되기도 하며 집단을 더욱 비도덕적으로 치닫게 할 수도 있다. 이렇듯 응집성은 순기능과 역기능을 동시에 가지고 있다.

집단응집성을 증가시키는 요소	집단응집성을 감소시키는 요소
• 집단목표에 대한 수용 • 상호교류의 빈도 증가 • 개인적인 매력 • 집단 간 경쟁 • 호의적인 평가	• 목표에 대한 배척 • 거대한 집단 크기 • 불만족스러운 경험 • 집단 내 경쟁 • 비호의적인 평가

집단응집성과 조직성과와의 관계

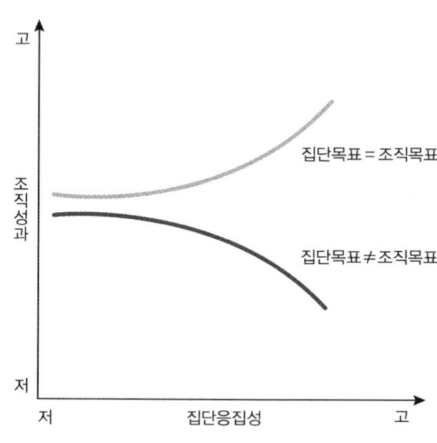

2) 응집성이 높은 집단의 특성

집단의 목표와 조직의 목표가 일치하는 경우에는 집단의 성과가 높아지면 조직의 성과가 높아지기 때문에 조직은 집단응집성을 높여야 한다. 따라서 조직은 집단응집성을 높이기 전에 응집성이 높은 집단이 가지는 특성을 파악하여야 한다.

① **목표일치** : 집단의 목표와 구성원의 목표가 서로 일치하고 구체화되어 있다.

② **카리스마 리더** : 카리스마 리더가 존재할 때 구성원들의 단결이 이루어지고 집단에게 주어진 과업을 성공적으로 달성할 수 있다.

③ **가치관의 공유** : 각 개인들이 가지고 있는 가치관을 구성원들 간에 공유하게 되면 서로에 대한 이해도를 높이고 서로 협조함으로써 개인들의 성장과 개발에 장애가 되는 요소들을 극복해 나갈 수 있다.

④ **소규모** : 일반적으로 다른 조건들이 동일하다면 규모가 큰 집단보다는 규모가 작은 집단의 응집력이 더 강하다. 이는 규모가 작은 집단이 규모가 큰 집단에 비해 구성원들 간의 신뢰가 높고 개방적인 관계를 통해 보다 많은 상호작용을 할 수 있기 때문이다.

3) 집단응집성 조성방법

조직이 응집성이 높은 집단이 가지는 특성을 파악하고 나면 특정 집단에 대해서 여러 가지 방법을 통해 응집성을 조성하기 위한 노력을 하게 된다.

① 과업성과 강조 : 과업성과를 강조하여 집단구성원들로 하여금 과업달성에 집중하도록 한다.

② 참여적 관리 : 집단목표를 설정하는 과정에서 집단구성원들의 적극적인 참여를 유도한다면 집단구성원들의 목표에 대한 수용도가 높아져 집단목표를 달성하는 것이 쉬워진다.

③ 경쟁심 조성 : 다른 집단과의 경쟁심을 조성하면 집단의 응집성은 높아진다. 그러나 집단구성원들 간의 경쟁심을 조성하면 집단의 응집성은 오히려 낮아진다.

④ 집단의 재구성 : 현재 상태에서 집단응집성이 나타나지 않는다면 집단구성원을 교체하여 보다 높은 수준의 집단응집성 조성을 시도할 수 있다.

(2) 갈 등

1) 의 의

갈등(conflict)이란 개인이나 집단 간의 생각이나 태도 등이 충돌하는 것을 말한다. 집단구성원들 개개인의 성향차이 때문에 갈등이 발생하게 되는데, 갈등이 발생하는 원인에는 목표의 차이, 지각의 차이, 문화적 차이, 자원의 제한, 기간의 차이 등이 있다.

2) 결 과

갈등은 역기능적인 결과만을 나타내는 것이 아니라 순기능적인 결과도 나타나는 이중적인 성격을 가지고 있다. 일반적으로 갈등은 내부적으로는 순기능적인 결과를 나타내고 외부적으로는 역기능적인 결과를 나타낸다.

① 집단응집성의 강화 : 집단 간 갈등이 발생하면 집단구성원들은 의견이 일치되어 집단응집력이 강화된다.

② 카리스마 리더의 등장 : 집단구성원 간 갈등이 발생하면 그 집단은 약화되어 외부로부터 위협을 느끼게 되고, 이로 인해 집단구성원들은 보다 강력한 리더십을 요구한다.

③ 규범행동의 강화와 충성심 강조 : 집단 간 갈등이 발생하면 보다 과업지향적인 성격을 띠기 때문에 규범행동을 더욱 강조하게 되고 규범을 준수하는 것이 중요해지게 된다.

④ 왜곡된 지각 : 집단 간 또는 개인 간 갈등이 발생하면 상대방보다 자신이 더 중요하다고 지각하게 된다. 따라서 상대방에 대해 무조건 부정적으로 판단하여 상대방의 역할과 기능은 과소평가하고 자신의 역할과 기능은 과대평가하게 된다.

⑤ 의사소통의 감소 : 집단 간 또는 개인 간 갈등이 발생하면 상호 간의 의사소통은 감소하게 되고 심지어는 단절되기도 한다. 따라서 문제해결이 어려워지고 성과향상보다 규정 준수나 제도·절차에만 치중하여 목표와 수단이 전도되기도 한다.

3) 갈등관리(조하리의 창)

갈등은 역기능적인 결과만을 나타내는 것이 아니라 순기능적인 결과도 나타나는 이중적인 성격을 가지고 있기 때문에 조직은 갈등수준을 무작정 높이거나 낮출 수 없다. 따라서 조직은 갈등을 관리해야 하는데, 갈등관리란 관련 비용의 총합을 최소화시키는 갈등수준을 유지하는 것을 의미한다. 이러한 갈등관리의 이론적 배경으로 조하리의 창(Johari window)이라는 개념이 있다. 조하리의 창은 조셉 루프트(Joseph Luft)와 해리 잉검(Harry Ingham)이 주장한 개념으로 자신과 타인에게 투영되는 자신의 모습을 통해 대인관계에 있어서의 갈등원인을 설명하고 해결방안을 제시해 준다.

조하리의 창

① **공공영역** : 자기 자신에 대해 자신도 알고 있고 타인도 알고 있는 영역이다. 이 영역에서는 갈등을 일으킬 소지가 거의 없다. 인간관계와 의사소통에 제약이 없는 영역으로 영역이 커질수록 효과적인 의사소통과 인간관계가 이루어진다.

② **맹목영역** : 자기 자신에 대해 타인에게는 잘 알려져 있지만 자신은 모르고 있는 영역이다. 이 영역에서는 갈등이 발생할 가능성이 잠재되어 있으며, 타인과 반드시 협동이 이루어져야 한다.

③ **사적영역** : 자기 자신에 대해 타인은 모르고 자기 자신만이 알고 있는 영역이다. 이 영역에서는 갈등이 발생할 가능성이 잠재되어 있다.

④ **미지영역** : 자기 자신에 대해 자기 자신도 모르고 타인도 모르는 영역이다. 이 영역에서는 상호 간에 오해가 발생하는 것이 거의 필연적이기 때문에 거의 항상 갈등이 발생한다.

4) 갈등관리전략

토마스(Thomas)는 갈등관리전략을 자신에 대한 관심(concern for self)의 정도와 상대방에 대한 관심(concern for other)의 정도에 따라 갈등관리의 유형을 다섯 가지로 구분하였다. 갈등관리의 유형은 회피전략(avoidant strategy), 경쟁(지배 또는 강압)전략(competitive strategy), 협력(통합)전략(collaborative strategy), 수용(배려)전략(accommodative strategy), 타협전략(compromising/sharing strategy)으로 나누어지는데, 이들 중 최선의 방법은 존재하지 않으며 각 유형은 나름대로의 장단점을 가지고 있다.

① **회피전략** : 직면한 문제들을 피하고자 하는 전략이다. 즉 갈등 상황에서 자신에 대한 관심뿐만 아니라 상대방에 대한 관심도 가지지 않는 전략이다.

② **경쟁(지배 또는 강압)전략** : 공식적인 권위를 사용하여 복종을 유도하며, 자신에 대한 관심은 지나친 반면에 상대방에 대해 무관심한 사람은 자기중심적인 행동을 선호하는 전략(win-lose)이다.

갈등관리전략

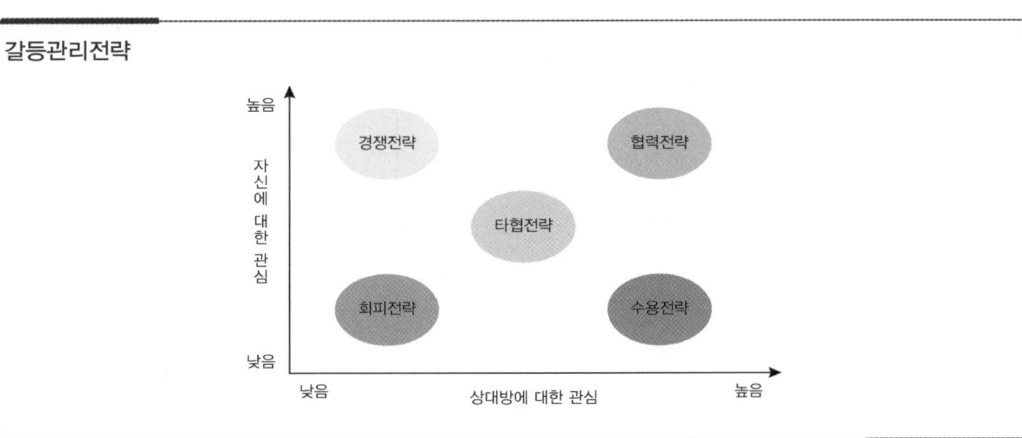

③ **협력(통합)전략** : 자신과 상대방의 관심과 이해관계를 정확히 파악하여 문제해결을 위한 통합적 대안을 도출하는 전략이다. 즉 자신과 상대방이 원하는 것을 모두 충족시키는 전략(win-win)이다.

④ **수용(배려)전략** : 상대방의 관심부분을 충족시켜 주기 위해 자신의 관심부분을 양보 또는 포기하는 전략이다. 수용전략은 수용에 대한 대가를 받을 수 있을 때에는 매우 적절하지만, 복잡하거나 악화된 문제에 있어서는 부적합하다.

⑤ **타협전략** : 자신과 상대방의 공통된 관심분야를 서로 주고받는 전략이다. 즉 갈등상황에서 서로의 입장을 양보하여 서로의 관심사를 부분적으로 충족시키는 것이다.

(3) 협 상

협상(negotiation)은 쌍방이 서로 다른 입장에 있을 때 합의된 결정을 만들어 가는 과정을 의미한다. 이러한 협상은 상이한 이해관계를 가진 당사자 간에 서로 원하는 것을 충족시켜 나가면서 향후 원만한 관계의 기초가 되기도 하고 당사자 간의 긴장을 해소시키는 수단이 되기도 한다. 협상은 그 성격에 따라 분배적 협상(distributive negotiation)과 통합적 협상(integrative negotiation)으로 구분할 수 있다.

① **분배적 협상** : 제한된 자원을 두고 누가 더 많은 부분을 차지할 것인가를 결정하는 협상이다. 이러한 협상은 각자의 입장에 따라 목표수준(얻고자 하는 수준)과 저항수준(양보가 불가능한 수준) 사이에서 합의가 이루어진다.

② **통합적 협상** : 서로가 모두 만족할 수 있는 선에서 상호승리를 추구하는 협상이다. 서로의 이해관계에 대한 파악과 정보공유를 통해 각자의 욕구가 모두 충족되는 수준에서 합의가 이루어진다.

〈분배적 협상과 통합적 협상〉

속 성	분배적 협상	통합적 협상
목 표	개인의 이익을 최대화하고 손실을 최소화	공동의 이익을 최대화
의 미	제한된 자원 하에서 한 쪽의 손실이 다른 쪽의 이익이 됨	상호노력에 따라 공동이익의 양을 증대시킴
관심사	서로 반대	서로 일치
정보공유	낮음(정보를 공유하면 상대방이 이익을 차지함)	높음(정보를 공유하면 서로의 이익을 만족시킬 수 있는 방법을 찾을 수 있음)
결 과	Win-Lose	Win-Win
의사소통	정보탐색, 자료확보, 기만적인 폭로 등	정보공유, 욕구의 목적에 대한 정확한 공표
관계의 지속성	단기	장기

(4) 사회적 태만

사회적 태만(social loafing) 또는 링겔만효과(Ringelmann effect)는 타인의 존재 또는 집단이 개인의 행동에 미치는 영향 중 하나로, 집단에 속한 사람들이 함께 일하는 상황에서 혼자 일할 때보다 노력을 덜 들여 개인의 수행이 떨어지는 경향을 뜻한다. 사회적 태만은 줄다리기 등과 같은 신체적 노력에서뿐만 아니라, 어떤 사항에 대한 평가 혹은 의견 개진 등과 같은 인지적 노력을 요하는 과제에서도 발생한다. 이러한 사회적 태만은 개인의 수행 정도를 평가할 수 없어 개개인의 수행이 집단에 묻힌다고 생각될 때 결과에 대한 책임이 전체 구성원에게 분산되어 사람들이 열심히 노력하지 않아 발생하는 현상이다. 그리고 사회적 태만은 과제 수행에 참여한 개개인의 기여도를 평가할 수 없을 때, 집단의 다른 구성원들이 능력이 충분함에도 불구하고 노력을 하지 않을 때, 집단 과제가 중요하지 않다고 지각되었을 경우에도 나타나기 쉽다. 또한, 집단이 목표를 달성할 것이라는 기대가 낮을수록 그리고 그 목표의 달성이 개인에게 중요하지 않을수록 사회적 태만이 나타나기 쉽다. 이러한 사회적 태만은 다음과 같은 방법을 통해 감소시킬 수 있다.

① 집단구성원들에게 집단의 공동목표를 개별적으로 할당해 주거나 공동목표 달성방법을 구체화해 준다.

② 절체절명의 집단공동목표가 있어야 한다. 즉 그 목표를 달성하지 못하면 집단의 존속 자체가 어려운 목표이어야 한다.

③ 다른 집단과의 경쟁이 존재하여야 한다.
④ 상급자 혼자서 집단구성원 전부를 평가하는 것이 아니라 다면평가제도와 같이 집단구성원들 간의 평가기회가 존재하여야 한다.
⑤ 모범적인 집단구성원이나 최고 성과자의 선발과 포상제도가 존재하여야 한다.
⑥ 집단 내에서도 집단구성원 간의 업적에 따라서 보상하는 성과급, 연봉제 등이 이루어져야 한다.

제2절 | 의사소통과 집단의사결정

1. 의사소통

(1) 의 의

1) 개 념

의사소통(communication)이란 발신자와 수신자가 언어적 또는 비언어적 메시지(정보)를 교환하고 공유하려는 과정을 말한다. 의사소통은 개인 상호간, 집단 상호간, 개인과 집단 간에 이루어진다. 효율적인 의사소통을 위해서는 다음과 같은 원칙들이 지켜져야 한다.

① **명료성의 원칙** : 전달되는 내용이 명확하여 수신자가 올바른 내용을 정확하게 받아들일 수 있도록 해야 한다는 원칙이다. 이를 위해서는 체계적이고 논리적인 내용을 쉽게 이해할 수 있도록 메시지를 작성하여야 한다.

② **주의집중의 원칙** : 전달하고자 하는 내용을 이해하기 위해 수신하는 메시지에 충분한 주의를 기울여야 한다는 원칙이다. 명료성의 원칙이 준수된다 하더라도 메시지를 이해하지 못하면 의사소통은 완전히 수행되었다고 할 수 없다.

③ **통합성의 원칙** : 의사소통을 통해서 경영자는 기업의 목표를 달성하기 위해 구성원들의 협조를 확보하고 유지하여야 한다는 원칙이다.

④ **비공식조직의 전략적 활용원칙** : 비공식조직을 의사소통의 수단으로서 적극 활용해야 한다는 원칙이다. 비공식조직은 공식조직의 밖에 존재하면서 경영자의 승인여부와 상관없이 존재하면서 기업에게 긍정적인 영향과 부정적인 영향을 동시에 미친다. 따라서 비공식조직을 무시하여서는 안 되며, 기업의 목표를 달성하기 위한 공식조직의 보완적인 수단으로 활용하여야 한다.

2) 과 정

의사소통이 존재하려면 우선 발신자와 수신자 사이에 전달해야 하는 메시지가 있어야 한다. 발신자가 메시지를 부호화(encoding)하여 그것을 경로(매체)를 통해 수신자에게 전달하면 수신자는 메시지를 받아서 해독(decoding)한다. 그 결과 메시지가 발신자에게서 수신자에게 전달되는 것이다. 이러한 과정은 순환(feedback)되어 의사소통은 정적(static)인 개념보다 동적(dynamic)인 개념으로 이해할 수 있다. 여기서 제일 중요한 것은 정확한 의사전달이 되는데, 이를 위해 소음을 최대한 줄여야 하며 정확한 부호화와 해독 및 올바른 경로(매체)의 선택이 필요하다. 그러나 실제 현실에서는 의사소통이 발신자와 수신자 사이에서 선형적으로 이루어지는 것이 아니라 의사소통 관련 요소를 둘러싸고 있는 많은 요소들과의 상호작용 속에서 존재한다. 그러므로 전체적인 시스템 속에서 여러 과정이 합해져서 하나의 의사소통이 이루어지는 것이다.

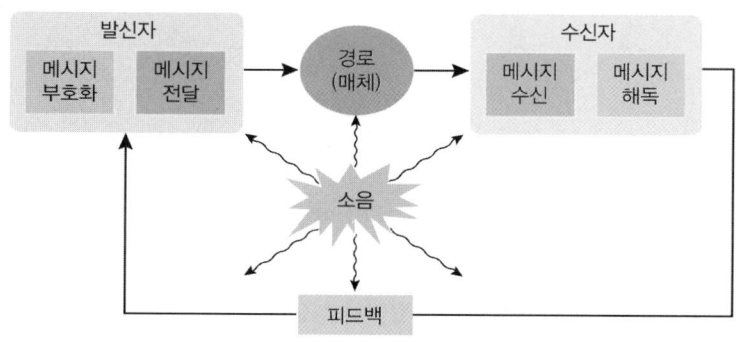

의사소통과정

(2) 기 능

① 정보전달 기능 : 의사소통은 의사결정에 필요한 여러 가지 대안을 마련하고 평가하는데 유용한 정보를 제공함으로써 최적의 대안을 결정하는데 중요한 역할을 한다.

② 동기유발 기능 : 의사소통을 통해 조직구성원들의 목표를 설정해 주고 그러한 목표달성을 위한 진행사항을 피드백하면서 활동을 조정하고 통합시킨다. 또한, 구성원들 간의 사회적 접촉을 가능하게 하고 자신의 감정을 표출함으로써 사회적 욕구를 충족시킨다.

③ 조정 및 통제 기능 : 의사소통은 조직구성원들이 지시, 대화, 협의, 토론 등을 통하여 일정한 방향으로 행동하도록 조정하고 통제하는 기능을 수행한다.

(3) 의사소통의 유형[17]

의사소통은 그 형태가 겉으로 드러나는 공식적 의사소통과 그 형태가 겉으로 드러나지 않는 비공식적 의사소통으로 구분할 수 있다.

1) 공식적 의사소통

공식적 의사소통은 그 형태가 겉으로 드러나기 때문에 다양한 형태를 파악할 수 있는데, 대표적인 형태에는 원형(circle), 수레바퀴형(wheel), 사슬형(chain), Y형, 상호연결형(all channel) 등이 있다.

---

[17] 의사소통은 수평적 의사소통과 수직적 의사소통으로도 구분할 수 있다. 즉 의사소통은 수평적이거나 수직적으로 흐르기 마련인데 수직적이라 함은 다시 상향적 흐름과 하향적 흐름으로 구분할 수 있다. 일반적으로 조직의 상황에 따라 의사소통의 흐름은 조직이나 집단마다 다르게 나타나며, 일반적으로는 어느 한 쪽으로 편중되어 있는 것이 보통이다. 그러나 상황에 맞게 편중되어 있으면 다행이지만 그렇지 않다면 그 조직은 비효율적인 조직이 된다. 또한, 과거와는 달리 현대적인 환경에서는 수직적인 흐름보다는 수평적 흐름을 요구하고 하향적 흐름보다는 상향적 흐름을 요구하게 되는데, 조직은 이와는 반대 방향으로 가려는 움직임이 더 크다는 어려움을 가지고 있다.

공식적 의사소통

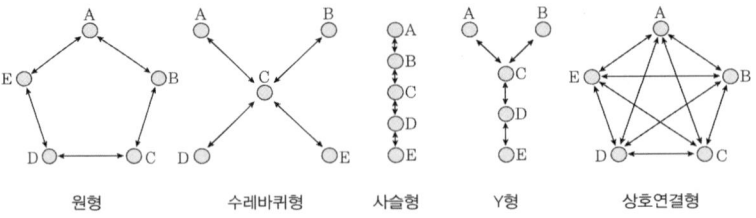

① 원 형 : 집단구성원 간에 사회적인 서열이나 신분관계가 뚜렷하게 형성되지 않은 경우에 나타나는 유형이다. 중심인물이 없는 상태에서 구성원들 사이에 정보가 전달된다.

② 수레바퀴형 : 집단구성원들에게 있어 중심인물이 존재하고 있는 경우에 나타나는 유형이다. 주로 리더와 같은 중심인물에게 의사를 전달하게 되며 중심인물은 의견을 모아 다시 구성원들에게 의사를 전달한다.

③ 사슬형 : 구성원들 간의 의사소통이 연결되지 않은 유형이다. 일반적으로 정보가 단계적으로 최종인물에게 전달되는 수직적인 구조[18]와 정보의 전달방향에 따라서 중간에 위치한 구성원이 역할을 하는 수평적인 구조[19]로 나눌 수 있다.

④ Y형 : 확고한 중심인물이 존재하지 않아도 대다수의 구성원들을 대표하는 중심인물과 비슷한 인물이 나타나는 유형이다. 수레바퀴형과 사슬형이 결합된 형태라고 볼 수 있다.

⑤ 상호연결형 : 완전연결형 또는 별형이라고도 하며, 가장 바람직한 유형으로 구성원들 사이의 정보교환이 완전히 이루어지는 유형이다. 구성원 중 누구라도 의사소통을 주도할 수 있기 때문에 민주적 형태라고 할 수 있다.

2) 비공식적 의사소통

비공식적 의사소통은 조직 내에서 자생적으로 형성된 의사소통체계를 의미한다. 포도덩굴을 닮았다고 하여 그레이프바인(grapevine)이라고 하며, 정보유통경로에 따라 단순형(single stand network), 한담형(gossip network), 확률형(probability network), 군집형(cluster chain network)으로 구분할 수 있다. 이 중에 가장 많이 사용되는 형태는 군집형이다.

① 단순형(일방형) : 구성원들 사이에 단선적인 통로를 통해 정보가 전달되는 것이다. 정보전달의 정확성은 떨어지지만 처음부터 마지막까지 의사소통의 연결이 이루어진다.

---

[18] 이러한 상황에서는 구성원들 간에 뚜렷하고 엄격한 신분서열관계가 존재함으로써, 상위의 중심인물이 수레바퀴형과 같이 모든 정보를 종합하고 문제를 해결하므로 단순업무에서의 신속성과 효율성이 비교적 높다. 그러나 정보의 단계적 전달로 인하여 정보의 왜곡행동이 나타날 위험성이 있다.

[19] 정보의 전달방향에 따라서 중간에 위치한 구성원이 중심적인 역할을 한다. 그러나 의사소통 효과에 있어서 정보수집과 문제해결이 비교적 느린 반면에, 중간에 위치한 구성원을 제외하고는 주변에 위치한 구성원들의 만족감은 비교적 낮은 경향이 있다.

② 한담형(잡담형) : 한 사람이 정보를 습득하여 다른 모든 사람에게 전하는 형태이다. 직무와는 관계가 적지만 관심이 있는 정보에 대해서 발생한다.

③ 확률형 : 의사소통의 대상자가 사전에 선택되는 것이 아니라 수시로 변화하는 형태이다. 정보의 내용에 대한 관심은 있지만 중요하지 않은 경우에 발생한다.

④ 군집형 : 정보를 전달해야 할 사람에게만 선택적으로 의사소통이 이루어지는 형태이다. 한 사람이 정보를 몇 사람에게 전달하면 전달받은 사람이 다른 몇 사람에게 전달하는 형태이며, 조직에서 가장 빈번히 발생하는 유형이다.

그레이프바인의 유형

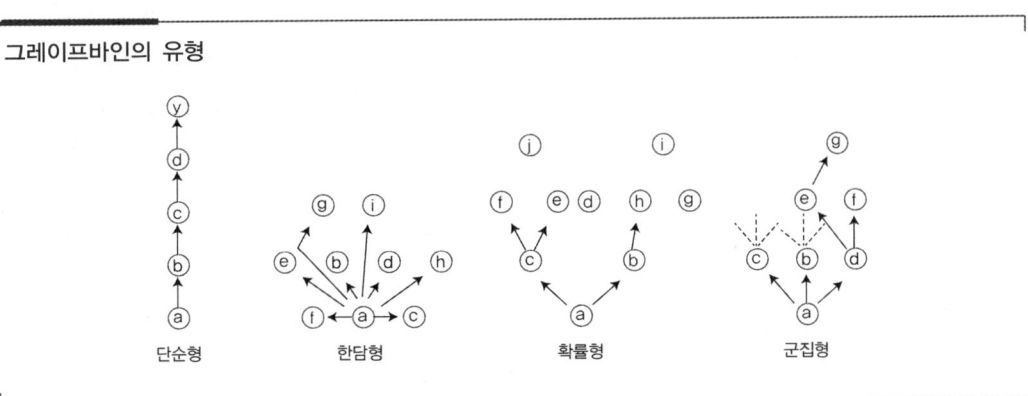

2. 집단의사결정

(1) 의사결정모형

1) 합리적(합리인) 의사결정모형

합리적(합리인) 의사결정모형 또는 규범적 의사결정모형이란 의사결정자는 완전한 합리성에 기초한 합리적인 경제인(rational economic man)이라고 가정하고 완전정보를 보유한 상황에서 가장 합리적인 의사결정행동을 하는 것을 의미한다. 따라서 합리적(합리인) 의사결정모형에서의 의사결정자는 합리적 의사결정(최적해), 완전정보, 완전대안, 완전선호체계, 효과계산의 무제한 등의 특징을 가진다.

2) 관리인 의사결정모형

관리인 의사결정모형이란 제한된 합리성(bounded rationality)을 가진 의사결정자가 조직 내의 적정한 만족수준(만족해)에서 의사결정을 하는 것을 의미한다. 즉 인간은 문제해결에 있어서 제한된 정보와 제한된 대안을 가지고 주어진 시간과 비용을 감안하여 합리적 선택을 하려고 노력한다는 것이다. 관리인 의사결정모형에서의 의사결정자는 정보가 불완전하고 동시에 처리할 수 있는 정보의 양에도 한계가 있기 때문에 모든 대안을 인식할 수 없으며 대안의 결과를 예측하는 것이 쉽지 않다. 따라서 객관적으로 최적의 대안을 선택하는 것이 아니라 개인적으로 만족스러운 수준의 대안을 선택하게 되며, 대안이나 해결책 모색에 있어 매우 제한적이며, 결과에 영향을 미치는 요소들을 통제할 수 없는 상황에서 충분한 정보도 없이 결정을 내리게 된다.

3) 카네기 의사결정모형

카네기 의사결정모형(Carnegie decision model)은 제한된 합리성에 근거한 조직의사결정모형으로 조직에서의 의사결정은 많은 관리자들이 관여하기 때문에 최종적 의사결정은 이들 관리자들의 연합인 세력(연합)집단(coalition)에 의해 이루어진다는 의사결정모형이다. 여기서 세력(연합)집단이란 조직의 이해관계자 집단으로서 문제해결과 대안선택에 여러 가지 관점에서 영향을 미치는 집단을 의미하는데, 이러한 세력(연합)집단은 제한된 능력, 문제의 복잡성, 정보의 부족, 불확실성, 시간의 압박 등과 같이 합리적 의사결정을 방해하는 여러 가지 제약요인이 존재할 때 형성된다. 따라서 카네기 모형은 이러한 요인들로 인해 최적대안이 아니라 만족할 만한 대안을 선택할 수밖에 없다고 주장하였다. 특히, 제한된 합리성은 비정형적 의사결정에 적용될 수 있는데, 해결해야 할 문제가 새롭고 불명확하고 복잡하여 논리적인 절차를 이용할 수 없을 때에는 제한된 합리성 관점에서의 의사결정이 더 효과적이다. 즉 카네기 모형은 제한된 합리성 모형에서 만족해를 인정하고 있으며, 의사결정과정에 영향을 미치는 조직 내 세력(연합)집단의 존재를 중시한다. 결국 의사결정은 경영자가 조직목표와 이해관계의 달성을 위해서 만든 규칙 속에서 이루어진다.

4) 직관적 의사결정모형

직관적 의사결정모형(intuitive decision model)은 의식적인 논리적 과정을 거치지 않고 의사결정을 하는 것을 의미한다. 여기서 직관은 이성이나 논리적 추론을 통하지 않고 사물을 인식하는 것을 말한다. 의사결정에 있어서 직관적 의사결정모형은 의사결정자가 조직에서 시간적 압박을 많이 받을 때, 불확실성이 높을 때, 의사결정과 관련된 조건들이 빨리 변화할 때, 현실적으로 정보가 너무 많거나 부족할 때, 의사결정이 가져다주는 결과가 가시적이고도 엄청날 때 등에 적용된다. 이러한 직관적 의사결정은 의사결정이 신속하게 이루어지기 때문에 복잡하고 변화가 빠른 조직에 매우 유용하다는 장점을 가지지만, 합리적 의사결정모형과 비교할 때 오류가 발생할 가능성이 높다는 단점을 가진다. 또한, 의사결정자는 본인이 내린 의사결정에 대해 타인에게 논리적으로 설명하는 것이 쉽지 않기 때문에 타인은 직관적 의사결정을 인정하기 보다는 무시하는 경향을 보일 수 있다. 대표적인 직관적 의사결정 기법에는 휴리스틱(heuristics)이 있는데, 휴리스틱은 시간이나 정보가 불충분하여 합리적인 판단을 할 수 없거나, 굳이 체계적이고 합리적인 판단을 할 필요가 없는 상황에서 신속하게 사용하는 어림짐작의 기술을 의미한다. 즉 평소 경험했던 사실을 머릿속에 정형화시켜 놓고 다음에 일어나는 유사한 상황에서 깊이 생각하지 않고 머릿속에 담겨 있던 평소의 믿음과 경험으로 즉각 결정해 버리는 방식이다.

5) 쓰레기통모형

쓰레기통모형(garbage can model)이란 의사결정이 일정한 규칙에 따라 이루어지는 것이 아니라, 문제(problems),[20] 대안(solutions),[21] 의사결정자(participants),[22] 결정시점 또는 선택기회(choice opportunities)[23]의 독립적인 4가지 요소가 쓰레기통 속에서와 같이 뒤죽박죽 움직이다가 어떤 계기로 서로 만나게 될 때 이루어진다고 보는 것을 의미한다. 4가지 요소들이 의사결정상황에서 복잡하게 상호 작용하다가 최종안을 만들기 때문에 문제와 해결책 사이에 서로 관련이 없을 수 있다. 따라서 해결책이 존재하지 않는 문제에 대한 해답이 생길 수 있고, 우연한 아이디어가 좋은 해결책이 되기도 한다. 이러한 모습들은 의사결정이 복잡하고 어려운 과정이라는 것을 의미한다.

6) 정치적 선택모형

정치적 선택모형이란 개인의 이익을 충족시키기 위해 의사결정과정에 개인의 욕구를 반영하여 의사결정을 하는 것을 의미한다. 개인의 이익을 만족시켜 주는 대안이 의사결정과정 초기에 결정되기 때문에 새로운 정보가 얻어지더라도 대안을 바꾸지 않으며, 이 과정에서 정보의 왜곡이나 속임수 등 비윤리적인 방법이 사용되는 경우도 있다.

7) 점진적 의사결정모형

점진적 의사결정모형(incremental decision process model)이란 조직의 중요한 의사결정은 한 순간에 한 번으로 되는 것이 아니라 일련의 작은 결정들의 연속적인 조합으로 이루어진다는 것을 의미한다. 즉 조직의 중요한 의사결정은 한 번의 큰 결단으로 이루어지는 것이 아니라, 여러 개의 의사결정점을 통과하면서 장애물에 부딪치기도 하고 이전의 결정으로 다시 돌아가기도 하는 등 수많은 작은 결정에 의해 점진적으로 최종 해결책에 접근하는 것이다. 이러한 점진적 의사결정의 동태적인 과정은 다음과 같은 단계로 이루어진다.

① 확인단계 : 문제를 파악하고 의사결정을 해야 한다는 필요성을 인식하는 단계이다. 또한, 이 단계에서는 의사결정을 위한 정보수집이 아니라 문제를 정확하게 분석하여 의사결정이 필요한 상황인지 아닌지를 파악하는 데 필요한 정보수집이 요구된다.

② 개발단계 : 확인단계에서 확인된 문제에 대한 해결책을 찾는 단계이다. 해결책을 찾는 방법에는 기존에 해결했던 방식을 검토하는 방법과 새로운 해결책을 설계해보는 방법이다.

---

20) 조직에는 해결해야 할 문제도 많고 새로 생기는 문제도 많다. 없던 것도 만들면 문제가 된다. 따라서 조직에는 해결되기를 기다리는 문제들이 항상 쌓여 있다.

21) 특정 문제를 해결하기 위해 강구한 해결책(대안)은 아니지만 조직에는 대안들이 많이 있다. 즉 아직 문제가 발생하지 않았더라도 또는 아직 필요성이 없더라도 대안은 이미 많이 존재하고 있으며 그 활용을 기다리고 있는 것이다.

22) 무슨 의사결정이든지 이루어지려면 의사결정자가 있어야 한다. 그러나 조직의 모든 사람들이 의사결정을 하는 것이 아니라 문제마다 의사결정을 책임지는 사람은 따로 있게 마련이다.

23) 의사결정이 이루어지는 때가 바로 해결책이 선택되는 순간이다. 문제, 대안, 의사결정자의 세 가지 요소가 쓰레기통 속에서 굴러다니다가 의사결정이 필요하다고 모두가 기대 또는 예측하는 순간이 되면 그 시점에 불꽃이 점화되듯이 의사결정이 일어난다.

③ 선택단계 : 여러 가지 대안 중에서 평가를 거쳐 하나의 대안을 선택하는 단계이다.

(2) 의 의

집단의사결정(group decision making)이란 경영의 제반 의사결정과 관련된 사람들이 참여하여 충분한 의견수렴과정을 통해 의사결정을 내리는 형태를 의미한다. 의사결정은 집단의 성과와 효율성을 결정하는 가장 근본적인 요소로서 조직과 집단의 생명과정(life process)이라고도 불린다. 집단구성원들은 집단의 목적을 달성하고 자기의 역할을 수행하는 과정에서 여러 가지 문제에 봉착하게 된다. 즉 집단의 과업목표를 비롯하여 구성원들의 규범과 업무분담, 역할갈등, 작업조건 등 문제가 발생한다. 이러한 문제들을 어떻게 해결하느냐에 따라서 집단의 효율성과 성과가 달라진다. 따라서 집단의사결정은 구성원들의 상호작용이 매우 중요한 측면을 차지한다.

1) 장 점

① **지식과 정보의 다양성** : 개인이 가지고 있는 정보의 양은 제한적이지만 집단이 얻을 수 있는 정보는 다양하다.

② **문제접근의 다양성** : 개인이 가지고 있는 경험이 다르기 때문에 문제를 접근하는 방식이 다양하다.

③ **참여를 통한 동기부여 및 교육적 효과** : 의사결정과정에 참여함으로 인해 결정에 대한 실행과정에서 동기부여가 쉽게 일어나고 결정내용에 대해서 별도로 구성원들에게 전달할 필요가 없다.

④ **응집력 강화** : 구성원 간의 원활한 의사소통을 통해 응집력이 강화된다.

⑤ **합법성과 정당성의 증대** : 공동결정으로 인해 소수의 의견이 아닌 다수의 의견이라는 합법성과 정당성을 확보할 수 있다.

2) 단 점

① **시간과 비용의 발생** : 상호작용을 위해 장시간 회의나 다수의 회의를 하기 때문에 추가적인 시간과 비용이 발생한다.

② **정치적 힘의 작용** : 다수의 의견을 반영하기 때문에 소수라는 이유로 반대의견을 억누르고 다수의 의견에 동조하도록 압력을 가하는 경우가 있다.

③ **특정인의 지배** : 집단파벌의 영향으로 인해 자유로운 의견표현이 어려울 수 있으며, 특정인의 의견에 지배되는 경향이 나타날 수 있다.

④ **타협하는 경향** : 최선안을 알고 있음에도 불구하고 의견대립을 회피하기 위해 타협할 수 있다.

⑤ **의견불일치에 의한 갈등유발** : 구성원 전체의 의견을 반영하는 것이 쉽지 않기 때문에 구성원 간의 의견불일치로 인해 갈등이 발생할 수 있다.

(3) 집단의사결정기법

집단의사결정기법에는 브레인스토밍, 고든법, 델파이법, 명목집단법 등이 있으며, 집단의사결정과정에서 발생할 수 있는 집단사고를 방지하기 위한 방법으로 지명반론자법이 있다.

1) 브레인스토밍

브레인스토밍(brainstorming)이란 특정한 문제나 주제에 대하여 두뇌에서 폭풍이 몰아치듯 생각나는 아이디어를 가능한 한 많이 산출하도록 하는 방법을 말한다. 즉 **구성원의 자유발언**을 통한 아이디어의 제시를 요구하여 발상을 찾아내려는 집단토의의 일종으로 **오스번(Osborn)**에 의해 제안되었다. 브레인스토밍에서는 어떠한 내용의 발언이라도 그에 대한 비판을 금지하며, 여러 사람들이 자유롭게 제시한 **창의적인 아이디어**를 종합하여 합리적인 해결책을 모색해야 한다. 이를테면, 일종의 **자유연상법**이라고도 할 수 있다.

2) 고든법

고든법(Gordon method)은 분석하는 대상의 상위 개념을 제시하여 그것을 바탕으로 연상에 의해 새로운 아이디어를 찾아내는 방법이다. 브레인스토밍과 마찬가지로 집단적으로 발상을 전개하는 것인데, 브레인스토밍은 양을 중시하지만 **고든법은 질을 중시한다.**

3) 델파이법

델파이법(Delphi method)이란 전문가집단의 의견과 판단을 추출하고 종합하기 위하여 동일한 전문가집단에게 설문조사를 실시하여 집단의 의견을 종합하고 정리하는 방법으로 **순환적 집단의사결정과정**이라고 할 수 있다. 개인들은 직접 대면하지 않기 때문에 **익명**을 보장받을 수 있어 쉽게 반성적 사고를 하게 되며, 새로운 의견이나 사상에 대해 솔직해질 수 있다. 델파이법은 많은 시간이 필요하기 때문에 신속한 의사결정을 필요로 하는 경우에는 사용할 수 없지만, 의사결정의 범위가 넓거나 장기적인 문제를 해결하는데 유용한 방법이다.

4) 명목집단법

명목집단법(nominal group techniques)이란 **브레인스토밍과 델파이법을 조합하여 변형시킨 방법**을 말한다. 여기서 명목이란 이름만으로 집단을 구성하고 구성원 간의 직접 의사소통은 하지 않는다는 것을 의미한다. **명목집단법은 구성원들이 대면한다는 사실만 제외하고는 델파이법과 어느 정도 유사하다.** 또한, 제출된 아이디어에 대한 평가기능을 가지고 있어 아이디어의 질(quality)에 대한 인식 측면에서 브레인스토밍기법보다 우수하고, 투표라는 객관적인 방법을 동원하여 아이디어의 우선순위를 매기기 때문에 그 결과에 대한 구성원들의 수용성이 높다. 다만, 명목집단법이 성공을 거두기 위해서는 회의에 참가하는 구성원들이 문제에 대한 사전 지식과 관련 자료를 충분히 가지고 있어야 효과적이다. 명목집단법의 순서는 '**인원구성 → 아이디어를 종이에 기록 → 발표 → 기록 → 토의 및 질문 → 투표 → 정리**'의 순으로 이루어진다. 명목집단법은 의사결정에 참여한 모든 구성원들이 각자 타인의 영향을 받지 않고 자신의 의사를 개진할 수 있기 때문에 의사결정을 방해하는 타인의 영향력을 줄일 수 있고 의사결정에 도달하는 데 델파이법에 비해 시간소요가 많지 않다는 장점을 가지지만, 이를 이끌어 나가는 리더가 자질과 훈련을 갖추고 있어야 한다는 점과 한 번에 한 문제만 처리할 수 있다는 단점을 가진다.

5) 지명반론자법

지명반론자법(devil's advocate method)이란 의사결정에 참여한 구성원들 중 일부를 지명하여 집단의사결정 안에 대한 반론을 제기하도록 하는 방법(좁은 의미의 지명반론자법) 또는 집단을 둘로 나누어서 한 집단이 제시한 의견에 대해 상대편 반론 그룹으로 임명된 집단의 비판을 들으면서 본래의 안을 수정하고 보완하는 방법(변증법적 토의)을 의미한다. 이러한 방법은 결정안에 대해 다시 한 번 생각할 수 있는 기회를 제공해 주기 때문에 집단사고(group think)의 위험을 감소시켜 준다. 그러나 문제점을 계속 지적하다 보면 완벽한 대안을 찾는 것이 불가능하고 보수적인 결론이 도출될 가능성이 있다.

〈집단의사결정기법의 장·단점〉

기 법	장 점	단 점
브레인스토밍	• 많은 아이디어를 생성 • 단순한 문제해결에 적합	• 자유로운 분위기조성의 어려움 • 올바른 결론보다 합의가 중시 • 아이디어의 구조화가 힘듦
델파이법	• 불확실한 미래현상을 예측 • 심층적 단계를 통한 개선의견 도출 가능	• 시간이 많이 소요
명목집단법	• 다른 사람의 영향을 안 받음 • 자신의 의견을 자유롭게 제시	• 융통성이 적어 수정의 어려움 • 방법사용의 어려움
지명반론자법	• 현실성이 높은 대안 도출 • 철저한 심의과정을 거치므로 오류의 최소화	• 시간이 많이 소요

(4) 집단의사결정의 오류

1) 집단사고

집단사고(group think)[24]란 지나치게 동질적인 집단이 그 동질성으로 인해 지나치게 비합리적인 의사결정을 하는 경우를 말한다. 즉 개인의 생각은 사라지고 집단이라는 새로운 의사결정단위가 의사결정을 수행하는 것이다. 왜냐하면, 집단 속의 개인에게는 집단의 압력이 작용하는데, 그 실체로서 다수의 의견에 동조하게 하고 비판이나 평가를 하지 못하도록 하는 규범이 존재하기 때문이다. 집단사고는 집단구성원들이 당면한 문제에 대하여 독창적인 해결책을 찾아내기 보다는 오히려 다른 구성원들의 동의를 얻는 일에만 크게 관심을 갖기 때문에 개개인의 독창성과 새로운 아이디어를 억제할 우려가 있으며, 반대 정보를 차단하

---

[24] 집단의 규모가 너무 커지면 집단사고가 증가할 수 있다. 이는 집단 속에서 책임분산(diffusion of responsibility)이 가속화되기 때문인데, 책임분산현상은 집단이 커질수록 책임지지 않고 구경만 하는 방관자효과(bystander's effect)를 더 증가시킨다.

거나 문제점을 고려하지 않고서 만장일치를 추구하는 결과가 나타나게 된다. 일반적으로 집단사고는 집단의식 강조, 지시적 리더십, 고립된 집단, 다양한 의사결정방법의 활용 결여, 시간적 압박, 높은 구성원의 동질성 등의 원인 때문에 발생한다. 이러한 집단사고를 줄이는 방법으로는 집단지성을 높이는 방법이 있다. 집단지성(collective intelligence)이란 다수의 개체들이 서로 협력을 통해 지적 능력의 결과물을 얻는 것을 말한다. 즉 전문가집단이 아니더라도 다수의 일반인들이 다양한 의견을 낼 경우 전문가들의 의사결정보다 훨씬 더 값진 의견을 구성할 수 있는 것도 바로 집단지성 때문이라는 것이다.

2) 집단극화

집단극화(group polarization)란 집단의사결정과정에서 집단구성원이 처음의 관점을 과장하려는 경향을 의미한다. 집단극화에는 개인의 의사결정 때보다 더 모험적인 방향으로 의사결정이 이루어지는 모험이행(risk shift)과 보수적으로 의사결정이 이루어지는 보수이행(cautious shift)이 있다.

3) 애쉬효과와 스놉효과

애쉬효과(Asch effect)란 집단 내 다수의 틀린 의사결정이 자신의 정확한 의사결정에도 영향을 미칠 수 있다는 것을 의미하고, 편승효과(bandwagon effect)라고도 한다. 이러한 애쉬효과와 상반되는 효과로 스놉효과가 있다. 스놉효과(snob effect)란 다른 사람들이 소비하면 그 상품에 대한 수요량이 오히려 감소하는 효과를 의미하고, 백로효과라고도 한다.

4) 결정의 지속성(몰입상승)

결정의 지속성 또는 몰입상승(escalation of commitment)이란 일의 비효율적인 진행을 계속하려는 경향(ineffective course of action)을 의미한다. 사람들은 어떤 결정을 실천해 갈수록 잘 되든 못 되든 점점 더 깊이 빠지는 경향이 있다.

(5) 기타 오류들

① **과도한 모험** : 예로부터 용감한 사람은 족장으로 추대되고 그렇지 못한 사람은 비겁하든지 사내답지 못하다고 천시하는 '모험선호사상'이 사회를 지배해 왔다. 따라서 사람들은 혼자 있을 때보다 회의석상에서 용감하고 유능하게 보이려고 더 높은 위험을 택하려 한다. 또한, 혼자 결정하면 실패책임을 혼자서 지지만 집단으로 결정하면 책임의 분산(diffusion of responsibility)이 발생하므로 부담 없이 위험을 택한다.

② **과도한 정당화** : 의사결정을 번복하면 과거의 의사결정이 잘못이라는 것을 인정하는 것이 되기 때문에 집단 속에서 다른 사람에게 대안을 먼저 공개해놓으면 더 좋은 대안이 발견되더라도 좀처럼 당초의 의견을 굽히려 하지 않는다.

③ **도덕적 환상** : 사람들은 개인의 행동에 대해서는 도덕성이나 양심에 대해서 신랄하게 비판하지만, 집단이 한 행동이나 의견에 대해서는 당연히 도덕적일 것이라는 환상(illusion of morality)

을 가지고 있다.
④ **만장일치 환상** : 사람들은 대개 자기집단의 견해에 반대하기 보다는 동조(conformity)하려는 경향이 있다. 동조의 부담과 압력은 집단으로부터 따돌림을 당하지 않으려는 인간의 소속욕구와 자기가 가진 정보가 불확실할 때 다수의 의견에 의존하려는 성향에 기인한다. 따라서 일부 구성원들의 침묵은 반대가 아니라고 판단하여 만장일치를 내세우며, 구성원들은 서로 강하게 소속되어 있다는 긍정적 감정에 사로잡힌다. 특히, 과정보다 목표달성과 업적에만 매달리는 집단이라면 더욱더 소수의 의견을 무시하고 다수의 의견에 휩쓸리기 쉽다.

제3절 | 리더십

1. 의 의

(1) 개 념

리더십(leadership)이란 일정한 상황에서 목표달성을 위해 리더가 개인이나 집단의 행동에 권력을 행사하는 과정이나 능력을 의미한다. 리더십은 목표를 달성하려는 목표지향적인 행동이기 때문에 그 결과는 리더와 부하 간의 영향과정에 의존한다. 이러한 영향과정에 의해 부하의 행동과 성과의 달성여부가 결정되고 나아가서는 부하의 만족도 결정된다.

(2) 권력의 유형

권력이란 다른 구성원들의 행동에 영향을 줄 수 있는 잠재능력을 의미한다. 따라서 권력은 둘 이상의 사람들 또는 집단 간의 관계를 전제로 하며, 쌍방성, 상대성, 가변성 등의 속성을 가진다. 프렌치(French)와 레이븐(Raven)은 다양한 원천에 따라 권력을 강압적 권력(coercive power), 보상적 권력(reward power), 합법적 권력(legitimate power), 준거적 권력(reference power), 전문적 권력(expert power)으로 구분하였으며, 이 중에 강압적 권력, 보상적 권력, 합법적 권력은 조직의 공식적 지위와 관련되어 있지만 준거적 권력과 전문적 권력은 개인이 원래 가지고 있는 특성과 관련되어 있다.

① **강압적 권력** : 처벌이나 위협을 전제로 하여 권력 수용자에게 벌을 줄 수 있는 능력을 원천으로 하는 권력이다. 권력 수용자는 두려움 때문에 권력 행사자의 의도대로 행동하게 된다. 가장 많이 사용되는 권력이고 남용되는 경우도 많지만, 가장 통제하기 힘든 권력의 유형이다.

② **보상적 권력** : 권력 수용자에게 원하는 보상을 해 줄 수 있는 능력을 원천으로 하는 권력이다. 보상에는 임금, 보너스 등과 같은 경제적 보상과 승진의 지원, 직무성과의 인정·칭찬, 인기직무의 배정 등과 같은 정신적 보상이 있다.

③ **합법적 권력** : 권력행사에 대한 정당한 권리를 전제로 하여 조직의 규범을 원천으로 하는 권력이다. 권한(authority)[25]이라고도 하는데, 이러한 권력은 조직으로부터 정당성을 부여받은 권력이기 때문에 권력 수용자로부터 순종을 강요할 수 있는 권력 행사자의 공식적인 통제권리이다. 일반적으로 강압적 권력이나 보상적 권력의 행사가 지나치면 부하들은 저항하지만, 합법적 권력은 공동체가 약속한 것이기 때문에 무조건 따라야 한다고 믿는 경향이 있다.

④ **준거적 권력** : 권력 수용자의 행동기준을 권력 행사자가 제시하는 것을 원천으로 하는 권력이다. 일반적으로 부하의 존경심이 유발된다. 이러한 준거적 권력은 태도의 변화 중 동일화(identification)와 관계가 있다.

---

[25] 권한은 한 개인이 조직 내에서 차지하고 있는 위치로 인하여 가지게 되는 공식적인 힘을 말한다. 따라서 권한은 권력의 한 요소이며 합법성이 강조된다. 권한은 일반적으로 볼 때 하향적인 권한을 의미하지만, 하급자들이 상급자의 권한을 인정하고 받아들일 경우에 비로소 상급자의 권한이 효력을 발휘하기 때문에 상향적인 영향력도 포함한다. 이러한 권한은 개인보다는 개인의 직위를 바탕으로 하고, 하급자에 의해 받아들여져야 하며, 위에서 아래로의 수직적인 흐름이라는 특징을 가진다.

⑤ 전문적 권력 : 권력 행사자의 전문기술 또는 독점적 정보를 원천으로 하는 권력이다. 이러한 전문적 권력은 리더의 요구와 부하의 가치가 일치하는 경우에 해당하기 때문에 태도의 변화 중 내면화(internalization)와 관계가 있다.

(3) 권력수준의 결정요인

① 불확실성의 대처능력 : 한 주체의 권력수준은 그 주체가 조직운영과정에서 발생하는 예기치 못한 문제나 사건을 성공적으로 처리할 수 있는 능력을 얼마나 가지고 있는가에 따라 결정된다. 불확실성의 대처능력이 높을수록 권력수준은 커진다.

② 자원의 조달 및 통제능력 : 다른 주체가 필요로 하는 자원에 대한 조달 및 통제능력을 많이 가지고 있을수록 다른 주체에 대한 권력은 커진다.

③ 중심성(핵심적 위치) : 한 주체의 중심성(centrality)은 한 부서나 다른 주체의 직무 수행결과가 전체 조직의 최종 산출물에 미치는 효과의 정도를 의미한다. 업무흐름상 보다 중심적(핵심적) 위치에 있는 부서나 주체들이 더 큰 권력을 가지게 된다. 한 부서의 직무수행이 다른 부서에 보다 즉각적인 영향을 미치는 경우에도 권력의 수준은 커진다.

④ 대체가능성(희소성) : 대체가능성은 다른 주체들이 특정 주체의 직무를 대신할 수 있는 정도를 의미한다. 어느 한 부서가 하는 일을 많은 부서가 동일한 수준에서 할 수 있다면 그 부서는 대체가능성이 높은 부서이고 그에 따라 부서의 권력수준도 낮아진다. 그러나 한 부서가 독점적 능력(희소성)을 가지게 되면 그 부서의 대체가능성은 낮아지고 권력은 커진다.

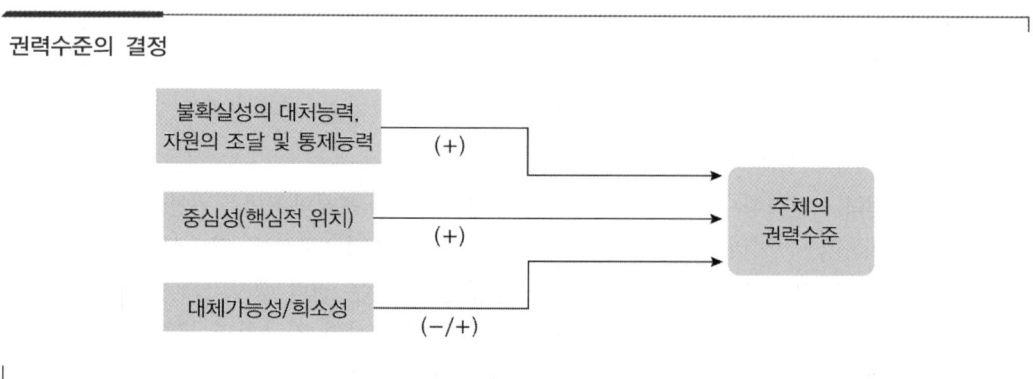

권력수준의 결정

(4) 조직정치와 임파워먼트

1) 조직정치

조직정치(organization politics)란 개인이나 집단이 원하는 결과를 얻는 데 필요하다고 판단되는 권력을 획득하거나 이를 증가시키기 위해 하는 행동을 의미하고, 이러한 행동은 합법적일 수도 있고 비합법적일 수도 있다. 이러한 조직정치가 발생하는 원인은 자원의 필요성과 희소성, 불확실한 의사결정과정이나 장기적인 의사결정, 목표의 불확실성, 기술의 복잡성, 조직의 변화, 신뢰감의 미형성, 불명확한 조직구성원들의 역할 등이 있다.

2) 임파워먼트

임파워먼트(empowerment)는 조직구성원들에게 자신이 조직을 위해서 많은 일을 할 수 있는 권력, 힘, 능력 등을 가지고 있다는 확신을 심어주는 과정을 의미한다. 그러한 확신을 심어주기 위해서는 영향력을 체험하게 하는 일이 전제되어야 하는데, 임파워먼트의 개념은 조직 내 권력의 분배문제를 뛰어넘어 권력의 증대 문제에 초점을 두고 있다. 이러한 임파워먼트는 의미감(meaning), 역량감(competence), 자기결정력(self-determination), 영향력(impact)의 4가지 차원으로 구성되어 있다.

2. 특성이론

(1) 의 의

특성이론은 리더와 일반인을 구분하는 특성이 존재한다는 생각에 근거한다. 과거에는 사회적으로 명성이 높은 지도자들을 중심으로 그들의 공통적인 특성을 연구하는 위인이론(great man theory)에 치중하다가 점점 조직의 경영자를 대상으로 성공적인 리더의 특성을 연구하게 되었다. 특성이론은 리더의 다양한 특성을 연구하게 되는데, 특성이론에서 중시한 리더의 특성은 다음과 같다.

① 신체적 특성 : 연령, 체중, 신장, 외모 등과 같은 신체적 특성이 리더십의 발휘와 밀접한 관계가 있다.
② 사회적 배경 : 교육의 수준, 사회적 지위, 가정배경 등과 같은 사회적 배경에 따라 리더의 지위에 영향을 준다.
③ 지능과 능력 : 판단력, 결단력, 설득력 등은 리더십 효과에 긍정적인 영향을 미친다.
④ 성격특성 : 독립심, 지배력, 자신감, 적극성 등과 같은 성격특성은 리더십의 유효성에 많은 영향을 미친다.
⑤ 과업수행특성 : 유능한 리더는 성취욕구 및 책임감이 강하고 과업지향적이며 좌절하지 않고 목표를 추구한다.
⑥ 인간관계능력 : 타인과 원만한 관계를 유지하는 탁월한 인간관계능력을 가진다.

(2) 한계점

① 성공적인 리더의 특성을 연구할수록 리더의 특성은 무한정 증가하게 된다.
② 리더의 특성을 몇 가지로 정의할 수 없기 때문에 이론적으로 증명하는 것이 쉽지 않다.
③ 리더의 특성과 리더십 효율성과의 관계에 대한 연구결과의 일관성이 결여되어 있다.
④ 리더십의 효율성은 리더의 특성뿐만 아니라 부하의 특성, 과업의 성격 등과 같은 다양한 상황적 요소에 의해서 결정되기 때문에 리더의 특성만으로 리더십을 설명하는 것이 쉽지 않다.

3. 행동이론

(1) 아이오와 대학의 연구

아이오와(Iowa) 대학의 레빈(Lewin), 화이트(White), 리피트(Lippitt)는 10세의 소년들로 구성되어 있는 한 집단을 대상으로 리더십 유형이 변화함에 따라 소년들이 어떤 행동을 보이는가에 대한 실험을 통해 리더십을 권위형(authoritarian), 민주형(democratic), 자유방임형(laissez faire)으로 구분하였다.

① 권위형 리더 : 리더 자신이 조직의 기능을 독점하고자 하기 때문에 부하의 의견을 들으려 하지 않고 조직목표와 운영방침 및 상벌을 리더가 독단적으로 결정한다.

② 민주형 리더 : 조직계획과 운영방침을 조직구성원의 토의를 거쳐 결정한다. 업적평가 및 상벌은 객관적 근거에 의해 시행한다.

③ 자유방임형 리더 : 조직계획이나 운영상의 결정에 관여하지 않고 수동적 입장에서 행동한다.

(2) 탄넨바움과 슈미트의 연구

탄넨바움(Tannenbaum)과 슈미트(Schmidt)는 의사결정과정에서 리더의 권한영역과 부하의 자유재량영역이 어느 정도인가에 따라 리더를 경영자 중심의 리더십을 갖춘 전제적 리더와 종업원 중심의 리더십을 갖춘 민주적 리더로 구분하였다.

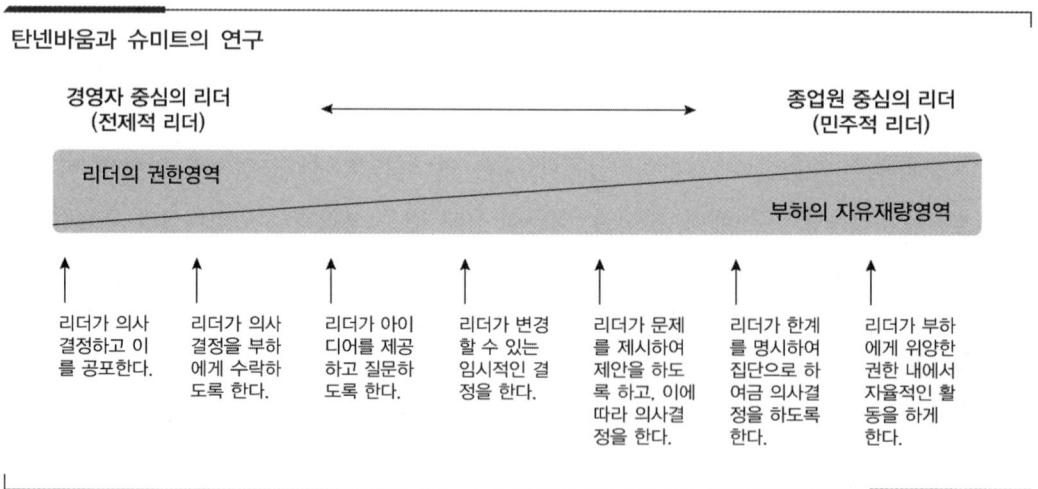

(3) 오하이오 대학의 연구

오하이오(Ohio) 대학에서는 리더십의 행동유형과 이에 따른 집단성과 및 구성원의 만족감 간의 상호관계를 분석할 목적으로 리더십 유형을 측정하였다. 측정도구로는 리더행동기술설문서(leader behavior description questionnaire)와 리더의견설문서(leader opinion questionnaire)를 사용하였고, 구조주도(initiating structure)와 배려(consideration)라는 두 가지 기준을 가지고 리더의 유형을 구분하였다. 구조주도와 배려가 높은 리더행동이 일반적으로 집단성과와 만족감을 높게 가져오지만, 일부 연구결과에서는 높은 결근율과 고충처리율 등의 부정적 효과도 나타났다.

① 구조주도 : 과업환경의 구조화된 정도를 의미한다. 구조화 정도가 클수록 과업과 목표가 뚜렷하며 지시적 리더십을 발휘한다. 높은 구조주도형 리더는 일반적으로 집단의 목표와 결과에 중점을 둔다.
② 배 려 : 부하와의 인간관계를 중시하는 정도를 의미한다. 배려가 높을수록 우정, 신뢰, 상호존중, 온정, 상호협력의 정도가 크다. 또한 부하에게 후원적이고 자유로운 의사소통과 참여를 지원한다.

오하이오 대학의 연구

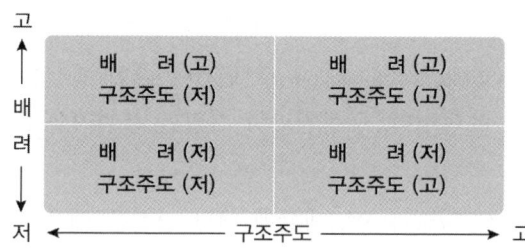

(4) 관리격자이론

1) 의 의

블레이크(Blake)와 모튼(Mouton)의 관리격자이론은 오하이오 대학의 리더십 개념을 연장시켜 생산에 대한 관심(production concern)과 인간에 대한 관심(people concern)을 기준으로 관리격자(grid)로 계량화하여 리더의 유형을 구분하였다. 오하이오 대학의 리더 유형은 부하나 동료가 리더를 평가한 태도의 분류인데 반해 관리격자이론의 리더 유형은 리더가 자기 자신을 어떤 리더라고 생각하는지에 대한 태도의 분류라는 점에서 차이가 있다.

관리격자이론

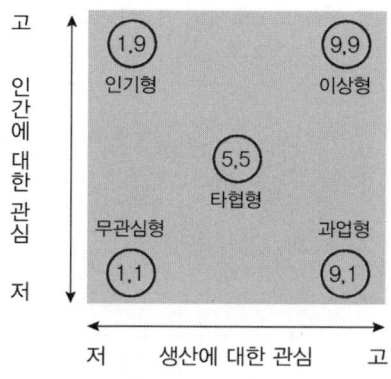

2) 리더의 유형

생산에 대한 관심을 보이는 직무중심적 리더는 생산과업을 중요시하고 생산방법과 절차 등 세부적인 사항에 관심을 가지며, 공식적인 권한에 비교적 많이 의존하면서 부하들을 치밀하게 감독하는 유형의 리더이다. 인간에 대한 관심을 보이는 부하중심적 리더는 부하와의 관계를 중요시하고 부하에게 권한을 위임하며, 지원적 업무환경을 조성하여 부하의 개인적 발전에 관심을 가지는 유형의 리더이다. 관리격자이론의 대표적인 리더 유형은 다음과 같다.

① (1, 1) : 무관심형 리더(impoverished leader)로 생산에 대한 관심과 인간에 대한 관심이 모두 낮은 유형이다. 자신의 직분을 유지하는데 필요한 최소한의 노력만을 투입하는 리더이다.

② (1, 9) : 인기형 리더(country club leader)로 인간에 대한 관심은 매우 높으나 생산에 대한 관심은 매우 낮은 유형이다. 구성원과의 친밀한 분위기를 조성하는데 중점을 두는 리더이다.

③ (9, 1) : 과업형 리더(task leader)로 생산에 대한 관심은 매우 높으나 인간에 대한 관심은 매우 낮은 유형이다. 인간적인 요소보다는 과업수행상의 능력을 최고로 중요시하는 리더이다.

④ (5, 5) : 타협형 리더(middle of the road leader)로 과업의 능률과 인간적 요소를 절충하여 적당한 수준의 성과를 지향하는 리더이다.

⑤ (9, 9) : 이상형(팀형) 리더(team leader)로 구성원들과 조직의 공동목표 및 상호 의존관계를 강조한다. 상호신뢰적이고 상호존중적인 관계에서 구성원들의 몰입을 통해 과업을 달성하는 리더로 가장 성과가 높다.

(5) PM이론

미스미(Misumi)와 피터슨(Peterson)의 PM이론은 리더의 구조주도행동과 배려행동을 각각 성과(performance)와 관계(maintenance)로 간주하고 리더의 유형을 구분하였다. 각각이 높으면 대문자로 표시하고 낮으면 소문자로 표시하여 리더를 PM, Pm, pM, pm으로 구분하였다.

PM이론

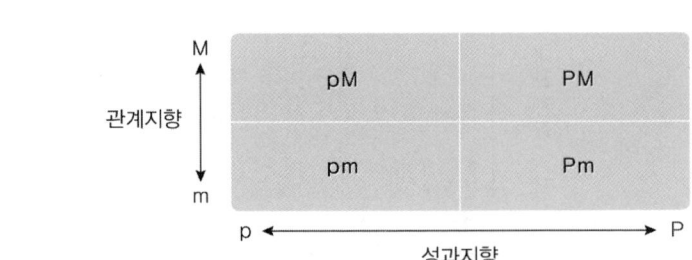

4. 상황이론

(1) 의 의

상황이론이란 리더에게 주어진 상황에서 가장 적합한 리더의 특성, 기능, 행동과 같은 요소에 관심을 둔 이론이다. 따라서 상황이론은 상황이 리더십과 어떻게 연관되며 리더십 과정에서 어느 정도 효과를 나타내는지를 연구하였으며, 여러 상황요소를 고려하고 있어 특성이론과 행동이론 모두를 결합시키는 기틀을 마련하였다.

〈상황이론의 개요〉

연구자	리더의 유형	상황적 요소	
피들러	과업지향적 관계지향적	리더-구성원 관계 과업구조 리더의 직위권력	
하우스	지시적 후원적 참여적 성취지향적	부하의 특성	부하의 능력, 통제위치, 욕구와 동기 등
		과업환경요소	과업의 난이도, 목표의 수준, 리더의 권한, 집단의 성격, 조직요소 등
허시 블랜차드	지시형 → 설득형 → 참여형 → 위임형	부하의 성숙도	

(2) 피들러의 상황적합이론

1) 의 의

피들러(Fiedler)의 상황적합이론은 리더십의 중요상황요소를 토대로 하여 리더십 상황에 적합하고 효과적인 리더십행동을 개념화한 이론이다. 따라서 집단성과는 부하와 상호작용하는 리더의 유형, 상황이 리더에게 주는 영향력, 통제의 범위 간의 적합성에 달려 있다고 본다.

2) 리더의 유형

리더의 유형을 과업지향적 리더와 관계지향적 리더로 구분하였다. 리더의 유형을 측정하는 방법으로는 리더가 자신이 가장 싫어하는 동료들을 대상으로 평가하는 설문지인 LPC 설문지(least preferred coworker questionnaire)를 사용하였다. LPC 점수가 높으면 대인관계를 통해 높은 수준의 만족감을 얻는 성향의 관계지향적인 리더이고, LPC 점수가 낮으면 과업성과에서 보다 높은 수준의 만족감을 얻으려는 과업지향적 리더이다.

3) 상황변수

리더십 상황을 상황의 호의성이라는 관점에서 설명하기 위해 리더-구성원 관계, 과업구조, 리더의 직위권력이라는 변수를 사용하여 총 8가지의 상황을 도출하였다.

① 리더-구성원 관계 : 집단의 분위기와 구성원들의 태도를 의미한다. 리더가 구성원들과 좋은 관계를 유지하는지 나쁜 관계를 유지하는지에 따라 상황이 리더에게 호의적일 수도 있고 그렇지 못할 수도 있다.

② 과업구조 : 과업의 구조화 정도를 의미한다. 과업목표의 명확성, 목표달성과정의 복잡성, 의사결정의 변동성 및 구체성에 따라 리더십 상황이 결정된다. 일반적으로 과업의 구조화 정도가 높으면 리더가 부하의 과업행동을 감독하고 영향력을 행사하는 것이 수월하다.

③ 리더의 직위권력 : 리더가 부하들에 대해 가지는 공식적인 권위의 정도를 의미한다. 리더가 직위권력을 가지고 있을 때에는 리더의 정책 및 통제에 부하가 순응할 수 있도록 보상과 벌을 조정할 수 있다.

4) 상황적합

리더십 상황이 리더에게 호의적이거나 비호의적인 경우에는 과업지향적 리더가 적합하고, 리더십 상황이 리더에게 호의적이지도 않고 비호의적이지도 않은 경우에는 관계지향적 리더가 적합하다.

피들러의 상황적합이론

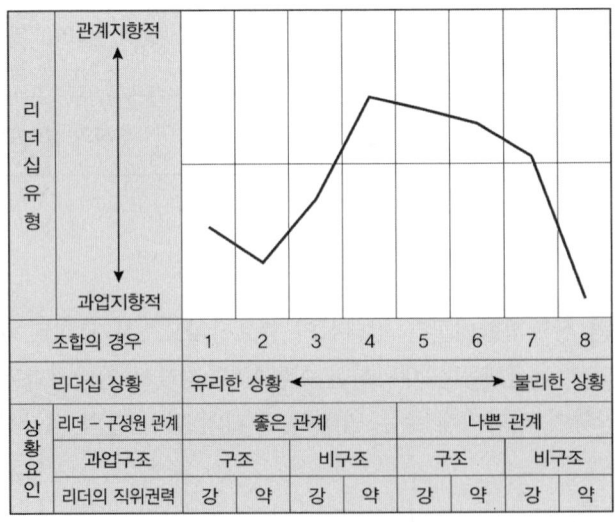

(3) 경로목표이론

1) 의 의

하우스(House)의 경로목표이론(path-goal theory)은 리더의 행동이 부하들의 기대감에 영향을 미치는 정도에 따라 동기가 유발된다는 리더십이론을 말한다. 즉 리더는 부하가 바라는 보상(목표)을 받게 해줄 수 있는 행동(경로)이 무엇인가를 명확히 해줌으로써 성과를 높일 수 있다는 것이다. 따라서 경로목표이론은 동기부여이론 중 브룸(Vroom)의 기대이론에 이론적 기반을 두고 있으며, 다음의 두 가지 핵심사항을 가지고 있다.

① 리더는 부하에게 뚜렷한 목표와 목표를 달성하는 과정과 경로를 제시해 주어야 한다.

② 목표가 달성되어 감에 따라 경로가 변하는데 그 진행에 따라 리더십의 형태도 계속 변해야 한다.

경로목표이론

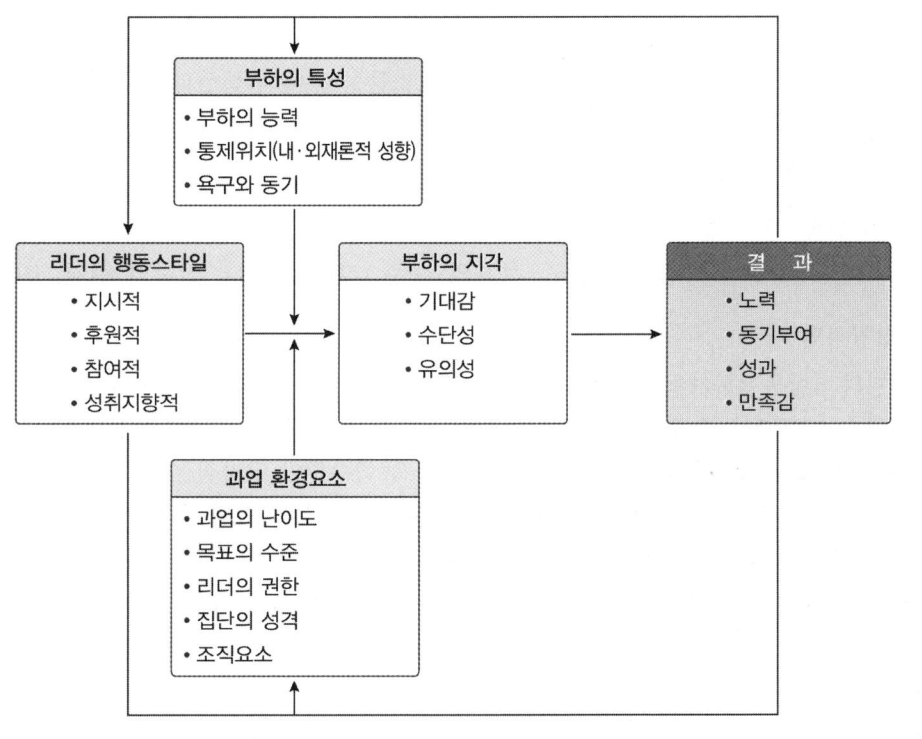

2) 리더의 유형

오하이오 대학의 리더십 연구를 활용하여 리더의 유형을 지시적 리더(instrumental leader), 후원적 리더(supportive leader), 참여적 리더(participative leader), 성취지향적 리더(achievement oriented leader)로 구분하였다.

① **지시적 리더** : 구조주도적 측면을 강조하여 부하들의 과업을 계획하고 구체화하여 그들을 적극적으로 지시 또는 조정해 나가는 리더이다. 도구적 리더십(instrumental leadership)이라고도 하는데, 규정을 마련하여 준수하도록 하고 부과된 작업일정을 수립하든가, 직무를 명확히 해주는 리더이다.

② **후원적 리더** : 배려 측면을 강조하여 온정적이면서 부하들의 욕구와 친밀한 집단분위기에 많은 관심을 보이는 리더이다. 부하들의 욕구와 복지에 관심을 보이고 언제든지 친구처럼 대해 주며, 동지적 관계를 중시하는 리더이다.

③ **참여적 리더** : 집단 중심의 관리를 중요시하고, 부하들과 정보를 공유하여 부하들의 의견을 의사결정에 많이 반영시키는 리더이다.

④ **성취지향적 리더** : 부하들의 의욕적인 성취동기행동을 기대하고, 높은 수준의 목표설정과 의욕적인 목표달성행동을 강조하면서 부하들의 능력을 믿는 리더이다. 도전적 목표를 수립하고 최선을 지향하며 자신의 능력에 자신감을 갖도록 함으로써 부하들이 최고의 성과를 달성할 수 있도록 하는 리더이다.

3) 상황변수

리더십 과정에서 작용하는 중요한 상황적 요소들을 부하의 특성과 과업환경요소로 구분하였다. 부하의 특성은 리더의 태도형성에 많은 영향을 주며 과업환경요소는 리더십 과정에 중요한 영향을 준다.

① **부하의 특성** : 부하의 능력, 통제위치(내·외재론적 성향), 욕구와 동기 등
② **과업환경요소** : 과업의 난이도, 목표의 수준, 리더의 권한, 집단의 성격, 조직요소 등

4) 상황적합

리더의 역할은 부하가 목적지(goal)에 이르도록 경로(path)와 방향을 계속 인도하면서 코치해 주며 도와주는 것이다. 그 과정에서 부하의 특성이 변화하기도 하고 과업환경요소의 변화(과업의 진행단계)에 따라 요구되는 부하의 업무행동과 능력수준이 달라질 수도 있다. 따라서 진행단계별로 리더십 형태도 변화해야 한다는 것이다. 따라서 과업환경요소의 변화(과업의 진행단계)에 따라 리더십 유형이 순차적으로 모두 필요하고, 리더는 매우 융통성이 있기 때문에 네 가지 유형을 상황에 따라 수시로 바꾸어 가며 행사해야만 효율적 리더가 된다. 일반적으로 비구조적인 상황에서는 지시적 리더가 적합하고, 일상적이고 구조적인 과업상황에서는 후원적 리더가 적합하다.

경로목표이론에서의 상황적합

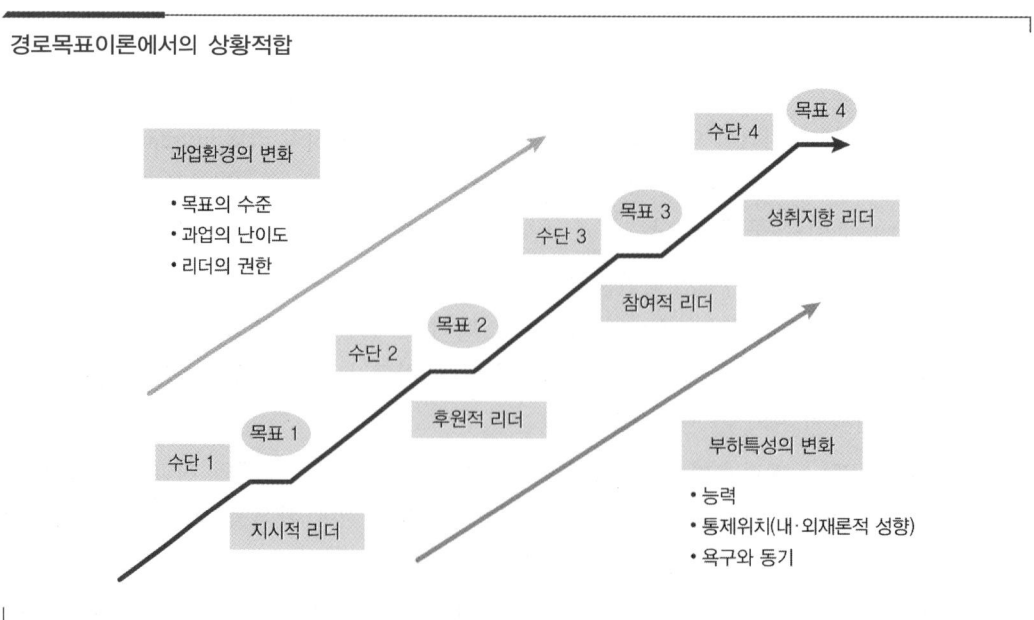

(4) 수명주기이론

1) 의 의

허쉬(Hersey)와 블랜차드(Blanchard)의 수명주기이론은 아지리스(Argyris)의 미성숙-성숙이론과 맥클리랜드(McClelland)의 성취동기이론에서 발전된 이론으로 궁극적으로 리더의 역할은 부하의 성숙도를 높이는 것이라고 설명하고 있다. 효과적인 리더십은 부하의 욕구를 얼마나 잘 충족시키느냐에 달려 있다는 전제 하에 리더와 부하 간의 상호관계를 중시하였다.

수명주기이론

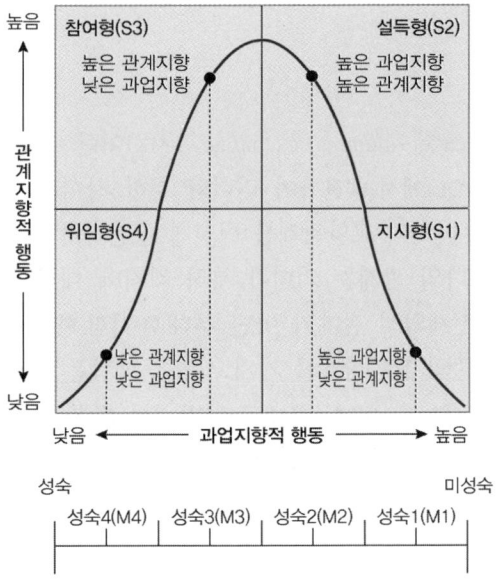

2) 리더의 유형

과업지향적 행동과 관계지향적 행동을 기준으로 리더의 유형을 지시형(directing), 설득형(coaching), 참여형(participating), 위임형(delegating)으로 구분하였다.

① **지시형(S1)** : 과업지향적 행동이 높고 관계지향적 행동이 낮은 리더이다. 지시형 리더는 자세한 지시를 하여 부하의 과업행동을 엄격히 감독한다. 부하가 일할 의욕이 없고 일의 방식을 모르는 경우에 적합하다.

② **설득형(S2)** : 과업지향적 행동이 높고 관계지향적 행동이 높은 리더이다. 설득형 리더는 부하에게 기대하는 것에 대해서 설명하고 질문을 받는다. 부하가 일할 의욕은 있으나 일의 방식을 모르는 경우에 적합하다.

③ **참여형(S3)** : 과업지향적 행동이 낮고 관계지향적 행동이 높은 리더이다. 참여형 리더는 부하와 의견교환을 하며 의사결정에 부하를 참여시킨다. 부하가 일할 의욕은 없으나 일의 방식을 알고 있는 경우에 적합하다.

④ 위임형(S4) : 과업지향적 행동이 낮고 관계지향적 행동이 낮은 리더이다. 위임형 리더는 의사결정과 일을 진행시키는 방법을 부하에게 전부 맡긴다. 부하가 일할 의욕이 있고 일의 방식도 알고 있는 경우에 적합하다.

3) 상황변수와 상황적합

부하의 성숙도26)를 상황변수로 하여 부하의 성숙도가 미성숙에서 성숙으로 발전됨에 따라 적합한 리더의 유형은 지시형, 설득형, 참여형, 위임형의 순서대로 변화한다.

5. 현대적 리더십이론

(1) 리더-부하 교환이론

1) 의 의

리더-부하 교환이론(leader-member exchange, LMX)이란 전통적인 관점인 수직쌍 연결이론(vertical dyad linkage, VDL)에서 발전하여 리더와 부하 사이의 역할형성과정을 통해 시간이 지남에 따라 리더가 부하와의 교환관계를 어떻게 발전시켜 나가는가를 연구한 이론을 말한다. 여기서 리더와 부하의 관계는 리더가 부하 각각에 대하여 개별적인 관계를 형성하기 때문에 리더와 부하 전체와의 관계가 아닌 부하 한 사람 한 사람과의 일대일 관계라고 할 수 있다. 부하와 낮은 수준의 교환관계를 가지고 있을 때에는 리더는 부하가 공식적인 역할요건(의무, 규칙, 표준절차, 리더의 적합한 지시 등)에만 따르도록 하면 된다. 그러나 부하와 높은 수준의 교환관계를 가지는 것은 부하들의 직무몰입, 조직몰입, 리더에 대한 충성도 등을 높여 주기 때문에 정보의 공유, 개인적 지원과 승인, 부하 경력의 촉진 등을 통해 교환관계 수준을 높여 주어야 한다.

2) 내집단과 외집단

리더-부하 교환이론에서는 리더가 자신의 부하와 가지는 교환관계의 유형에 따라 내집단(in-group)과 외집단(out-group)으로 구분하고, 두 집단에 대해 각기 다른 관계를 발전시켜 나간다.

① 내집단 : 부하들은 리더와 높은 수준의 교환관계를 가지기 때문에 조직에 대한 충성심이 매우 높고 리더에게 신뢰를 받는다. 따라서 부하는 리더가 원하는 조직목표에 더 몰입하고 리더의 관리감독 임무까지 도와주려고 할 것이다.

② 외집단 : 부하들은 리더와 낮은 수준의 교환관계를 가지기 때문에 조직에 대한 충성심과 리더의 신뢰가 낮다. 낮은 수준의 교환관계는 경제적·거래적 계약관계의 특징을 가

---

26) 성숙도는 직무상의 성숙도와 심리상의 성숙도로 구성되어 있다. 직무상의 성숙도는 해당 직무를 수행하는 데 필요한 역량(기능 및 지식)을 보유하고 있는 정도를 의미하고, 심리상의 성숙도는 자신감, 몰입의 정도, 일하고자 하는 의지(willingness) 등을 의미한다. 이러한 두 가지 측면을 고려하여 부하의 성숙도를 4단계로 구분하는데, 첫 단계(M1)는 역량과 의지 모두 매우 낮은 단계이고, 두 번째 단계(M2)는 역량은 낮지만 의지가 높은 단계이다. 세 번째 단계(M3)는 역량은 높지만 의지가 낮은 단계이고, 네 번째 단계(M4)는 역량과 의지 모두 높은 단계이다.

지며, 리더와 부하의 상호 영향력이 상대적으로 낮아 리더가 부하에게 미치는 영향력도 약하고 부하도 리더에 대한 충성과 헌신이 약하다.

(2) 카리스마 리더십

카리스마 리더십(charismatic leadership)이란 **리더가 높은 수준의 전문성을 갖추고 있다고 지각하게 함으로써 부하들이 따라오게 하는 리더십**을 말한다. 리더가 이상적 목표를 달성하기 위해 기존의 방식을 과감히 탈피한 방법을 사용하게 되면 부하는 리더가 카리스마적 기질을 가지고 있다고 여기게 된다. 이러한 카리스마 리더십은 자기확신·환경민감성(sensitivity to environment), 이미지관리·욕구민감성(sensitivity to member's needs), 전략적 비전 제시(strategic vision articulation), 솔선수범·개인위험 감수(personal risk), 감정적 호소·비정형적 행동(unconventional behavior)의 다섯 가지 행동요인들로 구성된다.

(3) 변혁적 리더십

변혁적 리더십(transformational leadership)이란 **리더가 업무에 대한 새로운 시각을 제시하여 부하들의 행동에 변화를 일으키는 리더십**을 말한다. 따라서 변혁적 리더십은 리더가 부하들의 사기를 진작시키기 위해 미래의 비전과 공동체적 사명감을 강조하고 이를 통해 조직의 장기적인 목표를 달성하는 것이 핵심이기 때문에 단기적인 성과를 강조하고 보상으로 부하의 동기를 유발하려는 거래적 리더십과는 차이가 있다. 여기서 **거래적 리더십**(transactional leadership)은 전통적 리더십이론들의 통칭으로 사용되는 용어로서 리더가 상황에 따른 보상에 기초하여 부하들에게 영향력을 행사하는 과정으로 정의할 수 있으며, 조건적 보상[27]과 예외에 의한 관리(management by exception)[28]가 대표적인 구성요소가 된다. **변혁적 리더십의 구성요소는 카리스마, 개별적 배려, 지적 자극, 영감적 동기 등이 있다.**

① 카리스마(charisma) : 부하들에게 비전과 사명감을 부여하고, 자긍심을 고양하며, 부하들로부터 존경과 신뢰를 획득한다. 즉 부하의 관계에서 상호 윈-윈(win-win)하는 권한관계를 형성하여 조직 내 자신뿐만 아니라 부하의 업무에 대한 권한의 양도 증가시켜 주게 된다. 이러한 리더의 모습은 부하들에게 심리적 편안함을 제공하고 모든 부하들의 미래 모델상이며 마음 속에 성공의 상징으로 여겨지게 된다.

② 개별적 배려(individualized consideration) : 부하들의 개인문제에도 관심을 갖는 등 개별적으로 배려한다. 즉 부하들을 모두 획일적인 기준으로 생각하는 것이 아니라 개인 한 사람 한사람의 감정과 관심 그리고 욕구에 대해 존중함으로써 부하들을 동기유발 시키는

---

27) 조건적 보상은 일정한 조건이 충족되면 보상을 지급하는 것이다. 여기서 보상은 긍정적 보상과 부정적 보상으로 나눌 수 있는데, 긍정적 보상은 급여인상, 직위향상, 독려 등이고 부정적 보상은 합의된 표준 이하의 성과가 얻어질 때 가해지는 부정적 피드백, 벌금, 무급정직, 지원의 중단 등이다.

28) 예외에 의한 관리는 문제(예외)가 발생하면 그 문제(예외)를 해결하기 위한 조치를 내리거나 단편적 처방을 시행하는 것이다. 반응적 관리라고도 한다. 또한, 예외에 의한 관리는 평소에는 리더가 부하에 대해서 크게 관심을 가지지 않기 때문에 자유방임도 거래적 리더십의 구성요소로 볼 수 있다.

것이다. 이러한 리더는 종업원 개개인들이 가지고 있는 특성이나 상이한 점을 항상 파악하고 있으며, 세심한 주의를 기울이는 특성이 있다.

③ **지적 자극(intellectual stimulation)** : 지능, 합리성, 신중한 문제해결을 촉진한다. 즉 과거의 구태의연한 사고방식과 업무관습에서 벗어나 항상 새로운 업무방식으로 부하들을 동기유발 시키는 것이다.

④ **영감적 동기(inspiration motivation)** : 높은 기대를 전달하고, 노력을 촉진시키기 위한 상징을 활용하며, 중요한 목적을 간단명료하게 표현하는 것이다.

〈거래적 리더십과 변혁적 리더십〉

속 성	거래적 리더십	변혁적 리더십
목표달성	현재상태와 비슷한 수준의 목표를 설정하여 현재상태를 유지	현재상태보다 높은 수준의 목표를 설정하여 현재상태를 변화
시 각	단기적 전망	장기적 전망
초 점	하위 경영자	최고 경영자
문제해결	반응적 관리(사후 해결)	선행적 관리(사전 예방)

(4) 서번트 리더십

서번트 리더십(servant leadership)이란 타인을 위한 봉사에 초점을 두고, 부하와 고객을 우선으로 그들의 욕구를 만족시키기 위해 헌신하는 리더십을 말한다. 즉 인간존중을 바탕으로 부하들이 잠재력을 발휘할 수 있도록 앞에서 이끌어주는 리더십이라 할 수 있으며, 그린리프(Greenleaf)가 정립한 리더십이다.

(5) 임파워링 리더십과 수퍼리더십

임파워링 리더십(empowering leadership)이란 부하에게 권한을 위임하고 책임을 부여함으로써 그들이 각자의 직무에 대해 주인의식과 통제감을 경험하도록 하는 리더십을 말한다. 이러한 임파워링 리더십은 일반적으로 수퍼리더십으로 발전하는데, 수퍼리더십(super leadership)이란 지시와 통제에 의해서가 아니라 부하가 자발적으로 리더십을 발휘하도록 여건을 조성하는 리더십을 의미한다. 즉 부하를 셀프리더(self leader)로 만들어 주는 리더십으로 부하의 주체적 존재를 인정하고 그 역량발휘를 지원하는 리더십이다.

(6) 윤리적 리더십과 진정성 리더십

1) 윤리적 리더십

윤리적 리더십(ethical leadership)이란 리더가 도덕성을 갖추어야 한다거나 기업이 사회적 책임을 다해야 한다는 리더십을 말한다. 윤리적 리더십은 최근 들어 리더십에 윤리성(ethics)을 추가해야 한다는 주장이 대두되면서 등장한 개념으로 기업윤리나 기업의 사회적 책임이 강조되고 있는 사회분위기와 무관하지 않다.

2) 진정성 리더십

진정성 리더십(authentic leadership)이란 평소에 자신이 가지고 있는 핵심가치, 정체성, 감정 등에서 벗어나지 않고 이를 근거로 하여 타인과 상호작용하는 리더십을 말한다. 여기서 진성성은 순수하고, 투명하고, 믿을 수 있고, 가치 있고, 가식이 없으며 무엇보다도 진실한 것이다. 진정성 리더십은 개인차원의 긍정심리자본(자기효능감, 희망, 낙관주의, 복원력)과 조직차원의 긍정적 조직맥락(참여적 조직문화 등)으로부터 자아인식이 형성되고 이것이 리더의 자기규제적 행동[29]으로 이어진 결과로 나타난다. 진정성 리더십에서 주목할 만한 사실은 이러한 리더십을 발휘하는 리더의 특성이 주어진 것이라기보다는 개발가능하다는 것이다.

(7) 리더십 귀속이론

리더십 귀속이론(attribution theory of leadership)은 리더가 가진 특성이 중요하기는 하지만 그러한 특성들이 바로 리더십 유형으로 나타나는 것이 아니라 부하들이 그것을 어떻게 지각했는지에 따라 리더십 유형이 결정된다는 이론이다. 즉 리더의 독재행동, 배려행동, 과업중심행동 등의 모든 행동은 부하에게 그대로 인식되는 것이 아니라 부하가 리더행동의 원인을 어디에 귀속시키느냐에 따라서 리더십 유형이 결정된다는 것이다. 따라서 리더의 행동 자체가 아닌 리더에 대한 부하의 인식 또는 이미지가 리더십 유형으로 판단되게 되어 극단적으로 리더십 유형은 리더가 결정하는 것이 아니라 부하가 결정하는 꼴이 되고 만다. 그렇다면 리더가 아무리 좋은 리더십행동을 하더라도 부하가 귀속을 나쁘게 하여 나쁜 리더십으로 인식하면 그만이다. 이런 의미에서 리더십 귀속이론은 리더십 이미지이론과 일맥상통한다. 리더에 대한 부하의 이미지는 리더의 행동에 의해 형성되기보다 부하가 예측하는 대로(귀속하는 대로) 형성된다. 즉 좋은 리더십을 발휘했지만 외부환경 때문에 조직이 잘못되면 리더에 대한 이미지는 손상된다.

---

[29] 자기규제적 행동이란 자신의 행동을 자아개념과 일치시키려는 노력을 말한다. 계산적으로 기대되는 보상에 의해서라기보다 자신의 가치와 정체성에 일치되는 행동을 하는 것이다.

조직수준에서의 행동

제1절 조직설계

1. 의 의

(1) 개 념

조직설계란 조직의 목표를 달성하기 위하여 조직이 처한 내·외적인 상황에 적합한 조직의 구조를 갖추는 것을 의미한다. 조직설계는 여러 부서 간의 상호협력체계의 구축을 통해 이루어지며 조직의 틀(frame)을 형성해 가는 과정이다. 조직설계의 기본변수로는 복잡성, 공식화, 집권화/분권화 등이 있다.

1) 복잡성

복잡성(complexity)이란 과업의 분화정도에 관한 것으로 과업을 분할하고 통합시키는 정도를 의미한다. 조직을 효과적으로 통제하고 조정하기 위해서는 경영자의 통제권한이 미치는 범위의 조정과 업무프로세스가 원활하게 이루어져야 한다. 복잡성은 이런 시스템이 잘 작동될 수 있도록 과업을 조합하고 배치함을 의미한다.

2) 공식화

공식화(formalization)란 조직 내의 직무가 표준화되어 있는 정도로 정책, 규칙 및 절차가 명문화된 형태로 존재하는 정도를 의미한다. 공식화가 높은 조직일수록 정해진 규칙에 따라 업무를 수행하기 때문에 업무가 표준화되는 장점이 있지만, 자율성이 떨어지고 상관의 업무지시에 의해서만 업무를 수행해야 하는 문제점이 있다. 공식화가 낮은 조직은 정해진 규칙이 없거나 무의미하기 때문에 개인의 자율적인 업무수행이 가능하지만, 단순하고 반복적인 업무와 같은 경우에는 오히려 효율성이 떨어질 수 있다.

3) 집권화와 분권화

집권화(centralization)와 분권화(decentralization)란 조직계층 내의 의사결정권이 어디에 존재하느냐에 관한 것을 의미한다. 이는 의사결정권의 배분 정도를 의미하게 되는데, 집권화는 의사결정권이 조직 내의 한 지점에 집중되어 있는 정도를 나타내는 것을 의미하고, 분권화는 권한위양이 이루어진 상태를 의미한다. 조직의 규모가 확대되면 조직의 업무는 복잡하게 되고 이러한 복잡성은 전문화를 필요로 하면서 점차 분권화가 촉진되게 된다. 따라서 집권화와 복잡성 사이에는 역의 관계가 존재한다.

(2) 조직구조의 분화

조직구조의 분화(differentiation)란 조직 내에서 업무 또는 직급이 나누어진 정도를 의미한다. 분화는 수평적 분화와 수직적 분화로 구분할 수 있다.

1) 수평적 분화

수평적 분화란 조직이 수평적으로 몇 개의 업무단위로 나누어져 있는가를 의미한다. 수평적 분화는 조직 내에서 분업이 이루어진 정도를 나타내며, 조직 내에서 기능이 많이 필요할수록 수평적 분화의 수준이 높아진다.

2) 수직적 분화

수직적 분화란 조직의 계층구조가 몇 개의 직급으로 나누어져 있는가를 의미한다. 수직적 분화의 정도는 한 사람이 통제할 수 있는 인원수를 의미하는 통제의 범위(span of control)에 의해 영향을 받는데, 수직적 분화의 수준이 높아질수록 통제의 범위는 감소하게 된다.

2. 조직이론

(1) 민쯔버그의 조직설계

민쯔버그(Minzberg)는 조직구조를 조직의 어느 부분이 강조되느냐에 따라 기술지원부문(기계적 관료제), 일반지원부문(애드호크라시), 전략경영부문(단순구조), 중간관리부문(사업부제), 생산핵심부문(전문적 관료제)으로 구분하였다.

민쯔버그의 조직구조

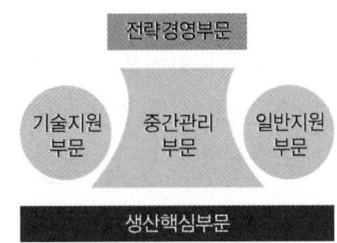

조직부문	조직유형	특성	예
기술지원부문	기계적 관료제	수직적 집권화와 제한된 수평적 분권화	자동차 조립공장, 철강회사 등
일반지원부문	애드호크라시	선택적 분권화	프로젝트 조직, 팀제 등
전략경영부문	단순구조	집권화된 유기적 조직	수퍼마켓, 소규모 서비스업 등
중간관리부문	사업부제	제한된 수직적 분권화	제품별·시장별 사업부 등
생산핵심부문	전문적 관료제	수평·수직적 분권화	병원, 대학 등

1) 기술지원부문

기술지원부문은 과업의 흐름을 통제하고 계획 또는 기획을 담당하는 부문으로 기술전문가로 구성된다. 기술지원부문은 기계적 관료제의 형태를 보이고 있으며, 생산공장이나 우체국과 같은 단순반복적이고 수직적인 업무가 분담된 조직에 적합한 조직유형이다.

2) 일반지원부문

일반지원부문은 연구개발, 법률자문, 급여담당, 홍보 등 기본적 과업흐름 이외에 발생하는 조직문제에 대해 지원기능을 맡은 전문가로 구성된다. 일반지원부문은 애드호크라시(adhocracy)의 형태를 보이고 있으며, 프로젝트 조직과 같이 과업에 따라 선택적으로 조직을 구성해 운영하는 조직유형이다.

3) 전략경영부문

전략경영부문은 조직 외부와의 연결담당 역할과 전체 조직의 목표달성 관점에서 조직관리와 전략계획을 수립하는 부문으로 최고경영층이 중심이 된다. 전략경영부문은 단순구조의 형태를 보이고 있으며, 소규모 업종의 형태를 지닌 조직에 적합한 조직유형이다.

4) 중간관리부문

중간관리부문은 조직의 중간경영층이 핵심적인 역할을 하는 부문을 말한다. 중간관리부문은 사업부제의 형태를 보이고 있으며, 제품별이나 시장별로 구분된 다수의 사업부를 가지고 있는 조직에 적합한 조직유형이다.

5) 생산핵심부문

생산핵심부문은 조직목표에 직결되는 업무를 담당하는 실무 작업자들이 있는 부문을 말한다. 여기에는 재화와 서비스를 생산하는 기본과업을 수행하는 부문들도 포함된다. 생산핵심부문은 전문적 관료제의 형태를 보이고 있으며, 병원이나 대학과 같은 담당분야의 전문가에 의해 운영되는 조직에서 강조되는 조직유형이다.

(2) 조직수명주기이론

조직수명주기이론이란 조직의 설립부터 성장, 성숙, 쇠퇴 및 소멸의 과정을 설명한 이론을 말한다. 퀸과 카메론(Quinn & Cameron)은 조직의 수명주기를 창업단계(entrepreneurial stage), 공동체단계(collectivity stage), 공식화단계(formalization stage), 정교화단계(elaboration stage)로 구분하고 각 단계별 특징을 규명함으로써 조직의 성장과정에 따른 조직설계의 방향을 제시하였다.

① 창업단계 : 새로운 조직이 설립되는 단계로 해당 산업에서의 생존을 가장 중요시하는 단계이다. 이 단계에서는 소유와 경영이 일치되어 있는 단계이기 때문에 소유경영자가 모든 노력을 제품개발과 마케팅활동에 집중하며, 조직의 규모가 소규모이고 비공식적으로 운영된다. 창업단계의 후반부에는 조직의 성장을 위해 관리지향적이고 강력한 리더십이 요구된다.

② 공동체단계 : 전문경영자가 조직 내에 유입되어 강력한 리더십을 발휘하여 조직의 관리체계가 명확해지는 단계이다. 조직구성원들은 조직의 성공과 사명을 달성하는데 몰입하여 조직은 급속도로 성장하고, 조직구성원을 강력하게 통제하기 때문에 의사결정은 보다 집권적이다. 공식화나 표준화된 규칙과 절차가 많아지고 구성원들의 통제와 감시가 많아지기 때문에 자율성은 오히려 낮아진다.

③ 공식화단계 : 최고경영자가 의사결정권한을 하부로 위임함과 동시에 보다 정교한 통제를 바탕으로 조직의 안정과 내부효율성을 추구하는 단계이다. 경영자는 전략과 기업전반에 관련된 문제만 다루기 시작하고 세부적인 문제에 관한 의사결정은 하위경영층에 위임한다.

④ 정교화단계 : 사업부제 조직이나 매트릭스 조직과 같은 정교한 구조로 조직을 재설계하여 조직의 유연성을 제고하는 단계이다. 이 단계에서는 관료제를 통한 성장은 이미 한계에 다다르게 되고, 조직구성원은 전반적으로 자율성을 원하며 가급적이면 공식적인 통제를 회피하려고 한다. 따라서 조직에서의 공식적인 시스템이 단순화되고 수평적 조정관계, 구조의 유연성, 분권화 등을 강조하게 되며, 이로 인해 응집된 조직문화가 조직 내에서 중요한 관리요소로 등장하게 되면서 결국 관료주의적 특성을 보완하고 완화할 수 있는 인적 관계와 팀 육성에 강조점을 두게 된다.

(3) 거시조직이론

① 조직군생태학이론 : 비교적 동질적인 조직들의 집합인 조직군의 생성과 소멸과정에 초점을 두고, 적자생존(survival of the fittest)의 원리를 강조하여 조직구조는 환경과의 적합도 수준에 따라 도태되거나 선택된다는 이론을 말한다. 이 이론은 조직환경의 절대성을 강조하고 생물학의 자연도태이론(natural selection theory)을 적용해 분석수준을 개별조직에서 조직군으로 바꾸어 놓게 되는데, 조직군(population)이란 특정 환경 속에서 생존을 유지하는 유사한 조직구조를 갖는 조직들을 말한다. 조직군의 형태와 그 존재 및 소멸 이유를 외부환경의 선택이라는 관점에서 설명하고자 하는 조직군생태학이론은 조직구조에 일단 변이(variation)가 발생하면, 환경과의 적합도 수준에 따라 환경적소로부터 도태되거나 선택(selection)되며, 그 환경 속에서 제도화되어 보존(retention)된다고 설명한다. 즉 조직군의 변화과정은 변이, 선택, 보존의 순서대로 이루어진다.

② 제도화이론 : 조직이 다른 조직과의 구조적인 유사성(제도적 동형화)을 통하여 생존을 모색한다는 이론이다. 이런 점에서 조직군생태학이론이 적자생존(survival of the fittest)의 원리를 강조한다면 제도화이론은 유자생존(survival of the similar)의 원리를 강조한다.

③ 자원의존이론 : 조직이 일방적으로 적응해야 한다는 상황적합이론을 부정하고 환경을 자원과 불확실성의 원천으로 개념화하여 조직이 당면한 환경불확실성을 극복하기 위해 적절한 의사결정을 통해서 필요한 자원을 획득하여야 한다는 이론이다. 자원의존이론은 조직과 환경과의 상호관계를 강조하고 있지만 그렇다고 해서 환경이 조직의 모든 것을 결정한다는 환경결정론을 따르는 것은 아니다. 오히려 조직의 존속과 발전을 위해 환경의 영향력을 인정함과 동시에 조직

도 스스로의 생존력을 높이기 위해 환경을 조작할 수 있다는 점을 강조한다. 즉 조직의 능동성 및 자율성을 부각하면서 조직과 환경 사이의 관계에서 조직이 환경에 적응하여 능동적으로 전략을 세우고 결정한다는 점을 강조한다. 또한, 자원의존이론은 조직생존의 핵심요인이 자원을 획득하고 유지할 수 있는 능력이며, 이러한 자원은 외부환경으로부터 획득되므로 환경에 의존해야 하며 환경과의 거래가 필요하다고 한다. 즉 조직은 생존을 위해서 환경과의 거래가 필수적이며 이에 따라 환경의 여러 요인과 상호의존적인 관계를 맺어야 한다는 것이다.

제2절 │ 조직문화와 조직개발

1. 조직문화

(1) 의 의

조직문화(organizational culture)란 조직구성원들이 공유하고 있으며 조직구성원들의 행동과 전체 조직행동에 기본전제로 작용하고 있는 조직의 가치관, 규범, 관습, 행동유형 등을 포함하는 종합적인 개념이다. 조직문화는 조직구성원과 조직의 행동에 영향을 줄 뿐만 아니라 조직에 대한 소속감과 직무몰입의 정도를 보여 준다. 일반적으로 조직문화는 다음과 같은 특징(순기능/역기능)을 가진다.

① **정체성** : 조직문화는 조직구성원들이 조직에 소속되어 있다는 정체성을 느끼게 해준다. 또한, 조직내부에서 구성원들이 공유하는 가치관을 통해 조직에 대한 애착이 높아진다.

② **행동지침** : 조직문화는 조직구성원들의 행동이나 사고방식을 바람직한 방향으로 이끌어 준다.

③ **변화에 대한 저항** : 조직문화는 조직구성원들에게 조직의 틀에서 벗어나는 행동을 허용하지 않는다. 따라서 창조적인 사고나 환경의 변화에 유연하게 대처하지 못하고 다양한 조직구성원들의 가치와 스타일을 수용하지 못할 수 있다.

④ **획일성** : 창조적인 신입사원이 들어왔을 때 그가 조직문화와는 다른 특성을 가지고 있다면 적응하기도 어려울 것이며 그가 가진 장점은 숨겨진다. 그뿐 아니라 창조와 변화의 시대에는 새로운 도전과 갈등 속에서 창의적 아이디어가 속출해야 하는데, 강한 문화가 모든 사람에게 똑같이 침투되어 있다면 다양한 아이디어가 나올 수 없다.

(2) 구성요소

1) 샤인의 견해

샤인(Schein)은 조직문화에 대한 조직구성원의 일반적인 의식수준을 중심으로 조직문화의 구성요소를 제시하고 있다. 조직문화를 조직 전체의 행동에서 나타나는 거시적인 행동으로 간주할 때 조직문화는 가시적 수준, 인식적 수준, 잠재적 수준의 세 가지 수준에서 의식체계가 작용하는 것이다. 그리고 각 조직문화의 수준에 따라 조직문화는 가공물과 창조물(artifacts & creations), 가치(value), 기본전제(basic assumptions)의 구성요소를 가진다.

① **가공물과 창조물** : 기술, 예술적 작품, 행동패턴과 같이 표면적으로 나타나고 눈으로 볼 수 있는 물질적, 상징적, 행동적 인공창조물을 의미한다. 조직에 대한 전반적인 인상과 이미지 등 외적인 문화특성에 직접적인 영향을 준다.

② **가 치** : 조직구성원들이 일반적으로 인식하고 있는 행동의 지침이다. 조직구성원들이 소중히 여기고 그들의 의식적인 행동지침으로 작용하는 요소들이다.

③ **기본전제** : 가치와 밀접한 관계에 있는 개념으로 조직구성원들이 인식하고 있지 않는 선의식적 가치관(preconscious value)을 의미한다. 기본전제는 조직구성원들이 자연스럽게 자신의 행동지침으로 받아들인다.

2) 7S 모형

파스칼과 피터스(Pascale & Peters)는 조직문화의 구성요소로 7S를 강조하며 조직문화는 공유가치가 가장 중요한 역할을 한다고 주장하였다. 7S는 80년대 일본기업들의 특유한 조직관행을 대상으로 연구하였기 때문에 기업문화를 이해하는 데 있어 가장 실질적인 도움을 주는 이론이라고 할 수 있다. 조직문화의 7가지 구성요소들은 밀접한 관련성과 상호의존성 하에서 전체적으로 기업의 독특한 특성을 나타내면서 조직문화를 형성한다. 이들 요소 간의 상호연결성과 상호의존성이 높을수록 강하고 뚜렷한 조직문화가 형성되고, 상호연결성과 상호의존성이 결여될수록 약하고 애매한 조직문화가 형성된다. 따라서 우수한 조직문화의 개발은 이들 요소를 바람직한 방향으로 개발함으로써 이루어질 수 있다.

7S 모형

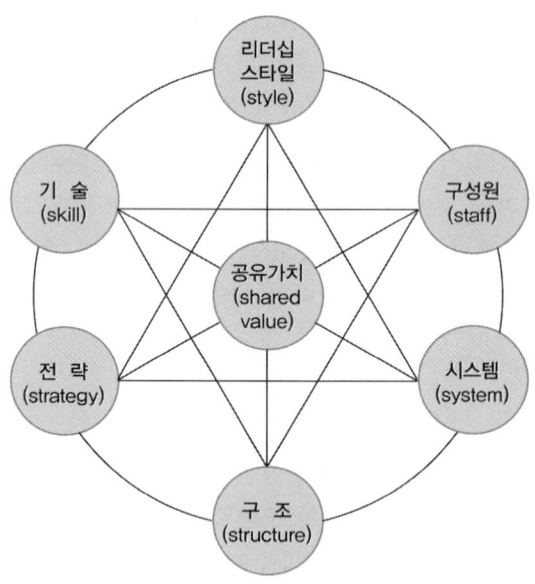

① **공유가치** : 조직구성원들이 공동으로 가지고 있는 가치관이다. 이념, 전통가치, 기본목적 등을 포함한다. 공유가치는 다른 조직문화의 구성요소에 지배적인 영향을 줌으로써 기업문화 형성에 가장 중요한 위치를 차지하고 있다.

② **전 략** : 조직의 방향과 조직의 기본성격을 지배하는 요소로 조직의 목적달성을 위한 조직의 장기계획과 조직의 자원배분형태를 포함한다.

③ **구 조** : 조직의 전략수행에 필요한 틀이다. 직무설계, 권한관계, 규정 등을 포함한다.

④ 시스템 : 조직경영의 의사결정과 일상운영과 관련된 모든 제도이다. 주어진 조직구조 하에서 조직목적과 전략을 실제로 달성하는데 적용되는 의사소통제도, 의사결정제도, 경영정보시스템, 보상제도 등과 같은 모든 제도와 시스템을 포함한다.

⑤ 구성원 : 조직의 인력구성이다. 구성원들의 능력, 전문성, 신념, 욕구와 동기, 지각, 태도, 행동패턴 등을 포함한다.

⑥ 기 술 : 조직구성원들이 지니고 있고 조직운영에 실제로 적용하고 있는 방법이다. 동기부여, 강화, 통제, 통합 및 조정, 갈등관리, 변화관리 등을 포함한다.

⑦ 스타일 : 조직구성원의 행동방향과 행동패턴을 포함한 리더십 스타일이다. 구성원들의 행동조성은 물론 구성원들 간의 상호관계와 조직분위기에 직접적인 영향을 주는 중요요소이다.

(3) 유 형

① 딜(Deal)과 케네디(Kennedy)의 조직문화유형 : 기업활동과 관련된 위험의 정도와 의사결정 전략의 성공여부에 관한 피드백의 속도라는 두 가지 차원에서 조직문화를 4가지로 분류하였다.

〈딜(Deal)과 케네디(Kennedy)의 조직문화유형〉

위 험 \ 피드백의 속도	빠 름	느 림
높 음	거친 남성문화	사운을 거는 문화
낮 음	일 잘하고 잘 노는 문화	과정문화

② 해리슨(Harrison)의 조직문화유형 : 조직구조의 중요한 두 변수인 공식화와 집권화의 2가지 차원에 의해서 조직문화를 관료조직문화, 권력조직문화, 행렬조직문화, 핵화조직문화의 4가지 유형으로 구분하였다.

〈해리슨(Harrison)의 조직문화유형〉

공식화 \ 집권화	높 음	낮 음
높 음	관료조직문화	행렬조직문화
낮 음	권력조직문화	핵화조직문화

③ 퀸(Quinn)의 조직문화유형 : 조직유효성에서 제시된 경쟁가치모형에 의거한 조직문화모형을 제시하였다. 즉 유연성(분권화와 분화를 강조)/통제성(집권화와 통합을 강조)과 내부지향성/외부지향성의 2가지 차원에 의해서 조직문화를 집단문화, 발전문화, 위계문화, 합리문화의 4가지 유형으로 구분하였다.

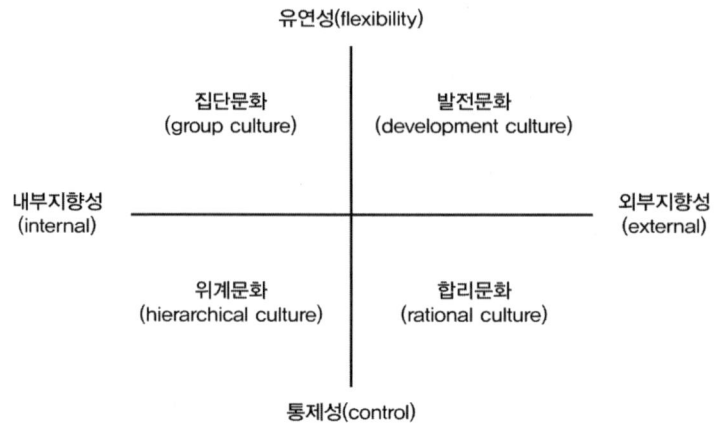

퀸(Quinn)의 조직문화유형

④ 홉스테드(Hofstede)의 국가별 조직문화 비교 : 조직구성원들의 기본가치와 행동경향에 대한 연구를 위해 50개국의 기업체 구성원 116,000명을 대상으로 한 설문조사를 통해 직무와 관련된 가치관과 행동경향에 대한 자료를 수집하여 국가별로 조직구성원들의 문화가치적 특성을 비교하였다. 그는 개인-집단 중심성(individualism-collectivism), 권력 중심성(power distance), 불확실성 회피성(uncertainty avoidance), 남성-여성 중심성(masculinity-femininity), 유교적 역동성(Confucian dynamism, 장기-단기 지향성)과 같은 다섯 가지의 가치와 행동 측면을 대상으로 세계 각국의 사회문화특성과 조직문화를 비교하였다.

⑤ 홀(Hall)의 조직문화 : 고맥락 문화는 말보다는 말을 하는 맥락 또는 상황을 중요하게 여겨 상대방의 뜻을 미루어 짐작해야 할 필요성이 큰 문화이고, 저맥락 문화는 생각을 말그대로 표현하기 때문에 맥락 또는 상황이 덜 중요한 문화이다. 일반적으로 동양권의 문화가 고맥락 문화에 해당하고, 서양권의 문화가 저맥락 문화에 해당한다.

(4) 조직문화이론

1) Z조직이론

오우치(Ouchi)는 Z조직이론을 통해 미국식 경영방식(A type)에 일본식 조직문화(J type)를 접목하여 둘의 장점을 모두 가진 기업조직(Z조직)을 제시하였다. Z조직이론은 상호신뢰와 협력을 주축으로 한 집단적 경영(collective enterprise)이다.

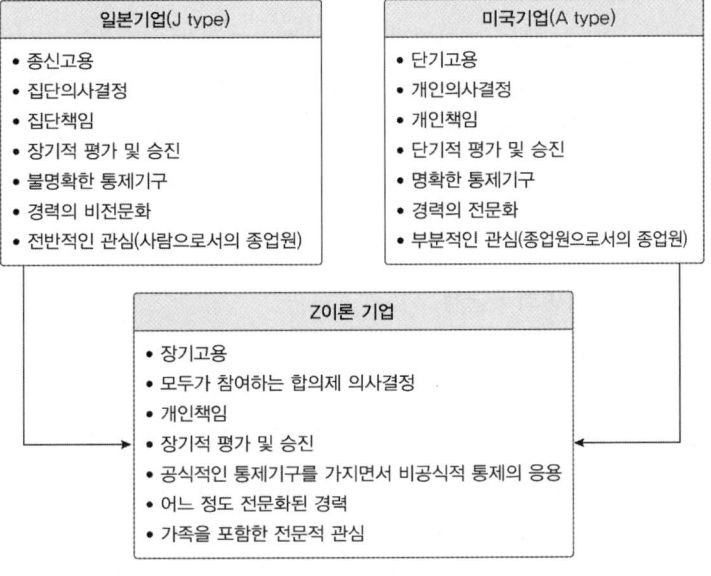

Z조직이론

2) 시스템 4 이론

리커트(Likert)에 의하면 조직분위기와 성과는 매우 밀접한 관련을 가지고 있기 때문에 조직분위기를 결정하는 경영과정을 통해 조직의 성과를 향상시킬 수 있다. 따라서 시스템 유형이 시스템 4형의 경향을 보일수록 유기적이고 개방적인 조직분위기로 인해 높은 성과가 나타나지만, 시스템 유형이 시스템 1형의 경향을 보일수록 강압적인 조직분위기로 인해 낮은 성과가 나타난다.

① **시스템 1형(authoritarian-exploitative)** : 전제적-착취적 시스템으로 상하 간의 불신적 관계 하에 집권적 권한, 통제적 경영관리, 상부의 지시에 의한 관리가 특징이다.

② **시스템 2형(authoritarian-benevolent)** : 전제적-온정적 시스템으로 상하관계에 입각하여 의사결정이 집권적이고 경영관리의 통제정도가 크며 하위계층의 의사결정참여가 극히 제한되어 있는 것이 특징이다. 상사와 부하와의 상호관계에서 상사는 큰 은혜라도 베푸는 것과 같은 태도를 보이고 부하는 상사에 대한 공포와 경계심을 보인다.

③ **시스템 3형(consultative)** : 조언적 시스템으로 상하 간의 신뢰적 분위기가 어느 정도 성립되고 하위계층에 권한위양이 제한된 범위에서 이루어짐에 따라 조직구성원의 의사결정참여가 허용되고 공식조직과 비공식조직 간의 통합이 생겨나는 것이 특징이다.

④ **시스템 4형(participative)** : 참여적 시스템으로 상하 간의 신뢰적 분위기 속에서 의사결정과 통제과정이 조직의 각 계층에 분산되어 있고 공식조직과 비공식조직 간의 통합이 비교적 완전히 이루어져 있는 것이 특징이다.

2. 조직개발

(1) 의 의

조직개발(organizational development)이란 환경변화에 따른 조직의 적응능력을 기르기 위한 조직의 변화와 구성원의 행동개선을 의미한다. 즉 조직개발은 조직이 행동과학기법을 사용하여 조직문화, 조직구조, 조직유연성 등의 변화를 추구하기 위한 지속적이고 계획적인 조직변화의 과정이다. 조직개발의 최종적인 목표는 조직의 성과와 구성원의 만족도를 향상시키는 것이다.

(2) 조직변화

1) 코터(Kotter)의 조직변화 8단계

① 위기감(긴박감) 조성(1단계) : 조직이 처해 있는 시장상황이나 경쟁상황의 파악을 통해 잠재되어 있거나 이미 발생한 위기나 기회 등에 대해서 인식하고 토론하면서 조직 내에 위기감(긴박감)을 조성한다. 이를 위해서 개인이나 집단은 발생가능한 상황에 대해서 솔직하게 토론할 수 있는 여건이 마련되어야 하는데, 그렇지 못하여 위기감(긴박감)을 조성하지 못하게 되면 변화과정은 성공할 수 없다. 즉 조직변화를 구성원들이 단순히 변화의 필요성을 인식하는 데에서 그치지 않고 변화 없이는 살아남을 수 없다는 극심한 위기감(긴박감)을 가질 때, 비로소 변화에 대한 적극적인 태도가 형성될 수 있다.

② 강력한 변화추진팀(주도세력) 구축(2단계) : 위기감(긴박감)이 조성되면 조직변화를 추진할 강력한 변화추진팀(guiding coalition)을 구축하여야 한다. 이를 위해서 최고경영자로부터의 적극적인 지원 이상의 강력한 내부결집이 필요하며, 성공적인 변화추진팀은 처음에는 소규모로 구성되지만, 조직변화가 본격적으로 진전되기 전까지는 규모를 확대해 나가게 되고 변화추진팀의 핵심은 항상 최고경영자가 되어야 한다. 만약, 강력한 변화추진팀을 구축하지 못하게 되면 단기적인 성과는 가능할지 모르지만 변화에 대한 저항세력의 결집이 발생하여 조직변화는 바로 중단되게 된다.

③ 비전과 변화전략의 개발(3단계) : 비전(vision)은 경영혁신의 궁극적인 목표와 그 당위성을 위하여 구성원들이 희생까지 해야 할 이유를 명백히 함으로써 그들의 동기를 자극한다. 따라서 강력한 변화추진팀이 구축되면 변화추진팀은 고객, 주주, 구성원 등 모든 이해관계자들에게 쉽게 전달할 수 있고 호소력이 있는 비전과 변화전략을 개발하여야 한다. 그러나 수립된 비전과 변화전략이 너무 복잡하고 명확하지 않거나 현실적이지 못한 경우에는 이해관계자들의 동의를 구할 수 없기 때문에 조직변화를 위한 노력이 조직을 잘못된 방향으로 유도할 수 있다.

④ 비전 전파와 지속적인 의사소통(4단계) : 비전과 변화전략이 수립되면 해당 내용을 이해관계자들에게 가능한 모든 수단을 동원하여 전달하여야 한다. 조직변화는 이해관계자들이 어느 정도의 희생을 감수하여야 하는데, 비전과 변화전략의 전달이 신뢰를 기반으로 하지 않게 되면 이해관계자들은 전달된 비전과 변화전략에 대한 수용도가 높지 않아 희생

을 감수하려고 하지 않을 것이다. 따라서 변화추진팀은 가능한 모든 의사소통 채널을 동원하여 최대한 이해관계자들의 동의와 수용을 끌어내야 한다.

⑤ **조직구성원에게 권한부여(5단계)** : 조직변화를 위해 중요한 것은 조직변화의 장애물(시스템, 구조 등)을 제거하는 것이다. 이를 위해서는 조직변화 노력의 신뢰성을 확보하여야 하며, 조직구성원들이 비전과 변화전략에 따라 행동할 수 있도록 권한을 부여(empowerment)하여야 한다.

⑥ **단기적인 성과의 축적(6단계)** : 가시적이고 단기적인 성과를 위한 계획을 수립하고 그 계획을 충실히 이행하여 성과향상을 실현하여야 한다. 아울러, 성과향상에 기여한 조직구성원들에 대해서는 보상이 지급되어야 한다. 일반적으로 조직변화는 시간이 걸리기 때문에 중간에 단기적 성과를 달성하지 않으면 조직구성원들의 이탈 등으로 인해 조직변화노력의 추진력을 상실할 수 있다.

⑦ **지속적인 변화의 창출(7단계)** : 비전과 변화전략에 부합되지 않는 시스템, 구조, 정책 등을 변경하고 비전과 변화전략을 수행할 수 있는 인력의 조달, 승진, 개발을 위한 지속적인 변화의 기반을 다진다. 아울러, 새로운 프로젝트 등을 통해 조직변화를 지속화시켜야 한다.

⑧ **조직변화의 정착(8단계)** : 일하는 방식이 변화되고 그것이 조직 내에 정착되는 단계이다. 이를 위해 조직은 조직변화가 성과개선에 어떠한 도움을 주었는지를 조직구성원들에게 알리고 조직의 성과와 조직변화 간의 연관성을 명문화하게 된다. 또한, 리더십의 개발과 조직변화를 정착시키기 위한 수단도 개발되어야 한다.

2) 레빈(Lewin)의 조직변화 3단계

① **해 빙** : 변화를 추진하는 세력과 변화에 저항하는 세력이 힘겨루기를 하게 된다. 즉 현재의 위치와 혜택을 영구화하려는 현상유지세력이 변화의 필요성을 인식하고 조직변화를 시도하려는 세력에 제동을 걸게 됨으로써 갈등이 발생하게 되는 단계로서, 구성원들에게 위기감(긴박감)을 조성하고 변화를 주도할 내부세력과 팀을 구축하며 변화에 대한 비전과 이를 달성할 변화전략을 구상하여 구성원들에게 변화에 대한 공감과 동기를 불러일으키는 과정이다. 따라서 해빙은 코터(Kotter)의 조직변화 8단계 중 1단계부터 4단계까지 해당한다고 볼 수 있다.

② **변 화** : 여러 가지 기법들을 사용하여 계획된 변화를 실천에 옮기는 단계이다. 이러한 변화는 순응(복종), 동일화, 내면화의 단계로 나눌 수 있으며, 코터(Kotter)의 조직변화 8단계 중 5단계부터 7단계까지 해당한다고 볼 수 있다.

③ **재동결** : 바람직한 상태로 변화된 조직의 새로운 국면을 안정화시키는 단계이다. 변화된 상태는 본래의 상태로 회귀하려는 성향을 가지기 때문에 보다 강력한 재동결 노력이 요청된다. 또한, 해빙과 변화를 통하여 달성한 모든 변화를 구성원들의 행동규범과 공유가치로 연결시켜 새로운 조직문화로 정착시키는 것이다. 새로운 조직문화는 어떤

일시적인, 인위적인, 조작적인 방법으로는 개발될 수 없기 때문에 조직문화개발은 조직변화의 마지막 단계에 추진되는 것이 바람직하다. 재동결은 코터(Kotter)의 조직변화 8단계 중 마지막 8단계에 해당한다고 볼 수 있다.

(3) 조직개발기법

1) 개인행동 개발기법

① **감수성훈련(sensitivity training)** : 자신의 행동이 타인에게 어떤 영향을 주는지를 파악하는 훈련이다. 훈련을 통해 자신에 대한 인식을 높이며 집단의 각 구성원들 간의 원활한 상호작용을 도모한다.

② **상호교류분석(transactional analysis)** : 개인의 특성이나 인간관계의 유형을 다양하게 분석하여 개인이나 집단의 성숙을 목표로 하는 기법이다. 에릭 번(Eric Berne)은 인간관계의 유형에 따라 개인을 부모(parents)의 자아, 어린아이(child)의 자아, 성인(adult)의 자아로 구분할 수 있으며, 가장 이상적인 자아는 성인의 자아라고 주장하였다. 자아인식과 의사소통 개선을 통해 다른 사람이 자신에 대해 올바른 평가를 하게 되고 밀접한 관계도 형성된다.

③ **경력개발(career development)** : 개인이 원하는 경력과 진로, 조직에서 필요로 하는 인력수요 등을 통합시켜 조직상황에 맞는 범위 내에서 그들의 능력을 체계적으로 개발하고 몰입수준을 높이는 것이다.

2) 조직(집단)행동 개발기법

① **팀 구축(team building)** : 조직 내의 여러 작업집단을 개선하고 그 집단의 효과성을 높이려는 기법이다. 다양한 구성원으로 이루어진 소규모 팀이 일정기간 합숙을 하면서 자신들의 문제를 확인하고 개선할 점을 발견하여 구성원들에게 다시 피드백하는 과정을 거친다.

② **설문조사 피드백(survey feedback)** : 집단이나 조직문제에 대해 구성원들에게 설문조사를 받아 결과를 도출하는 방법이다. 결과를 구성원들에게 제공하여 구성원들로 하여금 스스로 자신의 문제를 해결하도록 한다. 설문내용은 사기조사, 보상제도, 리더십, 의사소통, 갈등 등에 관한 것이 될 수 있다. 또한, 설문조사의 결과는 경영자에게도 전달되어 경영자는 조직구성원들이 조직에 대해 가지는 만족도를 파악할 수도 있다.

③ **과정자문(process consultation)** : 변화담당자나 컨설턴트가 조직구성원이나 집단구성원을 대상으로 개인행동이나 인간관계 등 조직경영과정에서 당면하는 문제에 대한 그들의 분석능력과 해결능력을 향상시켜 주는 기법이다.

④ **그리드 조직개발(grid organization development)** : (9, 9)의 리더를 목표로 하는 관리격자이론에 근거한 가장 포괄적이고 체계적인 조직개발기법이다.

(4) 학습조직이론

1) 의 의

학습조직(learning organization)이란 급변하는 경영환경 속에서 승자로 살아남기 위해서 조직구성원이 학습할 수 있도록 기업이 모든 기회와 자원을 제공하고, 학습결과에 따라 지속적 변화를 이루는 조직을 의미한다. 학습조직은 벤치마킹(benchmarking)에서 한 단계 발전된 개념인데, 벤치마킹이 다른 기업의 장점을 수용하려는 자세를 강조한 것이라면 학습조직은 벤치마킹을 전사적으로 확대할 수 있는 방법을 집중적으로 다루고 있다.

2) 구성요소

센게(Senge)는 학습조직의 구성요소로 개인적 수련(personal mastery), 정신모형(mental model), 공유비전(shared vision), 팀학습(team learning), 시스템 사고(system thinking)의 5가지를 제시하였다.

① 개인적 수련 : 개인의 비전과 현실에 대한 명확한 인식을 동시에 유지하도록 학습하는 것이다. 원하는 결과를 창출할 수 있는 개인적 역량을 확장하는 방법을 학습하고 조직구성원들이 선택한 목표나 목적을 향해 각자 자신을 개발할 수 있는 조직의 여건을 조성하는 훈련이다.

② 정신모형 : 세상에 대한 조직구성원들의 생각과 관점들을 끊임없이 성찰하고 다듬는 훈련이다.

③ 공유비전 : 조직 내의 공감대(공생의식)를 구축하는 훈련이다. 조직구성원들이 만들고자 하는 미래의 이미지를 창조하고 목표에 도달하기 위한 원칙과 관행들에 대한 공감대 확대를 통해 이루어진다.

④ 팀학습 : 대화와 집단적인 사고방법으로 전환하는 훈련으로 구성원들이 바람직한 결과를 얻기 위해 의도적·체계적으로 지속하는 학습행위이다. 조직구성원들이 개개인이 가지고 있는 능력의 단순함을 뛰어넘는 지혜와 능력을 구축할 수 있도록 해준다.

⑤ 시스템 사고 : 전체와 부분을 동시에 볼 수 있는 기술을 향상시킬 수 있는 훈련이다. 시스템의 동태성을 결정짓는 요인들과 그들 간의 관계를 기술하고 이해할 수 있는 언어와 사고방식을 체득한다.

PART 03

인적자원관리

CH 01 인적자원관리의 기초개념
CH 02 인적자원의 조달
CH 03 인적자원의 개발
CH 04 인적자원의 평가와 보상
CH 05 인적자원의 유지 및 방출

인적자원관리의 기초개념

제1절 | 인적자원관리의 의의와 구성

1. 의 의

(1) 개 념

인적자원관리(human resource management)란 여러 자원 중에서 기업의 종업원이라는 인적자원을 효율적이고 효과적으로 관리하고자 하는 분야를 의미한다. 즉 인적자원관리는 조직의 목표달성에 필요한 인적자원을 확보, 개발, 평가, 유지함으로 인해 인적자원의 만족도와 효율성을 극대화하는 과정이라고 할 수 있다. 인적자원관리의 핵심은 조직구성원의 효율성을 향상시켜 조직의 경쟁우위를 달성하는 데 있다.

(2) 목 표

인적자원관리의 목표는 개인의 목표와 조직의 목표 사이의 균형을 유지하고 기업에서 인적자원관리활동이 얼마나 효율적인가를 판단하는 것이다. 인적자원관리는 경영활동 중의 한 기능분야로써 경영활동의 목표를 달성하기 위한 수단이기 때문에 인적자원관리의 목표 또한 기업조직의 목표달성에 공헌해야 하는 본질적 특성을 가지게 된다. 인적자원관리의 목표는 경제적 효율성의 추구와 사회적 효율성의 추구로 나누어 볼 수 있는데, 경제적 효율성과 사회적 효율성은 상호보완적 관계뿐만 아니라 상호경쟁적 관계(갈등관계)도 존재한다.

1) 경제적 효율성의 추구

인적자원관리는 기업을 경제 및 기술시스템으로 간주하고 기업의 경영활동에 필요한 다양한 직무에 대해 양적, 질적, 시간적 및 공간적 요구에 따라 인적자원을 제공함으로써 노동에 대한 성과를 극대화시키는 것을 목표로 한다.

2) 사회적 효율성의 추구

인적자원관리는 기업을 개인이 모여 협동함으로써 존속 및 발전하는 사회시스템으로 간주하고 기업을 구성하고 있는 인적자원의 만족을 극대화시키는 것을 목표로 한다. 사회적 효율성을 추구하기 위해서는 종업원들의 다양한 욕구를 만족시켜야 한다.

2. 구 성

(1) 인적자원의 조달

기업이 인적자원을 조달하는 이유는 인적자원을 활용하여 기업의 목적을 달성하기 위해서이다. 기업은 목적을 달성하기 위해 다양한 직무를 수행하여야 하는데 그 역할을 인적자원이 담당하게 되는 것이다. 따라서 인적자원의 조달과 관련된 내용으로는 직무관리, 확보관리(인적자원계획, 모집과 선발) 등이 있다.

(2) 인적자원의 개발

기업은 시간이 지남에 따라 성장을 하여야 한다. 이러한 기업의 성장에 원동력이 되는 것이 바로 인적자원이다. 따라서 기업은 인적자원의 개발을 통해 성장을 꾀할 수 있으며, 확보된 인적자원의 능력을 최대한 개발함으로써 조직의 목표달성의 정도인 유효성 또는 효과성을 높일 수 있다. 인적자원의 개발과 관련된 내용으로는 교육훈련과 경력개발, 전환배치와 승진 등이 있다.

(3) 인적자원의 평가와 보상

기업이 인적자원을 조달하게 되면 그 인적자원은 기업에게 노동력을 제공한다. 따라서 기업은 기업의 목표달성에 공헌한 정도를 기준으로 인적자원을 평가하여 보상을 제공하게 된다. 따라서 인적자원의 평가와 보상에 관련된 내용으로는 인사평가, 보상관리 등이 있다.

(4) 인적자원의 유지

기업이 인적자원의 성과창출 의지 및 능력을 계속 유지하는 것은 매우 중요하다. 여기서 성과창출 의지는 동기부여(motivation)라고도 하는데, 성과창출 능력에는 인적자원이 가지고 있는 지식, 기술, 태도(knowledge, skill, attitude ⇒ KSA) 등이 포함된다. 인적자원의 성과창출 의지는 개인수준에서는 직무의 내용, 상사의 리더십, 조직목표에의 동의, 보상에 대한 만족 등에 의해 결정되고, 집단수준에서는 기업과 노조와의 관계에 의해 결정적인 영향을 받는다. 따라서 인적자원의 유지와 관련된 내용으로는 동기부여, 산업안전, 노사관계 등이 있다.

(5) 인적자원의 방출

인적자원은 소속된 기업을 떠나 다른 기업으로 이동하는 경우가 있는데 이러한 이동을 조직 외 이동 또는 이직이라고 한다. 따라서 인적자원의 방출과 관련된 내용으로는 자발적 이직, 비자발적 이직 등이 있다.

3. 인사감사

(1) 의 의

인사감사는 조직에서 수행된 인사활동을 평가하는 것으로 인사활동을 조직적으로 조사 및 분석하고 경영상의 효과를 평가하여 인적자원관리 정책의 방향을 제시함으로써 그 정책을 합리적으로 수행하도록 하려는 것이다. 이러한 인사감사는 다음과 같은 기능을 수행한다.
① 인적자원관리나 노사관리정책이 범하기 쉬운 오류를 시정하거나 개선점을 모색할 수 있다.
② 새로운 인적자원관리 시행을 위해 필요한 자료나 정보를 제공해 준다.
③ 인적자원관리 정책의 경직화를 방지할 수 있다.
④ 최고경영층의 독단적인 의사결정을 억제하여 합리적인 대안을 마련할 수 있도록 해 준다.

(2) 유 형

1) 대상에 의한 분류
① 전사 감사 : 전사 감사의 범위에는 본사 및 각 사업소 인사부문의 기능적인 지휘명령관계, 의사소통 등의 실태 등이 된다.
② 본사 감사 : 본사 감사의 범위에는 인사정책과 그 시행이 해당된다. 즉 인사정책의 성격 및 제도화, 정책의 종합조정, 인적자원관리 부문의 조직, 노사관계, 조사연구활동 등의 문제가 포함된다.
③ 사업소 감사 : 사업소 감사의 범위에는 인적자원관리의 각종 기술이 해당된다. 즉 고용·배치·훈련·복지후생시설 등 인적자원관리의 기술 및 그 효과로서의 사기 등이 이에 포함된다.

2) 감사주체에 의한 분류
① 내부감사 : 조직 내부의 경영층이 실시하는 감사유형으로 실제로는 인사스탭을 중심으로 실시가 된다. 이러한 내부감사는 자료 및 정보의 수집이 용이하기 때문에 감사대상의 실태파악이 용이하다는 장점을 가지지만, 독립성이 약하기 때문에 기업 내의 관행이나 전통에 대해서 새로운 감각을 가지고 비판할 수 없고 조직 내 이해관계자의 영향을 받을 가능성이 높다는 단점을 가진다.
② 외부감사 : 컨설턴트, 대학 및 연구기관 등의 기업 외부전문가가 실시하는 감사유형이다. 이러한 외부감사는 신기술이나 다른 기업과의 비교 등 객관적인 평가를 할 수 있다는 장점을 가지지만, 내부 사정에 익숙하지 못한 이유로 정확한 정보를 얻기가 어렵고 시간과 비용이 많이 소요된다는 단점을 가진다.
③ 합동감사 : 기업의 내부 스탭과 외부 전문가가 합동으로 실시하는 감사유형이다. 이러한 합동감사는 내부감사와 외부감사의 결점을 보완할 수 있다는 장점을 가지지만, 상호책임 전가가 발생할 수 있고 감사의 특성이 결여될 위험성이 있다는 단점을 가진다.

(3) ABC 감사

ABC 감사는 미국의 미네소타식 3중 감사방법을 일본 노동연구회의 노무감사위원회에서 발전시킨 형태로 A 감사에서 관리적 측면(administrative phase)의 적합성이 판정되어 그 개선점이 명백해지고, B 감사는 예산적 측면(budget phase)에서 예산적 뒷받침에 의한 적부가 판단되며, C 감사는 인적자원관리의 기여도 및 효과측면(contribution phase)에서 그 효과가 검토된다. 일반적으로 ABC 감사는 'C → A → B → C'의 순서로 이루어진다.

1) A 감사

A 감사(administrative audit)는 인사정책의 경영면을 대상으로 하여 실시하는 감사이다. 따라서 경영 전체적 입장에서 전반적 인사정책에 관한 사실을 조사하고 정책의 기능과 운용 등에 관하여 정기적으로 평가하며, 타당성을 검토하여 인적자원관리의 실태를 분석하여 문제점을 도출하는 것을 목적으로 한다. 주요 평정항목에는 인사정책, 이를 시행하기 위한 조직, 노사관계, 채용배치, 이동, 복무, 노동시간관리 등 인사정책의 전반이 포함된다.

2) B 감사

B 감사(budget audit)는 인사정책의 경제면을 대상으로 하여 실시하는 감사이다. 따라서 인사 관련 정책들의 실시에 있어서 예산의 적정성 평가, 인건비 및 인사담당요원의 적정성을 분석하고 평가하여 인사관련 정책의 전반적 규모, 직능별 구성의 적부 등을 해석 및 평가한다. 또한, 인사정책의 조정, 인사계획의 적부 등을 검토하는 것을 목적으로 한다. 주요 평정항목에는 노무관리비 분석, 노무요원 비율분석, 노무비 분석 등이 포함된다.

3) C 감사

C 감사(contribution audit)는 인사정책의 실제효과를 대상으로 하여 실시하는 감사이다. 따라서 인사정책의 실제효과를 측정하고 검토하여 당해 연도에 있어서 조직의 상태뿐만 아니라 인사정책을 재해석하고 이를 종합적으로 판단하여 새로운 정책을 수립하는 데 유용한 자료를 제공하는 것을 목적으로 한다. 주요 평정항목에는 경영측정(매출액 지수, 생산지수, 매출액 이익률 등), 요원측정(간접요원 비율, 인적자원관리요원 비율 등), 복무측정(결근율, 징계율 등), 급여측정(급여 지수, 복리비 지수, 퇴직금 지수 등), 손실측정(불량률, 분쟁률 등) 등이 포함된다.

제2절 | 인적자원관리의 변화와 전략적 인적자원관리

1. 인적자원관리의 변화

(1) 역사적 변화

인적자원관리의 접근법은 시간이 흐름에 따라 기계적 접근, 인간관계적 접근, 전략적(인적자원적) 접근으로 변화되어 왔다. 이러한 변화는 인적자원을 바라보는 관점이 X관점에서 Y관점으로 변화되어 가는 과정과 관련되어 있다.

1) 기계적 접근

기계적 접근에 의하면 직무는 가능한 한 전문화(분업)되어야 하고, 인간(노동)은 하나의 생산요소로 간주되었다. 또한, 인간의 노동을 '경제적 동물'이라는 관점에서 이해하고자 하였기 때문에 인간은 본능적으로 경제적 이득이 극대화되는 방향으로 행동한다고 보았다. 이러한 논리를 적용시킨 가장 대표적인 예가 테일러(Taylor)의 차별적 성과급제이다.

2) 인간관계적 접근

인간관계적 접근에 의하면 인간을 '사회적 동물'이라는 관점에서 이해하고자 하였기 때문에 작업장에서의 작업능률은 작업자들 간의 사회적 관계에 의해서 대부분 결정된다고 보았다. 작업자의 개별행동은 이 작업집단의 규범에 의해 상당히 영향을 받으며 작업집단 내에는 종종 비공식집단이 자연발생적으로 형성되기도 한다.

3) 전략적(인적자원적) 접근

전략적(인적자원적) 접근은 인간과 노동을 기업의 의사결정과 통합하고자 하는 접근이다. 즉 인적자원을 기업경쟁력의 주요 요소로 인식하고 인적자원을 동기부여하고 개발해야 한다는 것이다. 이러한 관점은 인적자원을 수많은 잠재력을 지닌 자원으로 간주하고 기업경쟁력 확보에 있어서 가장 중요한 요소로 인식한다. 따라서 인적자원이 기업경쟁력 향상을 위한 중요한 요소가 되기 위해서는 교육훈련을 통해 인적자원을 개발시켜야 한다.

(2) 관점적 변화

인적자원관리는 인적자원을 그 대상으로 하고 있으며, 인적자원에 대한 가정은 시간이 흘러감에 따라 X관점에서 Y관점으로 변화되어 왔다. 이러한 변화는 인적자원관리를 이해하는 관점에서의 변화를 가져 왔으며, 그 내용은 다음과 같다.

1) 반응적 관리와 선행적 관리

전통적 관점에서는 문제가 발생하면 그 문제를 해결하기 위한 조치를 내리거나 단편적 처방을 시행하였으며, 이러한 관리를 반응적 관리라고 한다. 현대적 관점에서는 문제발생을 사전에 예방하고 문제가 발생했을 때를 대비하여 대응책을 미리 준비하여 지속적이고 장기적인 관점에서 문제를 풀어나가게 되며, 이러한 관리를 선행적 관리라고 한다.

2) 일원관리와 다원관리

전통적 관점에서는 조직전체 관점에서 세워진 일정한 규칙에 따라 인적자원을 획일적으로 관리하였다. 그러나 현대적 관점에서는 전체 종업원을 여러 차원으로 분류하고 분류된 특성에 맞게 부문별 인적자원관리를 병행하면서 관리해 나가고 있다.

3) 비용중심과 수익(투자)중심

전통적 관점에서는 인적자원관리와 관련된 인건비 등은 기업의 성과에 기여하지 못한다는 생각에 줄이려고만 하였다. 그러나 현대적 관점에서는 인적자원관리와 관련된 인건비 등을 비용이 아닌 수익창출을 위한 투자라는 관점에서 해석하고 있다.

4) 연공중심과 능력중심

전통적 관점에서는 근속기간에 따라 보상이 주어지는 연공중심의 보상제도가 일반적이었다. 그러나 현대적 관점에서는 인적자원의 능력중심의 다양한 보상제도가 도입되고 있다.

5) 표준형 인재관과 이질적 인재관

전통적 관점에서는 기업이 원하는 인재들은 어느 정도의 유사점을 가지고 있었으며, 이러한 인재관을 표준형 인재관이라고 한다. 그러나 현대적 관점에서는 기업이 처해 있는 환경들이 다양하기 때문에 기업마다 원하는 인재가 다양하게 되었으며, 이러한 인재관을 이질적 인재관이라고 한다.

6) 전자적 인적자원관리의 대두

전자적 인적자원관리(electric human resource management)란 인터넷과 정보기술을 활용하여 인적자원관리를 하는 것을 의미한다. 정보기술의 발달로 인해 정보처리의 신속성, 시스템의 자동화 등이 가능해졌으며, 이를 통해 시간과 비용이 절감되고 인적자원의 채용과 교육에 있어서 체계적인 정보의 정리와 활용이 가능하게 되었다. 전자적 인적자원관리로 인한 구체적인 효과에는 인사기능 개선을 통한 비용 절감, 종업원에 대한 서비스 개선을 통한 종업원 만족도 제고, 인적자원관리의 전략기능 강화, 기업문화 변혁 등이 있다.

2. 전략적 인적자원관리

(1) 개 념

전략적 인적자원관리(strategic human resource management)란 경영전략과 인적자원관리를 통합하여 함께 수행하는 것으로 인적자원관리를 염두에 두고 경영전략을 형성하고 경영전략을 염두에 두고 인적자원관리를 계획하고 실행하는 것을 의미한다. 즉 인적자원관리가 경영전략의 목적을 반영해 경영전략과 잘 연계되고, 인적자원관리 방식 간에도 조화를 이루어 경영전략의 목적을 효율적으로 달성시키는 과정이라고 할 수 있다.

(2) 경영전략과의 연결관계

기업의 성과는 기업이 당면한 환경에 얼마나 잘 적응해 나가느냐에 달려 있다. 따라서 기업은 대체로 환경에 적합한 경영전략을 추구하고 기업의 전략목적을 효율적으로 달성할 수 있는 조직구조와 관리체계 및 경영행동을 형성하게 된다. 그리하여 환경, 전략, 인적자원관리 간에 적합성 관계가 얼마나 잘 형성되느냐에 따라 기업의 성과가 결정된다. 전략적 인적자원관리는 여러 가지 기능과 활동이 상호 간에 균형과 조화를 이루고 일관성 있게 전개됨으로써 인적자원관리의 효율성은 물론 시너지효과를 달성하게 된다. 경영전략과 인적자원관리 간의 밀접한 연결관계는 기업의 성과에 영향을 미친다. 따라서 전략적 인적자원관리는 경영전략과의 통합을 통하여 이해관계자들의 욕구를 충족시키는 동시에 기능 간의 균형과 조화를 통해 인적자원관리의 효율성을 높인다. 경영전략과 인적자원관리 간의 연결관계는 행정적 연결관계, 일방적 연결관계, 쌍방적 연결관계, 통합적 연결관계의 수준으로 분류될 수 있다.

① 행정적 연결관계(administrative linkage) : 경영전략과 인적자원관리 간의 연결관계 수준이 가장 낮은 것으로 전략수립과 인적자원관리가 별개로 이루어진다.

② 일방적 연결관계(one-way linkage) : 기업이 전략을 수립하고 이를 인적자원관리 부서에 알린다. 이에 따라 인적자원관리 부서에서는 전략실행을 지원하는 시스템 및 프로그램을 개발한다. 일방적 연결관계에서는 전략실행에 있어서 인적자원관리의 중요성을 고려하고 있지만, 전략수립이 인적자원 이슈에 대한 고려가 배제되어 있다. 그 결과 일방적 연결관계의 수준에서는 성공적으로 실행될 수 없는 전략이 수립되는 경우가 종종 있다.

③ 쌍방적 연결관계(two-way linkage) : 전략수립에 있어서 인적자원 이슈가 고려되며, 전략수립 기능과 인적자원관리 기능이 쌍방적으로 연결되어 상호 영향을 미치게 된다.

④ 통합적 연결관계(integrative linkage) : 가장 높은 수준의 연결관계로 매우 역동적이고 다양한 측면을 가지고 있다. 쌍방적 연결관계에서는 인적자원관리와 전략이 순차적으로 상호작용하지만 통합적 연결관계에서는 동시적이고 계속적으로 상호작용이 일어난다. 통합적 연결관계는 전략적 인적자원관리의 취지에 가장 부합한다고 할 수 있다.

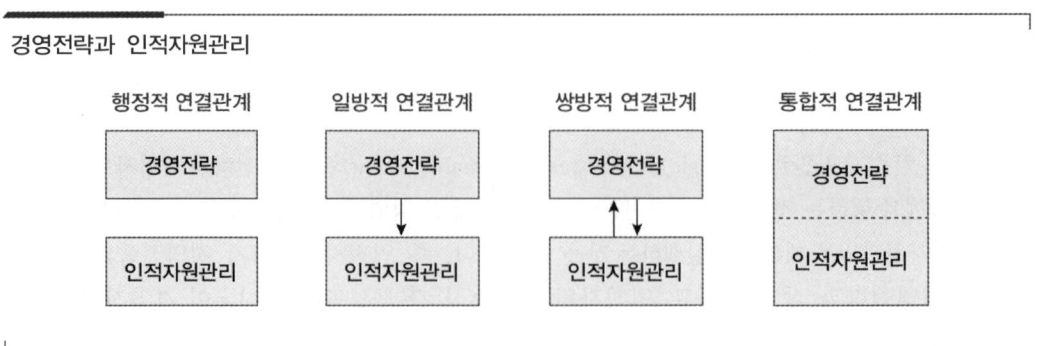

3. 인사부서의 역할 : 울리히(Ulrich) 모형

(1) 의 의

인사부서가 과거에는 업무적인 측면, 즉 반복되는 인사기능을 차질없이 수행하여 현상유지를 하는 관리측면에 초점을 두었다면, 오늘날 인사부서는 전략적인 측면, 즉 환경변화에 적응하고 조직의 핵심역량을 키우는 데 관심의 초점이 맞춰져 있다. 즉 인사부서는 성장, 자율경영, 인간존중 등 경영전략과 기본가치를 직무설계에 반영하고 이를 강화하기 위하여 교육훈련과 보상시스템 등 관련 인적자원관리기능을 연계시키는 전략적 동반자 역할을 수행해야 한다. 이에 울리히(Ulrich)는 인적자원관리 부서에는 네 가지 역할, 즉 행정전문가(administrative expert) 역할, 근로자의 대변인(employee spokesman) 역할, 최고경영자의 전략적 파트너(strategic partner) 역할, 조직의 변화를 선도하는 변화담당자(change agent)의 역할이 있다고 하였으며, 현대적 인적자원관리를 수행하는 인사부서의 역할은 전략적 파트너 역할 또는 변화담당자의 역할이 중요해지고 있으며, 이에 따라 인사부서의 위상도 높아지고 있다. 그리고 전통적으로 인사부서의 역할이 시스템 지향성을 띠고 있었으나, 오늘날에는 사람(개인) 지향적인 역할이 강조되고 있다.

(2) 유 형

1) 행정전문가 : 단기적(업무적) - 시스템(프로세스) 관점

   인사부서의 역할은 직무 프로세스와 관련하여 리엔지니어링 및 서비스 공유 등과 같은 기업 내 효율적인 인적자원관리 시스템을 구축해야 한다. 이러한 역할은 인적자원관리의 전통적인 역할로서 인력확보부터 시작하여 인력방출까지의 전 과정을 효율적으로 관리하는 것이다.

2) 근로자의 대변인 : 단기적(업무적) - 사람(개인) 관점

   인사부서의 역할은 인사부서가 종업원의 기업에 대한 공헌도(업적)를 높이는 데 초점을 맞추고 있다. 즉 종업원의 역량을 높일 수 있도록 지원하는 것과 높은 역량을 가진 종업원이 열심히 일할 수 있도록 정신적 에너지를 극대화시키는 것이 인사부서의 역할이 된다.

3) 전략적 파트너 : 장기적(전략적) - 시스템(프로세스) 관점

   인사부서의 역할은 기업의 경영전략이 성공을 거둘 수 있도록 지원하는 것이다. 즉 경영전략을 수립할 수 있는 인력의 양성과 이를 집행할 역량을 개발해야 한다.

4) 변화담당자 : 장기적(전략적) - 사람(개인) 관점

   인사부서의 역할은 조직의 쇄신, 조직문화의 변화와 같이 장기적 관점에서 종업원을 변화시키는 데 초점을 둔다. 이러한 변화관리의 핵심은 조직 내 신뢰관계의 구축 및 문제해결이다.

울리히(Ulrich) 모형

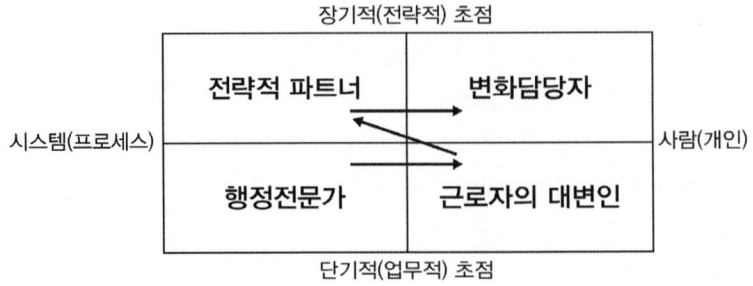

| PART 01 | PART 02 | **PART 03 인적자원관리** | PART 04 |

인적자원의 조달

제1절 │ 직무관리

1. 직무분석

(1) 의 의

직무분석(job analysis)이란 분석대상 직무에 대해서 그 직무와 관련된 중요한 정보를 수집하는 것을 목적으로 하는 체계적인 프로세스를 의미한다. 즉 직무분석은 직무를 구성하는 구체적인 과업을 설정하고 직무에서 요구되는 기술과 지식 및 책임 등 직무수행에 관한 기본정보를 수집, 분석, 정리하는 과정이다. 따라서 직무분석은 모든 인사활동의 기본자료를 제공하는 매우 중요한 활동이다. 직무분석의 절차는 '배경정보의 수집 → 분석대상 직무의 선정 → 직무정보의 획득(이 단계를 보통 직무분석이라고 한다) → 직무기술서 작성 → 직무명세서 작성'의 순서로 이루어진다. 직무분석에 있어서 먼저 직무 및 관련 개념들에 대한 이해가 필요하며, 직무와 관련된 개념들은 다음과 같다.

① 요소동작(element motion) : 관련된 동작, 정신적 과정을 분리시켰을 때 가장 작은 단위의 일을 말한다. 요소동작은 과업이 보다 세분된 것으로 동작연구나 시간연구의 분석단위가 된다.

② 과업(task) : 독립된 목적으로 수행되는 하나의 명확한 작업활동으로 조직활동에 필요한 기능과 역할을 가진 일을 뜻한다. 과업은 직무분석에 있어서 분석단위가 된다.

③ 직무(job) : 유사한 과업들이 모여 일의 한 범위를 형성하는 것을 말한다. 직무와 종종 혼돈되는 개념으로 직위(position)가 있다. 직위는 한 개인에게 할당된 과업의 집합을 말한다. 즉 한 사람이 맡고 있는 여러 과업이 합쳐져서 하나의 직위가 이루어지기 때문에 종업원의 수가 직위의 수가 된다.

(2) 직무분석방법(직무정보의 수집방법)

직무에 대한 정보를 수집하기 위한 직무분석은 직무분석의 범위, 정보의 내용, 정보수집방법 등에 따라 그 목적이 달라진다. 직무에 관한 정보를 수집하는 데는 그 의미나 정확성에 따라서 다양한 방법이 있으며, 직무분석의 대표적인 방법들은 다음과 같다.[1]

---

[1] 직무정보가 수집되면 이를 분류하게 되는데, 이러한 직무정보를 분류하는 대표적인 방법에는 기능적 직무분석법, 직위분석 질문지법, 관리직 직무분석법, 과업목록법 등이 있다.

① **경험법(experiential method)** : 직무분석자가 실제로 직무를 체험함으로써 직무에 대한 정보를 수집하는 방법이다. 그 효과가 가장 좋은 방법이기는 하지만, 기술발전과 지식의 증가로 실질적인 직무체험에 의해 연구될 수 있는 직무가 많지 않기 때문에 보통 다른 직무분석 방법을 보완하는 목적으로 사용하거나 직무분석자의 양성과 훈련을 위한 방법으로 사용되는 경우가 많다.

② **관찰법(observation method)** : 직무분석에서 가장 오래된 정보수집방법으로 해당 직무수행자를 직접 관찰하여 직무에 대한 정보를 수집하는 방법이다. 직무담당자나 상황, 시간의 흐름 등에 따라 직무가 크게 바뀌지 않는 것을 전제로 하기 때문에 일반적으로 작업주기가 짧은 반복적 육체노동에 자주 활용되지만, 정신적인 직무에 대해서는 관찰시간도 길고 작업자가 의식적으로 행동할 수 있다는 문제점을 가지고 있다. 따라서 정신적 작업 및 집중을 요구하는 직무보다 생산직이나 기능직 직무에 더 적합한 방법이다.

③ **질문지법(questionnaire method)** : 질문지를 배포하여 자신이 맡은 직무에 대해 응답하도록 하여 직무에 대한 정보를 수집하는 방법이다. 이러한 질문지법은 직무가 요구하는 과업, 숙련도, 지식 및 능력에 대한 서술을 대부분 직무수행자에게 의존하고 있다는 특징이 있다.

④ **면접법(interview method)** : 직무분석을 실시하는 담당자가 해당 직무수행자에게 면접을 실시하여 직무에 대한 정보를 수집하는 방법이다. 면접법은 직무수행이 오래 걸리는 경우에는 직무수행자가 이를 요약하여 설명해줄 수 있으며, 직무수행자의 정신적·육체적 활동을 모두 파악할 수 있다는 장점을 가진다. 그러나 직무분석자와 직무수행자 간에 친밀한 관계를 유지해야 하고, 직무수행자들이 직무분석 과정을 호의적이고 유용한 것으로 받아들일 수 있어야 한다. 또한, 피면접자가 직무분석의 결과로 인해 자신이 피해를 입을지도 모른다고 판단하는 경우에 직무에 대해 정확한 정보를 제공하는 것을 기피하는 경우가 종종 발생할 수 있다.

⑤ **작업기록법(employee recording method)** : 직무수행자가 작성하는 작업일지나 메모사항을 활용하여 직무에 대한 정보를 수집하는 방법이다. 지속적으로 작성된 작업일지는 그 내용에 대한 신뢰도를 충분히 확보할 수 있지만, 작업일지를 작성할 때 필요한 정보를 누락시켰을 경우에는 직무분석을 할 수 없다. 따라서 작업기록법은 엔지니어, 과학자, 고급관리자가 수행하는 직무와 같은 관찰하기가 매우 어려운 직무를 분석할 때 많이 활용된다.

⑥ **중요사건기록법(critical incident method)** : 직무수행에 결정적인 역할을 한 사건이나 사례를 중심으로 직무에 대한 정보를 수집하는 방법이다. 즉 직무수행자의 직무행동 가운데 성과와 관련하여 효과적인 행동과 비효과적인 행동을 구분하여 그 사례들을 수집하고, 이러한 사례들로부터 직무성과에 효과적인 행동패턴을 추출하여 분류하는 방법이다. 따라서 중요사건기록법은 직무성과를 효과적으로 수행한 행동양식을 추출하여 분류하는 방식으로서 직무행동과 직무성과 간의 관계를 직접적으로 파악할 수 있다는 장점을 가지지만, 수집된 직무행동을 분석하는 데 많은 시간과 노력이 필요하고 직무분석에서 필요로 하는

포괄적인 정보를 획득하는 데에는 한계가 있다는 단점을 가진다.

(3) 직무기술서와 직무명세서

직무분석의 결과로 직무기술서와 직무명세서가 작성된다. 직무기술서는 하나의 직무가 지니고 있는 특징을 서술한 것이고 직무명세서는 그 직무를 수행할 사람의 자질에 대한 서술이다.

1) 직무기술서

직무기술서(job description)는 직무의 내용, 직무수행에 필요한 원재료 및 설비, 작업도구, 작업조건, 직무수행방법 및 절차 등이 직무특성분석에 의한 과업요건에 중점을 두고 기록된다. 일반적으로 직무기술서는 간략하게 기술되어야 하며, 직무기술서의 작성내용을 토대로 직무의 내용이 재검토될 수 있다.

2) 직무명세서

직무명세서(job specification)는 하나의 직무를 수행하기 위해 필요한 최소한의 인적자원에 대한 설명이라고 할 수 있다. 따라서 직무명세서는 해당직무를 수행할 직무수행자가 갖추어야 하는 자격요건(인적특성)을 그 내용으로 한다.

2. 직무평가

(1) 의 의

직무평가(job evaluation)란 직무분석에 의한 직무기술서와 직무명세서를 기초로 하여 개별적인 직무를 전체 조직 내의 다른 직무와 연관시키는 종합적인 방법을 말한다. 조직 내의 직무가 지닌 책임도, 중요성, 난이도, 위험성 등을 비교 및 평가하여 각각의 직무에 대한 상대적 가치를 결정하게 된다. 따라서 직무평가는 직무분석의 연장이며 이를 통해 합리적인 임금격차를 결정하는 데 그 목적이 있다. 직무평가는 단지 직무 자체의 가치를 판단하기 위한 것이지 개개인을 평가하는 것이 아니다.

〈직무평가방법의 분류〉

비교대상 \ 성격	계량적 방법	비계량적 방법
직무 대 기준	점수법	분류법
직무 대 직무	요소비교법	서열법

(2) 방 법

1) 서열법

서열법(ranking method)이란 직무의 상대적 가치에 기초를 두고 직무의 중요도, 직무수행상의 난이도, 작업환경 등을 포괄적으로 고려하여 그 가치에 따라 서열을 매기는 방법을 의미한다. 서열법은 간단하고 신속하게 등급을 매길 수 있다는 장점이 있지만, 평가자마다 등급을 매기는 기준이 다르고 비슷한 명칭을 가진 직무 간에 혼란을 가져올 수 있기 때문에 주관적이라는 단점이 있다. 이처럼 서열법이 가지는 주관성을 완화시키기 위해 개발된 발전된 형태의 서열법이 있는데, 가장 대표적인 방법으로는 교대서열법(alternative ranking method)과 쌍대비교법(paired comparison method), 위원회 방법(committee method) 등이 있다.

① **교대서열법** : 평가대상 직무들 전체를 놓고 가장 가치가 높다고 판단되는 직무와 가장 가치가 낮다고 판단되는 직무를 선정하고, 그 다음 나머지 직무들에 대해 동일한 방법을 계속적으로 적용하여 전체 직무들의 서열을 매기는 방법이다.

② **쌍대비교법** : 포괄적인 관점에서 직무매트릭스(job matrix)를 만들어 각 직무를 2개씩 짝을 지어 상호비교하는 것을 되풀이하여 서열을 결정하는 방법이다. 이 방법은 평가대상 직무의 수가 많은 경우 쌍대(짝)의 수가 증가하여 평가의 일관성에 모순이 발생할 가능성이 있다.

③ **위원회방법** : 평가위원회를 설치하여 서열을 매기는 방법인데, 이 방법은 서열매김의 방법이라기보다 여러 명이 서열매김에 참여하기 때문에 평가에서의 주관성을 줄이는 데 의미가 있다.

2) 분류법

분류법(job-classification method)이란 미리 등급정의를 위한 직무등급명세표를 만들어 놓고 해당 직무를 해당 등급으로 분류하는 방법을 말하는데, 등급법(job grading method)이라고도 한다. 여기서 직무등급명세표는 직무의 중요성, 난이도, 직무환경 등을 고려하여 개별등급에 대해 포괄적으로 기술되어야 한다. 이 방법은 등급에 대한 분류만 정확하게 이루어지면 다른 직무평가방법보다 간단하고 이해하기 쉽다는 장점이 있지만, 개별 등급에 대한 정의를 내리는 것이 쉽지 않고 주관적인 판단이 개입될 수 있다는 단점이 있다.

3) 점수법

점수법(point rating method)이란 모든 직무에 공통적으로 적용될 수 있는 평가요소들을 몇 개의 항목으로 선정하고 각 항목별로 점수를 부여하여 각 항목의 점수합계를 통해 직무의 상대적 가치를 결정하는 방법을 의미한다. 일반적으로 점수법은 '평가요소의 선정 → 평가요소별 가중치 설정 → 평가요소별 점수부여'의 과정으로 이루어진다. 이 방법은 주관적 요소의 개입이 최소화되어 신뢰도가 높고 간단하다는 장점을 가지지만, 실제로 각 직무에 공통되는 평가요소를 선정하는 것이 쉽지 않고 가중치의 결정이나 점수부여의 과정에 주관이 개입될 수 있다는 단점을 가진다.

4) 요소비교법

요소비교법(factor comparison method)이란 조직의 핵심이 되는 기준직무(key job) 몇 개를 우선 선정한 후에 평가대상 직무를 기준직무와 상호비교함으로써 각 직무들 간의 상대적 가치를 결정하는 방법을 의미한다. 요소비교법은 서열법에서 발전된 기법으로서 서열법이 여러 직무들을 포괄적으로 가치를 평가하여 서열을 매기는 반면 요소비교법은 여러 직무들을 전체로 비교하지 않고 직무가 갖고 있는 요소별 직무들 간의 서열을 매기는 데에서 출발한다. 요소비교법은 서열법보다 훨씬 복잡하고 요소별 서열을 가지고 **임금과 직접 연결시키는** 점이 다르다. 이 방법은 평가의 기준이 구체적이고 명확하기 때문에 비교가 용이하다는 장점을 가지지만, 기준직무를 선정하는 것이 쉽지 않다는 단점을 가진다.

〈직무평가방법의 특성비교〉

특성＼방법	서열법	분류법	점수법	요소비교법
비교유형	직무 대 직무	직무 대 등급정의	직무 대 점수표	직무 대 직무
요소의 수	없음	없음	10~15개	7개 미만
표준척도	없음	직무등급을 분류한 단일척도	직무요소별 점수척도	직무요소별 서열척도 및 임금
다른 기법과의 유사성	요소비교법의 초기형태	점수법의 초기형태	분류법의 세분화된 형태	서열법의 발전된 형태[2]

3. 직무설계

(1) 의 의

직무설계(job design)란 조직을 구성하고 있는 개인이나 집단이 수행하는 직무 또는 과업의 수를 결정하는 과정을 의미한다. 따라서 직무설계는 개인수준에서뿐만 아니라 집단수준에서도 일어난다. 직무설계는 조직의 생산성을 강조하는 조직목표와 조직구성원의 이익과 만족을 달성하려는 개인적 목표가 원만하게 융합되도록 직무설계가 이루어져야 한다. 직무설계의 주요 요인으로는 직무의 내용, 직무의 요건, 요구되는 대인관계 및 성과 등이 있다.

(2) 직무구조 설계

직무구조 설계는 직무전문화와 직무확대화로 구분할 수 있는데, **직무전문화**는 다시 수평적 직무전문화와 수직적 직무전문화로 구분할 수 있고 **직무확대화**는 다시 수평적 직무확대화와 수직적 직무확대화로 구분할 수 있다. 수평적 직무확대화는 양적 직무확대화라고도 하고 수직적 직무확대화는 질적 직무확대화라고도 한다.

---

[2] 요소비교법은 점수법을 개선한 방법으로 볼 수도 있는데, 점수법이 각 평가요소의 가치에 따라서 점수를 부여하는 데 반하여, 요소비교법은 각 평가요소별로 직무를 등급화하게 된다.

〈수평적 직무확대화와 수직적 직무확대화〉

구 분	개인 대상	집단 대상
수평적 직무확대화	직무확대 (job enlargement)	직무교차 (overlapped workplace)
		직무순환(job rotation)
수직적 직무확대화	직무충실 (job enrichment)	준자율적 작업집단 (semi-autonomous workgroup)

① **직무전문화** : 한 작업자가 수행하는 다양한 종류의 과업을 숫자 면에서 감소시키는 것으로 수평적 직무전문화와 수직적 직무전문화가 있다. 수평적 직무전문화는 동일 수준의 책임이 따르는 단순반복적인 작업공정을 여러 일로 분업화시키는 것을 의미하고, 수직적 직무전문화는 책임의 위계구조를 가지는 공정을 쪼개어 하위자에게 일을 맡김으로써 분업화하는 것을 의미한다.

② **직무확대** : 한 작업자가 수행하는 기존 과업의 숫자를 늘리되 의사결정과 관련된 권한이나 책임의 정도는 별로 증가되지 않는 수평적 직무확대이다. 즉 개인의 직무에서 기본작업의 수를 증가시키거나 기존에 세분화되어 여러 작업자에 의해 수행되던 작업들을 통합하여 소수 인원의 작업이 되도록 직무내용을 재편성하는 것이다. 과업의 수를 늘리는 이유는 작업자가 일련의 완성감을 가지고 작업자의 직무에 대한 몰입과 만족을 향상시킬 수 있기 때문이다. 또한, 이로 인해 작업자는 과업에 대한 단조로움과 싫증이 감소되어 과업완성에 대한 도전감이 증가되고 동기부여수준이 향상된다.

③ **직무충실** : 한 작업자가 수행하고 있는 직무에 의사결정의 권한과 책임이 추가로 부여되는 과업을 더 할당하는 수직적 직무확대이다. 직무충실은 허쯔버그(Herzberg)의 2요인이론에 근거를 두고 있으며, 작업자에게 의미 있는 직무는 책임감, 성취감, 통제, 피드백, 개인적 성장 및 발전, 작업속도 등의 요소에 의해 평가된다. 직무충실에서 강조되고 있는 점은 전통적으로 관리자의 고유기능에 속하였던 계획(planning)과 통제(controlling)를 작업자에게 위양하는 것이다. 전통적으로 관리자는 부하의 작업을 계획하고 조직하고 통제하는 역할을 수행해 왔고, 작업자는 단지 작업의 실행(doing)만을 담당해 왔다. 그러나 직무충실은 작업자로 하여금 작업의 실행뿐만 아니라 계획과 통제도 어느 정도 담당하도록 하여 구성원들에게 일의 보람과 자아성취감을 느낄 수 있게 해서 동기유발과 생산성향상을 이루고자 하는 것이다.

④ **직무교차** : 집단 내 작업자가 수행하는 직무의 일부분을 다른 작업자의 직무와 중복되게 하여 직무의 중복된 부분을 다른 작업자와 공동으로 수행하게 하는 직무설계이며, 집단을 대상으로 도입할 수 있는 수평적 직무확대에 해당한다. 직무교차는 본질적으로 개인수준의 직무확대와 크게 다르지 않지만, 중요한 차이는 직무확대가 한 명의 작업자를 대상으로 개별적으로 설계할 수 있는데 반해, 직무교차는 반드시 직무의 일부분을 다른 작업자와 공동으로 수행해야 한다는 것이다. 직무교차는 작업자들 간의 상호협력을 통한 능률향상과 직무수행에 따른 싫증감소를 목적으로 하고 있지만, 교차된 직무를 작업자가 서로 미루고 소홀히 할

경우 생산성에 문제가 야기될 수 있다는 단점을 가지고 있다.
⑤ **직무순환** : 집단을 대상으로 하는 직무확대화를 위한 수평적 및 수직적 측면을 동시에 가지고 있는 직무설계의 형태로 여러 직무를 여러 작업자가 순환하여 수행하는 경우이다. 직무순환은 작업자가 수행하는 여러 가지 과업이 호환성을 가지며, 작업자는 작업흐름에 큰 지장 없이 이동이 가능하다는 사실을 전제로 하고 있다. 직무순환의 단점은 특정 직무에 대해 작업자를 자주 교체함으로써 생산성 저하 등의 문제점이 발생할 수 있으며, 작업집단에 이미 형성되어 있던 긴밀한 인간관계를 통한 협동시스템을 훼손시킬 수 있다는 점이다.
⑥ **준자율적 작업집단** : 몇 개의 직무들이 하나의 작업집단을 형성하게 하여 이를 수행하는 작업자들에게 어느 정도의 자율성(autonomy)을 허용해 주는 것이다. 이렇게 함으로써 집단구성원들은 자신들이 수립한 집단규범에 따라 직무를 스스로 통제 및 조정할 수 있게 된다. 그러나 기업과 준자율적 작업집단 간이나 작업집단 내 구성원 간에 갈등이 발생할 가능성이 존재한다. 준자율적 작업집단은 작업집단 내 직무들 간의 상호의존성이 높을 때, 직무들이 심리적 스트레스를 많이 야기시킬 때 그 효과가 보다 높게 나타난다.

(3) 직무특성이론

1) 의 의

핵크만(Hackman)과 올드햄(Oldham)의 직무특성이론은 직무특성이 작업자의 성장욕구수준(growth need strength)에 부합될 때 긍정적인 동기유발효과를 초래하게 된다는 이론이다. 따라서 모든 작업자들의 직무를 맹목적으로 확대하거나 충실화하는 것은 의미가 없으며, 직무설계에 있어서 작업자의 각자 개인차의 영향도 고려해야 한다는 것이다. 모든 직무는 그 구조면에서 핵심직무특성차원을 가지고 있으며 차원의 정도에 따라 작업자의 심리상태가 형성되고 이 심리상태가 성과에 영향을 미친다. 또한, 직무구조와 직무성과 간의 인과관계에서 작업자의 성장욕구수준(growth need strength)도 영향을 미치는데, 작업자의 성장욕구수준이 높을수록 인과관계의 정도가 강하게 나타나는 반면에 성장욕구수준이 낮을수록 인과관계가 매우 약하거나 나타나지 않을 수도 있다는 것이다. 즉 직무가 충실화될 때 높은 성장욕구수준을 가진 작업자들은 낮은 성장욕구수준을 가진 작업자들보다 중요심리상태를 경험할 가능성이 더 높기 때문에 이에 따라 바람직한 결과 또는 성과를 가져올 가능성도 높다는 것이다. 여기에서 성장욕구수준은 작업자가 존경(자존) 욕구(esteem needs)와 자아실현욕구(self-actualization needs)에 대해서 가지는 열망의 정도를 의미한다.

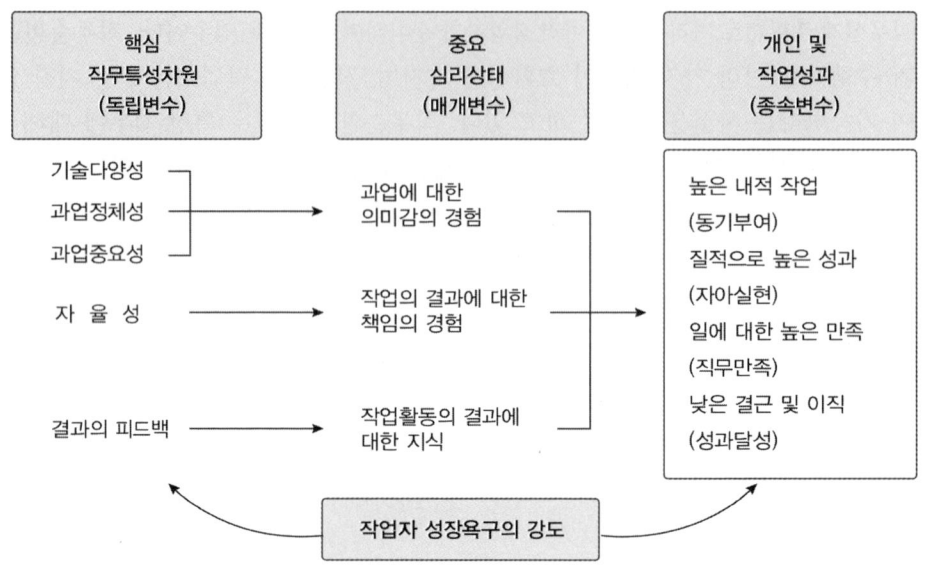

2) 핵심직무특성차원

개인이 특정 직무에 대해서 가지는 잠재적 동기지수(motivating potential score, MPS)[3]는 기술다양성(skill variety), 과업정체성(task identity), 과업중요성(task significance), 자율성(autonomy), 결과의 피드백(feedback)이라는 다섯 가지 핵심직무차원의 영향을 받는다.

① **기술다양성** : 특정 직무를 수행하는데 요구되는 기술의 종류를 의미한다. 기술다양성이 높은 직무는 한 개인이 수행하는 직무의 폭이 넓어지게 된다.

② **과업정체성** : 작업자가 현재 수행하는 직무와 생산되는 제품(완제품)과의 관계를 인식할 수 있는 정도를 의미한다. 즉 직무의 내용이 하나의 제품을 처음부터 끝까지 완성시킬 수 있도록 구성되어 있는가 아니면 제품의 어느 구체적인 부분만을 만들도록 되어 있는가를 의미한다.

③ **과업중요성** : 작업자가 현재 수행하고 있는 직무가 제품의 완성에 얼마나 중요한 역할을 하고 있는가를 인식하는 정도를 의미한다. 일반적으로 성장욕구가 큰 작업자에게 보다 중요한 직무를 맡기는 것이 효과적이다.

---

3) MPS = (기술다양성+과업정체성+과업중요성)/3 × 자율성 × 피드백. 이 공식에서 중요한 것은 자율성과 피드백의 차원을 강조하고 있다는 점이다. 이 두 차원을 곱의 관계로 추가한 것은 그들 중 어느 하나가 0에 가까워지면 다른 차원들이 아무리 높은 점수를 갖는다고 하더라도 전체 MPS가 낮아진다는 것을 의미한다. 또한, MPS가 높은 직무는 성장욕구가 높은 작업자에게 배정하고 MPS가 낮은 직무는 성장욕구가 낮은 작업자에게 배정하는 것이 바람직하며, 직무특성이론에 의한 직무재설계는 생산성과 같은 양적 성과에 미치는 영향은 미비하나 질적 성과에 미치는 영향은 크다.

④ 자율성 : 작업자들이 직무수행에 필요한 작업의 일정계획, 작업방법, 작업절차를 결정하고 선택하는 데 있어서 작업자 개인에게 부여된 의사결정권한의 정도를 의미한다. 이는 직무충실(job enrichment)과 관련이 깊다.

⑤ 결과의 피드백 : 작업자에게 그들의 과업수행결과에 대해서 정보를 전달하는 정도를 의미한다. 일반적으로 직무를 수행하는 과정에서 직무수행자가 자신이 얼마나 잘 하고 있는지를 실시간으로 알려주면 그로 인한 효과를 기대할 수 있다.

3) 중요심리상태

핵심직무특성차원은 각각 의미감(meaningfulness), 책임(responsibility), 지식(knowledge)이라는 특정한 중요심리상태를 형성하는 경우에만 개인 및 작업성과에 긍정적인 영향을 미치게 된다.

① 의미감 : 특정 직무가 직무수행자에게 보람과 긍지를 느끼게 해야 한다는 것이다. 핵심직무특성차원 중 기술다양성, 과업정체성, 과업중요성과 관련되어 있다.

② 책 임 : 직무수행자가 자신의 행동에 따라서 직무의 성과가 달라질 수 있다는 것을 인식할 수 있는 정도이다. 핵심직무특성차원 중 자율성과 관련되어 있다.

③ 지 식 : 직무수행자가 수행한 성과가 얼마나 유효한가를 알고 있는 정도이다. 핵심직무특성차원 중 결과의 피드백과 관련되어 있다.

(4) 근무시간 설계

① 압축근무시간제(compressed work hours) : 근무일수를 압축하는 개념으로 주당 40시간 근무를 기준으로 할 경우에 근무시간을 압축하여 주 4일 근무, 하루 10시간 근무하는 형태의 근로시간 설계이다.

② 선택적 근로시간제(flexible worktime) : 하루 8시간 근무를 지키면서 핵심시간이라고 하는 공통근무시간대를 정해 놓고 그 시간 이외의 시간은 자유롭게 출퇴근을 하도록 하는 제도이다.

③ 부분시간근로제(part-time work) : 정규근무시간보다 적게 근무하면서 이에 상응하는 낮은 급여가 지급되는 경우이다.

④ 교대근무제(shift work) : 제품의 생산을 늘릴 필요가 있는 경우에 1일 근무시간의 연장을 위해 교대근무제를 도입할 수 있다. 이는 생산시설의 확장과 관계없이 생산장비를 1일 24시간 가동해야 하는 자동화공장이나 연속공정산업, 병원 등에서 주로 활용되고 있다.

⑤ 직무공유제(job sharing) : 비교적 최근에 등장한 개념으로 둘 또는 그 이상의 근로자가 주당 40시간의 근무시간을 나누어 담당하는 것이다. 예를 들어, 한 사람이 오전 9시에서 정오까지 근무하고 오후 1시부터 6시까지 다른 사람이 일을 하거나 두 사람이 교대로 하루씩 일을 할 수도 있다. 이러한 근무제도는 기업이 불황 등으로 종업원의 일부를 감축하거나 일시

해고 시켜야 하는 경우에 이를 대체하는 방안으로 활용될 수 있다.

⑥ **재택근무(telecommuting)** : 사무실에 직접 출근하지 않고 컴퓨터통신으로 연결된 집에서 일주일에 적어도 이틀 이상 근무하는 형태를 말한다. 재택근무는 대규모의 노동력 풀(pool) 활용이 가능하고 참여직원들의 높은 사기와 낮은 이직률, 사무실 공간비용 절감 등의 장점이 있다. 그러나 근로자의 작업수행과정을 직접 확인하거나 감독할 수 없으며, 오늘날 빈번히 요구되는 팀 중심 작업환경에서 팀워크 형성과 조정을 어렵게 하는 단점도 있다.

제2절 | 확보관리

1. 인적자원계획

(1) 의 의

인적자원계획(human resource planning)이란 기업에서 필요로 하는 인적자원을 적시에 확보하기 위한 인적자원관리 기능을 의미한다. 즉 현재 및 미래의 각 시점에서 기업이 필요로 하는 인원의 수를 예측하고, 이에 대한 사내외 인력공급을 계획해서 인력의 수급을 조정하는 계획활동이다. 따라서 인적자원의 관리를 위한 노력을 조직의 목표와 연결시키는 과정으로 각 직무상의 종업원 수와 유형을 예측하는 것과 소요인력을 공급할 방법을 판단하는 것도 인적자원계획의 범주에 포함된다.

(2) 구 성

인적자원계획은 인적자원의 수요예측, 인적자원의 공급예측, 인적자원의 조치 등으로 구성되어 있다.

① **인적자원의 수요예측** : 외부환경과 내부환경에 기초하여 미래에 필요로 하는 인적자원의 양이나 질의 예측을 통해 계획을 수립하는 것이다. 수요예측기법에는 자격요건분석기법, 시나리오기법, 명목집단법, 델파이법 등과 같은 정성적 방법과 추세분석, 회귀분석, 생산성 비율분석, 작업연구기법(노동과학적 기법), 마코브체인 분석 등과 같은 정량적(계량적) 방법이 있다.

② **인적자원의 공급예측** : 기업에서 요구하는 특정자질을 갖춘 인적자원의 이용가능한 공급에 대한 예측이다. 인사기록카드, 생산성 수준, 이직률, 결근율, 직무 간 이동 등을 통해 공급인원을 예측한다. 인적자원의 공급을 예측하기 위해서는 인적자원의 유형별 규모를 파악하기 위해 기술목록(skill inventory)[4] 분석이나 대체도(replacement chart)[5] 분석이 활용될 수 있으며, 인력변동추이 분석에 마코브체인(Markov chain) 분석이 활용될 수 있다.

③ **인적자원의 조치** : 예상되는 인적자원의 수요를 이용가능한 인적자원의 공급과 맞추는 것이다. 즉 기업은 공급이 특정 시점에서 수요와 같게 되도록 하는 다양한 조치를 시행하게 된다. 인적자원의 수요예측과 공급예측의 결과로 인해 발생하는 활동인 조치활동은 정리해고, 무급휴가, 작업공유, 조기퇴직, 자연감축, 고용, 훈련, 경력관리, 생산성 프로그램(productivity programs) 등의 방법이 있다. 여기서 생산성 프로그램이란 노동력의 생산성을 극대화시키기 위하여 특별한 프로그램을 신설하는 방법으로 고용의 증가 없이 이용가능한 인적자원의 공급을 증가시키는 방법이 된다.

---

[4] 기술목록(skill inventory)은 개인의 직무적합성에 대한 정보를 정확하게 찾아내기 위한 도구이며, 일반적으로 종업원 개인의 학력, 직무경험, 기능, 자격증, 교육훈련 경험 등이 포함된다.

[5] 조직 내 특정직무가 공석이 된다고 가정할 경우 누가 여기에 투입될 수 있을 것인가를 파악할 수 있게 작성된 표이다. 대체도는 구성원들의 연령, 성과수준, 승진가능성 등에 초점을 두어 이를 시각적으로 표시한 것으로 이를 통해 현재의 조직구성원들로서 충원될 수 있는 직무가 어떠한 것들이 있는가를 살펴볼 수 있으므로 특히 구성원들의 장기근속을 전제로 하는 기업에 있어서 매우 중요하다.

⟨인적자원의 부족과 과잉에 대한 대응전략⟩

인력부족에 대한 대응전략	인력과잉에 대한 대응전략
1. 초과근무확대 2. 훈련을 통한 능력개발 3. 신규채용 4. 임시직 및 계약직원 고용 5. 퇴직자 재고용 6. 해외생산거점 이전 7. 외국인 근로자 채용 8. 휴일근무 9. 적은 인원이 필요한 직무재설계	1. 다른 직무의 수행이 가능하도록 교육훈련 제공 2. 자연 감소 및 신규채용 동결 3. 조기퇴직 또는 명예퇴직 유도 4. 임시직 및 계약직 축소 5. 전출 6. 근로시간 단축 7. 초과근무단축 8. 정리해고 또는 일시해고 9. 직무공유제

2. 모 집

(1) 의 의

모집(recruitment)이란 인력선발을 전제로 양질의 지원자를 확보하기 위한 활동을 말한다. 따라서 모집은 조직의 유능한 인재를 선발하는 것이며 선발을 전제로 하여 실질적인 인적자원을 조직으로 유인하는 과정이라고 할 수 있다. 이러한 모집과정에서 중요한 것은 지원자들에게 **모집대상이 되는 직위나 직책에 대한 정확한 정보**(realistic job preview, 현실적 직무소개)가 주어져야 한다는 것이다. 인적자원계획에 의해 인력을 확보하고자 할 때에는 조직내부에서 충원하는 방법과 조직외부에서 충원하는 방법이 고려될 수 있으며, 내부에서 지원자를 확보하는 것이 쉽지 않은 경우에는 기업이 필요로 하는 인력선발의 계획을 외부에 알려서 지원자를 모을 수 있다. 따라서 모집은 그 원천에 따라 내부모집과 외부모집으로 구분할 수 있다.

(2) 모집의 유형과 주요 지표

1) 모집의 유형

① **내부모집** : 조직 내의 현직 종업원을 대상으로 수행되는 모집활동을 의미한다. 내부모집에는 기술목록(skill inventory)을 활용한 방법과 사내공개모집 등이 있다. 기술목록을 활용하는 방법은 종업원들에게 비공개로 진행되는데, 공개적으로 이루어진다면 충분한 자격을 가진 사람이 다른 기업으로 스카우트되어 빠져나갈 수 있다는 위험이 있다. 사내공개모집은 직무에 공석이 생겼을 때 회사가 외부모집을 하기 전에 사내 직원들에게 사보나 사내게시판을 통해 공지하여 관심 있는 사람들이 지원하게 만드는 방법으로 대기업에서 주로 사용한다.

② **외부모집** : 조직 외에 있는 인적자원을 대상으로 수행되는 모집활동을 의미한다. 외부모집의 방법으로는 광고, 고용 에이전시(employment agencies), 인턴제도(internship), 기존 종업원의 추천, 교육기관의 추천, 자발적 지원, 웹기반 모집(web-based recruitment) 등의 방법이 있다.

⟨내부모집과 외부모집의 장·단점⟩

구 분	장 점	단 점
내부모집	• 지원자에 대한 정확한 평가 가능 • 내부인력의 조직 및 직무지식 활용 가능 • 외부인력 채용에 따르는 위험(조직적응 실패 등)의 제거 • 재직자의 개발동기부여와 장기근속유인 제공 • 적응시간 단축 • 신속한 충원과 충원비용 절감 • 하급직 신규채용 수요 발생	• 과다경쟁 유발 가능 • 인재선택의 폭이 좁아짐 • 조직의 폐쇄성 강화 • 조직 내 위험요소 존재(불합격자의 불만 등) • 인력수요를 양적으로 충족시키지 못할 가능성이 높음(내부승진으로 인해 전체 인원이 증가하지 않으므로 항상 일정수의 인력부족 발생 가능)
외부모집	• 인재선택의 폭이 넓어짐 • 조직분위기의 쇄신 • 이미 자격을 갖춘 자의 선발로 인한 직무훈련비용 절감 • 인력수요에 대한 양적 충족 가능 • 새로운 지식 및 경험의 축적 가능	• 기존 종업원과의 마찰 발생 가능 • 많은 적응시간 발생 • 많은 충원시간과 충원비용이 발생 • 내부인력의 승진기회 축소

2) 주요 지표

① **산출비율** : 지원자들이 모집과 선발의 각 단계에서 어떻게 인원이 선택되고 축소되는지를 보여주는 비율이다. 모집평가를 위해서 산출비율(yield ratio)을 측정하는 이유는 각 선발단계에서 선발이 효과적으로 되기 위해서 필요한 적정한 지원자의 풀(pool)이 형성되고 있는지를 점검하려고 하는 것이다. 산출비율은 각 단계별로 모집과 선발과정에서 지원자 중에서 선택되는 인원을 비교하여 측정한다.

② **선발비율** : 지원자 가운데 최종 선발된 인원의 비율을 말한다. 선발비율은 특정집단의 인적자원 중에서 실제로 선발되는 인적자원이 얼마인지를 보여준다.

③ **수용비율** : 선발에 최종합격하고 회사로부터 채용제의(job offer)를 받은 지원자가 실제로 채용제의를 받아들여 입사하는지를 나타내는 지표인데, 최종합격자 가운데 입사자의 비율로 측정한다. 따라서 수용비율은 해당 조직이 채용하기를 원하는 지원자를 성공적으로 유치할 수 있는 능력을 나타낸다.

④ **기초비율 또는 기초성공률** : 모집의 질적 성공을 측정하는 지표이다. 기초비율 또는 기초성공률은 지원자들 가운데 선발과정을 거치지 않고 무작위로 선택하여 채용했을 때 일정기간이 경과한 후 업무수행에 성공적인 사람이 얼마나 있는지를 보여주는 비율이다. 즉 지원자 가운데 채용될 경우 성공적으로 회사업무를 수행하고 이직하지 않은 지원자가 얼마나 되는지를 측정하는 지표이다. 기초비율 또는 기초성공률이 높다는 의미는 총 지원자 가운데 자격을 갖춘 지원자의 수가 많다는 의미이다.

3. 선 발

(1) 의 의

1) 개 념

선발(selection)이란 공석이 된 직무를 어떤 지원자가 가장 성공적으로 수행할 수 있는지를 판단하여 지원자들 중에서 우수한 지원자를 선별하는 과정을 의미한다. 선발의 과정에서 고려되어야 하는 원칙은 다음과 같다.

① **효율성의 원칙** : 선발에 있어서 채용자에게 제공할 비용보다 훨씬 큰 수익을 가져다 줄 사람을 선발해야 한다는 원칙이다.

② **형평성의 원칙** : 선발에 있어서 지원자의 조건이 동일하다면 지원자를 차별해서는 안 된다는 원칙이다.

③ **적합성의 원칙** : 기업의 목표와 분위기에 알맞은 사람을 선발해야 하지만, 지나치게 직무적합성만을 따지거나 시험성적 위주로 합격자를 선정하면 입사 후에 조직과 맞지 않아 이직할 확률이 높아지게 된다.

2) 적합성의 판단기준

① **직무중심적 접근** : 충원해야 할 직무의 직무명세서(job specification)를 기준으로 직무를 가장 만족스럽게 수행할 수 있는 적격자를 선발하는 방법이다. 즉 지원자의 배경이나 다른 측면은 보지 않고 공석이 된 직무의 자격요건을 지원자가 얼마나 충실히 갖추고 있느냐를 보는 것이다. 이러한 접근법은 잠재능력보다는 실제 경험에 중점을 두며, 장기적인 개발가능성보다는 현재의 실적가능성을 더 강조한다.

② **경력중심적 접근** : 직무명세서의 자격요건보다 지원자의 전체적인 능력을 중심으로 기업에 기여할 수 있는 잠재적인 공헌도를 예측하여 적격자를 선발하는 방법이다. 이 접근법은 지원자의 지능이나 자질, 잠재능력, 장기적인 능력개발가능성을 더욱 강조한다. 즉 지원자가 채용되었을 때 조직에서 경력을 쌓아가는 과정에 중장기적으로 발휘하는 능력을 중시하는 것이다.

③ **기업문화중심적 접근** : 인적자원이 기업의 문화에 적합한지를 선발의 주요 기준으로 삼아 선발하는 방법이다. 즉 인적자원이 해당 기업 내에서 직무를 수행해야 하기 때문에 기업문화에 인적자원이 적합하지 않으면 원활한 직무수행이 쉽지 않을 수 있다.

> **참고** 인력선발의 기준
>
> 인력선발의 과정에는 신뢰성, 타당성, 일반화, 유용성, 합법성의 5가지 기준이 존재하고, 이 중 합법성을 제외하고는 서로 관련성이 있다.
>
> ① **신뢰성** : 성과측정이 확률적 오차로부터 자유로운 정도를 의미한다.

② **타당성** : 선발도구로부터의 성과가 직무로부터의 성과를 반영하는 정도를 의미한다.
③ **일반화** : 한 상황에서 확립된 선발도구의 타당성을 다른 상황에도 적용할 수 있는 정도를 의미한다.
④ **유용성** : 선발방법에 의한 정보가 조직의 최종적인 효과성을 높이는 정도를 의미한다.
⑤ **합법성** : 선발방법이 기존의 법률과 관례에 부합해야 한다는 것을 의미한다.

(2) 선발도구

1) 유 형

선발에 사용되는 선발도구(instrument)에는 다양한 유형이 있는데, 가장 대표적인 유형에는 바이오데이터 분석, 프로파일링(profiling), 선발시험, 선발면접, 평가센터법(assessment center method) 등이 있다.

① **바이오데이터 분석** : 선발에 있어서 개인의 신상에 대한 모든 정보를 활용하는 방법으로 활용되는 정보에는 검증가능한 정보와 검증불가능한 정보를 모두 포함한다.

② **프로파일링** : 성과가 높은 종업원의 표준적인 자질을 데이터화하여 개발된 이상적인 프로파일(ideal profile)과 지원자를 비교하여 유사한 자질을 가진 지원자를 선발하는 방법이다. 일반적으로 이상적인 프로파일과 개별 지원자의 프로파일 간의 유사성을 검증하는 기준에는 수준(level)과 형태(shape)가 있다.

③ **선발시험** : 지원자들이 가지고 있는 능력이나 지식 등을 측정하기 위해 실시하는 시험으로 가장 널리 사용되는 선발도구 중의 하나이다. 대표적인 선발시험에는 능력검사(ability test), 성격 및 흥미도 검사(personality and interest test), 실무능력 검사(work sample test) 등이 있다.

④ **선발면접** : 면접자와 지원자가 서로 정보를 교환하는 쌍방향의사소통의 선발도구로 선발시험과 함께 가장 널리 사용되는 선발도구 중의 하나이다. 선발면접은 후광효과, 일관성의 결여, 중심화경향 등의 한계를 가지고 있기 때문에 면접만으로 선발하는 것은 문제가 있다. 선발면접은 질문의 내용을 기준(질문내용의 공개여부)으로 구조적 면접[6]과 비구조적 면접[7]으로 분류할 수 있으며, 피면접자의 수에 따라 집단면접[8]과 위원회면접[9]으로 분

---

[6] 구조적 면접은 직무명세서를 기초로 질문항목을 미리 준비하여 면접자가 피면접자에게 질문하는 것이다. 이 방법은 면접관 개인의 편견과 상동적 태도(stereotyping)를 어느 정도 배제할 수 있어 선발의 신뢰성과 타당성을 높일 수 있고, 돌발적이고 즉흥적인 질문으로 지원자 간 비교가능성을 저해하거나 법적인 문제를 발생시킬 가능성이 적다는 장점을 가진다. 그러나 구조화된 면접질문들은 대체로 보편적이고 상식적인 질문이 대부분이기 때문에 지원자들이 사전에 질문에 대비하여 면접에 임하게 되어 지원자의 본심을 파악하는 것이 어렵고, 질문항목의 개발이 직무분석을 전제로 하고 있다는 단점이 있다.

[7] 비구조적 면접은 특정한 질문서목록 없이 면접자가 중요하다고 생각하는 내용을 질문하는 면접형태이다. 이 방법은 지원자에 따라 자연스러운 질문을 던지고 지원자는 자신에게만 해당하는 질문에 자연스럽게 답할 수 있고, 지원자마다 받게 되는 질문이 다를 수 있기 때문에 질문의 보안도 유지되고 사전에 질문에 대한 연습이 불가능하여 지원자의

류할 수 있다. 이 외에도 **상황면접과 스트레스(압박) 면접**도 선발면접의 방법으로 활용될 수 있다. 선발면접은 첫인상에 입각한 오류, 면접자가 면접시간을 주도하는 행동, 질문의 일관성 문제, 후광효과, 대비효과, 면접자의 편견, 비언어적 행동 등 다양한 오류가 발생할 수 있다.

⑤ **평가센터법** : 다수의 지원자를 특정 장소에 며칠간 합숙시켜 여러 종류의 선발도구를 동시에 적용하여 지원자를 평가하는 방법이다. 관리직 인적자원을 선발할 때 주로 사용하는 선발도구이며 지원자의 능력 및 개인적 특성을 파악하는데 다른 선발도구보다 우수하다고 알려져 있다. 그러나 선발비용이 많이 발생한다는 단점이 있다.

2) 적용방법

일반적으로 직무수행의 다양성으로 인해 하나의 선발도구로 지원자를 선발하는 경우는 거의 없다. 대부분의 직무는 단순직무가 아니기 때문에 다수의 선발도구를 활용하는 방법으로 보다 완벽한 정보를 얻을 수 있고 상황에 따라 유연하게 운용할 수 있다. 다수의 선발도구를 적용하는 방법에는 종합적 평가법과 단계적 제거법이 있다.

① **종합적 평가법** : 모든 지원자들은 다수의 선발도구를 모두 경험하고 그 결과에 따라 합격자가 결정되는 방법이다. 이 방법은 하나의 선발도구에서의 실수를 다른 선발도구를 통해 만회할 수 있기 때문에 보완적 방식(compensatory rule)이라고 하며, 최소 자격요건이 없는 경우에 주로 사용된다. 모든 지원자가 모든 선발도구를 경험하기 때문에 시간과 비용이 많이 드는 단점이 있지만, 모든 정보를 선발과정에서 활용할 수 있고 우수한 지원자를 놓칠 위험성이 낮다는 장점이 있다.

② **단계적 제거법** : 선발과정에 있어 다음 단계로 진행하기 위해서는 그 전 단계를 통과해야 하는 방법이다. 이 방법은 하나의 선발도구에서의 실수를 다른 선발도구를 통해 만회할 수 없기 때문에 비보완적 방식(noncompensatory rule)이라고 한다. 일부 지원자들만 다수의 모든 선발도구를 경험하기 때문에 시간과 비용이 저렴하다는 장점이 있지만, 우수한 지원자를 탈락시킬 위험성이 크다는 단점이 있다.

본심을 잘 파악할 수 있다는 장점을 가진다. 그러나 질문에 일관성이 없고 모든 지원자에게 동일한 질문이 주어지지 않기 때문에 비교가능성이 저해되어 지원자의 면접점수를 상호비교하는 것이 어렵다는 단점이 있다. 또한, 면접관 자신의 편견이나 상동적 태도(stereotyping)와 면접상황 등이 면접과정에 영향을 줄 수 있다는 단점도 있다.

8) 다수의 피면접자를 한 집단으로 편성하여 공통의 주제를 주어 토론하게 하고 면접관들이 이들의 팀 활동을 평가하거나 여러 명의 피면접자를 상대로 질문하는 방법이다. 이 방법은 여러 명의 지원자를 동시에 관찰할 수 있기 때문에 비교가 용이하며 우수한 지원자를 쉽게 파악할 수 있다는 장점이 있다. 그러나 개별지원자가 가지고 있는 특수한 면을 파악하기에는 제한적이기 때문에 지원자 입장에서 집단면접은 자신이 아는 지식을 과시하는 것도 중요하지만 집단 전체가 주어진 주제에 적절한 솔루션에 도달하는 방향으로 행동하는 것이 중요하며, 집단토론에서 별로 발언을 하지 않는 소극적 자세를 보이는 지원자는 좋은 성적을 거두기 어렵다는 단점이 있다.

9) 다수의 면접자가 한 명의 피면접자를 평가하는 방법이다. 한 명에 대해 여러 사람이 동시에 관찰하므로 평가에 있어 신뢰도가 높은 장점을 가지는 반면에 다수의 면접자 앞에서 피면접자가 심리적으로 위축될 경우에는 평가의 신뢰도가 저하될 수 있고, 집단면접보다 시간이 많이 소요된다는 단점이 있다.

3) 선발도구의 평가 : 신뢰도분석

신뢰도분석(reliability analysis)이란 해당 선발도구가 어떠한 상황에서도 동일한 결과를 나타내는 일관성을 가지는지를 측정하는 분석을 의미한다. 장소나 시간에 따라 선발도구의 결과가 영향을 받거나 선발도구의 해석에 따라 결과가 다르다면 선발도구의 안정성이 저해되는 것이고 이로 인해 신뢰도에도 손상을 초래하게 된다. 즉 어떤 선발도구로 한 사람을 반복하여 측정하였을 때 결과가 항상 일정하다면 그 선발도구는 신뢰도가 높은 것이고, 시간과 장소에 따라 또는 평가자에 따라 다르게 나온다면 일관성이 없어 신뢰도가 낮은 것이다. 선발도구의 신뢰도는 선발도구의 타당도를 높이기 위한 필수조건이기도 하며, 특정 선발도구가 선발에 사용되려면 일반적으로 신뢰도가 0.8 이상이 되어야 한다. 신뢰도를 측정하는 대표적인 방법은 다음과 같다.

① **시험-재시험법** : 선발도구의 측정결과가 안정적인지를 알아보기 위해서 동일한 집단에게 동일한 시험을 시간적 간격을 두고 재실시하여 두 측정치의 일치정도를 측정하는 방법이다. 즉 두 시점에서 시험을 실시한 후에 이 시험결과들 간의 상관관계를 구하여 특정시험의 신뢰도 정도를 판단한다. 단, 첫 번째 시험의 기억이 두 번째 시험의 시행에 아무런 영향을 미치지 않아야 한다.

② **대체형식법** : 필기시험 문제처럼 동일한 문제를 사용하여 재시험을 보게 되면 피평가자가 이미 첫 번째 시험을 통해 지식을 습득하였으므로 재실시가 의미가 없게 된다. 이럴 경우에는 동일한 유형의 난이도가 유사한 시험을 재실시하여 신뢰성을 검증한다.

③ **평가자 간 신뢰도 측정** : 복수의 평가자가 동일 시점에 동일한 평가대상을 평가할 때 평가자들이 얼마나 동일하게 평가하는지를 검증하는 것을 말한다. 평가자들의 1차 평가결과 가장 높은 점수와 가장 낮은 점수를 제외하고 나머지 점수를 평균해서 평가값을 결정하는 방법은 예외적인 평가(outliers)를 배제하고 평가자 간 신뢰도를 높이기 위한 노력이라고 할 수 있다.

④ **내적 일관성에 의한 신뢰도 측정** : 내적 일관성은 특정 피평가집단에 대해서 하나의 평가표로 측정한 결과만 있을 때 평가항목 점수들 간의 일관성(consistency)을 말한다. 예를 들어, 지원자의 성격이 외향적인지 또는 내향적인지를 측정하기 위해 5개의 질문이 주어졌을 때 이 질문들에 대한 대답을 일부는 외향적인 요소에 대답하고 일부는 내향적인 요소에 대답한다면 이는 내적 일관성이 결여된 것이다.

4) 선발도구의 평가 : 타당도분석

타당도분석(validation)이란 측정도구가 측정하고자 하는 대상을 올바르게 측정하고 그 측정결과가 측정하고자 하는 대상이 갖는 사실 상태를 그대로 나타내고 있는가를 분석하는 것을 의미한다. 일반적으로 타당도분석에는 직무성과(job success), 예측값(predictors), 선발도구(instrument) 등의 요소들이 포함된다.

① 기준타당도(criterion validity) : 선발도구의 결과와 실제성과와의 상관계수이다. 따라서 기준타당도는 통계적인 방법을 통해 측정된다. 기준타당도는 다시 현직 종업원을 대상으로 측정되는 동시(현재)타당도(concurrent validity)와 지원자를 대상으로 측정되는 예측(미래)타당도(predictive validity)로 구분할 수 있다.

〈동시타당도와 예측타당도의 장·단점〉

구 분	장 점	단 점
동시타당도	• 관리적 측면에서 볼 때, 시간이 적게 들고 편리하다. • 예측수단과 기준에 대한 점수가 획득됨과 동시에 타당도 검증의 결과를 알 수 있다.	• 현직 종업원은 지원자와 마찬가지로 열성적으로 시험에 응하지 않는다. • 현직 종업원은 여러 가지 측면(교육수준, 연령 등)에서 지원자와 다를 수 있기 때문에 현직 종업원을 대상으로 하는 타당도 검증이 미래의 지원자에게도 일반화될 수 있을지 의문이다.
예측타당도	• 예측수단에 대한 점수를 지원자로부터 얻기 때문에 동시타당도 검증의 단점을 극복할 수 있다. • 지원자들은 타당도 검증의 대상이 되는 예측수단에 대해서 동일하게 열성적으로 응시한다.	• 예측타당도 검증은 관리적 측면에서 볼 때 편리하지도 않고 신속하지도 않다. • 기준에 대한 점수는 시간이 경과한 후에 얻어지므로 타당도 검증의 결과를 즉시 알 수 없다.

② 내용타당도(content validity) : 선발도구의 내용이 얼마나 실제업무와 유사한가를 측정하는 타당도이다. 내용타당도는 측정대상의 취지를 얼마나 선발도구에 담고 있는가를 측정하는 것인데, 해당 직무에 대해 풍부한 지식을 가지고 있는 전문가들의 주관적인 판단에 의해 측정된다. 일반적으로 선발도구의 내용이 실제업무에 유사할수록 내용타당도는 커진다.

③ 구성타당도(construct validity) : 선발도구의 측정치가 가지고 있는 이론적 구성과 가정을 측정하는 타당도이다. 즉 선발도구의 측정항목들이 얼마나 이론적 속성에 부합되고 논리적인지를 표시하는 지표로 해당 선발도구가 측정도구로서의 적격성을 갖고 있는지를 나타낸다. 일반적으로 구성타당도는 요인분석(factor analysis)과 같은 통계적인 방법을 통해 측정된다.

5) 선발오류

선발오류는 예측값의 잘못으로 발생한다. 선발도구에 의해 지원자를 평가한다면 선발도구의 타당도가 1이 아닌 이상 1종오류(type 1 error)와 2종오류(type 2 error)가 발생하게 되지만 타당도나 신뢰도를 증가시킴으로써 선발오류를 감소시킬 수 있다.

① 1종오류 : 만약 선발되었더라면 만족스러운 성과를 올릴 수 있었던 지원자를 선발도구의 결과가 합격선에 미달하여 실제로 탈락시키는데서 발생하는 오류이다. 일반적으로 1종오류는 종합적 평가법을 적용하면 감소시킬 수 있다.

② **2종오류** : 선발도구의 결과는 합격선을 초과하였지만 실제성과는 만족스럽지 못한 지원자를 선발하는데서 발생하는 오류이다. 2종오류로 인해 선발된 선발자는 조직내부에 남아 있게 되기 때문에 기업의 관점에서는 2종오류에 더 큰 관심을 가지게 된다. 따라서 기업은 2종오류를 줄이기 위한 노력을 하게 되고, 선발비율(selection ratio, 합격자수/지원자수)의 감소를 통해 2종오류를 감소시킬 수 있다.

인적자원의 개발

제1절 | 교육훈련과 경력개발

1. 교육훈련

(1) 의 의

교육훈련(education & training)이란 인적자원의 직무에 대한 지식이나 기술을 증진시키고 직무태도나 직무행동을 개선함으로써 개인의 자기개발(사회적 효율성)과 기업의 목표달성(경제적 효율성)에 기여하도록 하는 공식적 절차를 의미한다. 즉 구성원들이 직무를 수행하는 데 필요한 지식(knowledge), 기술(skill), 능력(ability) 등을 배양시켜 조직의 목적을 달성하도록 돕는 과정이라고 정의할 수 있다. 신규로 인적자원을 선발했다면 기업은 선발된 인적자원들이 수행해야 할 직무에 대한 기술직 지식을 습득하고 능력을 최대한 개발할 수 있도록 도움을 줘야 한다. 또한, 현직 종업원의 자질을 높이고 경쟁력을 제고시키기 위한 체계적이고 종합적인 교육훈련이 필요하다. 물론, 교육(education)과 훈련(training)은 별개의 개념으로 보편적 지식을 학습하는 교육과 특정 기능이나 기술을 학습하는 훈련으로 구분할 수도 있지만, 일반적으로 두 개념을 통합하여 교육훈련이라고 한다.

(2) 교육훈련 프로세스

교육훈련은 '교육훈련 필요성(수요)분석 → 교육훈련 설계 → 교육훈련 실시 → 교육훈련 평가'의 프로세스를 통해 이루어진다.

1) 교육훈련 필요성(수요)분석

교육훈련은 조직의 목표를 달성하는 데 그 목적이 있다. 따라서 교육훈련을 실시하기 위해서 조직의 목표를 정확히 파악하고 그 목표를 달성하기 위해 교육훈련이 도울 수 있는 방안을 모색하는 일이 선행되어야 한다. 즉 조직목표를 달성하기 위해 조직이 어떤 교육훈련을 필요로 하고 있는지 필요성(수요)분석을 해야 한다는 것이다. 이러한 교육훈련의 필요성(수요)분석을 위한 대표적인 방법에는 **자료조사법**(records and reports),[10] **작업표본법**(work samples),[11]

---

[10] 자료조사법은 해당기업이 보유하고 있는 제 기록들을 검토하여 교육훈련의 필요성을 밝혀내는 기법으로서 자료의 종류는 기업마다 매우 다양하다. 예를 들어, 종업원 업적기록, 지각률, 이직률, 불량률, 인사평가, 고충처리 내용, 경력개발계획, 조직개발계획, 인력계획, 퇴직자 면접자료 등이 있다.

[11] 작업표본법은 일선 작업장에서 종업원이 수행한 작업결과의 일부를 검토하여 해당 작업자 또는 작업집단에 대한 교

질문지법(questionnaires),12) 전문가 자문법(key consultations),13) 면접법(interviews),14) 델파이법(Delphi method)15) 등이 있다.

2) 교육훈련 설계

교육훈련 수요조사의 결과 교육의 대상과 목표가 결정되면 구체적으로 교육훈련을 설계하여야 한다. 교육훈련의 설계에는 학습자의 준비정도,16) 학습자의 학습유형,17) 교육훈련의 전이18) 등이 고려되어야 한다.

3) 교육훈련 실시

교육훈련이 설계되면 시험과정을 거쳐 교육훈련이 실시된다. 교육훈련이 실시되는 단계에서는 교수방법이 중요해진다. 교수방법에 문제가 발생하면 아무리 잘 설계된 교육훈련도 효과가 저하된다. 따라서 교육훈련의 대상과 주어진 조직환경에 따라 교수방법을 적절히 선택하여야 한다.

4) 교육훈련 평가 : 커크패트릭의 교육평가모형

교육훈련의 효과를 측정하는 것은 매우 중요한 부분이지만, 가장 잘 안 되는 부분이기도 하다. 일반적으로 기업은 교육훈련의 지속여부 결정, 교육훈련의 개선, 실무와 교육훈련과의 연계성 강화, 교육훈련의 가치 극대화 등을 목적으로 교육훈련의 효과를 측정한다. 교

육훈련의 필요성 여부를 판단하는 기법이다. 이 기법의 핵심은 어떤 작업표본을 선택할 것인가에 대해서 비밀이 유지되어야 한다는 점이다.

12) 질문지법은 종업원을 대상으로 질문지를 통해 태도조사, 문제점 조사 등을 실시하여 교육훈련의 필요성을 파악하는 것이다.
13) 전문가 자문법은 기업의 내부 및 외부에서 교육훈련 전문가에게 해당기업의 교육훈련의 필요성을 파악하도록 의뢰하는 것을 말한다. 기업내부의 경우에는 최고경영자나 관리자로 구성된 위원회 등이 전문가로서 활용될 수 있으며, 기업외부의 경우에는 교육훈련 관련 컨설팅 회사의 도움을 받는 것이다.
14) 면접법은 교육훈련 담당자가 필요하다고 판단되는 종업원을 개인 또는 집단으로 면접함으로써 교육훈련의 필요성에 관한 정보를 획득하는 기법이다.
15) 델파이법은 교육훈련에 대한 풍부한 경험을 가진 전문가로 구성된 집단이 일련의 과정을 거치면서 교육훈련의 필요성을 파악하는 기법이다.
16) 교육훈련의 목적과 프로그램이 아무리 훌륭하여도 그 교육훈련을 받는 학습자의 학습능력이 떨어지거나 동기부여가 결여되면 교육훈련의 성공을 기대할 수 없다. 따라서 학습자의 준비정도에 맞게 교육훈련이 설계되어야 한다.
17) 오디오형 학습자(auditory learner), 촉각형 학습자(tactile learner), 비디오형 학습자(visual learner) 등의 학습자의 학습유형을 교육훈련 설계에 반드시 고려하여야 한다. 기업에서 실시하는 교육훈련은 성인들을 대상으로 하는 교육이기 때문에 이들은 스스로 교육훈련을 리드하기를 원하고 추상적이고 이론적인 내용보다는 실무 지향적이고 자신이 하는 업무와 직접적으로 관련이 있는 교육내용을 잘 받아들이는 특성이 있다. 따라서 성인교육인 기업교육은 학습자가 스스로 문제해결을 할 수 있으며, 업무와 관련성이 높은 내용을 학습할 수 있도록 설계되어야 한다.
18) 교육훈련의 전이(transfer of training)란 교육대상자가 교육훈련을 통해 획득한 지식, 기술, 능력을 자신의 업무에 효과적이고 지속적으로 적용하는 것을 말한다. 교육훈련의 전이가 일어나면 교육훈련 참가자는 자신의 담당업무에 교육훈련 받은 내용을 적용하고 업무의 성과를 향상시킬 수 있다. 여기서 전이(transfer)는 업무의 개선을 수반할 경우에는 긍정적 효과를 의미하며, 교육훈련의 전이가 오히려 업무의 성과를 저해할 경우에는 부정적인 효과가 될 것이다.

훈련의 효과를 평가하기 위해 가장 많이 활용되는 평가모형이 커크패트릭(Kirkpatrick)의 교육평가모형인데, 반응(reaction), 학습(learning), 행동(behavior), 성과(result)의 4가지 평가수준으로 구성되어 있다. 또한, 평가하고자 하는 영역이 분명하며, 단순한 구조로 인해 설명하고 이해하기 쉬운 특징을 가지고 있다.

① 반응평가 : 교육참가자들이 그 교육훈련에 대해 어떻게 생각하는지를 측정하는 것으로 학습자의 만족도를 측정하는 것이라고 할 수 있다. 즉 교육참가자가 교육훈련을 통해 받은 인상을 기준으로 교육훈련을 평가하는 것을 말한다. 주로 교육훈련이 끝난 직후 참가자들을 대상으로 설문조사를 실시하여 교육훈련이 유익하였는지, 배운 내용이 양적이나 질적으로 적절하였는지, 흥미가 있었는지를 측정한다.

② 학습평가 : 교육훈련의 참가결과로 얻어진 참가자들의 태도변화, 지식 및 기술의 향상정도를 의미한다. 교육훈련을 통해 제시된 원리, 사실, 기술에 대한 이해와 습득정도를 평가수준으로 삼으며, 교육훈련의 목적에 따라 평가내용이 달라질 수 있다. 평가대상자는 학습자이고 평가자는 강사와 진행자이다. 학교에서 실시하는 시험이나 연수원에서 실시하는 평가가 주로 학습평가에 해당하는 평가방법이다.

③ 행동평가 : 교육훈련에 참가한 참가자들의 행동변화를 측정하는 것으로 교육훈련을 통해 습득한 지식이 참가자들에게 실제로 얼마나 잘 전이되었는지를 평가하는 것이다.

④ 성과평가 : 교육훈련의 참가결과가 조직의 개선에 얼마나 기여했는지를 평가하는 것이다. 특히, 교육훈련 실시결과가 조직의 발전과 개선에 미치는 영향을 중시한다. 성과의 지표로서는 불량률, 매출액, 업무수행시간, 비용, 직원 이직률 등이 있으며, 성과지표를 교육 전과 교육 후 특정시점을 비교하여 측정한다.

(3) 방 법

1) 교육장소별 교육훈련

교육훈련이 이루어지는 장소에 따라 교육훈련을 구분하면 작업장 안에서 교육훈련이 이루어지는 직장 내 교육훈련(on the job training, OJT)과 작업장 밖에서 교육훈련이 이루어지는 직장 외 교육훈련(off the job training, off JT)으로 구분할 수 있다. 이 외에 최근에는 이러닝(e-learning)을 실시하는 기업이 크게 증가하고 있다.

① 직장 내 훈련 : 직무수행과 교육훈련이 동시에 이루어지는 형태의 교육훈련이다. 일반적으로 1명의 교육실시자별로 소수의 교육대상자가 할당된다.

② 직장 외 훈련 : 직무수행과 교육훈련이 별도로 이루어지는 형태의 교육훈련이다. 따라서 직장 외 훈련은 작업장과는 별도로 연수원이나 교육원 등과 같은 교육훈련을 담당하는 전문교육시스템에 의해서 실시된다. 일반적으로 1명의 교육실시자별로 다수의 교육대상자가 할당된다.

〈직장 내 훈련과 직장 외 훈련의 장·단점〉

구 분	장 점	단 점
직장 내 훈련	• 교육훈련이 현실적이고 실제적이다. • 상사나 동료 간의 협동정신이 강화된다. • 교육훈련과 생산이 직결되어 경제적이다. • 종업원이 개인적 능력에 따른 교육훈련이 가능하다.	• 많은 종업원을 한 번에 훈련시킬 수가 없다. • 작업과 교육훈련 모두 철저하지 못할 가능성이 있다. • 통일된 내용을 가진 교육훈련이 어렵다. • 작업수행의 지장을 초래할 수 있다.
직장 외 훈련	• 많은 종업원에게 통일적으로 수행할 수 있다. • 전문적 지도자 밑에서 집중적으로 교육훈련 받을 수 있다. • 직무부담에서 벗어나 교육훈련에만 전념할 수 있다. • 계획적인 교육훈련이 가능하다.	• 작업시간의 감소와 교육훈련시설 설치 및 이용에 따른 추가적인 경제적 부담이 발생한다. • 교육훈련결과를 현장에서 바로 활용하기가 곤란하다.

③ 이러닝 : 이러닝은 인터넷이나 사내 인트라넷(intranet)을 사용하여 실시하는 온라인 교육을 의미한다. 오늘날 정보기술의 발전과 이러닝 컨텐츠의 개발로 이러닝을 실시하는 기업이 크게 증가하고 있다. 이러닝은 시간과 장소에 구애받지 않고 교육대상자가 학습의 속도를 조절하면서 교육훈련을 실시할 수 있다는 장점을 가지지만, 이러닝을 도입하기 위해서는 직원들의 컴퓨터 사용능력이 어느 정도 갖추어져 있어야 함은 물론, 최초 도입기에 많은 비용이 예상되므로 최고경영자의 이해와 후원이 필수적이다.

2) 종업원 교육훈련

① **신입사원 교육훈련** : 신입사원에게 실시되는 교육훈련으로 교육진행순서에 따라 입직훈련, 기초훈련, 실무훈련의 순서로 진행된다.

② **일선작업자 교육훈련** : 일선작업자를 대상으로 실시되는 교육훈련으로 실습장훈련과 도제제도(apprentice program)가 대표적이다. 실습장훈련은 기업 내 작업장 이외의 별도 공간에 설비를 갖춘 실습장을 마련하여 교육대상자에게 교육훈련을 시키는 방법이고, 도제제도는 직장 내 훈련과 직장 외 훈련을 혼합한 방법으로 교육대상자는 일정기간 동안 작업장 내에서 상급자로부터 기능을 배우고 작업장 이외의 일정한 장소에서는 강의에 참가하는 방식으로 실시되는 교육훈련이다.

3) 경영자 교육훈련

① **일선감독자 교육훈련** : 일선감독자를 대상으로 하는 가장 대표적인 교육훈련에는 작업지시 교육훈련(job instruction training, JIT)과 산업 내 훈련(training within industry, TWI)이 있다. 작업지시 교육훈련은 제2차 세계대전으로 말미암아 미국산업에서 갑자기 수백만 명의 숙련공이 전쟁터로 나가게 됨에 따라 새로이 취업하게 된 많은 미숙련공들에 대해 단기간에 직무에 대한 훈련을 시킬 필요성을 느끼게 되어 우선 훈련요원을 교육시키기 위해 만들어진 교육훈련이고, 산업 내 훈련은 작업지시(job instruction), 작업개선방법(job method), 부하통솔(job relation) 등의 3개 과정을 통해 일선감독자를 교육훈련시

키기 위해 고안된 방법으로 실제 사례를 중심으로 일정한 순서를 되풀이함으로써 훈련을 심화하는데 역점을 둔다.

② **MTP와 AMP** : MTP(management training program)는 Fayol의 관리과정론을 중심으로 작성된 교육훈련으로 중간경영자를 위한 대표적인 교육훈련방법이고, AMP(advanced management program)는 최고경영자의 자질 함양과 능력개발을 위해 개발된 교육훈련으로 MTP에 방침이나 각종 관리에 대한 전문적인 기술이나 지식까지 포함된다.

③ **인 바스켓 교육훈련(in-basket training)** : 경영자의 의사결정능력(개념적 능력)을 제고시키기 위해 개발된 것이다. 훈련실시자는 훈련참가자에게 가상의 기업에 대한 정보, 즉 생산제품, 조직구조, 종업원에 대한 정보 등을 제공한 후 이들에게 특정 경영상황에서 문제해결을 위한 의사결정을 하게 한다. 예를 들어, 해당 부서에서 일어날 수 있는 돌발적이고 예외적인 사건들을 유형별로 분류하여 바구니에 섞어 놓고 무작위로 꺼내어 하나씩 해결해 나감으로써 실제 사건에 앞서 미리 해결법을 습득할 수 있다.

④ **비즈니스 게임(business game)** : 기업의 경쟁상황에서 올바른 의사결정능력(개념적 능력)을 제고시키기 위해 개발된 기법이다. 교육참가자들을 3~5명 규모 정도의 팀으로 구성하고, 상대방 기업과의 경쟁에서 이길 수 있는 경영의사결정을 하도록 한다. 게임 중 시행착오로 인해 발생한 일들에 대해서 게임이 끝난 후에 교육참가자들끼리 토론하면서 교육훈련의 효과를 기대할 수 있다.

⑤ **사례연구(case study)** : 경영자의 의사결정능력(개념적 능력)을 향상시키기 위해 도입된 기법으로 기업에서 일어난 일련의 사례들을 교육참가자들에게 제시하고 참가자들은 이 사례를 해결하기 위해 노력하거나 사례의 해결과정을 교육받는다. 이후 유사한 사례가 발생했을 경우 문제점을 파악하고 해결하는 과정에 도움을 얻기 위한 교육훈련방법이다.

⑥ **역할연기법(role playing)** : 경영자뿐만 아니라 일반 종업원을 대상으로 인간관계에 대한 태도 개선 및 인간관계기술을 향상시키기 위한 교육훈련방법이다. 경영자와 하급자가 각각 역할을 바꾸어 수행해 봄으로 인해 서로의 인간관계를 개선할 수 있다.

⑦ **행동모형법(behavior modeling)** : 경영자 및 일반 종업원에게 어떤 상황에 대한 가장 이상적인 행동을 제시하고 교육참가자가 이를 이해하고 따라하면서 모방하도록 하게 하여 행동변화를 유도하는 교육훈련방법이다. 역할연기법은 교육참가자가 주어진 상황에 대한 행동을 본인 스스로 결정하여 연기하지만, 행동모형법에서의 교육참가자는 행동의 종류를 선택할 여지가 없으며 주어진 행동을 반복하여 습득하는 것이다.

⑧ **상호교류분석법(transactional analysis)** : 개인으로 하여금 자신의 행동에 대한 인식을 높임으로써 행동개선을 유도하는 교육훈련방법이다. 개인의 행동은 부모(parents), 성인(adult), 어린아이(child) 등 세 가지의 자아형태에서 형성된다고 가정하고 성인으로서의 행동을 조성해 나가는 것이 이 교육훈련의 목적이 된다. 즉 개인의 특성이나 인간관계의

유형을 다양하게 분석하여 개인이나 집단의 성숙을 목표로 하는 기법이다. 에릭 번(Eric Berne)은 인간관계의 유형에 따라 개인을 부모(parents)의 자아, 어린아이(child)의 자아, 성인(adult)의 자아로 구분할 수 있으며, 가장 이상적인 자아는 성인의 자아라고 주장하였다. 자아인식과 의사소통 개선을 통해 다른 사람이 자신에 대해 올바른 평가를 하게 되고 밀접한 관계도 형성된다.

⑨ 대역법(understudy) : 경영자를 대상으로 직무지식을 획득하기 위한 교육기법이다. 이 기법은 특정 부서의 직속상사 밑에서 미래에 그 자리를 승계할 예정에 있는 자가 같이 일을 하면서 업무에 관한 내용을 교육받는 방법이다. 이 방법은 직장 내 교육훈련(OJT)이 동시에 포함되는데, 우수한 상사가 반드시 우수한 교육자는 아니라는 점을 유념하여야 한다.

⑩ 청년중역회의법(junior board of director) : 중간경영자 또는 하위경영자들에게 조직 전반에 대한 지식을 축적하는데 도움을 주기 위해 일정기간 동안 중역의 역할을 맡겨서 실천해 보고 주기적으로 모여 상호토의하게 하는 교육훈련방법이다. 이러한 과정을 통해 교육대상자는 보다 넓은 안목을 가질 수 있고 중역으로서의 자질을 키워 나가게 되며, 하급자들의 의견을 실제 중역회의에 전달하는 역할을 수행한다.

〈경영자의 능력과 교육훈련방법〉

구 분	개념적 능력 (의사결정능력)	인간적 능력 (인간관계능력)	기술적 능력 (직무나 조직의 지식)
교육훈련방법	• 인 바스켓 교육훈련 • 비즈니스 게임 • 사례연구	• 역할연기법 • 행동모형법 • 상호교류분석법	• 대역법 • 청년중역회의법

4) 액션러닝

액션러닝(action learning)은 조직구성원이 팀을 구성하여 동료와 촉진자(facilitator)의 도움을 받아 실제 업무의 문제를 해결함으로써 학습을 하는 훈련방법이다. 즉 조직 내 시시각각 발생하는 실무적 문제를 해결하는 데 있어서 '행함으로써 배움(learning by doing)'이라는 개인학습의 원리와 협동작업에 의해 문제해결을 보다 효과적으로 추진함으로써 조직의 학습과정을 획기적으로 개선하는 것이다. 따라서 액션러닝은 현장경험(on-the-job experience)을 가장 중시하며, 과제, 학습자집단, 실행전략, 질문과 성찰, 학습에 대한 몰입, 촉진자라는 여섯 가지 요소로 이루어져 있다.

2. 경력개발

(1) 의 의

경력개발(career development)이란 개인측면에서는 한 개인이 일생에 걸쳐 일과 관련하여 얻게 되는 경험을 통해 자신의 직무관련태도, 능력 및 성과를 향상시켜 나가는 과정이고, 조직 측면에서는 한 개인이 입사로부터 퇴직에 이르기까지 경력경로를 개인과 조직이 함께 계획하고 관리하여 개인욕구와 조직목표를 달성해가는 총체적 과정이다. 따라서 경력개발은 조직의 목적과 인적자원의 목적을 통합시켜 인적자원의 경력경로를 체계적으로 계획하고 조정하는 과정을 의미한다. 경력개발을 통해 인적자원은 능력을 최대한 발휘할 수 있으며 조직은 인적자원의 능력을 활용하여 조직의 성과를 높일 수 있다. 일반적으로 경력개발은 경력계획(career planning), 경력경로(career path), 경력목표(career objectives)로 구성된다.

① 경력계획 : 조직의 목표와 인적자원의 목표를 정확히 파악하여 인적자원의 경력목표를 달성할 수 있게 경력경로를 설계하는 과정이다.

② 경력경로 : 인적자원이 조직에서 여러 종류의 직무를 수행함으로써 경력을 쌓게 될 때 수행할 직무들의 배열이다. 경력경로는 전통적 경력경로(traditional career path),[19] 네트워크 경력경로(network career path),[20] 이중 경력경로(dual career path)[21] 등의 형태가 있다.[22]

전통적 경력경로와 네트워크 경력경로

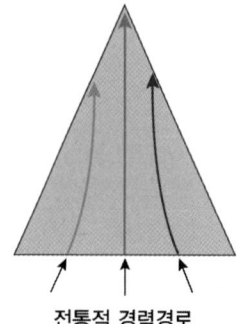
전통적 경력경로

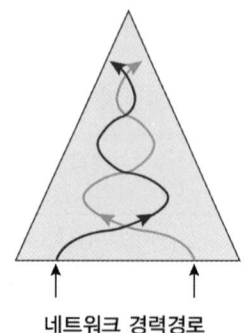
네트워크 경력경로

---

[19] 개인이 경험하는 조직 내 직무들이 수직적으로 배열되어 있는 경우이다. 즉 개인이 특정 직무를 몇 년간 수행한 후에 개인은 유사한 수준의 다른 직무를 수행하는 것이 아니라 상위 수준의 직무를 수행하는 것이다. 해당 직급 내 하나의 직무만 수행한 후 승진하는 경우이다.

[20] 개인이 조직에서 경험하는 직무들이 수평적 뿐만 아니라 수직적으로도 배열되어 있는 경우이다. 즉 해당 직급 내 여러 직무를 개인이 수행한 후 상위직급으로 이동하는 경우이다.

[21] 원래 기술직종 종사자들을 대상으로 개발된 것으로서 이들이 어느 정도 직무경험을 쌓았을 때 관리직종으로 보내지 않고 계속 기술직종에 머물게 함으로써 그들의 기술분야 전문성을 높이게 하는 것이다.

[22] 과거의 경력경로는 오직 상위직급으로 가기 위한 수직선 모양이었지만, 오늘날에는 부서 간의 경계도 무너지고 개인의 직무도 경계 없이 다양한 경력을 쌓는 것이 중요하기 때문에 경력경로도 수평선 또는 곡선이 많으며, 수직사다리가 아닌 수평사다리 모양으로 변하고 있다. 이러한 경력경로의 새로운 추세로 등장한 것이 프로티안 경력경로(Protean career path) 또는 무경계 경력경로(boundaryless career path)이다. 이는 자신의 경력을 현재 소속된 한 조직으로 제한하지 않고 여러 조직으로 이동하면서 경력을 쌓는 것을 의미한다. 지속적인 학습이나 구체적인 직무에 대한 수행능력보다 전반적인 적응력을 강조하고 고용안정보다는 고용가능성을 강조한다. 이를 통해 직무에 대한 열린 시각과 기업과 종업원의 관계에 대한 새로운 시각을 제공하며, 경력의 공간을 확대할 수 있다.

③ **경력목표** : 샤인(Schein)에 의하면 개인에 따라 경력목표는 다르게 나타나며, 경력개발의 최종점을 경력의 닻(career anchor)이라고 하였다. 샤인은 이러한 경력의 닻으로 전문역량 닻(전문지식 중심), 관리역량 닻(관리능력 중심), 안전·안정 닻(안정 중심), 기업가적 창의성 닻(창의성 중심), 자율성·독립성 닻(자율과 독립 중심), 봉사 닻(봉사 중심), 도전 닻(호기심, 다양성, 도전 중심), 라이프스타일 닻(균형, 조화 중심) 등을 제시하였다. 따라서 인적자원들은 이러한 경력의 닻 중에서 하나를 선택하여 경력목표를 설정하게 된다.

(2) 경력단계

홀(Hall)은 경력단계와 각 단계별 개인이 갖게 되는 경력욕구의 형태를 제시하였다. 경력단계를 거쳐 가면서 인적자원은 수직적인 승진과 강등, 수평적인 직무순환, 중심적 또는 주변적 역할 등을 수행해 나가게 된다. 경력단계는 **탐색단계**(exploration), **확립단계**(establishment), **유지단계**(maintenance), **쇠퇴단계**(decline)의 순서로 진행된다.[23]

① **탐색단계** : 인적자원이 다양한 교육과 경험을 통해 자신에게 적합한 직업을 선정하려고 노력하는 단계이다. 이 단계에서는 직업탐색이 일어나며, 경력 또는 일에 대한 정체성(identity)이 형성된다. 따라서 자신에게 적합한 분야를 탐색하고 이에 따른 직무를 찾아내어 수행하며 전 생애에 걸쳐 걸어갈 경력경로를 설계하는 단계이다.

② **확립단계** : 선택한 직업분야에서 정착하려고 노력하고 결국에는 한 직업에 정착하는 단계이다. 이 단계에서는 인적자원이 조직에서 성과를 올리고 승진하면서 경력경로를 수행하고 조직의 경력자로서 조직에게 공헌하게 된다. 또한, 조직에 대해서는 친밀감 및 귀속감을 갖게 되고, 다른 동료들 또는 경쟁자 간에 상당한 경쟁심이 작용하게 된다.

③ **유지단계** : 과거에 축적한 경력을 유지해 나가는 단계이다. 이 단계에서 개인의 관심은 오로지 일에 매달리는 것이며 하는 일에 있어 새로운 것은 적으나 일관성이 존재한다. 또한, 개인이 자신을 조직과 동일시하게 되는 경향이 강해지며 자신의 직무를 조직목표와 관련시켜 바라보게 된다.

④ **쇠퇴단계** : 인적자원이 자기 자신의 경력에 대해 만족하고 새로운 사생활에 진입하는 단계이다. 즉 육체적으로나 정신적으로 능력이 쇠퇴하는 단계이며 경력개발에 대한 동기부여가 줄어드는 단계이기도 하다. 이 시기를 통합단계라고도 하는데 이는 자신의 인생에 대한 의미를 총정리 한다는 뜻을 내포하고 있기 때문이다.

---

[23] 홀(Hall)의 경력단계모형에서 단계를 구분하는 연령은 개인마다 문화권마다 다소 차이가 날 수 있겠지만 전체적인 흐름은 본질적으로 유사할 것이다. 이와 같이 개인의 경력욕구는 고정된 것이 아니라 변화를 그 전제로 하고 있다.

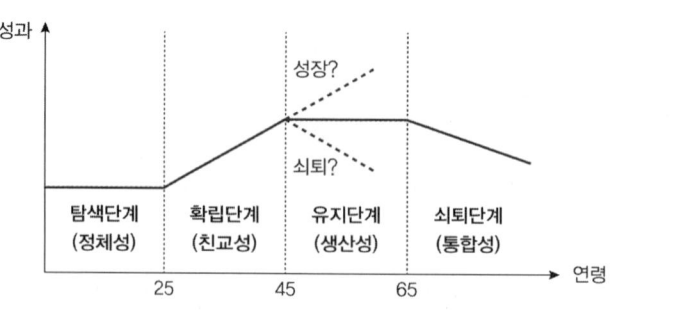

(3) 멘토링과 조직사회화

① **멘토링** : 멘토링(mentoring)은 다양한 발달기능을 제공하는 부하와 상급자 간 관계 또는 동료 간 관계로 정의된다. 즉 멘토(mentor)는 멘티(mentee)에게 역할모델을 제공할 뿐만 아니라 도전적 직무부여, 상담 및 조직에 대한 지식의 제공 등을 통해 그의 대인관계 개발 및 경력관리에 도움을 주는 자로 이해할 수 있다. 멘토의 유형에는 공식적인 멘토와 비공식적인 멘토가 있다. 공식적인 멘토는 신입사원에게 기존 조직구성원을 특정하여 기업이 공개적으로 정해주는 것을 말하고 비공식적인 멘토는 조직과 상관없이 신입사원과 비공개된 관계를 맺는 것이다.24)

② **조직사회화** : 조직사회화(organizational socialization)는 개인이 조직에서의 역할을 수행하고 조직구성원으로서 참여하는 데 필요한 가치, 능력, 기대되는 행동, 사회지식 등을 알게 하는 과정을 말한다. 조직은 신입사원이 직무를 수행하고 조직에 적응하는 것을 도와주어야 하고, 신입사원이 조직의 철학을 수용하도록 만들어야 하며 이를 위해 신입사원을 새로운 작업환경에 사회화시켜야 한다. 사회화는 본질적으로 개인의 역할이 새롭게 바뀌는 학습과정이기 때문에 개인의 동기, 직무만족, 조직몰입에 긍정적인 영향을 미치게 되고, 이를 통해 개인과 조직의 성과가 증가하고 종업원의 이직률이 낮아지게 된다. 사회화 과정은 종업원이 조직에 입사하기 전부터 시작되고, 선행사회화(조직진입 전 사회화), 입사(조직과의 대면), 변화와 획득(조직에 정착)의 단계를 거쳐 이루어지게 된다.

(4) 인적자원 포트폴리오 분석도

인적자원 포트폴리오 분석도는 개인과 부서의 업무성과와 잠재력이라는 두 가지 차원에서 포트폴리오 분석을 하여 인적자원관리의 방향을 정하였다. 포트폴리오 분석의 결과 가장 바람직한 상태는 '스타'이다. 업무성과도 높고 잠재력도 높기 때문이다. 따라서 업무성과는 높으나 잠재력은

---

24) 이 외에도 멘토는 1차적 멘토(primary mentor)와 2차적 멘토(secondary mentor)로 구분할 수도 있다. 1차적 멘토는 어떤 이슈가 발생하였을 때 가장 먼저 도움을 청하는 사람으로 거의 모든 영역에서 일반적인 도움을 줄 수 있는 자로서 선배, 가족 등이 해당된다. 2차적 멘토는 특정 관심영역에 대해 도움을 제공하는 자로서 전문적 지식을 가진 사람이 된다.

낮은 '일하는 말', 잠재력은 높으나 업무성과는 낮은 '문제아'는 각각 자질과 동기부여를 향상시킴으로써 '스타'로 성장하도록 하는 것이 인적자원개발의 목표가 되어야 한다. 이에 비해서 업무성과 잠재력이 모두 낮은 '죽은 나무'는 현재의 성과도 낮을 뿐만 아니라 미래 성장가능성도 낮기 때문에 인적자원에 대한 투자를 계속하는 것은 의미가 없다고 판단된다. 이들을 위해서는 퇴직관리 프로그램을 가동하여 퇴출될 수 있도록 유도하는 것이 바람직한 관리방향으로 간주된다. 그리고 일단 '스타'로 평가받았으나 경영자로부터 지속적인 관심과 관리가 소홀해지면 '문제아'로 전락할 위험이 항상 도사리고 있다. 그러므로 기업은 핵심인력관리 차원에서 '스타' 인력에 대한 지속적인 관심과 더불어 개인이 만족할 만한 수준의 보상관리가 지속될 수 있어야 한다.

인적자원 포트폴리오 분석도

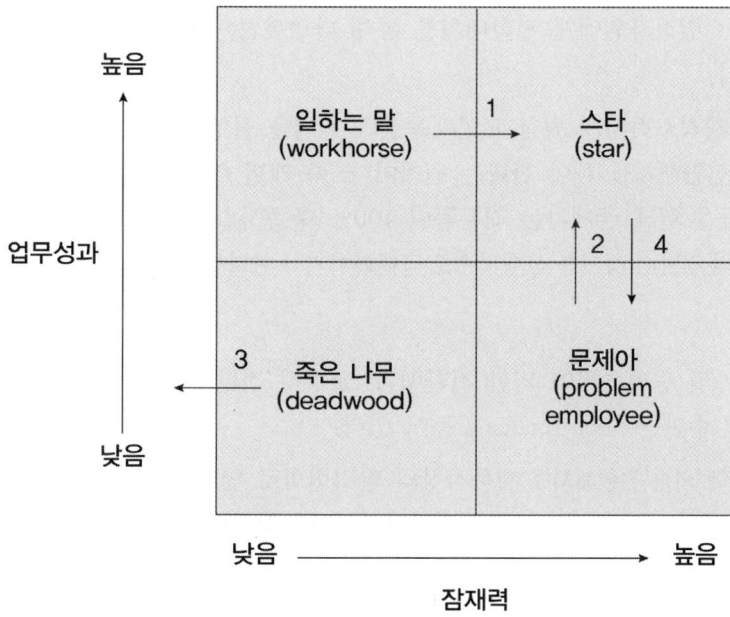

〈범례〉

1. '일하는 말'을 교육훈련시켜 자질을 향상시킴으로써 '스타'가 될 수 있도록 관리한다.
2. '문제아'들을 경영자가 리더십을 발휘하여 동기부여 시킴으로써 '스타'가 될 수 있도록 관리한다.
3. '죽은 나무'에 대한 투자를 중단하고 조속한 시일 내에 퇴출될 수 있도록 관리한다.
4. '스타'같은 핵심인력에 대한 관리가 부실하면 '문제아'로 전락할 수 있으므로 동기부여와 보상관리에 만전을 기한다.

제2절 | 전환배치와 승진

1. 전환배치

(1) 의 의

전환배치(reassignment & transfer)[25]란 동일수준의 다른 직무로 수평이동[26]하는 것을 의미한다. 전환배치는 임금, 지위, 권한, 책임 등의 수준에 변화가 따르지 않는 이동으로 적재적소적시(right man, right place, right timing)의 원칙, 인재육성의 원칙, 균형의 원칙 등의 원칙이 존재한다.

① 적재적소적시의 원칙 : 인적자원을 전환배치함에 있어서 해당 인적자원의 '능력(적성)-직무-시간'이라는 세 가지 측면을 모두 고려하여 이들 간의 적합성(fitness)을 극대화시켜야 한다는 원칙이다.

② 인재육성의 원칙 : 인적자원에게 전환배치를 통해 다양한 능력이 신장될 수 있도록 해야 한다는 원칙이다.

③ 균형의 원칙 : 적재적소적시의 원칙과 인재육성의 원칙을 실행함에 있어서 조직전체의 상황을 고려하여 전환배치를 해야 한다는 원칙이다. 즉 개별 인적자원이 보유하고 있는 능력과 성장욕구들을 현재 존재하는 직무들이 100% 충족시킬 수 없을 때, '능력-직무', '성장욕구-직무' 간의 적합성 정도를 상대적으로 극대화시켜야 한다는 것이다.

(2) 유 형

전환배치에는 생산 및 판매변화에 의한 전환배치, 교정적 전환배치(remedial transfer), 교대근무(shift transfer), 순환근무(job rotation) 등이 있다.

① 생산 및 판매변화에 의한 전환배치 : 제품시장의 환경변화로 인해 생산 및 판매상황이 변화되었을 때 인적자원의 수요와 공급을 조절하기 위해 전환배치가 시행될 수 있다.

② 교정적 전환배치 : 다양한 갈등상황을 극복하기 위해 해당 인적자원을 다른 작업집단 또는 직무로 전환배치하는 것이다.

③ 교대근무 : 경력개발과 관계없이 수행하는 전환배치의 형태로 업무는 변화하지 않고 근무시간만 바뀌는 것이다.

---

[25] 전환배치는 기본적으로 개인의 경력개발이라는 차원에서 이루어져야 한다. 그러나 기업실무에서 일어나는 전환배치는 경력개발 차원뿐만 아니라 종업원의 개인적 상황(주거위치, 배우자의 직장위치, 자녀의 교육문제 등) 등을 고려하여 전환배치를 통한 인적자원의 만족을 극대화시키는 방향으로 실시되는 경우가 존재한다.

[26] 인적자원의 조직 내 이동은 수평적 이동과 수직적 이동이 있다. 수평적인 이동은 새로 맡을 직무가 기존의 직무와 비교해 볼 때 권한, 책임, 보상 측면에서 별다른 변화가 없는 경우를 말하는데 이를 전환배치라고 한다. 반면에 수직적인 이동 중 상향적 이동은 승진(promotion)을 말하는데, 새로 배치된 직무가 기존의 직무에 비해 권한, 책임, 보상이 증가하는 경우를 말한다. 반대로 하향적 이동은 강등(demotion)이라고 한다.

④ 순환근무 : 경력개발의 목적으로 실시되는 전환배치의 형태로 인적자원이 특정 직무에 너무 오래 근무했을 경우에 발생할 수 있는 과도한 전문화 또는 매너리즘(mannerism)에 빠지는 것을 방지하기 위해 도입된다. 뿐만 아니라 경력계획의 일환으로 새로운 직무를 수행하게 함으로써 기술다양성(skill variety) 내지 능력신장을 할 수 있는 기회를 제공하여 해당 인적자원의 경력욕구를 충족시키기 위해 도입된다.

2. 승 진

(1) 의 의

승진(promotion)이란 인적자원이 한 직무에서 더 나은 직무로 또는 한 지위에서 더 높은 지위로 이동하는 수직적 이동을 의미한다. 따라서 승진은 임금, 지위, 권한, 책임 등의 수준이 높아지게 된다. 그러나 단지 직위명칭만 상승하는 경우도 있다. 조직은 인적자원의 승진과 관련하여 다양한 정책을 사용할 수 있는데, 대표적인 승진기준에는 연공주의(seniority)와 능력주의(competence orientation)가 있다.

① **연공주의** : 한 조직 또는 해당 직급에서 개인의 근속기간을 의미하는 연공이 높은 인적자원을 우선적으로 승진시켜야 한다는 관점이다.

② **능력주의** : 승진후보자가 보유하고 있는 능력을 기준으로 능력이 높은 인적자원을 우선적으로 승진시켜야 한다는 관점이다.

(2) 기본원칙

① **적정성의 원칙** : 해당기업이 인적자원에게 어느 정도의 승진기회[27]를 부여하느냐와 관련된 원칙이다. 즉 조직구성원이 일정한 정도의 공헌을 했을 때 어느 정도의 승진기회를 받아야 하는지에 대한 크기의 적정성을 말한다.

② **공정성의 원칙** : 조직이 조직구성원에게 나누어 줄 수 있는 승진기회를 올바른 사람에게 배분했느냐와 관련되는 원칙이다. 이 원칙은 절대적인 것이 아니고 상대적인 것이기 때문에 지켜지지 않을 경우에는 조직 내 구성원들 간의 갈등을 유발시키는 원인이 된다.

③ **합리성의 원칙** : 조직구성원이 조직의 목표달성을 위해 공헌한 내용을 정확히 파악하기 위해 무엇을 공헌으로 간주할 것인가에 관련되는 원칙이다.

---

27) 승진기회는 승진보상이라고도 한다.

승진의 기본원칙

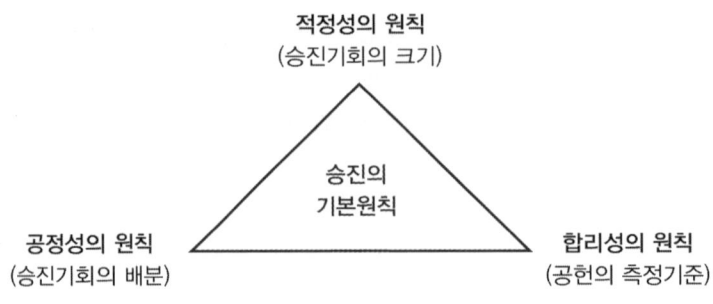

(3) 형태

승진의 형태에는 여러 가지가 있는데, 가장 대표적인 승진의 형태에는 직급(역직 또는 직책)승진, 자격승진, 대용승진(surrogate promotion), 조직변화승진(organization change promotion, OC승진), 직계(직위)승진(position promotion) 등이 있다.

① **직급승진** : 연공주의나 능력주의에 입각하여 인적자원을 상위직급으로 이동시키는 것이다. 직급승진을 위해서는 상위직급의 특정 직무 또는 지위가 공석이 되어야 하므로 인적자원 간의 경쟁이 발생하게 되며, 이로 인해 상대평가가 요구된다. 직급승진은 승진이 된 인적자원에게는 권한, 책임, 보상의 증가가 수반되지만, 상위직급이 T/O에 묶여 직급승진이 원활하게 이루어지지 않을 때에는 승진정체인력의 사기저하가 발생할 수 있고 이로 인해 다른 조직으로 이동하는 결과를 초래할 수 있다.

② **자격승진** : 인적자원이 갖추고 있는 직무수행능력(직능)을 기준으로 승진시키는 제도이다. 자격승진은 상위직능등급에 대한 T/O의 개념이 없기 때문에 누구라도 해당 직능을 갖추게 되면 상위직능등급으로 승진이 일어난다. 따라서 인적자원 간의 경쟁이 발생하지 않으며 인적자원에 대한 직능의 평가는 절대평가가 요구된다. 이러한 제도를 소위 '직능자격제도'라고도 하는데, 기업은 직종별 직급과 직능의 수준을 분리하여 관리하게 된다. 기업이 직능자격제도를 도입하는 이유는 인적자원의 능력신장을 인정하고 인적자원으로 하여금 능력신장을 위해 노력하도록 자극을 주는 데 있다. 뿐만 아니라 승진정체현상으로 인해 유능한 인재가 해당 기업을 떠나지 못하게 도달한 능력의 수준을 공식적으로 인정하는 데 있다. 직능자격제도 하에서는 개인의 직능이 상위등급으로 이동할 경우 자격의 상승을 의미하기 때문에 '승격'이라고도 한다.

③ **대용승진** : 직무내용이나 보상 등의 실질적인 변동 없이 직급명칭 또는 자격명칭만 변경되는 형식적 승진으로 준승진(quasi-promotion) 또는 건조승진(dry promotion)이라고도 한다. 대용승진은 조직내부 사정상 승진정체로 인해 조직분위기가 정체되었을 경우나 인적자원이 대외업무를 수행하는 경우에 접촉고객의 해당 인적자원에 대한 신뢰감을 높이기 위해 도입하게 된다.

④ **조직변화승진** : 승진대상자에 비해 승진대상직위가 부족한 경우에 조직변화를 통해 승진대상직위를 늘림으로써 인적자원들에게 (직급)승진의 기회를 확대하는 방법이다.

⑤ **직계(직위)승진** : 직무주의에 입각하여 직무의 분석·평가·분류가 이루어진 후에 직무의 자격요건에 따라 적격자를 선정하여 승진시키는 방법이다. 직계(직위)승진에서는 구성원의 역량구조와 직계요건이 일치되어야 한다. 승진이 이렇게 이루어지게 되면 자리에 맞는 최적의 승진자를 선발하게 되어 이론적으로 최적의 승진제도라고 할 수 있는데 현실적으로는 구성원 역량구조와 직계요건의 일치가 어려운 경우가 있다. 또한, 급격한 환경변화에 따라 직무요건에 변화가 발생하는 경우가 많기 때문에 직계구조가 안정적이지 않은 경우도 적지 않다. 따라서 이 제도는 다른 승진제도와 보완하여 융통성 있게 활용되는 경우가 많다.

| PART 01 | PART 02 | **PART 03 인적자원관리** | PART 04 |

인적자원의 평가와 보상

제1절 | 인사평가

1. 의 의

(1) 개 념

인사평가(personnel rating)[28]란 인사고과라고도 하는데, 일정한 기준에 따라 인적자원의 업무성과, 업무수행능력, 업무태도 등을 종합적으로 평가하는 과정을 의미한다. 즉 조직 내의 여러 직무에 종사하고 있는 조직원 또는 관리자의 근무성적이나 능력, 업적, 태도 등을 조직에 대한 유효성의 관점에서 정기적으로 검토, 평가하여 이들의 상대적 가치를 조직적으로 결정하고자 하는 과정이다. 또한, 인적자원의 근무성적과 잠재능력을 체계적으로 분석·파악하여 인적자원의 효과적인 활용과 능력의 개발·육성을 위한 인적자원관리의 한 도구인 것이다. 이러한 인사평가는 전통적으로 과거의 실적이나 인적특성에 따라 서열이나 우열을 판정적인 태도로 비교·추정하는 것이 일반적이었으나, 근래에는 각 직무담당자의 성과를 평가함과 동시에 그가 지닌 잠재적 능력 및 개발 가능성에 초점을 둠으로써, 구성원에 대한 동기부여의 수단으로 활용하고 있을 뿐만 아니라 평가결과를 목표달성을 위한 종합적인 통제의 과정으로 활용하고 있음을 볼 수 있다. 일반적으로 인사평가는 정기적이고 객관적으로 수행되어야 하며, 이를 통해 조직은 인적자원의 성과에 대해 타당한 보상을 해 주게 된다. 따라서 인사평가의 가장 중요한 목적은 보상을 결정하는 것이 되며, 이 외에도 다양한 목적을 가지고 수행된다.

① **보상결정** : 보상이란 인적자원이 제공하는 노동에 대한 기업의 대가이기 때문에 노동의 질과 양(성과)은 보상결정의 당연한 기준이 된다. 따라서 인적자원의 가치를 평가하는 가장 중요한 이유는 해당 인적자원에게 적절한 보상을 지급하기 위해서이다.

② **성과피드백을 통한 성과향상** : 인적자원이 얼마나 만족한 성과를 거두고 있고 조직의 기대수준에 얼마나 접근하고 있는지에 대한 정보를 인적자원에게 알려 주는 인적자원의 성과에 대한 피드백은 인적자원의 동기부여뿐만 아니라 인적자원의 성과향상에도 크게 기여한다. 따라서 인사평가는 인적자원의 경력개발에 매우 중요한 역할을 한다.

---

[28] 성과관리(performance management)라고도 한다.

③ **적재적소배치를 통한 직무설계** : 인사평가는 인적자원과 직무를 결합시키는 데 유용한 자료를 제공하기 때문에 직무설계에 중요한 자료가 된다. 따라서 인사평가의 결과가 인적자원이 아니라 직무구조나 환경의 문제에 기인하고 있다면 해당 인적자원에 대한 교육훈련을 통한 생산성 향상을 꾀하기 보다는 해당 인적자원을 적재적소에 배치하는 등의 직무 재설계를 하는 것이 바람직하다.

④ **인적자원의 확보 및 방출을 위한 기준** : 기업이 인적자원을 확보하기 위해서는 우선 인적자원의 수요 및 공급예측을 실시해야 하는데 인적자원의 능력을 평가하는 인사평가는 해당 기업의 보유인력에 대한 질적 수준을 판단하는 기준이 된다. 뿐만 아니라 인적자원의 선발활동에 투입된 선발도구에 대한 타당도(validity)를 측정하는 기준이 된다. 반대로, 인사평가는 기업이 과잉인력을 보유하고 있어 감축이 불가피할 때에는 누구를 방출시켜야 할 것인가에 대한 의사결정을 하는 데 중요한 기준도 제공해 준다.

(2) 평가내용(요소)

평가내용은 무엇을 평가하는가 하는 차원이다. 인사평가는 인적자원의 상대적 가치를 결정하는 과정이기 때문에 해당 인적자원의 가치를 정확하게 평가하는 것이 매우 중요하다. 따라서 인적자원에 대한 다양한 요소들을 평가하게 되는데, 종업원 개인이 가지고 있는 특성(personal characteristics)[29]과 그가 행동을 통해 만들어낸 결과물인 성과(performance)로 구분된다. 또한, 인사평가의 내용은 개인수준과 집단수준에서 다룰 수 있다.

① **능력 또는 역량 평가** : 능력 또는 역량(competency)은 우수한 성과를 내는 조직구성원이 가지고 있는 개인의 내적 특성으로서 다양한 상황에서 안정적으로 나타나며 비교적 장기간 지속되는 행동 및 사고방식을 의미한다. 즉 능력 또는 역량평가는 직무와 직접 관련된 전문능력과 일상적으로 행동할 때 나타나는 일반능력을 측정하는 것이다. 능력 또는 역량의 구체적 예에는 고객지향성, 정보지향성, 조직민첩성(organizational agility), 문제해결 능력, 전략적 사고력, 업무추진력 등이 있다. 이러한 능력 또는 역량은 기업이 속한 업종, 부서의 특성 해당직무 등 기업이 처한 상황에 따라 다를 수 있다.

② **적성 및 태도 평가** : 적성(aptitude)은 기본적으로 채용과정에서 식별되어야 되겠지만 적성평가 테스트가 너무나 일반적인 범주를 포괄하기 때문에 한계가 있다. 적성은 입사 후 시간이 지나 개별 종업원이 특정직무를 수행하고 있는 경우, 해당직무와 직무수행자 간의 적합성(fitness)을 판단하는 데 중요한 역할을 한다. 태도(attitude)는 특정한 사람, 사물, 이슈, 사건 등에 대한 호의적이거나 비호의적인 느낌을 의미한다. 인사평가에 활용되는 태도와 관련된 요소에는 직무만족, 직무몰입, 애정, 애사심, 신뢰(trust) 등이 있다.

③ **성과 평가** : 기업은 인적자원이 가진 지식이나 능력보다 성과를 중시하는 이익집단이라고 할 수 있기 때문에 인적자원의 성과에 대한 평가는 중요한 평가요소가 된다. 성과는 업적

---

29) 개인적 특성은 능력(또는 역량), 적성 및 태도 등으로 구분된다.

이라고도 하는데, 개인 및 팀이 조직의 목표달성에 대한 공헌도를 의미하고 매출액, 생산량, 불량률, 사고율, 고객만족도 등이 평가내용을 구성한다.

(3) 구성요건

기업에서 추구하고 있는 인사평가의 목적을 달성하기 위해서는 몇 가지 사항을 갖추고 있어야 한다. 평가를 통해 측정된 결과가 실제 직무성과와 얼마나 관련성이 높은가(평가내용이 평가목적을 얼마나 잘 반영하고 있느냐)를 의미하는 **타당성**(validity), 평가결과가 나타내는 일관성 또는 안정성을 의미하는 **신뢰성**(reliability), 인사평가를 피평가자가 정당하다고 느끼는 정도인 **수용성**(acceptability), 인사평가를 비용-편익(cost-benefit) 측면에서 검토하는 **실용성**(practicability) 등에 따라 인사평가의 질이 달라진다. 따라서 인사평가는 **타당성, 신뢰성, 수용성, 실용성** 등을 최대한 갖추고 있는 방향으로 설계되고 운영되어야 한다. 또한, 이러한 구성요건들은 상호 배타적인 것이 아니고 상호 보완적인 측면이 강하기 때문에 복합적인 관점에서 접근하면 할수록 그만큼 평가는 완벽에 가까운 평가가 될 수 있다. 그러나 아무리 완벽한 평가도구라 할지라도 실제로 사용하는데 있어서 인간적 오류(human error)가 극복되는 것은 아니다.

〈구성요건의 증대방안〉

구성요건	증대방안
타당성	목적별 평가, 피평가자 집단의 세분화 등
신뢰성	평가결과의 공개, 다면평가, 평가자 교육 등
수용성	피평가자의 평가참여, 능력개발형 평가, 평가제도 개발시 종업원대표 참여 등
실용성	비용과 편익의 정확한 측정

2. 인사평가방법과 인사평가오류

(1) 인사평가방법

1) 서열법

서열법(ranking method)은 **피평가자의 능력 및 업적을 통틀어 그 가치에 따라 서열을 매기는 방법**을 의미한다. 서열법은 간단하고 신속하게 등급을 매길 수 있다는 장점이 있지만, 주관적이라는 단점이 있다. 이러한 서열법이 가지는 주관성을 완화시키기 위해 개발된 발전된 형태의 서열법이 있는데, 가장 대표적인 방법으로는 **교대서열법**(alternative ranking method), **쌍대비교법**(paired comparison method), **대인비교법**(person-to-person comparison) 등이 있다.

① 교대서열법 : 전체 피평가자들 중 가장 가치가 높다고 판단되는 피평가자와 가장 가치가 낮다고 판단되는 피평가자를 선정하고, 그 다음 나머지 피평가자들에 대해 동일한

방법을 계속적으로 적용하여 전체 피평가자들의 서열을 매기는 방법이다.

② 쌍대비교법 : 각 피평가자들을 2명씩 짝을 지어 상호비교하는 것을 되풀이하여 서열을 결정하는 방법이다. 이 방법은 피평가자의 수가 많은 경우 쌍대(짝)의 수가 증가하여 평가의 일관성에 모순이 발생할 가능성이 있다.

③ 대인비교법 : 피평가자에 대해 평가요소별 서열을 매기는 것이다. 이 방법은 기존의 서열법에 평가요소별 서열을 매겼다는 것일 뿐 서열법이 가지고 있는 본질적인 문제를 극복하는 데에는 한계가 있다.

2) 평정척도법

평정척도법(rating scale method)이란 **피평가자의 자질을 직무수행상 과업달성의 정도에 따라 사전에 마련된 평정척도를 근거로 평가자가 평가하는 방법**을 의미한다. 즉 피평가자의 능력, 개인적 특성, 성과 등을 평가하기 위해 평가요소를 제시하고 이에 대해 단계별 차등을 두어 평가하는 방법으로 가장 널리 사용되는 인사평가기법 중의 하나이다. 평정척도법은 대인비교법의 약점을 보완하기 위해 개발된 것이며, 대인비교법에서는 평가요소별 피평가자의 서열을 매기지만 평정척도법에서는 등급을 매기기 때문에 보다 구체적인 평가정보를 제공해 준다. 그러나 평정척도법은 **관대화경향, 중심화경향, 가혹화경향, 후광효과** 등의 오류가 발생할 가능성이 있다.

3) 대조표법

대조표법(checklist method)이란 **평가내용이 되는 피평가자의 능력(잠재능력), 태도, 작업행동, 성과 등과 관련되는 표준행동을 제시하고 그 중에서 피평가자의 행동이라고 여겨지는 것을 체크하여 인적자원을 평가하는 방법**을 의미한다. 대조표법을 사용하는 경우에 일반적으로 평가자는 대조표를 작성하여 보고만 할 뿐 그 평가는 인사부서에서 하게 된다. 이 방법은 직무마다 해당되는 질문이 다르기 때문에 전체적인 평가가 쉽지 않고, 직무마다 별도의 질문들을 설계해야 하므로 많은 시간이 필요하다.

4) 중요사건기록법

중요사건기록법(critical incident method)이란 **평가기간 동안에 발생한 중요사건(특별히 효과적인 또는 비효과적인 행동이나 업적)을 기록해 두었다가 이를 중심으로 피평가자를 평가하는 방법**을 의미한다. 사건에 대한 기록을 유지하기에 많은 시간이 요구될 뿐만 아니라 어떤 사건을 기록해야 할지에 대한 개념이 평가자에 따라 상이할 수 있다.

5) 행동기준평가법

행동기준평가법(behaviorally anchored rating scale, BARS)이란 **평정척도법과 중요사건기록법을 혼용하여 보다 정교하게 계량적으로 수정한 방법**을 의미한다. 행동기준평가법은 직무를 수행할 때 발생하는 수많은 중요사건을 추출하여 몇 개의 범주로 나눈 후에 각 범주의 중요사건을 척도에 따라 평가한다. 행동기준평가법은 평가요소가 피평가자의 행동을 '우수', '평균', '평균이하'와 같이 규정하도록 하는 설명이 있는 **행동기대평가법**(behavior expectation scale)과 서술되어 있는 행동기준을 피평가자가 얼마나 자주 보여 주느냐, 즉 그 빈도를 측정하는 **행동관찰평가법**(behavior observation scale)으로 나누어진다. 이 방법은 다양하고 구체적인 직무에 적용이 가능하고, 이해가 쉽기 때문에 인사평가에 대한 적극적인 관심과 참여를 유도할 수 있다. 그러나 많은 시간과 비용이 소요되고 평가자의 편견이 개입될 수 있다. 일반적으로 행동기준평가법은 'BARS 개발 위원회 구성 → 중요사건의 열거 → 중요사건의 범주화 → 중요사건의 재분류 → 중요사건의 등급화(점수화) → 확정 및 시행'의 절차에 의해 개발된다.

6) 목표관리법

목표관리법(MBO method)이란 측정가능한 특정 성과목표를 상급자와 하급자가 함께 합의하여 설정하고, 그 목표를 달성할 책임부문을 명시하여 이의 진척사항을 정기적으로 점검한 후 이러한 진도에 따라 보상을 배분하는 경영시스템인 목표관리의 개념을 이용한 인사평가방법을 의미한다.

7) 평가센터법

평가센터법(assessment center method)이란 기업이 주로 관리자계층의 선발을 위하여 사용하는 방법인데, 다수의 피평가자를 특정 장소에 며칠간 합숙시키면서 훈련받은 관찰자들이 이들을 집중적으로 관찰하고 평가함으로써 관리자 선발이나 승진의사결정에 있어서 신뢰성과 타당성을 높이기 위해 시행되는 체계적인 선발방법을 의미한다. 이 방법은 관리자의 신규선발뿐만 아니라 기존 관리자들의 공정한 평가와 인력개발을 위해서도 활용되고 있지만, 비용이 많이 발생한다는 단점이 있다.

8) 자율서술법

자율서술법(essay method)이란 피평가자 자신이 작성한 **자기신고서**(self description)를 활용하여 평가하는 방법을 의미한다. 최근에 많은 기업들이 도입하고 있지만 주관적인 특성과 **신뢰성에 대한 의문이 제기되고 있는 방법**이다. 자기신고서를 활용하여 평가하기 때문에 피평가자를 가장 자세히 설명할 수 있는 방법이기는 하지만 자기신고서의 서술방법에 따라 평가내용이 차이가 날 수 있기 때문에 피평가자 간 비교가 쉽지 않다.

9) 강제할당법

강제할당법(forced distribution method)이란 피평가자 집단의 성과에 대한 분포가 **정규분포**를 이룬다는 가정 하에 미리 몇 개의 범위와 평가요소에 따라 피평가자들을 평가하여 범위 또는 등급별로 **피평가자들을 강제로 할당하는 방법**을 의미한다. 이 방법은 관대화경향, 중심화경향, 가혹화경향을 어느 정도 극복할 수 있으나 평가집단이 전체적으로 우수하거나 열등한 경우에는 적합하지 않은 방법이다.

10) 다면평가제도

다면평가제도(multi-source feedback)란 피평가자를 관찰하고 있는 주변의 많은 사람들(상급자, 동료, 하급자, 고객, 외부전문가 등)이 평가자가 되어 피평가자를 평가하는 방법을 의미하고 360도 성과 피드백이라고도 한다. 이 방법은 피평가자의 동료뿐만 아니라 하급자도 평가자로 참여할 수 있기 때문에 피평가자를 다각도로 평가하는 것이 가능하고 이로 인해 주관적인 편견을 개선할 수 있다는 장점을 가진다. 그러나 인사평가과정에서 시간과 비용이 많이 발생하며, 피평가자가 인사평가로 인해 받는 스트레스를 증가시킬 수 있다는 단점을 가진다.

(2) 인사평가오류

1) 연공오류

연공오류(seniority error)란 피평가자가 가지고 있는 연공적 속성인 연령, 학력, 근속연수 등이 평가에 영향을 미치는 경우에 발생하는 오류를 의미한다.

2) 귀인(귀속)오류

귀인(귀속)오류(error of attribution)란 결과와 원인이 반대로 해석되는 경우이다. 인사평가에서 피평가자의 업적이 낮을 때 그 원인이 외적 귀인에 있음에도 불구하고 내적 귀인에서 찾거나, 피평가자의 업적이 높을 때 그 원인이 내적 귀인에 있음에도 불구하고 외적 귀인에서 찾게 되는 경우이다. 이런 오류가 나타나는 원인은 행위에 대해 자신과 타인이 상이한 정보를 가지고 있을 때 발생한다. 특히, 행위자가 자신의 행동을 귀인할 때와 타인의 행동을 관찰자로서 귀인할 때에 차별적인 경향을 보이는 귀인(귀속)오류를 행위자-관찰자 효과(actor-observer effect)라고 한다. 사람들은 자신의 행동에 대한 원인을 찾을 때와 타인의 행동에 대한 원인을 찾을 때 서로 다른 경향을 보인다. 자신의 행동에 대한 원인을 찾을 때에는 주로 외적인 요인에 주목하는 성향이 강하고, 타인의 행동에 대한 원인을 찾을 때에는 주로 그 사람의 내적인 요인에 주목한다. 이러한 행위자-관찰자 효과가 발생하는 이유는 자존적 편견과 관련되어 있다.

〈귀인(귀속)오류〉

성과 \ 행위자	본 인	타 인
높은 성과	내적 귀인	외적 귀인
낮은 성과	외적 귀인	내적 귀인

3) 2차 평가자의 오류

2차 평가자의 오류란 2차 평가자가 1차 평가자가 이미 평가한 내용을 반영하여 적당히 평가하는 경우에 발생하는 오류를 의미한다. 일반적으로 이러한 2차 평가자의 오류를 감소시키는 방법은 1차 평가자와 2차 평가자 사이의 의사소통을 감소시키는 방법이 있다.

〈인사평가오류의 분류〉

평가자에 의한 오류		피평가자에 의한 오류	제도적 오류
심리적 원인에 의한 오류	결과의 분포도상의 오류		
• 상동적 태도 • 후광효과 • 논리적 오류 • 대비오류 • 근접오류	• 가혹화 경향 • 중심화 경향 • 관대화 경향	• 인사평가에 대한 편견 • 성취동기수준과의 관련성 • 투사(주관의 객관화) • 지각적 방어	• 직무분석의 부족 • 평가결과의 미공개 • 평가기법의 신뢰성 • 연공오류 • 조직분위기 유지경향

제2절 | 보상관리

1. 의 의

(1) 개 념

보상관리(compensation management)란 보상을 합리적으로 계획하고 적용하는 것을 의미한다. 여기서 보상이란 사용자의 입장에서 보면 노동자가 기업에게 제공한 노동에 대한 경제적 대가이며, 노동자의 입장에서 볼 때는 생활의 원천이 되는 소득이 된다. 일반적으로 보상관리는 종업원 생활의 안정성과 보상결정의 공정성을 고려하여야 하며, 공정성은 다시 절차공정성과 배분공정성으로 구분할 수 있다.

① 안정성 : 종업원 개인의 경제적 생활안정과 기업의 경영안정을 달성할 수 있도록 적당한 균형을 유지하여야 하므로 생활보장의 원칙, 노동대가의 원칙, 고정임금과 변동임금의 균형원칙 등을 수립하여야 한다.

② 절차공정성 : 보상이 결정되는 모든 절차가 공정하게 이루어졌는지를 의미하는 것으로 정보정확성, 수정가능성, 대표성, 도덕성 등이 이에 해당한다.

③ 배분공정성 : 개인의 입장에서 자신이 기업에 공헌한 만큼에 해당하는 적정한 보상을 받았다고 지각하는 정도이다. 배분공정성은 내부공정성과 외부공정성이 있는데, 내부공정성은 비교대상이 기업 내에 있어 종업원 간의 보상격차가 적절한가를 비교하는 것으로 임금체계에 반영되고, 외부공정성은 비교대상이 기업 외에 있어 경쟁기업의 임금수준을 비교하는 것으로 임금수준에 반영된다.

보상의 유형[30]

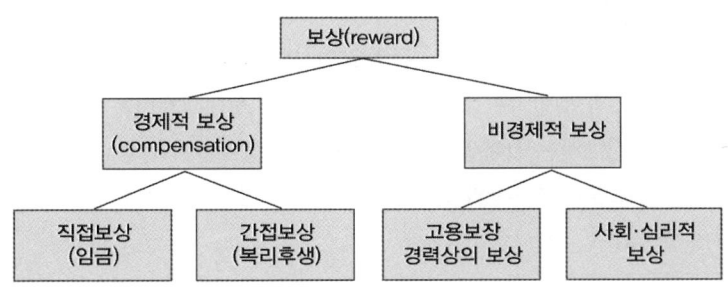

---

[30] 임금관리의 영역은 크게 임금수준, 임금체계, 임금형태로 나누어지는데, 본서에서는 임금수준과 임금체계를 중심으로 설명하고자 한다. 임금형태는 정해진 임금제도에 의하여 일정한 액수의 임금이 산정되었다면 그 임금을 어떤 방식으로 지급하는지를 의미한다. 이러한 임금형태의 유형에는 상여금, 수당, 연봉제 등이 있다.

(2) 보상수준의 결정요인

보상수준을 결정하는 요인에는 기업 내에서 영향을 미치는 내부요인과 기업 외에서 영향을 미치는 외부요인이 있으며, 그 구체적인 내용은 다음과 같다.

① 내부요인 : 조직의 성숙도, 조직 규모, 생산성, 경영방침, 직무의 가치, 조직구성원의 능력, 성과 등이 있다. 일반적으로 조직의 성숙도가 높아지면 보상수준은 낮아진다.31)

② 외부요인 : 경제수준, 경제성장률, 취업률, 노동조합, 정부의 법률규제 등이 있다.

2. 임금수준

(1) 의 의

임금수준(wage level)이란 일정기간 동안 기업 내의 모든 종업원에게 지급되는 평균임금의 크기를 의미한다. 임금수준은 임금관리에 중요한 지표이기 때문에 임금수준의 조정32)을 통해 기업이 필요로 하는 인적자원을 외부조달하는 것이 가능하고 반대로 인적자원의 유출을 방지하는 효과를 기대할 수도 있다. 대표적인 임금수준의 결정요인은 기업의 지불능력, 종업원의 생계비, 최저임금제, 사회적 균형요인 등이 있다.

1) 기업의 지불능력

기업의 지불능력은 임금수준 결정에 있어서 상한선이 되는데, 기업이 임금으로 지불할 수 있는 최대한의 재정적인 능력이 아니라 기업의 안정적인 성장을 유지할 수 있는 조건 하에서 지불할 수 있는 능력을 말한다. 기업의 지불능력을 판단할 수 있는 지표로는 생산성과 수익성이 있으며, 기업이 성장을 추구하는 경우에는 생산성을 기준으로 하고 안정을 추구하는 경우에는 수익성을 기준으로 한다.

2) 종업원의 생계비

종업원의 생계비수준은 임금수준 결정에 있어서 하한선이 되는데, 종업원 개인뿐만 아니라 그 가족의 생계비수준까지도 포함한다. 종업원의 생계비는 내용과 산정방식에 따라 실태생계비와 이론생계비로 구분할 수 있는데, 일반적으로 실태생계비는 이론생계비보다 낮게 나타난다. 따라서 기업입장에서는 실태생계비를 기준으로 노동조합과 임금교섭을 하려는 경향이 강하고, 이론생계비는 노동조합이 근로자의 절대적인 생계비 보장과 생활개선을 위하여 사용자와 임금교섭을 할 때 많이 활용한다.

---

31) 일반적으로 새로 부상한 조직은 높은 보상수준을 유지하는 경향을 보이고, 오랜 역사를 가진 조직의 보상수준은 오히려 낮아지는 경향을 보인다. 이는 새로운 조직일수록 어느 정도의 위험(risk)이 뒤따르기 때문에 높은 보상을 지불해야 하고, 오랜 역사와 명성을 가진 조직의 경우에는 보상 이외의 다른 욕구충족요소가 작용하고 있기 때문이다. 즉 조직의 성숙도가 높아지면 일반적으로 보상수준은 낮아진다.

32) 일반적으로 노동시장에서 경쟁력 있는 임금수준을 결정하는 데에는 선도(leading), 동행(match), 추종 또는 지연(lag)의 전략적 대안이 있다. 선도전략은 임금을 종업원의 조직선택 의사결정에 있어서 가장 중요한 요소로 가정하고 노동시장에서 경쟁기업보다 더 높은 수준의 임금을 지급하는 고임금전략을 말하고, 동행전략은 경쟁기업과 동일한 수준의 임금을 지급하는 시장임금전략으로서 가장 일반적으로 사용되고 있는 전략을 말하며, 추종(지연)전략은 경쟁기업보다 낮은 수준의 임금을 지급하는 저임금전략을 말한다.

3) 최저임금제

국가가 노사 간의 임금결정과정에 개입하여 임금의 최저수준을 정하고 사용자에게 이 수준 이상의 임금을 지급하도록 법으로 강제함으로써 저임금 근로자를 보호하는 제도이다. 따라서 최저임금을 일명 법정임금이라고도 한다. 이러한 최저임금제의 도입목적 및 필요성은 계약자유의 한계, 저임금노동자의 보호, 임금인하 경쟁의 방지, 유효수요의 창출 등이 있다.

4) 사회적 균형요인

사회적 균형요인은 임금수준 결정에 있어서 상·하한선 간의 조정역할을 하는데, 대표적인 요인에는 경쟁 동종기업의 임금수준, 노동조합의 단체교섭력, 노동력의 수급상황 등이 있다.

(2) 조 정

임금수준의 조정이란 물가의 변동이나 인사평가의 결과 또는 연공 등에 따라 임금수준을 조정하는 것을 의미한다. 임금수준의 조정에는 승급(pay increase)과 베이스 업(base up)이 있다.

① 승 급 : 근속연수에 따라 기본급이 증대되는 임금곡선 상의 상향이동을 의미하기 때문에 동태적인 임금수준의 조정이 된다.

② 베이스 업 : 임금곡선 자체가 상향이동하여 임금이 증가되는 것을 의미하기 때문에 정태적인 임금수준의 조정이 된다.

임금수준의 조정

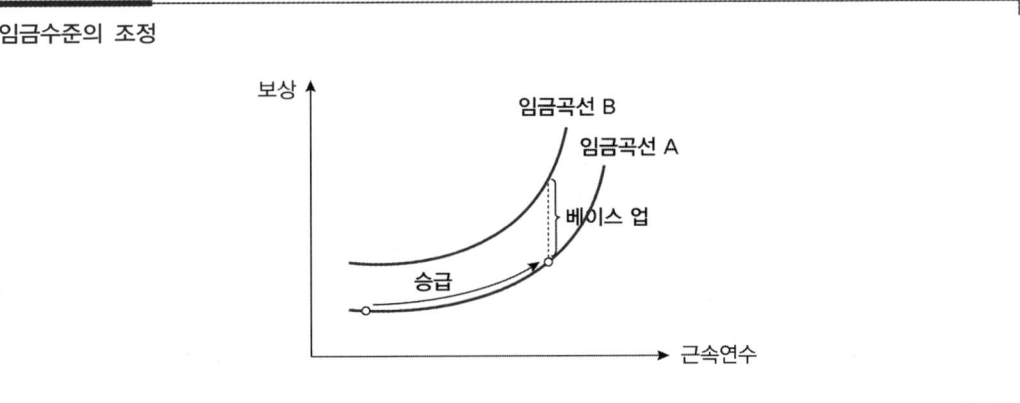

3. 임금체계

(1) 의 의

임금체계(wage structure)란 일정한 임금의 총 재원을 특정방식에 의해 조직구성원들에게 공정하게 배분하는 기준을 의미한다. 임금체계의 관리는 공정한 배분을 통해 노동의욕을 확대시키는데 그 목적이 있으며, 가장 대표적인 임금체계에는 직무급, 연공급, 직능급, 성과급 등이 있다.

임금체계의 구조

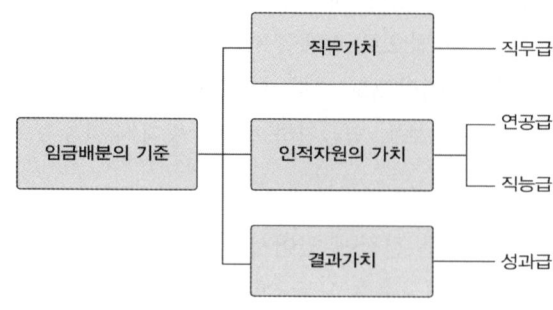

(2) 직무급

직무급이란 직무들이 가지는 상대적 가치에 따라 임금을 결정하는 임금제도를 의미한다. 따라서 부가가치를 많이 생산하거나 어려운 직무라면 직무의 가치가 높기 때문에 그 직무를 수행하는 인적자원의 임금은 높게 책정된다. 직무급이 공정하고 합리적으로 적용되기 위해서는 직무분석과 직무평가가 제대로 이루어져 직무마다 정확한 가치가 산정되어야 한다.

1) 장 점

① 각 직무의 상대적 가치를 기준으로 임금을 결정하기 때문에 직무 간의 공정한 임금격차를 유지할 수 있고 노동의 공헌면에서 임금배분의 공정성을 기할 수 있다.

② 직무를 중심으로 한 합리적인 인적자원관리를 가능하게 함으로써 노동력의 효율적인 이용과 인건비의 효율성 증대에 기여한다. 즉 노동력의 적재적소배치로 효율적인 이용이 가능하고 연공급에서 발생하는 비합리적인 과다한 인건비 지출을 방지할 수 있다.

③ 동일노동에 동일임금이라는 원칙이 적용되어 부가가치의 상승 없이 임금이 상승하는 불합리성을 제거할 수 있기 때문에 인적자원들은 고부가가치 업무를 담당할 수 있도록 자기능력을 향상시키기 위해 노력하게 된다. 즉 공정한 임금지급을 통하여 유능한 인력의 확보와 활용이 가능하다.

④ 인적자원의 입장에서는 인적자원의 자기발전에 도움이 되고, 기업의 입장에서는 특수업무를 처리할 수 있는 인적자원의 확보가 용이해진다.

2) 단 점

① 직무분석 및 직무평가 등의 절차가 복잡하고 객관적인 평가기준의 설정도 곤란하다.

② 직무가 표준화되어 있지 않고 직무구조와 인적능력 구성이 일치하지 않거나, 노동시장이 폐쇄적인 경우 등에는 직무급의 성공적 도입이 어렵다.

③ 연공중심의 기업풍토 하에서 장기근속자의 저항감이 강하여 실시상의 어려움이 많고, 노동조합의 반발도 만만치 않다.

(3) 연공급

연공급이란 인적자원이 기업 또는 해당직무에 종사한 기간인 연공을 기준으로 임금을 차별화하는 제도를 의미한다. 연공에 따라 임금이 차별화될 수 있는 이유는 근속연수가 많아짐에 따라 학습에 의해 숙련수준이 높아진다고 가정하기 때문이다.

1) 장 점
① 종업원의 생계비를 보장한다는 측면이 있기 때문에 기업에 대한 귀속의식이 확대되고, 종업원의 고용안정과 생활보장을 이룩할 수 있다.
② 인력수급이 어려운 폐쇄적 노동시장 하에서 인력관리가 용이하고, 가장 객관적인 임금체계이다.

2) 단 점
① 동일노동에 대해서 동일임금을 지급하는 것이 쉽지 않으며, 직무에 대한 부분이 무시되어 있어 전문인력의 확보가 어렵다.
② 근속연수에 의한 차별로 인해 능력 있는 젊은 인적자원의 사기저하 및 소극적인 근무태도를 야기할 수 있다.
③ 조직의 입장에서는 시간이 지날수록 조직의 구조가 피라미드 구조에서 역피라미드 구조로 변화될 수 있기 때문에 인건비 부담이 가중될 수 있다.

3) 임금피크제

임금피크제(salary peak system)는 동일한 인건비 하에서 고용을 중시하는 방안으로 종업원의 계속고용을 위해 노사 간의 합의를 통해 일정 연령을 기준으로 생산성에 맞추어 임금을 하락하도록 조정하는 대신 소정의 기간 동안 고용을 보장해 주는 제도이다. 따라서 임금피크제의 도입이유는 인간의 숙련도나 정신적 또는 육체적 능력이 일정 연령 후에는 감소하기 때문이기도 하지만, 능력이 감퇴한 고령의 종업원을 해고시키지 않고 낮은 임금에 고용을 보장해 주기 위해서이다.

(4) 직능급

직능급이란 인적자원이 보유하고 있는 직무수행능력(직능)을 기준으로 임금을 차별화하는 제도를 의미한다. 직능급은 연공급과 직무요소 기준의 직무급을 절충한 형태라고 할 수 있다.

1) 장 점
① 종래의 연공기준에서 종업원의 직무수행능력의 발전단계에 따른 직능자격 등급을 기준으로 임금을 지불하고, 자격승진 등과도 밀접히 연계되어 있어 능력에 의한 처우가 가능함으로써 능력주의적 인적자원관리를 실현할 수 있다.
② 종업원 개인의 직능개발에 대한 노력으로 직능이 신장되면 직능등급의 상승으로 이어져 종업원의 자기개발 의욕을 자극하고 동기를 유발함은 물론 생산성 향상에 기여할 수 있다.

③ 종업원의 직무수행능력의 정도에 따라 차별적인 임금을 지급하므로 임금의 공정성을 실현할 수 있고 유능한 인재를 유인하고 유지할 수 있다.

2) 단 점

① 직능의 파악과 평가방법의 선정, 평가기준, 임금률 결정 등의 어려움이 있고, 이로 인해 잘못 운영하면 연공급화될 가능성이 있다.
② 인간의 능력개발은 지속적으로 증가하는 것이 아니기 때문에 일정수준 이상이 되면 임금이 동결될 수 있다.
③ 직능이 신장될 수 있는 직종이어야 직능급의 도입이 가능하므로 직능신장을 기대하기 어려운 직종에는 도입이 곤란하다.
④ 직무평가와 마찬가지로 직능평가는 그 평가와 산정절차가 복잡하다.
⑤ 인적자원의 능력에 따른 임금격차는 조직분위기를 저해시킬 수 있다.

(5) 성과급

1) 의 의

성과급이란 인적자원이 달성한 성과의 크기를 기준으로 임금액을 결정하는 임금제도를 의미한다. 인적자원이 기업의 성과에 직접적으로 기여한 만큼 보상을 받는 것이 공정하다는 논리에 입각한 제도라고 할 수 있으며, 동일한 가치를 가진 직무를 수행한다 하더라도 인적자원들의 임금은 성과에 따라 다르게 책정될 수 있다. 성과급은 그 수준에 따라 개인성과급제도, 집단성과급제도, 기업(조직)성과급제도가 있다.

〈개인성과급제도의 형태〉

임률	임률 결정방법	일정시간당 생산단위	제품단위당 소요시간
임률 고정		• 단순 성과급	• 표준시간급
임률 변동		• 테일러식 복률성과급 • 메릭식 복률성과급 • 리틀식 복률성과급	• 간트식 할증급 • 비도우식 할증급 • 할시식 할증급 • 로완식 할증급

2) 장 점

① 종업원의 동기유발을 유도하여 생산성을 높인다.
② 관리자의 감독, 채근, 독촉 등의 관리가 덜 필요하다.
③ 생산량에 따라 임금이 지급되므로 인건비 산정이 정확하다.
④ 결근률과 지각률의 감소와 종업원들의 직무에 대한 창조적인 관심증대 및 비능률적인 작업자의 감소 등의 효과가 있다.

3) 단 점
① 정신노동의 경우에는 개인성과와 공헌의 측정이 쉽지 않다.
② 작업속도의 증가로 인해 종업원의 건강을 해칠 우려가 있고, 개별성과급제도의 경우에 종업원들 간의 협동관계와 신뢰감을 저해할 수도 있다.
③ 성과의 표준설정 및 측정의 어려움, 임금결정의 문제 등으로 노사 간의 마찰이 발생할 수 있고, 성과측정에 많은 비용이 발생한다.
④ 개인의 월소득이 고정되지 않고 미래소득을 예측하기도 어려워 불안정한 경제생활을 할 수 있다.

4) 개인성과급제도 : 생산량 기준

생산량 기준의 개인성과급제도는 적용되는 임률에 따라 단순성과급(straight piecework plan)과 복률성과급(multiple piece rate plan)으로 구분할 수 있다. 복률성과급에는 테일러식 복률성과급(Taylor differential piece rate plan), 메릭식 복률성과급(Merrick multiple piece rate plan), 리틀식 복률성과급(Lytle multiple piece rate plan), 맨체스터 플랜(Manchester plan) 등이 있다.

① 단순성과급 : 개인이 생산하는 제품의 수량에 고정된 임률인 단위당 임금을 곱해 임금액을 결정하는 제도이다. 생산수량과 임금이 직결되기 때문에 인적자원을 피로하게 만들고 품질이 저하될 수 있으며, 미숙련자는 불안정한 수입으로 인해 생활의 안정을 위협받을 수 있다.
② 테일러식 복률성과급 : 과학적으로 결정된 표준과업량을 기준으로 하여 두 종류의 임률을 제시한다. 정해진 기준에 따라 표준과업량을 달성한 인적자원에게는 훨씬 유리한 임률을 적용한다.
③ 메릭식 복률성과급 : 테일러식 복률성과급의 결점을 보완할 목적으로 세 종류의 임률을 제시한다. 미숙련자에게도 쉽게 달성할 수 있는 중간임률을 두어 인적자원들의 동기부여를 통해 생산성의 증가를 달성하고자 하는 제도라고 할 수 있다.
④ 리틀식 복률성과급 : 메릭식 복률성과급의 결점을 보완할 목적으로 네 종류의 임률을 제시한다. 표준과업을 110% 이상 초과달성한 고도숙련자에게 더 큰 동기부여를 주도록 높은 임률을 제공하는 제도이다.
⑤ 맨체스터 플랜 : 미숙련 노동자들에게 예정된 성과를 올리지 못하더라도 최저생활을 보장해 주기 위하여 작업성과의 일정한 범위까지는 보장된 임금을 지급하는 제도이다. 따라서 고정급과 변동급이 결합된 형태라고 할 수 있다.

복률성과급

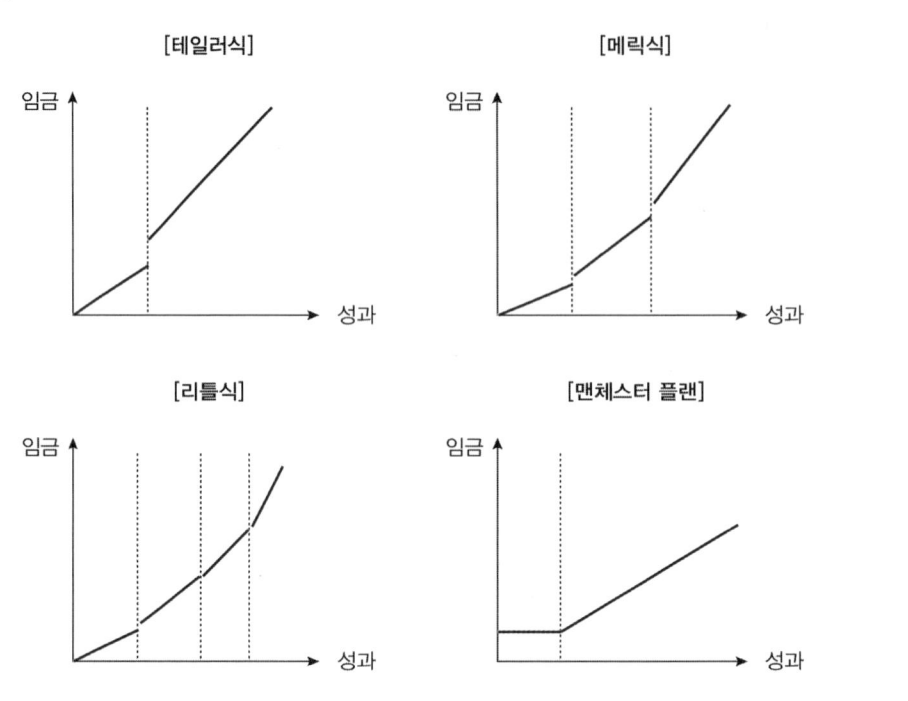

5) 개인성과급제도 : 시간 기준

시간 기준의 개인성과급제도는 표준시간급(standard hour plan)과 할증급(premium plan)이 있다. 할증급은 종업원이 표준작업 시간 내 표준과업량을 달성하지 못하더라도 일정한 임금을 보장해주고, 표준작업 시간 내에 과업을 달성한 종업원에 대해서는 기본 시간급에 일정한 비율의 할증임금을 추가로 지급하는 제도이며, 절약임금 전부를 종업원에게 지급함으로써 가중되는 기업의 임금부담이 결국 임률저하를 초래하는 성과급제도에 대한 종업원의 반발에 대처하기 위해 고안된 제도이다. 할증급의 도입은 생산성 향상으로 인해 이익이 발생하였을 때 그 이익을 기업과 종업원에게 배분함으로써 종업원의 능률을 자극하고 임금의 과도한 증가를 억제하려는 데 목적이 있다. 또한, 할증급은 작업능률의 증대로 절약된 시간에 대한 임금의 일부를 종업원에게 배분한다는 점에서 절약임금 배분제도라고도 하며, 절약임금(절약된 시간에 대한 임금)을 종업원 개인에게 어떤 비율로 분배하느냐에 따라 간트식 할증급(Gantt premium plan), 비도우식 할증급(Bedaux premium plan), 할시식 할증급(Halsey premium plan), 로완식 할증급(Rowan premium plan) 등이 있다.

⟨할증급(4시간 작업에 표준과업량은 4개, 시간당 임금은 3,000원인 경우)⟩

작업자	생산량	임 금
A	3개	4시간 × 3,000원 = 12,000원
B	4개	4시간 × 3,000원 = 12,000원
C	5개	4시간 × 3,000원 = 12,000원 12,000원에 추가하여 할증급 지급

① **표준시간급** : 과업단위당 표준시간기준을 설정하고 인적자원이 작업을 완성하면 이미 설정된 표준시간을 기준으로 임률을 적용해 임금액을 지급하는 제도이다. 예를 들어, 어떤 과업을 수행하는데 표준시간이 4시간이고 시간당 임률이 3,000원이라면 그 과업을 수행하는 데 실제로 소요된 시간에 상관없이 12,000원의 임금을 지급하는 것이다.

② **간트식 할증급** : 절약임금을 인적자원에게 모두 배분하고 추가로 일정비율의 보너스를 지급하는 제도이다. 할증급 중에서 개인에게 가장 많은 임금을 보장하는 제도이다.

③ **비도우식 할증급** : 절약임금의 75%를 인적자원에게 배분하는 제도이다.

④ **할시식 할증급** : 절약임금의 1/3 또는 1/2를 인적자원에게 배분하는 제도이다.

⑤ **로완식 할증급** : 절약임금의 규모에 따라 배분율을 다르게 하는 제도이다. 이 제도는 절약임금의 규모가 커짐에 따라 배분율은 감소한다.

6) 집단성과급제도

집단성과급제도란 개인성과급이 가지고 있는 단점을 극복하기 위해 설계된 제도로 개인의 임금에 추가적으로 임금을 지급하는 제도를 의미한다. 집단성과급제도의 도입은 공동체의식을 제고시키고 노사 간의 갈등을 줄여주며, 공동으로 수행하거나 직무들 간의 상호관련성이 높은 경우에 성과측정의 객관성을 확보할 수 있도록 해 준다. 대표적인 집단성과급제도는 카이저 플랜(Kaiser plan), 프렌치 시스템(French system), 스캔론 플랜(Scanlon plan), 럭커 플랜(Rucker plan), 임프로쉐어(improshare) 등이 있다.

① **카이저 플랜** : 능률적인 작업과 낭비제거를 유도하기 위해 재료비와 노무비의 절감액을 분배하는 제도이다.

② **프렌치 시스템** : 총투입에 대한 총산출의 비율이 집단성과급제도의 기초가 되는 제도이다. 스캔론 플랜과 럭커 플랜은 주로 노무비절감에 관심을 두고, 프렌치 시스템은 모든 비용의 절감에 관심을 둔다.

③ **스캔론 플랜** : 노동자의 참여의식을 높이기 위해 미국의 철강노동조합의 간부였던 스캔론(Scanlon)에 의해 제안된 성과배분제도이다. 스캔론 플랜에서는 매출액과 인건비와의 관계에서 배분액을 계산한다. 즉 스캔론 플랜에서는 판매가치를 기준으로 인건비율을 구하는데, 그 이유는 성과배분의 대상을 생산부문의 종업원에게 한정하지 않고 판매, 사

무, 기술 등의 각 부문을 포함하는 전체 종업원을 대상으로 적용하기 때문이다.
④ 럭커 플랜 : 임금분배율을 정해두고 이를 부가가치에 곱하여 임금총액을 계산하는 방식이다. 기업이 달성한 부가가치를 기준으로 임금분배액을 계산함으로써 생산제품의 시장상황을 반영할 수 있다.
⑤ 임프로쉐어 : Improved Productivity Through Sharing의 축약어로 단위당 소요되는 표준노동시간과 실제노동시간을 비교하여 절약된 노동시간을 노사가 각각 50:50의 비율로 분배하는 제도이다.

7) 기업(조직)성과급제도

기업(조직)성과급제도란 기업 전체적인 관점에서 영업이익과 주식의 가치와 같은 성과를 측정하여 성과의 정도에 따라 보상하는 방법을 의미한다. 가장 대표적인 기업(조직)성과급제도는 이윤분배제도가 있는데 이윤분배제도는 노사 간에 미리 정해진 일정한 계산기준에 따라 기업이 일반 종업원에게 임금 외에 추가로 이윤의 일부를 분배하는 제도이다.

> **참고** 새로운 임금제도
>
> ① 기술급(지식급) : 좁은 의미로는 숙련급, 기능급 등으로 불리는데, 환경변화에 신속하게 대처하지 못하는 직무급의 대안으로 종업원이 수행하고 있는 기술이 아니라 보유하고 있는 기술이나 지식의 종류와 수준에 따라 임금이 결정되는 제도이다. 즉 종업원이 현재 담당하고 있는 직무가 종업원이 보유한 기술이나 지식을 요구하지 않더라도 검정된 모든 기술이나 지식에 대해서 해당 종업원에게 임금을 지급하는 제도이다.
> ② 역량급 : 종업원들이 현재 담당하고 있는 직무와는 상관없이 그들이 보유하고 있는 역량의 범위와 수준에 따라 임금이 결정되는 제도이다. 역량에 대한 통일된 정의는 없지만, 역량이란 성공적인 직무수행을 위해 요구되는 기술·지식·동기·행동 등을 포함한 개인적인 특성을 말한다. 기술급과 마찬가지로 직무급의 대안으로 개발 및 도입되었다. 역량급은 인적인 특성에 기초한 임금제도라는 점에서 기술급과 동일하지만, 기술급을 능가하는 임금제도라고 할 수 있다. 또한, 일반적으로 역량은 가시적 요소인 기술(skill), 지식(knowledge)과 내면적 요소인 자아개념(selfconcepts), 특질(traits), 동기(motives) 등으로 구성된다.
> ③ 스톡옵션제 : 원래 최고경영자를 위한 개별 인센티브 보상제도로 실시되어 왔으나, 최근에는 종업원도 그 대상으로 실시되고 있다. 스톡옵션제란 기업이 경영자 및 종업원들에게 장래의 일정한 기간(권리행사기간) 내에 사전에 약정된 가격(권리행사가격)으로 일정 수량의 자사주를 매입할 수 있는 권리를 부여하는 제도로 주식에 근거한 보상에 해당한다.
> ④ 브로드밴딩(broadbanding) : 정보기술의 발달로 인해 조직계층 수의 축소와 수평적 조직의 확산에 따라 이에 적합한 직무등급체계로 등장한 신임금체계인데, 전통적인 다수의

계층적인 임금구조를 통합하여 보다 폭넓은 임금범위를 갖는 소수의 임금등급(pay grade)으로 축소시키는 것을 말한다. 즉 브로드밴딩은 직무의 중요도나 가치에 따라 유사한 수준의 직무를 묶어 밴드로 설정하고 밴드 내에서 최대임금과 최소임금의 폭을 결정하는 것이다. 따라서 20~30개의 직무를 5~6개 정도의 밴드(band)로 직무등급의 수를 간소화하고 각 직무등급 내 임금의 폭을 확대하는 것이다. 이는 전통적인 직무급에서처럼 높은 직무등급으로 수직 이동하는 승진보다는 개인의 능력과 공헌도를 중요시하고 개인의 역량 발전에 따라 역할의 범위와 중요도가 확대되는 것을 중시한다는 것이다. 그렇기 때문에 직무가 변하지 않더라도 동일 직무 내에서 성과 및 숙련 등에 따른 동기부여의 효과를 얻을 수 있다.

⑤ **슬라이딩 스케일(sliding scale)** : 임금의 일부 또는 전부가 물가 지수 등과 연결되어 있어 물가 변동에 따라 자동적으로 임금을 조정하여 지급하는 방식이다. 이를 노사 간의 임금협정 안에 규정한 것을 에스컬레이터 조항이라고 한다.

4. 복리후생

(1) 의 의

복리후생(employee welfare and services)이란 임금 이외에 인적자원들에게 경제적 안정과 생활의 질을 향상시키기 위해 제공되는 간접적 보상을 의미한다. 복리후생의 목적은 다음과 같다.

① **경제적 목적** : 복리후생이 잘된 기업의 인적자원은 직장생활에 만족하며 사기가 올라서 기업에 대한 공헌도가 높아진다.

② **사회적 목적** : 기업은 복리후생을 통해 기업 내에 존재하는 상대적으로 불리한 지위에 있는 인적자원을 보호하고, 기업 내 인적자원에 대한 사회적 통합과 사회복지에 기여한다.

③ **정치적 목적** : 기업은 종업원들로부터 환심과 충성을 얻거나 노조의 영향을 줄이기 위해 자발적으로 복리후생을 실시한다.

④ **윤리적 목적** : 기업의 복리후생은 인적자원의 최저생활 확보라는 윤리적 목적을 추구한다.

(2) 특 징

복리후생은 인적자원이 복리후생을 보상으로 인식하는지의 여부에 따라 다양한 특징을 가지게 된다.

① **복리후생과 조직성과** : 일반적으로 인적자원은 복리후생을 직무수행 및 직무성과와 연결시키지 않는다. 따라서 복리후생은 임금만큼 기업의 생산성에 기여하지 못하는 것으로 인식되고 있다.

② **복리후생의 선호** : 일반적으로 인적자원은 복리후생보다 임금을 더 선호한다. 그러나 소득수준, 학력, 나이 등에 따라서는 임금보다 특정 복리후생을 더 선호할 수 있다.

③ 복리후생의 범위 : 복리후생이 인적자원의 경제적 안정과 사기진작에 기여하는 것은 사실이지만, 기업의 입장에서 복리후생은 경제적 부담이 된다. 따라서 지나친 복리후생은 기업에게 과도한 부담을 줄 뿐만 아니라 인적자원들로 하여금 기업에 너무 의존하게 만들 수 있다.

(3) 복리후생의 유형

복리후생프로그램은 국가의 강제여부에 따라 법정 복리후생과 비법정 복리후생으로 구분할 수 있다.

① 법정 복리후생 : 국가가 기업의 인적자원을 보호하는 차원에서 법률을 통해 도입을 강제하고 있는 복리후생이다. 우리나라에서의 법정 복리후생에는 각종 보험료 지원(건강보험·고용보험·연금보험·산업재해보상보험), 퇴직금제도, 유급휴가제도 등이 있다.

② 비법정 복리후생 : 국가에서 법률로 정한 복리후생 이외에 기업이 도입하고 있는 복리후생 제도이다. 비법정 복리후생은 기업과 노조와의 교섭을 통해 강제성을 띠고 있는 단체협약상 복리후생과 기업이 임의로 도입하고 있는 자발적인 복리후생으로 구분할 수 있다.

(4) 선택적 복리후생제도

선택적 복리후생제도란 인적자원 각자의 욕구에 따라 선호하는 복리후생 프로그램을 선택하도록 하는 신축적인 복리후생제도를 의미하고, **카페테리아 복리후생 프로그램**(cafeteria benefit program)이라고도 한다. 전통적인 복리후생제도가 모든 인적자원에게 일률적으로 똑같은 복리후생 제도를 적용하는 것이라면, 선택적 복리후생제도의 기본적인 골격은 다양한 복리후생제도의 종류 가운데 인적자원이 원하는 것을 선택할 수 있도록 하는 것이라고 할 수 있다. 이러한 제도는 기업의 입장에서는 인적자원의 개인별 복리후생 한도를 결정함으로써 기업의 총 복리후생비용을 예측하고 효과적으로 운영할 수 있다는 장점이 있고, 인적자원의 입장에서는 자신들이 필요한 복리후생제도를 선택할 수 있다는 장점이 있다. 구체적인 형태에는 **선택항목추가형**(core plus options plan), **모듈형**(modular plans), **선택적 지출계좌형**(flexible spending accounts) 등이 있다.

① 선택항목추가형 : 기업이 종업원 전체에게 꼭 필요하다고 판단되는 복리후생항목을 제공한 후, 추가적으로 여러 항목을 제공하여 종업원이 이들 항목 중 자기가 원하는 것을 선택하게 하는 것이다.

② 모듈형 : 몇 개의 복리후생 항목들을 집단화시켜서 종업원에게 제시하는 것이다. 종업원들은 여러 개의 집단화된 복리후생 프로그램 중에서 어느 한 집단을 선택할 수 있다.

③ 선택적 지출계좌형 : 종업원 개인에게 주어진 복리후생 예산범위 내에서 종업원 개인이 자유로이 복리후생 항목을 선택할 수 있는 제도이다. 여기서 개인에게 주어진 복리후생 예산을 기업이 모두 부담할 수도 있으며, 기업과 종업원 개인이 분담할 수도 있다.

인적자원의 유지 및 방출

제1절 │ 인적자원의 유지 : 유지관리

1. 동기부여와 산업안전관리

(1) 동기부여

1) 의 의

동기부여(motivation)란 개인으로 하여금 주어진 일을 수행하게 하는 힘을 의미한다. 동기부여는 목표를 추구하는데 필요한 내적 충동상태라고 할 수 있는데, 일반적으로 개인행동의 동인이 되며 개인의 성과를 결정하는 중요한 요소가 된다.

$$성과(performance) = 능력(ability) \times 동기부여(motivation)$$

2) 유 형

① 내재적(intrinsic) 동기부여 : 자기 자신에게서 우러나오는 동기부여를 의미하고, 성취감, 도전감, 확신 등이 있다.

② 외재적(extrinsic) 동기부여 : 자기 자신이 아닌 외부에 의해 발생된 동기부여를 의미하고, 급여, 승진정책, 감독 등이 있다.

(2) 산업안전관리

1) 의 의

산업안전이란 근로자가 일을 하기에 안전한 작업조건과 상황을 의미한다. 따라서 산업안전관리는 근로자들을 업무수행 중의 사고로 인한 위험이나 상해로부터 보호하기 위하여 산업재해의 원인을 규명하고 사고를 사전에 예방함으로써 근로자의 생명과 신체의 보호는 물론, 기업의 경제적 손실을 보호하는 체계적이고 과학적인 제반활동이다. 조직은 인적자원의 유지와 효율적인 활용을 위해 안전하고 쾌적한 작업환경을 마련하여야 한다.

2) 산업재해

산업재해(industrial accident)란 노동과정에서 작업환경 또는 작업행동 등 업무상의 사유로 발생하는 노동자의 신체적·정신적 피해를 말하며, 다음과 같은 다양한 원인에 의해서 발생한다.

① 근로자 입장에서의 발생원인 : 근로자의 피로, 근로자의 작업상 부주의나 실수, 근로자의 작업상 숙련미달 등
② 기업 입장에서의 발생원인 : 안전대책이나 예방대책의 미비 또는 부실 등

2. 노사관계

(1) 의 의

노사관계(union-management relations)란 노동을 공급하는 자(노동자)와 노동을 공급받는 자(사용자)의 관계를 의미한다. 일반적으로 노사관계는 그 본질에 있어서 다음과 같은 이중적인 성격을 가지고 있다.

① **협조관계와 대립관계** : 생산과정에서는 노사가 서로 협조하여 생산성 증대를 이루어야 하지만, 생산의 성과를 배분할 때는 서로 많이 가지려고 대립하는 관계이다.
② **개별관계와 집단관계** : 노동자 개인과 사용자 개인과의 관계라고 할 수 있는 개별관계와 단체협약에 기초한 노동조합과 경영진과의 관계라고 할 수 있는 집단적인 협상관계를 동시에 가진다.
③ **경제관계와 사회관계** : 임금 등의 경제적 문제로 협상을 벌이기도 하지만, 노동자의 사회적 지위를 결정하는 신분이나 경영권 참여 등을 놓고 협상을 벌이며 그 과정에서 인간관계를 형성하게 된다.
④ **종속관계와 대등관계** : 생산과정에서 노동자는 사용자의 지휘·명령에 복종해야 한다. 그러나 노동자는 노동조합을 통하여 집단적인 근로조건 결정과 운영에 대해 사용자측과 대등한 입장에서 협상을 진행한다.

(2) 발전과정

노사관계의 발전과정을 역사적으로 살펴보면 전제적(착취적) 노사관계, 온정적 노사관계, 완화적 노사관계, 민주적 노사관계로 발전되어 왔다.

① **전제적(착취적) 노사관계** : 노동자와 사용자의 관계가 절대명령과 복종이라는 종속적인 관계가 유지되고 노동자의 인간적인 측면이 무시되는 노사관계이다.
② **온정적 노사관계** : 생산방식의 발달과 정착노동의 증대로 전제적 노사관계가 한계에 이르게 됨에 따라 사용자는 온정주의에 입각하여 노동자에게 복리후생시설 등을 제공하는 노사관계이다.
③ **완화적 노사관계** : 소유와 경영의 분리에 따라 경영자집단과 노동조합이 형성되고 발전되는 노사관계이다. 그러나 소유와 경영이 완전히 분리되지 않았기 때문에 개별적 자본의 성격이 강하게 남아 있으며, 이로 인해 단지 자본의 일방적 지배를 어느 정도 제약하는 노사관계라고 할 수 있다.

④ **민주적 노사관계** : 전문경영자의 영입, 기업규모의 확대, 기계화, 미숙련 노동자의 대거 채용 등에 따라 자연적으로 노동자가 대등한 사회적 지위를 인정받게 되는 산업민주주의의 이념을 형성한 노사관계이다.

(3) **노동조합**

1) **의 의**

노동조합(trade union)이란 임금노동자가 노동생활에 관련된 모든 조건의 유지 또는 개선을 목적으로 조직한 항구적인 단체를 의미한다. 노동조합은 일반적으로 경제적 기능, 공제적 기능, 정치적 기능을 수행한다.

① **경제적 기능** : 노동조합은 노동자의 협상 및 교섭기능을 하면서 임금인상, 근로조건 개선 등을 추구한다.

② **공제적 기능** : 노동조합은 조합원 상호 간의 상호부조 또는 상호공제활동을 수행하게 되는데, 이는 노동조합원 상호 간에 수행되는 대내적 기능이다. 공제조합, 공동구매, 탁아시설 공동운영 등이 여기에 해당된다.

③ **정치적 기능** : 노동조합은 노동자와 사용자 사이의 교섭과 분쟁을 노동자에게 유리한 방향으로 해결하기 위해 법률의 제정과 제도개선 등을 목적으로 다양한 활동을 수행하는 기능이다. 노동자에게 유리한 정부의 지원을 얻어내기 위한 입법화 운동, 정치인 후원 모금활동 등이 해당되며, 정치적 후보를 내어 선거운동에 참여하는 등의 활동도 여기에 포함된다. 이러한 정치적 기능은 경영참여의 형태로 나타나기도 한다.

2) **조직형태**

① **직종별 노동조합(craft union)** : 특정기업이나 산업에 고용되는 것과 관계없이 직종 또는 직업을 같이하는 노동자들로 조직된 노동조합을 말하며, 가장 먼저 발달한 노동조합의 조직형태이다. 이는 직업별 또는 직능별 노동조합이라고도 불리며, 주로 숙련공들의 기술이 필수적으로 요구되던 종래의 생산방식 하에서 숙련노동자가 조직을 통해 노동시장을 배타적으로 독점하여 교섭력을 높이는 것을 주목적으로 하였다.

② **산업별 노동조합(industrial union)** : 직종이나 계층에 관계없이 동일산업에 종사하는 노동자가 조직하는 노동조합을 말한다. 즉 하나의 산업 전체 노동자가 일시에 파업을 하여 노동을 중지시키는 것이 교섭상 유리한 방법이 됨에 따라 노동조합도 같은 산업 내의 전체 노동자를 단위로 조직하게 된 것이 산업별 노동조합이다.

③ **기업별 노동조합(company union)** : 동일한 기업에 종사하는 노동자들에 의해 조직되는 노동조합을 말한다. 직종별 노동조합, 산업별 노동조합, 일반 노동조합이 기업을 초월하는 횡단적인 조직이라면 기업별 노동조합은 기업 내 노동자들의 직종 또는 숙련정도와 상관없이 오로지 개별기업을 조직단위로 하는 종단적 조직이다.

④ 일반 노동조합(general union) : 숙련이나 직종 또는 산업에 상관없이 일반노동자들을 폭넓게 규합하는 노동조합의 형태이다. 일반 노동조합은 작업의 전문화·단순화·표준화로 인해 등장한 대량의 미숙련노동자들이 노동생활을 영위하기 위한 최저생활의 필요조건을 확보하기 위해서 생성되었다. 주된 요구조건으로는 고용의 안정과 임금 및 근로조건의 최저한도 설정 등을 들 수 있다. 이러한 요구조건들은 산업이나 직종을 초월하여 균일적인 성질을 가지는 것으로 그것의 실현을 위하여 입법규제를 중시하게 된다.

(4) 숍제도

숍(shop)제도는 기업이 신규인력을 채용할 때 지원자의 신분과 관련하여 노동조합과의 관계를 정하는 방식을 의미한다. 숍제도는 기본적인 형태인 오픈 숍(open shop), 클로즈드 숍(closed shop), 유니온 숍(union shop)이 있으며, 변형된 형태로 유지 숍(maintenance shop), 우선 숍(preferential shop), 에이전시 숍(agency shop)이 있다.

① 오픈 숍 : 조합원이나 비조합원이나 모두 고용할 수 있으며 조합가입이 고용조건이 아닌 제도이다. 노동자는 고용을 위해 노동조합에 가입하지 않아도 무방하기 때문에 노동조합의 가입은 노동자의 개인의지에 맡겨져 있다. 또한, 노동조합원이었던 노동자가 노동조합을 탈퇴하거나 제명되어도 고용을 유지할 수 있다.

② 클로즈드 숍 : 사용자가 노동자를 고용함에 있어서 반드시 노동조합원 중에서 선발해야 하는 제도이다. 기업에 속해 있는 노동자 전체가 노동조합에 가입해야 할 의무를 가지게 되는 것으로 노동조합의 가입이 고용의 전제조건이 되는 가장 강력한 제도이다.

③ 유니온 숍 : 사용자가 노동자를 고용할 때 자유로운 고용이 허락되지만, 일단 고용된 후에는 노동조합의 가입을 의무화하는 제도이다. 따라서 고용 후에 노동조합을 탈퇴하거나 제명되면 고용을 유지할 수 없다.

④ 유지 숍 : 고용이 되면 일정기간 동안 노동조합원의 자격을 유지해야 하는 제도이다.

⑤ 우선 숍 : 고용에 있어서 노동조합원에게 우선권을 부여하는 제도이다.

⑥ 에이전시 숍 : 노동조합원뿐만 아니라 노동조합원이 아닌 노동자에게도 노동조합의 조합회비를 징수하는 제도이다. 일반적으로 노동자에게 일일이 조합회비를 징수하는 것이 쉽지 않기 때문에 조합회비를 급여에서 일괄공제하는 체크오프 시스템(check-off system)을 활용한다.

(5) 단체교섭

1) 의 의

단체교섭(collective bargaining)이란 노사대등의 입장에서 실행되는 노동조건의 집단적 거래관계 또는 집단적 타협의 절차를 의미한다. 일반적으로 단체교섭은 임금, 노동시간 등의 노동조건을 놓고 노동자단체인 노동조합과 사용자 간에 협상을 벌여 결론을 도출하고 도출된 결론을 이행해 가는 일련의 과정이다. 단체교섭은 일반적으로 다음과 같은 특징을 가진다.

① 노사 간 교섭력을 중심으로 진행되지만, 그 교섭력이 정당성의 한계를 벗어나지 않아야 하며 협상을 통해 결론에 도달한다는 목적 하에서 실행되어야 한다.
② 노사 간 의사소통의 통로라는 점에서 노사협의와 유사하지만, 임금과 근로조건 등과 같은 노사 간의 이해가 상반되는 협상과정이라는 점에서는 노사협의와 다르다.
③ 노사 당사자 간의 문제이기 때문에 교섭형태가 어떻게 진행되든지 간에 최종적으로 책임과 의무를 다하는 노력이 선행되어야 한다.

2) 유 형

① 기업별 교섭 : 특정 기업 또는 사업장 단위로 조직된 독립된 노동조합이 그 상대방인 사용자와 단체교섭을 행하는 방식을 말한다.
② 통일 교섭 : 노동시장을 전국적 또는 지역적으로 지배하고 있는 산업별 또는 직업별 노동조합과 이에 대응하는 전국적 또는 지역적인 사용자 단체 간에 행해지는 단체교섭을 말한다.
③ 대각선 교섭 : 산업별 노동조합이 개별기업의 사용자와 개별적으로 교섭하는 방식을 말한다. 이 방식은 산업별 노동조합에 대응할 만한 사용자 단체가 없거나 또는 사용자 단체가 있는 경우라도 각 기업에 특수한 사정이 있는 경우에 많이 요구되고 있다.
④ 집단 교섭 : 수 개의 단위노동조합이 집단을 구성하여 이에 대응하는 수개 기업의 사용자대표와 집단적으로 교섭하는 방식을 말한다. 이 방식은 노사양측이 산업별 또는 지역별로 각기 연합전선을 형성하여 교섭하기 때문에 연합교섭이라고도 한다.
⑤ 공동 교섭 : 상부단체인 산업별 또는 직업별 노동조합이 하부단체인 기업별 노조 또는 기업단위의 지부와 공동으로 당해기업의 사용자대표와 교섭하는 방식이다.

단체교섭의 유형

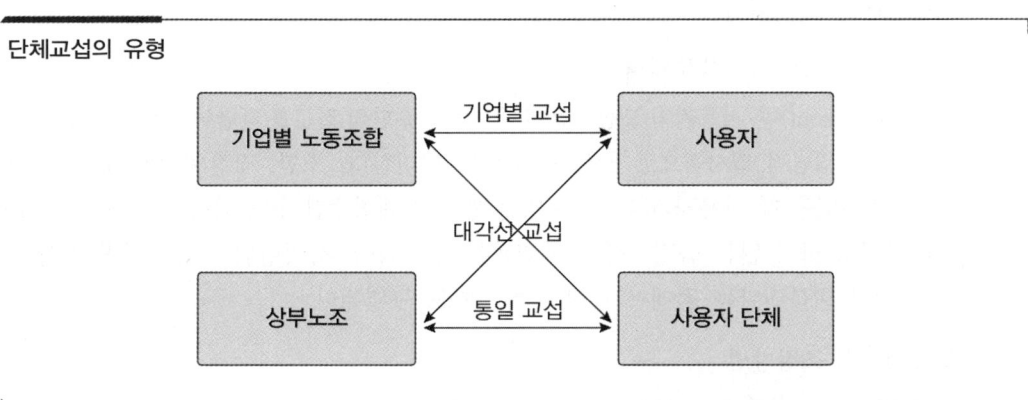

(6) **노동쟁의**

1) 의 의

노동쟁의(labor dispute)란 노동조건과 관련된 사항에 대해 노사 간에 의견합의를 도출하지 못해 분쟁에 돌입한 상태를 의미한다. 따라서 노동쟁의는 단체교섭 실시를 전제로 한다. 즉 단체교섭이 실패하였을 경우에 노사는 분쟁에 돌입하게 되는 것이다. 이러한 분쟁상태가 실력행사로 이어지면 쟁의행위라고 하는데, 일반적으로 노동조합은 다양한 방법으로 쟁의행위를 시행할 수 있으며, 이에 대한 합법적 대항수단인 직장폐쇄(lock-out)를 통해 사용자는 노사 간 교섭력의 균형을 유지할 수 있다.

2) 노동조합의 쟁의행위

노동조합이 시행할 수 있는 대표적인 쟁의행위에는 파업(strike), 태업(sabotage), 불매운동(boycott), 피켓팅(picketing), 준법투쟁(law-abiding struggle) 등이 있다.

① 파 업 : 노동조합의 통제 하에서 노동조합원이 집단적으로 노동의 제공을 정지하는 것을 내용으로 하는 쟁의행위이다.

② 태 업 : 노동자들이 표면적으로는 작업을 하면서 집단적으로 작업능률을 저하시켜 사용자에게 손해를 주는 쟁의행위이다.

③ 불매운동 : 조합원이나 일반 시민에게 직접 쟁의의 상대가 되어 있는 사용자나 그와 거래관계에 있는 제3자의 상품구매를 거부하도록 호소하는 쟁의행위이다.

④ 피켓팅 : 파업을 효과적으로 수행하기 위하여 파업불참자들의 사업장 또는 공장의 출입을 감시·저지하거나 파업참여에 협력할 것을 호소하는 쟁의행위이다.

⑤ 준법투쟁 : 노동조합의 통제 하에 노동자들이 법규에 규정된 적법한 권리를 행사하는 방법으로 업무의 능률이나 실적을 떨어뜨려 파업이나 태업과 같은 쟁의행위의 효과를 발생시키는 쟁의행위이다. 사용자를 압박하기 위해 본격적인 쟁의행위 이전에 행하는 것이 일반적이며 그 구체적인 유형으로는 연장근무의 거부, 집단휴가의 실시, 휴식시간 엄수 등이 있다.

3) 사용자의 쟁의행위 : 직장폐쇄

직장폐쇄(lockout)란 사용자가 노동조합에 대해 생산수단의 접근을 차단하고 노동자의 노동력 발휘를 조직적, 집단적, 일시적으로 거부하는 행위를 의미한다. 또한, 직장폐쇄는 노동조합이 파업에 돌입하였을 때 사용자가 취할 수 있는 합법적 대항수단이다. 따라서 노사 간의 노동쟁의를 전제로 하지 않는 공장폐쇄나 폐업과는 구별되며, 쟁의행위가 종료되면 정상적으로 근로관계가 회복된다는 점에서 집단적 해고와도 구별된다.

4) 노동쟁의의 조정방법

노동쟁의의 조정방법에는 조정(mediation), 중재(arbitration), 긴급조정(emergency adjustment)이 있으며, 순서대로 그 구속력은 커진다.

① 조 정 : 조정위원회를 구성해 분쟁당사자의 의견을 조정하는 방법이다. 조정위원회는 분쟁당사자의 조정안을 작성한 후 노사의 수락을 권고하게 되는데, 수락여부는 분쟁당

사자의 자율에 맡겨져 있다.

② 중 재 : 중재위원회에 의해 노동쟁의가 조정되는 준사법적 절차이다. 중재는 단체협약과 동일한 효력을 가지며 분쟁당사자를 구속한다.

③ 긴급조정 : 노동쟁의가 국가경제를 해치고, 국민의 일상생활을 위태롭게 할 위험이 있을 때 정부가 행하는 조정이다. 노동쟁의의 조정방법 중 가장 구속력이 크고 강력한 방법이다.

5) 부당노동행위

부당노동행위란 노동자의 단결권, 단체교섭권, 단체행동권 행사에 대한 사용자의 방해행위를 의미한다. 부당노동행위에는 노동자에 대한 불이익 규정, 황견계약, 단체교섭의 거부 등이 있다. 특히, 황견계약(yellow dog contract)은 노동자가 노동조합에 가입하지 않거나 탈퇴한다는 조건으로 고용계약을 체결하는 것이다.

(7) 경영참여

경영참여(management participation)란 노동자 또는 노동조합이 기업경영과 관련된 제반 사항에 참여하여 영향력을 행사하는 과정을 의미한다. 이러한 경영참여는 노동조합의 기능 중 정치적 기능이 확대된 개념이라고 할 수 있지만, 경영참여로 인해 오히려 단체교섭기능이 약화되는 경우가 발생할 수 있다. 경영참여는 전통적인 관점에서 노동자 또는 노동조합의 역할이 아니라고 생각되는 부문에 대해 노동자 또는 노동조합이 참여하는 것이기 때문에 그 유형은 의사결정참여, 이익참여, 자본참여로 구분할 수 있다. 물론, 경영참여가 긍정적인 측면만 있는 것은 아니며, 경영참여제도의 도입으로 인해 경영권의 침해문제, 노동조합 약체화의 문제, 근로자의 경영참여능력문제 등이 우려된다.

① 의사결정참여 : 노동자나 노동조합이 의결권을 가지고 이사회에 참여하여 경영진과 공동으로 의사결정을 하는 공동의사결정제도와 사용자들과 중요사항을 함께 합의해 추진하는 노사협의제가 대표적이다. 추가적으로 제안제도,[33] 분임조,[34] 복수경영제도[35] 등과 같은 제도 역시 의사결정참여의 한 형태에 해당한다.

---

[33] 제안제도(suggestion system)란 업무개선이나 비용절감 등 조직의 효율성 제고를 위해 조직구성원들의 아이디어를 체계적으로 수집하고 이를 활용하는 공식적인 절차를 의미한다. 따라서 제안제도는 조직구성원들에게 참여의 기회를 제공할 뿐만 아니라 선택된 아이디어 또는 제안에 대해 적절한 보상을 지불한다는 점에서 동기부여의 역할도 한다.

[34] 분임조(circle)란 작업집단을 소규모 인원으로 구성하여 집단구성원들이 그들의 업무를 개선하고 성과를 높이는데 직접 참여할 수 있도록 하는 제도를 의미한다. 대표적인 예로는 품질분임조(quality circle)가 있다.

[35] 복수경영제도(multiple management)란 중간 또는 하위경영자들이 최고경영층의 중역회의와 같은 운영위원회를 형성하여 실무운영에 필요한 의사결정을 하고 정책결정에 관해서도 최고경영층에 건의하는 제도를 의미한다.

〈노사협의제와 단체교섭〉

구 분	노사협의제	단체교섭
목 적	노사공동의 이익증진과 평화도모	임금 및 근로조건의 유지 및 개선
배 경	노동조합의 성립여부와 상관없으며, 쟁의행위라는 압력수단 없이 진행	노동조합 및 기타 노동단체의 존립을 전제로 하고 자구행위로서의 쟁의를 배경
당사자	근로자 대표 및 사용자	노동조합의 대표자와 사용자
대상사항	기업경영이나 생산성향상 등과 같이 노사 간의 이해가 공통	임금, 근로시간 및 기타 근로조건에 관한 사항처럼 이해가 대립
결 과	법적 구속력 있는 계약체결이 이루어지지 않음	단체교섭이 원만히 이루어진 경우에 단체협약을 체결

② 이익참여 : 노동자로 하여금 기업(조직)성과에 적극 참여하게 함으로써 기업(조직)에 대한 관심과 충성심을 제고하고 노동자들에게 안정된 보상을 제공한다. 이윤분배제도[36]가 대표적인 이익참여의 한 형태에 해당한다.

③ 자본참여 : 노동자들이 주주처럼 자기회사 주식의 일부를 보유하는 것으로 종업원지주제도 (우리사주조합)[37]가 자본참여의 한 형태에 해당한다.

---

[36] 이윤분배제도(profit sharing plan)란 조직구성원들이 달성한 이익의 일부를 조직구성원들에게 분배함으로써 조직구성원들이 조직의 경제적 이득에 참여하고 동기유발을 할 수 있도록 하는 제도를 의미한다.

[37] 종업원지주제도(employee stock ownership plan)란 종업원이 자사에서 발행하는 주식을 보유하게 하는 제도를 의미한다. 기업은 종업원지주제도를 위해 저가격, 배당우선, 공로주, 의결권 제한, 양도제한 등의 특별한 조건 및 방법을 이용한다.

제2절 | 인적자원의 방출 : 이직관리

1. 의 의

(1) 개 념

광의의 이직(turnover)은 종업원의 입직(accession)과 이직(separation)을 모두 포함하는 개념이지만, 협의의 이직(separation)은 조직으로부터 금전적 보상을 받는 인적자원이 자발적 또는 비자발적으로 조직에서 구성원 자격을 일시적 또는 영구적으로 종결짓고 조직을 떠나는 것을 의미한다. 이직은 인적자원의 의지에 따라 자발적 이직과 비자발적 이직으로 구분할 수 있다. 자발적 이직에는 전직(turn over), 사직(resign) 등이 있으며, 비자발적 이직에는 해고(dismissal)와 퇴직(retirement) 등이 있다.

(2) 기 능

1) 순기능적인 측면

① 적정수준의 이직은 보다 양질의 참신한 인력으로 대체할 수 있는 기회를 제공해 준다.

② 기업에 새로운 아이디어나 기술의 도입을 가능하게 해 주기 때문에 성과의 질과 양이 증가될 수 있다.

③ 새로운 인력의 영입은 정체적인 조직분위기를 쇄신시켜 조직활성화의 계기가 마련될 수 있다.

④ 연공급제 하에서 능력이 부족한 고임금자들의 이직에 따른 신규인력의 충원은 인건비 절감효과도 가져다준다.

⑤ 경기침체시 과잉인력을 보유하고 있는 조직의 경우에 이직은 인력배치의 유연성을 제고시켜 탄력적이고 합리적인 인력운용을 통해 조직의 활성화와 경쟁력 제고에 기여한다.

2) 역기능적인 측면

① 과도한 자발적 이직은 고용정책의 차질에 따른 생산계획의 혼란을 가져와 경영의 안정과 조직분위기를 저해할 수 있다.

② 자발적 이직은 높은 이직비용을 발생시킨다. 이직이 발생하기 전까지 이직자의 낮은 생산성뿐만 아니라 신규인력을 확보하는데 드는 모집·선발비용, 교육훈련비용 등이 발생한다.

③ 유능한 인재의 이직은 인적자원 측면에서 경쟁력 약화를 가져다준다.

(3) 적정이직률

이직의 순기능적인 측면과 역기능적인 측면을 모두 계량화해서 비교하기는 어렵지만, 기업이 이직을 효율적으로 관리하기 위해서는 이론적으로는 먼저 적정수준의 이직률을 검토하여 이를 유지하여야 한다. 만약 실제이직률이 적정이직률을 초과하는 경우에는 이를 감소시키는 대책을 강구하여야 할 것이다. 이직과 관련하여 기업은 무능한 종업원이 이직하고 유능한 신규인적자원이 영입되기를 원하겠지만 현실은 그렇지 않은 경우가 대부분이다. 사실상 이직률이 너무 낮으면 유능한 인적자원의 유실은 적겠지만 조직은 침체될 것이고, 이직률이 너무 높으면 조직은 보다 높은 이직비용을 감수하지 않으면 안 된다. 따라서 기업의 입장에서 이직관리를 할 때 어느 정도의 이직률이 적당한가는 종업원이 기업을 떠남으로 발생하는 이직비용과 기업이 종업원을 계속 보유하기 위해 투입해야 하는 비용(이직을 막기 위한 매력적인 직무제공, 높은 임금 및 복리후생 제공 등)을 동시에 고려하여야 한다. 그 결과 기업의 적정이직률은 기업이 부담해야 하는 이직비용과 인력보유비용의 합이 최소가 되는 곳에서 존재한다. 즉 해당기업의 이직률이 적정이직률을 초과하게 되면 이직관련 총비용이 증가하여 조직의 유효성이 저하되고 이러한 경우에는 이직감소를 위한 대책을 강구하여야 한다.

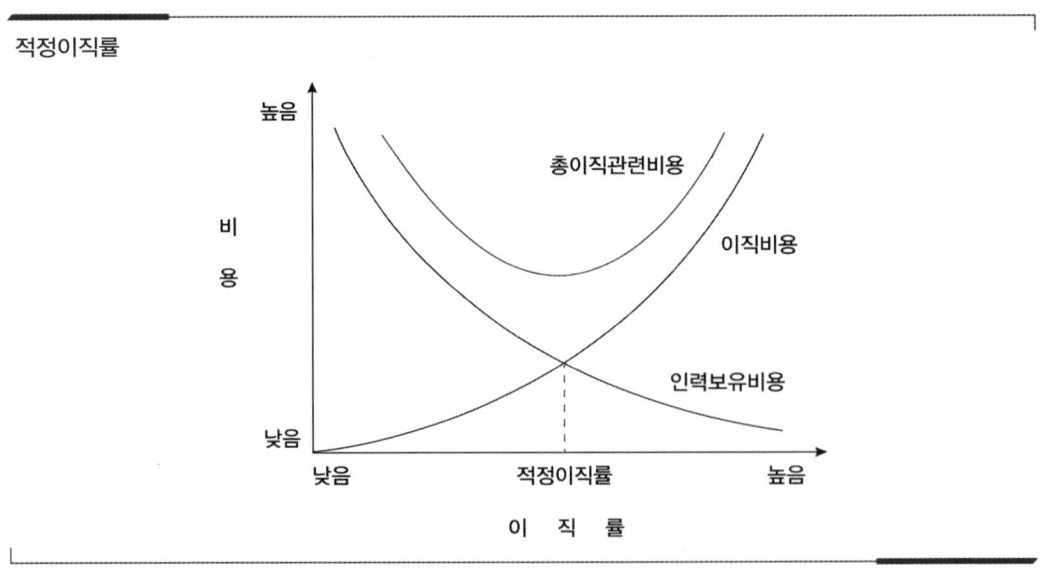

적정이직률

2. 자발적 이직의 원인과 방지대책

(1) 자발적 이직의 원인

1) 외부환경요인

종업원 개인이 어떤 이유에서든 기업에 대해 불만을 가지고 있을 때 이 불만이 이직으로 연결되는 데에는 당시 노동시장의 환경이 결정적 역할을 한다. 즉 이직의도를 가진 종업원이 이직을 결정하는 데에는 그가 선택할 수 있는 조직의 수가 영향을 미치는 것이다.

2) 조직전체요인

이직에 대한 조직전체요인으로서 기업의 임금 및 복리후생, 승진정책 등을 들 수 있다. 종업원들은 임금 및 복리후생, 승진의 공정성이 결여되었거나 기대감이 충족되지 않은 경우에 실망하여 이직을 결정하게 된다. 임금인상액이나 승진기회는 그 자체로서 중요한 의미를 가지지만, 이것이 종업원의 기대수준, 종업원 자신이 지각하는 공헌수준과 함께 고려되지 않으면 별 의미가 없어지게 된다.

3) 작업환경요인

작업환경요인으로서 감독자의 리더십스타일, 동료집단과의 상호작용 또는 인간관계, 작업조건 등을 들 수 있다. 감독자가 부하를 보다 많이 배려하고 원만한 인간관계를 촉진시키는 작업집단에서는 이직률이 낮게 나타나며, 동료집단 간의 인간관계가 원만하고 집단응집력이 높은 곳에서의 이직률 역시 낮다. 먼지, 소음, 열, 작업장의 위험도 등 작업조건 역시 이직에 영향을 미친다. 즉 작업조건이 나쁘면 나쁠수록 종업원의 불만족은 증가하며 이것이 이직으로 연결된다.

4) 직무내용요인

종업원이 현재 수행하고 있는 직무가 어떻게 설계되어 있느냐는 이직과 매우 중요한 관련을 갖게 된다. 특히 지나친 직무전문화로 인한 일상 작업생활에서의 단조로움, 권태감, 작업에 대한 의미상실 등은 작업자에게 직무스트레스나 소외감을 가져다주어 이직으로 연결되는 것이다. 뿐만 아니라 작업량이 많아 정신적·육체적으로 견디기 어렵다든지, 직무수행에 있어서 자율성(autonomy)이 매우 낮거나 역할모호성(role ambiguity)이 높을수록 이직률이 높아지게 된다.

5) 개인특성요인

이직과 관련되는 개인특성요인은 종업원의 연령, 근속연수, 가족부양책임, 교육정도 등이 있다. 이직과 연령은 매우 높은 부정적 관계가 있는데, 이것은 젊은 종업원의 이직률이 나이가 많은 종업원의 이직률보다 훨씬 높다는 것을 의미한다. 종업원의 근속연수 역시 이직에 대해 연령과 유사한 경향을 보여주고 있다. 또한, 종업원의 부양가족 수가 적을수록, 교육수준이 높을수록 이직률이 높게 나타난다.

(2) 자발적 이직의 방지대책

이직률을 줄이기 위해서는 이직원인을 제거하면 된다. 그러나 개인특성과 관련되는 원인과 노동시장 여건(외부환경요인)은 기업으로서는 통제불가능한 변수이다. 따라서 기업이 통제가능한 요인은 조직전체요인, 작업환경요인, 직무내용요인이다.

① 조직전체요인은 임금, 복리후생, 승진으로 구분된다. 따라서 기업은 임금과 복리후생에 대한 대내적 및 대외적 공정성 확보를 비롯한 임금 및 복리후생제도를 개선하여 종업원들의 욕구를 충족시켜 줄 수 있도록 해야 할 것이다. 또한, 승진정책을 공정하고 합리적으로 실시하여야 한다.

② 작업환경요인은 기업의 통제가능한 요인이다. 즉 기업은 관리자에 대한 교육훈련, 상사

와 부하들의 관계를 고려한 인력배치, 각종 인간관계를 지원하는 제도를 도입함으로써 어느 정도 극복이 가능하다. 또한, 작업조건인 먼지, 소음, 열, 작업장의 위험도 등 열악한 환경을 줄이기 위한 기업의 투자도 필요하다. 작업환경요인의 개선은 임금처럼 직접적인 막대한 비용이 발생하지 않기 때문에 기업이 특히 관심을 기울일 수 있는 전략적인 이직요인 제거분야이다.

③ 직무내용요인도 기업의 통제가능한 요인이다. 직무내용은 바로 직무설계의 문제이기 때문에 기업이 추가적인 경제적 비용을 지불하지 않고도 개선이 가능하다. 지나친 직무전문화는 이직을 유발할 뿐만 아니라 작업자의 동기부여를 저하시켜 생산성 저하를 가져다 주기 때문에 직무확대화를 통한 이직감소 노력이 필요하다.

이 인 호 경 영 학 강 의

PART 04

생산운영관리·마케팅· 기타 경영학의 영역들

CH 01   생산운영관리
CH 02   마케팅
CH 03   기타 경영학의 영역들

| PART 01 | PART 02 | PART 03 | **PART 04 생산운영관리·마케팅·기타 경영학의 영역들** |

생산운영관리

제1절 생산운영관리의 기초개념

1. 생산운영관리와 생산시스템

(1) 생산운영관리

생산운영관리(operations management)는 원재료를 투입하여 고객에게 필요한 재화나 서비스와 같은 산출물을 생산하는 활동과 관련된 의사결정을 말한다. 따라서 생산운영관리에서는 생산전략과 생산시스템의 설계(design), 운영(operation), 통제(control) 등과 같은 다양한 관리활동을 강조한다. 대부분의 기업은 기업이 가지고 있는 다양한 형태의 자원(resources)을 활용하여 제품(유형의 재화와 무형의 서비스를 포함)을 생산하고 이를 고객에게 전달하는 활동들을 수행하는데, 이러한 과정의 설계, 운영 및 개선과 관련된 의사결정을 그 내용으로 하고 있는 분야가 바로 '생산 운영관리'라고 할 수 있다.

생산운영관리의 구조

```
                    ┌── 생산전략 ──── 경쟁우선순위, 흐름전략
생산운영관리 ──────┤
                    │                  ┌── 설계 : 제품개발, 공정설계, 배치설계,
                    │                  │        생산능력, 입지
                    └── 생산시스템 ────┤
                                       └── 운영 및 통제 : 수요예측, 생산계획, 재고관리,
                                                       품질경영, JIT, SCM
```

(2) 생산시스템

생산시스템이란 생산과정을 시스템적 관점에서 접근하는 개념을 말한다. 여기서 생산과정은 기업이 원자재를 제품으로 만드는 과정에서 가치가 증가됨을 의미하고, 시스템은 생산과정을 부분최적화의 관점이 아닌 전체최적화의 관점에서 접근하고자 하는 것을 의미한다.

생산시스템의 구조

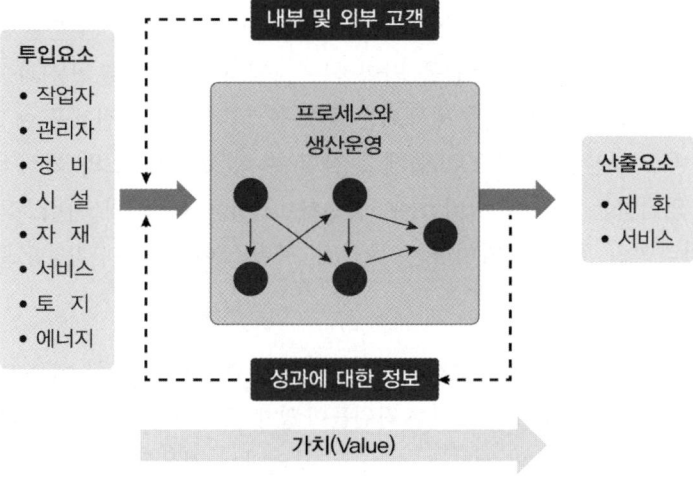

2. 서비스 운영관리

(1) 서비스-공정 매트릭스

서비스-공정 매트릭스(service-process matrix)는 서비스를 분류하기 위해 슈메너(Schmenner)가 1986년에 제안한 모형을 말한다. 이 모형은 서비스를 관여(또는 상호작용)와 개별화(또는 고객화) 정도라는 측면과 노동집약정도라는 측면의 두 가지 기준을 사용하여 서비스 공장(service factory), 서비스 숍(service shop), 대량 서비스(mass service), 전문 서비스(professional service)의 4가지 유형으로 구분하였다.

서비스-공정 매트릭스

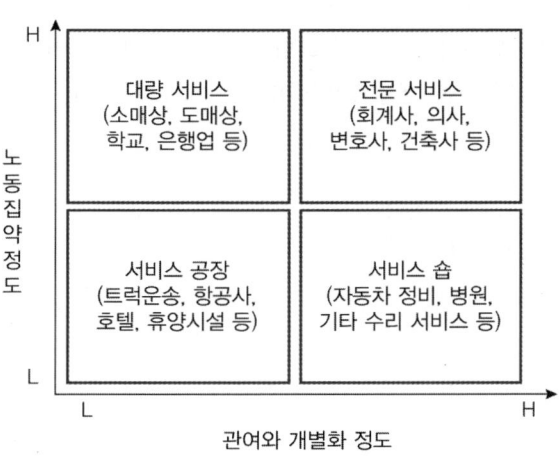

(2) 서비스 패키지

서비스 패키지(service package)란 서비스 제공과 함께 제공되는 유형인 재화의 묶음을 말하는데, 이러한 서비스 패키지는 각각 두 가지 요소들로 구성된다. 재화 부분은 서비스가 제공되기 이전에 서비스 장소의 물리적 자원을 의미하는 지원시설(예 : 호텔 건물)과 구매자가 구입하거나 소비하는 재화 또는 고객에게 제공되는 품목을 의미하는 촉진제품(예 : 비누와 화장지)으로 구성되며, 서비스 부분은 감각으로 쉽게 관찰할 수 있고, 서비스의 핵심적 특징으로 이루어지는 효익을 의미하는 명시적 서비스(예 : 편안하고 안락한 잠자리)와 서비스의 부차적인 특징으로 느끼는 심리적인 효익을 의미하는 묵시적 서비스(예 : 직원의 친절함)로 구성된다.

(3) 디커플링

디커플링(decoupling)은 서비스에 고객과 많이 접촉하는 요소와 적게 접촉하는 요소가 있다면 이 활동들은 서로 다른 업무로 분리되어 서로 다른 직원들이 맡게 해야 한다는 것을 말한다. 즉, 직접고객접촉이 불필요한 부분은 백오피스(back office)로 분리하는 경우로, 학교 학생서비스센터나 은행의 백오피스가 그 예가 될 수 있다.

(4) 대기행렬모형

대기행렬모형은 고객과 서비스 시설과의 관계를 설명하기 위해 확률이론을 적용하여 모형을 작성하고, 고객의 도착상황에 대응할 수 있는 적절한 경제적 규모(=서비스 시설의 규모)를 결정하기 위한 기법을 말한다. 여기서 대기행렬(waiting line 또는 queue)은 시스템 내에서 서비스를 받기 위해 기다리고 있는 고객의 줄을 의미한다. 즉 대기행렬모형의 목적은 고객만족 차원에서 대기시간(비용) 최소화라는 기업의 목표와 인력과 자원 할당을 위한 서비스 비용의 최소화라는 두 가지 상충하는 목표를 고려하여 총비용을 최소화하는 최적 서비스 시설의 수를 결정하는 데 있다. 이러한 대기행렬모형은 경로와 단계의 수에 따라 단일경로·단일단계 모형, 다수경로·단일단계모형, 단일경로·다수단계모형 및 다수경로·다수단계모형으로 분류될 수 있는데, 여기서 경로란 서비스 시설의 수를 의미하고, 단계란 서비스 시설을 구성하는 구성요소의 수를 의미한다. 또한, 켄달(Kendall)은 대기행렬모형의 가정에 기초하여 대기행렬모형을 표기할 수 있는 표기법을 고안하였는데, 켄달 표기법(Kendall notation)이라고 한다.

대기행렬모형의 구조

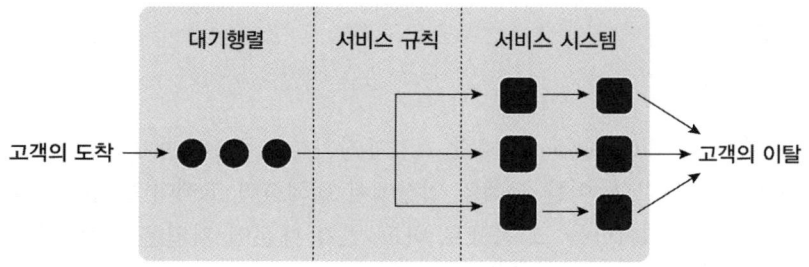

제2절 | 생산전략

1. 경쟁우선순위

(1) 의 의

경쟁우선순위(competitive advantages)란 기업의 장기적인 목표와 함께 시장의 요구를 충족시키기 위해 필요한 역량을 말한다. 이를 고객의 입장에서 정의하면 고객이 원하는 것이 된다. 현대기업의 생산전략은 고객지향을 그 목표로 하고 있기 때문에 기업은 시장분석을 통해 각각의 세분시장에서 경쟁우위를 확보하기 위해 추구할 시장의 요구를 파악하고 이를 기업의 각 기능분야가 추구해야 할 역량으로 변환하기 위한 노력은 필수적이다.

(2) 유 형

1) 원 가

원가(cost)란 경쟁기업보다 저원가로 제품을 생산하는 기업의 능력을 말한다. 가격을 낮추면 재화와 서비스에 대한 수요는 증가하지만 재화나 서비스를 낮은 원가로 생산할 수 없다면 동시에 이익이 낮아지게 될 것이다. 따라서 원가에 기초하여 경쟁하려면 생산부문은 노무비, 원자재 구입원가, 불량품 폐기, 간접비 등을 줄이는데 노력을 집중하여 단위당 원가를 줄여야 한다.

2) 품 질

품질(quality)은 다양하게 정의할 수 있지만, 일반적으로 고객만족의 정도를 말한다. 품질은 다시 프로세스의 품질과 관련된 측면으로 무결점 제품을 생산하는 것을 의미하는 고성능 설계(high-performance design) 또는 설계품질과 제품의 품질과 관련된 측면으로 제품이 설계된 사양에 일치하는 정도를 의미하는 일관된 품질(consistent quality) 또는 적합품질로 구분된다.

3) 시 간

시간(time)이라는 경쟁우선순위는 관점에 따라 빠른 인도시간(fast delivery time), 적시인도(on-time delivery), 개발속도(development speed)로 구분할 수 있다.

① **빠른 인도시간** : 인도시간을 최소화하는 경쟁우선순위를 말한다. 여기서, 인도시간은 재화나 서비스를 고객에게 인도할 때까지 소요되는 시간을 의미하는데, 이를 리드타임(lead time)이라고도 한다.

② **적시인도** : 고객이 원하는 시점에 제품을 전달하는 능력을 말한다.

③ **개발속도** : 초기의 아이디어 창출부터 최종 설계 및 생산까지의 시간을 말한다.

4) 유연성

유연성(flexibility)이란 변화에 대응하는 기업의 능력을 말한다. 유연성은 변화의 형태에 따라 수량변화에 대한 수량유연성(volume flexibility)과 고객욕구 변화에 대한 고객화(customization)

로 구분할 수 있다.

① **수량유연성** : 급격한 수요변동에 대응하기 위해서 산출량을 늘리거나 줄일 수 있는 능력을 말한다. 일반적으로 기업이 가지고 있는 초과생산능력이나 재고를 통해 달성가능하다.

② **고객화** : 개별적인 고객의 독특한 요구와 계속적으로 변화하는 제품설계를 충족시킬 수 있는 기업의 능력을 의미한다.

2. 흐름전략

(1) 의 의

흐름전략(flow strategy)은 경쟁우선순위에 따라서 수립된 생산전략을 말한다. 기업들은 생산전략을 수립하기 전에 기업이 목적으로 하는 경쟁우선순위를 선택하게 된다. 경쟁우선순위가 선택되면 선택된 경쟁우선순위를 달성하기 위해 기업의 핵심역량(core competencies)을 형성하기 위한 전략을 수립하게 된다. 일반적으로 기업에서 고려되는 대표적인 경쟁우선순위는 원가(cost)와 유연성(flexibility)이 있으며, 이에 따라 라인흐름전략과 유연흐름전략이 결정된다.

(2) 유 형

① **라인흐름전략(product-focused strategy)** : 고도로 자동화된 설비를 이용하여 소수의 표준화된 제품을 대량으로 생산하는 전략으로 원가를 경쟁우선순위로 선택하는 생산전략을 말한다.

② **중간흐름전략(intermediate flow strategy)** : 라인흐름전략과 유연흐름전략의 중간형태를 말한다.

③ **유연흐름전략(process-focused strategy)** : 제품을 주문생산이나 고객화하여 소량생산하는 전략으로 유연성 또는 고객화를 경쟁우선순위로 선택하는 생산전략을 말한다.

흐름전략의 비교

구 분	라인흐름전략	유연흐름전략
제품	대량의 표준화된 제품	소량의 고객화된 제품
경쟁우선순위	저원가 강조	수량유연성과 고객화 강조
제품수명주기	긴 제품수명주기	짧은 제품수명주기
대응방식	늦은 퇴출에 대한 대응	빠른 퇴출에 대한 대응
품질	일관된 품질	고성능 설계
인도시간	짧은 인도시간	긴 인도시간

↓ 중간흐름전략

제3절 생산시스템의 설계

1. 제품개발

(1) 제품개발과 제품설계

일반적으로 제품개발과정은 '고객의 욕구파악 및 아이디어 창출 → 제품선정(대략적 제품개념 도출) → 예비제품 설계 → 최종제품 설계'의 순서로 진행된다. 제품개발과 제품설계는 구분되어야 할 개념으로 제품설계는 제품개발과정의 한 단계로 이해할 수 있으며, 보다 나은 제품설계는 시장성과 생산가능성을 높여 줄 수 있다. 통상적인 제품개발과정은 아이디어 창출과 제품선정, 예비제품 설계 및 최종제품 설계로 요약될 수 있다. 선택된 아이디어를 바탕으로 마케팅부서는 시장성을 염두에 두고 제품설계에 임하는 반면 생산부서는 제안된 설계가 원활히 생산될 수 있는지를 고려한다. 복잡한 설계는 생산과정에서의 비용을 높여 가격경쟁력을 떨어뜨릴 수 있다. 따라서 설계과정에서 마케팅과 생산부서와의 긴밀한 의사소통은 필수적이다.

(2) 제품설계의 개선

1) 원가와 가치

제품설계의 개선성과를 측정하는 대표적인 지표에는 원가(cost)와 가치(value)가 있다. 원가와 가치 사이에는 차이가 있는데, 원가는 재화 또는 서비스를 만들기 위해 사용된 자원을 화폐로 환산한 값을 의미하고, 객관적인 특징을 가지고 있다. 그러나 가치[1])는 재화나 서비스의 유용성에 대해 소비자가 인지하는 정도로 '효용(benefit)/원가(cost)'으로 정의할 수 있고, 주관적인 특징을 가지고 있다.

2) 모듈러 설계

모듈러 설계(modular design)는 제품계열에 있는 여러 가지 상이한 제품에 사용될 수 있는 일련의 기본적인 부품(또는 모듈)을 설계하는 것을 말하는데, 이를 통해 대량고객화(mass customization)의 개념을 달성할 수 있다.

3) 동시설계

동시설계(concurrent design)는 동시공학(concurrent engineering)이라고도 하는데, 개별부서에 의해서 이루어지는 순차적 설계과정을 설계팀에 의해 동시에 이루어지도록 하는 설계과정의 변화를 의미한다. 즉, 제품설계와 공정설계를 마케팅, 엔지니어링, 생산부서 간의 공통의 활동으로 통합하고자 하는 개념을 의미한다. 이는 제품의 설계, 기술, 생산, 마케팅, 서비스 등의 전 과정을 거쳐 서로 다른 부서로부터 다기능 팀(multi-functional team)을 구성하고 팀워크를 중시하여 함께 협력하는 제품개발 방식으로 병렬적 설계과정으로 이해할 수 있다.

---

[1] 가치를 분석하는 대표적인 기법에는 가치분석(value analysis)과 가치공학(value engineering)이 있다. 가치공학은 제품을 선정하고 설계할 때 사용하는 기법으로 제품을 설계할 때 엔지니어는 반드시 사용한 부품과 원자재가 비용에 어떤 영향을 끼쳤는지를 고려하여야 한다. 이에 반해, 가치분석은 가치공학과는 달리 생산과정에서 발생하는 비용을 줄이기 위해 사용하는 기법이다. 따라서 기존 제품에 적용되면 가치분석이고, 신제품에 적용되면 가치공학이라고 한다.

4) 품질기능전개

품질기능전개(quality function deployment, QFD)는 고객의 요구를 설계나 생산에서 사용하는 기술적 특성과 연결하여 기업의 각 부서에 전달될 수 있게 하는 기법으로 표준화된 의사소통을 위한 방법을 말한다. 품질기능전개는 제품설계뿐만 아니라 신제품 도입에도 사용되며, 품질개선의 방법으로 이해되기도 한다. 품질기능전개의 개념을 구현하기 위한 도구인 품질의 집(house of quality)은 표준화된 문서양식을 말한다.

품질의 집

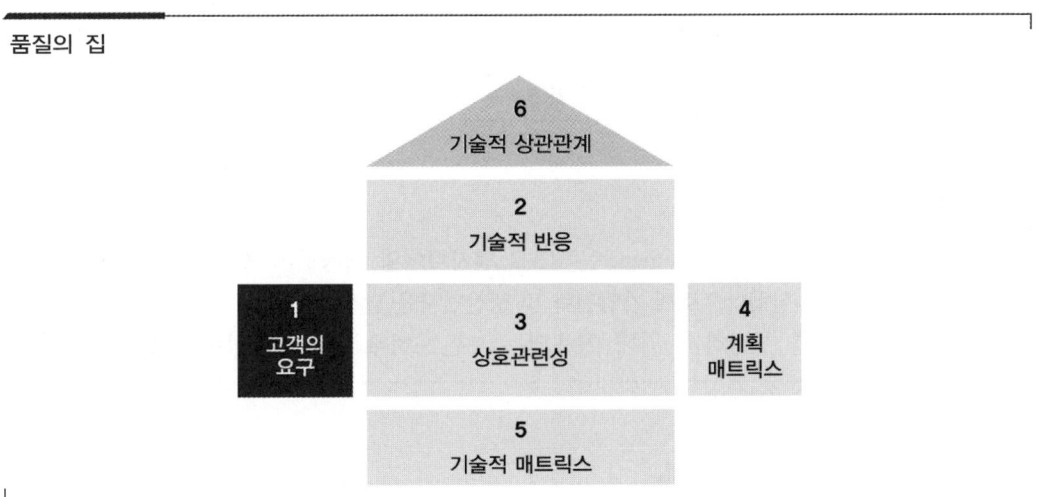

5) 로버스트 설계(강건설계)

로버스트 설계(robust design)는 제품이 노이즈(noise)에 둔감한, 즉 노이즈에 의한 영향을 받지 않거나 덜 받도록 하는 설계를 의미한다. 즉, 불리한 작업조건과 환경에서도 지속적으로 성능특성이 균일한 제품이 생산되도록 설계하는 것을 말한다.

6) 제조용이성 설계와 환경친화형 설계

① 제조용이성 설계(design for manufacturability, DFM) : 제품의 생산이 용이하고 경제적으로 이루어질 수 있도록 하는 제품설계를 말한다.

② 환경친화형 설계(design for environment, DFE) : 재생된 부품을 이용할 수 있도록 제품을 설계하거나 소비자가 소비 후 기업이 제품을 수거하여 사용가능한 부품을 손쉽게 재활용할 수 있도록 제품을 설계하는 것을 말한다.

7) 서비스청사진

무형적인 서비스도 사전에 계획되고 설계되어야 하며, 기존의 서비스도 재화와 마찬가지로 지속적 개선이 필요하다. 서비스의 설계나 개선을 위해서는 관계자들 사이에 명확히 소통될 수 있는 서비스 설계도가 필요한데, 이것이 서비스청사진(service blueprint)이다. 이는 고객이 경험하는 서비스사이클의 각 단계를 여러 서비스제공자가 취하는 개별적 조치들과 연관시켜 작성한 흐름도이다.

> **참고** 제조물 책임
>
> 제조물 책임(product liability)은 제조하고 판매하는 물건들에 있을 수 있는 결함에 대한 제조업자와 판매업자의 책임을 의미한다. 그러나 우리나라 「제조물 책임법」상 제조업자가 해당 제조물을 공급하지 아니하였다는 사실, 제조업자가 해당 제조물을 공급한 당시의 과학·기술 수준으로는 결함의 존재를 발견할 수 없었다는 사실, 제조물의 결함이 제조업자가 해당 제조물을 공급한 당시의 법령에서 정하는 기준을 준수함으로써 발생하였다는 사실, 원재료나 부품의 경우에는 그 원재료나 부품을 사용한 제조물 제조업자의 설계 또는 제작에 관한 지시로 인하여 결함이 발생하였다는 사실을 입증한 경우에는 손해배상 책임을 면제한다.

(3) **기술경영**

1) 의 의

기술경영(technology management)은 R&D, 엔지니어링, 경영진이 모두 연계되어 새로운 기술적 역량을 계획하고 실행함으로써 기업전략 및 생산전략을 달성하는 것을 말한다. 여기서 기술은 재화와 서비스를 생산하기 위해 이용되는 모든 노하우, 물리적인 실체 및 절차를 말한다.

기술의 S-curve

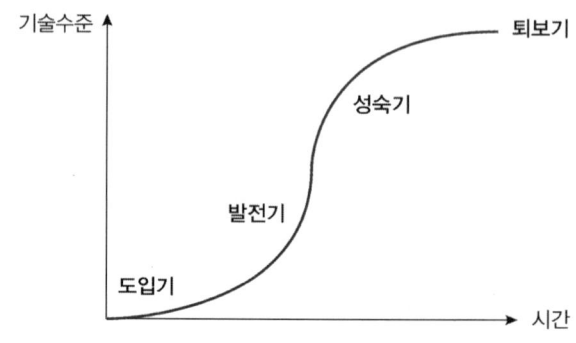

2) 기술융합과 창조적 파괴

① **기술융합(technology fusion)** : 몇 개의 기존기술들을 혼용하여 새로운 기술과 제품을 만들어 내는 것을 말한다. 일반적으로 시장에 존재하는 많은 제품 중 소수의 제품만이 완전히 새로운 기술을 이용하여 만들어진 것이고, 대부분의 제품들은 기존에 존재하는 기술들을 응용한 제품이라고 할 수 있다.

② **창조적 파괴(creative destruction)** : 일반적으로 신기술의 출현은 기존기술과 신기술 사이의 충돌이 발생하고 이로 인해 파괴적인 결과를 초래하게 된다. 기존기술과 신기술의 충돌로 인한 파괴적인 결과는 긍정적 측면과 부정적 측면을 동시에 가지는데, 긍정적 측면을 강조하여 창조적 파괴라고 한다.

2. 공정설계

(1) 의 의

공정(process)은 원재료를 투입하여 제품을 산출하기까지 필요한 모든 작업의 유기적 집합체를 의미하고 공정설계(process design)는 제품설계가 완료된 후 설계된 제품을 효율적으로 생산할 수 있도록 생산공정을 구체적으로 계획하는 것을 의미한다. 따라서 제품의 품질수준은 제품설계와 공정설계의 결과에 따라 결정된다.

(2) 공정의 분류

1) 제품흐름에 따른 분류

공정을 분류하는 가장 대표적인 기준은 제품의 흐름에 따라 공정을 분류하는 것이다. 제품의 흐름에 따라 공정을 분류한다는 것은 생산시스템이 추구하는 경쟁우선순위에 따라 공정을 분류한다는 것을 의미한다.

① 프로젝트공정(project process) : 고객의 주문에 따라 일정기간 동안에 단일 상품만을 생산하는 공정의 형태를 의미한다.

② 단속생산공정(intermittent production process) : 제품을 단속적으로 그룹 또는 뱃치(batch) 단위로 생산하는 공정의 형태를 의미하고, 개별작업공정(job-shop process)과 뱃치공정(batch process)을 포함한다.

③ 연속생산공정(continuous production process) : 표준화된 제품을 대량으로 생산하는 공정의 형태로 라인공정(line process)과 연속공정(continuous process)으로 구분할 수 있다.

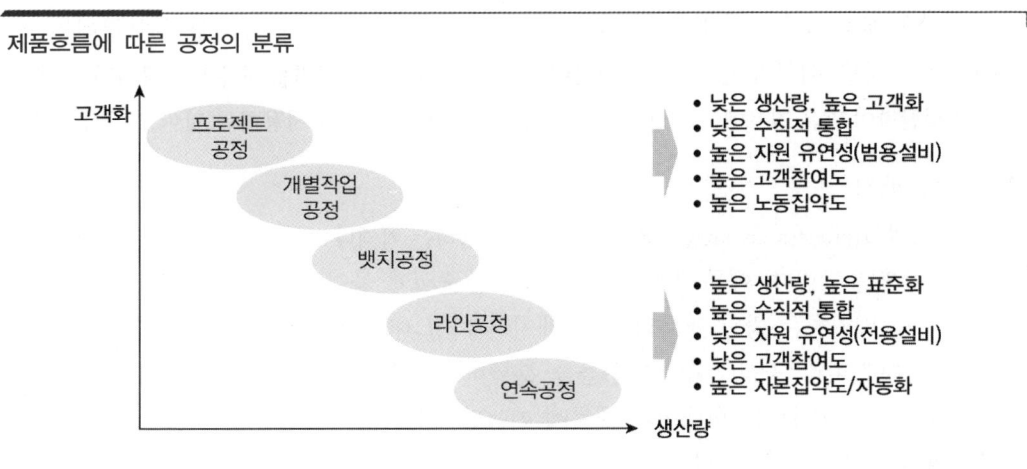

제품흐름에 따른 공정의 분류

2) 고객 주문에 대응하는 방법에 따른 분류

고객 주문에 대응하는 방법에 따라 공정을 분류하면, 공정은 주문생산공정(make-to-order process), 조립생산공정(make-to-assembly process), 재고생산공정(make-to-stock process)으로 분류할 수 있다.

① 주문생산공정 : 고객의 주문에 대응해서 생산하는 방식을 의미한다. 이는 유연흐름의 제조업체들이 많이 사용하는데 그 이유는 고객의 사양에 맞춰 제품을 생산하여 높은 수준의 고객화를 제공할 수 있기 때문이다.

② 조립생산공정 : 수요예측을 토대로 하여 중간조립품과 구성품을 생산하고 고객의 주문에 따라 최종제품을 생산하는 형태로 주문생산과 재고생산의 중간 형태를 의미하며, 대량고객화(mass customization)를 위한 공정이라고 할 수 있다.

③ 재고생산공정 : 품목을 재고로 보유함으로써 즉각적인 납품요구에 대응하여 인도시간을 줄이는 것을 의미한다. 즉, 시장의 수요를 고려하여 표준화된 제품계열을 재고의 형태로 보유함으로써 원가절감을 꾀할 수 있다.

3. 배치설계

(1) 의 의

배치설계(layout)는 시스템을 통하는 고객이나 자재의 흐름에 알맞도록 작업장, 시설, 작업부서 등을 물리적으로 배열하는 것을 의미한다. 배치설계의 목적은 작업자들과 장비가 가장 효율적이고 효과적으로 운용될 수 있도록 하는 것으로 작업장의 효율적 연계, 생산설비의 효율적 이용, 자재취급비용과 운반비용의 감소, 기계·인원·공간의 이용률 향상, 물리적·심리적 작업환경의 개선, 장래 배치변경의 용이성 등을 실현할 수 있도록 설계한다. 배치설계의 형태는 생산시스템의 공정 또는 운영형태 등에 의해 영향을 받으며 무수히 많은 배치설계의 형태가 존재할 수 있으나, 일반적으로 배치설계의 형태는 공정별 배치, 제품별 배치, 혼합형 배치, 위치고정형 배치 등으로 구분할 수 있다. 특히 가장 기본이 되는 배치설계의 형태는 공정별 배치와 제품별 배치가 있는데, 생산량이 적은 경우에는 범용설비를 사용하는 공정별 배치를 사용하고 생산량이 많은 경우에는 전용설비를 사용하는 제품별 배치를 사용하는 것이 일반적이다.

(2) 공정별 배치

공정별 배치(process layout)는 유사한 기능을 수행하는 기계나 장비 또는 부서들을 한 곳에 묶어 배치하는 형태를 말한다. 예를 들어, 수술기능은 수술실에 묶어서 배치하고, 응급기능은 응급실에 묶어서 배치하는 병원 내부의 시설 배치가 가장 대표적인 것이다. 공정별 배치는 작업기능의 종류에 따라 공정(기계와 인원)들을 분류하고, 같은 종류의 작업기능을 갖는 공정들을 한 곳에 모아 배치하는 형태이기 때문에 **기능별 배치**(functional layout)라고도 한다. 소량생산, 제품의 다양성 등이 필요한 **유연흐름전략**을 사용하는 기업에서는 공정을 중심으로 인력 및 장비 등의 자원을 편성하게 되며, 많은 종류의 제품을 생산하거나 다양한 고객에게 서비스를 제공하기 위해 동일한 작업을 수행해야 하는 경우가 가장 일반적이기 때문에 **다품종 소량생산의 형태에 적합한 배치형태**이다. 또한, 공정별 배치에서는 일반적으로 **범용기계설비**가 사용된다. **종합병원이나 테마파크**(theme park)의 배치설계가 가장 대표적인 공정별 배치의 예이다.

1) 장 점
   ① 인력과 장비는 범용으로 자본집약 정도가 낮고, 이로 인해 초기투자비용이 작다.
   ② 제품구성의 변화나 새로운 마케팅전략에 대한 유연성이 높다.
   ③ 다양한 제품과 다기능적인 작업을 할 수 있어 직무만족이 높다.
   ④ 종업원의 감독이 전문화된다.

2) 단 점
   ① 한 제품에서 다른 제품으로 전환하는 과정에서 손실되는 시간이 크고, 작업속도가 낮아지는 경향이 있기 때문에 대기시간이 길어서 총생산시간이 길어진다.
   ② 생산과정에서 발생하는 재공품의 동선이 복잡하기 때문에 작업장 간의 거리가 길어져 자재이동의 거리가 길어진다.
   ③ 많은 종류의 재고가 필요하여 공간과 자본이 묶이게 된다.
   ④ 다양한 제품을 생산하기 때문에 생산계획과 통제가 어렵다.
   ⑤ 직무의 다양성이 요구되기 때문에 숙련된 다기능 작업자가 필요하고, 이로 인해 비용부담이 커진다.

(3) 제품별 배치

제품별 배치(product layout)는 제품의 유형에 관계없이 제품이 만들어지는 생산순서에 따라서 기계 및 설비를 배열하는 배치형태를 말하며, 자재의 흐름은 공정별 배치와는 달리 일직선의 형태를 보이는 것이 일반적이다. 반복적이고 연속적인 생산이 필요한 라인흐름전략을 사용하는 기업에서는 특정 제품에 자원을 전담시키게 되며, 제품의 작업순서에 따라 기계설비를 배치하는 형태를 취하게 된다. 따라서 단일품종의 대량생산, 연속적 생산에서와 같이 제품의 표준화 정도가 높은 경우에 많이 이용되는 배치형태로 자본집약적인 전용 설비를 사용하게 된다. 자동차 생산라인의 배치설계가 가장 대표적인 제품별 배치의 예이다.[2]

---

[2] 라인밸런싱(line-balancing)은 작업부하가 적절하게 조화된 작업장을 만들기 위해서 최소 개수의 작업장으로 원하는 산출을 얻도록 작업장에 작업을 할당하는 과정으로 공정 내의 각 작업장별로 과업들을 수행하는데 거의 동일한 시간이 소요되도록 하는 것을 말한다. 이는 각 작업장에서 생산주기시간(cycle time)에 거의 가까운 시간이 소요되도록 과업을 할당함으로써 유휴시간(idle time) 또는 작업공전(starving)을 최소화하여 작업자와 설비의 이용도를 높이고자 하는 것을 목적으로 한다. 여기서 생산주기시간은 각 작업장에서 한 단위 생산에 허락된 최대한의 시간이다. 만약 한 작업장이 한 작업요소를 완료하는데 주기시간 이상의 시간이 걸린다면 그 작업장은 그 라인의 바람직한 산출률을 달성하는데 장애가 되는 병목공정이 된다. 제품별 배치에서는 생산물의 흐름이 일정하므로 각 공정간의 생산능력과 공정의 흐름이 균형을 이루지 못할 때에는 공정의 정체현상이 발생할 수 있기 때문에 라인밸런싱의 문제가 중요하게 된다.

1) 장 점
   ① 한 제품에서 다른 제품으로 전환하는 과정에서 손실되는 시간이 작아 대기시간이 줄어들고 생산속도가 빠르다.
   ② 생산과정에서 발생하는 재공품의 동선이 단순하기 때문에 작업장 간의 거리가 짧아져 자재운반거리가 짧아진다.
   ③ 단위당 생산비용이 저렴하고, 생산계획과 통제가 용이하다.

2) 단 점
   ① 상대적으로 초기에 많은 투자가 필요하다.
   ② 제품디자인의 변경이 있는 경우에 그 변경이 쉽지 않아 유연성이 떨어진다.
   ③ 단순작업으로 인해 작업자의 직무만족이 떨어질 수 있다.
   ④ 종업원이 수행하는 과업의 전문화로 인해 생산라인의 일부에 문제가 발생하는 경우 생산라인의 전체에 영향을 준다.

(4) 혼합형 배치(셀형 배치)

현실적으로 유연흐름전략과 라인흐름전략의 요소를 결합하는 흐름전략이 많이 존재하기 때문에 일부는 공정별로 배치하고, 일부는 제품별로 배치하는 중간적 전략인 혼합형 배치(hybrid layout)를 사용하게 된다. 혼합형 배치의 가장 대표적인 예로는 다수기계보유 작업방식(one worker, multiple machines, OWMM)과 그룹 테크놀로지(group technology, GT)가 있다.

① 다수기계보유 작업방식 : 한 작업자가 여러 대의 기계를 동시에 운영하여 흐름 생산을 달성하고자 하는 방식을 말하는데, U자형 배치라고도 한다. 다수기계보유 작업방식을 도입하면 노동력 절감뿐만 아니라 자재가 대기상태로 묶여 있지 않고 다음 공정으로 이동하기 때문에 재고감소효과도 있다.

② 그룹 테크놀로지(집단가공법) : 유사한 특성을 지닌 제품이나 부품을 크기, 모양, 필요작업, 경로상의 유사점, 수요 등의 요인에 기초하여 하나의 군(family)으로 분류하고 이를 생산하는 기계의 군을 별도로 운영하는 것을 의미한다. 즉, GT는 특정부품군의 생산에 필요한 기계들을 모아 가공진행 순으로 배치한 것인데, GT의 기법은 공정별 배치를 기본으로 하고 일부를 제품별 배치를 적용한 형태라고 할 수 있으며, 제품별 배치를 적용한 작업장을 GT 셀(cell)이라고 한다.

(5) 위치고정형 배치

위치고정형 배치(fixed position layout)는 제품(재공품)이 한 위치에 고정되어 있고 작업자와 장비가 제품이 있는 위치로 이동하여 작업을 수행하게 되며, 제품의 이동횟수를 최소화하기 위한 배치형태를 말한다. 비행기, 선박, 열차 등의 생산 및 댐 건설과 같이 중간제품 또는 제품의 이동이 어려운 제품생산에 활용되는 배치형태이다.

4. 생산능력

(1) 의 의

생산능력(capacity)은 생산시스템의 규모를 의미한다. 따라서 형태를 가지는 재화(goods)를 생산하는 생산시스템은 생산능력의 척도를 결정하는데 어려움이 없다. 그러나 형태가 없는 서비스(service)를 생산하는 생산시스템은 생산능력의 척도를 결정하는 것이 쉽지 않다. 따라서 재화를 생산하는 생산시스템은 산출척도(output measure)로 생산능력을 측정하고, 서비스를 생산하는 생산시스템은 산출척도 대신에 투입척도(input measure), 즉 서비스를 제공하기 위해서 투입되는 자원의 양으로 생산능력을 측정하는 경우가 많다.

(2) 유 형

생산능력은 측정하는 시점이나 생산시스템이 직면하고 있는 경영환경에 따라 최대생산능력(peak capacity), 유효생산능력(effective capacity), 실제생산능력(actual capacity)으로 구분할 수 있다. 이러한 유형의 생산능력 사이에는 '최대(설계)생산능력 ≧ 유효생산능력 ≧ 실제생산능력'과 같은 관계가 성립한다.

① **최대생산능력** : 설계생산능력(design capacity)이라고도 하는데, 생산시스템이 이상적인 조건 하에서 달성할 수 있는 최대산출량을 의미한다.

② **유효생산능력** : 정상적인 조건(주어진 품질표준, 일정상의 제약, 기계의 유지보수, 노동력의 능력 및 제품믹스) 하에서 생산시스템이 경제적으로 지탱할 수 있는 최대산출량을 의미한다.

③ **실제생산능력** : 생산시스템이 실제로 달성하는 산출량을 의미한다.

(3) 생산능력 활용정도의 측정

① **생산능력 이용률** : '실제생산능력/최대(설계)생산능력'으로 정의할 수 있으며, 기업이 최대생산능력에 얼마나 근사하게 공급능력을 이용하고 있는가를 측정하는 것으로 백분율(%)로 표현된다.

② **생산능력 효율성** : '실제생산능력/유효생산능력'으로 정의할 수 있으며, 기업이 생산시스템을 얼마나 잘 이용하고 있는가에 대한 단기 및 중기의 척도로 백분율(%)로 표현된다.

(4) 초과생산능력

초과생산능력(capacity cushion)이란 생산능력의 활용정도가 100%에서 떨어진 정도를 의미하는데, 여유(잉여)생산능력이라고도 한다. 이러한 초과생산능력은 수요와 밀접한 관련이 있는데, 그 특징은 다음과 같다.

① 수요의 변동이 심한 경우에 기업은 큰 초과생산능력을 가져가는 것이 바람직하다.

② 미래의 수요가 불확실한 경우에 기업은 큰 초과생산능력을 가져가는 것이 바람직하다.

③ 전체 수요는 안정적이라고 해도 제품구성의 변화에 따라 작업부하는 한 작업장에서 다른 곳으로 예측할 수 없게 변할 수 있으며, 고객화의 수준이 높아져도 수요의 불확실성은 높아지게 된다. 따라서 기업은 이러한 경우에 큰 초과생산능력을 가져가는 것이 바람직하다.

5. 입 지

(1) 의 의

입지(location)는 기업의 생산활동이 위치할 지리적 장소를 선정하는 것을 의미하는데, 장소적 적합성에 대한 분석 및 평가를 통해 생산활동을 수행하는데 가장 좋은 최적 입지를 선택하는 것을 말한다. 즉, 제품의 최종소비지에 대한 수송과 저장창고의 입지 등을 고려하여 시설의 위치를 결정하는 것이다. 입지문제는 제조-운송-분배의 총괄적 시스템과 유기적으로 연결되어있으며, 일단 입지 의사결정이 이루어지면 막대한 설비투자가 필요하게 되기 때문에 입지와 관련된 의사결정은 장기적이고 전략적인 의사결정이 된다.

(2) 입지의 결정

1) 정성적 방법

① 서열법(ranking method) : 계량화할 수 없는 질적 요인을 파악하여 중요도에 따라 서열을 부여함으로써 입지를 결정하는 방법을 말한다.

② 점수법 또는 요소분석방법(point method) : 입지의사결정과 관련된 질적 요인을 선정하고 이를 계량화하여 각 요인을 가중평균하여 계산한 점수에 의하여 입지를 선정하는 방법을 말한다.

2) 정량적 방법

① 총비용비교법 : 입지후보지별로 입지의사결정에 수반되는 비용을 비교하여 총비용이 최소가 되는 곳을 입지로 결정하는 방법을 말한다.

② 입지손익분기분석법(locational break-even analysis) : 입지가능한 장소에 대해 입지요인 중 비용요인을 고정비적인 성격의 비용과 변동비적인 성격의 비용으로 구분하고, 입지를 고려하는 생산시스템의 생산능력을 고려하여 최소비용이 되는 장소를 입지로 결정하는 방법을 말한다.

③ 수송법(transportation method) : 다수의 공장과 다수의 시장을 보유하고 있는 기업이 기존의 공장에 추가로 새로운 공장을 입지하고자 할 때 사용하는 기법을 말한다. 이는 총수송비를 최소화시킬 수 있는 장소에 공장입지를 결정하는 방법으로 총비용 중 수송비용의 비중이 큰 경우에 유용하다.

④ 부하량-거리기법(load-distance method) : 무게중심법이라고도 하는데, 근접성 요인에 기초를 두어 입지를 평가하는 수학적 모형으로 설비를 출입하는 총가중이동량을 최소화하는 위치를 선택하는 방법을 말한다.

(3) **방법의 선택**

입지결정방법은 미리 선정된 후보지만을 고려하는 경우와 후보지를 미리 선정하지 않는 경우가 있을 수 있다. 한정된 후보지만 고려하여 입지의사결정을 하는 대표적인 예로는 입지손익분기분석법과 점수법 등이 있으며, 후보지를 미리 선정하지 않고 입지의사결정을 하는 대표적인 예로는 부하량-거리기법 등이 있다.

제4절 생산시스템의 운영 및 통제

1. 수요예측

(1) 수요

수요는 고객들이 직접 요구하는 제품의 수요인 독립수요(independent demand)와 독립수요로부터 파생되는 수요인 종속수요(dependent demand)로 구분할 수 있다. 일반적으로 기업은 종속수요는 이를 충족시키는 방법 외에는 다른 방법이 없지만, 독립수요에 대해서는 대응이 가능하다. 따라서 수요예측의 대상이 되는 수요는 독립수요이다.

(2) 수요예측기법

1) 정성적 방법

정성적 방법(qualitative method)은 조직 내외의 사람들의 경험이나 견해와 같은 주관적 요소를 사용하는 예측기법을 의미하며, 시장조사법, 판매원 추정법, 경영자 판단법, 델파이법, 수명주기유추법 등의 방법이 있다. 정성적 방법은 직관이나 판단에 의존하기 때문에 일반적으로 자료가 제한적이거나 구할 수 없는 경우 또는 자료가 있더라도 더 이상 의미가 없는 경우에 사용한다. 이 방법은 관련 정보량과 예측담당자의 능력 및 경험에 따라서 예측의 질이 크게 달라지며 기존의 자료가 별 소용이 없는 상황에서 장기 전망을 하는 경우나 수요 관련 정보가 없는 신제품을 도입할 때 종종 사용된다.

2) 정량적 방법

정량적 방법(quantitative method)은 계량적 방법이라고도 하는데, 과거의 수요와 관련된 계량적인 자료들을 사용하여 미래에 대한 수요를 예측하는 기법을 의미하며, 시계열분석법(time-series analysis)과 인과관계분석법(causal method) 등의 방법이 있다. 이 예측방법은 수학적 기법으로서 과거자료에 근거한다. 시계열분석법은 미래는 과거의 연장이라는 가정에 기초하기 때문에 과거 시계열자료[3]를 사용하여 미래를 예측한다. 시계열분석법에 해당하는 방법으로는 이동평균법(moving average method), 지수평활법(exponential smoothing method), 계절모형(seasonal method), 박스-젠킨스법(Box-Jenkins method) 등이 있다. 이에 반해 인과관계분석법은 하나 또는 그 이상의 요인이 수요에 영향을 미친다고 가정하기 때문에 이 요인들을 이용하여 미래를 예측한다. 인과관계분석법에 해당하는 방법으로는 선형회귀분석(linear regression analysis), 판별분석(discriminant analysis) 등이 있다.

---

[3] 수요의 시계열 특성은 수평(horizontal), 추세(trend), 주기변화(periodic change), 확률적 변동(random) 등이 있지만, 수요는 다수의 시계열 유형이 조합을 이루어 나타나는 것이 일반적이다. 또한, 확률적 변동의 시계열 특성은 예측이 불가능하다.

> **참고** 지수평활법
>
> 지수평활법(exponential smoothing method)은 발전된 형태의 가중이동평균법으로 3개의 자료(지난 기에 구한 예측값, 이번 기의 실제 수요값, 평활상수)만으로 수요예측이 가능한 방법을 말하다. 단, 과거부터 지속적으로 수요예측 활동을 수행해 오고 있다는 것을 가정하고 있다. 이 방법은 계산이 쉽다는 점과 필요정보의 양이 최소화된다는 장점을 가지고 있지만, 기본적으로 수요가 안정적이라는 가정 하에서 설계된 방법이기 때문에 근본적인 평균의 변화를 일정한 시간간격을 두고 뒤따라 간다. 지수평활법에서 사용되는 평활상수는 0과 1 사이의 값($0 \leq \alpha \leq 1$)을 가지며, 값이 클수록 최근의 수요를 강조하고 이에 따라서 실제 수요의 평균값 변화에 보다 민감하게 반응하며 값이 작아지면 그 반대가 된다. 따라서 평활상수는 가중치의 개념과 오차에 대한 조정변수의 개념을 동시에 포함하고 있다. 또한, 평활상수는 수요예측담당자의 주관적인 판단이나 직관에 의해 결정된다.
>
> $$F_{t+1} = \alpha D_t + (1-\alpha)F_t = F_t + \alpha(D_t - F_t)$$

(3) 수요예측기법의 선택

1) 선택기준

예측기법을 선정하는 데에는 예측기법 그 자체에 대한 평가가 필요하다. 이러한 평가기준에는 정확성(accuracy), 간편성(simplicity), 충실성(robustness) 등이 있다.

2) 예측오차

예측기법의 평가기준 중 정확성을 평가하는 가장 일반적인 기준이 바로 예측오차이다. 예측오차(forecasting error)는 일정기간의 실제수요값과 예측값의 차이를 말한다. 예측에는 항상 오차가 있기 마련인데, 예측오차에는 통제가능한 요인에 의해 발생하는 편량오차(bias error)와 통제불가능한 요인에 의해 발생하는 확률적 오차(random error)가 있다. 일반적으로 기업의 입장에서 편량오차를 감소시키는 것은 어렵지 않지만 확률적 오차를 감소시키는 것은 어렵다. 이러한 예측오차를 측정하는 대표적인 척도는 다음과 같다.[4]

① **누적예측오차(cumulative sum of forecasting error, CFE)** : 예측오차의 합계를 의미하며, 누적예측오차의 계산과정에서 양(+)의 값을 갖는 오차와 음(-)의 값을 갖는 오차가 서로 상쇄되므로 예측의 편량(bias)을 측정하는데 유용한 지표이다. 누적예측오차의 값이 양(+)의 값을 갖는 것은 수요예측기법의 과소예측을 의미하고, 음(-)의 값을 갖는 것은 수요예측기법의 과대예측을 의미한다.

---

[4] 추적지표(tracking signal)는 예측기법이 실제수요변화를 정확히 예측하고 있는지를 나타내는 지표로 누적예측오차(CFE)를 평균절대오차(MAD)로 나누어 계산한다.

② **평균절대오차(mean absolute deviation, MAD)** : 일정기간 동안 발생한 오차의 절대값을 단순히 평균한 것을 의미하는데, 경영자가 이해하기 쉽다는 이유로 예측오차의 측정에 많이 사용되는 방법이다. 이 값이 작으면 예측값이 정확한 것이고, 반대로 이 값이 크면 예측의 오류가 큰 것이다. 평균절대오차와 유사한 개념으로 **평균제곱오차(mean square error, MSE)**, **표준편차(standard deviation)**도 많이 사용된다.

3) 복수기법의 사용

수요예측기법을 사용하여 수요를 예측하는 방법에는 하나의 기법을 사용하는 방법과 복수기법을 사용하는 방법이 있다. 복수기법을 사용하는 경우에는 도출된 수요예측값을 결합하거나 선택하는 문제가 발생하게 되는데, 그 방법은 조합예측(combination forecasting)과 초점예측(focus forecasting)이 있다.

① 조합예측 : 복수기법을 통해 얻은 개별 수요예측값들을 평균하여 최종 예측값으로 결합하는 방법이다.

② 초점예측 : 개별 기법에 의하여 도출된 수요예측값들 중에서 가장 최선의 예측값을 최종 예측값으로 선택하는 방법이다.

2. 생산계획

(1) 의 의

생산계획은 예측된 수요를 충족시키기 위해 생산활동을 어떻게 운영해나갈 것인가를 장·단기적으로 계획하는 것으로 기업이 재화나 서비스를 효율적으로 생산하기 위해 인적·물적 생산요소를 어떻게 활용할 것인가에 대한 계획을 수립하는 것을 말한다.

(2) 체 계

1) 총괄생산계획

총괄생산계획(aggregate production planning)이란 보통 2개월에서 1년까지의 중기 또는 중·단기 계획으로써 기업의 생산능력을 거시적으로 파악하여 총괄적 관점에서 시간적으로 제품의 수량적 조정을 시도하는 방법을 말하는데, 수요나 주문의 시간적·수량적 요건을 만족시킬 수 있도록 생산시스템의 능력(생산율, 고용수준, 재고수준 등)을 조정해나가는 계획을 의미한다.

2) 기준생산계획

기준생산계획(master production schedule, MPS)이란 생산계획을 추진하는데 필요한 노동력이나 자재의 양, 재고소요량 등을 결정하기 위해 총괄생산계획을 보다 구체적으로 분해 또는 구체화시켜 놓은 생산계획을 의미한다.

3) 일정계획

일정계획(operations schedule)이란 기준생산계획(MPS)을 시행하기 위한 단기계획을 의미한다. 이러한 일정계획은 생산시스템의 관점에서 생산시점을 결정하는 것이라고 할 수 있는데, 이러한 문제는 해당 생산시스템이 창출하는 산출의 형태와 밀접하게 관련되어 있기 때문에 제조업에서의 일정계획과 서비스업에서의 일정계획은 차이점을 가지게 된다.

① **제조업의 일정계획** : 생산계획은 총괄생산계획에 의해 기준생산계획이 수립되며 기준생산계획에 의해 일정계획과 자재소요계획이 수립되는데, 제조업에서는 일정계획과 관련하여 **간트차트**(Gantt chart)를 많이 활용한다. 간트차트는 작업의 흐름을 조정하는 그래프적 수단으로 작업공정이나 제품별로 계획된 작업의 실제 진행상황을 도표화함으로써 전체적인 기간관리를 가능하게 하는 막대도표인데, 시간의 흐름에 따른 특정 작업장의 작업순서를 나타내거나 시스템 내의 작업흐름을 관찰하는데 유용한 도구로써, 제조현장에서 일정관리를 위한 기술적 도구(descriptive method)로 많이 활용되고 있다.

② **서비스업의 일정계획** : 서비스는 형태를 가지지 않기 때문에 생산시점과 소비시점이 일치하는 특징을 가지게 된다. 따라서 서비스업의 일정계획은 생산시점을 결정하는 것보다 소비시점이 결정되는 것이 더 중요하기 때문에 고객수요의 일정을 조정하는 것에 많은 초점이 맞추어져 있다. 즉 **약정**(appointments),[5] **예약**(reservation),[6] **주문적체**(backlog),[7] **가격차별**(price discrimination)[8] 등의 방법을 이용하여 서비스 수요를 조절하고 이에 따라 일정계획을 수립하게 된다.

4) 자재소요계획

자재소요계획(material requirements planning, MRP)이란 대부분의 완제품은 여러 가지의 부품으로 구성되어 있고, 이에 따른 자재의 소요가 독립적인 것이 아니라, 종속적으로 발생하는 종속수요의 성격을 띤다는 점에 착안한 계획방법을 말한다. 자재소요계획의 기본요소로는 **기준생산계획**(master production schedule, MPS), **자재명세서**(bill of materials, BOM), **재고기록**(inventory records, IR)이 있으며, 자재소요계획은 정보기술의 활용으로 인해 그 적용영역이 확대되어 감에 따라 **자재소요계획**(material requirements planning, MRP), **제조자원계획**(manufacturing resource planning, MRP Ⅱ), **전사적 자원관리**(enterprise resource planning, ERP)의 순으로 발전되어 왔다.

---

[5] 소비자가 소비할 서비스의 양과 시점을 미리 결정하는 고객수요의 일정계획을 의미한다.
[6] 소비자가 서비스를 소비하기 전에 서비스 시설의 점유를 미리 결정하는 고객수요의 일정계획을 의미한다.
[7] 초과수요상황에서 사용가능한 고객수요의 일정계획의 방법으로 대기행렬(waiting line)을 통해 주문을 쌓아두는 방법이다.
[8] 동일한 서비스를 제공한다는 전제 하에서 시간대별로 서비스의 가격을 달리 책정하는 고객수요의 일정계획을 의미한다.

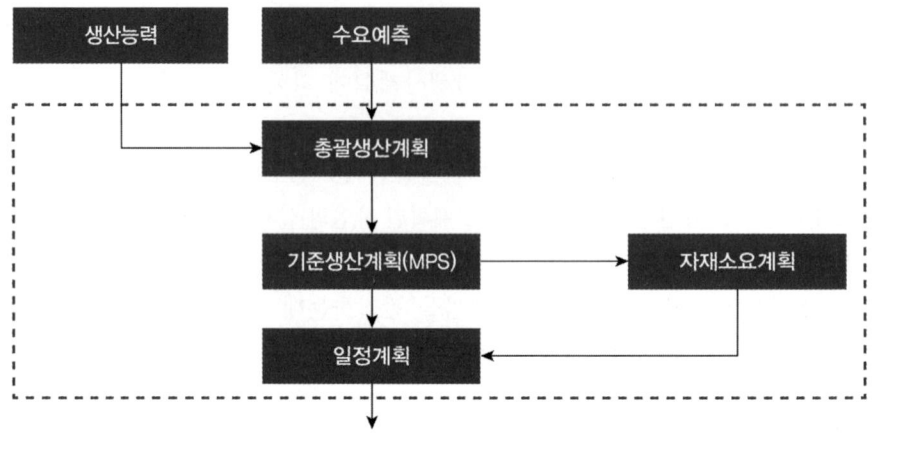

3. 재고관리

(1) 의 의

1) 재 고

재고(inventory)는 계획의 오차, 수요와 공급의 예상치 못한 불규칙한 변동 등이 발생하는 미래에 사용하기 위해 비축하고 있는 즉, 불확실성에 대비하기 위해 기업이 가지고 있는 유형의 것을 의미한다. 재고에는 원자재(raw materials), 재공품(work in process), 완제품(finished goods) 등이 있으며, 재고의 기능은 다음과 같다.

① 기대되는 수요를 충족시킨다.

② 생산공정의 계속적 조업을 가능하게 한다.

③ 생산-유통시스템의 구성요소를 분리한다. 재공품 형태의 재고를 가지고 있는 구성요소를 생산시스템의 일부로 간주하고, 완제품 형태의 재고를 가지고 있는 구성요소를 유통시스템의 일부로 간주한다.

④ 안전재고(safety stock)[9]를 통해 재고부족(stock-out)을 방지한다.

⑤ 투기적 기능을 한다.

2) 재고의 유형

① 완충재고(decoupling stock) : 작업의 독립성을 유지하기 위해 보유하는 재고이다.

② 안전재고(safety stock) : 수요의 불확실성에 대비하여 보유하는 재고이며, 완충재고(buffer stock)라고도 한다. 안전재고는 품절 및 미납주문을 예방하고 납기준수와 고객서비스

---

9) 수요와 공급의 변동에 따른 불균형을 방지하기 위해 유지하는 계획된 재고를 말한다.

향상을 위해 필요하지만, 재고유지비의 부담이 크다.

③ 예비(예상)재고(anticipation stock) : 계절적으로 수요가 절정에 이를 때를 예상하여 제품이나 자재를 비축하거나 계획적으로 공장의 가동을 중지할 때를 대비하여 자재나 제품을 사전에 마련할 때 발생하는 재고이다.

④ 주기재고(cycle stock) : 기업에서는 경제적 주문량(생산량)을 확보하려고 당장 필요한 것보다 많은 양을 구입하거나 생산한다. 예를 들어, 연간 주문(생산준비)횟수를 줄여서 주문(작업준비)비용을 절감하려면 1회 주문량(생산량)이 늘어나는데, 이로 인해 발생하는 재고가 주기재고 또는 로트사이즈 재고이다.

⑤ 수송(운송)재고(transportation stock) : 대금을 지불한 물품으로 수송 중에 있는 재고를 말한다. 따라서 수송(운송)재고는 조달기간과 함수관계에 있다.

3) 재고관리

재고관리(inventory management)는 재고관련비용의 합을 최소화하기 위해 1회 주문량 또는 생산량, 주문 또는 생산시점, 재고수준 등을 결정하고 유지하는 것을 말한다. 기업은 다양한 이유로 인해 재고를 보유하고자 하는 욕구와 재고를 보유하지 않으려는 욕구를 동시에 가지게 된다. 기업이 재고를 보유하고자 하는 이유와 재고를 보유하지 않으려는 이유는 다음과 같다.

① 재고감축요인 : 이자 또는 기회비용, 보관비용, 처리비용, 세금, 보험료, 훼손비용 등
② 재고비축요인 : 고객의 주문에 신속한 대응가능, 주문비용, 작업준비비용, 수송비용, 구입비용 등

(2) 재고모형

1) 경제적 주문량 모형(EOQ)[10]

경제적 주문량(economic order quantity, EOQ)이란 일정기간 동안 발생하는 재고유지비용과 주문비용의 합을 최소화시키는 1회 주문량을 의미하며, 경제적 주문량 모형은 이러한 주문량을 재고관리에 응용하고자 하는 모형을 말한다. 경제적 주문량 모형은 재고관련비용이 재고유지비용과 주문비용만 존재한다는 가정에서 출발한다. 경제적 주문량을 도출하기 위한 수학적 도출과정은 다음과 같다.

① 연간 재고유지비용 = 평균재고$(\frac{Q}{2})$×단위당 유지비(H)

---

[10] 해리스(Harris)가 제시한 EOQ 모형의 가정은 다음과 같다. ① 단일 품목만 고려하고 있다. ② 일정기간 동안의 전체 수요량은 알려져 있다. ③ 조달기간은 일정하다고 가정한다. 조달기간이 0인 경우는 주문시점과 입고시점이 일치하게 된다. ④ 수량할인과 가격할인은 존재하지 않는다. 또한, 수량할인과 가격할인이 존재하지 않는다고 가정하기 때문에 구입가격을 고려할 필요가 없다. ⑤ 주문량은 일시에 보충된다. ⑥ 재고관련비용은 재고유지비용과 주문비용만 존재한다.

② 연간 주문비용 = 연간 주문횟수($\frac{D}{Q}$)×1회 주문비(O) ⇒ 주문간격은 연간 주문횟수의 역수

③ 총비용 = 연간 재고유지비용 + 연간 주문비용

④ 재고관련비용이 최소가 되는 점은 한계비용(marginal cost, MC)이 0이 되는 점이며, 한계비용은 총비용을 미분한 값이 된다.

⑤ $EOQ = \sqrt{\frac{2DO}{H}}$

⑥ 주문간격은 연간 주문횟수의 역수이다.

2) 경제적 생산량 모형(EPQ)

경제적 생산량(economic production quantity, EPQ)이란 재고가 점진적으로 보충되는 경우에 재고유지비용과 작업준비비용의 합을 최소화하는 1회 생산량을 의미한다. 경제적 생산량 모형은 경제적 주문량 모형과 달리 재고가 한 번에 확보되는 것이 아니라 일정한 제조기간 동안 연속적으로 생산되어 재고가 점진적으로 보충된다고 가정하며, 경제적 주문량 모형에서는 재고관련비용을 재고유지비용과 주문비용으로 가정하지만, 경제적 생산량 모형에서는 주문활동이 없기 때문에 재고관련비용을 재고유지비용과 작업준비비용(set-up cost)으로 가정한다.

〈경제적 주문량 모형과 경제적 생산량 모형〉

구 분	경제적 주문량 모형	경제적 생산량 모형
재고관련 비용	재고유지비용과 주문비용	재고유지비용과 작업준비비용
재고의 보충	일시에 보충	점진적으로 보충
대 상	상기업에 적용	제조기업에 적용
주문량(생산량) 결정	$EOQ = \sqrt{\frac{2DO}{H}}$	$EPQ = \sqrt{\frac{2DS}{H}} \times \sqrt{\frac{p}{(p-u)}}$

3) 단일기간 재고모형

단일기간 재고모형(single-period inventory model)은 신문팔이모형(news-vendor model)이라고도 하는데, 재고부족비용(고객의 상실과 판매손실의 기회비용에 해당하는 실현되지 못한 이익으로 단위당 수익과 단위당 비용의 차)과 재고잉여비용(판매되지 않아 남아 있는 품목에 대한 비용으로 단위당 구매비용과 단위당 잔여가치의 차)의 합을 최소화하는 재고수준 또는 주문량을 결정하는 모형을 말한다. 또한, 단일기간 재고모형은 부패성 물질(과일, 꽃, 채소, 생선 등)과 사용기간이 한정된 품목(신문, 잡지, 비행기 좌석 등)의 재고관리에 적합한 재고관리 모형이다.

(3) 재고통제시스템

1) P 시스템과 Q 시스템

일반적으로 발주기준은 시간과 수량으로 구분할 수 있는데, 발주기준을 시간으로 사용하는 재고통제시스템을 P 시스템이라고 하고 발주기준을 수량으로 사용하는 재고통제시스템을 Q 시스템이라고 한다.11)

〈P 시스템과 Q 시스템〉

구 분	P system	Q system
주문간격	고 정	변 동
주문량	변 동	고 정
재고조사	정기적(주기조사)	계속적(연속조사)
안전재고	큼	작 음
구입단가	낮 음	높 음

2) ABC 재고통제시스템

ABC 재고통제시스템은 각 재고품목별로 그 가치나 중요성이 동일하지 않다는 점에서 출발하여 각 재고품목의 중요성 측정기준(재고가액)에 의하여 재고품목을 3가지로 차별화하여 고가 품목에 통제능력을 많이 배분하는 재고통제시스템을 말한다. ABC 재고통제시스템에 의해 A 그룹으로 분류되는 재고품목은 재고부족관련 비용 및 유지비용이 크고, C 그룹으로 분류되는 재고품목은 재고부족관련 비용 및 유지비용이 작다. 따라서 A 그룹으로 갈수록 재고부족을 막기 위해 주문주기가 짧아지게 된다.

4. 품질경영

(1) 의 의

쥬란(Juran)은 품질삼위일체(quality trilogy)의 개념을 통해 품질경영이란 품질계획(quality planning), 품질개선(quality improvement), 품질통제(quality control)의 세 가지 활동이 균형을 이루고 있는 기업활동이라고 주장하였다. 또한, 쥬란(Juran)은 품질경영에 필요한 비용을 예방원가(prevention cost), 평가원가(appraisal cost), 실패원가(failure cost)로 구분하고,12) 그 중에 예방원가가 가장 저렴하기 때문에 예방활동에 치중해야 함을 강조하였다.

---

11) 투빈시스템(two-bin system) : 동일 재고품목을 2개의 상자에 따로 보관하여 재고를 통제하는 시스템으로 Q 시스템을 응용한 가시적(visible) 시스템이다. 1개의 상자에 있는 재고가 고갈되면 재고를 주문하고 그 재고가 조달되는 기간 동안에 나머지 1개의 상자에 있는 재고를 사용하는 방법이다. 재고기록을 유지할 필요가 없어 시행이 간편하고, 볼트, 너트, 사무용품 등과 같이 수요가 균일한 저가품에 사용한다. 또한, 일반적으로 재고과잉이 되기 쉽지만, 저가품이기 때문에 추가적인 유지비 부담이 그리 크지 않다.

12) 예방원가와 평가원가를 합쳐 통제원가라고 한다.

① 예방원가 : 결함이 발생하기 전에 이를 방지하는 것과 관련된 비용을 말한다.
② 평가원가 : 생산시스템에서 얻은 품질수준을 평가하는데 필요한 비용을 말한다.
③ 실패원가 : 실제로 불량이 발견됨으로써 발생하는 비용을 의미한다. 이러한 실패비용은 불량의 발견시점에 따라 내부실패비용과 외부실패비용으로 구분할 수 있다. 내부실패비용(internal failure cost)은 재화나 서비스의 생산과정 중에서 발생하는 결함에 기인하는 비용으로 결함 있는 제품을 폐기함으로써 발생하는 수율손실과 결함 있는 제품을 보완하기 위한 재작업비용 등이 포함하며, 외부실패비용(external failure cost)은 제품이 고객에게 전달된 후에 결함이 발견되었을 때 발생하는 비용으로 보증서비스와 소송비용까지 포함한다.

(2) 구성요소(Garvin)

가빈(Garvin)은 품질을 측정하기 위해 성능(performance), 특징(feature), 일치성(conformance), 신뢰성(reliability), 내구성(durability), 서비스편의성(seviceability), 심미성(aesthetics), 인지품질(perceived quality)의 8가지 측면을 고려하였다.

① 성 능 : 제품의 기본적 운영특성을 말하는 것으로 대부분 객관적으로 측정가능한 성격을 가지고 있다.
② 특 징 : 제품이 가지는 기본적인 기능 외에 이를 보완하여 주기 위한 추가적인 기능을 의미한다. 하지만, 현실적으로 기본적인 운영특성인 성능과 특징을 명확하게 구별한다는 것이 그렇게 쉬운 일은 아니다. 또한, 특징은 개인적인 요구에 따라서 매우 유동적이다.
③ 일치성 : 제품이 명세서의 규격과 일치하는 정확도를 의미한다. 이는 적합품질이라고도 하는데, 생산하는 제품의 품질이 설계사항에 어느 정도로 부합하는지의 정도를 의미한다.
④ 신뢰성 : 특정 기간 동안 적정한 보존활동을 통해 제품이 고장 나지 않을 확률을 의미한다. 신뢰성을 측정할 수 있는 척도로는 최초의 고장이 발생할 때까지의 평균시간, 고장과 고장 사이의 평균시간 및 특정 단위시간당 고장률과 같은 것들이 있지만, 즉시 소비되는 재화나 서비스와 같은 경우에는 전혀 유효하지 않을 수 있다. 일반적으로 제품에 대한 무상보증기간에 영향을 주게 되는데, 신뢰성이 높은 제품일수록 무상보증기간은 길어진다.
⑤ 내구성 : 일반적으로 제품수명의 척도로써 제품이 성능을 제대로 발휘하는 수명의 길이로 측정된다. 즉 제품이 사용될 수 없을 때까지 얻을 수 있는 총사용량을 의미하며, 내구성은 신뢰성과 매우 밀접한 관계를 가지고 있다.
⑥ 서비스 편의성 : 제품이 고장 났을 때 서비스를 받는 속도와 서비스를 수행하는 사람의 능력과 행동을 의미하며, 서비스의 속도는 반응시간이나 수리까지 걸리는 평균시간으로 측정한다.
⑦ 심미성 : 사용자가 외양, 질감, 색채, 소리, 맛 등 제품의 외형에 대해 반응을 나타내는 차원으로 매우 주관적인 품질요소이다. 이러한 심미성은 개인적인 판단과 선호를 그대로 반영하게 된다.
⑧ 인지품질 : 소비자가 재화나 서비스에 대한 완전한 정보를 갖고 있지 못하므로 광고, 상표, 명성 등 간접적인 측정에 기초하여 지각하는 품질을 의미한다.

(3) 카노 모형

카노 모형(Kano model)은 품질속성이 지니는 진부화 경향을 설명하는 단서를 제공해 주며, 주관적 측면과 객관적 측면을 함께 고려하고 있어 소비자 만족에 가장 큰 영향을 주는 특성을 규명하는 것을 가능하게 한다. 여기서 진부화 경향은 매력적 품질요소가 소비자의 기대수준 변화에 따라 일원적 또는 당연적 품질요소로 옮겨질 수 있는 현상을 의미하며, 카노 모형이 구분한 세 가지의 품질요소는 다음과 같다.[13]

① 매력적 품질요소 : 고객이 기대하지 못했던 것을 충족시켜 주거나 고객의 기대를 훨씬 초과하는 만족을 주는 품질요소이다. 즉 동기요인에 대응하는 품질특성으로 충족이 되면 만족을 주지만 그렇지 않더라도 불만족을 유발하지 않는 품질요소를 말한다. 일반적으로 고객은 이러한 품질특성의 존재를 모르거나 기대하지 못했기 때문에 충족이 되지 않더라도 불만을 느끼지 않는다.

② 일원적 품질요소 : 충족되면 만족하고 충족되지 않으면 불만족이 증대되는 품질요소이다.

③ 당연적 품질요소 : 위생요인에 대응하는 품질특성으로 충족이 되면 당연한 것으로 받아들이기 때문에 별다른 만족을 주지 못하는 반면에 충족이 되지 않으면 불만을 일으키는 품질요소를 말한다.

카노 모형에서의 품질인식

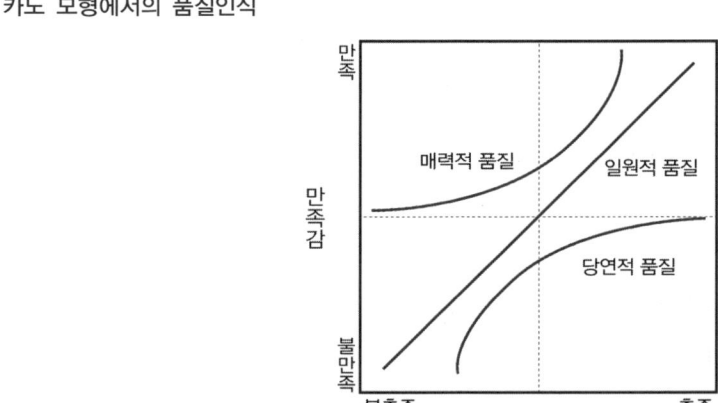

(4) 서비스품질(SERVQUAL)

미국을 중심으로 소비자관점에서 서비스품질을 이해하기 위한 많은 노력의 하나로 Parasuraman, Zeithaml, Berry(PZB)에 의해 SERVQUAL 척도가 개발되었다. 서비스품질에 대한 소비자평가는 '서비스 행위에 대한 소비자의 기대'와 '실제 서비스에 대한 인식'을 비교하는 것이라는 인식에 기초하여 서비스품질에 대한 소비자의 판단기준을 대표하는 세부속성들을 파악하고 이

---

13) 이러한 3가지 주요한 품질특성 외에도 무관심 품질요소와 역 품질요소와 같은 특성이 더 존재할 수 있다. 무관심 품질요소는 충족여부가 만족과 불만족에 영향을 미치지 않는 품질요소를 말하고, 역 품질요소는 충족이 되면 오히려 불만을 일으키고 충족이 되지 않으면 만족하는 품질요소로서 일원적 품질요소에 반대되는 품질요소를 말한다.

에 대한 기대와 인식수준을 측정하는 다섯 가지 차원을 개발하였다. 서비스품질의 다섯 가지 차원은 **신뢰성**(reliability), **보증성**(assurance), **유형성**(tangibility), **감정이입**(empathy), **응답성**(responsiveness)이며, 머리 글자만 모아서 'RATER'라고 한다.

① **신뢰성** : 서비스를 믿을 만하게 그리고 정확하게 수행하는 능력으로 고객의 기대에 지속적으로 부응하는 것이다. 즉 약속된 서비스를 믿을 수 있고, 정확하게 수행할 수 있는 능력을 말한다.

② **보증성** : 서비스 제공자가 자신의 능력수준을 고객에게 알리고 필요한 예의를 갖추어 서비스를 제공하는 능력을 의미한다. 즉 직원의 지식과 예절 및 신뢰와 확신을 줄 수 있는 능력을 말한다.

③ **유형성** : 물리적 시설이나 설비, 직원 및 의사소통도구의 외관 등을 의미한다.

④ **감정이입** : 고객의 요구를 이해하고 의사소통을 하면서 고객에게 기울이는 개별적인 배려나 주의를 의미한다. 즉 기업이 고객에게 제공하는 개별적 관심과 배려를 말하며, 이는 근접성, 의사소통, 고객이해력 등을 포괄하고 있다.

⑤ **응답성** : 자진해서 고객을 돕고 신속한 서비스를 제공하려는 의지를 의미한다.

(5) 종합적 품질경영

1) 의 의

종합적 품질경영(total quality management)은 고객지향 품질경영을 위해 품질관리분야뿐만 아니라 마케팅, 엔지니어링, 생산, 노사관계 등 기업의 모든 분야로 확대하여 기업의 조직 및 구성원 모두가 품질경영의 실천자가 되어야 한다는 것을 전제하며, 다음과 같은 특징을 가진다.

① 품질은 고객(내부고객과 외부고객)에 의하여 정의된다.

② 지속적인 개선과 종업원 참여를 강조한다.

③ TQM이 성공을 거두기 위해서는 **최고경영자의 장기적인 열의**(commitment)가 필수적이다.

④ 결과보다는 과정을 중시한다.

⑤ TQM은 몇몇 품질프로그램의 집합이 아니라 일종의 **경영시스템**이다.

⑥ **인간위주 경영시스템**(people focused management system)을 지향한다.

2) 종업원 참여와 지속적 개선

① **종업원 참여**(employee involvement) : 모든 종업원에게 품질의 중요성에 대한 인식을 주입시키고 이들이 제품품질을 개선할 수 있도록 동기를 부여하는 것을 의미한다.

② **지속적인 개선**(continuous improvement, Kaizen) : 생산과정을 개선하기 위한 방법을 지속적으로 찾아야 한다는 것이다. 이 개념에는 투입물을 산출물로 변환시키는 과정과

관련된 모든 요소를 향상시키는 활동으로 벤치마킹할 우수사례를 찾는 것과 프로세스에 종업원의 주인의식을 주입하는 것을 포함하며, 장비, 작업방법, 재료, 사람 등 모든 요소가 지속적인 개선의 대상이 될 수 있다.

3) 데밍의 수레바퀴(Deming's wheel)

① 계획(plan) : 개선을 필요로 하는 프로세스를 선택한 후에 자료를 수집하여 프로세스를 정의하고 개선목표설정 및 개선계획을 수립한다.

② 실행(do) : 계획을 실행하며 진척도를 감시한다. 즉, 계획단계에서 수립한 개선계획을 개선목표에 맞게 실행한다.

③ 검토(check) : 계획단계에서 수립한 목표와 실행단계의 결과가 얼마나 일치하였는지를 평가한다. 계획과의 격차가 매우 크다면 이 단계에서 계획을 다시 검토하거나 프로젝트를 종료할 수도 있다.

④ 조치(act) : 실행단계의 결과가 목표와 일치했다면 수정된 프로세스를 표준화하여 이를 사용하는 종업원들에게 교육 및 훈련을 실시한다.

(6) 품질관리도구

① 체크시트(check sheet) : 품질과 관련된 어떤 제품 또는 서비스의 특성에 대한 발생빈도를 기록하기 위한 양식을 말한다.

② 파레토 도표(Pareto diagram) : 불량발생의 원인들을 발생빈도의 내림차순으로 표시한 막대그래프의 형태로 20%의 중요한 소수가 불량의 80%를 발생시킨다는 80-20 규칙을 표시해주는 도표로써 문제를 유발하는 여러 요인들 중에서 가장 중요한 요인을 추출하기 위한 기법을 말한다.[14]

③ 원인결과도표(cause-&-effect diagram) : 이시가와 도표(Ishikawa diagram) 또는 생선뼈 도표(fish-bone diagram)라고도 하며, 문제발생의 원인이 되는 여러 항목들을 연결하여 문제해결을 위한 노력을 체계화하는데 도움을 주기 위해 발생한 결과에 따른 그 원인들을 각각 연결시켜 가장 근본적인 원인 또는 잠재적인 원인을 발견하기 위한 방법을 말한다. 주요원인에는 4M(man, machine, method, material)과 환경(environment) 등이 있다.

④ 품질분임조(quality circle, QC) : 품질향상 및 공정개선의 방법을 연구하기 위해 주기적으로 모임을 가지는 다수 근로자들로 구성된 소집단을 의미한다. 이는 기업이 조직구성원들에게 품질에 관한 사고를 가지도록 유도하는 조직론적 방법 중 하나이며, 보통 지속적 개선을 위한 팀에 비해 비구조적이며 비공식적인 특성을 지니고 품질분임조에는 약간의 권한만이 부여된다.

⑤ 싱고시스템(Shingo system) : 종업원의 실수에 기인한 오류발생으로부터 종업원을 예방하

---

[14] 파레토 법칙의 반대되는 개념으로 롱테일 법칙이 있다. 롱테일(long tail)은 작은 결과들로 이루어진 다수의 원인들을 의미한다.

는 특별한 도구이자 체크리스트인 포카요케(poka-yoke)를 사용하여 결함을 예방하기 위한 시스템을 말한다.

⑥ 품질기능전개(quality function deployment, QFD) : 고객의 요구를 설계나 생산에서 사용하는 기술적 특성과 연결하여 기업의 각 부서에 전달될 수 있게 하는 기법으로 표준화된 의사소통을 위한 방법을 말한다. 품질기능전개는 제품설계뿐만 아니라 신제품 도입에도 사용되며, 품질개선의 방법으로 이해되기도 한다. 품질기능전개의 개념을 구현하기 위한 도구인 품질의 집(house of quality, HOQ)은 표준화된 문서양식을 말한다.

⑦ ZD(zero defect) 운동 : 전 직원이 기업의 경영에 참가한다는 의식을 심어줌으로써 그들의 사기를 높여 전 직원의 결점을 없애도록 협력해 나가는 운동을 말하며 무결점운동이라고도 한다.

(7) 통계적 품질관리

1) 산출물 변동의 원인

산출물의 변동은 공통원인(common causes)에 의한 변동과 이상원인(assignable causes)에 의한 변동으로 나눌 수 있다. 일반적으로 공통원인에 의한 산출물의 변동은 회피할 수 없지만, 이상원인에 의한 산출물의 변동은 회피할 수 있다.

① 공통원인 : 완전히 확률적이고 우연적인 변동의 원천으로 프로세스 자체에 고유하게 내재되어 있는 변동이기 때문에 현재의 공정으로는 이를 회피할 수 없다.

② 이상원인 : 명확하게 밝혀낼 수 있으며 통제가능한 요인들에 의해서 야기되기 때문에 파악해서 제거할 수 있는 요인이다. 대표적인 이상원인으로는 5M1E가 있는데, 5M1E는 사람(man), 기계(machine), 원자재(material), 생산방법(method), 측정(measurement), 환경(environment)을 의미한다.

2) 품질검사

품질검사의 방법에는 공정에서 생산되는 모든 제품을 검사하는 전수검사(complete inspection)와 공정에서 생산되는 제품 중 일부를 검사하는 표본검사(sampling inspection)가 있다.

① 전수검사 : 공정에서 생산되는 모든 제품을 검사하는 방법으로 가장 완벽한 품질검사방법이다. 불량품이 발생했을 때 발생하는 비용과 품질검사비용 중 품질검사비용이 상대적으로 작을 때 사용한다.

② 표본검사 : 로트(lot)로부터 표본을 추출하여 이를 검사한 결과를 미리 정해둔 판정기준과 비교하여 그 로트의 품질을 합격 또는 불합격으로 판정하는 품질검사방법이다. 표본검사를 하게 되면 검사비용을 줄일 수 있는 장점을 가지고 있지만, 나쁜 품질의 로트는 합격시키고 좋은 품질의 로트를 불합격시킬 수 있는 위험을 배제할 수 없는 단점을 가지고 있다.15)

---

15) 검사특성곡선(operating characteristic curve, OC curve)은 로트의 불량률과 그러한 불량률을 갖는 로트가 표본

3) 관리도

관리도(control chart)는 관측값이 정상적인지, 비정상적인지를 결정하기 위해서 표본으로부터 얻어낸 품질측정값을 시간의 순서에 따라 표시하는 도표를 의미한다. 이러한 관리도는 관리상한선(upper control line, UCL), 관리하한선(lower control line, LCL), 명목값(nominal value)/중심선(center line)으로 구성되어 있고, 관리상한선에서 관리하한선을 빼 준 값을 규격범위라고 하고, 규격중심에서 규격한계(관리상한선 또는 관리하한선)까지의 거리를 규격한계의 폭이라고 한다. 관리도는 정규분포를 가정하는 변량관리도와 이항분포 또는 포아송분포를 가정하는 속성관리도로 분류할 수 있다.

① 변량(계량형)관리도 : 프로세스의 변동성을 관리하기 위한 R-관리도와 평균을 관리하는 $\overline{X}$-관리도가 있다.

② 속성(계수형)관리도 : 프로세스에서 생산된 제품의 불량률을 통제하는데 사용되는 p-관리도와 한 개의 제품에 복수의 불량이 가능할 때 불량의 수를 확인하기 위해 사용되는 c-관리도가 있다.

4) 식스 시그마(six sigma) 운동

식스 시그마는 1987년 모토롤라에 근무하던 마이켈 해리(Mikel Harry)에 의해 창안된 개념으로 실제 업무상 실현될 수 있는 가장 낮은 수준의 불량을 의미한다. 즉, 식스 시그마 운동은 제품설계 제조품질의 산포를 최소화해 규격상한과 하한이 품질의 중심으로부터 '식스 시그마'의 거리에 있도록 하는 것을 목표로 하고 있다. 이는 통계학적으로 무결점(zero defect)에 가까운 99.9999998%의 품질수준(2 ppb)을 의미하는데, 통상 3.4 ppm 정도의 품질수준을 식스 시그마의 수준으로 간주한다.16) 일반적으로 식스 시그마의 개념을 도입하게 되면 불량은 단순히 감소하지 않고 한 번 급격히 상승하다가 감소하는 과정을 거치게 된다. 이는 식스 시그마의 도입 초기에는 그때까지 불량으로 간주되지 않았던 것이 불량으로 인식되기 때문이다.

① 식스 시그마 운동의 단계(DMAIC) : 정의(definition) → 측정(measurement) → 분석(analysis) → 개선(improvement) → 통제·관리(control)

② 식스 시그마 전문가 : 챔피언17)(champion)-마스터 블랙벨트18)(master black belt)-블랙벨

검사에서 합격으로 판정될 확률과의 관계를 나타낸 곡선을 말한다. 표본검사의 중요한 특징은 좋은 품질의 로트와 나쁜 품질의 로트를 어떻게 구별하는가 하는 것인데, 이를 설명 가능하게 해주는 것이 바로 검사특성곡선이다. 합격으로 판정해야 할 로트를 불합격으로 처리할 가능성을 생산자 위험(producer's risk)이라고 하고, 불합격으로 판정해야 할 로트를 합격으로 처리할 가능성을 소비자 위험(consumer's risk)이라고 한다.

16) 식스 시그마의 통계적 의미는 산포를 줄이는 것이다. 산포란 데이터가 흩어진 정도를 의미하는데, 품질특성치들이 서로 비슷한 값들을 가지면 산포가 작은 것이고 들쑥날쑥하면 산포가 큰 것이다. 따라서 시그마는 산포의 크기를 나타내는 수치이며, 시그마 값이 크다는 것은 산포가 크다는 의미이기 때문에 시그마 값은 작을수록 좋다. 식스 시그마에서는 품질수준을 '시그마'가 아니라 '시그마 수준'으로 나타낸다. 시그마 수준(sigma level)은 규격중심(명목값 또는 목표치)에서 규격한계까지의 거리가 표준편차(시그마 값)의 몇 배인지를 나타낸다. 결국 시그마 값이 작아지면 시그마 수준은 높아지고 규격한계를 벗어난 불량품이 나올 확률은 줄어든다.

트[19])(black belt)-그린벨트(green belt)[20])-화이트벨트(white belt)

③ DPU와 DPO : 일반적으로 서로 다른 제품을 생산하는 공정의 품질을 비교하는 경우에는 제품단위당 결함수(defects per unit, DPU)보다 불량발생기회당 결함수(defects per opportunity, DPO)가 더 좋은 기준이 된다.

(8) 국제품질표준

1) ISO 9000

1987년에 제정되어 100개국 이상에서 사용되고 있는 품질 프로그램의 문서화에 대한 표준을 의미한다. 그 인증과정은 기업이 자격을 가진 외부 심사관에게 자료를 제시하여 이 표준에 대한 인증을 획득하게 되고, 인증이 되면 기업의 이름이 이 목록에 추가되고 고객들로 하여금 어떤 기업이 어떤 수준의 품질수준이 인증되었는지에 대한 정보를 제공하게 된다. ISO 9000의 인증이 제품의 실제 품질에 대해서는 아무런 시사점이 없으나, 그 기업이 자신이 주장하는 품질에 대해 입증할 자료를 제시할 수 있다는 측면에서 객관성 확보의 측면이 강하다고 할 수 있다(document what you do and then do as you documented).

2) ISO 14000

ISO 14000은 원재료의 사용과 유해물질의 생성, 처리, 폐기를 지속적으로 요구하는 표준이며, 환경성과 측면에서 성과를 지속적으로 개선하는 계획을 수립할 것을 요구한다. 이는 환경경영시스템, 환경성과평가, 환경용어, 수명주기평가 등으로 구성되어 있다.

3) 기타 국제품질표준

① ISO 26000 : 기업의 사회적 책임(social responsibility)을 인증범위로 하는 국제품질표준이다.

② ISO 27000 : 기업의 정보보안 시스템(information security system)을 인증범위로 하는 국제품질표준이다.

③ ISO 31000 : 기업의 위험관리(risk management)를 인증범위로 하는 국제품질표준이다.

5. 적시생산시스템

(1) 의 의

적시생산시스템(just-in-time production system, JIT) 또는 린 생산시스템(lean production system)은 필요한 자재를 원하는 수준의 품질로 필요한 수량만큼 원하는 시점에서 조달하는 적시공급

---

17) 경영간부로서 식스시그마 추진에 필요한 자원을 할당하고, 블랙벨트의 개선프로젝트 수행을 뒷받침한다. 또한, 성과에 따른 보상을 실시한다.
18) 교육 및 지도 전문요원으로 블랙벨트나 그린벨트 등의 품질요원의 양성교육을 담당하고, 블랙벨트의 활동을 지도 및 지원한다.
19) 개선프로젝트 추진책임자로 식스시그마 개선 프로젝트의 실무 책임자로서 활동한다.
20) 현업담당자로 블랙벨트의 개선 프로젝트에 참여하거나 상대적으로 작은 규모의 프로젝트를 책임지고 수행한다.

에 의한 생산방식을 말한다. 적시생산시스템은 대량생산방식으로 표현되는 포드시스템(Ford system)의 단점을 보완한 방법이라고 할 수 있으며, 도요타 시스템(Toyota system), 무재고 시스템, 풀(pull) 시스템, 간반(kanban) 시스템, 안돈(andon) 시스템의 개념들이 포함되어 있다.

① **도요타 시스템** : 일본의 도요타 자동차회사에서 처음으로 개발한 방식으로 대량생산방식에 그 뿌리를 두고 있다.

② **무재고 시스템** : 불량으로 인한 폐기 및 재작업은 전혀 허용하지 않고, 과다한 재고를 보유하는 것은 경영성과를 저해하는 요인[21]으로 간주하기 때문에 재고를 최소로 유지한다.

③ **풀 시스템** : 제품에 대한 수요가 파악되면 생산계획이 세워지고 생산계획에 따라 제조공정의 역순으로 거꾸로 올라가면서 원재료나 부품의 수요를 파악하여 필요한 양만큼 원재료나 부품을 조달한다.

④ **간반 시스템** : 의사소통에 소요되는 시간을 최소화시키기 위해 의사소통을 위한 도구인 간반을 사용한다.

⑤ **안돈 시스템** : 생산라인에서 작업 중인 작업자는 문제가 발생하면 램프에 불이 들어오게 해서 최대한 빨리 문제를 해결할 수 있도록 도와주는 시스템이다. 여기서 안돈은 각 공정의 정상작동 여부를 램프로 표시한 것을 말한다.

(2) 특 징

① **풀 방식의 자재흐름** : 생산시스템은 고객의 주문 이전에 생산을 개시하는 푸시(push) 방식과 고객의 주문에 의해 생산을 개시하는 풀(pull) 방식으로 나눌 수 있다. 적시생산시스템에서는 풀 방식을 사용하며, 푸시 방식의 가장 대표적인 예에는 MRP 시스템이 있다.

〈JIT 시스템과 MRP 시스템[22]〉

구 분	JIT 시스템	MRP 시스템
자재계획	Pull System	Push System
재 고	무재고	안전재고
Lot 크기	꼭 필요한 양만 보충(최소 보충량)	EOQ 모형에 근거하여 결정
조달기간	최대한 짧게 유지	필요한 조달기간을 인정
자재대기	자재의 대기행렬을 제거	자재의 대기는 필요한 투자
공급자 관계	공급자와 협력관계를 유지	다수의 공급자를 통한 경쟁의 유지

---

[21] 도요타 생산시스템에서 정의한 7가지 낭비유형에는 불량의 낭비, 재고의 낭비, 과잉생산의 낭비, 가공의 낭비, 동작의 낭비, 운반의 낭비, 대기의 낭비가 있다.

[22] 자재소요계획(MRP)은 비반복적 생산에서 효과가 높고, 적시생산시스템(JIT)은 반복적 생산에 효과가 높다. 반복적 생산은 상대적으로 많은 양을 짧은 시간에 불연속적으로 반복하여 생산하는 방식을 의미하는데, 이는 로트의 크기와 관련되어 있다. 동일한 전체 생산량을 가정했을 때 로트의 크기가 작으면 생산횟수가 많아져야 하고 그만큼 반복을 많이 해야 한다. 즉 로트의 크기가 작으면 상대적으로 반복적 생산을 해야 하는 것이다.

품 질	완전한 품질을 강조	약간의 불량을 허용
작업자	합의에 의한 경영	명령에 의한 경영
보전활동	지속적인 보전활동 수행	필요한 때만 보전활동 수행

② 일관되게 높은 품질과 예방적 유지보수 : 자재흐름의 균일화를 위해 불량과 재작업을 제거하기 위한 노력을 실시하고, 제품을 제품명세서대로 생산한다.

③ 작업장 간 부하 균일화 : 생산계획단계에서 작업장별 부하를 고려하여 작업장 간 부하를 균일화시킨다. 개별 작업장의 부하가 일별로 균일할수록 적시생산시스템이 잘 운영된다. 균일한 작업부하(heijunka, 생산평준화)를 유지하기 위해서는 품종구성과 생산량을 비슷하게 함으로써 작업상의 일별 수요를 균일하게 해야 한다.

④ 부품과 작업방식의 표준화 : 부품 공유화 또는 모듈화라고 불리는 부품 표준화를 통해 생산의 반복성을 증가시킨다.

⑤ 라인흐름과 노동력의 유연성 : 라인흐름은 가동횟수를 감소시키며, 제품별 배치를 통해 가동준비시간을 완전히 감소시킬 수 있다. 반면에, 작업자들을 작업장 간에 자유롭게 이동배치함으로써 완충재고 없이 병목현상을 줄일 수 있으며, 직무순환을 통해 지루함을 감소시킬 수 있다. 이에 대한 접근으로 다수기계보유방식(one worker, multiple machine ; OWMM)이 있는데, 작업자 한 명이 여러 기계를 담당하고, 한 번에 한 대씩 순차적으로 운전한다. 이렇게 하면 똑같은 제품을 반복적으로 만들기 때문에 가동준비시간을 최소화할 수 있다. 다수기계보유방식은 한 사람 또는 소수의 작업자가 다수의 공정을 담당하여 제품을 생산하는 방식으로 셀(cell) 생산방식이라고도 한다.

⑥ 생산자동화 : 적시생산시스템은 재고감축으로 발생하는 여유자금을 원가절감을 위한 자동화(jidoka)에 투자할 수 있으며, 이로 인해 결국 이익이 증가되거나 가격인하로 인해 시장점유율이 올라갈 것이고, 경우에 따라서는 두 가지 효과가 모두 나타날 수 있다.

⑦ 작은 로트(lot) 크기 : 작은 로트 크기를 유지하면 재고수준을 감소시킬 수 있다. 즉 적시생산시스템 사용자들은 재고를 완충용으로 보유하지 않으며, 가능한 한 작은 로트 크기로 재고를 유지한다. 이러한 작은 로트 크기는 주기재고(cycle inventory)를 감소하게 하고, 리드타임을 감소시키며, 생산시스템에서 작업부하를 균일화하는데 도움이 된다. 그러나 이러한 로트 크기의 감축은 가동준비횟수의 증가라는 문제를 초래하기도 한다.

⑧ 공급업체와의 유대강화 : 적시생산시스템은 매우 작은 수준의 재고로 운영되기 때문에 공급업체와의 긴밀한 관계유지가 필수적이다. 이를 위해 공급업체의 수를 줄이고, 지역적으로 가까운 공급업체를 활용하여 공급업체와의 관계를 개선시킬 수 있다. 이러한 공급업체와의 유대강화는 공급업체의 직원이 구매업체(생산업체)에 상주하면서 구매업체(생산업체)의 재고를 관리하는 공급자재고관리(vendor-managed inventory, VMI)의 개념으로 발전된다.

6. 공급사슬관리

(1) 공급사슬과 채찍효과

1) 공급사슬

공급사슬(supply chain)은 가치사슬과 유사한 개념으로 자재가 재화나 서비스로 전환되는 과정(공급자, 제조)과 재화나 서비스가 고객에게 전달되는 모든 과정(운송 및 보관, 유통 및 판매)에 있는 구성체(요소) 사이의 상호연결된 사슬을 의미한다.

① 효율적 공급사슬(efficient supply chain) : 자재와 서비스의 흐름을 조화시켜 재고를 최소화하고 공급사슬상에서 기업의 효율성을 극대화시키고자 하는 것을 말한다. 효율적 공급사슬은 자재와 서비스의 효율적인 흐름에 초점을 두어서 재고를 최소화한다. 기업의 경쟁우선순위는 저원가 생산, 일관된 품질(품질균일성), 적시인도(납기준수)가 된다.

② 반응적 공급사슬(responsive supply chain) : 수요의 불확실성에 대비할 수 있도록 재고와 생산능력을 적절히 배치시켜 시장수요에 신속하게 반응하고자 하는 것을 말한다. 기업의 경쟁우선순위로는 개발속도, 빠른 인도시간(신속한 납기), 고객화, 수량 유연성, 고성능 설계가 된다.

〈효율적 공급사슬과 반응적 공급사슬〉

요인과 요소		효율적 공급사슬	반응적 공급사슬
환 경	수 요	낮은 예측오차	예측 불가능, 높은 예측오차
	경쟁우위요소	저원가 생산, 일관된 품질(품질균일성), 적시인도(납기준수)	개발속도, 빠른 인도시간(신속한 납기), 고객화, 수량유연성, 고성능 설계
	신제품 도입	간헐적	빈 번
	단위당 공헌이익 (단위당 가격)	낮 음	높 음
	제품 다양성	낮 음	높 음
설 계	생산전략	재고생산전략	주문조립전략, 주문생산전략
	여유생산능력	낮 음	높 음
	재고투자	낮음(높은 재고회전율)	신속한 납기가 가능할 정도

2) 채찍효과

채찍효과(bullwhip effect)는 공급사슬 하류(소비자 방향 또는 전방)의 소규모 수요변동이 공급사슬 상류(공급업체 방향 또는 후방)로 갈수록 그 변동폭이 점점 증가해 가는 모습을 묘사적으로 명명한 것으로, 수요왜곡의 정도가 증폭되어 가는 현상을 의미한다. 그 원인으로는 중복수요예측(multiple forecasting), 일괄주문처리(order batching), 가격변동(price fluctuation), 배급게임으로 인한 결품예방경쟁(shortage gaming) 등이 있으며, 해결방법으로는 불확실성의 제거, 변동폭의 감소, 전략적 파트너십(정보의 공유), 리드타임 단축 등이 있다.

① **중복수요예측** : 주문량이 최종 수요에 비해 과장된 형태로 공급자에게 전달되는 경우를 의미한다. 이러한 현상은 정보왜곡과 관련되어 있는데, 공급사슬 상류로 갈수록 심해진다.

② **일괄주문처리(뱃치주문)** : 소매점은 주문처리비용의 절감을 위해 몇 개의 고객수요를 묶어서 한 번에 많은 양을 주문하고자 한다.

③ **가격변동** : 소매상은 가격이 낮을 때 제품을 구입하여 축적하고 가격이 높을 때는 주문하지 않으려는 경향을 가지게 된다.

④ **배급게임으로 인한 결품예방경쟁** : 일반적으로 공급물량이 부족하면 주문량에 비례하여 공급물량을 할당하게 되는데, 주문량이 많은 쪽에 우선 공급하는 것을 배급게임(rationing game)이라고 한다. 따라서 공급물량의 부족이 예상되는 경우에 경영자들은 공급받지 못할 것에 대비하여 필요한 것보다 주문량을 늘려 가수요를 발생시킨다.

(2) **공급사슬관리**

공급사슬관리(supply chain management, SCM)는 부분최적화보다는 공급사슬 전체의 관점에서 정보의 공유와 공급사슬 흐름의 개선을 통해 공급사슬 전체의 효율성을 제고시키고자 하는 것으로 공급사슬상에 흐르는 물자, 정보, 현금의 흐름을 관리함으로써 장기적인 기업의 경쟁우위를 향상시키는 것을 목적으로 한다. 이러한 공급사슬관리의 특징은 다음과 같다.

① 프로세스 간 연계적 작동을 하는 상호작용시스템이다.
② 수요에는 불확실성이 존재하기 때문에 수요변동이 채찍효과와 같은 특징을 따른다.
③ 공급사슬에서의 시간지체(time lag)는 수요와 재고의 변동을 초래하기 때문에 전체 리드타임을 줄이고 모든 개체가 실제 수요정보를 피드백하는 것이 공급사슬의 효율을 증가시키는 가장 좋은 방법이다.

(3) **공급사슬운영참고 모형**

공급사슬운영참고(supply chain operations reference, SCOR) 모형은 공급사슬통합과 그 구성요소들의 성과를 측정하기 위한 모형으로 공급사슬관리의 진단, 벤치마킹, 프로세스 개선을 위한 도구로 사용되는 모형이다. 즉, SCC(supply chain council)에 의해 정립된 공급사슬 프로세스의 모든 범위와 단계를 포괄하는 참조 모형으로 최상의 실행(best practices), 수행 데이터 비교, 최적의 지원 IT를 적용하기 위한 표준이다. 이는 실제로는 각각의 기업들이 서로 다른 업무 프로세스나 업적/측정 지표를 갖고 있더라도 전체의 효율을 위해 SCM 공용 프로세스를 구현하는 것을 목적으로 한다. 공급사슬운영참고 모형은 공급사슬운영을 계획(plan), 조달(source), 생산(make), 배송(delivery), 반품(return)의 다섯 가지 범주로 분리하였다.

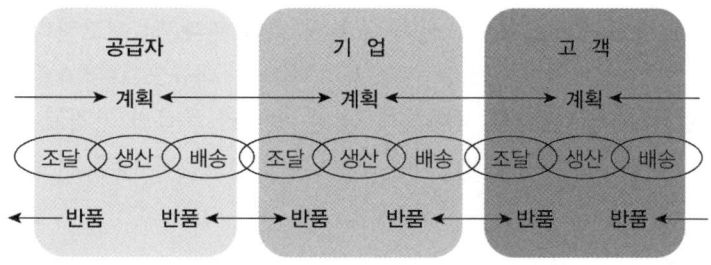

공급사슬운영참고(SCOR) 모형

(4) SCM 실행프로그램

① 크로스 도킹(cross-docking) : 판매자가 수송된 상품을 입고시키지 않고 물류센터에서 파레트 단위나 상자단위로 바꾸어 소매업자에게 바로 배송하는 것을 의미한다.

② 공급자 재고관리(vendor-managed inventory, VMI) : 재고관리의 주체와 관련된 개념으로, 생산자의 재고가 공급자에 의해서 관리되는 방식을 의미한다. VMI를 구축하면 컴퓨터의 발주처리비용이 필요 없게 되고 제품의 리드타임 단축과 대폭적인 재고감소를 실현할 수 있다. 즉, **채찍효과를** 완화시킬 수 있다.

③ 유니트 로드 시스템(unit-load system) : 화물수송시 개개의 화물을 하나의 유니트(unit)로 묶어 유니트를 일관되게 이용하여 출발지에서 도착지까지의 수송, 하역, 보관의 각 단계에서 작업의 효율화를 도모하기 위한 시스템을 말한다.

④ CPFR(Collaborative Planning, Forecasting and Replenishment) : 만일 특정한 제품에 대한 고객의 수요가 많다고 할지라도, 한 제품을 필요 없이 많이 보유하고 있는 것은 판매의 증진에 아무런 도움을 주지 못한다. 그래서 소매상은 그들의 공급자와 강력한 관계를 유지하고 자동 주문 프로세스를 구축하는 것이 필요한데 이러한 상황을 해결하기 위해서 등장한 개념이 CPFR이다.

⑤ 제3자 물류(3PL) : 화주기업이 고객서비스의 향상, 물류관련 비용의 절감 및 물류활동에 대한 운영효율의 향상 등을 목적으로 공급사슬의 전체 또는 일부를 특정 물류전문업체에게 위탁(outsourcing)하는 경우를 말하고, 이를 담당하는 물류전문업체를 3PL업체라고 부른다.

⑥ RFID(radio frequency identification) 시스템 : 무선 주파수(radio frequency)를 이용하여 대상(물건, 사람 등)을 식별할 수 있는 기술로써, 안테나와 칩으로 구성된 RF 태그에 사용 목적에 알맞은 정보를 저장하여 적용대상에 부착한 후 판독기에 해당하는 RFID 리더를 통해 정보를 인식하는 방법으로 활용된다.

⑦ 바코드(bar-code) 시스템 : 유통과정에서 상품의 취급을 자동화하기 위해 상품의 생산자, 품명, 가격 등을 나타내는 일정한 코드를 각 품목의 표찰에 표시해 놓고 필요에 따라 전자탐지장치(electronic scanner)로 신속·정확히 읽어 판매 및 재고관리의 효율성을 제고하기 위한 방법이다. 이러한 바코드 시스템의 채택은 대규모 슈퍼마켓에서 계산대 업무를 신속하게 만들고 재고관리를 용이하게 할 뿐 아니라 품목별 가격표시 등의 비용을 절감시켜 준다. 그러나 소비자 입장에서는 점포 내에서 또는 구매후 가정에서 가격을 참조할 수 없다는 문제가 있다.

〈RFID 시스템과 바코드(bar-code) 시스템〉

기 준	RFID 시스템	bar-code 시스템
인식방법	무선(read/write)	광학식(read only)
정보량	수천 단어	수십 단어
인식거리	최대 100m	최대 수십 cm
인식속도	최대 수백 개	개별 스캐닝
관리수준	개개 상품(일련번호)	상품 그룹

마케팅

제1절 | 마케팅의 기초개념

1. 마케팅

(1) 의 의

마케팅(marketing)이란 개인과 조직의 목표를 충족시킬 수 있는 소비자와의 교환(exchange)을 창조하기 위하여 재화 및 서비스에 대한 개념정립, 가격결정, 촉진 및 유통에 대한 계획을 수립하고 이를 수행하는 과정을 말한다. 소비자(고객)는 시장을 통해 자신의 욕구를 충족시키기 위해 재화 또는 서비스를 소비하게 되며, 그 시장에서 발생되는 일련의 교환활동(exchange activity)이 발생하게 되는데, 이것이 바로 마케팅의 대상인 것이다.

(2) 범 위

기업이 생산 및 판매하는 산출물은 유형의 재화와 무형의 서비스로 구분할 수 있으며, 그 형태에 따라 기업이 수행하는 마케팅활동은 달라진다. 특히, 재화는 소비목적에 따라 최종소비를 목적으로 하는 소비재와 중간소비를 목적으로 하는 산업재로 구분할 수 있다. 따라서 마케팅은 그 범위에 따라 소비재 마케팅(consumer goods marketing), 산업재 마케팅(industrial goods marketing), 서비스 마케팅(service marketing)으로 구분할 수 있다.

① 소비재 마케팅 : 소비재를 대상으로 하는 마케팅활동으로 개인적인 소비를 목적으로 제품을 구매하는 개인과 가정을 대상으로 하는 마케팅을 말한다.

② 산업재 마케팅 : 산업재를 대상으로 하는 마케팅활동으로 다른 제품을 생산해 낼 목적으로 제품을 구매하는 기업들을 대상으로 하는 마케팅을 말하고, 조직 간 마케팅(business to business marketing)이라고도 한다.

〈산업재시장의 특징〉

구 분	특 징
시장구조와 수요	산업재 시장은 더 적은 수 그러나 더 큰 규모의 구매자를 가지고 있다.
	산업재 고객은 지역적으로 더 집중되어 있다.
	산업재 구매자수요는 최종소비자 수요로부터 나온다.
	산업재 시장에서의 수요는 더 비탄력적이다. 즉, 수요가 단기적 가격변화에 덜 영향을 받는다. 원자재의 가격하락이 소비자의 제품수요를 증가시킬 만큼의 가격하락으로 연결되지 않는다면 제조업체가 원자재를 더 많이 구입하도록 하지는 않을 것이다.
	산업재 시장에서의 수요는 더 변동이 심하고, 더 빨리 변동한다. 소비자 수요의 작은 증가가 산업재 수요의 큰 증가를 유발할 수 있다.
구매단위의 성격	산업재 구매는 더 많은 의사결정참여자를 포함한다.
	산업재 구매는 더 전문적인 구매노력이 수반된다.
의사결정유형과 의사결정과정	산업재 구매자는 보통 더 복잡한 구매의사결정에 직면한다.
	산업재 구매절차는 더 공식화되어 있다.
	산업재 구매에서는 구매자와 판매자가 긴밀하게 협력하며, 장기적 관계를 형성한다.

③ 서비스 마케팅 : 서비스를 대상으로 하는 마케팅을 말한다.

2. 마케팅개념(관리철학)

(1) 마케팅개념(관리철학)의 변화

① 생산개념(production oriented concept) : 초과수요상황에서 생산만 하면 판매가 이루어지는 것은 큰 문제가 되지 않는다는 개념이다.

② 제품개념(product oriented concept) : 생산개념에서 판매개념으로 이전되는 과도기적인 개념이다. 제품개념은 소비자가 제품의 품질에 관심을 가지는 단계이다.

③ 판매개념(selling oriented concept) : 초과공급상황에서 시장에서의 주도권이 점점 기업으로부터 소비자에게로 넘어가게 되면서, 기업은 대량생산으로 인한 재고가 축적되기 시작하고 이로 인해 기업은 재고의 소진에 가장 큰 관심을 가지게 되는 개념이다.

④ 마케팅개념(marketing oriented concept) : 고객의 욕구를 파악하여 이에 적절한 마케팅활동이 이루어져야 고객이 제품을 구매하기 때문에 기업은 시장욕구 파악과 장기적 고객만족에 초점을 맞추어야 한다는 개념이다.

⑤ 사회지향적 마케팅개념(social marketing oriented concept) : 마케팅개념의 장점을 포함하면서 그 한계점을 극복하기 위한 개념이다. 즉, 사회지향적 마케팅개념은 마케팅개념에 기업의 사회적 책임이 추가된 개념이라고 이해할 수 있다.

(2) 마케팅의 유형

 1) 고압적 마케팅

고압적 마케팅(push marketing)은 표준화·규격화에 의해 대량으로 생산된 제품을 소비자에게 밀어붙여 판매하는 강압적 전략을 기본방침으로 정하고, 소비자의 욕구는 무시한 채 기업의 내부적인 관점에서 생산가능한 제품들만을 생산하여 판촉활동을 통해 판매하는 마케팅활동을 말한다. 이러한 마케팅은 피드백을 고려하지 않는 선형 마케팅으로, 기업입장에서 생산제품을 강압적으로 판매하는 개념이기 때문에 생산과정 이후에 관심을 가지는 후행적 마케팅 노력을 하게 된다. 후행적 마케팅은 생산이 이루어진 후 또는 일정한 제품이 생산된다는 전제 하에 수행되는 기능으로 경로, 가격, 촉진, 물적 유통활동 등이 여기에 해당한다. 따라서 고압적 마케팅은 판매개념에 근거한 마케팅 유형이라고 할 수 있다.

 2) 저압적 마케팅

저압적 마케팅(pull marketing)은 기업이 소비자의 욕구를 파악하는 것에 관심을 가지고 고객이 제품의 계획단계에서부터 적극 참여하도록 유도하는 마케팅활동을 말한다. 이러한 마케팅은 피드백을 반영하는 순환 마케팅으로, 기업입장에서 소비자가 원하는 것을 생산하여 판매하는 개념이기 때문에 생산과정 이전에 관심을 가지는 선행적 마케팅 노력을 하게 된다. 선행적 마케팅은 생산이 이루어지기 전에 수행되는 마케팅 기능으로 마케팅조사활동(판매 예측), 마케팅계획활동(제품 계획) 등이 여기에 해당한다. 따라서 저압적 마케팅은 마케팅개념에 근거한 마케팅 유형이라고 할 수 있다.

3. 마케팅의 구성

(1) 마케팅목표

마케팅은 시장에서 유통효율을 제고하고 동시에 소비자의 가치창출을 통한 생활의 질(quality of life)이 향상될 수 있도록 시장의 주체인 생산자, 판매자, 소비자, 정부 등이 효율적이고 효과적으로 체계화될 수 있도록 하는 것이다. 따라서 마케팅 관점에서 **효율성**(efficiency)과 **효과성**(effectiveness)을 높이는 것이 마케팅의 목표가 된다.

(2) 마케팅전략

마케팅전략(marketing strategy)이란 마케팅목표를 달성하기 위해서 다양한 마케팅활동을 통합하는 가장 적합한 방법을 찾아 실천하는 과정을 말한다. 다양한 마케팅전략 중 가장 핵심적인 전략은 시장세분화, 목표시장선정, 위치화로 구성되는 STP 전략이며, 그 외에 기업이 직면하고 있는 상황에 따라 성장전략, 사업포트폴리오전략, 제품수명주기전략, 수요상황별 마케팅전략, 경쟁적 마케팅전략, 해외시장 진출전략 등이 있다.

(3) 마케팅믹스

각 기업들은 자신이 진입할 시장의 특성을 고려하여 한정된 자원을 기반으로 마케팅전략을 추진하게 된다. 이 때 활용가능한 마케팅의 요소들을 혼합하여 전략을 수립하게 되는데 이를 마케팅믹스(marketing mix)라고 한다. 기업들이 활용하는 가장 대표적인 마케팅믹스에는 제품, 가격, 유통, 촉진 등이 있는데, 이 4가지 모두가 영어 P로 시작하기 때문에 마케팅믹스를 4P라고도 칭한다.[23] 또한, 로터본(Lauterborn)은 4P보다 소비자(고객)의 관점에서 바라본 개념으로 4C를 제시하였는데, 소비자(고객)문제해결(customer solution), 소비자(고객)비용(customer cost), 소비자(고객) 편리성(convenience), 소비자(고객)와의 대화(communication)이다. 이를 4P와 연결시키면 다음과 같다.

4P	4C
제품(product)	소비자(고객)문제해결(customer solution)
가격(price)	소비자(고객)비용(customer cost)
유통(place)	소비자(고객) 편리성(convenience)
촉진(promotion)	소비자(고객)와의 대화(communication)

① 제품(product) : 기업과 교환과정을 거쳐 소비자가 구입하는 재화 또는 서비스를 말한다. 여기에는 디자인, 포장, 특성, 서비스, 운송, 배달, A/S, 반품, 보증 등 재화와 서비스에 관한 모든 것이 포함된다.

② 가격(price) : 소비자가 비용을 지불하고 구입한 제품에 대하여 갖게 되는 가치인식을 말한다. 여기에는 다양한 가격책정방법, 가격할인, 외상판매, 공제, 신용기간 등이 포함된다.

③ 유통(place) : 소비자가 원하는 제품을 필요한 시간과 장소에 적절히 공급할 수 있도록 하는 것을 말한다. 여기에는 유통경로를 포함하여 물적 유통(운송, 보관, 하역) 및 유통전략 등이 포함된다.

④ 촉진(promotion) : 제품에 관하여 소비자들에게 정보를 제공하여 설득하고 구매활동으로 이어지게 하는 모든 노력을 말한다. 여기에는 광고, PR(public relation), 인적판매, 판매촉진 등이 포함된다.

---

[23] 요즘은 여기에 사람(people), 서비스과정(process), 서비스에 대한 물리적 근거(physical evidence)를 합쳐 7P라고도 한다.

제2절 | 마케팅 기회분석

1. 마케팅조사

(1) 의 의

마케팅조사(marketing research)는 마케팅의사결정상의 위험과 불확실성을 감소시키기 위해 객관적인 자료를 수집 및 분석하고 이를 의사결정에 유용한 정보로 가공하는 활동을 의미한다. 마케팅조사는 문제의 파악 및 조사목적의 설정에서 시작하여 마케팅조사에 대한 계획을 수립하는 마케팅조사설계, 계획의 실행이라고 할 수 있는 자료의 수집과 분석 및 보고서 작성의 과정으로 이루어진다.

(2) 문제의 파악 및 조사목적의 설정

마케팅조사의 첫 단계는 기업에서 겪고 있는 다양한 문제들의 원인이 무엇인지 규명하고 마케팅조사문제에 대한 정확한 방향을 설정하는 것이다. 이를 위한 구체적인 방법으로는 탐색조사(exploratory research), 기술조사(descriptive research), 인과조사(causal research) 등이 있다.

① **탐색조사** : 마케팅조사의 기초단계에서 조사에 대한 아이디어나 전체를 조망하는 통찰력을 얻고자 할 때 사용된다. 특히, 문제에 대한 명확한 개념이 부족할 때 유용하며, 확실한 개념을 확정하거나 조사의 우선순위를 선정하는데 많은 도움을 준다. 탐색조사를 위해 대표적으로 사용되는 방법으로는 문헌조사, 전문가 의견조사, 심층면접법, 표적집단면접법, 사례연구 등이 있다.

② **기술조사** : 마케팅관련 특정상황의 발생빈도를 있는 그대로 조사하여 관련 변수들 사이의 상호관계정도를 파악하고, 마케팅관련 상황의 미래 예측을 위해 사용된다. 기술조사의 방법으로 패널조사가 있다. 패널(panel)이란 어느 기간 동안 일정하게 유지되는 고정된 표본으로 개인소비자, 가구, 점포 등이 그 구성원이 될 수 있다. 패널에는 순수패널과 혼합패널이 있다. 순수패널 구성원들은 동일한 변수들에 대해 반복적으로 응답하는데 비해, 혼합패널의 경우에는 구성원들을 계속 동일하게 유지하지만 수집되는 정보가 경우에 따라 달라진다. 또한, 기술조사에는 일정한 시간간격을 두고 조사대상을 반복적으로 측정하는 종단조사(longitudinal sectional analysis)와 일정시점의 연구대상 모집단에서 추출된 표본으로부터 자료를 얻어 분석하는 횡단조사(cross sectional analysis) 등이 있다.

③ **인과조사** : 마케팅 변수들 간의 인과관계를 통하여 마케팅 현상에 관한 설명 및 예측을 위해 사용된다. 인과조사에는 대칭적 관계, 비대칭적 관계, 자극-반응관계, 특성-성향관계, 특성-행동관계 등이 포함된다.

(3) 마케팅조사설계

마케팅조사설계는 마케팅조사문제의 해결에 필요한 자료를 수집 및 분석하기 위한 조사계획을 수립하는 과정이다. 이 단계에서는 표본설계, 수집해야 할 자료의 유형과 수집 방법 등에 대한 계획을 수립하게 된다.

1) 표본설계

표본설계(sample design)란 조사대상을 결정하기 위해 모집단으로부터 표본을 추출하는 것을 말한다. 이러한 표본추출은 '모집단의 결정 → 자료수집방법의 결정 → 표본추출 프레임의 결정 → 표본추출방법의 결정 → 표본크기의 결정 → 표본추출 실행계획의 수립 → 표본추출의 실행' 순으로 이루어지며, 조사자의 임의성을 배제하고 모집단의 구성요소들이 표본으로 선정될 확률이 이미 알려져 있는 확률적 표본추출(무작위표본추출, 층화표본추출, 군집표본추출 등)과 조사자의 주관적인 판단에 의해 표본을 선정하는 비확률적 표본추출(편의표본추출, 판단표본추출, 할당표본추출 등)이 있다.

① 무작위표본추출(random sampling) : 표본목록(난수표) 등을 이용하여 각 표본이 확률상 동일하게 선택될 수 있도록 표본을 추출하는 방법이다.

② 층화표본추출(stratified sampling) : 표본을 모집단에서 직접 선정하는 것이 아니라 규모, 지역, 성별, 나이 등과 같이 동질성을 갖고 있는 여러 하위집단에서 공평하게 표본을 추출하는 방법이다.

③ 군집표본추출(cluster sampling) : 모집단을 다수의 소집단으로 구분한 후 그 집단 자체를 모두 표본으로 선정하거나 그 중 일부를 표본으로 선정하는 방법이다.

④ 편의표본추출(convenience sampling) : 조사자가 중요하다고 생각되는 표본을 임의대로 추출하는 방법을 말한다.

⑤ 판단표본추출(judgement sampling) : 조사자가 모집단과 그 요소에 대한 자신의 지식, 조사목적의 특성 등에 기초하여 조사에 가장 적합하다고 판단한 특정 집단을 표본으로 선정하는 방법을 말한다.

⑥ 할당표본추출(quota sampling) : 일정한 기준(주관적 기준)을 가지고 사전에 이미 결정되어 있는 백분율 또는 표본수와 일치하도록 표본을 추출하는 방법을 말한다. 이는 비확률적 표본추출방법 중 가장 정교한 방법이다. 모집단을 일정한 기준에 따라 여러 하위집단으로 구분한다는 점에서는 층화표본추출과 유사하지만 조사자의 주관에 따라 그 기준이 설정된다는 점에서 차이가 있다.

⑦ 눈덩이표본추출(snowball sampling) : 조사자가 적절하다고 판단하는 조사대상자들을 선정한 다음에 그들로 하여금 또 다른 조사대상자들을 추천하도록 하는 방법이다. 이러한 표본추출은 조사자가 모집단 구성원들 중 극소수 이외에는 누가 표본으로 적절한지를 판단할 수 없는 경우에 사용될 수 있다는 장점이 있지만, 연속적 추천에 의해 선정된 조사

대상자들 간에는 동질성이 높을 수 있으나 모집단과는 매우 다른 특성을 가질 수 있다는 단점이 있다.

〈표본설계방법〉

구 분		특 징
확률적 표본추출	무작위 표본추출	모집단의 모든 구성요소들이 각 표본으로 선택될 확률이 동일하도록 표본을 추출함
	층화 표본추출	모집단을 하위집단으로 구분하고 각 집단에서 무작위로 표본을 추출함
	군집 표본추출	모집단을 하위집단으로 구분하고 그 중에서 하나의 집단을 선택하여 표본을 추출함
비확률적 표본추출	편의 표본추출	조사자는 정보를 얻기 가장 편리한 구성원을 모집단에서 선정함
	판단 표본추출	조사자의 판단에 따라 정확한 정보를 줄 것으로 예상되는 모집단 구성원을 조사대상으로 선정함
	할당 표본추출	조사자가 응답자 범주별로 미리 정해진 수의 사람을 추출함
	눈덩이 표본추출	조사자가 적절하다고 판단하는 조사대상자들을 선정한 다음에 그들로 하여금 또 다른 조사대상자들을 추천하도록 함

2) 자료의 유형

수집되어야 할 자료의 유형은 1차자료와 2차자료로 구분할 수 있다. 1차자료(primary data)는 조사자가 당면한 문제를 해결하기 위해서 직접 수집한 자료를 의미하고, 2차자료(secondary data)는 다른 조사자가 다른 조사목적으로 이미 수집 및 정리하여 문헌으로 제시한 기존의 모든 자료(기업체, 정부기관, 각종 조사기관의 간행물을 비롯한 대부분의 출판물 및 인터넷 자료 등)를 의미한다. 일반적으로 1차자료는 2차자료에 비해 획득비용이 비싸지만 정보의 질이 우수하고, 1차자료의 수집에 앞서 2차자료를 먼저 수집하고 검토한다.

3) 1차자료의 수집방법

① 우편조사법(mail survey) : 설문지를 조사대상에게 우편으로 발송하고 응답내용을 기입한 후에 반송용 봉투를 이용하여 회수함으로써 자료를 수집하는 방법이다. 최근에 많이 사용되고 있는 인터넷을 통한 온라인조사도 우편조사법의 범주에 포함된다.

② 전화면접법(telephone interview) : 전화를 이용하여 조사대상에게 질문을 통해 자료를 수집하는 방법이다.

③ 대인면접법(personal interview) : 조사대상과의 대면접촉을 통해 자료를 수집하는 방법이다.

④ 표적집단면접법(focus group interview, FGI) : 면접진행자가 소수의 조사대상(6~12명)들을 한 장소에 모이게 한 후 조사목적과 관련된 대화를 유도하고 조사대상들이 의견을 제시하는

과정을 통해 자료를 수집하는 방법이다.

⑤ 실험조사법(experimental research) : 조사대상을 일정한 장소에 모이게 한 후 다양한 시제품, 광고카피 등을 제시하고 소비자 반응을 조사하여 이를 제품개발이나 광고전략에 활용하는 방법이다.

(4) 조사자료의 측정

마케팅조사는 연구대상의 속성을 파악한 후 개별 속성의 특성을 반영할 수 있는 숫자를 속성별로 부여하는데, 그 숫자가 갖는 의미에 따라 명목척도, 서열척도, 등간척도, 비율척도 등으로 구분한다.

① 명목척도(nominal scale) : 측정대상이 속한 범주나 종류를 구분하기 위해 부여된 숫자를 의미하는데, 숫자를 이용하여 대상을 분류 또는 구분하게 된다. 대표적인 예로는 성별분류, 상표분류, 판매지역 분류 등이 해당된다.

② 서열척도(ordinal scale) : 순위관계를 나타내는 척도를 의미하는데, 숫자의 크기로 서열을 매기게 된다. 대표적인 예로는 선호순위, 사회계층 등이 해당된다.

③ 등간척도(interval scale) : 속성에 대하여 숫자로 순위를 부여하되 숫자 사이의 간격이 동일한 척도를 의미한다. 대표적인 예로는 온도, 주가지수, 환율과 같은 각종 지수(index) 등이 해당된다.

④ 비율척도(ratio scale) : 숫자 간 비율이 산술적 의미를 갖는 척도를 의미하는데, 명목, 서열, 간격의 정보에 추가적으로 비율의 정보를 갖는 척도로서 가장 상위의 척도이다. 숫자 간 비율이 동일하기 때문에 숫자들의 비율로 절대적 '0'을 포함하여 절대적 크기를 비교할 수 있다. 대표적인 예로는 시장점유율, 키, 무게 등이 해당된다.

(5) 마케팅정보시스템

마케팅정보시스템(marketing information system, MIS)이란 마케팅의사결정자가 마케팅활동을 계획, 실행 및 통제하는데 도움을 주기 위해 정확한 정보를 적시에 수집, 분류, 평가 및 배분하기 위한 시스템을 의미한다. 마케팅정보시스템은 체계적인 시스템 구조로 이루어져 있으며, 기초적인 자료를 수집, 분석, 자료화하는 과정을 통해 마케팅의사결정자의 의사결정을 돕게 된다.

이러한 마케팅정보시스템은 내부정보시스템(internal information system), 고객정보시스템(customer information system), 마케팅인텔리전스시스템(marketing intelligence system), 마케팅조사시스템(marketing research system), 마케팅의사결정지원시스템(marketing decision support system) 등의 하위시스템으로 구성되어 있다.

① 내부정보시스템 : 기업의 재무제표, 영업보고서, 판매보고서 등과 같이 가장 기초적인 정보를 제공하는 시스템을 의미한다.

② 고객정보시스템 : 고객 개개인에 대한 자료를 축적한 데이터베이스(database)를 의미한다. 여기

에는 인구통계적인 특성, 라이프스타일(life style), 고객이 추구하는 혜택 및 구매 정보 등을 포함하고 있다.

③ 마케팅인텔리전스시스템 : 기업의 마케팅환경에서 발생하는 정보(판매직원들의 현장보고, 경쟁기업의 동태 등)를 수집하기 위해 사용하는 절차와 정보원들의 집합을 의미한다.

④ 마케팅조사시스템 : 내부정보시스템, 고객정보시스템, 마케팅인텔리전스시스템은 다른 목적으로 수집된 2차 자료에 기반하고 있어 당면한 마케팅문제의 해결에 부적절하거나 직접적인 관련성이 높지 않을 수 있다. 따라서 마케팅조사시스템은 당면한 마케팅문제의 해결에 직접적으로 관련된 1차 자료를 수집하기 위해 주로 도입된다.

⑤ 마케팅의사결정지원시스템 : 마케팅 관리자들이 마케팅 환경으로부터 수집된 정보를 분석하고 마케팅의사결정과정의 결과를 예측하는데 도움이 되는 관련 자료와 보조적인 하드웨어와 소프트웨어 및 분석도구 등을 통합한 시스템을 말한다.

2. 소비자행동분석

(1) 소비자행동

소비자행동(consumer behavior)이란 소비자가 재화와 서비스를 구매할 때 언제, 어디서, 무엇을, 어떻게, 누구로부터 구매하는가 등의 구매의사결정을 의미하며, 구매의사결정에 영향을 미치는 모든 요인들을 포함하고 있다. 구매의사결정에 영향을 미치는 요인들로는 구매자의 특성, 판매자의 특성, 제품의 특성, 상황의 특성 등이 있으며, 그 중에서도 구매자의 특성이 가장 중요한 요인이라고 할 수 있다. 구매의사결정에 영향을 미치는 요인들은 사회적 요인, 문화적 요인, 개인적 요인으로도 구분할 수 있으며, 사회적 요인으로는 사회계층, 준거집단, 가족 등이 있으며, 문화적 요인으로는 관습, 가치, 도덕 등이 있고, 개인적 요인으로는 인구통계적 요인, 라이프 스타일(life style),[24] 성격, 학습 등이 있다.

1) 관여도

관여도(involvement)는 소비자가 특정 제품에 대해 가지는 중요성, 관심도와 자신과 관련되었다고 지각하는 정도를 의미한다. 따라서 관여도는 상대적이고 주관적인 개념이며, 그 강도에 따라 고관여와 저관여로 구분할 수 있다.[25]

① 고관여(high involvement) : 소비자가 특정 제품의 구매를 중요시하여 오랜 시간 동안 생각

---

[24] 사이코그래픽스(psychographics)는 라이프스타일의 조작적 측정도구로서 소비자연구자들에 의해 널리 사용되는 방법이다. 사이코그래픽스는 소비자의 심리적 과정이나 특성을 나타내는 것으로 라이프스타일을 측정가능한 항목들로써 정의하는 방식을 말한다. 이는 보통 행동(activities), 관심(interests), 의견(opinions)을 의미하는 AIO를 지칭한다.

[25] 크루그만(Krugman)의 저관여 위계는 제품을 인지한 후에 이를 구매 및 사용한 후에 해당 제품에 대한 느낌 또는 태도가 형성된다는 것이다. 반대로 소비자가 제품을 인지한 후 이에 대한 태도를 형성하고 이후 구매까지 이르는 과정은 고관여 제품에 주로 적용된다.

하고 정보를 수집하여 구매과정에 깊이 관여하는 경우를 의미한다. 일반적으로 제품의 가격이 비싸고, 고관여 하에서의 의사결정은 확장된 문제해결과정으로 의사결정의 모든 단계가 포함된다.

② 저관여(low involvement) : 소비자가 특정 제품의 구매에 대한 중요도가 낮은 경우를 의미한다. 일반적으로 값이 싸고, 잘못 구매했을 때 위험이 작은 제품의 구매시에 나타나는 것으로 구매정보처리과정이 간단하고 신속하다. 저관여하의 의사결정은 축소된 문제해결과정으로 의사결정의 단계가 생략될 수 있다.

〈고관여와 저관여의 특징〉

구 분	고관여	저관여
정보탐색	소비자는 다양한 정보원을 이용하여 능동적으로 제품 및 상표정보를 탐색하며 탐색동기가 높다.	소비자의 제품 및 상표탐색은 제한되어 있으며, 구매시점광고의 영향을 많이 받고 탐색동기가 낮다.
인지적 반응	소비자는 불일치하는 정보에 저항하고 반박주장을 펼친다.	소비자는 불일치하는 정보를 수동적으로 받아들여 제한된 반박의견만을 가진다.
정보처리과정	소비자는 정보처리과정을 철저하게 수행한다.	소비자는 정보처리과정을 대충 지나간다.
태도변화	태도변화는 어렵고 드물다.	태도변화는 빈번하고 일시적이다.
반 복	설득을 위하여 메시지의 수보다 메시지의 내용이 더 중요하다.	메시지의 빈번한 반복이 설득을 유도할 수 있다.
인지적 부조화	구매 후 부조화[26]가 일반적이다.	구매 후 부조화 현상이 적다.
구 매	비교쇼핑을 선호하며 의사결정을 통해 점포를 선정한다.	셀프 서비스(self service)를 선호하고 판매촉진에 이끌려 구매한다.
구매 후 행동	자신이 한 구매에 대해서 인정받고 싶어 한다.	불만족한 경우 다른 상표를 구매한다.

2) 관여도에 따른 소비자행동의 유형

소비자행동은 관여도에 따라 포괄적 문제해결(고객들이 신제품을 구매하거나 여러 대체품들에 대한 사전지식이 없고 각 대체품들의 평가기준을 모르는 상황에서 발생), 제한적 문제해결(수정재구매), 일상적 문제해결(자동재구매)로 구분할 수 있다. 소비자는 관여도가 높을수록 포괄적 문제해결의 행동을 보이며, 관여도가 낮을수록 일상적 문제해결의 행동을 보이게 된다.

---

[26] 구매 후 부조화는 소비자가 구매 이후 가질 수 있는 심리적 불편함을 의미한다. 소비자의 구매 후 부조화는 구매결정을 취소할 수 없을 때, 선택한 대안이 갖지 않은 장점을 선택하지 않은 대안이 가지고 있을 때, 마음에 드는 대안들이 여러 개 있을 때, 관여도가 높을 때, 소비자 자신이 전적으로 자기의사에 따라 결정을 하였을 때 등과 같은 경우에 발생할 가능성이 높다. 또한, 이러한 구매 후 부조화를 감소시키는 방법은 다음과 같다.
① 자신이 선택한 대안의 장점을 의식적으로 강화시키고, 단점을 의식적으로 약화시킨다.
② 자신이 선택하지 않은 대안의 장점을 의식적으로 약화시키고, 단점을 의식적으로 강화시킨다.
③ 자신의 선택을 지지하는 정보를 탐색하고, 반박하는 정보를 회피한다.
④ 구매의사결정 자체를 그리 중요하지 않은 것으로 생각한다.

3) 관여도와 상표 간 차이에 따른 소비자행동의 유형

소비자행동은 관여도와 상표 간 차이를 동시에 고려하여 복잡한 구매행동, 다양성추구 구매행동, 부조화감소 구매행동, 습관적 구매행동으로 구분할 수 있다.

〈관여도와 상표 간 차이에 따른 소비자행동의 유형〉

상표 간 차이 \ 관여도	고관여	저관여
상표 간 큰 차이	복잡한 구매행동	다양성추구 구매행동
상표 간 작은 차이	부조화감소 구매행동	습관적 구매행동

4) 관여도와 구매경험에 따른 소비자행동의 유형

소비자행동은 관여도와 구매경험을 동시에 고려하여 복잡한 구매행동, 다양성 추구 구매행동, 브랜드 충성도, 관성적 구매행동으로 구분할 수 있다.

〈관여도와 구매경험에 따른 소비자행동의 유형〉

구매경험 \ 관여도	고관여	저관여
최초구매	복잡한 구매행동	다양성추구 구매행동
반복구매	브랜드 충성도	관성적 구매행동

(2) **소비자행동분석 : 구매의사결정과정**[27]

1) 욕구(필요) 인식

소비자는 특정 사안에 대하여 자신의 현재 상태(as is)와 이상적인 상태(to be) 간의 차이를 지각하게 되면 이를 충족시키고자 하는 욕구가 생기게 되는데, 이러한 욕구의 유발로부터 구매의사결정은 시작된다.

2) 정보(대안) 탐색

소비자가 구매의사결정과정을 시작하게 되면 최상의 선택을 위하여 정보를 탐색하게 되고, 이러한 정보탐색을 통해 다양한 대안(고려상표군 등)을 도출하게 된다. 정보탐색은 내부탐색[28]과 외부탐색[29]으로 나눌 수 있다. 일반적으로 내부탐색비용이 외부탐색비용보다 저렴하기 때문에 소비자들은 외부탐색보다 내부탐색을 우선적으로 수행한다.

---

[27] 소비자 정보처리과정은 '노출→감지→주의→이해→기억'의 순서로 이루어진다. 특히, 주의에서는 지각적 경계(perceptual vigilance)가 나타나는데, 지각적 경계는 자신과의 관련성이 높은 정보에는 주의를 기울이고 그렇지 않은 정보에는 주의를 기울이지 않는 메커니즘을 말한다.

[28] 소비자의 기억 속에서 대안을 찾는 방법으로 소비자의 경험이 중요한 탐색의 원천이 되며, 내부탐색을 통해 회상된 브랜드들의 집합을 상기 상표군(evoked set)이라고 한다.

[29] 소비자가 광고, 구전(word of mouth) 등을 통하여 외부로부터 정보를 찾는 과정을 의미한다. 외부정보원천(external information source)에는 기업제공 정보원천, 소비자 정보원천, 중립적 정보원천 등이 있다.

3) 대안평가

소비자들은 평가기준과 평가방식을 결정하여 각 대안들을 비교평가하게 된다. 대안을 평가하는 대표적인 방식은 보완적 평가방식과 비보완적 평가방식으로 구분할 수 있다.

① **보완적 평가방식(compensatory rule)** : 대안을 평가함에 있어 여러 가지 대안을 여러 가지 중요한 평가기준을 사용하여 종합적으로 비교 및 평가하는 방식을 의미한다. 보완적 방식에는 피쉬바인(Fishbein)의 다속성태도 모형, 다속성태도 확장모형, 바고지(Bagozzi)의 의도적 행동모형 등이 있다.

② **비보완적 평가방식(noncompensatory rule)** : 한 평가기준에서 약점(낮은 점수)이 다른 평가기준에서의 강점(높은 점수)으로 보완되지 않는 방식을 의미한다. 비보완적 방식에는 사전식(lexicographic rule),[30] 속성제거식(aspect model filtering rule),[31] 결합식(conjunctive rule),[32] 분리식(disjunctive rule)[33] 등의 방법이 있다.

4) 구매결정

소비자가 여러 대안의 평가과정을 통해 각 제품에 대한 평가를 마치게 되면 가장 선호하는 제품에 대하여 구매의도를 형성하게 되고 구매를 행동으로 옮기게 된다.

5) 구매 후 행동

소비자는 제품의 구매시점이나 사용 중에 만족 또는 불만족을 느끼게 되는데, 이러한 현상은 구매 이전의 기대감과 구매 후 제품사용에 대해서 소비자가 느끼는 불일치정도의 크기[34]에 따라 결정된다. 이와 같은 심리적 갈등을 구매 후 인지부조화라고 하는데, 일반적으로 소비자는 인지부조화 상태가 되면 나름대로 이를 해소하기 위해 다양한 노력을 하게 된다. 즉, 소비자가 제품을 구입한 후에 그 결과에 대하여 만족할 경우에는 긍정적 구매태도가 형성되어 재구매행동으로 이어지지만, 불만족할 경우에는 인지부조화가 발생하고 이를

---

[30] 사전을 찾는 방법처럼 소비자가 구매대안에 대한 최고의 우선순위를 먼저 결정하고 만약 동순위라면 차선의 우선순위에 따라 대안을 다시 평가하는 방식이다.

[31] 소비자가 구매대안에 대하여 최고 우선순위를 먼저 정하고, 특정 속성에 대해 최저수용기준을 설정하여 그 기준을 만족시키지 못하는 대안을 순차적으로 제거해 최종 대안이 남을 때까지 계속 평가하는 방식이다.

[32] 소비자가 각 속성에 대하여 최소한의 평가기준점을 선정하고, 이 평가기준을 만족하지 못한 대안은 모두 탈락시키는 평가방식이다.

[33] 소비자가 정한 최소기준 중의 하나라도 만족시키는 대안은 모두 선택집합에 포함시키는 평가방식이다.

[34] 객관적으로 동일한 성과이더라도 지각된 성과는 기대에 영향을 받을 수 있는데, 이와 관련하여 개인은 다음의 세 가지 중 한 가지를 경험하게 된다.
① 동화효과(assimilation effect) : 성과가 기대와 다를 경우 소비자는 그 성과를 기대에 동화시켜(기대의 방향으로) 지각하는 것이다.
② 대조효과(contrast effect) : 성과가 기대에 미치지 못하는 경우 분노를 느껴 성과를 실제보다 더 낮게, 성과가 기대를 초과하는 경우에는 실제보다 더 높게 평가하는 것을 말한다.
③ 동화-대조효과(assimilation-contrast effect) : 소비자는 불일치에 대한 허용범위를 설정하며, 불일치의 정도가 작아 허용범위 내에 들면 기대와 별 차이가 없는 것으로 받아 들이고(동화효과), 불일치의 정도가 커서 허용범위를 초과하게 되면 그 차이를 더 크게 지각한다는 것(대조효과)이다.

적극적으로 해소하기 위해 노력하거나 다양한 불만족 행동으로 이어져 재구매행동을 자제한다.

(3) 소비자행동모형

1) 정교화가능성모형

정교화가능성모형(elaboration likelihood model)은 **페티(Petty)와 카치오포(Caccioppo)**가 제안한 정보처리의 이중경로모형이다. 소비자가 정보를 처리하는 경로를 **중심경로(central route)와 주변경로(peripheral route)**로 구분하고, 두 가지 경로 중 어떤 경로를 이용해 정보를 처리하느냐에 따라서 적합한 정보가 달라질 수 있다고 가정하였다. 정보가 어떤 경로로 처리되는지는 정보의 질이나 관여도에 의해 결정되는데, 정보에 대해 고관여인 경우는 중심경로를 이용하고 정보에 대해 저관여인 경우는 주변경로를 이용한다. 일반적으로 태도변화라는 관점에서 중심경로를 이용하는 경우에 태도가 더 안정적이다.

2) 기대불일치모형

올리버(Oliver)에 의해 제안된 기대 불일치 모형은 소비자의 만족과 불만족 결정과 관련하여 가장 넓게 받아들여지고 있는 이론이다. 기대 불일치 모형에 의하면 소비자의 만족과 불만족은 세 가지 요인에 의해 결정된다.

① **일치/불일치** : 사전 기대와 지각된 성과와의 차이에 관한 것이다. 단순한 일치는 소비자가 성과를 기대와 같은 수준에서 지각하는 것이고, 긍정적 불일치는 성과를 기대보다 높은 수준에서 지각하는 것이다. 이 경우 소비자는 만족할 가능성이 높으며, 특히 긍정적 불일치 수준이 높을수록 더 만족할 것이다. 부정적 불일치는 소비자가 성과를 기대보다 낮은 수준에서 지각하는 것이며, 부정적 불일치가 클수록 불만족할 것이다.

② **지각된 성과** : 제품성과에 대한 소비자의 지각으로, 주관적으로 판단되므로 동일한 제품에 대한 성과지각은 소비자에 따라 얼마든지 다를 수 있다. 지각된 성과는 기대와의 일치/불일치를 통해 만족과 불만족에 영향을 미치는 동시에 직접적으로 영향을 미칠 수 있다. 즉 기대 불일치 정도가 같더라도 지각된 성과 자체가 만족에 영향을 미칠 수 있다.

③ **기 대** : 제품의 구매 이전에 소비자가 예상하는 제품성과 수준을 말한다. 제품성과에 대한 기대수준은 과거경험, 유사한 타제품에 대한 경험, 촉진변수, 소비자의 특성으로부터 영향을 받는다.

기대 불일치 모형

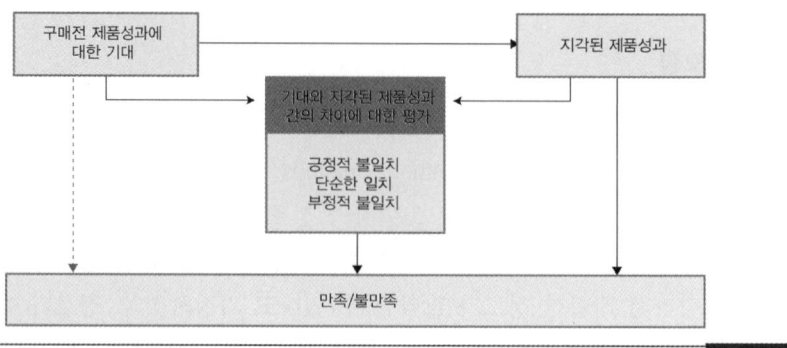

3) 사회판단이론

쉐리프(Sherif)가 주장한 사회판단이론은 개인이 설득메시지에 노출되었을 때, 그 메시지가 수용영역에 속하면 설득이 이루어지고, 거부영역에 속하면 설득이 이루어지지 않으며, 중립영역에 속하면 수용도 아니지만 그렇다고 거부도 아닌 입장을 취한다는 것이다. 따라서 소비자는 메시지가 수용영역에 해당하면 설득메시지를 태도에 반영하여 태도가 설득메시지 방향으로 변화하는데, 이를 동화효과라 한다. 반대로 기존태도 또는 신념에 상반되는 메시지, 즉 거부영역에 해당하는 메시지는 실제보다 더 부정적으로 해석할 수 있는데, 이를 대조효과라 한다. 또한, 사회판단이론에 따르면 설득메세지의 수용영역과 거부영역의 크기는 메시지에 대한 개인의 관여정도에 의해 결정된다. 개인은 한 대상에 대한 관여도가 높을수록 자신의 의견을 강하게 가지는 경향이 있으며, 자신의 의견에 반하는 설득메시지에 대해서는 수용영역이 좁고 거부영역이 넓다. 따라서 어떤 제품군에 높게 관여된 소비자가 비호의적 태도를 갖는 브랜드에 대한 설득메시지에 노출되더라도 기존의 태도가 변화될 가능성은 낮다. 이에 반해 관여도가 낮은 개인은 설득메시지에 대한 수용영역이 넓고 거부영역이 좁다. 따라서 저관여 소비자는 자신이 비호의적인 태도를 갖는 브랜드의 설득메시지에 노출될 때 그 정보를 비교적 쉽게 수용하며 이에 따라 태도가 비교적 쉽게 변화될 수 있다.

<관여도와 사회판단이론>

	고관여 소비자	저관여 소비자
수용영역	좁 다	넓 다
수용가능한 브랜드 대안의 수	적 다	많 다
고려하는 속성의 수	많 다	적 다
브랜드전환 가능성	낮 다	높 다

제3절 | 마케팅전략

1. STP 전략

(1) **시장세분화**

1) 의 의

시장세분화(market segmentation)란 전체시장을 일정한 기준에 의해 동질적인 세분시장으로 구분하는 과정을 의미한다. 시장세분화를 통해 다양한 소비자의 욕구를 파악할 수 있고, 이를 통해 소비자들의 욕구를 충족시킬 수 있을 뿐만 아니라, 자사상표들 간의 불필요한 경쟁을 억제할 수 있다. 효과적인 시장세분화가 이루어지기 위해서는 각각의 세분시장이 측정가능성(measurability), 충분한 규모(substantial size), 접근 가능성(accessibility), 차별적 반응/유효성(validity),[35] 신뢰성(reliability), 실행가능성(actionability)의 요건을 갖추어야 한다.

2) 시장세분화의 기준

시장을 세분화하는 기준으로 어떠한 기준이 사용되더라도 시장세분화는 기업전략목표와 부합되어야 하고, 세분화된 시장별로 상이한 욕구와 소비패턴이 존재해야 하며, 마케팅전략이나 프로그램을 통해 차별화전략을 구체적으로 실현할 수 있어야 한다.

① 지리적 기준 : 국가, 지방, 지역, 인구밀도, 도시규모, 기후 등에 의한 시장세분화기준을 말한다.

② 인구통계적 기준 : 연령, 성별, 가족구성원의 수, 가족 생애주기, 소득, 직업, 교육수준, 종교, 인종 및 국적 등과 같은 인구통계상의 변수들에 의한 시장세분화기준을 말한다.

③ 심리특성적 기준 : 사회계층[36], 라이프스타일(life style) 및 개성 등과 같은 심리특성에 의한 시장세분화기준을 말한다.

④ 구매행동적 기준 : 구매 또는 사용상황, 소비자가 추구하는 편익(benefit), 제품의 사용경험, 충성도 및 태도 등과 같은 소비자와 상품과의 관계에 초점을 맞춘 시장세분화기준을 말한다.

(2) **목표시장의 선정**

1) 의 의

목표시장의 선정(targeting)은 구분된 세분시장들 중에서 한 개 또는 다수의 세분시장을 선택하여 마케팅역량을 집중시키는 것을 말한다. 기업들은 목표시장을 선정하기 위해 각 세분시장별

---

[35] 고객의 개별적인 특징, 촉진활동의 탄력성 정도를 나타낼 수 있어야 한다. 즉 각 세분시장은 서로 이질적(heterogeneous)인 소비자욕구를 가져야 하고, 각 세분시장은 마케팅믹스에 대해 서로 다른 반응을 보여야 한다. 기업은 전체시장을 세분화하고 선정된 세분시장에서 제품개발, 광고, 판매촉진, 유통망 개척 등을 실행하는 데 있어 많은 투자를 필요로 한다. 따라서 한 세분시장의 고객욕구가 다른 세분시장과 별 차이가 없다면 굳이 시장을 구분하여 별도의 마케팅노력을 기울일 필요가 없다. 따라서 특정 세분시장의 소비자욕구가 다른 세분시장을 겨냥한 제품으로 충족시킬 수 없을 정도로 상이한 경우에만 세분시장으로서의 의미를 갖는다.

[36] 사회계층은 인구통계적 기준으로 분류될 수도 있다.

매력도를 평가하게 되는데 고객(customer), 경쟁기업(competitor) 및 자사(company) 등의 내용을 고려하게 되고 이러한 분석을 3C분석이라고 한다. 이러한 세분시장별 매력도평가의 과정을 통해 기업들은 목표시장을 선정하게 된다.

2) 경쟁의 범위

① **제품형태에 의한 경쟁** : 동일한 제품형태에 의해 발생하는 경쟁으로 경쟁을 가장 좁게 보는 관점이다. 이 경쟁을 흔히 상표에 의한 경쟁이라고 하며, 동일한 세분시장 내에서 현재의 주요 경쟁자가 누구인지를 파악하는 것이다. 예를 들어, 코카콜라와 펩시콜라의 경쟁이 여기에 해당한다.

② **제품범주에 의한 경쟁** : 유사한 속성을 가진 제품을 경쟁자로 파악하는 방법이다. 이 수준의 경쟁을 마케팅 의사결정자들이 가장 일반적으로 경쟁집합이라고 생각한다. 예를 들어, 코카콜라와 칠성사이다의 관계와 같이 청량음료시장에서의 경쟁이 여기에 해당한다.

③ **본원적 효익에 의한 경쟁** : 소비자의 동일한 욕구를 충족시키는 제품 모두를 경쟁관계에 있다고 하는 관점이다. 예를 들어, 갈증해소라는 소비자들의 욕구에 초점을 맞춘다면 청량음료의 경쟁제품은 주스, 생수, 맥주 등이 될 것이다.

④ **예산 경쟁** : 가장 포괄적이고 넓은 의미의 경쟁으로 소비자가 예산을 어떤 제품에 사용할 것인가에 관한 것이다. 즉 소비자의 한정된 예산을 확보하기 위하여 경쟁하는 모든 제품들이 경쟁관계에 있다고 파악하는 것이다.

3) 경쟁자의 분석방법[37]

목표시장을 선정하기 전에 세분화된 시장을 비교평가하기 위해 3C분석을 수행하게 되는데, 특히 경쟁자에 대한 분석은 무엇보다 중요하다. 경쟁자를 파악하는 대표적인 방법에는 기업중심적인 방법과 고객중심적인 방법이 있다.

① **기업중심적인 방법** : 표준산업분류, 기술적인 대체가능성 등

② **고객중심적인 방법(고객지각)** : 지각도(perceptual map) 또는 포지셔닝맵(positioning map), 상품제거(product deletion), 사용상황별 대체 등

③ **고객중심적인 방법(고객행동)** : 상표전환 매트릭스(brand switching matrix), 수요의 교차탄력성(cross-elasticity of demand) 등

---

[37] 경쟁자를 분석할 때는 마케팅 근시안(marketing myopia)에 빠지지 않도록 주의해야 하는데, 마케팅 근시안이란 마케팅 전반의 종합적인 관점에서 대상을 바라보는 것이 아니라 기업이 중시하는 어느 한 부분만을 바라보는 것을 의미한다. 그리고 어떤 기업은 현재의 직접적인 경쟁기업보다 새로운 기술이나 유통방식 등으로 갑자기 부상한 새로운 기업에 의해 시장의 위치를 상실하는 경우도 있는데, 이처럼 잠재적인 경쟁기업을 무시하고 현재의 경쟁기업에 대해서만 신경 쓰는 경향을 경쟁기업 근시안이라고 한다.

4) 유 형

① 비차별적 마케팅(undifferentiated marketing) : 기업이 세분시장들의 차이를 무시하고 하나의 제품을 가지고 전체시장에 접근하는 방법을 말한다. 즉 수요의 동질성이 높은 제품에 대해 최대 다수의 구매자를 만족시킬 수 있는 제품과 마케팅믹스를 개발하는 전략으로 제품수명주기상 도입기에 적합하다.

② 차별적 마케팅(differentiated marketing) : 세분화된 시장들 중에서 각 세분시장마다 다른 제품을 가지고 접근하는 방법을 말한다. 즉 제품의 특성이 차이가 나거나, 시장이 이질적인 경우, 경쟁업자가 적극적으로 차별화 전략을 사용하는 경우에 접어든 경우에 유리한 전략이다.

③ 집중적 마케팅(concentrated marketing) : 하나의 세분시장에서 하나 또는 그 이상의 제품을 소비자에게 판매하기 위한 방법을 말한다. 즉 기업의 자원이 한정 또는 제약되어 있는 경우에 주로 사용되는 전략으로 하나 또는 소수의 적은 시장부문에만 진출하고자 하는 전략이다.

목표시장선정

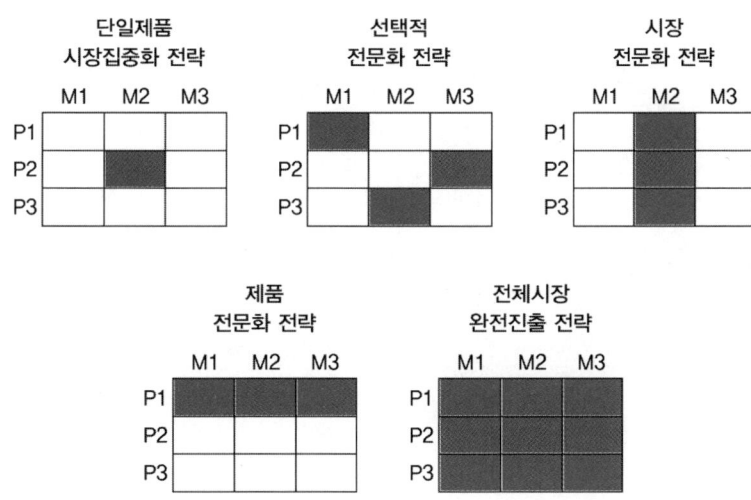

(3) 포지셔닝

1) 의 의

포지셔닝(positioning)이란 소비자들의 인식 속에 자사의 제품이 경쟁업체의 제품과 비교하여 어느 위치를 차지하고 있는가에 대한 상대적 위치를 탐색하고 자사제품을 경쟁업체의 제품보다 소비자의 기억과 인식 속에서 우위에 있도록 하는 것을 의미한다. 포지셔닝의 핵심은 소비자의 제품에 대한 인식체계를 파악해서 자사제품을 경쟁제품과 차별화된 위치에 위치시키는 것이다.

포지셔닝과정은 소비자분석과 경쟁자확인을 거쳐 경쟁제품의 위치분석, 자사제품의 포지셔닝개발, 포지셔닝의 확인 및 재포지셔닝의 단계를 거치게 된다. 포지셔닝의 핵심은 경쟁제품과 차별화된 위치에 위치시키는 것인데, 이러한 차별화의 유형에는 제품 차별화, 서비스 차별화, 유통경로 차별화, 인적 차별화, 이미지 차별화 등이 있다.

2) 기 법

① 다차원척도법(multi-dimensional scaling, MDS) : 소비자의 인지상태를 기하학적 공간에 표시하는 기법을 말한다. 즉, 다차원의 공간에서 소비자의 특정 욕구를 만족시킬 수 있는 제품들에 대한 소비자의 인지사항을 지도화하여 핵심 속성들의 차원을 규명하기 위한 방법이다. 이러한 다차원척도법의 결과로 포지셔닝맵(positioning map)을 얻을 수 있으며, 포지셔닝맵은 시장에 출시된 여러 상표들에 대한 소비자의 생각(경쟁상표들에 대한 지각 및 경쟁관계)을 도표상에 표시한 것을 의미하고, 제품 주요 속성들이 축이 되며 좌표 공간 내에 소비자의 지각된 특성을 표시한다. 포지셔닝 맵은 지각도(perceptual map)라고도 한다.

포지셔닝 맵(지각도)

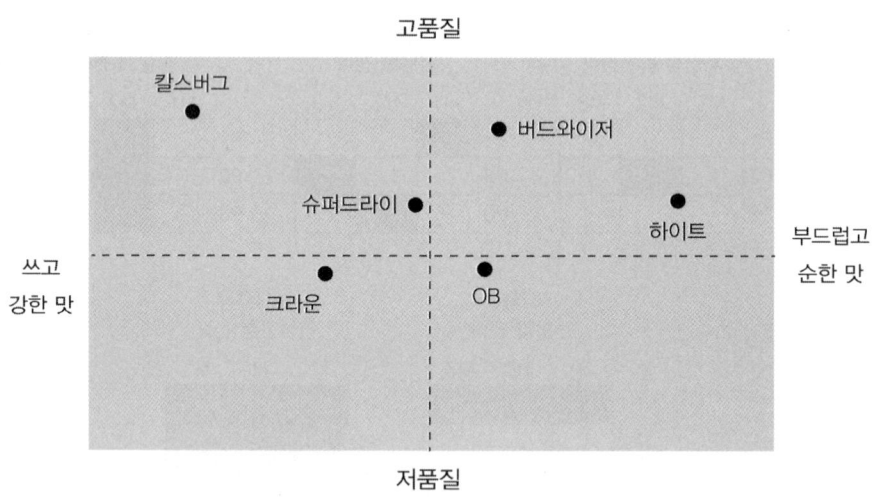

② 컨조인트 분석(conjoint analysis) : 다양한 제품속성(예 : 색상)과 각 속성의 수준(예 : 적색, 흑색, 백색 등)에 대한 상대적 매력도를 평가하여 최적의 속성조합을 도출해 내기 위한 방법을 말한다.

3) 전 략

포지셔닝은 기업이 소비자를 설득하는 과정이라고 할 수 있다. 기업은 소비자를 설득하기 위해 다양한 정보를 전달하게 되는데, 그 정보에 따라 포지셔닝 전략은 제품속성, 사용상황, 제품사용자, 경쟁제품에 의한 포지셔닝 전략 등이 있다.

① 제품속성에 의한 포지셔닝 전략 : 목표소비자들이 중요하게 생각하는 제품속성에서 자사 제품이 차별적 우위를 가지고 있음을 직접 강조하는 방법이다.

② 사용상황에 의한 포지셔닝 전략 : 제품이 사용될 수 있는 상황과 용도를 자사제품과 연계시켜 소구하고자 하는 제품의 적절한 사용상황을 묘사함으로써 포지셔닝하는 방법이다.

③ 제품사용자에 의한 포지셔닝 전략 : 목표시장 내의 전형적인 소비자를 대상으로 자사제품이 그들에게 적절한 제품이라는 사실을 소구하고 제품이 특정 사용자 계층에 적합하다고 강조하여 포지셔닝하는 방법이다.

④ 경쟁제품에 의한 포지셔닝 전략 : 소비자의 마음속에 강하게 인식되어 있는 경쟁제품에 대한 자사제품의 차별점을 제시하는 방법으로 기업들 간 비교광고가 이에 해당한다.

2. 기타 마케팅전략

(1) 수요상황별 마케팅전략

① 전환마케팅(conversional marketing) : 특정 재화나 서비스를 싫어하거나 부정하는 상황에서 필요한 마케팅을 말한다. 즉, 고객이 구매를 꺼리는 상황인 부정적 수요를 긍정적 수요로 전환시켜 공급수준과 동일한 수준까지 수요를 끌어 올리는 전략이다. 여기서 부정적 수요(negative demand)란 잠재시장의 중요부분이 특정 재화나 서비스를 싫어하고 이를 회피하려는 상황을 의미한다.

② 개발마케팅(development marketing) : 소비자들의 욕구는 강하지만 재화나 서비스가 현존하지 않는 상황인 잠재적 수요를 실제수요로 바꾸는 전략으로 수요를 개발하는 형태의 마케팅을 말한다. 여기서 잠재적 수요(latent demand)란 명확한 소비자의 욕구는 존재하나 이를 충족할 만한 재화나 서비스가 존재하지 않는 경우를 의미한다.

③ 자극마케팅(stimulation marketing) : 잠재적 시장에서 전혀 관심이나 수요가 없는 무수요를 환경의 변화나 제품에 관한 정보를 유포하여 관심을 불러일으키는 마케팅을 말한다. 여기서 무수요(no demand)란 특정 재화나 서비스에 대하여 지식이나 관심이 전혀 없는 상태를 의미한다.

④ 재마케팅(re-marketing) : 수요가 하락하거나 침체되어 있는 상황인 감퇴적 수요를 수요가 침체되거나 하락하기 전 상황으로 복귀시키려는 마케팅을 말한다. 여기서 감퇴적 수요(faltering demand)란 특정 재화나 서비스에 대한 수요가 예전보다 적어지는 상황을 의미한다.

⑤ 동시마케팅(synchro marketing) : 수요가 계절적 요인을 내포하거나 공급시기와 수요시기가 맞지 않는 경우 수요와 공급의 시기를 맞추기 위해 불규칙한 수요의 원인을 찾아 수요의 평준화를 모색하는 마케팅을 말한다. 여기서 불규칙 수요(irregular demand)란 현재

수요시기의 패턴이 계절성을 나타내거나 현재의 공급시기 패턴과의 차이로 인해 일시적 변동이 심한 상태를 의미한다.

⑥ 유지마케팅(maintenance marketing) : 현재의 수요상황이 기업의 목표에 적절한 수준인 경우에 현 상태의 마케팅활동을 통해 수요를 유지하고 수요의 잠식을 방지하는 마케팅을 말한다. 즉, 완전수요상황에서 기존의 판매수준 또는 시장점유율을 유지하려는 과제를 지닌 마케팅활동을 의미하는데, 완전수요(full demand)란 현재의 수요시기와 수준이 기업이 기대하는 시기와 수준에 맞는 상황을 의미한다.

⑦ 역마케팅(de-marketing) : 수요가 공급자의 공급능력이나 기대치를 훨씬 상회하고 있는 상황인 초과수요상황을 가격상승 등을 통해 수요 자체를 감소시키거나 없애려는 마케팅을 말한다.

⑧ 대항마케팅(counter-marketing) : 수요 자체가 사회, 기업 및 소비자 측면에서 바람직하지 못한 대상에 대한 수요(불건전 수요)일 때 이러한 재화나 서비스에 대한 수요를 없애는 마케팅을 말한다. 이러한 마케팅은 기업이 제공하는 특정 재화나 서비스의 품질이나 사용이 바람직하지 않기 때문에 수요를 억제해야 한다고 판단되는 상황에서 정부나 공익단체의 주도 하에 주로 시행되지만, 최근에는 기업의 사회적 책임이 강조되면서 기업이 참여하기도 한다.

〈수요상황별 마케팅전략〉

목 적	수요 상황	해결 방법	마케팅 전략
수요 확대	부정적 수요	수요의 전환	전환마케팅
	잠재적 수요	수요의 개발	개발마케팅
	무수요	수요의 창출	자극마케팅
	감퇴적 수요	수요의 부활	재마케팅
수요 안정화	불규칙 수요	수요·공급시기 일치	동시마케팅
	완전수요	수요의 유지	유지마케팅
수요 축소	초과수요	수요의 감소	역마케팅
	불건전 수요	수요의 파괴	대항마케팅

(2) 성장전략 : 제품-시장 매트릭스

기업의 마케팅 관리자는 마케팅목표를 명확히 설정하고 그 목표에 대한 마케팅전략을 구체적으로 수립해야 한다. 구체적인 마케팅목표에는 이익증대, 판매량증대, 시장점유율확대, 신제품홍보 등이 있는데, 이는 대부분 기업의 성장과 관련되어 있는 마케팅목표들이다. 그런데, 이러한 목표들을 기업은 시장과 제품을 통해 달성하게 되고, 이러한 이유에서 여기서는 앤소프(Ansoff)가 주장하는 성장전략에 대해서 살펴보고자 한다.

〈제품-시장 매트릭스〉

시장 \ 제품	기존 제품	새로운 제품
기존 시장	시장침투전략 (점포확대 및 판매촉진)	제품개발전략 (기능 추가 신제품)
새로운 시장	시장개발전략 (수출 및 신시장 개척)	다각화전략

① **시장침투전략(market penetration)** : 기존 고객으로 하여금 더욱 많이 이용하게 하거나 경쟁기업의 고객을 자사의 고객으로 유도하는 등 기존 제품으로 기존 시장에서 승부하여 시장점유율, 판매량을 제고하는 전략을 의미한다.

② **제품개발전략(product development)** : 기존 시장에서 신제품을 출시하는 전략을 의미한다. 여기서 마케팅관점에서의 신제품이란 고객이 새롭다고 느끼는 것을 의미한다.

③ **시장개발전략(market development)** : 기존 제품으로 새로운 시장을 창출하는 전략을 의미한다.

④ **다각화전략(diversification)** : 새로운 시장에 새로운 제품을 출시하는 전략을 의미한다. 4가지 유형 중 가장 위험이 높은 전략이지만 특정 시점에서는 특정 기업에게 가장 적합하고 합리적인 성장전략이 될 수도 있다. 이러한 다각화전략은 기존 사업과 관련된 사업범위로 제휴 또는 흡수합병 등의 네트워크를 형성하는 관련다각화를 통해 시너지효과를 누리는 전략과 완전히 무관한 사업을 전개하는 비관련다각화로 구분할 수 있다. 또한, 관련다각화에는 집중적 다각화[38]와 수평적 다각화[39] 등이 있으며, 비관련다각화는 복합적 다각화[40]가 있다.

(3) 제품수명주기전략

제품수명주기(product life cycle, PLC)는 제품이 시장에 진입하여 퇴출될 때까지의 순환사이클을 말하는데, 일반적으로 '도입기-성장기-성숙기-쇠퇴기'로 구성되어 있다. 또한, 제품수명주기전략이란 이러한 제품수명주기에 따라 기업이 수행하는 마케팅전략을 말하는데, 기업이 판매하는 제품이 어떤 제품수명주기에 위치하느냐에 따라 수립 또는 실행되는 마케팅전략은 차이가 난다. 제품수명주기는 그 분석이 너무 주관적이라는 것과 제품수명의 전반적인 방향에 대해 개략적으로 설명할 수 있지만, 특정 사업에서는 제품수명주기의 시작과 다음 단계로

---

[38] 기존 제품에서 활용했던 기술과 마케팅전략, 기존의 유통채널 등에 새로운 제품을 추가하여 성장하는 전략이다.

[39] 확보된 기존 고객을 기반으로 하여 전혀 새로운 사업에 뛰어들어 기존 고객의 욕구를 충족시킬 수 있는 제품으로 다각화를 추구하는 전략이다. 은행이 기존 고객을 대상으로 하여 보험상품을 판매하는 경우가 이에 해당한다.

[40] 기존 제품이나 기술, 노하우(know-how) 등과 전혀 관련이 없는 별개의 새로운 시장에서 새로운 제품 및 고객에게 접근하여 성장하려는 전략이다. 이를 콩글로메리트(conglomerate)라고도 하며, 선박회사가 금융회사를 인수하여 새로운 사업에 참여하는 경우가 이에 해당한다.

의 변화시점에 관한 정보를 제공해주지 못한다는 한계를 가지고 있다. 또한, 제품수명주기는 일반적으로는 S자의 형태를 보이지만, 기업의 마케팅 전략에 따라 제품수명주기는 변화할 수 있기 때문에 항상 '도입기 - 성장기 - 성숙기 - 쇠퇴기'의 주기를 가지는 것은 아니다.

〈제품수명주기별 특징〉

	도입기	성장기	성숙기	쇠퇴기
판 매	적다	급속성장	최대판매	감소
원가(고객당)	높다	평균	낮다	낮다
이 익	적다(또는 적자)	증대	높다	감소
경쟁업자	적다	점차 증대	점차 감소	감소

1) 도입기

도입기(introduction)는 신제품이 처음으로 소개되는 시기를 말한다. 이 시기는 일반적으로 경쟁자의 수가 많지 않음에도 불구하고, 소비자에게 잘 알려져 있지 않기 때문에 제품의 가격은 높은 편이지만 이윤의 폭은 그리 크지 않다. 또한, 이 시기의 소비자층은 혁신층(innovator) 또는 조기수용층(early adopter)이 대부분이기 때문에 판매량이 많지는 않으며, 기업은 구매수요를 발굴하는 것을 마케팅목표로 하여 제품의 품질관리와 유통채널확보에 주력해야 한다. 이 시기에 적절한 가격전략으로는 제조원가에 부대비용을 포함한 원가가산가격전략이 있다.

2) 성장기

성장기(growth)는 소비자의 구전효과(word of mouth)가 확대되면서 제품이 보다 널리 알려지고 판매성장이 가속화되는 시기를 말한다. 이 시기는 매출이 증가함에 따라 조업도가 높아지고 대량생산 및 경험효과 등에 의하여 제조원가가 급속히 감소하기 때문에 이윤이 증가하는 시기이다. 이 시기에는 경쟁자들이 시장에 지속적으로 진입을 시작하기 때문에 기업은 제품의 신뢰성 및 제품의 차별화가 중요하며, 시장점유율의 급속한 성장을 최대한 지속시키기 위해 노력해야 한다. 따라서 이 시기의 마케팅목표는 시장점유율을 확대하는 것이 되고, 이 시기에 적절한 가격전략으로는 시장침투가격전략이 있다.

3) 성숙기

성숙기(maturity)는 다수의 경쟁자들이 시장에 진입하여 시장성장이 한계에 도달하면서 판매가 둔화되기 시작하는 시기를 말한다. 이 시기는 매출과 이익이 극대화되었다가 감소하는 추세를 보이기 때문에 기업은 시장, 제품 및 마케팅믹스를 수정하는 전략을 수행하고, 상표 및 모델의 다양화를 추구해야 한다. 따라서 이 시기의 마케팅목표는 기존 시장점유율을 유지하는 것이 되고, 이 시기에 적절한 가격전략으로는 경쟁자대응가격전략이 있다.

4) 쇠퇴기

쇠퇴기(decline)는 새로운 기술개발, 소비자의 기호변화, 신제품의 출시 등으로 인해 판매량이 급격하게 감소하는 시기를 말한다. 이 시기는 유휴시설이 증가하고, 가격하락과 이윤감소현상이 발생하기 때문에 기업은 가격인하, 제품폐기 및 회수절차 등의 시장철수전략을 추진하게 된다. 따라서 이 시기의 마케팅목표는 비용을 최대한 억제하면서 남아 있는 잔존수요로부터 최대한의 수확(harvest)을 극대화하는 것이 된다.

〈제품수명주기별 마케팅전략〉

	도입기	성장기	성숙기	쇠퇴기
마케팅목적	제품인지와 사용의 증대	시장점유율의 확대	이익의 극대화와 시장점유율 방어	비용절감과 투자회수
제품	기초제품의 제공	제품의 확대	제품의 다양화	취약제품의 폐기
가격	원가가산가격전략	시장침투가격전략	경쟁대응가격전략	가격인하전략
유통	선택적 유통	개방적 유통	개방적 유통	선택적 유통 (수익성이 적은 경로의 폐쇄)
광고	조기수용층과 취급점의 제품인지도 형성	대중시장에서의 지명과 관심의 형성	상표차이와 혜택의 강조	상표충성도가 높은 고객의 유지에 필요한 수준으로 줄임
판매촉진	시용확보를 위한 강력한 판매촉진 전개	수요확대에 따른 판매촉진의 감소	상표전환을 유도하기 위한 판매촉진 증대	최저수준으로 감소

(4) 경쟁적 마케팅전략

1) 시장선도자

시장선도자(market leader, first mover)란 표적시장 내에서 가장 큰 시장점유율을 차지하고 있어서 강력한 시장지배력을 행사하는 기업을 의미한다. 따라서 시장선도자는 표적시장 내 다른 경쟁기업들로부터 도전과 모방의 대상이 되며, 일반적으로 가격의 변화나 신제품 도입, 제품규격 등에서 다른 기업들을 선도하는 것이 특징이다. 시장선도자는 시장지배력이 독보적이기 때문에 안정적인 시장지위를 가질 수 있지만, 항상 자신의 지위를 노리는 도전자들의 공격 때문에 방어전략에 심혈을 기울여야 한다. 또한, 시장선도자는 시장추종자들에게 모방의 대상이 되기도 하고, 시장적소자에게 회피의 대상이 되기도 한다. 따라서 시장선도자는 시장점유율 방어전략을 중심으로 총시장 확대전략 등의 전략이 적합하다.

2) 시장도전자

시장도전자(market challenger)란 시장점유율을 확보하기 위하여 적극적으로 시장선도자나 경쟁기업을 공격하는 기업을 의미한다. 따라서 시장도전자는 시장점유율을 높이기 위해 시장선도자를 공격하거나, 자신보다 약하고 재정적인 문제를 가지고 있는 기업을 공격하여 공격 및

M&A 전략을 수행하게 된다. 또한, 목적달성을 위해 상대방을 선정한 후에 각각 개별적 마케팅 전략을 구사하기도 하는데, 시장도전자가 사용할 수 있는 공격전략으로는 정면공격(frontal attack), 측면공격(flanking attack), 포위공격(encirclement attack), 우회공격(bypass attack), 게릴라식 공격(guerrilla attack) 등이 있다.

3) 시장추종자

시장추종자(market follower)란 경쟁기업과 공존하며 현재의 위치에 만족하는 기업들을 의미한다. 따라서 시장추종자는 시장선도자와 공존을 꾀하면서 현재 상태를 유지하는 것을 목표로 하는 전략을 사용하게 된다. 시장추종자는 시장도전자들의 공격대상이 되기 때문에 시장점유율 유지를 위해 저가 또는 고품질 및 고수준의 서비스를 유지해야 하며, 시장선도자나 시장도전자에게 공격적 측면이 노출되지 않도록 전략을 구사해야 한다.

4) 시장적소자

시장적소자(niche marketer)란 주요기업들이 간과하고 있거나 관심을 기울이지 않는 소규모의 세분시장이나 틈새시장을 목표시장으로 정하고 그 시장에서 선도자가 되기 위해 노력하는 기업을 의미한다. 소비자들이 시장적소자를 선호하게 되었을 경우에는 해당기업은 경쟁기업에 대한 방어전략을 보유해야 한다. 또한, 시장적소자가 성공을 거두기 위해서는 해당기업이 기술적·자원적으로 충분한 노하우(know-how)를 보유하고 있고, 성장잠재력이 높지만 주요 경쟁자들이 간과하고 있는 틈새시장(niche-market)이 존재해야 한다.

(5) 해외시장 진출전략

기업이 해외시장에 진출할 경우, 기업은 해외시장에서 어떠한 방법으로 진출할 것인가를 선택하여야 한다. 일반적으로 그 진출유형은 해외사업의 비중과 해외에 투입한 자원의 비율에 따라 수출에 의한 진출, 계약에 의한 진출, 직접투자에 의한 진출로 구분할 수 있다.

① **수출에 의한 진출** : 일회성 거래의 형태를 띠고 있으며 단기적이고 위험의 정도가 낮은 가장 단순한 해외시장 진출방식이다. 대부분의 기업은 수출을 통하여 처음으로 국제경영활동에 참가하게 되며, 간접적인 유통경로를 통하여 비교적 적은 비용과 낮은 위험을 부담하고 해외시장에 접근할 수 있다. 수출에 의한 대표적인 진출형태에는 간접수출과 직접수출이 있다.

② **계약에 의한 진출** : 주로 외국의 현지기업과의 계약에 의해 해외사업을 운영하는 방식으로, 라이선싱(licensing)과 프랜차이징(franchising)[41]이 대표적인 형태이다. 이는 단순한 상품뿐만 아니라 기술이나 산업재산권을 임대 또는 판매하는 것을 포함한다. 또한, 국제하청계약,[42]

---

[41] 프랜차이징은 라이선싱의 한 형태라고 볼 수도 있으나, 일반적으로 프랜차이징이 라이선싱보다 가맹회사의 운영에 보다 강한 통제를 한다.

[42] 국제하청계약은 라이선싱과 직접투자의 절충형으로 해외의 독립된 제조업체로부터 제품을 조달하면서 그 제품을 현지시장이나 제3국에 판매하게 된다.

턴키 프로젝트(turn-key project),[43] 경영관리계약[44] 등도 계약에 의한 진출의 예에 해당한다.

③ **직접투자에 의한 진출** : 대부분의 기업은 해외시장에 대한 충분한 지식을 가지고 자본 및 경영능력이 축적되면 해외에 직접투자를 하게 된다. 해외직접투자는 다른 유형의 진출전략보다 해외시장에 투입되는 자원의 규모가 크기 때문에 그 성공여부는 기업 전체에 중대한 영향을 미치게 된다. 따라서 기업측면에서 가장 통제의 정도가 크고 많은 자본과 인적자원이 투입되며 위험이 높은 진출유형이 된다. 직접투자에 의한 진출은 단독투자와 합작투자로 구분할 수 있고, 그린필드 투자(green-field investment)와 브라운필드 투자(brown-field investment)로 구분할 수도 있다. 그린필드 투자는 회사가 직접 새로운 시장에 자금을 들여 투자하고 운영하는 형태이고, 브라운필드 투자는 회사가 이미 설립되어 운영하는 회사를 전략과 사업성에 기반하여 인수하고 그 회사의 사업방향에 적합하게 운영하는 형태를 의미한다.

---

43) 턴키 프로젝트는 생산설비를 건설하고 설비가 가동되어 생산이 개시될 수 있는 시점에서 소유권자에게 넘겨주는 계약형태이다. 턴키 프로젝트는 대규모 사업인 경우가 많아서 소수의 대규모 기업이 시장을 점유하고 있다.
44) 경영관리계약은 해외기업의 일상적인 운영을 관리할 수 있는 권리를 계약하는 것이다. 일반적으로 이 권리에는 새로운 자본투자, 장기부채의 기채, 배당정책, 기본적인 경영정책, 소유권 등에 대한 결정권한은 포함되지 않는다.

제4절 마케팅믹스

1. 제품

(1) 의의

제품(product)이란 소비자의 근원적인 욕망 또는 구체적인 욕구를 충족시켜 줄 수 있는 모든 것을 말한다. 따라서 제품에는 형태를 가지는 재화는 물론 서비스나 아이디어도 포함된다. 즉, 제품의 구성요소에는 제품디자인, 제품기능, 상표명(brand name), 로고(logo), 등록상표(trade mark), 포장(package), 제품관련 서비스 특성 등과 같은 요소들이 포함된다. 필립 코틀러(P. Kotler)는 제품개념을 핵심제품(core product), 실제(유형)제품(actual product), 확장제품(augmented product)의 세 가지 수준에서 고려하였으며, 각 수준은 부가적인 고객가치를 창출한다.

① 핵심제품 : 소비자가 제품을 통해 얻고자 하는 기본적인 편익(benefit)을 말한다. 소비자의 기본욕구를 충족가능하게 하는 가장 기본적인 수준의 제품개념으로 본원적 욕구충족을 위한 가장 본질적인 요소이다. 예를 들어, 냉장고의 핵심제품은 차가움과 신선보관이다.

② 실제제품 : 유형제품(tangible product)이라고도 하는데, 핵심제품을 제품화한 것으로 상표명, 품질, 디자인, 제품특징, 포장 등 실제로 구매되는 물리적인 제품을 의미한다. 소비자들이 추구하는 편익을 실현하고 형상화하기 위한 물리적 요소들의 집합으로 포장, 상표명, 품질 및 디자인 등과 같은 가시적(visible)인 것들이 실제제품에 해당한다. 예를 들어, 냉장고의 실제제품은 냉장고 자체가 된다.

③ 확장제품 : 실제제품에 추가적으로 제공되고 구매 이후에 발생하는 모든 부가적인 활동을 의미한다. 예를 들어, 냉장고의 확장제품은 냉장고의 유·무상 수리, 설치, 보증, 사용법 안내 등과 같은 것들이 된다.

제품개념의 수준

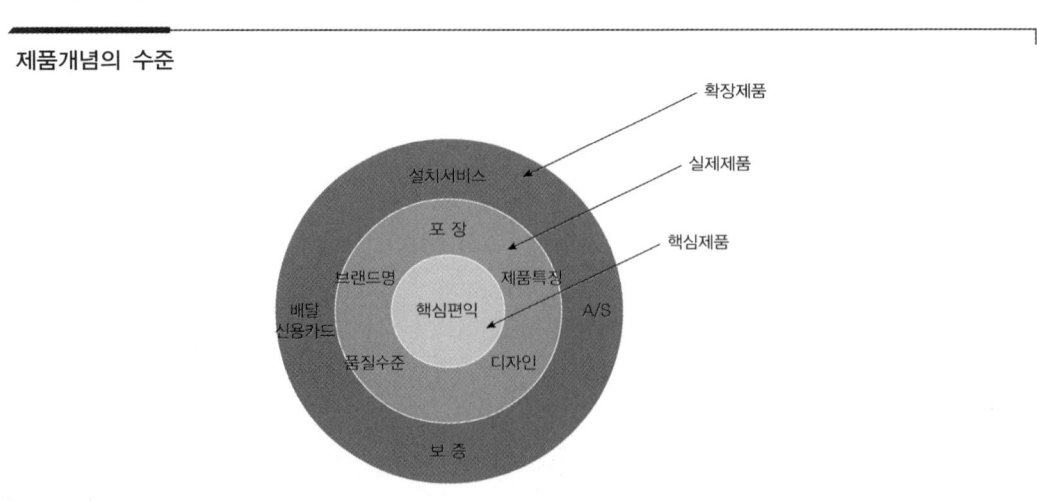

(2) 구매욕구에 따른 제품의 분류

시장지향적인 기업은 소비자 입장에서 제품을 정의한다. 소비자 입장에서 제품을 정의하기 위해서는 먼저 소비자가 제품구매를 통해 충족시키고자 하는 필요와 욕구의 유형을 파악할 필요가 있는데, 구매욕구는 크게 기능적 욕구, 감각적(쾌락적) 욕구, 상징적 욕구로 나누어진다.

① 기능적 제품 : 소비자들은 주로 제품의 본원적 기능을 구매한다. 시계는 정확한 시계를 알려주기 때문에, 옷은 사람의 신체를 감싸주는 기능을 제공하기 때문에, 자동차는 편리하게 이동할 수 있는 교통수단을 제공하기 때문에 구매하였던 것이다. 이와 같이 소비자의 기능적 욕구(functional needs)를 만족시켜 주는 제품을 기능적 제품(functional goods)이라고 한다.

② 감각적(쾌락적) 제품 : 소비자는 감각적 즐거움을 경험하고 싶은 감각적(쾌락적) 욕구의 충족을 위해 제품을 구매할 수도 있는데, 감각적(쾌락적) 욕구는 제품사용과정에서 즐거운 느낌 또는 감정을 경험하고자 하는 경우를 말한다. 상쾌한 냄새가 나는 치약, 아름다운 그림이나 향기를 가진 공책 등과 같이 오감에 소구해 소비자의 감각적(쾌락적) 욕구(hedonic needs)를 만족시켜 주는 제품을 감각적(쾌락적) 제품(hedonic goods)이라고 한다.

③ 상징적 제품 : 소비자는 상징적 욕구의 충족을 위해 제품을 구매할 수 있는데, 상징적 욕구는 제품구매를 통해 자신의 정체성이나 특정집단에 대한 소속감을 표현하거나 위상을 강화하려는 경우를 말한다. 이러한 상징적 욕구(symbolic needs)를 충족시켜 주는 제품을 상징적 제품(symbolic goods)이라고 한다.

(3) 소비재의 유형

제품은 형태의 유무에 따라 재화와 서비스로 구분할 수 있으며, 재화는 다시 소비목적에 따라 소비재와 산업재로 구분할 수 있다. 여기서 소비재는 개인적인 소비를 위해 최종소비자가 구매하는 제품을 의미하는데, 그 구매동기에 따라 편의품(convenience goods), 선매품(shopping goods), 전문품(specialty goods), 미탐색품(unsought goods)으로 구분한다.

〈소비재의 분류와 마케팅전략〉

구 분	편의품	선매품	전문품
구매빈도	높 음	비교적 낮음	매우 낮음
관여도	낮은 관여도	비교적 높은 관여도	매우 높은 관여도
마케팅전략	저가격 개방적 유통 낮은 제품차별성 빈번한 판매촉진 높은 광고비 지출	고가격 선택적 유통 제품차별성 강조 제품특징을 강조 인적판매의 중요성	매우 높은 가격 전속적 유통 높은 브랜드독특성 소비자의 지위를 강조 인적판매의 중요성

① 편의품 : 소비자가 손쉽게 바로 구매하는 제품이다. 편의품은 일반적으로 저관여의 특성을 보이기 때문에 소비자는 제품구매를 위해서 큰 노력을 기울이지 않고, 가격이 비교적 저렴하다.

② 선매품 : 소비자들이 제품을 구매하기 위해서 가격, 품질, 디자인 등을 비교하여 구매하는 제품이다.

③ 전문품 : 소비자가 상품을 쉽게 식별할 수 있는 독특한 특성을 가지고 있고 대체품이 거의 없는 제품이다. 전문품은 일반적으로 고관여의 특성을 보이기 때문에 소비자는 구매를 위해 상당한 노력을 기울이고 구매의사결정까지 오랜 시간이 소요된다.

④ 미탐색품 : 소비자들이 제품에 대해 전혀 모르고 있거나 조금 알고 있다 하더라도 평소에는 관심이 별로 없는 제품이다.

재화의 분류

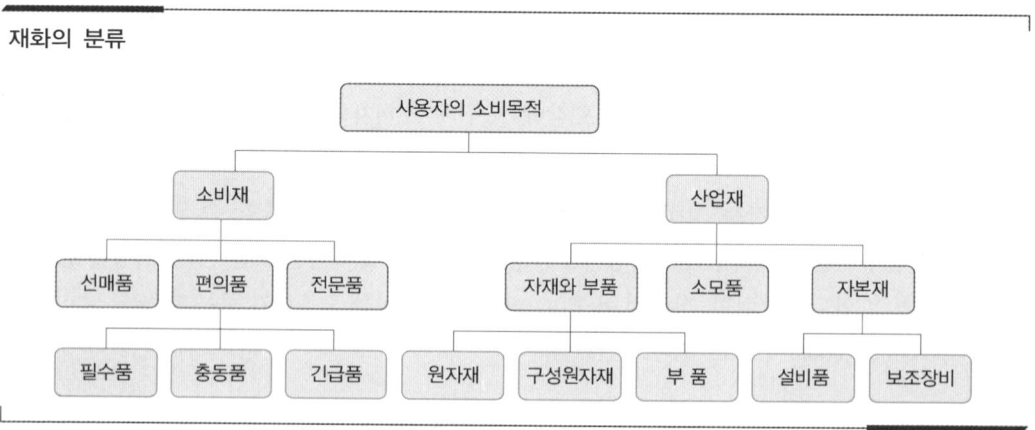

(4) 포 장

전통적으로 포장(package)은 유통과정에서 상품을 보호하는 기능을 반영하는 것으로 파악되어 왔으나 마케팅 지향적인 오늘날에는 훨씬 다양한 기능을 수행해야 하므로 시각적 소구(visibility), 정보(information), 감성적 소구(emotional appeal), 취급용이성(workability)의 특성을 갖추어야 하는데, 이를 VIEW라는 약자로 표현한다.

① 시각적 소구 : 효과적인 포장은 진열대에서 고객들의 눈에 잘 띄어야 한다.

② 정 보 : 효과적인 포장은 가급적 내용물의 특성과 효익을 암시해줄 수 있어야 한다.

③ 감성적 소구 : 상황에 따라서 효과적인 포장은 상품을 저렴한 것으로 보이게 하거나 고상한 것으로 보이게 하는 등 적절한 이미지를 전달해야 한다.

④ 취급용이성 : 효과적인 포장은 열고 닫기 쉬우며 취급하기 용이해야 한다.

(5) 신제품개발전략

어떤 기업이든 소비자의 급격한 기호변화나 기술의 빠른 발전으로 인해 기존 제품만으로는 지속적인 성장을 기대하기 어렵다. 따라서 변화하는 소비자의 욕구를 반영하고 경쟁에서 살아남기 위해서 신제품의 개발은 지속적으로 요구된다. 신제품개발과 관련된 전략에는 선제적 개발전략(preemptive strategy)과 대응적 개발전략(correspondence strategy)이 있다.

① **선제적 개발전략** : 경쟁기업들보다 먼저 신제품을 개발하는 전략이다. 일반적으로 시장을 선점할 수 있는 장점이 있지만 위험이 크다는 단점이 있다.

② **대응적 개발전략** : 경쟁기업의 신제품을 모방하거나 이를 응용하여 좀 더 향상된 신제품을 개발하는 전략이다. 일반적으로 위험이 크지 않다는 장점이 있지만 시장을 선점하기 어렵다는 단점이 있다.

(6) 신제품개발과정

① **고객의 욕구파악 및 아이디어 창출** : 고객이 제기한 문제점 분석, 기존 제품의 변형을 통한 연구, 브레인스토밍(brainstorming) 등에 의하여 새로운 아이디어를 창출한다. 신제품 아이디어의 주요 원천에는 내부 원천과 소비자, 경쟁자, 유통업자, 공급업자 등을 포함하는 외부 원천을 모두 포함한다.

② **아이디어 평가** : 신제품에 대한 많은 아이디어 중에서 그 숫자를 줄이기 위해 좋은 아이디어를 선별하고 나쁜 것을 가능한 한 빨리 제거한다. 이후 단계부터는 제품개발비용이 매우 상승하기 때문에 기업은 수익성이 있는 제품이 될 만한 아이디어만을 추진하기를 원한다.

③ **제품개념개발과 평가** : 매력적인 아이디어는 제품개념(product concept)으로 발전되어야 하며, 발전된 제품 개념이 과연 목표소비자 집단에게 의미가 있는지를 평가하게 된다.

④ **마케팅전략(마케팅믹스) 개발** : 가장 최상의 제품 개념이 선정되면, 기업은 이 제품을 시장에 출시하기 위한 초기 마케팅전략 및 마케팅믹스를 설계하게 된다.

⑤ **사업성 분석** : 경영자가 제품 개념과 마케팅 전략을 확정하고 나면, 제안된 신제품의 사업매력도를 평가할 수 있다. 사업성 분석은 신제품에 예상되는 비용, 판매량, 순이익이 기업의 목적에 부합되는지를 검토하는 것을 말한다. 이러한 사업성 분석을 통해 긍정적인 평가를 받으면, 제품은 제품개발단계로 넘어갈 수 있다.

⑥ **제품개발(시제품 생산)** : 단지 말로 기술되거나 그림, 개략적인 실물모형 등으로만 존재했던 제품 개념이 사업평가를 통과하면 제품개발단계로 넘어오게 되는데, 이때 R&D 또는 기술부서는 제품 개념을 물리적 제품(physical product)으로 실현시킨다. 따라서 제품개발단계는 제품 아이디어가 실제 사용가능한 제품으로 발전할 수 있는지 아닌지를 보여준다.

⑦ **시험마케팅(시장 테스트)** : 좀 더 실제적인 시장 상황에서 제품과 마케팅 프로그램을 도입하는 단계이다. 이 단계는 관리자에게 많은 비용이 드는 정식 출시 이전에 제품을 실제 마케팅해 보는 경험을 제공하며, 시험마케팅 기간 동안 기업은 제품 자체뿐만 아니라 포지셔닝 전략, 광고, 유통, 가격, 상표와 포장, 예산 등을 포함한 해당 제품의 마케팅 프로그램을 시험해볼 수 있다.

⑧ **상품화(출시)** : 시험마케팅의 결과를 토대로 마케팅 의사결정자는 최종적으로 전국시장에

신제품을 도입할 것을 결정한다. 신제품의 상품화를 결정하며, 기업은 제조설비의 건설, 광고, 판매촉진 등을 위해 이전단계보다 훨씬 많은 투자비용을 지출해야 한다.

(7) 신제품 수용과 확산

1) 신제품 수용과정

① 인지(awareness) : 소비자는 광고 또는 구전에 의하여 신제품에 대한 정보를 처음 접하게 된다. 이 단계에서는 추가적인 제품정보를 탐색할 만큼 그 제품에 대한 충분한 관심을 보이지 않는다.

② 관심(interest) : 소비자는 신제품광고나 구전에 반복노출됨에 따라 제품에 대한 관심을 보이게 된다. 이에 따라 신제품이 어떠한 혜택을 제공하는지에 대한 추가적인 정보를 탐색한다.

③ 평가(evaluation) : 소비자는 신제품을 구매할 가치가 있는지, 신제품이 자신의 욕구를 어느 정보 충족시켜 줄 것인지를 판단하게 되며, 이러한 판단에 의해 신제품에 대한 태도를 형성하고 시용구매의 여부를 결정한다. 만약 시용할 가치가 없다고 판단되면 제품구매를 포기할 것이다.

④ 시용구매(trial) : 신제품 구매 시 소비자는 구매에 수반되는 위험을 인식하기 때문에 신제품의 성능에 대한 확신이 설 때까지 시용구매를 하게 된다.

⑤ 수용(adoption) : 시용구매된 신제품을 사용하여 얻은 경험을 토대로 그 제품을 다시 평가하게 된다. 만약 신제품에 대해 긍정적인 평가(만족)를 하게 되면 그 제품을 수용하게 될 것이며, 신제품에 대해 부정적인 평가(불만족)를 하게 되면 앞으로 제품을 수용하지 않기로 결정하게 될 것이다.

2) 신제품 수용자의 유형 : 소비자수용속도

기업이 제품을 출시하여 시장에서 판매되기 위해서는 먼저 소비자들이 제품을 받아들이는 수용속도를 이해할 필요가 있다. 소비자들이 신제품을 수용하더라도 모두 같은 시점에서 신제품을 수용하지는 않는다. 어떤 소비자는 남보다 먼저 수용하지만, 다른 소비자는 그보다 훨씬 나중에 수용한다. 로저스(Rogers)는 제품의 수용속도에 따라 소비자를 다음과 같이 5개 집단으로 구분하였다.

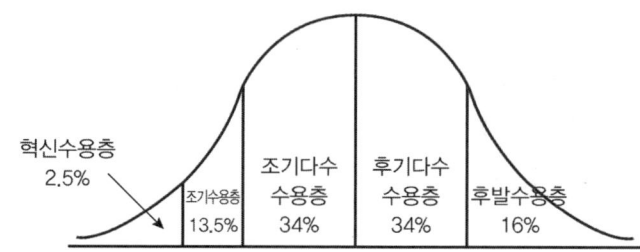

① 혁신수용층(innovators) : 신제품 출시와 더불어 바로 구입하는 소비자계층으로 모험심이 강하고 위험을 감수하면서 새로운 제품을 받아들인다. 전체에서 2.5%의 비중을 차지한다.

② 조기수용층(early adopters) : 일반적으로 사회의 여론주도자(opinion leader)들로서 새로운 제품을 선별적으로 수용한다. 전체에서 13.5%의 비중을 차지한다.

③ 조기다수수용층(early majority) : 보통 사람들보다는 새로운 제품을 먼저 수용하는 소비자계층으로 약간 신중한 편이다. 전체에서 34%의 비중을 차지한다.

④ 후기다수수용층(late majority) : 절반 정도의 소비자들이 제품을 구입한 후에 비로소 구입하는 소비자계층으로 입증된 제품만 구매한다. 전체에서 34%의 비중을 차지한다.

⑤ 후발(지각)수용층(laggards) : 마지막으로 제품을 구입하는 소비자계층으로 전통적인 가치관에 충실하고 매우 보수적인 계층이다. 전체에서 16%의 비중을 차지한다.

(8) 제품믹스

1) 의 의

제품믹스(product mix)란 기업이 판매하고자 하는 모든 제품들(제품라인 또는 제품계열)의 집합을 의미하며, 제품구색(product assortment)이라고도 한다. 여기서 제품라인 또는 제품계열은 물리적 특성, 기능, 유통경로, 소비자 등이 유사하여 동일한 마케팅전략을 사용할 수 있는 제품군을 의미하고, 제품믹스의 너비를 구성하는 하위개념이다. 일반적으로 제품믹스는 폭, 길이, 깊이로 구성되어 있다.

① 제품믹스의 폭(width of product mix) : 기업이 가지고 있는 전체 제품라인의 수를 의미하고 너비(breadth)라고도 한다.

② 제품믹스의 길이(length of product mix) : 제품믹스 내에 있는 전체 제품의 수를 의미한다.

③ 제품믹스의 깊이(depth of product mix) : 특정 제품계열 내에 있는 한 제품이 파생해 낼 수 있는 추가품목의 수를 말한다.

2) 제품믹스의 폭에 대한 전략

너무 적은 수의 제품라인은 매출액 증가와 시장점유율 상승에 정체를 줄 수 있는 반면, 너무 많은 수의 제품라인은 수익성 악화의 요인이 된다. 즉, 기업이 수익성 향상을 추구할 때는 **적은 제품라인 전략(좁은 제품믹스의 폭)**이 유리하고, 시장점유율과 매출액 증가를 추구할 때는 **많은 제품라인 전략(넓은 제품믹스의 폭)**이 유리하다.

3) 제품믹스의 길이와 깊이에 대한 전략

제품믹스의 길이 및 깊이에 대한 의사결정은 그 방향에 따라 **하향확장**(downward stretch), **상향확장**(upward stretch), **쌍방향확장**(two-way stretch), **계획적 진부화**(planned obsolescence) 등이 있다.

① 하향확장 : 초기에는 고품질 및 고가의 제품을 출시하였다가 차후 저가의 신제품을 추가하는 전략이다. 이러한 하향확장은 중·저가 시장이 급성장하는 경우, 경쟁기업이 자사제품이 위치한 고급 시장을 공격함에 따라 이에 대한 반격으로 중·저가 시장에 진출할 때, 고급 시장의 성장이 둔화되기 시작할 때, 장기적인 마케팅 전략의 일환으로 먼저 고급 시장에 진출하여 소비자에게 고품질 이미지를 심어 준 다음 중·저가 시장에 진출하여 기존의 제품이미지를 활용하고자 할 때, 신규 경쟁기업이 진입하기 전에 미리 중·저가 시장을 선점하고자 할 때 추구한다. 그러나 하향확장을 추구하는 기업은 기존의 고급 제품들의 시장을 잠식할 위험성(cannibalization)이 있기 때문에 이에 대한 충분한 분석이 이루어져야 한다. 또한, 고급 제품을 취급해 온 기존의 중간상들이 저가 제품의 취급을 거부할 가능성이 있으며, 저가 제품의 경영기업들이 이에 대한 반격으로 고급 제품의 시장으로 진출할 수 있다.

② 상향확장 : 초기에는 저품질 및 저가의 제품을 출시하였다가 점차 고가의 신제품을 추가하는 전략이다. 중·저가 시장에 위치한 기업들은 상향확장을 통해 제품의 이미지를 제고시키려고 한다. 또는 고급 시장의 급속한 성장률 또는 높은 마진 때문에 상향확장을 추구할 수 있다. 그러나 상향확장을 추구하려는 기업은 이에 수반되는 위험을 고려하여야 한다. 고급 제품 시장에 이미 진출해 있는 기존 기업들이 이미 브랜드 충성도가 높은 고객들을 확보하고 있기 때문에 경쟁이 쉽지 않을 뿐 아니라 대응 전략의 하나로 중·저가 시장에 진출하여 반격을 가할 수 있다. 또한, 소비자들이 품질을 신뢰하지 않을 수 있으며, 그동안 저가 제품을 취급하던 유통업체들에게 고급 제품을 취급할 역량을 갖추게 하는 것도 쉽지 않다.

③ 쌍방향확장 : 초기에는 중간 정도의 제품을 출시하였다가 상황에 따라 고가 및 고품질 또는 저가 및 저품질의 신제품을 추가하는 전략이다.

④ 계획적 진부화 : 기존 제품이 충분히 시장에 알려져 판매와 이익실현이 가능함에도 불구하고 의도적으로 시장에서 철수시키는 전략을 말한다. 즉, 향후 신제품판매를 위해 기존 제품을

의도적으로 퇴화시키는 것이다. 이러한 제품퇴진 전략은 크게 수확 전략(harvesting), 제품계열의 단순화 전략(line simplification), 철수 전략(divestment) 등이 있다.

(9) 상 표

1) 의 의

상표(brand)는 특정 기업의 재화나 서비스를 소비자에게 식별시키고 경쟁자들의 것과 차별화시키기 위하여 사용하는 독특한 이름과 상징물들의 결합체를 의미한다. 상표는 소비자의 입장에서는 제품에 대한 정보를 제공해주어 구매를 용이하게 할 수 있으며, 판매자의 입장에서는 제품관리를 체계적으로 할 수 있고, 우수한 제품에 대한 소비자의 상표충성도(brand loyalty)를 확보할 수 있도록 해준다. 여기서 상표충성도란 소비자가 특정 상표를 애용하고 선호하는 심리를 의미하는데, 특정 상표에 대해 충성도가 높은 소비자는 해당 상표를 반복적으로 구매하게 된다. 상표와 관련된 개념으로는 상표명(brand name), 상표마크(brand mark), 등록상표(trade mark) 등이 있다.

① **상표명** : 상표의 한 부분으로 발음이 가능한 것(글자, 단어, 숫자 등)을 말한다. 삼성, 현대, LG와 같이 말로 표현가능한 것들이 여기에 해당된다.

② **상표마크** : 상표의 한 부분으로 말로 표현되지 않고 눈으로 볼 수 있는 부분을 말한다. 상표의 로고(logo) 등이 여기에 해당된다.

③ **등록상표** : 법률적으로 보호받아 독점적으로 사용할 수 있는 상표 또는 상표의 일부분을 말한다. 일반적으로 상표명이나 상표마크로 표현된 상표는 기업의 입장에서는 자산적 가치를 가지지만 모방이 쉬운 특성을 가지게 된다. 따라서 기업들은 상표에 대해 법적으로 보호 받기를 원하고 이러한 법적인 수단이 등록상표가 된다. 회사의 로고 옆에 R(registered trade mark)이라고 표시되어 있으면 법적으로 등록하여 해당 회사만 사용할 수 있다는 의미이다.

2) 상표개발

상표개발은 일반적으로 제품에 영향을 받게 되는데, 기업은 상표개발과 관련하여 라인(계열)확장, 상표확장(연장), 복수상표, 신상표 등의 대안을 고려할 수 있다.

⟨상표개발전략⟩

제품범주 상 표	기존 제품범주	새로운 제품범주
기존 상표	라인(계열)확장 (동일상표로 동일제품범주의 제품을 추가도입)	상표확장(연장) (새로운 범주에 기존의 성공상표를 사용)
새로운 상표	복수상표 (동일제품범주 내에 두 가지 이상의 상표를 사용)	신상표 (새로운 범주에 새로운 상표를 사용)

① 라인확장(line extension) : 제품범주 내에서 새로운 형태, 색상, 크기, 원료, 향 등의 신제품에 기존 상표를 함께 사용하는 것을 말한다. 기업은 신제품을 출시할 때 낮은 원가와 낮은 위험을 실현하는 방안의 하나로 라인확장을 사용한다. 또한, 다양한 소비자욕구의 충족, 과잉생산능력의 활용, 소매점의 진열공간의 확보 등을 목적으로 사용 가능하다는 장점을 가지지만, 지나친 라인확장은 원래 상표가 가졌던 구체적 의미를 상실하거나 소비자의 혼란과 분노를 유발시킬 수 있다는 단점을 가진다. 또한, 수직적 라인확장은 라인확장된 신상품이 기존 상품보다 가격이 낮거나 높은 경우를 가리키며, 수평적 라인확장은 라인확장된 신상품이 기존 상품과 가격대는 비슷하지만 다른 세분시장을 표적으로 삼는 경우를 가리킨다.

② 상표확장(brand extension) : 현재의 상표를 새로운 제품범주의 신제품으로 확장하는 것을 말한다. 카테고리확장(category extension)이라고도 한다. 상표확장은 신제품이 출시되자마자 바로 소비자가 인지하고 빠르게 수용할 수 있고 새로운 상표를 도입 및 구축하는데 드는 광고비용을 절약하게해 주는 장점이 있다. 그러나 기존 제품과 일관성이 없는 지나친 상표확장은 핵심상표 이미지를 희석시킬 수 있으며, 확장제품이 시장에서 실패할 경우에는 같은 상표를 사용하는 다른 제품에도 부정적 영향을 줄 수 있다.

③ 복수상표(multi-branding) : 동일 제품범주에서 다수의 상표를 도입하는 것을 말한다. 복수상표는 서로 다른 구매동기가 있는 소비자에 맞추어 서로 다른 특성과 소구점이 있는 상표를 제공할 수 있고 소매점에서 더 넓은 진열공간을 차지할 수 있다는 장점이 있다. 그러나 각 상표가 낮은 시장점유율을 차지하거나 수익성이 낮을 경우에는 여러 상표에 마케팅자원을 분산시키는 결과만을 초래할 수 있다는 단점이 있다.

④ 신상표(new brand) : 새로운 제품범주에 진출하려고 하는 경우에 신제품에 사용할 적절한 기존 상표가 없어 새로운 상표를 개발하는 것을 말한다.

3) 상표주체의 결정

제품의 상표는 전통적으로 제조업자에 의해 결정되지만, 최근에는 백화점이나 할인점 및 기타 유통업체들이 자체상표를 개발하고 있다. 상표주체와 관련된 개념은 다음과 같다.

① 제조업자상표 : 제조업자가 자신의 상표로 제품을 생산하고 유통시킨 상표를 말한다.

② 유통업자상표 : 유통업자가 자체적으로 제품을 기획하고 제3자에게 위탁하여 생산한 제품을 자신의 상표로 부착하여 판매하는 상표를 말한다. 일명 PB(private brand) 또는 중간상상표라고도 한다. 이러한 유통업자상표는 다음과 같은 여건에서 효과적이다.

- 제조업자 상표가 다수 존재하지만 어느 것도 강력한 고객충성을 형성하지 못하고 있을 때
- 적절한 품질과 가격으로 상품의 공급을 신뢰할 수 있을 때
- 상표촉진의 비용을 부담하고도 저렴한 판매가 가능하도록 다른 제조업자 상표들의 가격이 비쌀 때

- 이미 본원적 수요가 충분히 개발되어 있으며 잠재고객들이 감각적 검토와 시용을 통해 상품품질을 쉽게 판단할 수 있을 때
- 수요가 매우 탄력적이어서 낮은 가격이 매출액을 크게 증대시킬 수 있을 때

③ 무상표 : 제조업자가 제품판매에 있어서 상표를 부착하지 않고 유통시키는 방법이다. 비록 상표는 없지만 제품내용을 알리는 표찰(label)은 제품 겉면에 부착한다.

④ 공동상표 : 중소기업체가 상표개발과 마케팅에 충분히 투자할 수 있는 여력이 없는 경우 동종 기업들과 연합하여 공동으로 동일한 상표를 사용하는 경우이다. 국내 각 지역 특산물의 브랜드가 대표적인 공동상표(community brand)의 예라고 할 수 있다.

4) 브랜드자산

브랜드자산(brand equity)이란 특정 재화나 서비스가 상표를 가짐으로써 발생되는 바람직한 마케팅효과를 의미한다. 즉, 고객이 특정 상표에 대해 갖는 긍정적인 감정으로 인해 형성된 상표가치의 상승분을 말한다. 브랜드자산을 가지고 있는 기업은 새로운 제품을 출시할 때 소비자나 유통업자에 대해 적은 비용을 투입하고도 유사한 마케팅효과를 얻을 수 있어 매출상승과 비용절감이 가능한 경쟁력을 가지게 된다. 데이비드 아커(David A. Aaker)에 의하면 브랜드자산은 브랜드 충성도, 브랜드 인지도, 지각된 품질, 브랜드 이미지(연상), 기타 독점적 브랜드자산으로 구성되어 있다. 브랜드 자산은 추상적인 개념이지만, 일반적으로 브랜드 인지도와 브랜드 이미지(연상)로 구분할 수 있다.

① 브랜드 인지도 : 소비자가 특정 브랜드를 재인(recognition)[45]하거나 회상(recall)[46]할 수 있는 능력을 의미한다. 브랜드 인지도를 높이기 위해서는 지속적으로 브랜드를 소비자들에게 노출시키는 것이 중요하며, 이를 통해 높은 브랜드 인지도를 가진 상표는 고려대상 상표군(consideration set)에 우선 포함될 수 있으며, 높은 브랜드 인지도는 상표친숙성(brand familiarity)을 높여 그 브랜드에 대한 선호도와 선택가능성을 증가시킨다. 그러나 브랜드 인지도는 브랜드 자산의 필요조건에 해당하지만 충분조건은 아니다. 브랜드 인지도를 제고하는 방법에는 반복광고(repetitive advertising), 시각적 정보와 제품정보를 함께 제공, 슬로건이나 로고송 및 상징(symbol)의 사용, 이벤트 후원 등의 방법이 있다.

② 브랜드 이미지 : 브랜드 인지도는 양(+)의 인지도와 음(-)의 인지도로 구분될 수 있으며, 일반적으로 기업들은 양(+)의 인지도를 제고하기 위해 노력하게 되는데, 이러한 양(+)의 인지도를 브랜드 이미지(brand image) 또는 브랜드 연상(brand association)이라고 한

---

[45] 브랜드 재인(brand recognition)은 한 브랜드에 대한 정보가 기억 속에 있는지의 여부를 의미하는 것으로 브랜드 회상(recall)보다는 상대적으로 인지도의 강도가 약하며 소비자들에게 한 제품범주 내에 있는 여러 브랜드명을 제시해 주고 각 브랜드명을 과거에 보았거나 들어본 적이 있는지를 조사하는 것이다.

[46] 브랜드 회상(brand recall)은 소비자들이 자신의 기억 속에 이미 저장되어 있는 특정 브랜드의 정보를 그대로 인출할 수 있는 능력을 말한다. 브랜드 회상은 관련된 실마리가 주어졌을 때 소비자들이 그 브랜드를 기억으로부터 올바르게 일으키는 것이 요구된다. 또한, 브랜드 회상은 브랜드 재인보다 강도가 강한 인지도로써 소비자들에게 한 제품범주 안에서 생각나는 브랜드들을 열거하도록 하여 기억된 브랜드들을 발견하는 것이다.

다. 따라서 브랜드 이미지를 형성하기 위해서는 소비자들이 브랜드와 관련된 연상들에 대해 호의적인 생각(favorable association)을 가지고 있어야 하며, 소비자의 마음속에 강력하고 독특한(strong & unique) 브랜드 연상이 형성되어야 한다. 이러한 브랜드 연상의 유형에는 제품속성과 직접 관련된 연상, 제품속성과 관련이 없는 연상, 기업과 관련된 연상 등이 있다.

브랜드자산의 결정요인

2. 가 격

(1) 의 의

가격(price)이란 소비자가 재화 또는 서비스를 구입하기 위해 지불하는 화폐의 양을 말한다. 따라서 가격은 소비자들이 가장 민감하게 반응하는 부분이며, 시장에서 판매자나 소비자들에게 재화나 서비스의 가치를 나타내는 기준이 된다. 이러한 가격은 기업입장에서는 수익의 원천이 되지만, 소비자 입장에서는 비용이 된다. 가격결정에 영향을 미치는 주요 요인으로는 수요(demand)[47], 원가(cost), 경쟁환경(competitive environment), 법적 요인(legal factor) 등이 있다.

---

[47] 수요와 함께 수요탄력성도 가격결정에 영향을 줄 수 있다. 수요의 가격탄력성은 제품의 가격이 변화함에 따라 판매량이 얼마나 변화하는지를 나타내는 지표이다. 일반적으로 구매자가 사는 제품이 독특하거나 높은 품질, 명성, 독점성을 가질 경우와 대체재를 찾기 힘들거나 대체재의 품질을 쉽게 평가할 수 없을 경우에 가격탄력성은 비탄력적이다. 기업은 수요가 비탄력적인 경우보다는 탄력적인 경우에 가격인하를 고려하게 된다.

(2) 가격결정요인과 가격전략

1) 수요중심 가격전략

수요중심 가격전략의 가장 대표적인 방법은 지각가치 가격결정이다. 지각가치 가격결정 (perceived-value pricing)이란 고객이 지각하는 제품의 가치에 맞춰 가격을 결정하는 방법을 말한다. 이러한 가격결정은 목표소비자들이 자사제품에 대해서 어느 정도의 가치를 부여하고 있는지를 조사하여 이에 상응하는 가격을 책정한 다음 제품디자인 및 생산원가를 계획하는 과정을 수반한다. 지각가치 가격결정은 가격의 개념에 가장 부합되는 가격결정방법이지만, 지각된 가치를 객관적으로 측정하기 어렵다는 한계점을 가지고 있다.

2) 원가중심 가격전략

원가중심 가격전략의 가장 대표적인 방법은 원가가산 가격결정이다. 원가가산 가격결정 (cost-plus or markup pricing)이란 단위당 원가에 일정비율의 이윤(margin)을 더해 판매가격을 결정하는 방법을 말한다. 이러한 방법은 계산이 쉽고 원재료의 가격상승으로부터 판매자를 보호해주는 장점이 있지만, 수요의 가격탄력성을 무시하고 있다는 한계점을 가지고 있다. 이 외에 손익분기 가격결정(break-even-point pricing)이 있는데, 이는 제조원가 중 고정비(fixed cost)를 회수하는데 주안점을 두어 목표이익률이 실현될 수 있게 가격을 결정하는 방법이다.

3) 경쟁중심 가격전략

경쟁중심 가격전략은 자사제품의 원가나 수요보다도 경쟁제품의 가격을 근거로 하여 자사제품의 가격을 결정하는 방법을 의미한다. 경쟁중심 가격전략은 상대적 고가전략, 상대적 저가전략, 대등가격전략 등이 있다.

① 상대적 고가전략 : 자사의 명성이 높거나 자사의 브랜드 인지도가 높은 경우에 경쟁제품보다 높은 가격을 책정하는 전략을 의미한다.

② 상대적 저가전략 : 상대적으로 낮은 가격으로 이윤은 적으나 광범위한 고객을 흡수하고자 하는 경우, 장기적 이익을 증대하고자 하는 경우, 시장점유율의 확대 및 경쟁기업의 시장침투를 막고자 하는 경우에 사용하게 되는 가격전략이다. 박리다매전략이나 입찰가격전략(sealed-bid pricing) 등이 가장 전형적인 예라고 할 수 있다.

③ 대등가격전략 : 경쟁기업의 가격과 대등한 가격으로 가격을 책정하거나 또는 경쟁기업의 가격을 추종해야 되는 경우에 채택하게 되는 가격전략이다. 이 전략에서 가격을 먼저 취하는 기업을 가격선도자(price leader)라고 하며 그 선도가격에 추종하는 가격을 추종가격 또는 모방가격(going-rate pricing)이라고 한다.

(3) 신제품과 가격전략

1) 초기 고가전략

초기 고가전략 또는 스키밍 전략(market-skimming pricing)이란 신제품 도입초기에 고가격으로 시장에 진입하여 가격에 비교적 둔감한 고소득층의 혁신층(innovators)과 조기수용층(early adopters)을 흡수하고, 점점 가격을 낮추어 중산층과 저소득층까지 공략하는 가격전략을 말한다. 단기간에 많은 이익을 실현하여 초기 투자비를 회수할 목적이거나 아직 경쟁기업이 없는 경우 또는 수요의 가격탄력도가 낮은 경우에 적합한 전략이다.

2) 초기 저가전략

초기 저가전략 또는 시장침투 가격전략(market-penetration pricing)이란 신제품 도입초기에 저가격을 설정하여 신속히 시장에 침투한 후 인지도가 높아지면 가격을 높게 설정하는 가격전략을 말한다. 저렴한 가격으로 시장성장을 촉진하거나 원가우위로 경쟁기업의 진입을 지연시키고자 할 때 또는 수요의 가격탄력도가 높은 경우에 적합한 전략이다.

3) 탄력가격전략

탄력가격전략 또는 가격차별(price discrimination)이란 다수의 시장을 대상으로 하는 경우에 세분화된 시장별로 수요의 가격탄력도가 상이하여 시장에 따라 상이한 가격을 설정하는 가격전략으로 특정 소비자나 시기 등에 따라 할인 또는 할증을 적용하는 가격전략이다. 이러한 가격차별이 성공하기 위해서는 다음과 같은 조건이 충족되어야 한다.

① 상이한 소비자 집단 또는 시장 자체가 존재해야 한다.
② 불완전경쟁시장이어야 한다.
③ 각 시장에서 수요탄력성이 상이해야 한다.
④ 차익거래가 발생하지 않도록 해당 기업이 상이한 소비자 집단이나 시장을 구분하여 분리시킬 수 있어야 한다.
⑤ 가격차별 전략을 수행하기 위해 시장을 분리하는 데 드는 비용보다 시장을 분리했을 때 얻게 되는 수입이 더 커야 한다.

(4) 제품믹스와 가격전략

① 제품라인 가격 전략(product line pricing) : 몇 개의 가격대(price steps)로 구분하고 이에 따라 라인의 제품을 분류하는 가격 전략을 말한다. 즉, 소비자는 가격에 차등이 있을 때만 가치를 인식한다고 가정하고, 몇 가지 가격만을 선정하는 방식이다. 예를 들어, 과일가게에서 사과를 품질별로 몇 단계로 구분하고, 10,000원에 4개, 7개, 10개 등으로 판매하는 방식이다.

② 사양제품 가격전략(optional-product pricing) : 주제품 판매 시 추가하여 제공되는 사양제품(optional or accessory products)의 판매가격을 책정하는 가격전략을 말한다. 예를 들어, 자동차

구입 시 선택사양에 따라 가격이 달라지는 경우이다.

③ 종속제품 가격전략(captive product pricing) : 주제품의 판매보다 주제품과 관련된 종속제품의 판매가 주된 목적인 제품의 가격전략을 말한다. 주제품은 상대적으로 저렴한 가격으로 판매하는 대신 종속제품의 가격을 높게 책정하여 주제품의 손실을 보전하게 된다. 예를 들어, 프린터와 토너, 면도기와 면도날, 즉석카메라와 인화필름 등이 여기에 해당된다. 또한, 서비스 영역에서 이용되는 종속제품 가격 전략은 흔히 이중요율 가격 전략 또는 2부제 가격(two-part pricing)이라고 한다. 서비스 가격은 고정된 기본수수료(fixed fee)와 사용량에 따른 변동가격(variable usage rate)으로 구성된다. 따라서 기본서비스 가격은 서비스 이용을 유도하기 위해 가능한 한 낮게 책정해야 하며, 이익의 상당부분은 사용량에 비례하는 변동수수료(variable fee)로 얻을 수 있다. 일반적으로 주제품과 종속제품들이 상호보완재인 경우에 효과적이다.

④ 묶음제품 가격전략(product bundle pricing) : 기업이 둘 또는 그 이상의 재화나 서비스를 결합하여 할인된 가격으로 판매하는 전략을 말한다. 이러한 가격전략을 사용하여 제품을 제공하는 기업은 핵심제품뿐만 아니라 부수적인 제품의 수요를 창출해 낼 수 있다. 일반적으로 묶음가격은 하나 또는 그 이상의 제품을 개별구매 및 패키지 구매도 할 수 있도록 가격을 책정하게 되는데, 제품의 개별구매 가능여부에 따라 개별구매가 가능한 혼합묶음과 개별구매가 불가능한 순수묶음으로 구분할 수 있다. 어학원에서 영어회화 및 문법 강좌를 각각 개설하면서도 영어회화와 문법을 동시에 수강하면 가격을 할인해주는 것이 한 예가 될 수 있다. 제품들이 상호보완재인 경우에 효과적이다.

(5) 소비자심리와 가격전략

① 명성(긍지/권위)가격(prestige pricing) : 가격이 품질과 제품의 지위를 반영한다고 믿는 구매자의 심리를 활용한 가격전략을 말한다. 명성(긍지/권위)가격은 고가격은 고품질이라는 인식에 입각한 가격-품질연상효과를 이용한다. 일반적으로 가격이 상승하면 수요가 줄어들지만 명성가격은 가격상승에도 불구하고 수요를 유지하거나 상승시키는 특성을 가지고 있다. 이러한 가격결정은 자아민감도가 높거나 품질의 객관적 평가가 곤란한 상품에 특히 효과적이며, 소비자들은 약간의 가격인하는 정상적인 할인으로 간주하지만, 대폭 하락은 아예 품질을 의심하여 구매를 중단하게 될 수도 있다.

② 관습가격(customary pricing) : 사회적으로 또는 소비자들이 일반적으로 인정하는 가격으로 기업이 가격을 결정하는 것이 아니라 사회가 인정하는 가격을 기업이 받아들이는 것을 말한다. 이러한 경우에는 가격 자체는 유지한 상태에서 수량 또는 품질을 조정하여 가격상승의 효과를 노리는 경우가 종종 있다. 예를 들어, 과자류와 껌과 같이 오랜 기간에 걸쳐 일정한 가격을 유지하고 있는 경우이다.

③ 준거(참고)가격(reference pricing) : 소비자들이 제품가격의 높고 낮음을 평가할 때 비교기준으로 사용하는 가격을 의미한다. 따라서 소비자는 어떤 제품의 가격이 준거가격보다 높으면

비싸다고 인지하고, 준거가격보다 낮다면 싸다고 인지한다. 일반적으로 관습가격이 준거가격으로 사용되는 경우가 많고, 준거가격은 유보가격과 최저수용가격 사이에서 존재한다.

④ **유보가격(reservation price)과 최저수용가격(lowest acceptable price)** : 소비자가 어떤 제품에 대해 지불할 의사가 있는 최고가격을 유보가격이라고 한다. 반면, 제품가격이 너무 싸면 소비자는 제품에 하자가 있는 것으로 판단하고 구매를 거부하게 되는데, 이러한 가격을 최저수용가격이라고 한다. 일반적으로 소비자는 준거가격을 중심으로 유보가격과 최저수용가격 내에서 제품을 구매한다.

⑤ **단수가격(odd pricing)** : 소비자들에게 제품가격이 정확한 계산에 의해 가장 낮게 책정되었다는 인식을 심어주기 위해 1,000원 또는 10,000원 등과 같은 가격이 아니라 단수로 가격을 결정하는 가격전략을 말한다.

(6) 촉진과 가격전략

① **유인가격(loss-leader pricing)** : 잘 알려진 제품의 가격을 대폭 할인함으로써 고객들을 소매점으로 유인하려는 가격 전략을 말한다. 즉, 일단 저가품목에 의해 고객들이 유인된 후에는 할인품목의 단점과 고가품목의 장점을 강조함으로써 고가품목의 판매를 증대시키려는 전략이다. 이러한 가격 전략은 일반적으로 소비자가 가격에 대한 정확한 지식을 가지고 있는 일상 생활용품에 대해서 유통업체에서 주로 사용한다. 이에 따라 제조업자는 자사 제품이 손실유도품(loss leader)으로 전락하는 것을 방지하기 위해 재판매가격유지 전략을 사용할 수 있다. 재판매가격유지 전략(resale value maintenance pricing)이란 유통업체와의 계약을 통해 일정가격으로 거래되도록 하는 가격 전략을 말한다. 즉, 재판매가격유지 전략은 자사의 제품이 유인가격결정(loss-leader)에 빠지는 것을 방지하고 브랜드 가치를 유지하기 위해 사용하는 전략으로 희망소비자가격과 같은 것이 여기에 해당한다.

② **특별행사가격(special event pricing)** : 판매자가 시즌(성탄절, 입학 · 졸업, 휴가철 등)에 맞추어 더 많은 고객을 끌어들이기 위한 특별행사를 통해 가격을 낮추는 가격전략을 말한다.

③ **현금보상(cash rebates)** : 특정 기간 내 판매를 촉진하기 위하여 구매자에게 구입금액의 일부를 돌려주는 가격전략을 말한다. 예를 들어, 백화점에서 일정금액 이상 구입 시 일정비율의 상품권을 지급하는 것 등이다.

(7) 가격조정

① **현금할인(cash discount)** : 제품구입 시 대금을 바로 지급할 경우 가격을 할인해 주는 것을 말한다. 현금할인은 외상이나 어음결제로 인한 위험을 줄이고 현금회전을 촉진하기 위한 방법이다.

② **수량할인(quantity discount)** : 일정수량 이상 구매하는 고객에게 가격할인을 해주어 판매량을 증가시키기 위한 방법을 말한다.

③ **기능할인(functional discount)** : 중간상 할인(trade discount)이라고도 하는데, 판매자가

수행해야 할 마케팅기능(판매, 보관, 기록, 송금 등)을 유통업자가 대행해준 것에 대한 보상으로 할인해주는 방법을 말한다.
④ 계절할인(seasonal discount) : 연중 생산일정 및 판매계획의 안정성을 확보하고 판매를 증진할 목적으로 비계절 상품 구매자에게 할인해주는 방법을 말한다.
⑤ 공제(allowance) : 신제품 구매 시 사용하던 기존 제품을 판매자에게 제공할 경우 판매가격에서 이를 차감(공제)해주는 방법을 말한다. 보상판매와 같은 중고품공제(trade-in allowance)와 유통업자가 광고나 판매활성화 프로그램에 참여한 거래처를 보상해주기 위해 구입대금이나 가격을 할인해주는 촉진공제(promotional allowance)가 있다.

(8) 가격이론

1) 프로스펙트 이론

프로스펙트 이론(prospect theory)이란 사람들은 이득보다 손실에 더 민감하고 기준점을 중심으로 이득과 손해를 평가하며 이득과 손해 모두 효용이 체감한다는 것을 가정하는 이론을 의미한다. 즉 소비자는 절대치가 아닌 상대적인 변화에 민감하게 반응한다는 것이다. 이는 전통적인 경제학에서 소비자효용(utility)의 높고 낮음은 소비자가 가지고 있는 절대적 부의 수준(final wealth position)에 의해서 좌우된다고 보는 관점에 반대하여 카네만(Kahneman)과 티버스키(Tversky)에 의해 주장된 이론이다. 프로스펙트 이론은 준거의존성, 민감도 체감성, 손실회피성의 특징을 가진다.

① 준거의존성 : 소비자의 준거점(reference)을 어디에 두는가에 의해 개인의 효용이 변화하기 때문에 평가대상의 가치가 결정된다고 보는 것이다.
② 민감도 체감성 : 이익이나 손실의 액수가 커짐에 따라 그 민감도는 감소한다는 것이다.
③ 손실회피성(loss aversion) : 소비자들은 가격인하보다 가격인상에 훨씬 더 민감하게 반응한다는 것을 말한다. 일반적으로 사람들은 가격인하로 인한 이익보다 가격인상으로 인한 손해에 큰 관심을 두기 때문이다. 가격은 내리기는 쉬워도 올리기는 어려운 이유가 바로 손실회피 때문이다. 또한, 이러한 손실회피로 때문에 소비자에게 혜택(이익)은 합쳐서 제시할 때보다 분리해서 제시하는 것이 유리하고(복수 이익 분리의 원칙), 손실은 분리해서 제시하는 것보다 합쳐서 제시하는 것이 유리하다(복수 손실 통합의 원칙). 따라서 복수 이익은 나누고 복수 손실은 합하는 것이 유리하다.

2) 웨버의 법칙

웨버의 법칙(Weber's law)이란 소비자가 가격변화에 대하여 느끼는 정도가 가격수준에 따라 모두 동일한 것이 아니고 차이가 있다는 이론을 말한다. 즉, 차이의 인식이 절대적이라기보다는 상대적이라는 것이다. 차이를 인식하기 위해 필요한 자극변화는 웨버상수(웨버비)로 측정된다. 웨버상수($\Delta I/I$)는 소비자가 주관적으로 느낀 가격변화의 크기 또는 변화를 감지할 수 있는 변화의 증가율 또는 감소율을 의미한다.

3) 최소인식가능차이

최소인식가능차이(just noticeable difference, JND)란 소비자들이 가격차이[48]를 느낄 수 있는 최소한의 가격변화를 말한다. 일반적으로 가격을 인하하는 경우의 최소인식가능차이가 가격을 인상하는 경우의 최소인식가능차이보다 큰 현상을 보이는데, 이는 손실회피(loss aversion)와 관련되어 있다. 또한, 가격인하는 최소인식가능차이보다 크게 해야 판매가 늘고, 가격인상은 최소인식가능차이보다 작게 해야 소비자의 저항을 줄일 수 있다. 이는 가격인하는 소비자가 쉽게 인식할 수 있도록 해야 하고, 가격인상은 소비자가 쉽게 인식하지 못하도록 해야 하기 때문이다.

3. 유통

(1) 의의

유통(place)이란 제품을 생산자로부터 소비자에게까지 이전시키는 모든 거래과정과 경로(channel)를 말한다. 유통에는 생산자와 소비자를 연결시켜 유통을 촉진하는 다수의 개인 또는 조직이 존재하는데, 이들을 유통기관 또는 중간상이라고 한다. 유통경로에 이러한 유통기관 또는 중간상이 필요한 이유는 다음과 같다.

① 많은 생산자들이 최종소비자에게 직접 제품을 유통시킬 만한 능력을 가지고 있지 못하다.
② 중간상들은 목표시장의 고객들이 원하는 시간과 편리한 장소에서 훨씬 용이하게 제품을 구입할 수 있도록 하는 역할을 수행한다. 즉 제조업체와 소비자에게 시간효용, 장소효용, 소유효용을 제공한다.

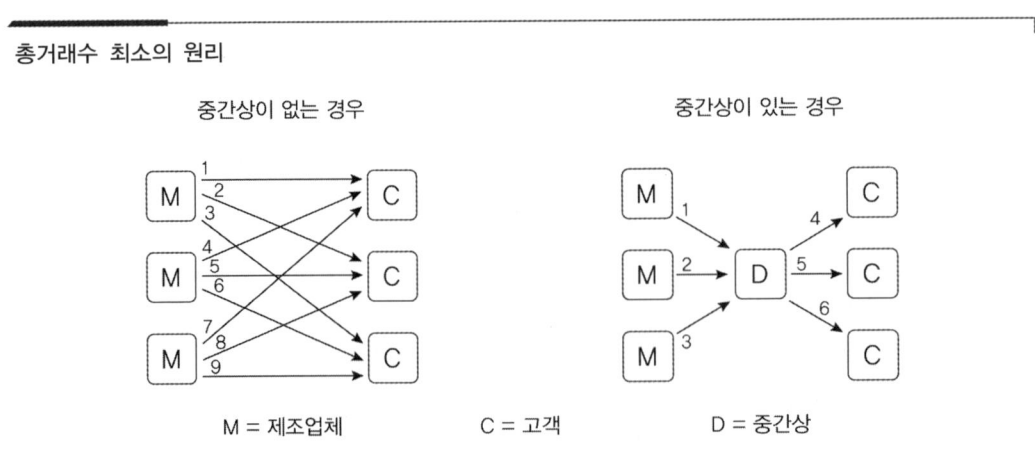

총거래수 최소의 원리

---

[48] 고객이 정보를 처리하는 과정 중 자극을 감지하는 기준을 식역(threshold)이라고 하는데, 자극을 탐지하는 데 필요한 최소한의 자극을 의미하는 절대식역(absolute threshold)과 자극의 차이를 감지할 수 있는 최소의 차이를 의미하는 차이식역(difference threshold)이 있다. 따라서 최소인식가능차이(JND)는 차이식역에 해당한다. 추가로 식역하 지각(subliminal perception)은 자극의 강도가 미약하여 절대식역 수준에 미치지 못하는 경우에도 소비자가 그 자극을 무의식 중에 감지하는 것을 말한다. 따라서 식역하 자극(subliminal stimuli)은 강도가 절대식역 수준에 미치지 못해 소비자가 지각할 수 없는 강도의 자극을 의미한다.

③ 중간상들은 생산자가 생산한 제품의 구색을 소비자들이 원하는 구색으로 전환시켜 주는 기능을 수행한다.

④ 중간상들은 총거래수 최소의 원리(principle of minimum total transactions)에 따라 거래의 집중화에 의한 거래접촉 효율성을 달성시켜 준다.

(2) 기 능

유통에는 본원적인 기능이라고 할 수 있는 거래기능과 물적유통기능이 있으며, 이러한 본원적인 기능을 지원하는 기능인 조성기능이 있다.

① 거래기능(trade function) : 소유권의 이전과 관계되는 기능을 말하며, 판매기능(sales function)과 구매기능(buy function)으로 구분할 수 있다. 판매기능은 생산자를 대신한 판매활동으로써 판매촉진, 운송, 거래조건 조율기능 등이 있고, 구매기능은 재판매를 위한 상품 구입 및 재생산을 위한 원자재 구입 등의 기능이 있다.

② 물적유통기능(physical distribution function) : 재고 이전과 관계되는 기능을 말한다. 유통은 물적유통기능을 통해 소비자들이 원하는 시간과 장소에서 재화와 서비스를 편리하게 구입할 수 있도록 하는 시간적, 장소적 이전을 가능하게 해 준다. 물적유통기능은 보관기능(custody function)과 운송기능(transport function)이 있다. 보관기능은 생산자를 대신하여 제품을 보관하고 소비자에게 즉시 전달할 수 있어 시간적 효용을 높여 주고, 운송기능은 생산지역과 소비지역을 연결시키고 소비자가 원하는 장소에 바로 이동시켜 장소적 효용을 높여 준다.

③ 조성기능(make-up function) : 거래 및 물적유통기능이 원활하게 이루어지도록 보조하는 모든 기능을 말한다. 여기에는 위험부담기능(risk charge function), 금융기능(finance function), 표준화기능(standardization function), 정보제공기능(information function), 구색확보기능(assortment function) 등이 있다.

(3) 유 형

유통에는 크게 생산자와 소비자가 직접 거래하는 직접유통(direct distribution)과 생산자와 소비자 사이에 유통기관을 활용하는 간접유통(indirect distribution)이 있다. 생산자가 활용하는 대표적인 유통기관에는 소매상과 도매상이 있는데, 소매상(retailer)[49]은 개인적 또는 비영리적 목적으로 구매하려는 최종소비자에게 재화나 서비스를 판매하는 것에 관련된 활동을 수행하는 상인을 의미하고, 도매상(wholesaler)[50]은 제품을 구입하여 소매상 또는 다른 도매상 및 산업재 생산자에게 재판매하는 개인이나 조직을 의미한다.

---

49) 소매상은 크게 점포 소매상과 무점포 소매상으로 구분할 수 있다. 점포소매상에는 백화점, 할인점, 슈퍼마켓, 회원제 창고점, 카테고리 킬러(category killer), 편의점 등이 있고, 무점포소매상에는 전자상거래, 방문판매, 전화판매, 통신판매, 홈쇼핑, 자동판매기 등이 있다. 여기서 카테고리 킬러는 특정 상품 카테고리를 깊게 취급하고 그 상품들에 대해 할인점보다 더 낮은 가격으로 판매하는 업태이다.

50) 소비재 시장에서 활동하는 도매상은 크게 상인도매상, 대리점과 브로커, 제조업자 도매상(제조업자 판매지점 및 사무소) 등으로 분류할 수 있다. 상인도매상은 제품에 대한 소유권을 가지고 소매상과 거래하지만, 대리점과 브로커는 제품에 대한 소유권을 갖지 않고, 다만 수수료를 받고서 제한된 마케팅기능만을 수행한다.

(4) 유통경로전략

유통경로전략이란 시장, 제품, 생산자 및 경쟁적 요인들을 고려하여 유통기관의 수를 결정하는 것을 말한다. 생산자가 충분한 유통경험과 자금력, 고가격제품, 산업제품, 부패가능성이 높은 제품 및 바람직한 도·소매상이 부재한 경우에는 짧은 유통경로(직접유통)를 선택한다. 그러나 반대로 고객이 넓은 지역에 분포한 경우, 소량반복구매, 부족한 유통경험 등과 같은 상황에서는 긴 유통경로(간접유통)를 선택한다. 이러한 유통경로전략은 생산자와 소비자 사이에 존재하는 유통기관의 수에 따라 다음과 같이 구분할 수 있다.

1) 개방적 유통경로전략

개방적 유통경로전략(intensive distribution strategy)이란 집중적(집약적) 유통경로전략이라고도 하는데, 자사제품에 대해 모든 판매업자에게 판매를 허용하는 전략을 말한다. 이를 통해 가능한 한 많은 도매업자와 소매업자를 활용하여 제품을 유통시킬 수 있기 때문에 편의품(convenience goods)의 경우에 많이 활용된다. 개방적 유통경로전략은 소비자에게 자주 노출되고 쉽게 구매되어 매출증대의 효과는 있지만, 낮은 마진으로 중간상의 통제가 곤란하고 광고 및 촉진활동을 대부분 생산자가 부담해야 하는 단점이 있다.

2) 선택적 유통경로전략

선택적 유통경로전략(selective distribution strategy)이란 개방적 유통경로전략과 전속적 유통경로전략의 중간형태로 다수의 중간상 중 일부에게 선택적으로 판매권한을 부여하는 전략을 말한다. 소수 중간상만 활용하기 때문에 가격인하는 거의 일어나지 않는 것이 특징이며, 자사의 상표이미지를 제고하고, 고객서비스를 강화하기 위한 목적으로 사용하는 전략이다. 일반적으로 선매품(shopping goods)의 경우에 많이 활용된다.

3) 전속적 유통경로전략

전속적 유통경로전략(exclusive distribution strategy)이란 배타적(한정적) 유통경로전략이라고도 하는데, 생산자가 특정 지역 또는 시장에 한하여 독점적 권한을 부여한 도매상과 소매상을 선정하고, 그들에게만 자사제품을 유통시키는 전략을 말한다. 이때 도매상에게 부여한 권한을 독점판매권(distributorship)이라 하고, 소매상에게 부여한 권한을 딜러십(dealership)이라고 한다. 이 전략은 중간상에 대하여 완전한 통제가 가능하고, 중간상과 함께 의사결정과 촉진활동을 수행하여 상표이미지 유지와 마케팅비용을 절감하는 장점을 가지고 있다. 일반적으로 전문품(speciality goods)의 경우에 많이 활용된다.

(5) 유통경로상 갈등

유통경로상 갈등(channel conflict)이란 유통경로상에 있는 유통기관 사이에 발생하는 갈등을 말한다. 유통기관들은 각자의 이익을 위하여 의사결정하고 활동하기 때문에 다른 유통기관과 갈등을 유발할 수밖에 없으며, 갈등발생의 대표적인 원인에는 목표불일치, 역할(영역) 불일치, 지각불일치 등이 있다. 여기서 목표불일치는 구성원 간의 목표가 서로 다르고 이들 목표를 동시에 달성할 수 없을 때를 의미하고, 역할(영역) 불일치는 구성원 간에 각자의 역할영역에 대한 합의가 이루어지지 않을 때를 의미하며, 지각불일치는 동일한 사실이나 실체에 대해 서로 다르게 지각할 때를 의미한다. 갈등은 반드시 부정적인 것이 아니며 문제를 발견하고 해결하여 성과를 높이는 계기가 될 수도 있다. 이것을 갈등의 순기능이라고 한다. 그러나 갈등이 지나치게 커지게 되면 구성원들 간의 협력이 적어지고 영역의 중복, 비효율성 등이 나타나게 되고 이를 갈등의 역기능이라고 한다. 이러한 유통경로상의 갈등은 수직적 갈등과 수평적 갈등으로 구분할 수 있다.

① 수평적 갈등(horizontal channel conflict) : 유통경로상 같은 단계에 있는 유통기관들 사이에서 발생하는 갈등을 말한다. 수평적 갈등은 주로 기존에 취급해오던 제품 이외에 다른 제품을 추가하거나 판매영역을 확대함으로써 유발된다. 일반적으로 경쟁적인 상품기획과 영업확대에서 비롯되는 경우가 많다.

② 수직적 갈등(vertical channel conflict) : 유통경로상 다른 단계에 있는 유통기관들 사이에서 발생하는 갈등을 말한다. 수직적 갈등은 생산자가 소비자와 직접유통을 시도하여 이윤을 높이거나 도매상에게 재고부담과 판촉비용을 전가하는 등의 경우에 유발된다. 일반적으로 수직적 갈등은 수평적 갈등에 비해 해결하기가 쉽지 않다.

(6) 유통경로시스템

유통경로는 개인, 기업, 경로목적을 달성하기 위해 상호작용하는 사람과 기업으로 구성된 복잡한 시스템이다. 어떤 경로시스템은 느슨하게 조직화된 기업 사이의 비공식적인 상호작용만으로 구성되고, 또 다른 경로시스템은 강력한 조직구조로 관리되는 공식적인 상호작용으로 구성되기도 한다. 유통경로시스템의 구체적인 내용은 다음과 같다.

1) 전통적 유통경로시스템

전통적 유통경로시스템(conventional distribution channel system)이란 제조업자, 도매상, 소매상이 서로 지배하지 않고 독립적인 형태로 연결된 유통경로시스템을 말한다. 가장 기본적인 유통경로시스템으로써 각 경로구성원들은 독립적으로 맡은 역할을 수행하기 때문에 경로구성원 간의 연대가 약하고 갈등이 발생했을 때 조정하기 힘든 단점이 있다.

2) 수평적 마케팅시스템

수평적 마케팅시스템(horizontal marketing system, HMS)이란 동일한 유통경로단계에 있는 두 개 이상의 기업이 자원과 마케팅 프로그램을 결합하여 수행하는 마케팅시스템을 말한다. 이는 각 기업이 단독적으로 효과적인 마케팅활동을 수행하는데 필요한 자본, 마케팅 자원 및 노하우 등을 가지고 있지 않기 때문에 수평적 통합을 통해 시너지 효과를 얻고자 하는 것이 그 목적이다. 또한 이러한 형태의 결합방식을 공생적 마케팅(symbiotic marketing)이라고도 한다.

3) 수직적 마케팅시스템

수직적 마케팅시스템(vertical marketing system, VMS)이란 하나의 전체 시스템으로 운영되는 유통경로시스템으로써 제품이 제조업자에서부터 소비자까지 흐르는 과정의 수직적 유통단계를 관리하는 유통망을 의미한다. 수직적 마케팅시스템은 경로 내의 유통기관에 대한 통제력을 강화하여 시장영향력이 최대가 될 수 있도록 하며, 물적유통비용의 절감과 다른 기업과의 판매와 구매과정에서 발생되는 거래비용을 절감할 수 있다. 수직적 마케팅시스템은 유통기관의 소유와 계약형태에 따라 기업형 VMS, 계약형 VMS, 관리형 VMS로 구분한다.

① 기업형 VMS : 유통경로에 있는 기관이 다른 유통기관을 소유한 형태의 수직적 마케팅시스템이다. 소유권을 확보하여 생산과 유통을 연속적으로 결합한 것이다. 제조업체가 도·소매상을 소유하는 전방통합(forward integration), 소매상들이 그들에게 제품을 공급하는 제조업체를 소유하는 후방통합(backward integration)이 기업형 VMS의 전형적인 형태이다. 제조업체는 자사제품의 유통을 전담할도 . 소매점을 100% 소유한 유통망을 형성하거나 또는 주식의 일부를 취득함으로써 부분적인 수직적 통합을 채택할 수도 있다.

② 계약형 VMS : 수직적 마케팅시스템 중 가장 일반적인 형태로 생산자, 도매상, 소매상은 각각 독립되어 있으나, 상호 간 계약에 의해 수직적으로 통합한 형태이다. 계약형 VMS는 도매상후원 자발적 연쇄점(wholesaler-sponsored voluntary chain), 소매상 협동조합(retailer cooperative), 프랜차이즈 조직(franchise system)의 세 가지 유형으로 나누어진다.

③ 관리형 VMS : 위치, 지위, 명성 및 자원 등이 우월한 하나 또는 한정된 수의 기업이 경로전체의 전략이나 방침을 결정하고 다른 구성원들이 법적으로 자율성을 가지면서 그것에 따르는 수직적 마케팅시스템이다. 시장점유율이 높은 제조업체들은 중간상들의 자사 브랜드에 대한 머천다이징계획을 지원하며, 자사 브랜드에 대한 진열공간확보, 촉진정책 등과 관련하여 이들로부터 강력한 협조를 얻을 수 있다.

수직적 마케팅시스템의 유형

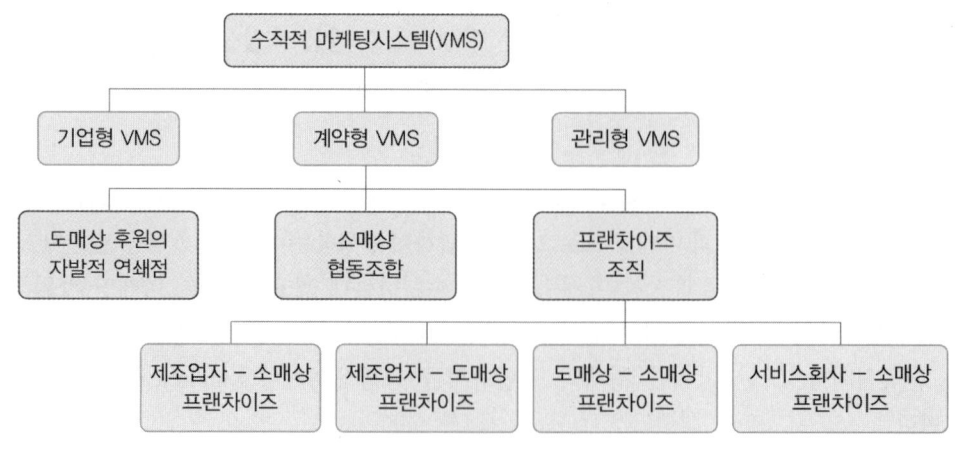

4) 복수유통경로시스템

복수유통경로시스템(multi-channel system)이란 세분시장마다 다른 유통경로를 사용하는 유통경로시스템을 말한다. 궁극적으로 마케팅노력을 보다 효과적으로 수행하여 비용절감을 통한 시장확대가 목적이다. 최근 들어 시장세분화가 가속화되고 다양한 유통경로 활용이 가능해짐에 따라 둘 이상의 유통경로를 함께 활용하는 것이 가능해졌고, 이로 인해 매출을 증대시킬 수는 있지만 경로 간 갈등이 발생할 가능성이 있다.

5) 역유통경로시스템

역유통경로시스템(reverse distribution channel system)이란 생산자로부터 소비자로 이어지는 전통적 유통경로의 반대 개념으로써, 소비자로부터 생산자로 이어지는 유통흐름을 말한다. 이는 제품을 생산하는데 필요한 원자재의 순환을 촉진하기 위함인데, 예로 소비자가 빈병을 소매상에게 되파는 경우나 부품을 재활용하기 위한 도매상의 중고품 보상판매활동이 이에 해당된다.

4. 촉 진

(1) 의 의

촉진(promotion)이란 기업의 재화나 서비스를 소비자들이 구매하도록 유도할 목적으로 해당 재화나 서비스의 성능에 대해 실제 및 잠재고객을 대상으로 정보를 제공하거나 설득하는 것을 의미한다. 따라서 촉진은 마케팅정보를 전달한다는 관점에서 마케팅 커뮤니케이션(marketing communication)이라고도 한다. 마케팅 관리자는 소비자들이 구매활동에 이르도록 일련의 단계를 고려하여 순차적으로 긍정적인 반응을 유도해서 커뮤니케이션 목표를 효과적으로 달성할 수 있도록 해야 한다.

〈촉진과 소비자행동〉

모 형	인지적 단계 (cognitive stage)	감정적 단계 (affective stage)	행동적 단계 (behavioral stage)
AIDA 모형	주의(attention)	→ 관심(interest) → 욕구(desire)	→ 행동(action)
효과의 계층모형	인지(awareness) → 지식(knowledge)	→ 좋아함(like) → 선호함(preference)	→ 확신(conviction) → 구매(purchase)
혁신수용모형	인지(awareness)	→ 관심(interest) → 평가(evaluation)	→ 시용구매(trial) → 수용(adoption)

(2) 촉진믹스

1) 의 의

촉진믹스(promotion mix)란 촉진을 달성하기 위한 수단들의 집합을 의미하고, 그 종류에는 광고(advertising), PR(public relations), 인적판매(personal selling), 판매촉진(sales promotion) 등

이 있다.

① 광 고 : 광고주에 의해 아이디어, 상품 및 서비스 등의 유료형태를 취한 비인적 노출 및 촉진활동을 말한다. 광고는 일반적으로 **공중제시성**(public presentation), **보급성**(pervasiveness), **증폭표현성**(amplified expression), **비인성**(impersonality) 등의 특징을 가진다. 광고는 고비용의 특징을 가지지만, 수신자당 비용은 저렴하다.

② PR[51] : 신문, 잡지, TV, 라디오 등의 뉴스나 기사를 통해 재화와 서비스를 소개함으로써 다양한 이해관계자들로부터 호의를 갖게 하고 소비자의 수요를 자극하는 촉진믹스를 말한다. 즉 공중의 이익에 입각하여 각 개인이나 조직체의 정책 및 절차를 밝혀서 공중의 이해와 동의를 얻기 위하여 계획을 수립하고 실천하는 과정이다. PR은 매체비용을 지불하지 않기 때문에 다른 촉진도구보다 저렴하고, 일반적으로 뉴스나 논설의 형태로 다루게 되는데 이로 인해 소비자들의 신뢰성을 확보하게 된다. PR은 기업의 조직구성원, 주주, 투자자, 유통경로 구성원과 고객집단, 언론기관, 정부 및 공공기관을 그 대상으로 하고, 언론보도(press release), 회견(press conference), 특별행사, 공공캠페인 활동, 간행물 발행 등의 수단을 사용한다. PR은 저비용과 신뢰성의 특징을 가진다. PR은 광고의 대체안이 될 수는 없으며, 보완적인 성격으로 정보를 제공해줌으로써 광고의 효과를 증대시키고 촉진활동과의 시너지 효과를 만들어 내는데 도움을 줄 수 있다.

〈광고와 PR의 비교〉

	광고	PR
목 적	판매증진	정보전달(교육적인 목적)
비 용	고비용	저비용
게재여부 결정	광고주	매체주(매체의 편집인)

③ 인적판매 : 판매원이 판매를 목적으로 1인 또는 그 이상의 예상구매자들과 직접적인 접촉과 쌍방향 의사소통을 통해 자사의 재화와 서비스를 구매할 수 있도록 권유하고 설득하는 과정을 의미한다. 따라서 인적판매는 개인적 접촉, 쌍방향 의사소통, 고비용, 최종구매행동 자극 등의 특징을 가지고, 시간과 비용의 낭비가 적다.

④ 판매촉진 : 재화나 서비스의 판매를 촉진하기 위한 비교적 단기적인 동기부여 수단을 총칭하는 개념을 말한다. 판매촉진은 지금 시점에서 구매할 이유를 제공하는 것이 목적이며, 촉진대상에 따라 소비자 판매촉진[52]과 유통기관 판매촉진[53]으로 구분할 수 있다.

---

51) 일반적으로 홍보(publicity)는 PR(public relations)의 하위개념이다.

52) 가격판매촉진에는 쿠폰(coupon), 가격할인(price-offs), 보너스 팩(bonus packs), 리펀드(refund), 리베이트(rebate), 금융서비스(financial service) 등이 있고, 비가격판매촉진에는 사은품(premiums), 견본품(product sampling), 경연(contest)과 추첨(sweepstakes), 구매시점전시(point of purchase display), 시연회(demonstration), 애호도 제고 프

2) 결정요인

기업은 촉진활동을 효율적으로 수행하기 위하여 촉진수단 중 하나 또는 그 이상을 적절히 활용하게 되는데, 이러한 촉진수단은 다양한 요인의 영향을 받게 된다.

① 촉진대상 제품의 유형 : 최종 소비를 목적으로 하는 소비재는 다양한 촉진수단 중 광고의 중요성이 더 크며, 중간 소비를 목적으로 하는 산업재의 경우에는 인적판매와 같은 촉진수단이 더 중요해지게 된다.

② 구매의사결정과정 : 소비자는 일반적인 절차에 따라 제품구매의사결정과정을 수행하게 된다. 이러한 과정은 간단하게 '정보 탐색'의 과정과 '구매 행동'의 과정으로 구분할 수 있는데, '정보 탐색'의 과정에서는 광고나 PR이 바람직한 촉진수단이 되고, '구매 행동'의 과정에서는 인적판매나 판매촉진이 가장 바람직한 촉진수단이 된다.

③ 제품수명주기 : 촉진대상 제품의 수명주기에 따라서 효율적인 촉진수단이 달라질 수 있다. 도입기와 성장기에 있는 제품은 일반적으로 신규 구매자를 통한 시장점유율 확대가 목적이기 때문에 광고나 PR이 적합한 촉진수단이 되며, 성숙기에서는 기존 구매자를 대상으로 한 판매촉진이 적합한 촉진수단이 된다. 쇠퇴기에서는 판매촉진을 지속적으로 실시하되, 광고는 소비자들이 기억을 상기할 정도로만 실시하면 된다.

④ 푸시(push) 전략과 풀(pull) 전략 : 푸시전략은 제조업자가 최종소비자에게 직접 촉진활동을 하지 않고 유통업자를 통해 촉진하는 방법으로 주로 유통업자의 힘이 강하고 제조업자의 브랜드 인지도가 낮은 경우에 사용하게 되며, 인적판매나 중간상 판매촉진이 적합한 촉진수단이 될 수 있다. 풀전략은 제조업자가 최종소비자에게 촉진활동을 함으로써 소비자가 자사제품을 찾도록 하는 전략으로 브랜드 인지도가 높은 기업이 주로 사용하며, 광고나 소비자 판매촉진이 주요한 촉진수단이 될 것이다.

3) 통합적 마케팅 커뮤니케이션

통합적 마케팅 커뮤니케이션(integrated marketing communication, IMC)이란 다양한 커뮤니케이션 수단들의 전략적인 역할을 비교하고 검토한 후에, 명료성과 일관성을 높여 최대의 커뮤니케이션 효과를 제공하는 것을 목적으로 다양한 수단들을 통합하는 마케팅 커뮤니케이션을 말한다. 즉, 각각 별개의 것으로 취급해 오던 촉진믹스들을 통합적인 관점에서 배합하고 일관성 있는 메시지를 전달하여 커뮤니케이션 수용자의 '행동'에 직접적으로 영향을 줄 목적으로 수행되는 마케팅 커뮤니케이션을 말한다. 이는 환경 변화에 따른 소비자 역할과 브랜드 전략이

로그램(loyalty program) 등이 있다.

53) 가격 판매촉진에는 진열수당(display allowance), 시판대 및 특판대 수당, 구매량에 따른 할인, 가격 할인, 재고금융 지원, 협동광고(cooperative advertising), 유통업체 쿠폰, 촉진 지원금(push money), 리베이트(rebate) 등이 있으며, 비가격 판매촉진에는 영업사원 인센티브 제도, 영업사원 교육, 경연(contest), 초대회, 사은품(premiums), 지정판매량에 대한 인센티브, 고객접점 광고물, 응모권 내장, 판매상 지원(dealer loader), 매장관리 프로그램 관리지원, 판매 도우미(sales helper) 파견 등이 있다.

변화하면서 개별적으로 보았던 커뮤니케이션 수단을 하나의 메시지로 통합하여 전달하는 형태로 변화가 요구됨에 따라 메시지를 전달하는 커뮤니케이션에 관련된 모든 요소들이 하나로 수용되는 것이다. 통합적 마케팅 커뮤니케이션의 등장배경은 일반적으로 다섯 가지 정도로 요약할 수 있으며, 그 구체적인 내용은 다음과 같다.

① TV, 신문, 잡지 등의 대중매체를 이용한 광고의 단가가 크게 인상되었음에도 불구하고, 소비자들이 대중매체를 이용한 광고에 대해서 가지고 있는 신뢰도가 약화되어 가고 있다.

② 기업은 광고 이외의 촉진믹스들이 가지는 효과에 대해서 관심을 가지게 되었으며, 기업 간 경쟁의 심화는 이러한 다양한 촉진믹스의 활용을 가속화시켰다.

③ 소비자의 욕구가 세분화되고 있는 추세이며, 마케팅 커뮤니케이션을 위한 매체들도 다양하게 세분화되어 가고 있다.

④ 과거에는 마케팅활동의 중심이 제조업자에 있었으나, 강력한 유통업체의 등장에 따라 그 중심이 유통업체로 이동하고 있다.

⑤ 인터넷, 스마트폰 등 쌍방향 의사소통이 가능한 매체가 활성화됨에 따라 마케팅 커뮤니케이션이 단순하게 제작한 메시지를 대중에게 전달(push)하는 것이 아니라 소비자가 메시지를 탐색하게 유도(pull)하는 형태로 변화하게 되고, 이로 인해 새로운 매체전략의 수립에 대한 필요성이 대두되었다.

(3) 광 고

1) 유 형

① 부정적 광고(negative advertising) : 부정적이거나 금기시되는 소재를 활용하여 시각적·감정적 충격을 주어 특정 대상에 대해 부정적 느낌과 정보를 전달하는 광고를 의미한다.

② 잠재의식광고(subliminal advertising) : 인간의 잠재의식에 호소하는 광고를 의미한다. 드라마 속의 한 장면을 활용하여 시청자의 잠재된 의식을 자극하고 기억하게 하여 수요를 자극하는 경우가 이에 해당하고, PPL(product placement)광고라고도 한다.

③ 인포머셜(informercial) : 정보(information)와 광고(commercial)의 합성어로 제품이나 점포에 대한 상세한 정보를 제공하여 소비자의 이해를 돕는 광고기법으로 광고라는 느낌을 최소화하는 방법이다.

④ 티저광고(teaser advertisement) : 초기에는 일부분만 드러내고 호기심을 자극한 후에 점차 전체 모습을 구체화시키는 광고로 처음에는 상품명이나 광고주를 알아볼 수 있는 메시지를 피하게 된다.

⑤ 역광고(reverse advertisement) : 소비자가 자신의 요구를 네트워크에 입력하면 거꾸로 재

화나 서비스 공급자가 이를 확인하고 소비자에게 접촉하는 광고를 의미한다. 인터넷의 발달로 가능해진 광고의 형태이다.

⑥ **구매시점(POP)광고(point of purchase advertisement)** : 매장 내 포스터, 진열대, 간판, 전단지 등을 활용하여 구매의도가 없는 소비자를 자극하고 바로 구매할 수 있도록 유도하는 광고를 의미한다.

⑦ **기본수요광고(primary demand advertisement)** : 특정상표에 대한 광고가 아니라 제품계열의 수요를 증대시키기 위해 신제품 출시 또는 협회 등에서 사용하는 광고를 의미한다. 새로운 제품이나 혁신제품을 시장에 소개할 목적으로도 사용된다.

〈제품수명주기별 광고목표 및 광고유형〉

제품수명주기	광고목표	광고유형
도입기	- 제품성능 및 이점에 대한 인지도 제고 - 1차 수요 생성	정보제공적 광고
성장기	- 제품 선호도 증가	설득광고(비교광고)
성숙기	- 브랜드 이미지 형성 - 상표애호도 제고 - 구매 후 인지부조화 가능성 제거 - 제품 상기율 제고	감성전이형 광고 강화광고 상기광고
쇠퇴기	- 제품의 상기 : 회상	상기광고

2) 메시지 구조

메시지 구조(message structure)는 전달할 메시지를 어떻게 구성하느냐에 관한 문제로서 핵심내용의 제시순서, 결론도출여부, 메시지의 주장측면, 언어적·비언어적 메시지 등을 고려하여 결정한다.

① **핵심내용의 제시순서** : 메시지의 핵심내용을 광고물의 어디에 제시하느냐에 따라 효과가 달라진다. 처음에 제시하는 것과 마지막에 제시하는 것이 중간에 위치시키는 것에 비해 효과적이다. 또한, 소비자가 광고제품에 대해 부정적인 태도를 가지고 있다면 핵심메시지를 처음에 제시하는 것이 보다 효과적이고, 소비자가 광고제품에 대해 긍정적인 태도를 가지고 있다면 핵심내용을 마지막에 두는 것이 극적효과를 거둘 수 있어 효과적이다.

② **결론도출여부** : 일반적으로 명확한 결론을 제시하는 것이 소비자의 이해를 쉽게 할 수 있다는 점에서 보다 효과적이지만, 표적청중의 특징, 제품유형, 광고목적의 장·단기성 등에 따라 달라질 수 있다.

③ **메시지의 주장측면** : 메시지의 주장측면은 메시지의 구성에서 긍정적인 측면만을 전달하느냐 긍정적·부정적 측면을 모두 포함하느냐와 관련된 결정이다. 긍정적 측면만을 전달하는 것을

일면적 메시지(one-sided message)라고 하며, 장점과 단점 모두를 제시하는 것을 양면적 메시지(two-sided message)라고 한다. 대부분의 광고는 일면적 메시지를 사용하지만 상황에 따라서는 양면적 메시지가 더 효과적일 수 있다. 양면적 메시지는 광고되는 제품의 긍정적인 측면을 강조하고 부각시키기 위해 부정적 측면을 활용할 때 효과적이다. 또한, 부정적인 정보의 제시가 소비자로 하여금 정보원천(광고주)의 정직성에 대한 신뢰를 높여서 전체적인 메시지에 대한 신뢰를 높여줄 수 있어야 한다.

④ 언어적·비언어적 메시지 : 비언어적(시각적·청각적) 메시지도 광고물의 중요한 요소이다. 비언어적 메시지는 언어적 메시지의 효과를 강화하기 위하여 또는 그 자체로서 특정의 제품정보를 전달하는 도구로서 효과적으로 사용될 수 있다. 그러나 비언어적 메시지는 언어적 메시지에 비하여 발신자가 갖는 통제력이 떨어지기 때문에 의도한 바와 다르게 처리될 수 있다.

3) 소구방식

소구방식(appeal method)이란 광고가 포함하고 있는 전달메시지를 어떻게 소비자에게 제시할 것인가의 호소방법을 말한다. 가장 대표적인 소구방식에는 이성적 소구와 감성적 소구가 있다.

① 이성적 소구(rational appeal) : 자사의 브랜드가 선택될 수밖에 없는 합리적인 이유를 설명하거나 객관적인 근거를 제시함으로써 목표소비자에게 제품에 대한 지식과 정보를 제공하는 소구방식을 말한다. 이성적 소구에는 비교소구, 증언소구, 입증소구 등이 있다.

② 감성적 소구(emotional appeal) : 소비자로 하여금 이성적인 판단이나 정보제공을 통한 설득보다는 브랜드에 대한 긍정적인 느낌이나 호의적인 태도(이미지)의 향상을 목적으로 소비자의 감정을 자극하고 감성에 호소하는 소구방식을 말한다. 감성적 소구에는 유머소구, 공포소구, 성적소구, 온정소구, 향수소구 등이 있다.

4) 광고모델

광고모델은 광고의 핵심메시지를 전달하는 정보원천(source)으로써 목표고객들의 메시지 수용에 큰 영향을 미칠 수 있다. 일반적으로 정보원천이 신뢰성[54]이 있고, 매력적[55]일수록 소비자들의 메시지 수용도가 높게 나타난다. 따라서 고관여 제품의 경우에는 신뢰성이 높은 전문가를 광고모델로 기용함으로써 내면화를 유도할 수 있으며, 저관여 제품의 경우에는 매력도가 높은 유명인이

---

[54] 정보원천의 신뢰성은 그 정보원천의 전문성(expertise)과 진실성(trustworthiness)에서 비롯된다. 전문성은 메시지 전달자가 광고하는 재화나 서비스와 관련하여 가지고 있는 지식이나 경험의 정보를 말하며, 진실성은 메시지 전달자가 얼마나 객관적이고 정직한지에 대한 소비자의 인식을 말한다. 소비자는 메시지 전달자가 광고되는 제품과 관련하여 충분한 지식을 가지고 있거나 객관적이고 정직한 의견을 전달한다고 지각하면, 그 정보원천을 신뢰할 만한 사람으로 판단하여 그가 전달하는 메시지를 받아들일 가능성이 높아진다.

[55] 정보원천의 매력성을 결정하는 요인으로는 유사성(similarity), 친숙성(familiarity), 호감성(likability) 등이 있다. 유사성은 소비자가 정보원천을 자신과 비슷하다고 생각하는 정도를 의미하고 친숙성은 정보원천에 대해 익숙한 정도를 의미한다. 호감성은 정보원천에 대해 가지는 호감의 정도를 말하는데, 일반적으로 호감성에는 정보원천의 신체적 매력도 포함된다.

나 일반인을 광고모델로 기용하여 동일화를 유도할 수 있다. 여기서 내면화(internalization)는 신뢰성이 높은 전문가의 의견을 소비자들이 자신의 의견으로 받아들이는 과정을 의미하고, 동일화(identification)는 매력도가 높거나 자신과 유사한 정보원천과의 관계형성을 통해 소비자들이 정보원천의 의견과 비슷한 견해를 취하거나 똑같다고 착각하는 것을 의미한다.

① 전문가 모델 : 신뢰성이 높으므로 제품의 핵심개념을 더욱 효과적으로 전달할 수 있으며, 고관여 제품의 경우에 사용하면 효과적이다.

② 유명인 모델 : 대중에게 좋은 이미지를 가진 연예인이나 스포츠 스타 등이 정보원천이 되기 때문에 매력도에 의한 동일화 과정이 가능해지고 목표고객의 관심을 유도하기 좋으며, 좋은 이미지가 제품에 연결된다는 장점이 있다. 그러나 모델과 제품의 이미지 간의 적합성이 고려되어야 하며, 유명인에 의해 오히려 제품의 장점이 가려지는 음영효과(overshadowing effect)도 주의해야 한다.

③ 일반인 모델 : 정보원천이 자신과 유사한 일반소비자이기 때문에 소비자들은 정보원천의 의견과 쉽게 공감대를 형성하고 동일화되는 과정을 겪게 되며, 습관적 구매를 유도하는 저관여 제품의 경우에 사용하면 효과적이다.

5) 광고매체의 선정기준

광고매체를 선정하는 과정에서 고려되어야 하는 요인은 도달범위(coverage 또는 reach), 빈도(frequency), 영향력(impact), 예산(budget) 등이다. 광고매체의 선정에 있어서 정해진 예산 범위 안에서 광고의 도달범위와 빈도는 서로 반비례, 즉 상충관계를 가진다. 따라서 목표고객과 광고의 목표에 따라 도달범위와 빈도에 대한 적절한 조합[56]이 필요하며 이에 대한 효율적인 의사결정이 이루어져야 한다.

① 도달범위 : 특정 기간 동안에 궁극적으로 광고에 노출되는 소비자의 숫자를 의미한다.

② 빈 도 : 특정 기간 동안에 개인이 광고에 노출된 횟수를 의미한다.

③ 영향력 : 특정 매체를 통하여 특정 광고에 노출된 질적 가치로써 소비자의 변화정도를 의미한다.

④ 예 산 : 사용할 수 있는 광고비용으로써의 금전적 범위를 의미한다. 예산과 관련된 개념으로 1,000명의 소비자에게 도달하는데 드는 비용(cost per thousand persons reached=cost per mill, CPM)이라는 개념이 있다. 예를 들어, 신문광고를 실시한다고 가정할 때, A라는 신문에 전면광고를 내는 데 3,000만 원이 들고 이 신문을 구독하는 독자의 수가 300만 명이라면 이 신문의 CPM은 10,000원이 된다. 이렇게 하여 광고주는 각 매체별로 CPM이 낮은 순서대로 순위를 매길 수 있을 것이다.

---

[56] GRP(gross rating points)는 동일한 광고물을 동일한 매체에 방영하는 경우에 일정기간 동안 매체운용을 통하여 얻어진 각각의 시청률을 모두 합친 수치를 말하고, 시청률(도달범위)과 노출빈도의 곱으로 계산한다.

〈주요 광고매체별 특징〉

매체	장점	단점
신문	신축성, 적시성, 범위한정 용이, 광범위한 수용성, 높은 신뢰성	짧은 수명, 낮은 재현도, 적은 독자 수
TV	역동성, 감각적 소구, 높은 주의도, 넓은 노출·도달범위	고비용, 과다 광고로 인한 광고 혼잡, 단기적 노출, 청중의 무작위성
라디오	대량이용, 지리적·인구통계적 선별성, 저비용	청각의존에 의한 낮은 주의력, 순간적 노출
잡지	지리적·인구통계적 선별성, 신뢰성 확보 가능, 장기적 광고 수명	긴 광고게재 소요시간
옥외광고	신축성, 높은 반복 노출도, 저비용, 저경쟁	청중의 선별 불가능
인터넷	높은 선별성, 상호작용성, 상대적 저비용	낮은 신뢰성

6) 광고예산의 설정방법

① **가용자원법(지불능력 기준법)** : 기업이 감당할 수 있는 범위 내에서 광고예산을 설정하는 방법이다.

② **매출액비율법** : 전년도의 매출액이나 과거 수년 간의 평균매출액을 기준으로 특정비율을 곱하여 광고예산을 설정하는 방법이다. 이 방법은 실무에서 가장 많이 사용하는 방법이지만, 매출은 촉진의 결과로 보는 것이 아니라 원인으로 보는 동의반복적인(tautology) 문제점을 가지고 있다. 즉, 적절한 시장기회를 획득하기 위해서 촉진을 사용하기보다는 현재의 가용자원에 근거해서 촉진예산을 결정하기 때문에 적절한 시장기회를 통해 이윤을 획득하는 데 상당한 문제점을 가지고 있으며, 과거의 자료에 근거하여 예산을 설정하기 때문에 장기계획의 수립이 어렵다. 이러한 문제점을 극복하기 위하여 매출액비율법을 사용하는 많은 기업들은 경쟁기업대항법을 병행하여 사용하기도 한다.

③ **이익비율법** : 과거의 이익에 특정 비율을 곱하여 광고예산을 설정하는 방법이다.

④ **경쟁기업대항법** : 경쟁기업이 투입한 광고비에 대항하여 자사의 광고예산을 설정하는 방법이다.

⑤ **목표과업법** : 달성가능한 목표를 설정하고 이를 달성하기 위해 필요한 과업을 산출하여 광고비를 추정하는 방법으로 과학적인 방법이라고 할 수 있다. 즉, 마케팅 의사결정자가 촉진비용, 노출수준, 사용구매율 등의 관계를 상세히 파악하여 목표달성에 따른 촉진예산을 결정하기 때문에 가장 이상적인 촉진예산 결정방법이라고 할 수 있다. 현실적으로 이러한 목표과업법이 이루어지면 광고예산의 한계분석도 가능하지만, 대부분의 광고목표가 자료를 근거하여 작성되지 않고 통상적으로 광고기획 담당자의 경험에 의해 설정되는 경우가 많다.

7) 광고효과 관련 용어

① 광고호의(advertising goodwill) : 광고의 누적효과를 나타내기 위한 개념이다.

② 광고의 지침효과(wearout effect) : 광고의 노출빈도가 어느 수준을 넘어서면 광고효과가 떨어지는 현상을 의미한다. 이는 판매반응함수와 관련되어 있는데, 가장 대표적인 판매반응함수는 S형의 판매반응함수이다. S형의 판매반응함수는 광고비 지출이 적을 때는 매출에 대한 영향이 미미하다가 광고비지출이 점차 증가하여 가속점을 넘어서면 매출이 급속히 증가하기 시작하고, 어느 수준 이상 과다한 광고비지출은 매출증가에 거의 영향을 미치지 않게 되는 것을 의미한다.

③ 광고의 이월효과(carryover effect) : 특정시점의 광고투자 효과가 그 이후 시점에서도 발현되는 현상을 의미한다.

제5절 | 마케팅영역의 확장

1. 고객관계관리

(1) 의 의

고객관계관리(customer relationship management)란 신규고객 확보, 기존고객 유지 및 고객수익성의 증대를 위하여 지속적인 의사소통을 통해 고객행동을 이해하고 영향을 주기 위한 광범위한 접근을 말하며, 관계마케팅(relationship marketing)이라고도 한다. 즉, 고객에 대한 매우 구체적인 정보를 바탕으로 고객 개개인에게 적합한 차별적인 재화 및 서비스를 제공함으로써 고객과의 개인적 관계를 지속적으로 유지하고 새롭게 변화시키려는 일련의 경영활동이다. 고객관계관리는 과거 대중마케팅에서 지향하고 있는 불특정 다수인을 대상으로 하는 마케팅 노력이 아닌 고객 개개인을 대상으로 하는 일대일 마케팅(개인화 마케팅 또는 개별마케팅)을 지향하는 개념이다. 이는 쌍방향적이면서도 개인적인 의사소통이 필수적이며, 개별고객에 대한 상세한 데이터베이스의 구축이 있어야 비로소 가능하다.

(2) 데이터베이스 마케팅

  1) 의 의

  데이터베이스 마케팅(database marketing)이란 판촉활동에 대한 소비자의 응답, 소비자의 설문지나 제품보증서에서 수집된 소비자 신상정보, 제품구입이나 소비자 불만 처리과정에서 얻은 정보 등을 데이터베이스에 저장하여 마케팅전략에 활용하는 것을 의미한다. 일반적으로 데이터베이스 마케팅은 관계마케팅 또는 고객관계관리를 달성하기 위한 하위 개념 또는 수단으로 이해되며, 직접 마케팅을 수행하기 위한 필수조건이기도 하다.

  2) 빅 데이터 분석

  빅 데이터(big data)란 기존 데이터베이스 관리도구로 데이터를 수집, 저장, 관리, 분석할 수 있는 역량을 넘어서는 대량의 정형 또는 비정형 데이터 집합과 이러한 데이터로부터 가치를 추출하고 결과를 분석하는 기술을 총칭한다. 이러한 빅 데이터는 단순히 큰 데이터가 아니라 부피가 크고, 변화의 속도가 빠르며, 속성이 매우 다양한 데이터라는 양(volume), 속도(velocity), 다양성(variety)의 세 가지 특징을 가지고 있다. 이 외에 최근에는 정확성(veracity), 가변성(variability), 시각화(visualization), 가치(value) 등이 빅 데이터의 새로운 특징으로 제시되고 있다. 이러한 빅 데이터를 분석하는 가장 중요한 분석도구인 데이터마이닝은 대용량 데이터에 대한 탐색적 분석도구라는 관점에서 거대한 데이터 더미 속에서 가치 있는 어떠한 것을 채굴하는 것이다. 따라서 데이터마이닝은 방대한 양의 데이터 속에서 쉽게 드러나지 않는 유용한 정보를 찾아내는 과정이라고 할 수 있으며, 데이터의 방대함, 높은 처리 복잡도, 개방형 소프트웨어, 비정형 데이터 중심, 분산처리 등의 특징을 가지고 있다.

(3) 목 적

고객관계관리의 주된 목적은 고객에 대한 상세한 지식을 토대로 고객들과의 장기적 관계를 구축하고 충성도(애호도)를 제고시킴으로써 고객의 생애가치(lifetime value)를 극대화하는 것이다. 여기서 고객의 생애가치란 한 고객이 처음 구매한 시점부터 그 고객이 특정 기업의 고객으로 남아 있는 동안의 총 누적구매액을 말한다. 고객관계관리의 관점에서 고객과의 관계는 '용의자(suspect) → 잠재고객(prospect) → 사용자(user) → 고객(customer) → 옹호자(advocate)' 순으로 발전되며, 이러한 과정을 통해서 기업은 소비자의 재구매율을 향상시킬 수 있으며, 충성도(loyalty)의 향상 및 신규고객 창출 등의 효과를 얻을 수 있다.

(4) 전 략

1) 기존 고객을 유지하기 위한 전략

① 고객활성화 전략 : 기존 고객 중 자사와 지속적인 관계를 유지하는 우량고객에게 반복구매를 유도하거나 사용빈도를 높일 수 있는 인센티브를 부여하여 충성도가 높은 고객으로 발전시키는 전략이다.

② 애호도 제고전략(loyalty enhancement strategy) : 고객의 이탈을 방지하기 위한 전략을 의미하는데 고객활성화 전략과 애호도 제고전략의 개념을 구별하는 것은 쉽지 않다.

③ 교차판매전략(cross-selling strategy) : 기업이 여러 가지 제품을 생산하는 경우 한 제품의 고객 데이터베이스를 이용하여 다른 제품의 판매를 촉진하고자 하는 전략이다.

④ 상향판매전략(up-selling strategy) : 어떤 상품을 구입한 고객에게 보다 고급의 상품을 판매하는 전략을 의미한다. 상향판매의 대표적인 예에는 판매자의 설득 등을 통해 고객이 선택한 PC보다 더 높은 사양의 PC를 구입하게 하는 것이다.

2) 신규고객 확보를 위한 전략

기업이 장기적으로 성장하기 위해서는 신규고객의 창출도 매우 중요한 의미를 가지며, 일반적으로 신규고객을 확보하기 위해서는 잠재고객을 규명하고 이들을 고객으로 전환하는 것이 필요하다. 이 과정에서 각종 마케팅 데이터베이스가 유용하게 활용될 수 있고, 신규고객을 확보하기 위한 장기적인 수단으로는 기존 고객들을 활용하는 것이 가장 중요하다.

(5) 유 형

① 분석적 CRM : 고객들에 대한 유용한 정보를 활용하기 위해 정보를 추출하고 분석하는 유형으로 고객들의 정보를 분석하고 마케팅활동에 활용한다.

② 운영적 CRM : 고객관의 접점에서 종업원들이 서비스를 수행할 수 있도록 지원하는 기능에 중점을 두는 유형으로 구체적인 실행을 지원한다.

③ 협업적 CRM : 분석적 CRM과 운영적 CRM을 통합하여 고객과 기업 간 상호작용을 촉진하는 것에 중점을 두는 유형으로 고객과 기업 간의 다양한 접점을 지원한다.

(6) 고객자산

고객자산(customer equity)은 충성고객이 한 기업의 특정 제품 브랜드뿐만 아니라 그 기업이 판매하는 모든 제품들을 오랜 기간 동안 애용할 때 구축된다. 따라서 고객자산은 브랜드자산을 포괄하는 보다 광의의 개념이며, 기업의 모든 고객들이 가지는 생애가치를 합친 것이다. 이러한 관점에서 고객관계관리에 기반한 고객자산 구축과 강화는 마케팅의사결정자가 높은 매출과 이익을 지속적으로 유지하기 위해 궁극적으로 추구해야 할 마케팅목표 중 하나이다. 고객자산은 객관적 가치(value equity), 브랜드 가치(brand equity), 관계가치(relationship equity)라는 세 가지의 하부가치로 구성되어 있다.

2. 다양한 마케팅활동

(1) 고객경험관리

고객경험관리(customer experience management, CEM)란 슈미트(B. Schmitt)가 주장한 개념으로 제품이나 회사에 대한 고객의 전반적인 경험을 전략적으로 관리하는 프로세스를 의미하고, 전략인 동시에 과정과 실행에 중점을 두는 고객만족개념이다. 기업은 모든 접점에서 고객과 관계를 맺고, 각기 다른 고객 경험요소를 서로 통합할 수 있고, 이를 통해 고객에게 감동적인 경험을 갖도록 해주어 기업 가치에 대한 고객의 충성을 유발시킬 수 있다.

(2) 인터넷마케팅

인터넷마케팅(internet marketing)이란 인터넷을 기반으로 하여 마케팅활동을 수행하는 사이버 공간상의 마케팅을 의미한다. 기존의 전통적 마케팅을 오프라인 마케팅(off-line marketing)이라 하고, 인터넷마케팅을 온라인마케팅(on-line marketing)이라고 한다. 인터넷마케팅의 특징은 다음과 같다.

① 다양한 의사소통기능들을 통합한 디지털 융합기능(digital convergence)을 실현하였다.
② 인터넷의 특정 사이트를 이용하는 사람이 증가할수록 그 사이트의 가치는 더욱 높아지게 되는 네트워크 효과(network effect)가 발생한다.
③ 투입요소량이 증가할수록 산출량이 더불어 증가하는 수확체증의 법칙(increasing return to scale)이 적용된다.
④ 소비자와 기업 간 원활한 상호 의사소통이 가능하고, 시간과 공간의 제약 없이 정보를 무제한으로 활용할 수 있다.
⑤ 고객정보 확보 및 분석이 가능해져 고객과의 관계구축이 용이하고 필요한 정보획득 및 정보이용이 자유롭다.

(3) 전자상거래(e-commerce)

전자상거래(electric commerce)란 인터넷을 통해 이루어지는 재화 및 서비스의 구매, 주문, 광고 등의 모든 온라인상 거래를 말한다. 전자상거래는 B2C, C2B, C2C, B2B, B2G, P2P, B2E, O2O 등으로 구분할 수 있다.

① B2C(Business to Customer) : 소비자가 중개인 없이 조직과 직접 거래하는 전자상거래의 형태이다.

② C2B(Customer to Business) : 소비자와 기업 간 전자상거래 형태로 인터넷이 등장하면서 생겨난 새로운 거래관계이다. 소비자가 개인 또는 단체를 구성하여 상품의 공급자나 상품의 생산자에게 가격이나 수량 또는 서비스 등에 관한 조건을 제시하고 구매하는 것을 말한다.

③ C2C(Customer to Customer) : 참여자가 개인들이며, 한 사람이 구매자의 역할을 하고 다른 사람이 판매자의 역할을 하는 전자상거래의 형태이다.

④ B2B(Business to Business) : 참여자가 조직인 전자상거래의 형태이다.

⑤ B2G(Business to Government) : 인터넷에서 이루어지는 기업과 정부 간의 상거래를 말한다. 여기서 G는 단순히 정부뿐만 아니라 지방정부, 공기업, 정부투자기관, 교육기관 등을 의미하기도 한다.

⑥ P2P(Peer to Peer) : 인터넷에서 개인과 개인이 직접 연결되어 파일 등을 공유하는 것을 말한다.

⑦ B2E(Business to Employee) : 기업과 직원 사이의 전자상거래를 말한다. 기업이 서비스를 의뢰하면, 기업들의 복리후생을 대행해주거나 직원들에게 교육을 제공하는 등의 상거래이다.

⑧ O2O(Online to Offline) : 온라인(online)과 오프라인(offline)이 결합하는 현상을 의미하며, 최근에는 주로 전자상거래 또는 마케팅 분야에서 온라인과 오프라인이 연결되는 현상(옴니채널)을 말하는 데 사용된다.

> **참고** 소비자 쇼핑행동
> ① 옴니채널(omni-channel) : 소비자가 온라인, 오프라인, 모바일 등 다양한 경로를 이용해 상품을 검색하고 구매할 수 있도록 한 서비스를 말한다.
> ② 쇼루밍(showrooming) : 오프라인에서 제품을 살펴보고 구매는 온라인으로 하는 것이다.
> ③ 역쇼루밍(reverse showrooming) 또는 웹루밍(webrooming) : 온라인에서 제품정보를 얻은 뒤 오프라인 매장에서 구매하는 것이다.
> ④ 모루밍(morooming) : 오프라인 매장에서 제품을 살펴보다가 즉석에서 모바일로 구매하는 것이다.

(4) 서비스 마케팅

1) 의 의

서비스마케팅(service marketing)이란 서비스를 대상으로 실시하는 마케팅을 의미한다. 호텔, 여행사, 은행 및 법률사무소 등의 사업체에서 실시하는 마케팅이 가장 대표적인 예라고 할 수 있다. 서비스마케팅의 대상인 서비스는 고객의 욕구충족을 목적으로 인력과 설비 또는 시설에 의해 제공되는 행위(behavior), 성과(performance) 및 노력(effort)이라고 정의할 수 있으며, 그 특징은 다음과 같다.

① 무형성 : 서비스는 구매하기 전에 감각기관에 의해 감지될 수 없는 무형성 때문에 소비자가 제공받기 전까지는 서비스의 품질에 대해 불확실하게 느끼게 된다. 이로 인해 고객들은 구전(word of mouth)에 의한 정보에 대해서 신뢰하게 된다.

② 동시성 : 서비스는 생산과 소비가 동시에 이루어진다. 즉 생산과 소비를 분리할 수 없기 때문에 비분리성(service inseparability)이라고도 한다. 서비스를 제공하는 과정에서 서비스 담당 종업원은 서비스의 한 부분이 된다. 뿐만 아니라 서비스가 생산되는 과정에 고객도 참여하기 때문에 서비스제공자-고객상호작용(provider-customer interaction)은 서비스마케팅의 차별적 특징이다. 따라서 서비스제공자와 고객 모두가 서비스 산출물에 영향을 미친다.

③ 가변성 : 서비스 품질은 일정하게 정해져 있지 않고 가변성이 있다. 즉 서비스 품질은 누가, 언제, 어디서, 어떻게 서비스를 제공하느냐에 따라 달라진다. 따라서 서비스 품질은 서비스 제공자의 업무수행상태와 밀접한 관계가 있다.

④ 소멸성 : 서비스는 저장이 불가능하고 시간이 지나면 소멸하여 보존성이 없다. 물론 서비스의 효과는 지속성을 가진다.

2) 서비스와 마케팅믹스

① 제 품 : 서비스는 형태가 없으므로 직접 구매하기 전에는 그 품질을 사전에 평가할 수 없다. 따라서 서비스를 구매하려는 소비자는 과거의 경험, 기업의 명성, 상표명, 광고 및 구전 등에 근거하여 구매의사를 결정한다.

② 가 격 : 고객들은 서비스를 구매할 때 유형의 재화보다 가격에 더 의존하는 경향이 있다. 고객들은 일반적으로 서비스 품질이 가격에 비례한다고 생각한다. 또한, 서비스는 유형의 재화보다 가격차별화를 하는 것이 쉽고, 가격인상을 통한 이익확보가 상대적으로 유리하다.

③ 유 통 : 서비스는 생산시점과 소비시점이 일치하기 때문에 생산자로부터 소비자에게 직접 전달된다.

④ 촉 진 : 제공되는 서비스에 대하여 고객들을 이해시키고 평가하여 확신을 심어주는 것이 매우 중요하기 때문에 인적판매를 통한 촉진믹스가 대부분을 차지한다. 그러나 나

머지 촉진믹스도 유형의 재화와 동일하게 활용될 수 있다. 소비자는 서비스 제공자의 태도와 품질로써 평가하기 때문에 직원들의 교육과 훈련이 매우 중요하다.

서비스마케팅

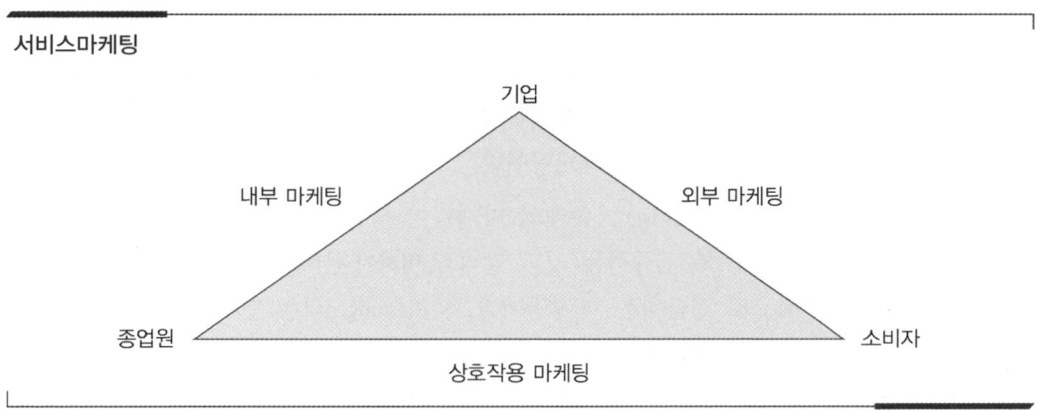

(5) 기타 마케팅활동

① **전사적 마케팅(total marketing)** : 고객의 욕구를 충족시키기 위하여 조직의 최고경영자를 포함한 모든 조직구성원들이 마케팅적 사고와 행동을 하는 것을 말한다.

② **내부 마케팅(internal marketing)** : 제품을 누구보다도 잘 알아야 하는 내부고객(종업원)에게 교육과 훈련을 통해 동기부여하고 확신을 갖도록 하는 사내 마케팅활동을 말한다. 이러한 내부 마케팅이 필요한 이유는 종업원 스스로가 제품에 대한 신뢰성 없이 고객에게 적극적으로 제품을 판매하는 것이 불가능하기 때문이다.

③ **계몽 마케팅(enlightened marketing)** : 기업이 이윤추구를 넘어 사회적 책임이 요구되는 시대적 상황에서 기업이 소비자에게 국가와 사회적 가치를 창조하고 발전시키는데 주도적 역할과 중요한 책임이 있음을 인식하여 이를 알리며 홍보하는 마케팅을 말한다.

④ **엠부시 마케팅(ambush marketing)** : 매복 또는 잠복 마케팅이라고도 하는데, 월드컵이나 올림픽 등의 공식후원사가 아닌 기업들이 그 로고를 정식으로 사용하지 않고 비슷한 언어적 유희 등을 교묘히 활용하여 수행되는 마케팅을 말한다.

⑤ **바이럴 마케팅(viral marketing)** : 바이러스 마케팅(virus marketing)이라고도 하는데, 네티즌들이 이메일이나 블로그, 핸드폰 등 전파가 가능한 매체를 통해 자발적으로 특정 기업이나 제품을 홍보할 수 있도록 제작하여 널리 퍼뜨리는 마케팅을 말한다.

⑥ **버즈 마케팅(buzz marketing)** : 인적인 네트워크를 통하여 소비자에게 상품정보를 전달하는 마케팅을 말한다. 소비자들이 자발적으로 메시지를 전달하게 하여 상품에 대한 긍정적인 입소문을 내게 하는 마케팅기법이다. 꿀벌이 윙윙거리는(buzz) 것처럼 소비자들이 상품에 대해 말하는 것을 마케팅으로 삼는 것으로, 입소문마케팅 또는 구전마케팅(word of mouth)이라고도 한다.

⑦ 뉴로 마케팅(neuro marketing) : 소비자의 무의식에서 나오는 감정과 구매행위를 뇌과학을 통해 분석해 기업마케팅에 적용하는 기법으로 디자인, 광고 등이 소비자의 잠재의식에 미치는 영향을 측정하는 마케팅을 말한다.

⑧ 캐즘 마케팅(chasm marketing) : 첨단기술제품이 선보이는 초기시장에서 주류시장으로 넘어가는 과도기에 일시적으로 수요가 정체되거나 후퇴하는 단절현상을 가리켜 캐즘(chasm)이라고 하는데 이를 다루는 것이 캐즘 마케팅이다.

⑨ 넛지 마케팅(nudge marketing) : 종래의 마케팅이 상품의 특성을 강조하고 소비자가 그 상품을 구매할 수 있도록 집중하는 것과 달리 소비자가 선택을 함에 있어서 좀 더 유연하고 부드러운 방식으로 접근하는 마케팅이다. 넛지(nudge)라는 단어가 '팔꿈치로 슬쩍 찌른다'의 뜻이 있는 것처럼 넛지 마케팅은 사람들을 원하는 방향으로 유도하되 선택의 자유는 여전히 개인에게 준다는 것이다. 따라서 특정 행동을 유도하지만 직접적인 명령이나 지시를 동반하지는 않는다.

⑩ 코즈 마케팅(cause marketing) : 기업이 환경·보건·빈곤 등과 같은 사회적인 이슈, 즉 '대의명분(cause)'을 기업의 이익 추구를 위해 활용하는 것을 말한다. 이러한 코즈 마케팅의 가장 기본적인 유형은 소비자들의 소비를 통해 기부 활동을 하는 것이다. 즉 소비자들이 재화나 서비스를 구매하면 기업이 돈이나 물건을 기부하는 형태이다. 또한, 코즈 마케팅은 마이클 포터(M. Porter)가 제시한 공유가치창출(creating shared value, CSV) 전략의 구체적인 실천 방안이라 할 수 있다.

| PART 01 | PART 02 | PART 03 | **PART 04 생산운영관리·마케팅·기타 경영학의 영역들** |

기타 경영학의 영역들

제1절 | 재무관리

1. 재무관리의 기초개념

(1) 의 의

1) 구 성

재무관리란 기업에서 자본을 조달하고 조달된 자본을 운용하는 과정에서 기업이 목표를 달성할 수 있도록 한정된 재무적 자원에 대한 의사결정을 다루는 분야이다. 이러한 재무관리는 그 기능에 따라 크게 자본의 조달과 자본의 운용으로 구분할 수 있다.

① **자본의 조달** : 기업은 필요한 자본을 타인으로부터 또는 스스로 조달하게 되는데, 이러한 자본을 타인자본과 자기자본이라고 하고, **타인자본과 자기자본의 구성비율**에 따라 기업의 **자본구조가 결정**된다. 따라서 기업이 부담하는 자본비용을 최소화하는 목적을 추구하기 위해 최적의 자본구조를 결정하는 것이 중요한 과제가 된다.

② **자본의 운용** : 자본을 조달하게 되면 기업은 그 자본을 어디에 투자하고 어떻게 관리할 것인지에 대한 자본의 운용에 대해 고민하여야 한다. 왜냐하면 그 결과는 기업의 미래현금흐름에 영향을 주고 이를 통해 기업의 가치에 영향을 줄 수 있기 때문이다. 따라서 기업의 미래현금흐름을 최대화하는 목적을 추구하기 위해 최적의 자산구조를 결정하는 것이 중요한 과제가 된다.

2) 목 표

재무적 활동뿐만 아니라 기업의 다른 모든 활동을 수행함에 있어서 의사결정의 기준은 당연히 기업의 목표달성이다. 일반적으로 재무관리의 목표는 다음의 두 가지 관점에서 파악할 수 있다. 물론, 이 두 가지 목표는 별개의 목표는 아니며, **자기자본(주식)의 가치가 극대화되면 기업의 가치도 극대화되기 때문에 동일한 개념으로 이해할 수 있다.**

① **주식가치의 극대화** : 기업의 목표는 기업 주인의 입장에서 파악할 수 있다. 즉, 기업의 주인이 원하는 것이 기업의 목표가 되어야 하며, 일반적으로 기업의 주인은 주주(shareholder)이다. 따라서 주주의 입장에서 재무관리의 목적은 주식가치(주가)의 극대화가 된다. 일반적으로 주식가치의 극대화는 이해관계자 집단과의 이해와 상충되지는 않는다.

② **기업가치의 극대화** : 기업의 가치는 기업의 자산으로부터 얻어지는 미래의 이익이 현재 얼마나 가치를 가지고 있는지를 표시하는 것이다. 미래의 이익은 자기자본 제공자(주주)에게는 배당금이 지급되고, 타인자본 제공자(채권자)에게는 원금과 이자가 지급된다. 따라서 주주에게 지급되는 배당금의 가치는 자기자본(주식)의 가치가 되고, 채권자에게 지급되는 원금과 이자의 가치는 타인자본의 가치가 된다. 결국, 기업의 가치는 자기자본의 가치와 타인자본의 가치를 합한 것이다.

(2) 화폐의 시간가치

1) 의 의

자본시장이 존재하여 자금을 빌려주거나 빌려올 수 있다면 오늘의 100원과 내일의 100원은 그 가치가 다를 것이다. 왜냐하면, 오늘 100원을 예금하면 내일에는 원금 100원과 그 이자를 받을 수 있기 때문이다. 즉 일반적으로 오늘 100원의 가치는 내일 100원의 가치보다 더 크며, 내일 100원의 가치는 오늘 100원의 가치보다 더 작다. 따라서 개인은 동일한 금액의 현금에 대해서 미래의 현금보다 현재의 현금을 선호하는 유동성선호(liquidity preference)가 존재하며, 이러한 개념을 화폐의 시간가치(time value of money)라고 한다.

2) 미래가치

미래가치(future value)란 현재의 일정금액을 미래시점에서의 가치로 환산하는 것을 의미한다. 예를 들어, 현재 10만 원을 10%의 이자율로 예금한다면 1년의 미래가치는 $100,000 \times (1+10\%)$으로 계산하여 11만 원이 된다.

3) 현재가치

현재가치(present value)란 미래의 일정금액을 현재시점에서의 가치로 환산하는 것을 의미하며, 이를 할인(discount)이라고 한다. 그리고 이 때 적용되는 이자율을 할인율(discount rate)이라고 한다. 예를 들어, 미래의 11만 원을 10%의 이자율로 할인한다면 현재가치는 $110,000/(1+10\%)$으로 계산하여 10만 원이 된다. 또한, 영구연금의 현재가치는 '연금액/할인율'로 계산하고, 연금이 매년 일정한 비율로 성장하는 경우의 현재가치는 '연금액/(할인율-성장률)'로 계산한다.

> **예제** 매년 말 200만 원을 영원히 지급받는 영구현금의 현재가치는? (단, 연간이자율은 10%이다)
> 〈2015 공인노무사〉
> ① 1,400만 원
> ② 1,600만 원
> ③ 1,800만 원
> ④ 2,000만 원
> ⑤ 2,200만 원

> 해설 | 영구연금의 현재가치는 연금액/할인율로 계산한다.
> 정답 | ④

2. 자본의 조달

(1) 효율적 시장가설

① 약형 효율적 시장가설 : 현재의 주가가 과거의 주가움직임이나 거래량과 같은 역사적 정보를 완전히 반영하고 있다는 가설이다. 따라서 과거의 역사적 정보를 이용한 투자전략으로는 비정상적인 초과수익을 실현하지 못한다.

② 준강형 효율적 시장가설 : 자본시장에서 형성되는 주가는 과거의 역사적 정보뿐만 아니라 공개적으로 이용가능한 모든 정보를 완전히 반영하고 있다는 가설이다. 따라서 과거의 역사적 정보나 공개적으로 이용가능한 정보를 이용하여 비정상적인 초과수익을 실현하지 못한다.

③ 강형 효율적 시장가설 : 주가는 역사적 정보와 공개적으로 이용가능한 정보뿐만 아니라 미공개된 내부정보까지 완전히 반영하고 있다는 가설이다. 따라서 투자자는 어떠한 정보를 이용하더라도 비정상적인 초과수익을 실현하지 못한다.

(2) 자본조달활동

① 직접금융을 통한 자본조달 : 자본의 수요자인 기업이 주식이나 채권을 발행하여 자본의 공급자인 투자자로부터 직접 자본을 조달하는 것이다. 보통주, 우선주, 회사채, 기업어음[57] 등의 발행이 여기에 해당한다.

② 간접금융을 통한 자본조달 : 투자자로부터 특정 기업이 직접 자본을 제공받지 않고 은행 등 금융기관을 통해 간접적으로 자본을 조달하는 것이다. 은행차입, 매입채무, 기업어음 할인 등이 여기에 해당한다.

(3) 채 권

1) 의 의

채권(bond)은 채무자인 발행자가 자금을 조달하기 위해 이자와 원금을 지급할 것을 채권자인 (채권)투자자에게 약속하기 위해 발행하는 증서이다. 여기서 만기에 상환하는 금액을 액면금액이라고 하고, 매 이자지급일에 지급하는 이자를 액면이자(= 액면금액 × 액면이자율)라고 하며, 이자지급액의 결정을 위해 채권에 표시된 이자율을 액면이자율(표시이자율, 표면이자율)이라고 한다. 채권에는 이표채권, 무이표채권, 영구채권 등이 있는데, 가장 일반적인 채권은 이

---

[57] 기업어음(commercial paper, CP)은 은행이 아닌 신용상태가 양호한 기업이 주체가 되어 단기자금조달 목적으로 발행하는 어음이다. CP를 활용하면 1년 이내의 만기로 담보 없이 발행절차가 간편하기 때문에 기업들은 단기간에 자금을 조달해야 할 경우 CP를 활용한다. 또한, 기업이 CP를 발행하면 은행·증권사를 통해 개인이나 기관투자가들이 매입을 한다.

표채권이다. 이표채권은 채권가격과 액면금액 간의 관계에 따라 할인채, 할증채, 액면채로 구분할 수 있다.

① 할인채(할인발행) : 액면이자율 < 시장이자율 ⇒ 채권가격 < 액면금액
② 액면채(액면발행) : 액면이자율 = 시장이자율 ⇒ 채권가격 = 액면금액
③ 할증채(할증발행) : 액면이자율 > 시장이자율 ⇒ 채권가격 > 액면금액

2) 말킬(Malkiel)의 채권가격정리

말킬(Malkiel)은 시장이자율과 만기 및 액면이자율이 채권가격에 미치는 영향을 다음과 같이 정리하였다.

① 채권가격은 시장이자율과 반비례(역)의 관계를 갖는다. 즉 시장이자율이 하락하면 채권가격은 상승하고, 시장이자율이 상승하면 채권가격은 하락한다.
② 동일한 정도만큼의 시장이자율 상승에 따른 채권가격의 하락폭보다 시장이자율의 하락에 따른 채권가격의 상승폭이 더 크다. 이를 채권가격의 볼록성이라고 한다.
③ 만기가 긴 채권일수록 동일한 이자율 변동에 따른 채권가격의 변동폭이 크다.
④ 만기가 긴 채권일수록 이자율 변동에 따른 채권가격의 변동폭이 크지만, 그 변동폭의 차이는 만기가 길어짐에 따라 점차 감소한다.
⑤ 액면이자율이 낮은 채권일수록 이자율 변동에 따른 채권가격의 변동률이 크다.

3) 시간의 경과에 따른 채권가격의 변동

시간이 경과함에 따라 할증채나 할인채의 가격은 액면금액을 향해 지수적으로 증감한다. 즉 다른 요인들은 변화가 없는 상태에서 시간이 경과하여 만기에 근접할수록 할증채와 할인채의 할증폭과 할인폭은 감소하며, 시간이 경과함에 따라 채권가격의 변동폭은 점차 증가한다.

4) 듀레이션

말킬(Malkiel)의 채권가격정리에서와 같이 만기가 긴 채권일수록 이자율 변동에 따른 채권가격의 변동폭이 크다. 즉, 채권의 만기가 길어질수록 이자율 변동에 따른 채권의 가격위험이 커지게 된다. 그런데 채권에 표시된 만기는 동일하다 하더라도 발행조건에 따라 실질적인 만기는 서로 다를 수 있다. 여기서, 듀레이션(duration)은 현금흐름의 현재가치기준 가중평균만기로써, 채권을 현재가격으로 매입했을 때 투자원금이 현재가치기준으로 회수되는 데 걸리는 가중평균회수기간을 의미한다. 그리고 매기 현금흐름의 현재가치가 전체 현금흐름의 현재가치에서 차지하는 비중에 해당 현금흐름 발생 시까지의 기간을 곱한 값의 합으로 계산된다. 채권의 듀레이션은 채권의 (잔존)만기와 액면이자율 및 만기수익률(시장이자율) 등에 따라 달라진다. 이러한 여러 가지 요인들이 채권의 듀레이션에 미치는 영향은 다음과 같다.

① 무이표채권의 경우에는 듀레이션이 만기와 일치하기 때문에 듀레이션이 만기와 정비례한다.

② 다른 조건이 동일하다면 만기가 긴 채권일수록 일반적으로 듀레이션이 길다.

③ 다른 조건이 동일하다면 액면이자율이 높은 채권일수록 듀레이션이 짧고, 연간 이자지급횟수가 많은 채권일수록 듀레이션이 짧다.

④ 동일 채권에 대해서도 만기수익률이 높을수록 듀레이션이 짧다.

(4) 자본비용

1) 의 의

자본비용이란 기업이 자기자본 또는 타인자본을 사용하고 자기자본 제공자나 타인자본 제공자에게 지급하는 대가를 의미한다. 이러한 자본비용은 이자율 또는 할인율로 측정되고, 기업의 입장에서는 조달한 자본을 운용하여 벌어야 하는 최소한의 수익률을 의미한다. 반대로, 자본비용은 자본제공자 입장에서는 자신이 제공한 자본에 대해 요구하는 **최소한의 수익률**(required rate of return) 또는 기대 수익률(expected rate of return)을 의미한다. 자본비용은 타인자본비용(이자 등)과 자기자본비용(배당 등)으로 구분할 수 있으며, 일반적으로 현금흐름의 변동위험이 커질수록 자본비용은 높아진다.

2) 원천별 자본비용

① **타인자본비용**(cost of debt) : 부채와 같은 타인자본을 조달할 때 부담해야 하는 자본비용을 말한다.

② **자기자본비용**(cost of equity) : 자기자본을 조달할 때 부담해야 하는 자본비용을 말한다.

(5) 자본구조

1) 의 의

자본구조(capital structure)란 **타인자본과 자기자본의 구성비율**을 의미한다. 부채사용기업의 자본비용은 가중평균자본비용이 사용되는데, 여기서 가중평균자본비용(weighted average cost of capital)은 타인자본비용과 자기자본비용을 각 원천별 자본이 총자본에서 차지하는 구성비율로 가중평균한 것이기 때문에 가중평균자본비용은 자본구조의 영향을 받는다.

$$WACC = 타인자본비용 \times (1 - 법인세율) \times \frac{타인자본(부채)가치}{총자본}$$
$$+ 자기자본비용 \times \frac{자기자본가치}{총자본}$$

> **예제** ㈜한국의 자기자본 시장가치와 타인자본 시장가치는 각각 5억 원이다. 자기자본비용은 16%이고, 세전타인자본비용은 12%이다. 법인세율이 50%일 때 ㈜한국의 가중평균자본비용(WACC)은? 〈2019 공인노무사〉
>
> ① 6%
> ② 8%
> ③ 11%
> ④ 13%
> ⑤ 15%
>
> 해설 │ 가중평균자본비용은 16%×0.5+12%(1-50%)×0.5=11%이다. 문제에서 세전타인자본비용을 주었기 때문에 법인세율을 반영하여 세후타인자본비용을 구하여 가중평균자본비용을 계산하여야 한다.
>
> 정답 │ ③

2) 부채사용효과

일반적으로 타인자본비용이 자기자본비용보다 낮다. 따라서 기업이 타인자본을 조달하게 되면 가중평균자본비용을 낮출 수 있으며, 이를 통해 기업의 가치를 증가시킬 수 있다. 이것이 바로 기업이 타인자본을 조달함으로 인해 얻게 되는 효익이 된다.

(6) 자본구조이론

1) 의 의

자본구조이론이란 다른 모든 조건이 동일한 경우 기업의 부채비율의 변화에 따라 기업가치와 가중평균자본비용이 어떻게 변화하는가를 설명하여 주는 이론이다. 즉, 자본구조이론은 가중평균자본비용을 최소화하는 최적자본구조를 통해 기업가치를 극대화시키고자 한다. 이러한 자본구조이론의 기본적인 가정은 다음과 같다.

① 기업의 소득에 대한 법인세와 개인소득세는 없다.
② 기업의 자본조달은 자기자본과 타인자본 두 가지만 있다.
③ 새로운 투자는 없으며 일정한 기대영업이익을 영속적으로 벌어들인다.
④ 기업의 순이익은 모두 배당의 형태로 주주에게 지급된다.
⑤ 기업은 총자본규모의 변화 없이 자본구조를 변화시킬 수 있다.

2) MM 이론

모딜리아니(F. Modigliani)와 밀러(M. H. Miller)가 주장한 MM 이론이란 세금이 없는 완전자본시장을 가정할 경우 기업가치는 자본구조와 무관하다는 이론이다. 따라서 기업의 영업이익이 변하지 않는 한 기업가치는 변하지 않는다. 이러한 MM 이론은 자본구조이론의 기본적인 가정을 그대로 적용하고, 다음과 같은 가정을 추가하였다.

① 세금이나 거래비용이 존재하지 않는 완전자본시장이다.
② 기업을 영업위험이 같은 동질적 위험집단으로 분류할 수 있다.
③ 기업과 투자자의 부채는 무위험부채이다.

3) MM 수정이론 : 법인세 고려

MM 수정이론이란 법인세가 존재하면 부채를 사용할수록 이자비용이 발생하여 법인세절감효과가 나타나기 때문에 가중평균자본비용이 감소하게 되어 기업가치가 증가하게 된다는 이론이다. 즉, 부채를 100% 사용할 때 기업가치가 극대화된다는 이론이다. 따라서 MM 수정이론은 MM 이론의 가정에 법인세가 존재한다는 가정을 추가한 것이다.

4) 마이어스(C. Myers)의 자본조달순서이론(pecking order theory)

경영자가 일반투자자들보다 정보의 우위에 있다는 정보의 비대칭을 전제로 기업은 각 자본조달원천을 이용하는 일정한 우선순위를 가지며, '내부유보자금, 부채발행, 신주발행'의 순서로 이루어짐을 주장하였다. 그리고 내부유보자금으로 자금을 조달하는 경우에는 기업가치 증가분이 모두 기존의 주주에게 귀속되고 신주를 발행하는 경우에는 기업가치의 증가분이 기존 주주와 신규 주주가 나누어 가지게 된다. 또한, 부채로 자금을 조달하는 경우에는 기업가치의 증가분이 기존 주주에게 귀속되기는 하지만 부채발행으로 인한 비용은 내부유보자금보다 많은 비용이 발생하므로 내부유보자금이 선호된다.

3. 자본의 운용

(1) 자본예산

1) 의 의

자본예산(capital budgeting)이란 기업의 가치를 극대화시킬 수 있는 투자안을 탐색하고 투자안별로 현금흐름을 평가하여 최적 투자안을 선택하는 일련의 과정을 의미한다. 따라서 자본예산의 목표는 기업가치의 극대화가 된다. 이러한 자본예산은 '투자대상의 선정 → 투자안의 기대현금흐름의 추정 → 투자안의 경제성 분석 → 최적 투자안의 선택 → 투자안의 실행 → 투자안의 통제 및 사후감독'의 순으로 실행된다. 자본예산을 통해 투자안을 채택할 때는 투자안들 간의 상호관계에 따라 의사결정기준이 적용되어야 하는데, 투자안들 간의 상호관계는 다음과 같다.

① 독립적 투자안 : 투자안이 독립적이라 함은 특정 투자안의 실행여부가 다른 투자안의 실행여부와 상관없이 결정되는 경우를 의미한다. 이러한 경우에는 개별 투자안별로 투자안의 실행여부를 결정하면 된다.

② 상호배타적 투자안 : 투자안들이 상호배타적이라 함은 특정 투자안을 실행하는 경우 배타적인 다른 투자안은 실행될 수 없음을 의미한다. 이러한 경우에는 상호배타적인 투자안들 중에서 가장 우월한 투자안만을 실행하는 의사결정을 하면 된다.

2) 현금흐름의 추정58)
   ① 납세 후 기준 : 법인세는 기업 입장에서는 현금유출이므로, 현금흐름에서 법인세를 차감하여 추정하여야 한다.
   ② 증분기준 : 투자안의 현금흐름은 투자안을 채택한 경우와 채택하지 않은 경우의 기업현금흐름 차이인 증분현금흐름으로 측정해야 한다.
   ③ 자본(금융)비용 : 이자비용과 배당금은 실제 현금유출이 발생하는 항목이다. 그러나 자본예산에서는 이자비용과 배당금을 현금유출에 반영하지 않는다. 명백한 현금유출이지만 투자안의 현재가치를 평가할 때 분모에 할인율을 고려하여 평가하므로 현금흐름에 반영할 경우 이중으로 반영하는 결과가 되기 때문에 현금유출로 처리하면 안된다. 또한, 이자비용은 손익계산서상 비용으로 처리되어 법인세를 절감하는 효과가 있는데 이자비용의 법인세절감효과 또한 할인율에 반영되므로 현금유입으로 처리하지 않도록 한다.
   ④ 감가상각비 : 현금유출이 발생하지 않는 비용으로 현금유출로 처리하지 않는다. 자본예산에서는 취득시점에 전액 현금유출로 처리한다. 다만, 감가상각비는 손익계산서상 비용에 해당하여 법인세를 절감시키므로 법인세 절감효과가 발생하는데, 이자비용과는 다르게 현금유입으로 반영한다.
   ⑤ 인플레이션 : 자본예산에서의 현금흐름은 장기간에 걸쳐 발생하기 때문에 인플레이션의 영향을 받는다. 그러므로 현금흐름과 할인율에 일관성 있게 반영해야 하며 명목현금흐름은 명목이자율로 할인하고, 실질현금흐름은 실질이자율로 할인해야 한다.
   ⑥ 매몰원가(sunk cost) : 과거의 의사결정에 의해 이미 발생된 지출을 의미하는데, 이러한 매몰원가는 투자안의 현금흐름 추정시 현금유출로 처리하지 않는다. 즉 매몰원가는 이미 발생된 지출이므로 현재시점에서 어떠한 의사결정을 하든지 취소시킬 수 없는 지출이며, 현재시점의 의사결정과는 무관한 현금흐름이므로 투자안의 현금흐름 추정시 고려해서는 안 되는 비관련원가이다.
   ⑦ 기회비용(opportunity cost) : 자원을 특정 투자안에 투입함에 따라 포기되는 차선의 용도로 사용했을 경우에 얻을 수 있었던 이득을 의미한다. 이러한 기회비용은 현금유입액의 감소이므로 투자안의 현금흐름 추정시에 현금유출로 처리해야 한다.

3) 투자안의 경제성 분석
   ① 순현재가치법(net present value method) : 화폐의 시간가치를 고려하여 현금의 순흐름(현금유입-현금유출)을 현재가치로 할인한 금액을 기준으로 투자안을 평가하는 방법이다. 따라서 순현재가치법에 의한 투자 의사결정은 순현재가치가 0보다 큰 투자안에 투자하도록

---

58) 현금흐름은 현금유입에서 현금유출을 뺀 순현금흐름을 의미한다. 영업현금흐름은 영업활동으로부터 얻게 될 현금흐름을 의미하며, '세후영업이익+감가상각비'로 추정한다.

의사결정을 내리게 된다. 또한, 순현재가치법은 가치가산의 원리가 성립한다.[59]

투자안들 간의 상호관계	선택과 기각
단일투자안 또는 독립적인 투자안	순현재가치(NPV) > 0 : 선택 순현재가치(NPV) < 0 : 기각
상호배타적 투자안	순현재가치(NPV)가 0보다 큰 투자안 중에서 순현재가치(NPV)가 가장 큰 투자안을 선택

② 내부수익률법(internal rate of return) : 순현재가치가 0이 되게 하는 수익률을 의미한다. 따라서 내부수익률법에서는 투자의 결과로 발생하는 현금유입이 투자안의 내부수익률로 재투자될 수 있다고 가정한다. 또한, 할인율과 현재가치는 반비례의 관계에 있으므로 할인율이 커질수록 순현재가치는 감소하게 된다. 투자의사결정은 내부수익률과 적절한 할인율을 비교한다. 내부수익률이 적절한 할인율보다 크다면 순현재가치가 0보다 크다는 것을 의미하기 때문에 해당 투자안을 채택하면 기업의 가치가 증가하게 된다.

투자안들 간의 상호관계	선택과 기각
단일투자안 또는 독립적인 투자안	내부수익률(IRR) > 자본비용 : 선택 내부수익률(IRR) < 자본비용 : 기각
상호배타적 투자안	내부수익률(IRR)이 자본비용보다 큰 투자안 중에서 내부수익률(IRR)이 가장 큰 투자안을 선택

③ 수익성지수법(profitability index method) : 투자로부터 발생하는 현금흐름의 현재가치를 투하자본으로 나눈 값인 수익성지수를 구하여, 수익성지수가 1보다 큰 투자안은 채택하고 1보다 작은 투자안은 기각한다.

투자안들 간의 상호관계	선택과 기각
단일투자안 또는 독립적인 투자안	수익성지수(PI) > 1 : 선택 수익성지수(PI) < 1 : 기각
상호배타적 투자안	수익성지수(PI)가 1보다 큰 투자안 중에서 수익성지수(PI)가 가장 큰 투자안을 선택

④ 회계적이익률법(accounting rate of return method) : 평균이익률법(average rate of return method)이라고도 하는데, 회계적이익률은 연평균순이익을 연평균투자액으로 나눈 것이다. 따라서 단일 투자안의 회계적이익률이 기업이 미리 선정한 목표이익률보다 높으면 채택하고 다수 투자안의 경우에는 회계적 이익률이 큰 것을 먼저 선택하게 된다. 그러나 이 방법은 화폐의 시간가치를 고려하고 있지 못하고 투자안의 평가를 현금흐름에 의하지 않는다는 문제점을 가진다.

---

[59] 두 투자안의 순현재가치(NPV)를 일치시켜 주는 할인율을 피셔(Fisher)의 수익률이라고 한다.

투자안들 간의 상호관계	선택과 기각
단일투자안 또는 독립적인 투자안	회계적이익률 〉목표이익률 : 선택 회계적이익률 〈 목표이익률 : 기각
상호배타적 투자안	회계적이익률이 목표이익률보다 높은 투자안 중에서 가장 큰 투자안을 선택

⑤ 회수기간법(payback period method) : 투자에 소요되는 자금이 짧은 기간에 그 투자안의 현금흐름으로 회수할 수 있는 투자안을 선택하는 방법이다. 단일 투자안은 기업이 미리 설정한 최장의 회수기간보다 실제 투자안의 회수기간이 짧으면 선택하게 된다. 그러나 이러한 방법은 화폐의 시간가치를 고려하지 못하고 회수기간 이후의 현금흐름을 무시하고 있다는 문제점을 가진다.

투자안들 간의 상호관계	선택과 기각
단일투자안 또는 독립적인 투자안	회수기간 〈 목표회수기간 : 선택 회수기간 〉목표회수기간 : 기각
상호배타적 투자안	목표회수기간보다 짧은 회수기간의 투자안 중 회수기간이 가장 짧은 투자안을 선택

(2) 손익분기점 분석

1) 의 의

손익분기점(break-even point)이란 매출액과 비용이 일치하는 매출수준 또는 생산수준을 의미한다. 매출수준(생산수준)이 손익분기점을 초과하는 경우에는 이익이 발생하고 손익분기점에 미달하는 경우에는 손실이 발생한다. 손익분기점 분석에서는 비용을 변동비와 고정비로 구분한다. 일반적으로 변동비에 비하여 고정비가 클수록 손익분기점이 높아지게 되고 손익분기점이 높을수록 매출변동이 이익변동에 미치는 영향도 크게 나타난다. 따라서 손익분기점 분석은 사업위험을 파악하는데 이용할 수 있다.

2) 손익분기점의 도출

손익분기점 분석에서는 비용을 변동비와 고정비로 구분한 후 손익분기점을 도출하는데, 손익분기점은 총고정비를 단위당 공헌이익(단위당 판매가격 - 단위당 변동비)으로 나누어 준 값이다.

$$PQ = vQ + F$$
$$\therefore Q = \frac{F}{P-v}$$

(P : 단위당 판매가격, v : 단위당 변동비, F : 총고정비, Q = 매출수준 또는 생산수준)

3) 목표이익이 있는 경우의 매출수준(생산수준) 도출

경영자가 원하는 특정 목표이익(target income, TI)을 달성하기 위해 필요한 매출수준(생산수준)을 다음과 같이 계산할 수 있다.

$$PQ = vQ + F + TI$$
$$\therefore Q = \frac{F+TI}{P-v}$$

4) 손익분기매출액 도출

손익분기매출액은 총고정비를 단위당 공헌이익률(단위당 공헌이익÷단위당 판매가격)로 나누어 준 값이다.

$$Q = \frac{F}{P-v}$$
$$\therefore PQ = \frac{F}{P-v} \times P = F \times \frac{P}{P-v}$$

(3) 레버리지 분석

1) 의 의

타인자본 이용에 따른 이자비용 또는 비유동자산에 대한 투자 때문에 발생하는 감가상각 등의 비용은 영업활동수준(매출액)과는 관계없이 발생하는 비용인데, 이러한 고정비의 부담을 레버리지라고 한다. 즉, 레버리지(leverage)는 고정재무비용(이자비용)과 고정영업비용(감가상각비)의 부담 정도를 의미한다.

2) 레버리지 효과

영업레버리지로 인해 매출액의 변화율보다 영업이익의 변화율이 더 크게 나타나는 것을 영업레버리지 효과라고 하고, 재무레버리지로 인해 영업이익의 변화율보다 순이익의 변화율이 더 확대되어 나타나는 것을 재무레버리지 효과라고 한다. 그리고 이를 결합하여 매출액의 변화율보다 순이익의 변화율이 더 확대되는 것을 결합레버리지 효과라고 한다.

3) 레버리지도

① 영업레버리지도(DOL)[60] = 영업이익의 변화율 / 매출액의 변화율

= (매출액 - 변동비) / (매출액 - 변동비 - 고정영업비용) = 공헌이익 / 영업이익

② 재무레버리지도(DFL)[61] = (주당)순이익의 변화율 / 영업이익의 변화율

= 영업이익 / 순이익(= 영업이익 - 고정재무비용)

---

[60] 영업레버리지도(DOL)가 크다는 것은 영업이익이 많다거나 영업성과가 좋다는 의미가 아니라 일정한 매출액의 변화에 대한 영업이익의 변화율이 크다는 의미이다.

[61] 재무레버리지도(DFL)가 크다는 것은 그 기업의 (주당)순이익이 많다거나 경영성과가 좋다는 의미가 아니라 일정한 영업이익의 변화에 대한 (주당)순이익의 변화율이 크다는 의미이다.

③ 결합레버리지도(DCL) = (주당)순이익의 변화율 / 매출액의 변화율
　　　　　　　　　　 = 영업레버리지도(DOL) × 재무레버리지도(DFL)
　　　　　　　　　　 = (매출액 - 변동비) / 순이익(= 영업이익 - 고정재무비용)

(4) 위 험

　1) 의 의

　　위험(risk)이란 미래에 나올 결과가 하나로 고정되어 있지 않고 상황에 따라 두 가지 이상의 결과가 가능한 상태를 의미한다. 특히, 재무관리에서 위험[62]은 미래의 수익 또는 미래의 수익률에 대한 변동가능성을 의미한다. 미래의 실제 수익률과 현재 기대하고 있는 미래의 수익률이 다른 정도를 측정함으로 위험을 측정하게 되는데, 위험을 측정하는 대표적인 방법은 분산(variance) 또는 표준편차(standard deviation)를 이용하는 것이다.

　2) 체계적 위험과 비체계적 위험

　　① 체계적 위험(systematic risk) : 분산투자로 인해 제거되지 않는 위험을 말한다. 따라서 분산불가능위험이라고도 하며, 이는 시장의 전반적인 상황과 관련하여 인플레이션이나 이자율의 변화 등과 관련된 요인으로 인해 발생하는 위험이기 때문에 시장위험(market risk) 또는 베타 위험(beta risk)이라고도 한다.

　　② 비체계적 위험(unsystematic risk) : 분산투자를 통해서 제거가 가능한 위험을 의미한다. 따라서 분산가능위험이라고도 하며, 이는 기업의 특수한 상황과 관련하여 종업원의 파업, 법적 문제, 판매의 부진 등과 같은 요인으로 인해 발생하는 위험이기 때문에 기업 고유의 위험(firm-specific risk)이라고도 한다.

(5) 평균-분산 기준

　1) 의 의

　　미래수익률에 대한 전체 확률분포와 관계없이 확률분포의 평균(기댓값)과 분산만을 이용하여 기대효용극대화기준에 의한 선택과 동일한 선택을 할 수 있도록 해 주는 기준을 말한다. 투자자들은 일반적으로 수익률이 높고 위험이 낮을수록 좋은 투자안이라고 생각한다. 결국 기대수익률이 높을수록 투자자의 효용은 증가하며 분산이 클수록 효용은 감소한다.

　2) 평균-분산 기준에 의한 최적선택 : 지배원리

　　① 지배원리는 위험회피형 투자자의 가정하에 위험수준이 같다면 기대수익률이 가장 높은 자산을 선택하고, 기대수익률이 같다면 위험이 가장 낮은 자산을 선택하는 원리이다.

　　② 상호지배관계가 성립하지 않는 자산들을 효율적 자산이라고 한다.

---

[62] 위험에 대한 투자자의 유형은 위험회피형, 위험중립형, 위험선호형으로 구분할 수 있다. 일반적으로 위험회피형 투자자를 이성적인 투자자라고 할 수 있다.

지배원리

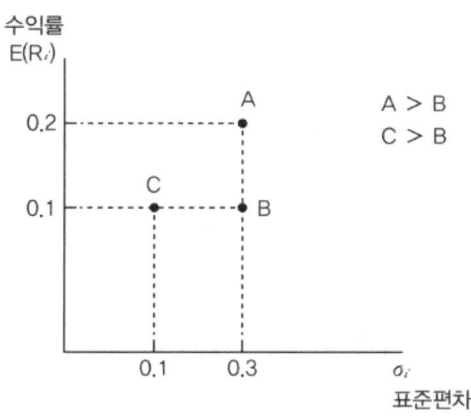

(6) 포트폴리오 이론

1) 의 의

포트폴리오 이론은 위험자산만 존재하는 상태에서 포트폴리오를 구성하여 투자하는 경우의 최적선택과정을 설명하는 이론이다. 여기서 포트폴리오(portfolio)는 분산투자시 분산투자의 대상이 되는 자산의 조합을 말한다. 이 이론은 마코위츠 모형 또는 완전공분산모형이라고도 하는데, 다음과 같은 가정을 가지고 있다.

① 모든 투자자는 위험회피형이며 기대효용이 극대화되도록 투자한다.
② 모든 투자자는 평균-분산기준에 따라 투자한다.
③ 모든 투자자는 자산의 미래수익률분포에 대하여 동질적으로 기대한다.
④ 투자기간은 단일기간이다.

2) 포트폴리오의 기대수익률과 위험

① 포트폴리오의 기대수익률 : $E(R_p) = w_1 E(R_1) + w_2 E(R_2)$

② 포트폴리오의 위험 : $V(R_p) = w_1^2 \sigma_1^2 + w_2^2 \sigma_2^2 + 2w_1 w_2 \sigma_{12}$

3) 공분산

공분산(σ_{12})은 두 주식 수익률의 평균적인 움직임에 대한 방향을 나타낸다. 즉 공분산이 (+)이면 두 주식의 수익률이 기대수익률을 중심으로 같은 방향으로 움직인다는 것을 의미하고, (-)이면 기대수익률을 중심으로 반대방향으로 움직인다는 것을 의미한다. 또한, 공분산이 0이면 두 주식의 수익률이 서로 상관없이 독립적으로 움직인다는 것을 의미한다. 그러나 공분산은 변수의 변화방향만 보여줄 뿐 측정단위에 따라서 그 크기가 달라지기 때문에 그 이상의 의미를 보여주지는 못한다. 따라서 두 변수가 변화하는 정도의 크기까지 보여주기 위해서 두 자산의 상관관계를 정확히 나타내는 척도가 필요한데 이를 상관계수 ($-1 \leq \rho \leq 1$)[63]라고 한다.

4) 포트폴리오의 위험과 기대수익률 간의 관계

① 상관계수가 +1인 경우 : 포트폴리오의 위험은 그 표준편차와 완전한 양(+)의 선형관계를 가지기 때문에 위험감소효과가 없다.

② 상관계수가 -1인 경우 : 포트폴리오의 위험은 그 표준편차와 절편은 동일하지만 기울기가 반대인 선형관계를 가지기 때문에 위험감소효과가 최대이다.

③ 상관계수가 -1보다 크고 +1보다 작은 경우 : 위험감소효과가 존재한다. 다만, 현실적으로 대부분의 주식들이 이자율이나 인플레이션 등 시장 전반적인 경기변동에 대해서 같은 영향을 받기 때문에 개별주식 수익률 간의 상관계수는 0에서 1 사이의 값을 가진다.

5) 포트폴리오의 위험분산효과

포트폴리오의 기대수익률은 투자비율만 일정하면 상관계수와 관계없이 일정하다. 그러나 포트폴리오의 위험은 투자비율이 일정하더라도 주식 수익률 간의 상관계수에 따라 달라진다. 상관계수가 +1이 아닌 주식으로 포트폴리오를 구성하면 기대수익률은 일정한 상태에서 위험만 줄일 수 있게 되는데 이것을 포트폴리오 효과 또는 위험분산효과라고 한다. 다른 조건이 동일하다면 상관계수가 작은 주식으로 포트폴리오를 구성할수록 위험분산효과는 커진다. 또한, 포트폴리오를 구성하는 주식수가 증가할수록 위험은 감소한다.

6) 포트폴리오이론의 한계

① 투자대상을 위험자산에 한정하고 무위험자산을 고려하지 않았다.

② 포트폴리오를 구성하는 주식수가 많아지면 효율적인 투자선을 도출하기 위해서 필요한 정보가 너무 많아진다.

(7) 자본자산가격결정모형

1) 의 의

자본자산가격결정모형(capital asset pricing model, CAPM)은 균형시장상태에서 자본자산의 가격(기대수익)과 위험과의 관계를 살펴보는 모형이다. 이러한 자본자산가격결정모형은 다음과 같은 가정을 가지고 있다.

① 투자자들은 모두 위험회피형이며, 기대효용 극대화를 추구한다.

② 기대수익-위험 즉 평균-분산 기준을 고려하여 포트폴리오를 선택한다.

③ 모든 투자자는 투자대상의 미래 수익률의 확률분포에 대하여 동질적인 예측을 한다.

---

[63] 상관계수(ρ) = 공분산(σ_{12})/$\sigma_1 \sigma_2$

④ 투자기간은 단일기간으로 본다.
⑤ 무위험자산이 존재하고 동일한 무위험이자율이 적용된다. 즉 무위험이자율로 무제한 차입 또는 대출이 가능하다.
⑥ 자본과 정보의 흐름에 마찰이 없고, 제도적 장애요인도 없다. 즉 완전자본시장을 가정하기 때문에 세금과 거래비용이 존재하지 않는다.

2) 자본시장선과 증권시장선

자본시장선(capital market line, CML)과 증권시장선(stock market line, SML)은 기본적으로 자산의 기대수익률과 자산의 위험 간의 합리적 관계를 설명한다는 점에서 공통점을 갖는다. 두 모형은 자산의 기대수익률이 해당 자산의 체계적 위험에 비례하여 증가한다는 점을 설명하여 주지만 이러한 관계를 적용할 수 있는 대상에 있어서는 큰 차이가 있다. 즉 자본시장선은 **완전분산투자된 효율적 포트폴리오의 총위험과 기대수익률의 선형관계를 나타내고, 증권시장선은 모든 자산의 체계적 위험과 기대수익률의 선형관계를 나타낸다.**

① **자본시장선** : 시장포트폴리오와 무위험자산으로 구성되는 효율적 포트폴리오에만 적용할 수 있는 모형이고, 주식이 효율적인지 아닌지를 판단하는 척도가 되기 때문에 자본시장선 선상에 있는 주식은 효율적이고 그 아래는 비효율적이다.

② **증권시장선** : 개별자산 또는 포트폴리오의 시장위험에 대한 위험프리미엄의 균형점들을 연결해 놓은 선[64]이다. 증권시장선을 이용하여 특정 주식의 균형기대수익률은 '무위험이자율 +(시장포트폴리오 기대수익률-무위험이자율)×특정 주식의 베타'로 구하고, 그 자산이 효율적인 포토폴리오인지 아닌지에 상관없이 모든 자산에 적용할 수 있다. 또한, 증권시장선은 주식이 균형인지 불균형인지를 판단하는 척도이기 때문에 주식이 증권시장선 위에 있으면 과소평가된 주식이고 증권시장선 아래에 있으면 과대평가된 주식이다.

3) 베타(β)

베타(β)는 시장포트폴리오의 위험, 즉 시장전체의 위험을 1로 보았을 때 개별주식이 가지는 체계적 위험의 크기 또는 시장수익률의 변동에 대한 개별주식 수익률의 민감도를 의미하고, 베타(β)가 1보다 크면 공격적 자산이고 베타(β)가 1보다 작으면 방어적 자산이다. 또한, 베타(β)는 음의 값을 가질 수 있다. 음의 값을 가진다는 것은 베타가 상승할수록 수익률이 하락하는 경우를 의미하는데 대표적인 경우가 보험자산의 경우이다. 그리고 시장포트폴리오의 베타(β)는 1이다.

$$\beta_i = \frac{주식 i 의 수익률과 시장수익률과의 공분산}{시장수익률의 분산} = \frac{\sigma_{im}}{\sigma_m^2}$$

---

64) 증권시장선의 평가대상을 시장포트폴리오 수익률과의 상관계수가 +1인 자본시장선상의 포트폴리오, 즉 완전분산투자된 효율적 포트폴리오로 한정하는 경우에 자본시장선과 증권시장선은 일치한다.

(8) 재무비율분석

1) 수익성비율

　수익성비율은 투자한 자본을 이용하여 일정기간 동안 얼마만큼의 성과를 내었는가를 측정하는 것을 의미한다. 즉 기업의 이익창출능력을 분석하기 위해 이용하는 비율이며, 주로 매출액 또는 자본에 대한 이익의 비율로 측정한다. 수익성은 과거 또는 비교기업 대비 높을수록 좋으며, 이익의 절대적인 크기보다는 단위당 이익을 나타내는 효율성 지표의 성격을 갖는다.

① 매출액영업이익률 = (영업이익 / 매출액) × 100%

② 매출액순이익률 = (당기순이익 / 매출액) × 100%

③ 자기자본이익률(ROE) = (순이익 / 평균자기자본) × 100%

④ 총자본(총자산)순이익률(ROA) = (순이익 / 매출액) × (매출액 / 총자본) × 100%
　　= (순이익 / 총자본) × 100% = 매출액순이익률 × 총자본회전율

2) 성장성비율

　성장성비율이란 기업의 매출액이나 자산규모가 전년대비, 동기대비, 추세대비 얼마나 증가 또는 감소하였는가를 측정하는 것을 의미한다. 즉 기업의 규모나 경영성과가 이전에 비해 얼마나 성장했는지를 분석하기 위해 이용하는 비율이며, 주로 전기 대비 당기의 증가율로 측정한다. 성장성은 기업의 수익성과 함께 기업가치결정에 가장 많은 영향을 미치는 지표이고, 성장성이 높을수록 좋다.

① 매출액증가율 = (당기매출액 / 전기매출액) × 100% - 1

② 순이익증가율 = (당기순이익 / 전기순이익) × 100% - 1

③ 총자산증가율 = (당기총자산 / 전기총자산) × 100% - 1

3) 활동성비율

　활동성비율이란 기업에 투자된 자본을 얼마나 효율적으로 사용하였는가를 측정하는 것을 의미한다. 즉 기업이 보유하는 자산 활용의 효율성을 분석하기 위해 이용하는 비율이며, 주로 매출액을 관련 자산금액 또는 부채금액으로 나눈 회전율을 이용하여 측정한다. 활동성은 투자된 자본이 1년에 몇 번 회전하였는가를 나타내는 것으로 회전율이 높다는 것은 그만큼 효율성이 높다는 의미이다.

① 총자본(총자산)회전율 = 매출액(또는 매출원가) / 총자본(또는 총자산)

② 매출채권회전율 = 매출액(또는 매출원가) / 매출채권

③ 재고자산회전율 = 매출액(또는 매출원가) / 재고자산

4) 유동성비율

　유동성비율이란 기업의 단기채무 지급능력을 분석하기 위해 이용하는 비율이며, 주로 단기채무

의 지급을 위해 단기간 내에 현금화 가능한 자산의 보유정도를 측정하는 비율이다.

① 유동비율 = (유동자산 / 유동부채) × 100%

② 당좌비율 = (당좌자산[65]/유동부채) × 100% = [(유동자산-재고자산)/유동부채] × 100%

5) 안정성비율[66]

안정성 비율(레버리지비율)이란 기업의 장기적인 재무적 안정성을 분석하기 위해 이용하는 비율이며, 주로 타인자본인 부채와 자기자본인 자본의 구성을 나타내는 비율이다.

① 부채비율 = (부채 / 자기자본) × 100%

② 자기자본비율 = (자기자본 / 총자산) × 100%

③ 이자보상비율 = (영업이익 / 이자비용) × 100%

6) 시장가치비율

시장가치비율이란 기업에 대한 시장에서의 가치평가를 분석하기 위해 이용하는 비율이며, 주로 주식의 시장가치인 주가와 관련된 다른 항목 간의 비율로 측정한다.

① 주가수익비율(PER) = 주가 / 주당순이익

② 주가 대 장부가치비율(PBR) = 주가 / 주당장부가치

4. 파생상품

(1) 의 의

파생상품(derivatives)이란 기초자산의 가치변동에 따라 가격이 결정되는 금융상품을 말한다. 상품가치가 기초자산의 가치변동으로부터 파생되어 결정되기 때문에 '파생상품'이라 부른다. 파생상품은 금융시장 참가자에게 폭넓은 위험 헤지(hedge) 기회를 제공함으로써 자신의 위험선호도에 따라 자산을 쉽게 구성하게 한다. 즉 위험회피자는 자산이나 부채의 가치변동에 따른 위험을 회피할 수 있으며, 위험선호자 또는 투자자는 이러한 변동을 예측함으로써 이익획득의 기회를 얻을 수 있다.

(2) 유 형

1) 옵 션

옵션(option)은 미리 정해진 조건에 따라 일정한 기간 내에 상품이나 유가증권 등의 특정자산을 사거나 팔 수 있는 권리를 말하며 이를 매매하는 것을 옵션거래라고 한다.[67] 따라서 옵션은 특

---

[65] 당좌자산은 환금하기 쉬운 유동자산을 의미하는데, 현금, 예금, 받을어음, 외상매출금, 유가증권 등이 해당한다.

[66] 유동성비율과 안정성비율을 합쳐 안전성비율이라고도 한다.

[67] 옵션매입을 long position이라고 하고, 옵션매도를 short position이라고 한다.

정자산을 살 수 있는 권리가 부여된 콜옵션(call option)과 특정자산을 팔 수 있는 권리가 부여된 풋옵션(put option)으로 분류된다. 옵션계약에서 정하는 특정자산을 사거나 팔 수 있는 권리는 옵션을 발행하는 자가 이를 매수하는 자에게 부여하고 옵션소유자는 일정기간 동안 옵션계약에 명시된 사항을 옵션발행자에게 이행토록 요구하거나 또는 요구하지 않아도 되는 조건부청구권을 가지게 된다. 또한, 옵션은 행사기간에 따라 유럽형 옵션과 미국형 옵션으로 구분할 수 있다. 유럽형 옵션은 권리행사가능일을 만료일 당일 하루만으로 한정하는 옵션으로 계약된 만기일이 되어야만 행사할 수 있는 옵션이다. 이에 반해 미국형 옵션은 만기일 이전에 언제든지 권리를 행사할 수 있는 옵션이다. 이러한 옵션과 관련된 용어는 다음과 같다.

① 기초자산 : 옵션거래의 대상이 되는 자산으로 현물과 선물로 구분된다.
② 행사가격 : 옵션매입자가 권리를 행사할 경우 기초자산의 매입 또는 매도를 위한 가격을 말한다.
③ 만 기 : 옵션의 권리를 행사할 수 있는 기간을 말하고, 옵션의 권리를 행사할 수 있는 기간의 마지막 날을 만기일이라고 한다.
④ 옵션 프리미엄 : 옵션매입자의 권리행사에 대한 의무이행대가로 옵션매입자가 옵션매도자에게 지불하는 금액을 말한다.

2) 스 왑

스왑(swap)은 계약조건 등에 따라 일정시점에 자금교환을 통해서 이루어지는 금융기법을 말한다. 이러한 거래를 스왑 거래라고 하는데 스왑 거래는 사전에 정해진 가격, 기간에 둘 이상의 당사자가 보다 유리하게 자금을 조달하기 위해 서로 부채를 교환하여 위험을 피하려는 금융기법이다. 스왑 거래의 종류로는 금리스왑, 통화스왑 등이 있다.

3) 선 물

선물(futures)은 상품이나 금융자산을 미리 결정된 가격으로 미래 일정시점에 인수도할 것을 약속하는 거래를 말한다. 선물의 거래방식은 매매시점, 대금결제, 물건의 인수도 시점에 따라 다른 양식의 거래와 차이가 있다. 현물거래의 경우 매매(가격/거래조건의 결정), 대금결제, 물건의 인수도가 동시에 이루어지고, 신용거래(외상거래)의 경우 매매, 물건의 인수도는 동시에 이루어지지만 대금결제는 나중에 이루어진다. 반면 선급거래는 매매와 대금결제가 동시에 이루어지지만 물건의 인수도는 나중에 이루어지고, 선물거래의 경우 매매가 이루어진 후 일정시점이 지나야 대금결제와 물건의 인수도가 동시에 이루어진다. 또한, 선물거래와 선도거래(forward transaction)는 동일한 거래방식을 가지고 있는데, 선물거래는 거래소 내에서 거래할 수 있는 반면 선도거래는 거래소 밖에서 이루어진다는 차이가 있다.

〈선물거래와 선도거래〉

	선물거래	선도거래
시장형태	조직화된 시장(거래소)	비조직적 시장(장외시장)
거래방법	공개호가방식	당사자 간의 직접 계약
거래조건	표준화	당사자 간의 합의
이행보증	거래소가 이행을 보증	당사자의 신용에 좌우
결제방법	일일정산	만기일에 한 번 결제

제2절 | 회계학

1. 의 의

(1) 개 념

회계학은 정보이용자들이 기업에 대해 합리적인 의사결정을 하는 데 유용하도록 기업에 대한 경제적 정보(재무정보)를 식별하고 측정하여 제공하는 일련의 과정을 말한다.

① **내부정보이용자** : 기업의 경영자나 내부관리자 등이 있으며, 이들은 기업의 경영과 관련된 다양한 의사결정을 위해 회계정보를 필요로 한다.

② **외부정보이용자** : 기업의 주주(투자자), 채권자(대여자) 등이 있으며, 이들은 기업에 대한 투자의사결정이나 자금대여 의사결정을 위해 기업의 회계정보를 필요로 한다. 따라서 외부정보이용자는 기업에서 공개한 회계정보에 의존할 수밖에 없는데, 만일 기업이 회계정보를 임의로 작성하여 제공한다면 외부정보이용자들의 잘못된 의사결정을 유발할 수 있을 것이다. 따라서 외부정보이용자에게 제공하는 회계정보는 사전에 일정한 기준을 정해 놓고 이러한 기준에 따라 작성하고 제공되어야 한다. 외부정보이용자에게 제공되는 회계정보 제공의 수단을 재무제표라고 하며, 사전에 정해진 재무제표의 작성기준을 회계기준이라고 한다.

(2) 회계정보의 질적 특성

회계정보의 질적 특성에 대한 내용은 일반회계기준과 한국채택국제회계기준(K-IFRS)에서 차이를 가지고 있다.[68] 일반회계기준의 내용에 따르면 회계정보의 질적 특성은 목적적합성과 신뢰성으로 나누어지고, 한국채택국제회계기준의 내용에 따르면 근본적 질적 특성과 보강적 질적 특성으로 나누어진다.

〈회계정보의 질적 특성〉

	질적 특성		세부 항목
일반회계기준	목적적합성		예측가치, 피드백가치, 적시성
	신뢰성		표현의 충실성, 검증가능성, 중립성
한국채택 국제회계기준	근본적 질적 특성	목적적합성	예측가치, 확인가치, 중요성
		충실한 표현	완전한 서술, 중립적 서술, 오류가 없어야 함
	보강적 질적 특성		비교가능성, 검증가능성, 적시성, 이해가능성

---

[68] 현재 우리나라의 회계기준은 상장기업과 금융기관이 적용하는 한국채택국제회계기준과 그 이외의 기업들이 적용하는 일반회계기준으로 이원화되어 있다.

(3) 분 류

① 재무회계(financial accounting) : 기업의 외부정보이용자인 투자자나 채권자 등에게 경제적 의사결정에 유용한 정보를 제공하는 것을 목적으로 하는 회계이다.

② 관리회계(managerial accounting) : 기업의 내부정보이용자인 경영자에게 관리적 의사결정에 유용한 정보를 제공하는 것을 목적으로 하는 회계이다.

〈재무회계와 관리회계〉

	재무회계	관리회계
목 적	외부정보이용자의 경제적 의사결정에 유용한 정보를 제공	기업 내부정보이용자의 경영의사결정에 유용한 정보를 제공
정보이용자	투자자, 채권자 등 외부정보이용자	경영자 등 내부정보이용자
보고수단	재무제표	일정한 형식이 없음
작성기준	회계기준	통일된 회계원칙이 없음
보고주기	일반적으로 1년	특별한 제한 없음
정보의 특성	과거지향적, 화폐적 정보 중심	미래지향적, 비화폐성 정보도 포함

2. 회계의 순환과정

(1) 의 의

회계는 일반적으로 '거래의 인식 → 거래분개 → 원장전기 → 수정전시산표 작성 → 결산정리사항(수정분개) → 수정후시산표(정산표) 작성 → 재무제표 작성'의 순서로 순환하는 과정을 가진다.

(2) 기업의 재무상태 : 자산 = 부채 + 자본

① 자산(assets) : 기업이 현재 보유하고 있는 경제적 자원, 즉 재산을 말한다. 기업이 소유하고 있는 현금, 상품, 비품, 건물, 토지 등의 재화와 매출채권, 대여금 등의 채권으로 구성된다.

② 부채(liabilities) : 기업이 미래에 일정한 금액을 갚아야 할 빚이나 의무를 의미한다.

③ 자본(capital) : 자산의 총액에서 부채의 총액을 차감한 잔액을 의미한다. 즉 기업이 현재 보유하고 있는 자산 중에서 순수한 기업의 몫을 말한다.

(3) 거래의 기록

1) 회계상 거래

회계상 거래는 기업의 경영활동에서 자산, 부채, 자본, 수익, 비용의 증감·변화를 일으키는 것을 의미하고, 화폐금액으로 신뢰성 있게 측정 가능하여야 한다. 따라서 계약, 주문서 발송, 종업원

채용 등은 일상생활에서는 거래라고 하지만 자산, 부채, 자본의 증감변화가 일어나지 않으므로 회계에서는 거래로 보지 않는다. 즉 계약, 주문, 채용, 담보제공 등은 일반적인 거래에는 해당하지만 회계상 거래에는 해당하지 않으며, 화재, 도난, 파손 등은 일반적인 거래에는 해당하지 않지만 회계상 거래에는 해당한다.

〈일상적인 거래와 회계상 거래〉

일상적인 거래	회계상 거래	사 례
○	×	상품주문, 건물 임대차 계약, 종업원 고용계약, 담보설정 등
×	○	상품이나 현금 등의 도난, 파손, 분실, 화재 등
○	○	상품 판매, 부동산 매매, 자금 차입, 주식발행 등

2) 거래의 기록 : 부기(장부기록)

거래가 발생하면 해당 거래를 장부에 기록하게 되는데 이를 부기(bookkeeping)라고 한다. 부기는 기록계산법의 목적과 방법의 차이에서 단식부기(single entry bookkeeping)와 복식부기(double entry bookkeeping)로 구분된다.

① 단식부기 : 재산의 변동만을 단독으로 기록·계산하는 것으로 상식적인 기장을 하는 부기법이다. 재산이나 자본의 정확한 계산을 하는 것보다는 오히려 기장기술이 간편한 것을 바라는 소규모기업에서 쓰이고 있는 데 불과하다.

② 복식부기 : 재산변동을 다른 것과의 유기적 관계로 파악하여 대차평균의 원리 아래서 조직적·합리적으로 기록·계산하는 것이다.

차 변	대 변
자산의 증가	자산의 감소
부채의 감소	부채의 증가
자본의 감소	자본의 증가
비용의 발생	수익의 발생

3. 재무제표[69]

(1) 재무상태표

1) 의 의

재무상태표는 일정시점 현재 기업실체가 보유하고 있는 자산과 부채 및 자본에 대한 정보를 제공하는 재무제표이다. 따라서 재무상태표는 자산, 부채, 자본으로 구성되어 있다.

---

[69] 재무상태표, 포괄손익계산서, 현금흐름표, 자본변동표는 표와 숫자의 요약된 형태로 제공되므로 정보제공방식에 한계가 있다. 이에 따라 표와 숫자의 형태로만 표현하기 어려운 정보들을 서술형 정보를 포함하여 보충적으로 설명하는 재무제표가 필요한데, 이를 주석이라고 한다. 따라서 주석도 재무제표 중의 하나에 해당한다.

2) 구성요소

① 자산(assets) : 자산은 기업이 현재 보유하고 있는 경제적 자원, 즉 재산을 말하고, 현금, 상품, 비품, 건물, 토지 등의 재화와 매출채권, 대여금 등의 채권으로 구성된다. 기업은 자산을 다양한 형태로 보유할 수 있으며, 12개월 이내에 결제될 것으로 예상되는 경우에는 유동자산, 그 이외의 경우에는 비유동자산으로 구분한다.

② 부채(liabilities) : 부채는 기업이 미래에 상대방에게 일정한 금액을 갚아야 할 빚이나 의무를 말한다. 예를 들어, 은행차입금은 은행에게 갚아야 할 빚이므로 부채에 해당하고, 원재료매입 외상채무는 기업이 거래처에게 갚아야 할 빚이므로 부채에 해당한다. 또한, 12개월 이내에 결제될 것으로 예상되는 경우에는 유동부채, 그 이외의 경우에는 비유동부채로 구분한다.

③ 자본(capital) : 자본은 기업이 현재 보유하고 있는 자산 중에서 순수한 기업의 몫을 말한다. 즉 경제적인 관점에서 본다면 기업의 자산 중에서 실질적인 기업의 몫은 기업이 보유하고 있는 재산에서 기업이 갚아야 할 빚을 모두 갚고 남은 금액이라고 볼 수 있는데, 이를 자본 또는 순자산이라고 하는 것이다. 결과적으로 자본은 기업의 자산에서 부채를 차감한 잔액으로 정의할 수 있으며, 기업의 주인은 주주이므로 자본은 결국 주주의 몫이 된다. 그리고 자본은 그 금액을 직접 측정하는 것이 아니라 자산과 부채의 차액으로 계산한다.

〈자본의 구성〉

일반회계기준	K-IFRS	항 목
자본금	납입자본금	보통주자본금, 우선주자본금
자본잉여금		주식발행초과금, 감자차익, 자기주식처분이익 등
자본조정(자본감소)	기타자본 구성요소	자기주식, 주식할인발행차금, 감자차손, 자기주식처분손실 등
자본조정(자본증가)		신주청약증거금, 전환권대가, 주식선택권 등
기타포괄손익누계액		후속적으로 당기순이익으로 재분류가 금지된 항목
기타포괄손익누계액		후속적으로 당기순이익으로 재분류가 가능한 항목
이익잉여금(기처분)	이익잉여금	법정적립금, 임의적립금 등
이익잉여금(미처분)		미처분이익잉여금

3) 자본거래

① 주식의 종류 : 의결권, 배당권, 신주인수권, 잔여재산청구권 등이 부여된 주식인 보통주(common stock)와 이익배당과 잔여재산분배 등 재산상 권리가 보통주보다 우위에 있지만, 의결권이 없는 주식인 우선주(preferred stock)가 있다.

② 증 자 : 신주를 발행하는 거래이다. 유상증자는 회사가 주주로부터 주금액을 납입 받고 신주를 발행하기 때문에 기업의 순자산이 증가하게 되므로 실질적 증자라고도 한다. 이에 반해, 무상증자는 주금액의 납입 없이 자본잉여금이나 이익준비금을 자본금에 전입하고 증가된 자본금만큼 신주를 발행하는 방법이기 때문에 자본총계는 변함이 없으므로 형식적 증자라고도 한다. 즉 회사에 실질적인 자본의 증가가 이루어지지 않는 증자이다.

③ 감 자 : 자본금을 감소시키는 자본거래이다. 주주에게 주식을 반환받고 대가를 지불하는 유상감자와 주주에게 대가를 지불하지 않고 자본금을 감소시키는 무상감자가 있다. 즉 주금액의 환급, 주식소각(감자차익 또는 감자차손이 발생)과 같이 자본금의 감소 시 자산의 유출이 수반되는 유상감자(실질적 감자)와 회계장부상 자본금은 감소하지만 자산의 유출이 수반되지 않는 무상감자(형식적 감자)가 있다.

④ 주식배당 : 신규발행의 주식으로 대신하는 배당을 말한다. 즉 이익잉여금을 자본금으로 전입하고 이를 근거로 신주를 발행하여 기존주주들에게 무상으로 나누어 주는 것을 말한다.[70] 주식배당의 목적은 배당지급에 소요되는 자금을 사내에 유보하여 외부유출을 막고, 이익배당을 한 것과 동일한 효과를 올리는 데 있다. 또 주식배당에 의하여 회사의 자본금이 증액되므로 자본구성의 시정에도 유효하다. 주주의 입장에서도 주가가 높은 수준에 있을 때는 현금배당보다 유리하다.

⑤ 자사주 매입(buy back) : 회사가 자기 회사의 주식을 주식시장 등에서 사들이는 것을 말한다. 자사주 매입은 유통주식물량을 줄여주기 때문에 주가상승요인이 되고 자사주 매입 후 소각을 하면 배당처럼 주주에게 이익을 환원해 주는 효과가 있다. 자사주 매입은 적대적 M&A에 대비해 경영권을 보호하는 수단으로 쓰이기도 한다.

⑥ 주식분할(stock split-up) : 자본금의 증가 없이 발행주식의 총수를 늘리고, 이를 주주들에게 나누어주는 것을 말한다. 지나치게 오른 주가를 투자자가 매입하기 쉬운 수준으로까지 인하하여 유통주식물량을 늘리는 것이 목적이다. 또한, 회사의 영업성적 향상으로 주가가 상승하였을 때 거래의 지장을 없애기 위하여 이를 분할하여 적절한 가격으로 시장성을 높인다든가, 실질상으로는 배당을 증가시키면서 1주당 배당액을 저하시킨다든가 또는 합병의 경우에 합병비율을 조절하는 데도 이 방법이 흔히 이용된다.

⑦ 주식병합(consolidation of stocks) : 기존의 여러 개의 주식을 합하여 그보다 적은 수의 주식으로 하는 회사의 행위(발행주식수를 줄이는 것)를 말한다. 이때 회사의 자본금 및 자산에 아무런 변화가 없이 이미 발행된 주식수가 감소하게 되므로 회사의 입장에서는 주가의 조정이나 주주 관리비의 절감 등으로 기업운영상 효과를 얻을 수 있으나, 투자자의 입장에서는 1주 미만의 주식(단주)이 발생하게 되는데 그 처리방법에 따라서 주주는 이전만큼의 권리를 잃게 되는 경우도 있다.

---

[70] 주식배당과 무상증자는 자본금으로 전입하는 재원만 차이가 있을 뿐 실질적으로는 동일하며, 현금의 유입은 없이 자본금이 증가한다. 따라서 기업이 주식배당이나 무상증자를 실시하는 경우에 자기자본총액의 변동 없이 주식수가 증가하여 주가가 비례적으로 하락하기 때문에 주주의 부에 아무런 영향을 미치지 못한다.

(2) 포괄손익계산서

1) 의 의

포괄손익계산서는 일정기간 동안 기업실체의 경영성과에 대한 정보를 제공하는 재무제표를 말한다. 포괄손익계산서는 크게 수익과 비용으로 구성되어 있다.

2) 구성요소

① **수익(revenue)** : 기업의 경영활동(재화의 판매, 용역의 제공 등)으로 인한 자산의 증가 또는 부채의 감소에 따른 자본의 증가를 말한다. 단, 주주와의 거래(자본거래)로 인한 자본의 증가는 제외한다. 이러한 수익의 대표적인 사례는 영업활동에서 고객에게 상품을 판매하고 얻은 대가(매출액), 용역을 제공하고 얻은 수수료(수수료수익), 은행예금에 대한 수입이자 등 일정기간 동안 상품 또는 서비스를 제공하고 그 대가로 획득한 금액(이자수익) 등이 있다.

② **비용(expense)** : 기업의 경영활동으로 인한 자산의 감소 또는 부채의 증가에 따른 자본의 감소를 말한다. 단, 주주와의 거래(자본거래)로 인한 자본의 감소는 제외한다. 이러한 비용의 대표적인 사례는 고객에게 판매한 상품의 원가(매출원가)나 종업원에 대한 급여 지급액(종업원 급여), 차입금에 대한 지급이자(이자비용), 일정기간 동안 수익을 얻기 위하여 사용 또는 소비한 자산이나 서비스의 원가(광고선전비, 소모품비, 임차료, 여비교통비 등) 등이 있다.

〈포괄손익계산서의 기본구조〉

포괄손익계산서

당기 : 20X1년 1월 1일부터 20X1년 12월 31일까지
전기 : 20X0년 1월 1일부터 20X0년 12월 31일까지

구 분	당 기	전 기
매출액	××	××
매출원가	(××)	(××)
매출총이익	××	××
판매비와 관리비	(××)	(××)
영업이익	××	××
영업외손익	××	××
법인세비용차감전순이익	××	××
법인세비용	(××)	(××)
계속영업이익	××	××
당기순이익	××	××
기타포괄손익		
총포괄손익	××	××

※ 판매비와 관리비 : 제품, 상품, 용역 등의 판매활동과 기업의 관리활동에서 발생하는 비용으로 매출원가에 속하지 아니하는 비용을 말한다. 이러한 판매비와관리비는 급여, 퇴직급여, 복리후생비, 임차료, 접대비, 감가상각비, 무형자산상각비, 세금과공과, 광고선전비, 연구비, 경상개발비, 대손상각비 등을 포함한다.

3) 자본적 지출과 수익적 지출

유형자산을 취득하여 사용하는 중에도 그 자산과 관련하여 여러 형태의 비용이 발생한다. 어떤 비용은 그 지출의 효익이 지출한 연도에 끝나는 경우도 있고, 그 지출의 효익이 장래의 일정기간에 걸쳐서 계속되는 지출도 있다. 이러한 지출에 대하여 자본(자산)화 할 것인지 또는 비용화할 것인지에 따라 자본적 지출과 수익적 지출로 구분할 수 있다.

① **자본적 지출** : 자산의 용역잠재력을 현저히 증가시키는 지출로써 지출한 연도의 비용을 보고하지 않고 자본화, 즉 자산계정에 기록하여 그 자산의 내용연수 동안 각 회계기간에 걸쳐 원가배분(감가상각)을 하여야 한다.

② **수익적 지출** : 용역잠재력을 증가시키지 못한 경우로써 단지 당기의 회계기간에 대하여만 효익을 주는 지출을 말한다. 따라서 수익적 지출은 발생한 시점에 비용으로 처리한다.

4) 감가상각

감가상각(depreciation)은 유형자산의 취득원가에서 잔존가치를 차감한 잔액(감가상각대상금액)을 그 자산의 경제적 효익이 발생하는 기간(내용연수) 동안 체계적이고 합리적으로 배분하는 과정을 말한다. 감가상각의 방법은 다음과 같다.[71]

① **정액법** : 감가상각대상금액(취득원가-잔존가치)을 내용연수 동안에 균등하게 배분하는 방법이다.

② **정률법** : 장부금액인 미상각잔액(취득원가-감가상각누계액)에 일정률의 상각률을 곱하여 감가상각비를 계산하는 방법이다.

③ **이중체감법** : 장부금액인 미상각잔액(취득원가-감가상각누계액)에 "2/내용연수"를 곱하여 감가상각비를 계산하는 방법이다.

④ **연수합계법** : 감가상각대상금액(취득원가-잔존가치)에 "잔존내용연수/내용연수의 합계"를 곱하여 감가상각비를 계산하는 방법이다.

⑤ **생산량비례법** : 예상조업도 또는 예상생산량에 근거하여 그 기간의 감가상각비를 계산하는 방법이다. 즉 감가상각대상금액(취득원가-잔존가치)에 "당기생산량/총생산가능량"를 곱하여 감가상각비를 계산하는 방법이다.

---

[71] 내용연수 초기에 감가상각을 많이 인식하는 방법(가속 감가상각방법)은 정률법, 이중체감법, 연수합계법 등이 있다. 그리고 정률법과 이중체감법은 장부금액을 기준으로 상각하고, 정액법, 연수합계법, 생산량비례법은 감가상각대상금액을 기준으로 상각한다. 그리고 모든 유형자산이 감가상각대상자산인 것은 아니고, 토지는 감가상각대상자산에 해당하지 않는다.

예제 ㈜가맹은 20×1년 1월 1일에 캐드용 기자재 1대를 구입하였다. 정률법에 의하여 감가상각하는 경우 20×2년의 감가상각비는? (2020 가맹거래사)

○ 취득원가 : 20,000,000원
○ 내용연수 : 7년
○ 잔존가치 : 3,500,000원
○ 정률 : 20%

① 2,560,000원
② 3,000,000원
③ 3,200,000원
④ 4,000,000원
⑤ 4,500,000원

해설 | 정률법은 장부금액인 미상각잔액(취득원가-감가상각누계액)에 일정률의 상각률을 곱하여 감가상각비를 계산하는 방법이다. 따라서 20×1년의 감가상각비는 취득원가(20,000,000원)에 20%를 곱한 4,000,000원이다. 그리고 20×2년의 감가상각비는 장부금액(=20,000,000원-4,000,000원)에 20%를 곱한 3,200,000원이다.

정답 | ③

5) 재고자산의 취득원가

재고자산의 취득원가는 매입원가, 전환원가 및 재고자산을 현재의 장소에 현재의 상태로 이르게 하는 데 발생한 모든 원가를 포함한다. 즉 재고자산은 재고자산을 취득하기 위하여 지출한 금액으로 기록한다.

① 자가제조(제조기업의 제품 취득원가)

= 직접재료원가 + 직접노무원가 + 제조간접원가 = 기초원가 + 제조간접원가

= 직접재료원가 + 전환(가공)원가

② 외부구입(상기업의 상품 취득원가) : 매입가격 + 매입부대비용

6) 재고자산의 수량결정

재고자산의 수량결정은 판매가능재고자산 중에서 당기 중에 판매된 수량(판매수량)과 기말현재 보유하고 있는 수량(기말재고수량)을 결정하는 것을 말한다. 이때 재고자산의 수량을 기록하는 방법에는 계속기록법과 실지재고조사법(실사법)이 있다.

① **계속기록법** : 재고자산의 입고(매입)와 출고(판매)가 발생할 때마다 수량을 계속 기록하는 방법이다. 따라서 계속기록법은 판매가능수량 중에서 당기에 실제로 판매된 수량을 차감하

여 기말재고수량을 결정한다. 계속기록법은 재고자산수량을 적시에 파악이 가능하므로 재고자산의 내부관리나 통제목적에는 적합하지만, 재고자산의 입고 및 출고 시마다 수량을 계속 기록해야 하기 때문에 재고자산 매매거래가 빈번한 경우에는 번거로울 수 있다.

② **실지재고조사법(실사법)** : 보고기간 말에 창고조사를 실시하여 기말재고수량을 먼저 결정하고, 판매가능재고수량 중에서 기말 실사수량을 차감한 나머지 수량을 판매수량으로 결정하는 방법이다. 실지재고조사법은 판매수량을 기록할 필요가 없기 때문에 장부기록이 간편하고, 기말재고자산이 실제수량에 기초하여 보고되므로 외부보고 목적에 충실하다는 장점이 있다. 그러나 재고자산수량을 적시에 파악할 수 없고, 도난, 자연감소 등으로 감소한 재고자산이 당기판매수량에 포함되는 문제점이 있다.

7) 단위당 취득원가의 결정

재고자산의 수량결정방법에 따라 재고자산의 당기 판매수량과 기말재고수량이 결정되었다면, 각각의 수량에 단위당 원가(매입단가)를 곱하면 재무제표에 보고할 매출원가와 기말재고원가가 결정된다. 그러나 재고자산은 매입과 판매가 빈번하게 발생하고, 매입시점의 단위당 원가도 수시로 변동하는 것이 일반적이기 때문에 판매된 재고자산과 기말재고자산의 단위당 원가를 결정할 때 어려움이 많다. 따라서 이러한 실무적인 어려움을 고려하여 재고자산의 실제 물량흐름과 관계없이 일정한 가정을 통하여 판매된 재고자산과 기말재고자산의 단위당 원가를 결정하게 된다.[72]

① **선입선출법** : 실제 물량흐름과 관계없이 먼저 매입한 재고자산이 먼저 판매된 것으로 가정하여 판매된 재고자산과 기말재고자산의 단위당 원가를 결정하는 방법이다. 선입선출법은 다른 단위원가의 결정방법과 달리 수량결정방법으로 계속기록법과 실지재고조사법 중 어느 방법을 적용해도 매출원가와 기말재고로 배분되는 금액은 원칙적으로 동일하게 결정된다는 특징이 있다.

② **후입선출법** : 실제 물량흐름과 관계없이 나중에 매입한 재고자산이 먼저 판매된 것으로 가정하여 판매된 재고자산과 기말재고자산의 단위당 원가를 결정하는 방법이다. 단, 국제회계기준에서는 후입선출법의 사용을 허용하지 않고 있다.

③ **가중평균법** : 실제 물량흐름과 관계없이 재고자산이 골고루 평균적으로 판매된다고 가정하여 재고자산의 단위당 원가를 결정하는 방법이다. 즉, 가중평균법은 기초재고자산과 기중에 매

---

[72] 물가가 상승하고 기말재고수량이 기초재고수량과 같거나 증가하는 경우를 가정할 때 각 방법의 비교내역은 다음과 같다.
 ① 기말재고 : 선입선출법 > 이동평균법 > 총평균법 > 후입선출법
 ② 매출원가 : 선입선출법 < 이동평균법 < 총평균법 < 후입선출법
 ③ 당기순이익 : 선입선출법 > 이동평균법 > 총평균법 > 후입선출법
 ④ 법인세비용 : 선입선출법 > 이동평균법 > 총평균법 > 후입선출법
 ⑤ 순현금흐름(법인세 유출액과 관련) : 선입선출법 < 이동평균법 < 총평균법 < 후입선출법

입한 재고자산의 원가를 가중평균한 평균매입단가를 재고자산의 단위당 원가로 결정하는 방법이다. 가중평균법은 수량결정방법으로 어떤 방법을 적용하는지에 따라 다시 이동평균법73)과 총평균법74)으로 나누어진다.

> **예제** 단일종류의 상품을 취급하는 ㈜가맹의 당기 재고자산 관련 자료는 다음과 같다. 이 회사가 실지재고조사법하에서 가중평균법을 사용하는 경우 당기 매출원가는? (2019 가맹거래사)
>
> | 구분 | | 수량(개) | 단가 |
> |---|---|---|---|
> | 1월 1일 | 기초재고 | 100 | 11,000원(구입가) |
> | 3월 15일 | 매입 | 120 | 12,000원(구입가) |
> | 5월 19일 | 매출 | 160 | 20,000원(판매가) |
> | 12월 11일 | 매입 | 140 | 14,000원(구입가) |
>
> ① 1,847,200원
> ② 2,000,000원
> ③ 2,247,200원
> ④ 3,400,000원
> ⑤ 4,500,000원
>
> 해설 | 실지재고조사법 하에서 가중평균법을 사용하는 경우의 가중평균매입단가는 (100×11,000+ 120×12,000+140×14,000)/360으로 계산하면 12,500원이 된다. 따라서 당기매출원가는 12,500원×160개=2,000,000원이다.
>
> 정답 | ②

8) 매출원가와 매출총이익

 ① 매출원가 = 기초상품재고액 + 순매입액 - 기말상품재고액

 ② 판매가능자산 = 기초상품재고액 + 순매입액

 ③ 매출총이익 = 순매출액 - 매출원가

---

73) 수량결정방법으로 계속기록법을 적용한 가중평균법을 말하며, 재고자산을 판매(매입)할 때마다 재고자산의 원가를 평균하는 방법이다. 즉, 재고자산을 판매할 때 판매 직전의 재고자산 장부금액을 판매 시점의 장부상 수량으로 나눈 평균매입단가(이동평균단가)를 판매된 재고자산의 매입단가로 결정하는 방법이다.

74) 수량결정방법으로 실지재고조사법을 적용한 가중평균법을 말하며, 기말에 한번만 재고자산의 원가를 평균하는 방법이다. 즉, 기말 결산 시에 판매가능재고자산의 총금액을 판매가능재고자산의 총수량으로 나눈 평균매입단가(총평균단가)를 당기에 판매된 재고자산과 기말재고자산의 매입단가로 결정하는 방법이다.

> **예제** ㈜가맹의 20×1년 기초상품재고는 400만 원이며, 20×1년 중에 총 3,460만 원의 상품을 매입하였으나 110만 원의 매입할인을 받아 실제 지불한 상품매입대금은 3,350만 원이었다. 20×1년에 판매 가능한 상품 중에서 410만 원이 기말재고로 남아있다. 제시된 자료만을 사용하였을 때, ㈜가맹의 20×1년의 매출원가는? (2018 가맹거래사)
>
> ① 3,340만 원
> ② 3,450만 원
> ③ 3,750만 원
> ④ 3,860만 원
> ⑤ 3,960만 원
>
> 해설 | '매출원가 = 판매가능액(=기초재고+당기순매입액)-기말재고'이다. 따라서 매출원가는 '400만 원+(3,460만 원-110만 원)-410만 원'으로 계산하면 3,340만 원이다.
> 정답 | ①

(3) 현금흐름표와 자본변동표

1) 현금흐름표

현금흐름표는 일정기간 동안 기업실체의 현금유입과 현금유출에 대한 정보를 제공하는 재무제표를 말한다. 일반적으로 현금흐름은 영업활동, 투자활동, 재무활동으로 인하여 발생한다.

① 영업활동으로 인한 현금흐름 : 경상적인 손익거래와 관련된 현금흐름
② 투자활동으로 인한 현금흐름 : 비유동자산 및 비영업자산의 취득이나 처분과 관련된 현금흐름
③ 재무활동으로 인한 현금흐름 : 자본조달 및 상환과 관련된 현금흐름

2) 자본변동표

자본변동표는 일정시점 현재 기업실체의 자본크기와 일정기간 동안 기업실체의 자본변동에 대한 정보를 제공하는 재무제표를 말한다.

4. 회계감사

(1) 의 의

회계감사(auditing)란 독립된 제3자가 타인이 작성한 회계기록을 검토하고 회계기록의 적정성에 대하여 의견을 제시하는 것을 의미하고, 주된 목적은 기업의 재무상태 및 경영실적을 판단하는 데 있다. 판단결과에 따라 당해 기업의 이해관계자는 기업의 재무상태와 경영실적을 알 수 있게 된다.

(2) **회계감사의견**

① **적정의견** : 재무제표가 회계처리기준에 따라 중요성의 관점에서 적정하게 표시되었다고 판단될 때 표명되는 의견이다.

② **한정의견** : 감사인과 경영자 간의 의견불일치나 감사범위 제한에 따른 영향이 중요하므로 적정의견을 표명할 수는 없지만, 부적정의견을 표명하거나 의견표명을 거절하여야 할 정도로 중요하지 않거나 전반적이지 않을 때 표명하는 의견이다.

③ **부적정의견** : 감사인과 경영자 간의 의견불일치로 인한 영향이 매우 중요하고 전반적인 경우에 표명하는 의견이다.

④ **의견거절** : 감사범위 제한의 영향이 매우 중요하고 전반적이어서 충분하고 적합한 감사증거를 획득할 수 없는 등의 사유로 판단이 불가능한 경우에는 감사의견을 표명하지 않는다.

제3절 | 경영정보시스템

1. 경영정보시스템의 기초개념

(1) 정 보

1) 의 의

정보(information)는 사용자에게 유용한 형태로 가공된 자료(data)라고 할 수 있다. 즉 자료를 가공 및 처리하여 의사결정에 도움이 될 수 있도록 정리한 결과를 의미한다.

2) 정보의 특성

정보가 정보이용자에게 유용하려면 어떠한 특성을 가져야 하는데, 이를 정보의 질적 특성이라고 한다. 정보의 유용성을 판단하는 데 쓰이는 질적 특성은 매우 다양하지만, 일반적으로 이해성(understanding), 적시성(timeliness), 적절성(relevance), 신뢰성(reliability), 일관성(consistency) 등으로 요약할 수 있다.

① 이해성 : 정보이용자가 해당 정보의 내용이 가지는 의미를 정확하게 이해하는 것을 의미한다.

② 적시성 : 정보이용자가 의사결정을 할 시점에 필요한 정보를 제공하는 것을 의미한다. 적시성이 없는 정보는 정보로서의 가치를 상실한 정보이며, 정보의 가치는 정보의 생산시점이 사용시점에서 멀어질수록 그 효용성이 감소하게 된다.

③ 적절성 : 정보가 정보이용자의 이용목적에 적합한 것을 의미한다. 즉 정보이용자가 어떠한 정보를 이용하여 장래의 불확실성을 감소시킬 수 있어야 한다는 것이다.

④ 신뢰성 : 정보이용자가 정보를 신뢰할 수 있어야 한다는 것이다. 정보의 신뢰성을 확보하기 위해서는 정보를 정보이용자에게 정확하고 아무런 편견없이 제공해야 한다.

⑤ 일관성 : 일정 기간을 두고 정보를 정기적으로 생산하는 경우에 정보이용자가 정보들을 서로 비교할 수 있어야 한다는 것이다.

(2) 경영정보시스템

1) 의 의

정보시스템(information system)은 조직의 운영, 의사결정, 통제 및 관리 등을 지원하기 위해 데이터를 수집·저장·검색하고 목적에 맞게 처리하여 필요한 사람에게 정보를 제공하는 요소들의 집합을 말한다. 정보시스템의 구성요소는 물리적인 구조인 정보기술, 정보시스템을 사용하고 활용하는 조직의 프로세스, 프로세스의 주체인 사람으로 구분된다. 경영정보시스템(management information system, MIS)은 조직의 다양한 정보시스템을 모두 포괄하는 개념으로 기업경영에 생산성 향상, 품질개선, 경쟁우위 창출, 기업전략 구현, 비즈니스 프로세스

재설계, 의사결정의 질 개선, 고객만족, 업무프로세스 혁신 등의 긍정적인 영향을 끼친다.

2) 유 형

① **거래처리시스템**(transaction processing system, TPS) : 반복적인 과업을 수행하는 운영관리에 유용한 경영정보시스템으로, 조직의 운영상 기본적으로 발생하는 거래자료를 신속하고 정확하게 처리하는 정보시스템이다. 판매, 구매, 급여, 재고 등의 업무는 많은 거래자료를 빈번하게 발생시키므로 이를 효율적으로 처리하기 위해 필요하다. 즉 기존에 수작업으로 수행하던 사무 및 현장업무를 컴퓨터를 이용하여 효율적으로 처리하는 것이다.

② **전사적 자원관리**(enterprise resource planning, ERP) : 기업이 주요한 비즈니스를 관리하고 경영기능이 제대로 발휘하도록 지원하는 통합 프로그램이다. 업무기능의 실시간 모니터링을 통해 상품의 질, 가용성, 고객만족, 성과, 수익성과 같은 업무기능의 핵심요소를 적시에 분석하는 것이 가능하다.

③ **의사결정지원시스템**(decision support system, DSS) : 기업경영에서 컴퓨터의 활용이 경영자의 의사결정을 도와주는 영역으로까지 확대되는 것을 말한다. 의사결정자들이 의사결정 모형과 자료를 활용하여 분석과 평가를 쉽게 할 수 있도록 하는 **대화형 시스템**(interactive system)이 일반적이며, 효율성보다는 **효과성에 더 비중을 두는 중간경영층을** 지원하기 위한 경영정보시스템이다. 또한, 중간관리층 수준에서 전문가시스템도 필요한데, **전문가시스템**(expert system)은 특정 영역 전문가들의 지식과 경험을 축적한 지식 데이터베이스를 구축하여 전문가가 부족하거나 존재하지 않을 때 전문 의견을 제공하는 경영정보시스템이다.

④ **중역정보시스템**(executive information system, EIS) : 기업 내에서 가장 중요한 의사결정을 하는 경영계층은 전사적 목표에 관련된 의사결정을 하는 최고경영층이다. 왜냐하면 기업의 목표와 전략 및 계획을 수립하는 등 기업의 활동 방향에 결정적인 영향을 미치는 의사결정을 하기 때문이다. 이러한 **최고경영층의 의사결정에 필요한 정보를 적시에 제공하고, 필요한 경우에 의사결정을 지원하는 시스템이** 바로 중역정보시스템이다. 최고경영층에게 기업의 전반적인 상황에 대한 정보를 제공하기 위해 그래프와 같은 형태로 제공하는 것이 매우 중요하며, 요약 정보에서부터 상세 정보까지 제시되어야 한다. 그리고 다양한 모형분석 기능을 갖춰 급변하는 기업환경 속에서 최고경영자가 신속하고 정확한 의사결정을 하도록 지원해야 한다.

⑤ **전략정보시스템**(strategic information system, SIS) : 정보기술을 경영전략에 활용하기 위해 **구축된 정보시스템이다.** 즉 산업 내의 경쟁우위 확보·유지·계획을 지원하는 것을 주요 기능으로 하는 시스템을 말한다.

(3) 경영정보시스템의 개발방식

  1) 전통적 개발방식 : 시스템 개발수명주기(SDLC)

   ① 시스템 조사 : 다양한 문제점과 기회들이 비즈니스의 목표를 고려하여 구체화되는 시스템 개발단계로 문제점을 이해하는 것이 목적이다.

   ② 시스템 분석 : 강점, 약점, 개선기회 등을 구체화시키기 위한 기존 시스템 및 작업과정에 대한 분석이 포함된 시스템 개발단계로 솔루션을 이해하는 것이 목적이다.

   ③ 시스템 설계 : 문제의 해결방안을 얻기 위해 정보시스템이 해야 할 일을 어떻게 이행할 것인가에 대하여 정의하는 시스템 개발단계로 최적 솔루션을 선택하고 계획하는 것이 목적이다.

   ④ 시스템 구현 : 시스템 설계단계에서 제시된 다양한 시스템 구성요소를 생성 또는 확보하여 신규 또는 수정된 시스템이 작동되도록 적용시키는 시스템 개발단계로 효과 극대화를 위한 솔루션을 적용하는 것이 목적이다.

   ⑤ 시스템 유지보수 및 검토 : 시스템이 효과적으로 운영되도록 보증하는 또는 시스템이 계속적으로 변화하는 비즈니스 요구를 수용하도록 수정하는 시스템 개발단계로 솔루션을 통한 결과의 평가가 목적이다.

  2) 현대적 개발방식

   ① 프로토타이핑(prototyping) : 일련의 시스템 개발과정을 반복적으로 수행하는 시스템 개발방식이다.

   ② 신속한 애플리케이션 개발방식(rapid application development, RAD) : 애플리케이션을 보다 신속하게 진행하도록 할 수 있는 다양한 도구, 기법, 방법론 등을 이용하는 시스템 개발방식이다.

   ③ 최종사용자 개발방식(end-user SDLC) : 시스템 개발을 위한 핵심적 노력이 비즈니스 관리자와 최종사용자들의 조합에 의해 수행되는 시스템 개발방식이다.

(4) 경영정보시스템 관련 용어

  1) 정보기술 관련 용어

   ① 플랫폼(platform) : 공통의 활용요소를 바탕으로 본연의 역할도 수행하지만, 보완적인 파생 제품을 개발하거나 제조할 수 있는 기반이다. 즉 스마트 시대에 인터넷 사업자, 콘텐츠 제공자, 사용자, 기기 제조사 등 다양한 주체들이 만나는 매개지점이다.

   ② 홀로그램(hologram) : 3차원 영상으로 된 입체사진으로, 홀로그래피의 원리를 이용하여 만들어진다. 즉, 입체상을 재현하는 간섭 줄무늬를 기록한 매체이다.

   ③ 3D프린팅(three dimensional printing) : 프린터로 평면으로 된 문자나 그림을 인쇄하는 것이 아니라 입체도형을 찍어내는 것을 말한다.

④ 가상현실(virtual reality, VR) : 어떤 특정한 상황이나 환경을 컴퓨터로 만들어 그것을 사용하는 사람이 마치 실제 주변 상황이나 환경과 상호작용을 하고 있는 것처럼 만들어 주는 인간 - 컴퓨터 사이의 인터페이스를 말한다.

⑤ 증강현실(augmented reality, AR) : 사용자가 눈으로 보는 현실세계에 가상 물체를 겹쳐 보여주는 기술이다. 현실세계에 실시간으로 부가정보를 갖는 가상세계를 합쳐 하나의 영상으로 보여주므로 혼합현실(mixed reality, MR)이라고도 한다.

⑥ NFC(near field communication) : 가까운 거리에서 다양한 무선 데이터를 주고받는 통신 기술이다.

2) 네트워크 관련 용어

① 유비쿼터스(ubiquitous) : 언제 어디서나 편리하게 컴퓨터 자원을 활용할 수 있도록 현실 세계와 가상 세계를 결합시킨 것을 말한다.

② 프로토콜(protocol) : 컴퓨터 간에 정보를 주고받을 때의 통신방법에 대한 규칙과 약속을 말한다.

③ 사물인터넷(internet of things, IOT) : 인터넷을 기반으로 모든 사물을 연결하여 사람과 사물, 사물과 사물 간의 정보를 상호 소통하는 지능형 기술 및 서비스를 말한다.

④ 네트워크 슬라이싱(network slicing) : 데이터 전송량이 폭증하는 5세대(5G) 핵심기술 중의 하나이다. 하나의 물리적 코어 네트워크(인증, 데이터전송 등 이동통신 네트워크의 컨트롤타워 역할 담당)를 다수의 독립된 가상 네트워크로 분리해 각각의 서비스 특성에 맞춘 서비스를 제공하는 것이 특징이다.

⑤ 그리드 컴퓨팅(grid computing) : 지리적으로 분산된 네트워크 환경에서 수많은 컴퓨터와 저장장치, 데이터베이스 시스템 등과 같은 자원들을 고속 네트워크로 연결하여 그 자원을 공유할 수 있도록 하는 방식이다.

⑥ 텔레매틱스(telematics) : 텔레커뮤니케이션(telecommunication)과 인포매틱스(informatics)의 합성어로 자동차와 무선통신을 결합한 새로운 개념의 차량 무선인터넷 서비스이다.

⑦ 클라우드 컴퓨팅(cloud computing) : PC 또는 개개의 서버가 대규모의 컴퓨터 집합(구름)으로 옮겨간 형태를 말하는 것으로, 굳이 PC에 소프트웨어를 내장해 놓지 않아도 인터넷에서 프로그램을 이용할 수 있기 때문에 개인 저장매체에는 기록을 남길 필요가 없어 보안성이 보장되고 비용을 절감할 수 있다.

3) 인공지능 관련 용어

① 인공신경망(artificial neural networks, ANN) : 인간이 뇌를 통해 문제를 처리하는 방법과 비슷한 방법으로, 문제를 해결하기 위해 수학적 모델로서의 뉴런이 상호 연결되어 네트워크를 형성하는 것이다.

② 로보틱스(robotics) : 로봇과 테크닉스(공학)의 합성어로, 로봇에 관한 기술 공학적 연구를 하는 종합적 학문분야를 말한다.

③ 머신러닝(machine learning) : 인간의 학습 능력과 같은 기능을 컴퓨터에서 실현하고자 하는 기술 및 기법을 말한다.

④ 알파고(AlphaGo) : 구글 딥마인드(Google DeepMind)가 개발한 인공지능 바둑 프로그램을 말한다.

⑤ 딥마인드(DeepMind Technologies Limited) : 알파벳 주식회사(Alphabet Inc.)의 자회사이자 영국의 인공지능 프로그램 개발회사이다. 알파벳 주식회사는 2015년 10월 2일 구글의 공동 설립자 래리 페이지, 세르게이 브린이 설립한 미국의 복합기업으로, 미국의 Google을 비롯한 여러 Google 자회사들이 모여서 설립된 기업집단이다.

⑥ 왓슨(Watson) : 인간의 언어를 이해하고 판단하는 데 최적화된 인공지능 슈퍼컴퓨터를 말한다.

4) 정보보안 관련 용어

① 스푸핑(spoofing) : 승인받은 사용자인 것처럼 시스템에 접근하거나 네트워크상에서 허가된 주소로 가장하여 접근 제어를 우회하는 공격이다.

② 스니핑(sniffing) : 네트워크의 중간에서 남의 패킷 정보를 도청하는 해킹 유형의 하나이다.

③ 파밍(pharming) : 사용자가 올바른 웹페이지 주소를 입력해도 가짜 웹페이지로 보내는 피싱(phishing) 기법이다.

④ 스미싱(smishing) : SMS와 피싱(phishing)의 합성어로 문자메시지를 이용한 새로운 휴대폰 해킹 기법이다.

⑤ 서비스 거부 공격(denial-of-service attack) : 네트워크 붕괴를 목적으로 다수의 잘못된 통신이나 서비스 요청을 특정 네트워크 또는 웹 서버에 보내는 방식이다.

⑥ 아이핀(I-PIN) : '인터넷 개인 식별 번호'(Internet Personal Identification Number)의 약자로 주민등록번호 대신 인터넷상에서 신분을 확인하는 데 쓰인다.

⑦ 가명정보 : 개인정보 일부를 삭제·대체하는 등 가명으로 처리하여 추가 정보 없이 개인을 알아볼 수 없도록 한 개인정보이다.

⑧ 해커톤(hackathon) : 해킹(hacking)과 마라톤(marathon)의 합성어로 마라톤처럼 일정한 시간과 장소에서 프로그램을 해킹하거나 개발하는 것이다.

⑨ 키 로거(key logger) : 컴퓨터 사용자의 키보드 움직임을 탐지해 ID나 패스워드, 계좌번호, 카드 번호 등과 같은 개인의 중요한 정보를 몰래 빼가는 해킹 공격이다.

5) 시사 관련 용어

① CES(The International Consumer Electronics Show) : 미국 라스베이거스에서 해마다 열리는 세계 최대의 전자제품 전시회를 말한다.
② MWC(Mobile World Congress) : 전 세계 이동통신사와 휴대전화 제조사 및 장비업체의 연합기구인 GSMA(Global System for Mobile communication Association)가 주최하는 세계 최대 규모의 이동·정보통신 산업 전시회를 말한다.
③ CeBIT(Center for Bureau, Information, Telecommunication) : 독일 하노버에서 매년 개최되는 세계 규모의 정보통신 기술 전시회를 말한다.
④ 로보 어드바이저(robo-advisor) : 로봇(robot)과 투자전문가(advisor)의 합성어로 고도화된 알고리즘과 빅 데이터를 통해 인간 프라이빗 뱅커(PB) 대신 모바일 기기나 PC를 통해 포트폴리오 관리를 수행하는 온라인 자산관리 서비스를 말한다.
⑤ 로빈후드(Robin Hood) : 미국의 무료 주식거래용 앱으로 온라인 주식거래에 수수료를 부과하지 않는 대신 고객의 잔고에서 나오는 이자로 수익을 올린다.
⑥ 핀테크(fintech) : finance(금융)와 technology(기술)의 합성어로, 금융과 IT의 융합을 통한 금융서비스 및 산업의 변화를 통칭한 용어이다.
⑦ Web 2.0 : 정보개방을 통해 인터넷 사용자들 간 정보공유와 참여를 이끌어 냄으로써 정보가치를 지속적으로 증대시키는 것을 목표로 하는 일련의 움직임을 의미한다.
⑧ 프롭테크(proptech) : 부동산(property)과 기술(technology)의 합성어로, 모바일 채널과 빅데이터 분석, VR(가상현실) 등 하이테크 기술을 기반으로 하는 부동산 서비스이다.
⑨ 메타버스(metaverse) : 현실세계를 의미하는 universe와 가공이나 추상을 의미하는 meta의 합성어로 현실세계와 같은 사회·경제·문화 활동이 이뤄지는 3차원 가상세계를 일컫는 말이다.

2. 데이터베이스와 정보시스템 보안

(1) 데이터베이스

1) 의 의

데이터베이스(database)는 특정 조직의 여러 사용자가 공유하여 사용할 수 있도록 통합해서 저장한 운영데이터의 집합을 의미한다. 즉 사용자의 요구를 충족시키기 위하여 조직된 데이터의 집합을 의미한다. 이러한 데이터베이스는 일반적으로 데이터의 중복성을 허용하지 않는데, 데이터의 중복성(redundancy)은 같은 내용의 데이터가 여러 곳에 중복하여 저장되는 것을 의미하고 이로 인해 저장공간 낭비의 문제가 발생한다.

2) 특 징

데이터베이스는 한 조직의 여러 응용 프로그램이 저장된 데이터를 공유할 수 있도록 데이터를 통합하여 관리한다. 이러한 데이터베이스는 다음과 같은 특징을 가진다.

① 실시간 접근 가능 : 데이터베이스는 사용자의 데이터 요구에 실시간으로 응답할 수 있어야 한다.

② 지속적인 변화 : 데이터베이스는 현실 세계의 상태를 정확히 반영해야 하기 때문에 데이터베이스에 저장된 데이터도 계속 변화해야 한다.

③ 동시 공유 가능 : 데이터베이스는 여러 사용자가 동시에 이용할 수 있는 동시 공유의 특성을 제공해야 한다. 동시 공유는 사용자가 서로 다른 데이터를 동시에 사용하는 것뿐만 아니라 같은 데이터를 동시에 사용하는 것도 모두 지원한다는 의미이다.

④ 내용 참조 가능 : 데이터베이스는 저장된 주소나 위치가 아닌 데이터의 내용, 즉 값으로 참조할 수 있다.

3) 데이터베이스관리시스템

데이터베이스관리시스템(database management system, DBMS)은 파일시스템이 가진 데이터 중복과 데이터 종속 문제를 해결하기 위해 제시된 소프트웨어이다. 데이터베이스관리시스템은 기업에 필요한 데이터를 데이터베이스에 통합하여 저장하고 이에 대한 관리를 집중적으로 담당한다. 또한, 응용 프로그램을 대신하여 데이터베이스에 존재하는 데이터의 검색·삽입·삭제·수정을 가능하게 하고, 모든 응용 프로그램이 데이터베이스를 공유할 수 있게 한다. 이러한 데이터베이스관리시스템의 장점은 다음과 같다.

① 자료에 대한 접근성 및 시스템 응답성 향상 : 데이터베이스 이용자들이 프로그램을 개발하지 않고도 데이터 조작이 가능하여 불특정한 조건 검색이 용이하다.

② 중앙집중적 자료 통제 : 자료가 한 곳에 통합저장되어 있기 때문에 통제하기 편리하다. 데이터베이스 관리자는 전체 자료의 사용에 관한 관리를 효과적으로 수행할 수 있다.

③ 데이터의 중복성 최소화 : 자료의 통합저장은 자료의 중복저장을 방지한다. 이는 저장장소의 낭비를 제거하고 불일치하는 자료의 발생을 근본적으로 막는 효과가 있다. 물론 데이터베이스의 경우에도 데이터 중복이 완전히 제거되는 것은 아니다. 용도에 맞게 데이터의 종류나 형식을 수정하여 중복 사용하기도 한다. 그러나 반드시 중복관리사실을 인지하고 문제점을 최소화할 수 있게 관리해야 한다.

④ 데이터의 독립성 유지 : 통합된 자료의 저장은 자료의 독립성을 보장한다. 자료의 독립성은 다른 자료에 영향을 주지 않으면서 특정 자료의 구조를 변경할 수 있는 것을 의미한다. 이를 통해 외부환경의 변화에 따른 자료수정을 쉽게 할 수 있다.

⑤ 데이터의 보안성 보장 : 자료가 한 곳에 저장되어 있기 때문에 자료관리의 보안이 쉽고,

외부 사용자 또는 자료사용의 권한이 없는 내부 사용자의 불법 사용을 쉽게 막을 수 있다.

⑥ 데이터의 일관성 유지 : 데이터베이스를 사용함으로써 데이터의 표현형태 및 개별 시스템에서 사용하는 자료값의 불일치를 제거할 수 있다.

4) 데이터베이스관리시스템의 종류

① 계층(나무) DBMS : 데이터를 각 레코드가 하나의 부모 레코드와 수많은 자식 레코드를 이루는 구조를 가지며, 1 : N 관계만 표현가능하다. 정보 추출을 위해서는 데이터 구조를 알아야 하고 데이터 파일은 서로 종속적이기 때문에 데이터의 중복 문제가 발생할 수 있다. 개체들이 링크로 구성되기 때문에 구조변경이 어려워 많이 사용하지는 않는다.

② 네트워크 DBMS : 각 레코드가 여러 부모와 자식 레코드를 가질 수 있게 함으로써 이루어지는 그래프 구조이며, 계층(나무) DBMS의 확장이라고 할 수 있다. 1 : 1, 1 : N, N : N 관계 모두 표현이 가능하다. 복잡한 구조로 인해 데이터 요소 간의 관계가 한 번 설정되면 수정하거나 새로운 관계를 생성하는 것이 어렵다.

③ 관계 DBMS : 관계라 불리는 2차원의 테이블에 모든 데이터 요소가 존재하도록 데이터를 표현하는 DBMS로 SQL(structured query language)이 표준 데이터 언어이다.

④ 비관계 DBMS : 데이터를 테이블에 저장하지 않는 DBMS를 말한다. 빅 데이터 기술에는 비관계형 데이터베이스인 NoSQL, Hbase 등이 분석에 활용된다.

(2) 정보시스템 보안

1) 의 의

정보시스템 보안은 정보시스템의 불법적 접근, 절취, 물리적 손상을 방지하기 위한 안전관리 및 기술적인 대책을 총칭한다. 즉 보안은 컴퓨터 하드웨어, 소프트웨어, 통신 네트워크, 데이터 등을 안전하게 관리하는 기술과 도구이다.

2) 필요요소

① 기밀성 : 인가된 사용자만 정보자산에 접근할 수 있는 것을 의미한다. 즉 정보에 대한 비인가자의 접근을 막는 역할을 한다. 방화벽, 암호, 비밀번호가 기밀성의 대표적인 예이다.

② 무결성 : 적절한 권한을 가진 사용자가 인가된 방법으로만 정보를 변경할 수 있도록 하는 것을 의미한다. 즉 데이터가 의도적·비의도적으로 위조 또는 변조되지 않도록 하는 것이다.

③ 가용성 : 인가받은 사용자가 정보자산에 대해 적절한 시간에 접근할 수 있도록 하는 것을 의미한다.

이인호 경영학연습

부록 1
문장으로 정리하는 경영학

01 | 문장으로 정리하는 경영학입문

○ 경영의사결정은 '문제의 인식→목표설정→대안의 도출→대안의 평가→의사결정'의 순으로 이루어진다.

○ 불확실한 상황에 직면한 의사결정자 중 추가적인 정보를 수집하는 것이 불가능한 경우에는 의사결정기준을 통해 의사결정을 수행하며, 의사결정기준 중 라플라스 기준(Laplace criterion)은 동일발생확률을 가정하여 불확실한 상황을 위험한 상황으로 바꾸어 의사결정을 하는 기준이다.

○ 전략적 의사결정은 대부분 비정형적 의사결정으로 구성되어 있지만, 일부 정형적 의사결정이 포함되어 있다. = 일반적으로 전략적 의사결정은 비정형적 의사결정의 성격을 가진다.

○ 서비스는 소멸성을 가지지만 서비스를 소비한 결과인 서비스효과는 지속성을 가진다.

○ 경영환경은 기업의 경계를 기준으로 내부환경과 외부환경으로 구분할 수 있으며, 산업(시장)의 경계를 기준으로 미시적 환경과 거시적 환경으로 구분할 수 있다.

○ 테일러(Taylor)의 과학적 관리법은 과업관리(동작연구와 시간연구), 차별적 성과급제, 기획부 제도, 직능별 직장제도, 작업지도표 제도를 특징으로 한다.

○ 테일러(Taylor)의 과학적 관리법은 노동 및 생산의 과학화를 추구한 데 비해 페이욜(Fayol)의 관리과정론은 관리의 과학화를 추구한다.

○ 테일러(Taylor)의 과학적 관리법은 고임금 저노무비의 원칙을 따르고, 포드(Ford) 시스템은 고임금 저가격의 원칙을 따른다.

○ 폐쇄시스템의 경계는 경직되고 통과하기 어렵지만, 개방시스템의 경계는 좀 더 유연하여 통과하기 쉽다.

○ 캐롤(Carroll)은 기업의 사회적 책임을 경제적 책임, 법적 책임, 윤리적 책임, 자선적 책임으로 구분하였다.

○ 지속가능경영은 사회적 책임, 경제적 책임, 환경적 책임으로 구성되어 있다.

○ 수평적 결합은 같은 산업에서 생산단계가 비슷한 기업 간에 이루어지는 통합을 의미하고, 수직적 결합은 한 기업이 생산과정이나 판매경로상 다른 단계에 있는 기업과의 통합을 의미한다.

○ 자기주식의 취득을 통한 적대적 M&A의 방어전략은 대주주의 지분을 상승시키는 효과와 주가를 상승시키는 효과가 있다.

○ 조직화의 과정 중 수평적 분화는 '라인부문의 형성(단위적 분화와 직능적 분화) → 전문스텝의 형성(요소적 분화) → 관리스텝의 형성(과정적 분화)'의 순서로 진행된다.

○ 위원회 조직은 특정 과업을 수행하는 것을 목적으로 형성된 상설조직이고, 프로젝트팀 조직은 특정 과업을 수행하는 것을 목적으로 형성된 일시조직이다.

○ 네트워크 조직(=가상조직)은 조직구성원들이 가상적으로 한 공간을 공유하고 프로젝트팀 조직은 조직구성원들이 물리적으로 한 공간을 공유한다.

○ 행렬조직의 조직구성원은 보고해야 하는 상급자가 둘 이상이 되며, 이러한 이유에서 역할갈등(특히, 다각적 역할기대)이 발생할 수 있다.

○ SWOT분석은 내부환경과 외부환경이라는 관점에서 현재 기업이 가지고 있는 자원과 역량을 분석하는 기술적 방법(descriptive method)이다.

○ BCG 매트릭스에서 상대적 시장점유율은 1보다 클 수 있으며, 상대적 시장점유율이 1보다 크다는 것은 해당 사업부가 시장에서 가장 높은 시장점유율을 차지하고 있음을 의미한다.

○ 다운사이징(downsizing)은 조직의 효율, 생산성, 경쟁력을 높이기 위해서 비용구조나 업무흐름을 개선하는 일련의 조치들로 필요가 없는 인원이나 경비를 줄여 낭비적인 요소를 제거하는 것을 말한다.

○ 구조조정(restructuring)은 기업이 장기적으로 치열한 경쟁에서 살아남아 경쟁우위를 확보하기 위해 제품이나 사업의 편성을 변경하고, 사업의 생산·판매·개발시스템을 구조적으로 변화시키고 재편성하는 등 의도적이고 계획적으로 사업구조를 재구성하는 것을 의미한다.

○ 리엔지니어링(business process reengineering, BPR)이란 업무방식을 단순히 개선 또는 보완하는 차원이 아니라 고객만족이라는 전제하에서 업무를 처리하는 방식을 근본적으로 개선하고 업무프로세스 자체를 바꿈으로써 경영효율을 높이는 기법을 말한다.

○ 벤치마킹(benchmarking)이란 제품이나 업무수행과정 등 경영의 어느 특정부문에서 최고의 성과(best practice)를 올리고 있는 다른 기업을 선정하고 그 부문에서 우리 기업과 그 기업 사이의 차이를 비교·검토한 후에 학습과 자기혁신을 통해 성과를 올리려는 지속적인 노력을 말한다.

○ 지식은 '사회화(socialization) → 표출화(externalization) → 연결화(combination) → 내면화(internalization) → 사회화 → …'의 활동들이 순차적이고 지속적으로 순환하는 암묵지와 형식지 간의 상호변환과정을 통해 창출된다.

○ 통합적인 지식경영 프레임워크를 성공적으로 수행하기 위해서는 조직문화, 조직전략, 프로세스, 정보기술과 같은 구성요소가 필요하다.

○ 기업은 블루오션전략을 통해 기회를 최대화하고 위험을 최소화하는 것이 가능하다.

○ 치열한 경쟁시장인 레드오션과 경쟁자가 없는 시장인 블루오션을 조합한 시장을 퍼플오션이라고 한다.

02 | 문장으로 정리하는 조직행동론

○ A형 성격은 야심이 크고 경쟁적이며 공격적인 성향을 가지고 항상 시간압박에 쫓기는 성격이며, B형 성격은 물건에 대한 욕심이 별로 없으며 양적인 면보다 질적인 면을 중요시하는 성격이다.

○ A형 성격은 업무수행 측면에서 유리하고, B형 성격은 인간관계 측면에서 유리하다.

○ 성격은 통제의 위치에 따라 내재론자와 외재론자로 구분할 수 있으며, 내재론자에 비하여 외재론자는 스스로 통제가 불가능하기 때문에 상대적으로 평소에 걱정을 더 많이 한다.

○ 내재론자는 자율적 업무와 참여적 관리스타일이 적합하고, 외재론자는 완전통제된 업무와 지시적 관리스타일이 적합하다.

○ 빅 파이브 모형은 성실성, 우호성(친화성), 경험에 대한 개방성, 외향성, 신경증성향(정서적 안정성)으로 구성되어 있다.

○ 긍정심리자본은 자기효능감, 희망, 낙관주의, 복원력의 4가지 구성요소를 가진다.

○ 상동적 태도(stereotyping)는 피지각자의 외부적 요인이 영향을 미치는 지각오류이며, 후광효과(halo effect)는 피지각자의 내부적 요인이 영향을 미치는 지각오류이다.

○ 바람직한 행동을 증가시키기 위한 강화전략에는 긍정적 강화와 부정적 강화가 있으며, 바람직하지 못한 행동을 감소시키기 위한 강화전략에는 소거와 벌이 있다.

○ 연속적 강화는 학습의 효과를 단기간 동안에 높일 수 있는 장점이 있으나 강화요인이 중단되면 작동행동도 반복되지 않음으로써 학습의 효과가 감소될 수 있다.

○ 태도는 인지적 요소, 정서적(감정적) 요소, 행동적 요소로 구성되어 있다.

○ 태도가 구체적인 개념이라면 가치관은 태도에 비해 보다 광범위하고 포괄적인 개념이다.

○ 조직몰입은 정서적 몰입, 지속적 몰입, 규범적 몰입으로 이루어져 있다.

○ 조직시민행동이란 조직구성원들이 조직 내에서 급여나 상여금 등의 공식적 보상을 받지 않더라도 조직의 발전을 위해서 희생하고 자발적으로 일을 하거나 다른 구성원들을 돕는 행동 및 조직 내의 갈등을 줄이려는 자발적 행동들을 의미한다.

○ 조직시민행동은 이타주의, 성실성(양심), 시민의식, 예의, 스포츠맨십의 구성요소를 가지는데, 이타주의와 예의는 조직 내 다른 구성원을 지향하므로 '조직시민행동개인(OCB-I)'이라고 부르고, 성실성(양심), 시민의식, 스포츠맨십은 행동의 대상이 조직을 지향하기 때문에 '조직시민행

동-조직(OCB-O)'이라고 부른다.

○ 태도변화를 촉진시키는 요인에는 일을 좋아함, 효과적 감독, 보상, 강압적 방법 등이 있고, 태도변화를 억제시키는 요인에는 피로, 집단의 작업규범, 적개심, 반발심 등이 있다.

○ 브룸(Vroom)은 동기부여를 계량화하고자 하였으며, 동기부여의 크기는 양(+), 0, 음(-)의 값을 모두 가질 수 있다.

○ 소속집단과 준거집단은 일치할 수도 있고 일치하지 않을 수도 있지만, 일반적으로 소속집단과 준거집단이 일치하는 경우에 개인의 성과는 높아지게 된다.

○ 다른 집단과의 경쟁심을 조성하면 집단의 응집성은 높아지지만, 집단구성원들 간의 경쟁심을 조성하면 집단의 응집성은 오히려 낮아진다.

○ 분배적 협상은 제한된 자원을 두고 누가 더 많은 부분을 차지할 것인가를 결정하는 협상이다. 이러한 협상은 각자의 입장에 따라 목표수준(얻고자 하는 수준)과 저항수준(양보가 불가능한 수준) 사이에서 합의가 이루어진다.

○ 통합적 협상은 서로가 모두 만족할 수 있는 선에서 상호승리를 추구하는 협상이다. 서로의 이해관계에 대한 파악과 정보공유를 통해 각자의 욕구가 모두 충족되는 수준에서 합의가 이루어진다.

○ 직접 의사소통보다 간접 의사소통에서 정보의 왜곡이 발생할 가능성이 더 높다.

○ 집단사고(group think)는 지나치게 동질적인 집단이 그 동질성으로 인해 지나치게 비합리적인 의사결정을 하는 경우를 의미하는데, 이러한 집단사고를 줄이는 방법에는 집단지성을 높이는 방법과 지명반론자법(=악마의 증언) 등이 있다.

○ 애쉬효과(=편승효과)는 집단 내 다수의 틀린 의사결정이 자신의 정확한 의사결정에도 영향을 미칠 수 있다는 것을 의미하고, 스놉효과(=백로효과)는 다른 사람들이 소비하면 그 상품에 대한 수요량이 오히려 감소하는 효과를 의미한다.

○ 조직정치란 개인이나 집단이 원하는 결과를 얻는 데 필요하다고 판단되는 권력을 획득하거나 이를 증가시키기 위해 하는 행동을 의미하고, 이러한 행동은 합법적일 수도 있고 비합법적일 수도 있다.

○ 거래적 리더십은 조건적 보상과 예외에 의한 관리(자유방임)가 대표적인 구성요소이며, 변혁적 리더십은 카리스마, 개별적 배려, 지적 자극, 영감적 동기가 대표적인 구성요소이다.

○ 조직개발기법 중 개인행동 개발기법에는 감수성 훈련, 상호교류분석, 경력개발 등이 있으며, 조직(집단)행동 개발기법에는 팀구축, 설문조사 피드백, 과정자문, 그리드 조직개발 등이 있다.

03 | 문장으로 정리하는 인적자원관리

○ 직무기술서(job description)는 직무특성분석에 의한 과업요건에 중점을 두고 기록되며, 직무명세서(job specification)는 해당직무를 수행하는 직무수행자가 갖추어야 하는 자격요건(인적특성)을 그 내용으로 한다.

○ 직무분석과 직무평가의 범위에 현재 직무를 수행하고 있는 직무수행자(담당자)는 포함되지 않는다.

○ 직무확대(job enlargement)는 개인을 대상으로 한 수평적 직무확대를 의미하고, 직무충실(job enrichment)은 개인을 대상으로 한 수직적 직무확대를 의미한다.

○ 직무순환(job rotation)은 집단을 대상으로 한 수평적 직무확대와 수직적 직무확대의 측면을 동시에 가지고 있는 직무설계의 형태이다.

○ 선발도구의 타당도가 확보되면 신뢰도는 확보되지만, 신뢰도가 확보되었다고 해서 타당도가 확보되는 것은 아니다.

○ 기준타당도, 내용타당도, 구성타당도 중 가장 주관적인 타당도는 내용타당도이다.

○ 기준타당도는 현직 종업원을 대상으로 측정되는 동시(현재)타당도와 지원자를 대상으로 측정되는 예측(미래)타당도로 구분할 수 있다.

○ 일반적으로 동시(현재)타당도가 예측(미래)타당도보다 측정하는데 걸리는 시간은 짧지만, 정확성이 떨어진다.

○ 인사평가의 방법 중 평정척도법은 관대화경향, 중심화경향, 가혹화경향, 후광효과 등의 오류가 발생할 가능성이 있다.

○ 인사평가의 방법 중 강제할당법은 관대화경향, 중심화경향, 가혹화경향을 어느 정도 극복할 수 있으나 평가집단이 전체적으로 우수하거나 열등한 경우에는 적합하지 않은 방법이다.

○ 인사평가의 방법 중 다면평가제도 또는 360도 성과피드백은 인사평가과정에서 시간과 비용이 많이 발생하며, 피평가자가 인사평가로 인해 받는 스트레스를 증가시킬 수 있는 단점이 있다.

○ 2차평가자의 오류는 1차평가자와 2차평가자 사이의 의사소통을 감소시킴으로 인해 줄일 수 있다.

○ 승급은 동태적인 임금수준의 조정이고, 베이스 업은 정태적인 임금수준의 조정이다.

○ 직무급, 연공급, 직능급, 성과급 중 가장 객관적인 임금체계는 연공급이다.

○ 맨체스터 플랜(Manchester plan)은 미숙련 노동자들에게 예정된 성과를 올리지 못하더라도 최저 생활을 보장해 주기 위하여 작업성과의 일정한 범위까지는 보장된 임금을 지급하는 제도이다.

○ 간트식(Gantt) 할증급, 비도우식(Bedaux) 할증급, 할시식(Halsey) 할증급 중 배분율이 가장 높은 것은 간트식 할증급이고, 배분율이 가장 낮은 것은 할시식 할증급이다.

○ 로완식(Rowan) 할증급은 절약임금의 규모에 따라 배분율을 다르게 하는 제도로 절약임금의 규모가 커짐에 따라 배분율은 감소한다.

○ 카이저 플랜(Kaiser plan)은 재료비와 노무비의 절감액을 분배하는 제도이고, 프렌치 시스템(French system)은 모든 비용의 절감액을 분배하는 제도이다.

○ 스캔론 플랜(Scanlon plan)은 판매가치를 기준으로 임금분배액을 계산하고 럭커 플랜(Rucker plan)은 부가가치를 기준으로 임금분배액을 계산한다.

○ 브로드밴딩(broadbanding)은 정보기술의 발달로 인해 조직계층 수의 축소와 수평적 조직의 확산에 따라 전통적인 다수의 계층적인 임금구조를 통합하여 보다 폭넓은 임금범위를 갖는 소수의 임금등급(pay grade)으로 축소시키는 것을 말한다.

○ 직급승진은 경쟁이 발생하기 때문에 상대평가를 원칙으로 하고 자격승진은 경쟁이 발생하지 않기 때문에 절대평가를 원칙으로 한다.

○ 조직변화승진은 승진대상자에 비해 승진대상직위가 부족한 경우에 조직변화를 통해 승진대상 직위를 늘림으로써 인적자원들에게 (직급)승진의 기회를 확대하는 방법이다.

○ 경영참여는 노동조합의 정치적 기능이 확대된 개념이라고 할 수 있다.

○ 쟁의행위는 노동조합뿐만 아니라 사용자도 그 주체가 될 수 있으며, 대표적인 사용자의 쟁의행위에는 직장폐쇄가 있다.

○ 노동쟁의의 조정방법에는 조정, 중재, 긴급조정이 있으며, 순서대로 그 구속력은 커진다.

04 | 문장으로 정리하는 생산운영관리

○ 대기행렬모형은 상충관계를 가지는 대기비용과 서비스비용의 합을 최소화시키는 서비스시설의 규모(=경로의 수)를 결정하고자 하는 모형이며, 일반적으로 켄달 표기법(Kendall notation)으로 표시한다.

○ 모듈러 설계는 제품계열에 있는 여러 가지 상이한 제품에 사용될 수 있는 일련의 기본적인 부품(또는 모듈)을 설계하는 것을 의미하는데, 이를 통해 대량고객화의 개념을 달성할 수 있다.

○ 가치분석은 기존 제품에 적용하고, 가치공학은 신제품에 적용한다.

○ 품질기능전개(quality function deployment, QFD)는 제품설계의 개선방법뿐만 아니라 품질개선의 방법으로도 이해할 수 있으며, 표준화된 문서양식을 의미하는 품질의 집(house of quality, HOQ)을 활용한다.

○ 로버스트 설계(robust design)는 노이즈(noise)에 둔감한, 즉 노이즈에 의한 영향을 받지 않거나 덜 받도록 하는 설계를 의미한다.

○ 전용설비는 초기투자비용인 고정비가 크지만 단위당 변동비가 작고, 범용설비는 초기투자비용인 고정비가 작지만 단위당 변동비가 크다.

○ 공정별 배치, 제품별 배치, 혼합형 배치는 제품이 이동하고 작업이 고정되어 있다는 공통점을 가지고, 위치고정형 배치는 제품의 이동을 최소화시키고 작업이 이동한다는 특징을 가진다.

○ 다수기계보유방식(OWMM)은 제품별 배치의 단점을 보완하기 위한 방법이고 집단가공법(GT)은 공정별 배치의 단점을 보완하기 위한 방법이다.

○ 생산능력의 활용정도가 높아지면 초과생산능력 또는 여유생산능력은 작아진다.

○ 수요예측의 대상이 되는 수요는 고객들이 직접 요구하는 제품의 수요인 독립수요이다. 독립수요는 소비자의 욕구와 관련된 수요이고 종속수요는 독립수요로부터 파생되는 수요이다.

○ 지수평활법은 지난 기에 구한 예측값, 이번 기의 실제 수요값, 평활상수의 3개의 자료만으로 수요예측이 가능한 방법이다.

○ 평활상수는 0과 1 사이의 값을 가지며, 값이 클수록 최근의 수요를 강조하고 이에 따라서 실제 수요의 평균값 변화에 보다 민감하게 반응하며 값이 작아지면 그 반대가 된다.

○ 누적예측오차(cumulative sum of forecasting error, CFE)는 예측오차의 합계를 의미하며, 그 값이 양(+)의 값을 갖는 것은 수요예측기법의 과소예측을 의미하고 그 값이 음(-)의 값을 갖는 것은 수요예측기법의 과대예측을 의미한다.

○ 기준생산계획(master production schedule, MPS)에서 수립된 생산량의 총합은 총괄생산계획에서 수립된 생산량의 총합과 일치하여야 한다.

○ 서비스업의 일정계획에서 고객수요의 일정을 조정하는 방법 중 약정은 소비자가 소비할 서비스의 양과 시점을 미리 결정하는 것이고 예약은 소비자가 서비스시설의 점유를 미리 결정하는 것이다.

○ 자재소요계획은 종속수요의 개념에 착안한 생산계획으로 기준생산계획, 자재명세서, 재고기록 등의 기본요소로 구성되어 있으며, 자재소요계획(MRP)→제조자원계획(MRP II)→전사적 자원관리(ERP)의 순으로 발전되어 왔다.

○ 생산준비비용이나 주문비용을 줄이기 위해 보유하는 것은 주기 재고이다.

○ 경제적 주문량 모형(EOQ)은 재고가 일시에 보충되지만, 경제적 생산량 모형(EPQ)은 재고가 점진적으로 보충된다.

○ 경제적 주문량 모형(EOQ)은 재고유지비용과 주문비용이 재고관련 비용이 되고, 경제적 생산량 모형(EPQ)은 재고유지비용과 작업준비비용이 재고관련 비용이 된다.

○ 주기조사(P) 시스템의 안전재고수준이 연속조사(Q) 시스템의 안전재고수준보다 더 높고, 투빈 시스템(two-bin system)은 연속조사(Q) 시스템을 응용한 가시적(visible) 시스템이다.

○ 종합적 품질경영(TQM)에서의 품질은 고객(내부고객과 외부고객)에 의하여 정의되고, 결과보다는 과정을 중시한다.

○ 정규분포를 가정하는 변량관리도는 프로세스의 변동성을 관리하기 위한 R-관리도와 평균을 관리하는 $\overline{X}$-관리도가 있다.

○ 식스 시그마 전문가의 직책은 높은 직책부터 챔피온(champion)-마스터 블랙벨트(master black belt)-블랙벨트(black belt)-그린벨트(green belt)-화이트벨트(white belt) 순이다.

○ 품질프로그램의 문서화에 대한 표준을 의미하는 ISO 9000의 인증이 제품의 실제 품질에 대해서는 아무런 시사점이 없으나, 그 기업이 자신이 주장하는 품질에 대해 입증할 자료를 제시할 수 있다는 측면에서 객관성 확보의 측면이 강하다고 할 수 있다.

○ 효율적 공급사슬의 경쟁우선순위에는 저원가 생산, 품질균일성, 납기 준수 등이 있고, 반응적 공급사슬의 경쟁우선순위로는 개발속도, 신속한 납기, 고객화, 수량 유연성, 고성능 설계품질 등이 있다.

○ 채찍효과(bullwhip effect)는 공급사슬 하류(소비자, 전방)의 소규모 수요변동이 공급사슬 상류(공급업체, 후방)로 갈수록 그 변동폭이 점점 증가해가는 모습을 묘사적으로 명명한 것으로, 수요왜곡의 정도가 증폭되어가는 현상을 의미한다.

○ 채찍효과가 발생하는 원인에는 중복수요예측, 일괄주문처리, 가격변동, 결품예방경쟁 등이 있으며, 해결방법으로는 불확실성의 제거, 변동폭의 감소, 전략적 파트너쉽, 리드타임 단축 등이 있다.

○ 공급사슬운영참고(SCOR) 모형은 공급사슬운영을 계획, 조달, 생산, 배송, 반품(회수)의 다섯 가지 범주로 분리하였다.

○ 공급자 재고관리(vendor-managed inventory, VMI)는 생산자의 재고가 공급자에 의해서 관리되는 방식으로 공급업체의 직원이 생산업체에 상주하면서 생산업체의 재고를 관리하는 것을 의미하며, 이를 통해 채찍효과를 완화시킬 수 있다.

05 | 문장으로 정리하는 마케팅

○ 확률적 표본추출방법에는 무작위표본추출, 층화표본추출, 군집표본추출 등의 방법이 있고, 비확률적 표본추출방법에는 편의표본추출, 판단표본추출, 할당표본추출 등의 방법이 있다.

○ 비확률적 표본추출방법 중 가장 정교한 방법은 할당표본추출방법이다.

○ 일반적으로 1차자료는 2차자료에 비해 획득비용이 비싸지만 정보의 질이 우수하고, 1차자료의 수집에 앞서 2차자료를 먼저 수집하고 검토한다.

○ 1차자료의 수집방법 중 우편조사법, 전화면접법, 대인면접법은 구조적인 방법에 해당하며, 표적집단면접법은 비구조적인 방법에 해당한다.

○ 표적집단면접법(focus group interview, FGI)은 조사대상들의 자연스러운 대화과정에서 조사목적과 관련된 유용한 정보를 얻거나 설문조사에서 기대하지 못한 결과를 발견하는 것을 목적으로 하기 때문에 설문조사의 사전조사로 활용되기도 하며, 설문조사로 파악할 수 없는 소비자들의 의견을 파악할 수 있기 때문에 신제품 개발 등의 조사에 활용된다.

○ 시장세분화에서 세분화된 시장 내에서는 최대한 동질적이어야 하고, 세분화된 시장 간에는 최대한 이질적이어야 한다.

○ 무수요는 잠재적 시장의 중요부분이 특정 재화나 서비스에 대하여 지식이나 관심이 전혀 없는 상태를 의미하고 자극마케팅과 관련되어 있으며, 잠재적 수요는 명확한 소비자의 욕구는 존재하나 이를 충족할 만한 재화나 서비스가 존재하지 않는 경우를 의미하고 개발마케팅과 관련되어 있다.

○ 탄력가격전략 또는 가격차별은 다수의 시장을 대상으로 하는 경우에 세분화된 시장별로 수요의 가격탄력도가 상이하여 시장에 따라 상이한 가격을 설정하는 가격전략으로 특정 소비자나 시기 등에 따라 할인 또는 할증을 적용하는 가격전략이며, 차익거래(재정거래)가 불가능한 경우에 적절한 가격전략이다.

○ 종속(포획)제품 가격전략은 주제품의 판매보다 주제품과 관련된 종속제품의 판매가 주된 목적인 제품의 가격전략을 말하는데, 주제품은 상대적으로 저렴한 가격으로 판매하는 대신 종속제품의 가격을 높게 책정하여 주제품의 손실을 보전하게 된다.

○ 묶음제품 가격전략은 기업이 둘 또는 그 이상의 재화나 서비스를 결합하여 할인된 가격으로 판매하는 전략을 말하는데, 제품의 개별구매 가능여부에 따라 개별구매가 가능한 혼합묶음과 개별구매가 불가능한 순수묶음으로 구분할 수 있다.

○ 관습가격제품은 가격 자체는 유지한 상태에서 수량 또는 품질을 조정하여 가격상승의 효과를 노리게 된다. = 일반적으로 관습가격제품은 간접적으로 가격상승의 효과를 노리게 된다.

○ 준거가격(참고가격)이란 소비자들이 제품가격의 높고 낮음을 평가할 때 비교기준으로 사용하는 가격을 의미하고, 관습가격이 준거가격으로 사용되는 경우가 많다.

○ 준거가격(참고가격)은 유보가격과 최저수용가격 사이에 존재한다.

○ 유통의 기능 중 거래기능은 소유권의 이전과 관계되는 기능을 말하며, 판매기능과 구매기능으로 구분할 수 있다.

○ 유통의 기능 중 물적유통기능은 재고 이전과 관계되는 기능을 말하며, 시간적 효용을 제공하는 보관기능과 장소적 효용을 제공하는 운송기능이 있다.

○ 유통의 기능 중 조성기능은 거래 및 물적유통기능이 원활하게 이루어지도록 보조하는 모든 기능을 말하며, 위험부담기능, 금융기능, 표준화기능, 정보제공기능, 구색확보기능 등이 있다.

○ 유통경로전략은 개방적(집약적, 집중적) 유통경로전략, 선택적 유통경로전략, 전속적(배타적) 유통경로전략이 있으며, 고관여제품일수록 전속적 유통경로전략이 많이 활용되고 저관여제품일수록 개방적 유통경로전략이 많이 활용된다.

○ 수직적 마케팅시스템(vertical marketing system, VMS)은 유통기관의 소유와 계약형태에 따라 기업형 VMS, 계약형 VMS, 관리형 VMS로 구분할 수 있는데, 기업형 VMS로 갈수록 통제력이 높아지고 관리형 VMS로 갈수록 유연성이 높아진다.

○ 정보를 획득하는 정보원천에는 개인적 원천, 상업적 원천, 공공적 원천, 경험적 원천 등이 있다. 개인적 원천에는 가족, 친구, 이웃, 친지들이 있고, 상업적 원천에는 광고, 판촉사원, 중간상, 포장, 진열 등이 있으며, 공공적 원천에는 신문기사나 방송의 뉴스가 있고, 경험적 원천에는 시용구매, 제품의 직접사용 등이 있다.

○ 촉진대상 제품의 유형이 소비재에 가까울수록 광고의 중요성이 더 커지고, 산업재에 가까울수록 인적판매의 중요성이 더 커지게 된다.

○ 제조업자가 최종소비자에게 직접 촉진활동을 하지 않고 유통업자를 통해 촉진하는 푸시전략(push)은 주로 유통업자의 힘이 강하고 제조업자의 브랜드 인지도가 낮은 경우에 사용하게 되며, 인적판매나 중간상 판매촉진이 적합한 촉진수단이 될 수 있다.

○ 제조업자가 최종소비자에게 촉진활동을 함으로써 소비자가 자사제품을 찾도록 하는 풀전략(pull)은 브랜드 인지도가 높은 기업이 주로 사용하며, 광고가 주요한 촉진수단이 될 것이다.

○ 역광고는 소비자가 자신의 요구를 네트워크에 입력하면 거꾸로 재화나 서비스 공급자가 이를 확인하고 소비자에게 접촉하는 광고를 의미하는데, 인터넷의 발달로 가능해진 광고의 형태이다.

○ 비교소구, 입증소구, 증언소구 등은 이성적 소구에 해당하고, 유머소구, 공포소구, 성적소구, 온정소구, 향수소구는 감성적 소구에 해당한다.

○ 일반적으로 고관여 제품에는 이성적 소구가 적합하고 저관여 제품에는 감성적 소구가 적합하다.

○ 일반적으로 고관여 제품의 경우에는 신뢰성이 높은 전문가를 광고모델로 기용하여 내면화를 유도할 수 있고, 저관여 제품의 경우에는 매력도가 높은 유명인이나 일반인을 광고모델로 기용하여 동일화를 유도할 수 있다.

○ GRP(gross rating points)는 시청율(도달범위)과 노출빈도의 곱으로 계산하고, CPM(cost per thousand persons reached=cost per mill)은 청중 1,000명에게 광고를 도달시키는데 드는 광고비용을 가리키는 용어이다.

○ PR(public relations)은 홍보(publicity)보다 포괄적인 개념이다.

○ PR은 해당기업이 메시지 전달시점이나 내용을 통제하기가 쉽지 않으며, 불리한 내용이 소비자에게 알려질 경우에는 수습하기가 매우 곤란하다.

○ 인적판매는 촉진이 구매로 연결될 가능성이 상당히 높기 때문에 시간과 비용의 낭비가 적지만, 판매원을 매개로 하여 촉진활동이 수행되기 때문에 비용이 매우 고가이다.

○ 촉진은 ATL(above the line) 촉진과 BTL(below the line) 촉진으로 구분할 수 있다. ATL 촉진은 TV, 영화, 라디오, 인쇄매체 등과 같은 대중매체를 이용한 촉진이고, BTL 촉진은 직접우편, 판매촉진, 구매시점 광고, 텔레마케팅 등 대중매체보다 세분화된 커뮤니케이션을 이용한 촉진이다. 최근의 추세는 ATL 촉진보다 BTL 촉진의 중요성이 빠른 속도로 증가하고 있다.

○ 고객관계관리(관계마케팅, CRM)의 주된 목적은 고객에 대한 상세한 지식을 토대로 고객들과의 장기적 관계를 구축하고 충성도를 제고시킴으로써 고객의 생애가치를 극대화하는 것이다.

○ 고객관계관리의 관점에서 고객과의 관계는 용의자(suspect)→잠재고객(prospect)→사용자(user)→고객(customer)→옹호자(advocate) 순으로 발전된다.

○ 교차판매전략은 기업이 여러 가지 제품을 생산하는 경우 한 제품의 고객 데이터베이스를 이용하여 다른 제품의 판매를 촉진하고자 하는 전략이다.

○ 엠부시 마케팅(ambush marketing)은 매복 또는 잠복 마케팅이라고도 하는데, 월드컵이나 올림픽 등의 공식후원사가 아닌 기업들이 그 로고를 정식으로 사용하지 않고 비슷한 언어적 유희 등을 교묘히 활용하여 수행되는 마케팅을 말한다.

○ 바이럴 마케팅(viral marketing)은 온라인을 통한 마케팅이고, 버즈 마케팅(buzz marketing)은 오프라인을 통한 마케팅이다.

○ 뉴로 마케팅(neuro marketing)은 소비자의 무의식에서 나오는 감정과 구매행위를 뇌과학을 통해 분석해 마케팅에 적용하는 기법으로 디자인, 광고 등이 소비자의 잠재의식에 미치는 영향을 측정하는 마케팅기법이다.

○ 캐즘 마케팅(chasm marketing)은 첨단기술제품이 선보이는 초기시장에서 주류시장으로 넘어가는 과도기에 일시적으로 수요가 정체되거나 후퇴하는 단절현상을 가리켜 캐즘(chasm)이라고 하는데 이를 다루는 것이다.

○ 넛지 마케팅(nudge marketing)은 사람들을 원하는 방향으로 유도하되 선택의 자유는 여전히 개인에게 주는 마케팅이다.

○ 코즈 마케팅(cause marketing)은 기업이 환경·보건·빈곤 등과 같은 사회적인 이슈, 즉 '대의명분(cause)'을 기업의 이익 추구를 위해 활용하는 것으로 가장 기본적인 유형은 소비자들의 소비를 통해 기부 활동을 하는 것이다.

○ 딥 러닝(deep learning)이란 컴퓨터가 여러 데이터를 이용해 마치 사람처럼 스스로 학습할 수 있도록 인공 신경망을 기반으로 한 기계학습 기술을 말한다.

○ 빅 데이터는 단순히 큰 데이터가 아니라 부피가 크고, 변화의 속도가 빠르며, 속성이 매우 다양한 데이터라는 양(volume), 속도(velocity), 다양성(variety)의 세 가지 특징을 가지고 있다. 이 외에 최근에는 정확성(veracity), 가변성(variability), 시각화(visualization), 가치(value) 등이 빅 데이터의 새로운 특징으로 제시되고 있다.

○ 데이터마이닝(data-mining)은 데이터의 방대함, 높은 처리 복잡도, 개방형 소프트웨어, 비정형 데이터 중심, 분산처리 등을 특징으로 한다.

06 | 문장으로 정리하는 재무관리·회계학

○ 화폐의 시간가치가 중요한 이유는 유동성 선호가 존재하기 때문이다.

○ 미래의 일정금액을 현재시점에서의 가치로 환산하는 것을 할인(discount)이라고 한다.

○ 영구현금의 현재가치는 연금액/할인율로 계산하고, 연금액이 일정률의 성장률을 보이는 경우에는 연금액/(할인율-성장률)로 계산한다.

○ 약형 효율적 시장가설, 준강형 효율적 시장가설, 강형 효율적 시장가설 중에 가장 효율적인 시장은 강형 효율적 시장이고, 가장 비효율적인 시장은 약형 효율적 시장이다.

○ 직접금융을 통한 자본조달에는 보통주, 우선주, 회사채, 기업어음 등의 발행이 해당하고, 간접금융을 통한 자본조달에는 은행차입, 매입채무, 기업어음 할인 등이 해당한다.

○ 현금흐름의 변동위험이 커질수록 자본비용은 높아진다.

○ 타인자본비용이 자기자본비용보다 낮다.

○ 모딜리아니(F. Modigliani)와 밀러(M. H. Miller)가 주장한 MM 이론이란 세금이 없는 완전자본시장을 가정할 경우 기업가치는 자본구조와 무관하다는 이론이다.

○ MM 수정이론이란 법인세가 존재하면 부채를 사용할수록 이자비용이 발생하여 법인세절감효과가 나타나기 때문에 가중평균자본비용이 감소하게 되어 기업가치가 증가하게 된다는 이론이다. 즉 부채를 100% 사용할 때 기업가치가 극대화된다는 이론이다.

○ 마이어스(C. Myers)의 자본조달순서이론(pecking order theory)에 따르면 경영자가 일반투자자들보다 정보의 우위에 있다는 정보의 비대칭을 전제로 기업은 각 자본조달원천을 이용하는 일정한 우선순위를 가지며, "내부유보자금, 부채발행, 신주발행"의 순서로 이루어짐을 주장하였다.

○ 자본예산에서 현금흐름을 추정할 때, 이자비용의 법인세절감효과는 할인율에 반영되므로 현금유입으로 처리하지 않지만, 감가상각비의 법인세절감효과는 현금유입으로 반영한다.

○ 영업현금흐름은 영업활동으로부터 얻게 될 현금흐름을 의미하며, '세후영업이익과 감가상각비의 합'으로 추정한다.

○ 순현재가치법은 가치가산의 원리가 성립한다.

○ 두 투자안의 순현재가치(NPV)를 일치시켜 주는 할인율을 피셔(Fisher)의 수익률이라고 한다.

○ 독립적인 투자안을 평가하는 경우에 순현재가치법과 내부수익률법의 의사결정결과는 일치하지만, 상호배타적인 투자안을 평가하는 경우에는 순현재가치법과 내부수익률법의 의사결정결과는 일치하지 않을 수 있다.

○ 내부수익률은 순현재가치가 0이 되게 하는 수익률을 의미하고, 내부수익률법은 투자의 결과 발생하는 현금유입이 투자안의 내부수익률로 재투자될 수 있다고 가정한다.

○ 내부수익률이 적정한 할인율보다 크다면 순현재가치가 0보다 크다는 것을 의미하기 때문에 해당 투자안을 채택하면 기업의 가치가 증가하게 된다.

○ 수익성지수는 투자로부터 발생하는 현금흐름의 현재가치를 투하자본으로 나눈 값(=현금유입액의 현재가치를 현금유출액의 현재가치로 나눈 값)이다.

○ 회계적이익률(연평균이익률)은 연평균순이익을 연평균투자액으로 나눈 것이다.

○ 손익분기점은 고정비를 단위당 공헌이익(가격-단위당 변동비)으로 나눈 값이고, 손익분기매출액은 총고정비를 단위당 공헌이익율(단위당 공헌이익 ÷ 단위당 판매가격)로 나눈 값이다.

○ 위험은 분산 또는 표준편차로 측정한다.

○ 위험은 분산투자로 인해 제거되지 않은 위험인 체계적 위험(분산불가능위험, 시장위험, 베타위험)과 분산투자를 통해서 제거가 가능한 위험인 비체계적 위험(분산가능위험, 기업고유의 위험)이 있다.

○ 상관계수가 +1인 경우에 포트폴리오의 위험은 그 표준편차와 완전한 양(+)의 선형관계를 가지기 때문에 위험감소효과가 없고, 상관계수가 -1인 경우에 위험감소효과가 최대이다.

○ 포트폴리오의 기대수익률은 투자비율만 일정하면 상관계수와 관계없이 일정하다.

○ 포트폴리오를 구성하는 주식수가 증가할수록 위험은 감소한다.

○ 자본시장선(CML) 선상에 있는 주식은 효율적이고 그 아래는 비효율적이다.

○ 주식이 증권시장선(SML) 위에 있으면 과소평가된 주식이고, 증권시장선 아래에 있으면 과대평가된 주식이다.

○ 증권시장선(SML)을 이용하여 특정 주식의 균형기대수익률은 '무위험이자율+(시장포트폴리오의 기대수익률-무위험이자율)×특정 주식의 베타(β)'로 구한다.

○ 베타(β)는 시장포트폴리오의 위험, 즉 시장전체의 위험을 1로 보았을 때 개별주식이 가지는 체계적 위험의 크기 또는 시장수익률의 변동에 대한 개별주식 수익률의 민감도를 의미하고, 베타(β)가 1보다 크면 공격적 자산이고 베타(β)가 1보다 작으면 방어적 자산이다.

○ 베타(β)는 음의 값을 가질 수 있으며, 음의 값을 가진다는 것은 베타가 상승할수록 수익률이 하락하는 경우를 의미하는데 대표적인 경우가 보험자산의 경우이다.

○ 시장포트폴리오의 베타(β)는 1이다.

○ 주가수익비율(PER)은 주가를 주당순이익으로 나누어 계산한다.

○ 콜옵션(call option)은 특정자산을 살 수 있는 권리이고, 풋옵션(put option)은 특정자산을 팔 수 있는 권리이다.

○ 유럽형 옵션은 계약된 만기일이 되어야만 행사할 수 있는 옵션이고, 미국형 옵션은 만기일 이전에 언제든지 권리를 행사할 수 있는 옵션이다.

○ 스왑(swap)은 계약조건 등에 따라 일정시점에 자금교환을 통해서 이루어지는 금융기법이다.

○ 선물거래와 선도거래(forward transaction)는 동일한 거래방식을 가지고 있는데, 선물거래는 거래소 내에서 거래할 수 있는 반면 선도거래는 거래소 밖에서 이루어진다는 차이가 있다.

○ 기업의 외부정보이용자에게 정보를 제공하는 것을 목적으로 하는 회계학은 재무회계이고, 기업의 내부정보이용자에게 정보를 제공하는 것을 목적으로 하는 회계학은 관리회계이다.

○ 회계는 '거래의 인식 → 거래분개 → 원장전기 → 수정전시산표 작성 → 결산정리사항(수정분개) → 수정후시산표(정산표) 작성 → 재무제표 작성'의 순서로 순환한다.

○ 기업의 재무상태는 '자산=부채+자본'으로 표현한다.

○ 회계상 거래는 기업의 경영활동에서 자산, 부채, 자본, 수익, 비용의 증감·변화를 일으키는 것을 의미하고, 화폐금액으로 신뢰성있게 측정가능하여야 한다.

○ 재무제표는 재무상태표, 포괄손익계산서, 현금흐름표, 자본변동표로 구성되며, 주석도 재무제표의 범위에 포함된다.

○ 재무상태표는 일정시점 현재 기업실체가 보유하고 있는 자산과 부채 및 자본에 대한 정보를 제공하는 재무제표이다.

○ 포괄손익계산서는 일정기간 동안 기업실체의 경영성과에 대한 정보를 제공하는 재무제표이고, 수익과 비용으로 구성된다.

○ 현금흐름표는 일정기간 동안 기업실체의 현금유입과 현금유출에 대한 정보를 제공하는 재무제표이고, 현금흐름은 영업활동, 투자활동, 재무활동으로 인하여 발생한다.

○ 자본변동표는 일정시점 현재 기업실체의 자본크기와 일정기간 동안 기업실체의 자본변동에 대한 정보를 제공하는 재무제표이다.

○ 회계감사의견에는 적정의견, 한정의견, 부적정의견, 의견거절이 있다.

○ 자본적 지출은 자산의 용역잠재력을 현저히 증가시키는 지출(원가배분)을 의미하고, 수익적 지출은 용역잠재력을 증가시키지 못한 경우로써 단지 당기의 회계기간에 대하여만 효익을 주는 지출(비용처리)을 의미한다.

○ 감가상각방법에는 정액법, 정률법, 이중체감법, 생산량비례법, 연수합계법이 있으며, 내용연수 초기에 감가상각을 많이 인식하는 방법(가속 감가상각방법)은 정률법, 이중체감법, 연수합계법 등이 있다.

○ 감가상각방법 중 정률법과 이중체감법은 장부금액을 기준으로 상각하고, 정액법, 연수합계법, 생산량비례법은 감가상각대상금액을 기준으로 상각한다.

○ 재고자산의 취득원가는 매입원가, 전환원가 및 재고자산을 현재의 장소에 현재의 상태로 이르게 하는 데 발생한 모든 원가, 즉 재고자산을 취득하기 위하여 지출한 금액으로 기록한다.

○ 기초원가는 직접재료원가와 직접노무원가의 합을 의미하고, 전환(가공)원가는 직접노무원가와 제조간접원가의 합을 의미한다.

이인호 경영학연습

부록 2
연구자로 정리하는 경영학

01. 경영의사결정

(1) **사이먼**(Simon)

　① 경영의사결정을 의사결정성격에 따라 정형적(programmed) 의사결정과 비정형적 의사결정으로 구분

　② 관리인 의사결정모형(바늘이론) : 제한된 합리성(bounded rationality)

(2) **앤소프**(Ansoff)

　경영의사결정을 의사결정수준에 따라 전략적 의사결정, 관리적(전술적) 의사결정, 운영적(업무적) 의사결정으로 구분

02. 버나드(Barnard)의 조직균형론

(1) **조직의 목적** : 존속과 발전

(2) **조직균형**(대내적 균형)

　조직구성원이 조직에 공헌하는 만큼의 유인을 조직으로부터 얻는 상태 ⇒ 유인이 공헌보다 크거나 같음

(3) **기본요소**

　공통목적, 의사소통, 공헌하고자 하는 의지

03. 고전적 접근법

(1) **테일러**(Taylor)

　과업관리(동작연구와 시간연구), 차별적 성과급제, 기획부제도, 직능별 직장제도, 작업지도표제도 ⇒ 고임금 저노무비의 원칙

(2) **포드**(Ford)

　컨베이어벨트 시스템, 3S(단순화, 표준화, 전문화), 규모의 경제, 봉사주의(생산량증가+가격의 인하) ⇒ 고임금 저가격

(3) **페이욜**(Fayol)

　계획화(planning), 조직화(organizing), 지휘(command), 조정(coordination), 통제(control)

(4) **베버**(Weber)

　명령·복종·합법적 권위(규범)·문서에 기반을 둔 이상적인 조직의 형태(관료제) ⇒ 기계적 조직구조

04. 메이요(Mayo)의 호손연구

　조명실험 → 계전기 조립작업장 실험 → 면접연구 → 배전기 전선작업장 실험

05. 상황적합이론

(1) 우드워드(Woodward)

① 기술의 복잡성 : 소량생산, 대량생산, 연속공정생산

② 대량생산의 경우에는 기계적 조직구조가 적합, 소량생산과 연속공정생산의 경우에는 유기적 조직구조가 적합

(2) 톰슨(Thompson)

① 과업의 상호의존성 : 집합적 상호의존성(중개형 기술), 순차적 상호의존성(장치형 기술), 교호적 상호의존성(집약형 기술)

② 중개형 기술과 장치형 기술의 경우에는 기계적 조직구조가 적합, 집약형 기술의 경우에는 유기적 조직구조가 적합

(3) 페로우(Perrow)

분석가능성 \ 과업다양성	고	저
고	공학적 기술	일상적 기술
	집권적/공식화(L)	집권적/공식화(H)
저	비일상적 기술	장인기술
	분권적/공식화(L)	분권적

(4) 번즈(Burns)와 스탈커(Stalker)

① 환경의 동태성 : 정태적인 환경, 동태적인 환경

② 정태적인 환경의 경우에는 기계적 조직구조가 적합, 동태적인 환경의 경우에는 유기적 조직구조가 적합

(5) 로렌스(Lawrence)와 로쉬(Lorsch)

환경의 불확실성 ⇒ 분화와 통합

06. 경영자(manager)

(1) 민쯔버그(Mintzberg)

경영자의 역할을 의사결정역할(기업가, 분쟁의 해결자, 자원의 배분자, 협상가), 대인관계역할(외형적 대표자, 리더, 교신자), 정보전달역할(감시자, 전달자, 대변인)로 분류

(2) 카츠(Katz)

경영자의 능력을 개념적 능력, 인간적 능력, 기술적 능력으로 분류

07. 슘페터(Schumpeter)의 기술혁신(innovation)

새로운 상품의 개발, 새로운 생산방법의 도입, 새로운 시장의 개척, 새로운 원료나 부품의 공급, 새로운 조직의 개발 등 ⇒ 창조적 파괴(creative destruction)

08. 캐롤(Carroll)의 사회적 책임

경제적 책임, 법적 책임, 윤리적 책임, 자선적 책임

09. 드럭커(Drucker)와 맥그리거(McGregor)의 목표관리(management by objectives, MBO)

① 측정가능한 특정 성과목표를 상급자와 하급자가 함께 합의하여 설정하고, 그 목표를 달성할 책임부문을 명시하여 이의 진척사항을 정기적으로 점검한 후 이러한 진도에 따라 보상을 배분하는 경영시스템

② 목표의 설정(goal setting), 참여(participation), 피드백(feedback) ⇒ 성과를 최대한 목표에 수렴

10. 마이클 포터(M. Porter)

(1) 산업구조분석

수평적 힘(산업내 경쟁, 신규진입자, 대체재의 존재)과 수직적 힘(공급자의 교섭력, 소비자의 교섭력) ⇒ 정태적 분석

(2) 가치사슬분석

본원적 활동(내부물류, 생산/운영, 외부물류, 판매 및 마케팅, 사후서비스)과 지원적 활동(기업의 하부구조, 인적자원관리, 연구/기술개발, 구입/조달) ⇒ 자원배분과 아웃소싱

(3) 본원적 전략

경쟁우선순위(원가와 고객화)와 경쟁범위(시장의 넓이)에 따라 원가우위전략, 차별화전략, 집중화전략으로 구분

11. 카플란(Kaplan)의 균형성과표(balanced scorecard)

(1) Balanced : 계량적/비계량적, 외부/내부, 과거지향/미래지향, 단기적/장기적

(2) Scorecard : 재무적 관점, 내부프로세스 관점, 고객 관점, 학습과 성장 관점

12. 성격이론과 가치이론

(1) 성격이론

① 프리드만(Friedman) : A형과 B형(조바심 물질) ⇒ A형의 경우는 업무수행측면에서 유리하고 B형의 경우는 인간관계측면에서 상대적으로 유리

② 노만(Norman)의 빅 파이브 모형 : 성실성, 우호성(친화성), 경험에 대한 개방성, 외향성, 신경증성향(정서적 안정성)

③ 홀랜드(J. Holland)의 성격-직무 적합성 이론 : 여섯 가지 성격 유형(현실적, 탐구적, 사회적, 전통적, 진취적, 심미적)을 제시하고 직무만족과 이직에 대한 의도는 개개인이 자신의 성격을 자신의 직무에 얼마나 잘 맞추는지에 따라 달라짐

④ 슈나이더(Schneider)의 유인-퇴출이론 : 조직과 비슷한 성격을 가진 사람은 그 조직에 끌리어 선발되어 오래 남아 있고(유인), 다른 성격을 가진 사람은 선발되지도 않지만 혹시 선발되어도 불만을 느끼고 퇴출되기 때문에 결국에는 조직의 전형적 성격에 맞는 사람들만으로 조직은 구성

(2) 로키치(Rokeach)의 가치이론

최종적 가치(성취감, 평등한 세상, 행복 등을 포함한 18가지)와 수단적 가치(야심, 너그러움, 정직, 책임감 등을 포함한 18가지)

13. 지각이론

(1) 애쉬(Asch)의 인상형성이론

일관성, 중심특질과 주변특질, 합산원리와 평균원리(정보가 동시에 들어오는 경우에만 적용 가능), 최초효과와 부정적 효과(가중평균의 원리)

(2) 하이더(Heider)와 켈리(Kelley)의 귀인이론

귀인판단기준	외적귀인	내적귀인
합의성(consensus) : 성과와 동료구성원	높음	낮음
특이성(distinctiveness) : 성과와 과업	높음	낮음
일관성(consistency) : 성과와 시간	낮음	높음

14. 학습이론

(1) 파블로프(Pavlov)의 고전적 조건화

조건자극을 무조건자극과 관련시켜 조건자극으로부터 새로운 반응(조건반응)을 얻어내는 과정 ⇒ 자극에 의해 유발되는 수동적인 반응행동만을 설명

(2) 손다이크(Thorndike)의 시행착오설

　연습의 법칙, 효과의 법칙, 준비성의 법칙

(3) 스키너(Skinner)의 조작적 조건화

　학습이 반응행동으로부터의 바람직한 결과에 의해 이루어진다는 것을 강조

(4) 톨만(Tolman)의 인지적 학습이론

　인지도(cognitive map) = 인지적 단서(cognitive cues) + 기대(expectation)

(5) 반두라(Bandura)의 사회적 학습이론

　학습은 개인의 인지와 행동 및 환경과의 지속적이고 복합적인 상호작용을 통해 이루어진다고 주장 ⇒ 관찰학습(모방 또는 대리학습, 자아통제), 인지학습

15. 태도이론

(1) 마이어(Meyer)와 알렌(Allen)의 조직몰입

　정서적 몰입, 지속적 몰입, 규범적 몰입

(2) 레빈(Lewin)

　① 태도변화과정 : 해빙 → 변화(순응 또는 복종, 동일화, 내면화) → 재동결

　② 태도변화를 촉진시키는 요인(일을 좋아함, 효과적 감독, 보상, 강압적 방법 등)과 태도변화를 억제시키는 요인(피로, 집단의 작업규범, 적개심, 반발심 등)

(3) 하이더(Heider)의 균형이론

　특정인(P), 타인(O), 특정대상(X)이 상호 간에 가지는 태도관계를 요소들 간의 삼각관계로 설명 ⇒ 균형상태와 불균형상태

(4) 페스팅거(Festinger)의 인지부조화이론

　인지부조화를 감소시키기 위해 개인의 태도변화가 유발 ⇒ 접근-접근 갈등, 접근-회피 갈등, 회피-회피 갈등

16. 동기부여의 내용이론

(1) 매슬로우(Maslow)의 욕구단계이론

　생리적 욕구, 안전욕구, 사회적(소속) 욕구, 존경욕구, 자아실현욕구 ⇒ 순서적 중요성(진행만 강조, 동시달성 불가능)

(2) 알더퍼(Alderfer)의 ERG이론

　존재욕구, 관계욕구, 성장욕구 ⇒ 순서적 중요성 없음(진행+좌절-퇴행, 동시달성 가능)

(3) 허쯔버그(Herzberg)의 2요인이론

위생요인(불만족요인 ⇒ 임금, 안정된 직업, 작업조건, 지위, 경영방침, 관리, 대인관계 등), 동기요인 (만족요인 ⇒ 성취감, 인정, 책임감, 성장, 발전, 보람있는 직무내용, 존경 등)

(4) 아지리스(Argyris)의 미성숙-성숙이론

(5) 매클리랜드(McClelland)의 성취동기이론

친교욕구, 권력욕구, 성취욕구 ⇒ 상위(사회적, 후천적, 학습된) 욕구에 관심

17. 동기부여의 과정이론

(1) 브룸(Vroom)의 기대이론

동기부여의 강도 = 기대감 × 수단성 × 유의성

(2) 포터(Porter)와 로울러(Lawler)의 기대이론

능력과 기술, 역할지각, 외재적·내재적 보상, 보상에 대한 공정성 지각, 만족감 등

(3) 아담스(Adams)의 공정성이론

개인은 보상의 크기와 공정성을 극대화시키는데 초점을 두고, 자신의 공헌과 보상의 크기를 준거인물의 공헌과 보상의 크기와 비교하여 동기부여의 수준을 결정 ⇒ 인지부조화 + 준거인물

(4) 록크(Locke)의 목표설정이론

구체적인 목표/목표의 난이도 ⇒ 능력, 목표몰입, 피드백, 자신감, 과업전략

(5) 데시(Deci)의 인지적 평가이론

어떤 직무에 대하여 내재적 동기가 유발되어 있는 경우에 외재적 보상이 주어지면 내재적 동기가 감소

18. 툭크만(Tuckman)의 집단발달단계

형성기(forming) → 격동기(storming) → 규범기(norming) → 성과수행기(performing) → 해체기(adjourning)

19. 조셉 루프트(Joseph Luft)와 해리 잉검(Harry Ingham)의 조하리의 창

자신과 타인에게 투영되는 자신의 모습을 통해 대인관계에 있어서의 갈등원인을 설명 ⇒ 공공영역(open area), 맹목영역(blind area), 사적영역(hidden area), 미지영역(unknown area)

20. 토마스(Thomas)의 갈등관리전략

자기자신에 대한 관심과 상대방에 대한 관심 ⇒ 회피전략, 경쟁전략, 수용(배려)전략, 협력전략, 타협전략

21. 프렌치(Frech)와 레이븐(Raven)

권력의 원천에 따라 권력을 강압적 권력, 보상적 권력, 합법적 권력(권한), 준거적 권력, 전문적 권력으로 구분

22. 리더십의 행동이론

(1) 탄넨바움(Tannenbaum)과 슈미트(Schmidt)

리더의 권한영역과 부하의 자유재량영역 ⇒ 경영자중심의 리더(전제적 리더)와 종업원중심의 리더(민주적 리더)

(2) 오하이오 대학의 연구

구조주도(initiating structure)와 배려(consideration) ⇒ HH, HL, LH, LL

(3) 블레이크(Blake)와 모튼(Mouton)의 관리격자이론

생산에 대한 관심과 인간에 대한 관심 ⇒ (1, 1) ~ (9, 9)

(4) 미스미(Misumi)와 피터슨(Perterson)의 PM이론

성과(performance)와 관계(maintenance) ⇒ PM, Pm, pM, pm

23. 리더십의 상황이론

(1) 피들러(Fiedler)

① 리더의 유형 : 과업지향적 리더, 관계지향적 리더 ⇒ LPC 점수

② 상황변수 : 상황의 호의성(리더-구성원 관계, 과업구조, 리더의 직위권력) ⇒ 8가지 상황

③ 상황적합 : 상황의 호의성이나 비호의성이 높아질수록 과업지향적 리더가 적합하고 상황의 호의성이나 비호의성이 낮아질수록 관계지향적 리더가 적합

(2) 하우스(House)의 경로목표이론

① 리더의 유형 : 지시적 리더, 후원적 리더, 참여적 리더, 성취지향적 리더 ⇒ 기대이론과 구조주도-고려적 리더십 개념

② 상황변수 : 과업환경요소(부하의 과업, 집단의 성격, 조직요소 등), 부하의 특성(부하의 능력, 통제위치, 욕구와 동기 등)

③ 상황적합 : 비구조적인 상황에서는 지시적 리더가 적합하고, 구조적인 상황에서는 후원적 리더가 적합

(3) 허시(Hersey)와 블랜차드(Blanchard)의 수명주기이론

① 리더의 유형 : 과업지향적 행동과 관계지향적 행동 ⇒ 지시형(S1), 설득형(S2), 참여형(S3), 위임형(S4)

② 상황변수 : 부하의 성숙도(4단계)

③ 상황적합 : 부하의 성숙도가 높아질수록 S1→S2→S3→S4가 적합

24. 현대적 리더십이론

(1) 배스(Bass)의 변혁적 리더십

리스마(charisma), 영감적 동기(inspiration motivation), 지적 자극(intellectual stimulation), 개별적 배려(individualized consideration) ⇒ 거래적 리더십은 조건적 보상과 예외에 의한 관리가 대표적인 구성요소

(2) 그린리프(Greenleaf)의 서번트 리더십

타인을 위한 봉사에 초점을 두고, 부하와 고객을 우선으로 그들의 욕구를 만족시키기 위해 헌신하는 리더십

25. 조직설계

(1) 민쯔버그(Mintzberg)

기술지원부문(기계적 관료제), 일반지원부문(애드호크라시), 전략경영부문(단순구조), 중간관리부문(사업부제), 생산핵심부문(전문적 관료제)

(2) 퀸(Quinn)과 카메롱(Cameron)의 조직수명주기이론

창업단계 → 공동체단계 → 공식화단계 → 정교화단계

26. 조직문화의 구성요소

(1) 샤인(Schein)

가시적 수준(가공물과 창조물), 인식적 수준(가치), 잠재적 수준(기본전제)

(2) 파스칼(Pascale)과 피터스(Peters)의 7S모형

공유가치(shared value), 전략(strategy), 구조(structure), 시스템(system), 구성원(staff), 기술(skill), 스타일(style)

27. 조직문화의 유형

(1) 딜(Deal)과 케네디(Kennedy)

기업활동과 관련된 위험의 정도와 의사결정 전략의 성공여부에 관한 피드백의 속도라는 두 가지 차원 ⇒ 거친 남성문화(the tough guy, macho culture), 일 잘하고 잘 노는 문화(work hard/play hard culture), 사운을 거는 문화(bet your company culture), 과정문화(the process culture)

위험 \ 피드백의 속도	빠름	느림
높음	거친 남성문화	사운을 거는 문화
낮음	일 잘하고 잘 노는 문화	과정문화

(2) 해리슨(Harrison)

조직구조의 중요한 두 변수인 공식화와 집권화의 2가지 차원 ⇒ 관료조직문화(bureaucratic culture), 권력조직문화(power-oriented culture), 행렬조직문화(matrix culture), 핵화조직문화(atomized culture)

공식화 \ 집권화	높음	낮음
높음	관료조직문화	행렬조직문화
낮음	권력조직문화	핵화조직문화

(3) 퀸(Quinn)의 조직문화유형

유연성(분권화와 분화를 강조)/통제(집권화와 통합을 강조)와 내부지향성/외부지향성의 2가지 차원 ⇒ 집단문화(group culture), 발전문화(development culture), 위계문화(hierarchical culture), 합리문화(rational culture)

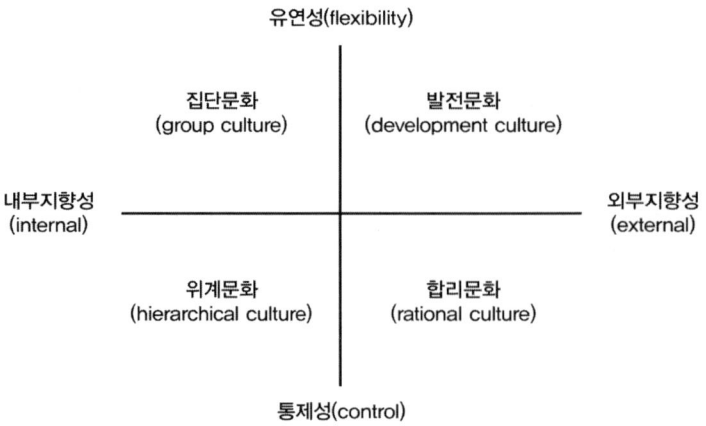

(4) **홉스테드(Hofstede)의 국가별 조직문화 비교**

개인-집단 중심성, 권력 중심성, 불확실성 회피성, 남성-여성 중심성, 유교적 역동성(장기-단기 지향성)

(5) **오우치(Ouchi)의 Z조직이론**

미국식 경영방식(A type) + 일본식 조직문화(J type) = Z 조직

(6) **리커트(Likert)의 시스템 4이론**

전제적-착취적 시스템(시스템 1형), 전제적-온정적 시스템(시스템 2형), 조언적 시스템(시스템 3형), 참여적 시스템(시스템 4형) ⇒ 시스템 4형의 성과가 가장 높음

28. 센게(Senge)의 학습조직이론

개인적 수련(personal mastery), 정신모형(mental model), 공유비전(shared vision), 팀학습(team learning), 시스템 사고(system thinking)

29. 올드햄(Oldham)과 핵크만(Hackman)의 직무특성이론

모든 종업원들의 직무를 맹목적으로 확대하거나 충실화해서는 안되며, 직무설계에 있어서 어떤 변화에 대한 종업원의 각자 개인차의 영향도 고려해야 함

핵심직무특성차원 (독립변수)	중요 심리상태 (매개변수)	개인 및 작업성과 (종속변수)
기술다양성(skill variety) 과업정체성(task identity) 과업중요성(task significance)	과업에 대한 의미감(meaningfulness)의 경험	동기부여 자아실현 직무만족 낮은 결근 및 이직
자율성(autonomy)	작업의 결과에 대한 책임(responsibility)의 경험	
결과의 피드백(feedback)	작업활동의 결과에 대한 지식(knowledge)	

30. 커크패트릭(Kirkpatrick)의 교육평가모형

반응(reaction), 학습(learning), 행동(behavior), 성과(result)

31. 경력개발

(1) **샤인(Schein)의 경력의 닻(career anchor)**

전문역량 닻, 관리역량 닻, 안전·안정 닻, 기업가적 창의성 닻, 자율·독립성 닻 + 봉사 닻, 도전 닻, 라이프스타일 닻

(2) 홀(Hall)의 경력단계

탐색단계(exploration) → 확립단계(establishment) → 유지단계(maintenance) → 쇠퇴(통합)단계(decline)

32. 슈메너(Schmenner)의 서비스-공정 매트릭스

관여도(또는 상호작용)와 개별화(또는 고객화) 정도라는 측면과 노동집약정도라는 측면 ⇒ 서비스공장(service factory), 서비스 숍(service shop), 대량 서비스(mass service), 전문 서비스(professional service)

33. 간트차트(Gantt chart)

작업의 흐름을 조정하는 그래프적 수단으로 작업공정이나 제품별로 계획된 작업의 실제 진행상황을 도표화함으로써 전체적인 기간관리를 가능하게 하는 막대도표 ⇒ 기술적(descriptive) 도구

34. PZB(Parasuraman, Zeithaml, Berry)의 서비스품질(SERVQUAL)

Reliability, Assurance, Tangibility, Empathy, Responsiveness ⇒ RATER

35. 쥬란(Juran)

(1) 품질삼위일체(quality trilogy)

품질계획, 품질개선, 품질통제

(2) 품질원가(PAF 모형) ⇒ 1:10:100 rule

① 예방원가(prevention cost)

② 평가원가(appraisal cost)

③ 실패원가(failure cost) : 내부실패원가(재작업비용, 수율손실 등)와 외부실패원가(보증서비스, 소송비용 등)

36. 품질측정

(1) Garvin

성능, 특징, 일치성, 신뢰성, 내구성, 서비스편의성, 심미성, 인지품질

(2) Kano

매력적 품질요소, 일원적 품질요소, 당연적 품질요소 + 무관심 품질요소와 역 품질요소

37. 품질개선

(1) 데밍(Deming)의 수레바퀴 : 계획(plan), 실행(do), 검토(check), 조치(act)

(2) 파레토 도표(Pareto diagram)
원인들을 가로축을 따라 발생빈도의 내림차순으로 표시한 막대그래프 ⇒ 문제를 유발하는 여러 요인들 중에서 가장 중요한 요인을 추출

(3) 싱고시스템(Shingo system)
작업자의 실수로 인한 결함을 예방하기 위한 시스템 ⇒ 포카요케(poka-yoke)

38. 필립 코틀러(P. Kotler)의 제품개념
핵심제품(core product), 실제제품(actual product), 확장제품(augmented product)

39. 로저스(Rogers)의 소비자수용속도
혁신수용층(innovators) → 조기수용층(early adopter) → 조기다수수용층(early majority) → 후기다수수용층(late majority) → 후발(지각)수용층(laggards)

40. 데이비드 아커(David Aaker)의 브랜드자산의 구성요소
브랜드 충성도, 브랜드 인지도, 지각된 품질, 브랜드 연상(이미지), 기타 독점적 브랜드자산

MEMO

이인호 경영학강의

인쇄일 1쇄 2024년 6월 20일
발행일 1쇄 2024년 7월   1일

저 자   이 인 호
발행인   이 종 은
발행처   새 흐 름
           서울특별시 마포구 독막로 295 삼부골든타워 212호
           등록   2014. 1. 21. 제2014-000041호(윤)
전 화   (02) 713-3069
F A X   (02) 713-0403
홈페이지   www.sehr.co.kr

ISBN   979-11-6293-514-9(93320)
정 가   25,000원

* 본서의 무단복제행위를 금합니다. 파본은 바꿔드립니다.
* 저자와 협의하여 인지첩부를 생략합니다.